2 BACHILLERATO

HISTORIA DE ESPAÑA

Fernando García de Cortázar, Fernando Diez,
Javier Sánchez-Palencia,
María Isabel del Val, Manuel F. Cuadrado,
Javier M. Donézar,
Pedro Martínez Lillo,
Ángel Gamazo

ANAYA

Introducción

Este libro desarrolla los contenidos de la materia Historia de España de 2.° curso de Bachillerato para el conjunto del sistema educativo español. En su elaboración se han tenido también presentes los contenidos curriculares establecidos en las diferentes comunidades autónomas.

La editorial ha mantenido su confianza en el equipo de autores que ha aportado su trabajo personal en las sucesivas ediciones de esta obra colectiva, acogida de forma muy favorable a lo largo de los últimos años entre el profesorado de numerosos centros de todo el país.

En estas últimas ediciones se incorporaron nuevos autores que vienen a cubrir el vacío dejado por los profesores Julio Valdeón (1936-2009), Javier M.ª Donézar (1943-2016) y Fernando García de Cortázar (1942-2022), a los que queremos rendir afectuoso recuerdo y homenaje. Se unen al equipo profesores de competencia científica y didáctica incuestionable: Fernando Diez Martín, arqueólogo y profesor de Prehistoria en la Universidad de Valladolid, elabora la unidad 1, Las primeras culturas; Francisco Javier Sánchez-Palencia, arqueólogo e investigador del CSIC, redacta la unidad 2, Hispania antigua; y María Isabel del Val, catedrática de Historia Medieval, se encarga de las unidades 3 y 4, La herencia medieval y El legado de los tiempos modernos (siglo XVI).

De otra parte, los textos de las unidades 7, 8, 9 y 10, elaborados para la primera edición del libro por Javier M.ª Donézar, han sido revisados y actualizados por el catedrático de Historia Contemporánea de la UAM Pedro Martínez Lillo, que mantuvo con Donézar en su día una estrecha colaboración.

La obra ofrece un repertorio básico de información histórica, que ha sido revisado por completo y actualizado, en los casos necesarios, con nuevos datos o enfoques. Así, por ejemplo, junto con la incorporación de los últimos, e incesantes hallazgos sobre la prehistoria, se aborda con mayor amplitud la España medieval, y se han completado los contenidos de historia social moderna y contemporánea, sin olvidar los últimos acontecimientos y problemas de nuestro presente.

También se ha renovado la ilustración, tanto en lo referido a la selección de imágenes significativas como en cuanto al diseño y claridad, en especial en los mapas y gráficos. En ambos casos, no son materiales meramente descriptivos, sino concebidos para ampliar información, y potencian y dan sentido didáctico a la parte visual. Se ha revisado el conjunto de documentos, incluyendo nuevas fuentes que enriquecen la obra. Hemos actualizado también la propuesta de actividades que, a lo largo del texto, se van sugiriendo para procesar la información contenida en textos, documentos y cartografía.

Índice

Los saberes básicos del curso

Así es tu libro

Desafíos que dejan huella

Situación de aprendizaje, que te hará poner en acción los conocimientos adquiridos y reflexionar sobre el proceso de aprendizaje, tiene un carácter transformador.

Secuencia de aprendizaje de la situación de aprendizaje.

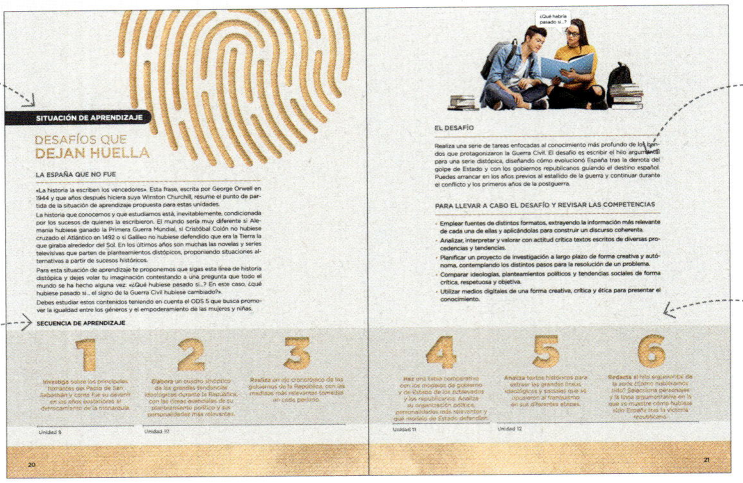

Tareas de comunicación, reflexión y compromiso social relacionadas con algún aspecto trabajado en la situación de aprendizaje.

Propuestas de instrumentos de diagnóstico, descargables en **anayaeducacion.es**, para que autoevalúes la adquisición de competencias alcanzada, la planificación de las tareas y el desarrollo del trabajo en equipo a lo largo de la secuencia de aprendizaje.

Apertura de unidad

Ilustración que refleja algunos aspectos de la época.

Texto explicativo que anticipa los nuevos contenidos que se van a tratar.

Qué vas a aprender, sección donde se recogen los contenidos desarrollados a lo largo de la unidad.

Referencia a la situación de aprendizaje en la que puedes aplicar los aprendizajes asociados a la unidad.

Desarrollo de contenidos

Texto organizado en epígrafes para facilitar su lectura y comprensión.

Diversas formas de representar la información, textual y gráfica (mapas, gráficos, fotografías, dibujos), para ayudarte a comprender, a expresarte y a ofrecerte experiencias que permitan un **fácil aprendizaje.**

Actividades para fijar las ideas fundamentales y analizar algún documento.

Información adicional de hechos destacados, descripciones detalladas para facilitar la comprensión del texto, reseñas bibliográficas sobre personas clave del período analizado.

Perspectiva de género

Incorporación de la perspectiva de género, a través de documentos se da información de la presencia de la mujer en la historia.

Recursos relacionados con **LAS CLAVES** del proyecto

- Compromiso ODS
- Plan lingüístico
- Educación emocional
- Orientación académica y profesional
- Desarrollo del pensamiento
- Aprendizaje cooperativo
- TIC
- Evaluación

Los iconos remiten a recursos del proyecto digital.

Trabajo con historia

Trabajo con distintos tipos de materiales para afianzar los contenidos. Se da una breve explicación y un método de análisis para resolver las actividades.

Mapas conceptuales para fijar y ampliar contenidos.

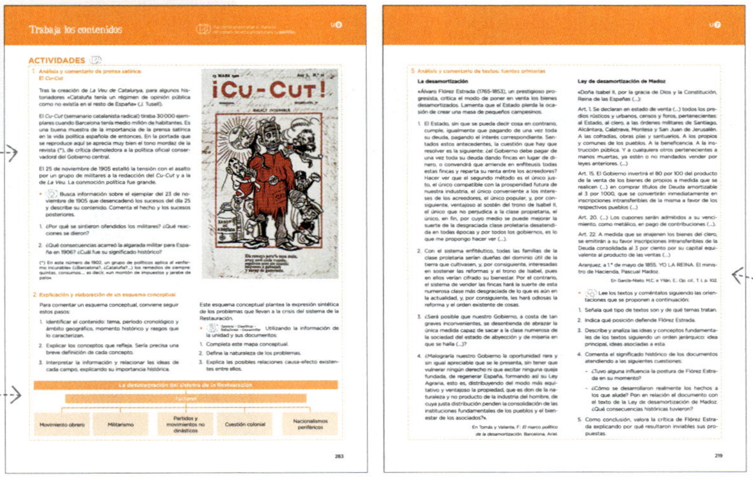

Ejercicio práctico con documentos.

Apéndice

Cronología básica de la Historia de España, organizada secuencialmente. En ella se recogen los principales acontecimientos, procesos y personalidades de cada etapa histórica, desde la prehistoria a la actualidad.

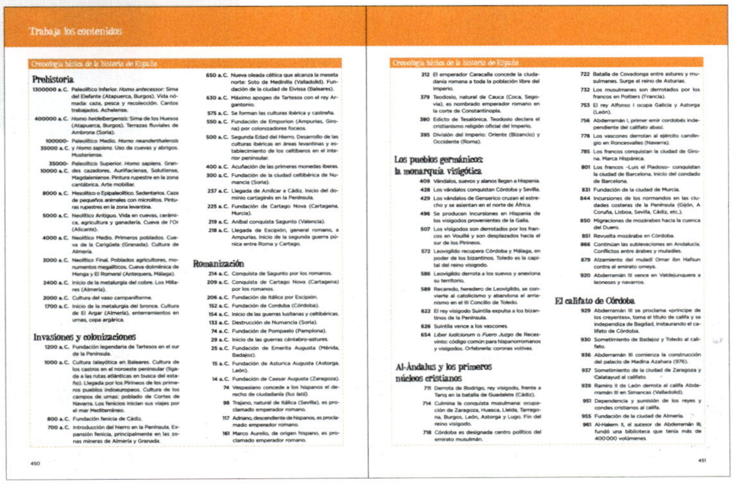

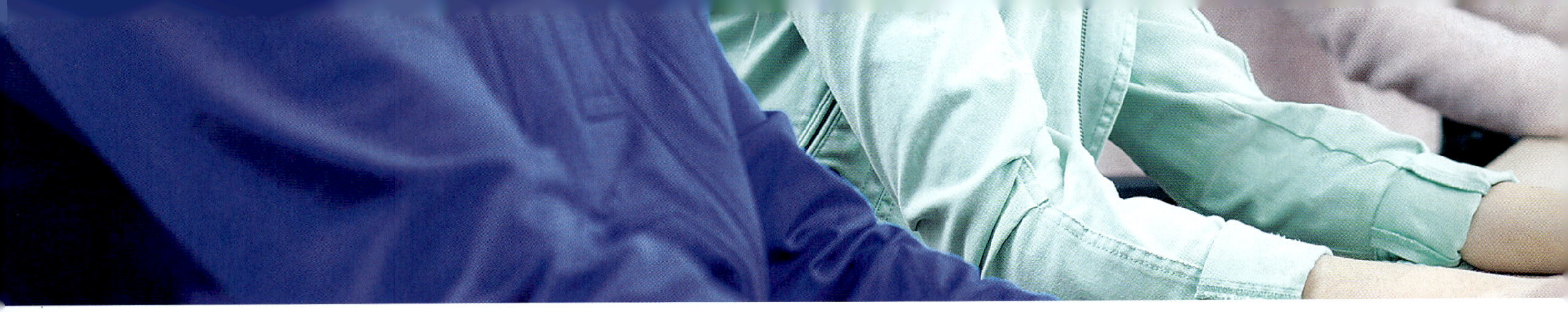

Así es tu proyecto digital

edu DYNAMIC

Un proyecto que te ofrece todos los contenidos del curso a través del libro activo, junto con una gran diversidad de recursos.

Descubre otra forma de aprender sencilla, intuitiva y compatible con cualquier plataforma y dispositivo.

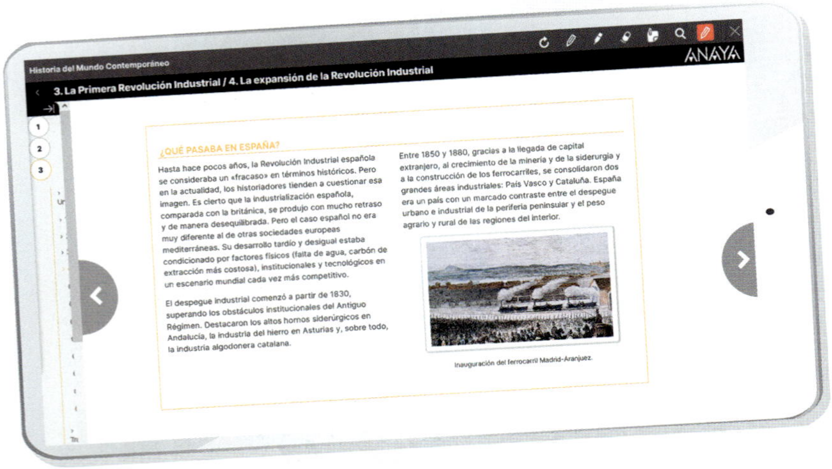

¿Cómo accedes?

Tienes todas las indicaciones necesarias para acceder a él junto a la primera página de tu libro.

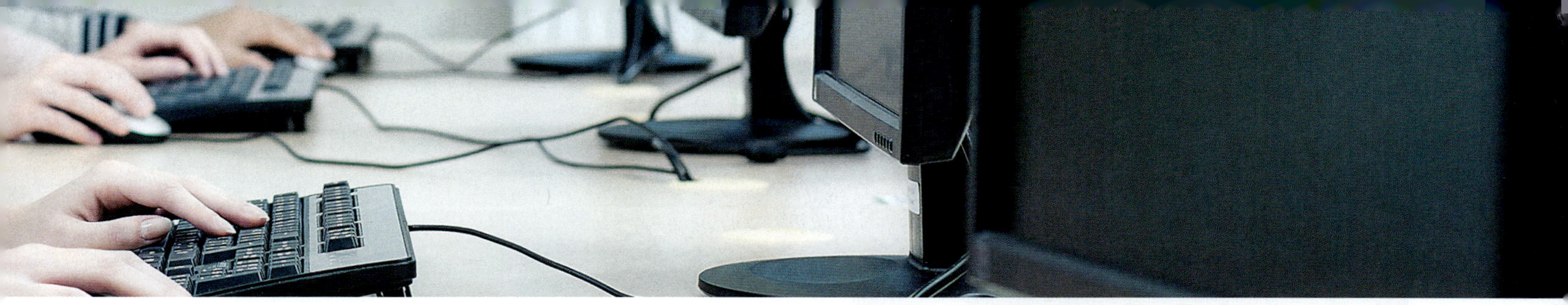

¿Cómo es?

Una respuesta global para un entorno educativo diverso.

Intuitivo
Fácil de usar para ti.

Multidispositivo
Se adapta y visualiza en cualquier tipo de dispositivo (ordenador, tableta, *smartphone*...) a cualquier tamaño y resolución de pantalla.

Descargable
Te permite trabajar sin conexión a internet y descargarlo en más de un dispositivo.

Sincronizable
Los cambios que realices se sincronizan automáticamente al conectar cualquiera de los dispositivos en los que estés usándolo.

Universal
Compatible con todos los sistemas operativos, los entornos virtuales de aprendizaje (EVA) y las plataformas educativas (LMS) más utilizadas en los centros escolares.

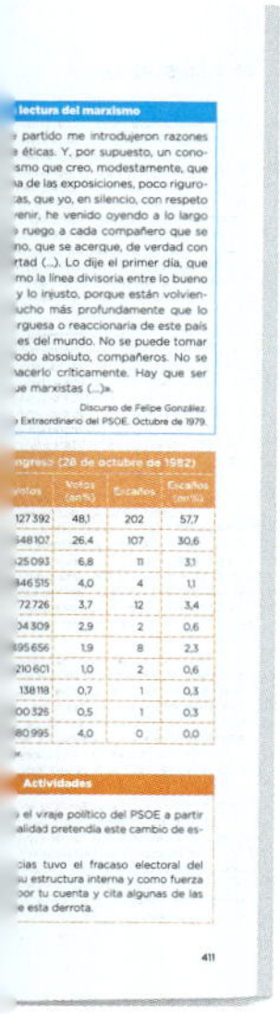

¿Qué te ofrece?

Contiene diversidad de recursos, es mucho más que una reproducción del libro en papel.

Con ellos podrás:

Ejercitar
actividades interactivas

Estudiar
resúmenes interactivos, esquemas...

Aprender
audios, vídeos, *gameroom*...

Evaluar
autoevaluación, porfolio...

Antes de empezar

Conoce tus desafíos

SITUACIÓN DE APRENDIZAJE

¿CÓMO SON?

DESAFÍOS QUE
DEJAN HUELLA

Son **cinco** propuestas de situaciones de aprendizaje:

- Pensadas para movilizar conocimientos, actitudes y destrezas y fomentar el intercambio de saberes y el desarrollo de tus competencias.
- Comprometidas con los Objetivos de Desarrollo Sostenible 2030.
- Cercanas y respetuosas con tu mundo real y tus experiencias.
- Con una estructura clara y sencilla de las tareas y actividades que tendrás que llevar a cabo.

¿CÓMO TRABAJARÁS CON ELLOS?

1

EN CADA DESAFÍO ENCONTRARÁS:

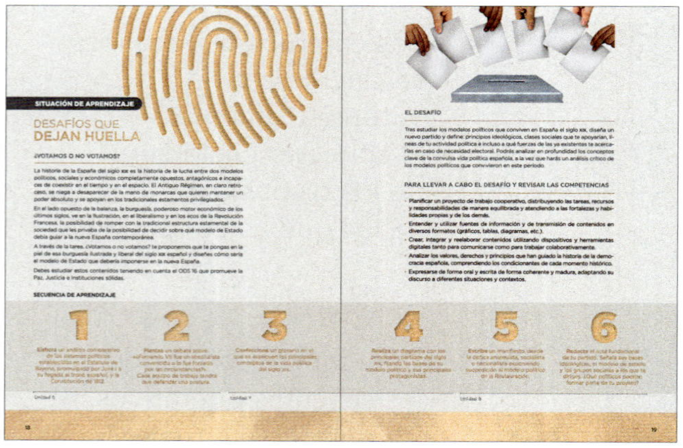

- Un texto motivador que te descubrirá un marco de desafíos relacionados con las unidades.
- La propuesta de una situación de aprendizaje vinculada a uno o varios ODS.
- La secuencia de aprendizaje de la situación propuesta.

2

AL INICIO DE CADA UNIDAD ENCONTRARÁS:

- Una referencia a la situación de aprendizaje correspondiente.

¿CUÁLES SON?

- Revelando tus raíces
- Recepción en el Salón de Reinos
- ¿Votamos o no votamos?
- La España que no fue
- Legislando nuestro futuro

3

Y ADEMÁS EN **ANAYAEDUCACION.ES**:

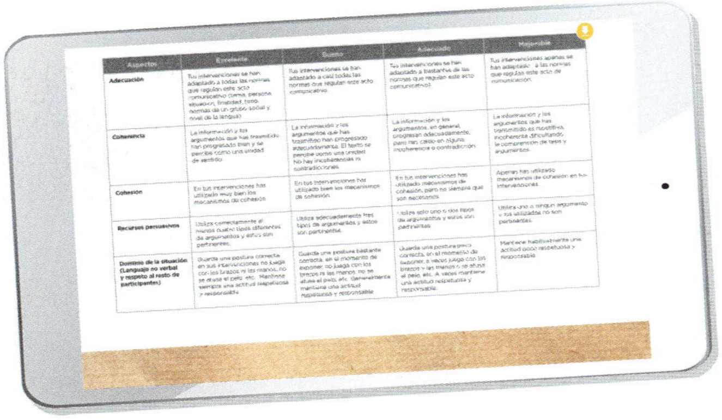

- Aquellas explicaciones que resulten necesarias para abordar cada paso de la secuencia de aprendizaje.
- Una reflexión sobre los avances realizados en la situación de aprendizaje a lo largo de cada unidad.
- Una propuesta de evaluación de tus competencias para cada unidad, que podrás descargarte de **anayaeducacion.es**
- Tareas de comunicación y de compromiso social relacionadas con algún aspecto trabajado en la situación de aprendizaje.
- Otras propuestas de desafíos que te pueden interesar.
- Propuestas de instrumentos de diagnóstico, descargables de **anayaeducacion.es**, para que autoevalúes la planificación de las tareas y el desarrollo del trabajo en equipo a lo largo de toda la secuencia de aprendizaje.
- Una rúbrica del perfil de salida, descargable de **anayaeducacion.es**, para autoevaluar la adquisición de competencias alcanzada con la situación de aprendizaje.

DESAFÍOS QUE
DEJAN HUELLA

SITUACIÓN DE APRENDIZAJE

DESAFÍOS QUE **DEJAN HUELLA**

REVELANDO TUS RAÍCES

Siempre se ha dicho que la historia se estudia a través de sus textos. Sin embargo, para las etapas más antiguas, el estudio de los restos materiales es fundamental. El reconocimiento de las principales aportaciones artísticas y culturales de las diferentes épocas históricas, su conservación y su puesta en valor se ha convertido en la actualidad, no solo en una fuente de conocimiento esencial, sino también en un importante motor económico y social de las áreas en las que se encuentran.

Te proponemos que entres en contacto con el patrimonio arqueológico, cultural y artístico de tu entorno; que conozcas y reflexiones acerca de las medidas llevadas a cabo para garantizar su protección y que contribuyas a su difusión y su conservación. Céntrate en los enclaves culturales más importantes, de tal forma que al final de la secuencia, tengas un conocimiento más amplio de los procesos históricos que se desarrollaron desde la Prehistoria hasta el final de la Edad Media.

Trabaja estos contenidos a partir del ODS 11 «Ciudades y comunidades sostenibles»; ten en cuenta que la cuarta meta de este ODS exige «redoblar los esfuerzos para proteger y salvaguardar el patrimonio cultural y natural del mundo».

SECUENCIA DE APRENDIZAJE

1

Elabora un esquema de las etapas de la prehistoria y los principales procesos culturales que se desarrollaron en cada una de ellas, destacando sus características.

2

Realiza un mapa de la comunidad representando yacimientos, evidencias materiales o monumentos correspondientes a las diferentes épocas estudiadas en esta unidad.

Unidad 1

3

Crea un pequeño proyecto de investigación sobre el legado económico, cultural y social romano y presenta los resultados en forma de póster explicativo o infografía.

Unidad 2

EL DESAFÍO

A lo largo de estas unidades vas a entrar en contacto con numerosos procesos históricos, que han dejado su huella en tu entorno. Te proponemos el diseño de un itinerario cultural por los enclaves más representativos de cada uno de los períodos, y la elaboración de un PÓDCASTS explicativo de cada uno de ellos. De esta forma, por una parte podrás investigar con mayor profundidad sobre algunas etapas y las huellas que se conservan, y por otro estarás contribuyendo a su protección y difusión entre tu entorno.

PARA LLEVAR A CABO EL DESAFÍO Y REVISAR LAS COMPETENCIAS

- Interpretar y manejar diferentes fuentes de información histórica y arqueológica, valorando las posibilidades de cada soporte y comprobando su fiabilidad.
- Planificar un proyecto de investigación a largo plazo de forma creativa y autónoma, contemplando los distintos pasos necesarios para la resolución de un problema.
- Analizar las relaciones entre el ser humano y su entorno, comprendiendo las formas en las que el ser humano ha modificado el medio a lo largo de la historia.
- Conocer, valorar y difundir el patrimonio cultural, entendiéndolo como parte de nuestra identidad y favoreciendo estrategias para su protección y promoción.
- Utilizar medios digitales de una forma creativa, crítica y ética para promover la conservación del patrimonio cultural.

4

Haz un glosario de términos referentes a urbanismo, ordenación del territorio y arquitectura en época romana en Hispania.

5

Busca información sobre los monumentos más representativos de tu entorno de cristianos y musulmanes y analízalos y compáralos.

6

Selecciona la información más relevante de cada monumento y redacta el texto definitivo y graba el PÓDCAST.

SITUACIÓN DE APRENDIZAJE

DESAFÍOS QUE **DEJAN HUELLA**

RECEPCIÓN EN EL SALÓN DE REINOS

Entre los siglos XV y XVIII vivieron muchos de los personajes más relevantes de la historia de España. Artistas, científicos, políticos, escritores y descubridores son parte esencial de la Edad Moderna española. Aún así, muchas veces, su imagen está condicionada por aspectos políticos, culturales o ideológicos. Por ese motivo vamos a plantear un proyecto en el que, a través de diferentes fuentes de información, podamos profundizar en el conocimiento de los hombres y mujeres que marcaron estos siglos, y que son parte esencial del legado cultural, artístico y político español, valorando cuáles fueron sus principales aportaciones y cómo contribuyeron a cambiar la historia.

Debes trabajar estos contenidos teniendo en cuenta el ODS 5 que busca promover la igualdad entre los géneros y el empoderamiento de las mujeres y niñas.

SECUENCIA DE APRENDIZAJE

1

Elabora de un mapa interactivo con las principales rutas llevadas a cabo por los navegantes de los siglos XVI y XVII, las fases del proceso de conquista y sus principales protagonistas.

2

Realiza una línea del tiempo interactiva situando los principales protagonistas de la política y el arte español de los siglos XVI y XVII, con sus datos biográficos más significativos y sus obras más representativas.

EL DESAFÍO

Te proponemos un viaje en el tiempo para conocer a los personajes más importantes de Edad Moderna. Tendrás que diseñar cómo sería una recepción real en la que el rey convoca a distintas personalidades del mundo de la política, la ciencia, la literatura, el arte, etc. Como producto final elaborarás el «Catálogo de la recepción» con datos biográficos, anécdotas, aportaciones y las principales contribuciones de cada uno de ellos.

PARA LLEVAR A CABO EL DESAFÍO Y REVISAR LAS COMPETENCIAS

- Expresar hechos, pensamientos, opiniones o sentimientos de manera oral y escrita de manera correcta, coherente y adecuada.
- Seleccionar y contrastar información de diversas fuentes y transmitirla en diferentes formatos para comunicarla de manera clara y rigurosa y desde una perspectiva creativa y crítica.
- Valorar de forma crítica la contribución de la ciencia y la tecnología en el cambio de las condiciones de vida a lo largo de la Historia de España.
- Utilizar dispositivos digitales, herramientas, aplicaciones y servicios en línea e incorporarlos en tu entorno personal de aprendizaje digital.
- Planificar y distribuir en grupo las tareas, recursos y responsabilidades de manera equilibrada para alcanzar los objetivos propuestos.

3

Elabora un árbol genealógico de los monarcas del siglo XVIII, destacando sus matrimonios, la repercusión política de estos, y los principales ministros y validos de cada reinado.

4

Realiza un mapa conceptual con las principales reformas políticas, económicas, sociales, culturales, religiosas y científicas del siglo XVIII.

5

Elabora un catálogo con la biografía de los personajes más destacados.

SITUACIÓN DE APRENDIZAJE

DESAFÍOS QUE **DEJAN HUELLA**

¿VOTAMOS O NO VOTAMOS?

La historia de la España del siglo XIX es la historia de la lucha entre dos modelos políticos, sociales y económicos completamente opuestos, antagónicos e incapaces de coexistir en el tiempo y en el espacio. El Antiguo Régimen, en claro retroceso, se niega a desaparecer de la mano de monarcas que quieren mantener un poder absoluto y se apoyan en los tradicionales estamentos privilegiados.

En el lado opuesto de la balanza, la burguesía, poderoso motor económico de los últimos siglos, ve en la Ilustración, en el liberalismo y en los ecos de la Revolución Francesa, la posibilidad de romper con la tradicional estructura estamental de la sociedad que les privaba de la posibilidad de decidir sobre qué modelo de Estado debía guiar a la nueva España contemporánea.

A través de la tarea, ¿Votamos o no votamos? te proponemos que te pongas en la piel de esa burguesía ilustrada y liberal del siglo XIX español y diseñes cómo sería el modelo de Estado que debería imponerse en la nueva España.

Debes estudiar estos contenidos teniendo en cuenta el ODS 16 que promueve la Paz, Justicia e Instituciones sólidas.

SECUENCIA DE APRENDIZAJE

1

Elabora un análisis comparativo de los sistemas políticos establecidos en el Estatuto de Bayona, promulgado por José I a su llegada al trono español, y la Constitución de 1812.

2

Plantea un debate sobre: «¿Fernando VII fue un absolutista convencido o lo fue forzado por las circunstancias?». Cada equipo de trabajo tendrá que defender una postura.

Unidad 6

3

Confecciona un glosario en el que se expliquen los principales conceptos de la vida política del siglo XIX.

Unidad 7

EL DESAFÍO

Tras estudiar los modelos políticos que conviven en España el siglo XIX, diseña un nuevo partido y define: principios ideológicos, clases sociales que te apoyarían, líneas de tu actividad política e incluso a qué fuerzas de las ya existentes te acercarías en caso de necesidad electoral. Podrás analizar en profundidad los conceptos clave de la convulsa vida política española, a la vez que harás un análisis crítico de los modelos políticos que convivieron en este período.

PARA LLEVAR A CABO EL DESAFÍO Y REVISAR LAS COMPETENCIAS

- Planificar un proyecto de trabajo cooperativo, distribuyendo las tareas, recursos y responsabilidades de manera equilibrada y atendiendo a las fortalezas y habilidades propias y de los demás.
- Entender y utilizar fuentes de información y de transmisión de contenidos en diversos formatos (gráficos, tablas, diagramas, etc.).
- Crear, integrar y reelaborar contenidos utilizando dispositivos y herramientas digitales tanto para comunicarse como para trabajar colaborativamente.
- Analizar los valores, derechos y principios que han guiado la historia de la democracia española, comprendiendo los condicionantes de cada momento histórico.
- Expresarse de forma oral y escrita de forma coherente y madura, adaptando su discurso a diferentes situaciones y contextos.

4

Realiza un diagrama con los principales partidos del siglo XIX, fijando las bases de su modelo político y sus principales protagonistas.

5

Escribe un manifiesto, desde la óptica anarquista, socialista o nacionalista exponiendo suoposición al modelo político de la Restauración.

6

Redacta el acta fundacional de tu partido. Señala sus bases ideológicas, el modelo de estado y los grupos sociales a los que te diriges. ¿Qué políticos podrían formar parte de tu proyeto?

SITUACIÓN DE APRENDIZAJE

DESAFÍOS QUE **DEJAN HUELLA**

LA ESPAÑA QUE NO FUE

«La historia la escriben los vencedores». Esta frase, escrita por George Orwell en 1944 y que años después hiciera suya Winston Churchill, resume el punto de partida de la situación de aprendizaje propuesta para estas unidades.

La historia que conocemos y que estudiamos está, inevitablemente, condicionada por los sucesos de quienes la escribieron. El mundo sería muy diferente si Alemania hubiese ganado la Primera Guerra Mundial, si Cristóbal Colón no hubiese cruzado el Atlántico en 1492 o si Galileo no hubiese defendido que era la Tierra la que giraba alrededor del Sol. En los últimos años son muchas las novelas y series televisivas que parten de planteamientos distópicos, proponiendo situaciones alternativas a partir de sucesos históricos.

Para esta situación de aprendizaje te proponemos que sigas esta línea de historia distópica y dejes volar tu imaginación contestando a una pregunta que todo el mundo se ha hecho alguna vez: «¿Qué hubiese pasado si...? En este caso, ¿qué hubiese pasado si... el signo de la Guerra Civil hubiese cambiado?».

Debes estudiar estos contenidos teniendo en cuenta el ODS 5 que busca promover la igualdad entre los géneros y el empoderamiento de las mujeres y niñas.

SECUENCIA DE APRENDIZAJE

1

Investiga sobre los principales firmantes del Pacto de San Sebastián y como fue su devenir en los años posteriores al derrocamiento de la monarquía.

2

Elabora un cuadro sinóptico de las grandes tendencias ideológicas durante la República, con las líneas esenciales de su planteamiento político y sus personalidades más relevantes.

3

Realiza un eje cronológico de los gobiernos de la República, con las medidas más relevantes tomadas en cada período.

Unidad 9

Unidad 10

EL DESAFÍO

Realiza una serie de tareas enfocadas al conocimiento más profundo de los bandos que protagonizaron la Guerra Civil. El desafío es escribir el hilo argumental para una serie distópica, diseñando cómo evolucionó España tras la derrota del golpe de Estado y con los gobiernos republicanos guiando el destino español. Puedes arrancar en los años previos al estallido de la guerra y continuar durante el conflicto y los primeros años de la postguerra.

PARA LLEVAR A CABO EL DESAFÍO Y REVISAR LAS COMPETENCIAS

- Emplear fuentes de distintos formatos, extrayendo la información más relevante de cada una de ellas y aplicándolas para construir un discurso coherente.
- Analizar, interpretar y valorar con actitud crítica textos escritos de diversas procedencias y tendencias.
- Planificar un proyecto de investigación a largo plazo de forma creativa y autónoma, contemplando los distintos pasos para la resolución de un problema.
- Comparar ideologías, planteamientos políticos y tendencias sociales de forma crítica, respetuosa y objetiva.
- Utilizar medios digitales de una forma creativa, crítica y ética para presentar el conocimiento.

4

Haz una tabla comparativa con los modelos de gobierno y de Estado de los sublevados y los republicanos. Analiza su organización política, personalidades más relevantes y qué modelo de Estado defendían.

Unidad 11

5

Analiza textos históricos para extraer las grandes líneas ideológicas y sociales que se opusieron al franquismo en sus diferentes etapas.

6

Redacta el hilo argumental de la serie ¿Cómo hubiéramos sido? Selecciona personajes y la línea argumentativa en la que se muestre cómo hubiese sido España tras la victoria republicana.

Unidad 12

SITUACIÓN DE APRENDIZAJE

DESAFÍOS QUE DEJAN HUELLA

LEGISLANDO NUESTRO FUTURO

A lo largo de este curso has entrado en contacto con los principales retos y dificultades a los que se han enfrentado las clases dirigentes para convertir a España en un Estado constitucional, moderno y democrático. Tanto el modelo de Estado, como las bases económicas y sociales que articulan la nación, han sido objeto de numerosos debates, cambios y conflictos a lo largo de toda su historia.

Hoy en día, muchos de esos problemas no han desaparecido y a la vez nos enfrentamos a nuevos retos que, en muchos casos, generan tensiones y discrepancias dentro del territorio español. Para tratar de resolverlos se recurre a la Constitución de 1978 como documento básico de organización del Estado. Sin embargo, desde muchos sectores, se considera que ya ha quedado obsoleta en muchos ámbitos y que hay que modificar o rehacer las líneas básicas que estructuran nuestro Estado.

Debes estudiar estos contenidos teniendo en cuenta el ODS 16 que establece como metas para lograr la justicia y la paz social aspectos como «Promover el estado de derecho en los planos nacional e internacional y garantizar la igualdad de acceso a la justicia para todos» o «Garantizar la adopción en todos los niveles de decisiones inclusivas, participativas y representativas».

SECUENCIA DE APRENDIZAJE

1

Analiza y comenta el texto de la Ley para la Reforma Política, centrado en qué aspectos de la ley rompían definitivamente con el régimen franquista.

2

Elabora una tabla comparativa de los textos constitucionales de los siglos XIX y XX: tipo de soberanía, división de poderes, estructura y composición de las Cortes, confesionalidad del Estado, derechos y deberes de los ciudadanos.

EL DESAFÍO

Elabora un proyecto de constitución para la España del siglo XXI. A partir del análisis de los retos a los que se enfrentó España desde la Transición y cómo se resolvieron, plantea aspectos sociales, políticos y económicos pendientes o querequieren una actualización/modificación. Podrás proponer nuevos retos a los que se enfrenta actualmente y que no fueron contemplados en 1978, pero que desde tu punto de vista son esenciales en el ordenamiento básico del Estado.

PARA LLEVAR A CABO EL DESAFÍO Y REVISAR LAS COMPETENCIAS

- Analizar, comprender y comentar textos históricos de carácter jurídico, extrayendo las ideas principales y secundarias y contextualizándolos en el momento histórico en el que se elaboraron.
- Realizar búsquedas de información complejas, acudiendo a fuentes de diversos formatos y valorando la fiabilidad de dichas fuentes.
- Descubrir, analizar y poner en valor las líneas esenciales que marcan nuestra vida social y democrática y los valores que guían la Constitución Española como documento esencial para la convivencia pacífica y democrática.
- Evaluar los retos y amenazas a los que se enfrentan España y Europa en el siglo XXI.

3

Realiza un esquema con los principales retos a los que se ha de enfrentar España desde la Transición hasta la actualidad: seguridad, integración en Europa, reivindicaciones nacionalistas...

4

Plantea las líneas básicas que deberían articular una nueva constitución para España a partir de los retos de la actividad anterior, y viendo cuáles quedan sin respuesta en la Constitución de 1978.

1

Cueva de Altamira, Santillana del Mar (Cantabria).

Las primeras culturas

Los primeros pasos de la humanidad se incluyen dentro de la prehistoria. Su estudio se lleva a cabo a través de los vestigios materiales: utensilios y herramientas, restos de alimentos, ornamentos, manifestaciones artísticas, construcciones y enterramientos. Larqueología es la disciplina que se encarga de recuperar, analizar e interpretar todos estos restos La prehistoria, por tanto, se construye principalmente a través de datos de naturaleza arqueológica, pero también de los aportados por ciencias como la geología, la biología, la genética o la antropología.

Cuanto más nos alejamos en el tiempo, más dispersa y escasa es la información que podemos obtener de los grupos humanos remotos, que también son los más simples. Sin embargo, las etapas más recientes se corresponden con sociedades más complejas, de las que se ha conservado una mayor diversidad y riqueza de restos materiales. En los momentos finales de la prehistoria, conocidos como protohistoria, es posible contar también con los testimonios escritos de otras culturas coetáneas más avanzadas.

QUÉ VAS A ENCONTRAR EN ESTA UNIDAD

DESAFÍOS QUE
DEJAN HUELLA

Los contenidos y las actividades de esta unidad pueden resultar de utilidad para la realización del proyecto multidisciplinar «Revelando tus raíces».

1

El Paleolítico: sociedades de cazadores y recolectores

La etapa inicial y la más extensa de toda la prehistoria recibe el nombre de **Paleolítico** o **Edad de la Piedra Antigua.** En este período se incluyen muchos de los complejos procesos de especiación que se han producido dentro de la rama evolutiva de los **homínidos** (de la que surgieron los géneros bípedos *Australopithecus, Paranthropus* y *Homo*), aparecida en África oriental hace entre siete y cinco millones de años.

En suelo africano es donde se documentan las primeras especies fósiles incluidas dentro del género humano y la elaboración de las primeras herramientas de piedra (hace 2600000 años). De este continente partieron las **primeras migraciones** de nuestros congéneres fósiles hacia distintas regiones de Eurasia (a partir de hace 1800000 años). Y fue allí donde se gestó nuestra propia especie, *Homo sapiens,* hace unos 200000 años.

1.1. La Edad del Hielo y sus consecuencias

El Paleolítico coincide con la época geológica del **Pleistoceno** (desde 1800000 años hasta 12000), caracterizada por la intensificación de los fenómenos ambientales propios de la **Edad del Hielo.** En Europa y en otras regiones del hemisferio norte, el régimen climático se caracterizó por la constante sucesión de fases frías y cálidas.

Durante los **períodos glaciares** las temperaturas medias del planeta experimentaron un acusado descenso y se formaron extensas masas de hielo. Además, los niveles del mar descendieron abruptamente, abriendo puentes terrestres insospechados hoy en día. Estos cambios ambientales influyeron de forma radical en la distribución de la fauna, con el predominio de especies adaptadas al frío, como el mamut, el rinoceronte lanudo, el bisonte o el reno; y la flora, con la extensión de los paisajes esteparios.

Durante los **períodos interglaciares** las condiciones ambientales tendieron a ser mucho más benignas, pues las masas de hielo disminuyeron sensiblemente, predominando los ecosistemas forestales con faunas cálidas.

1.2. La economía depredadora y el nomadismo

Los grupos paleolíticos practicaban una **economía depredadora,** dedicada a la caza y el carroñeo, la recolección de frutos, raíces y plantas o, más adelante, la pesca

Gráfico evolutivo de los homínidos

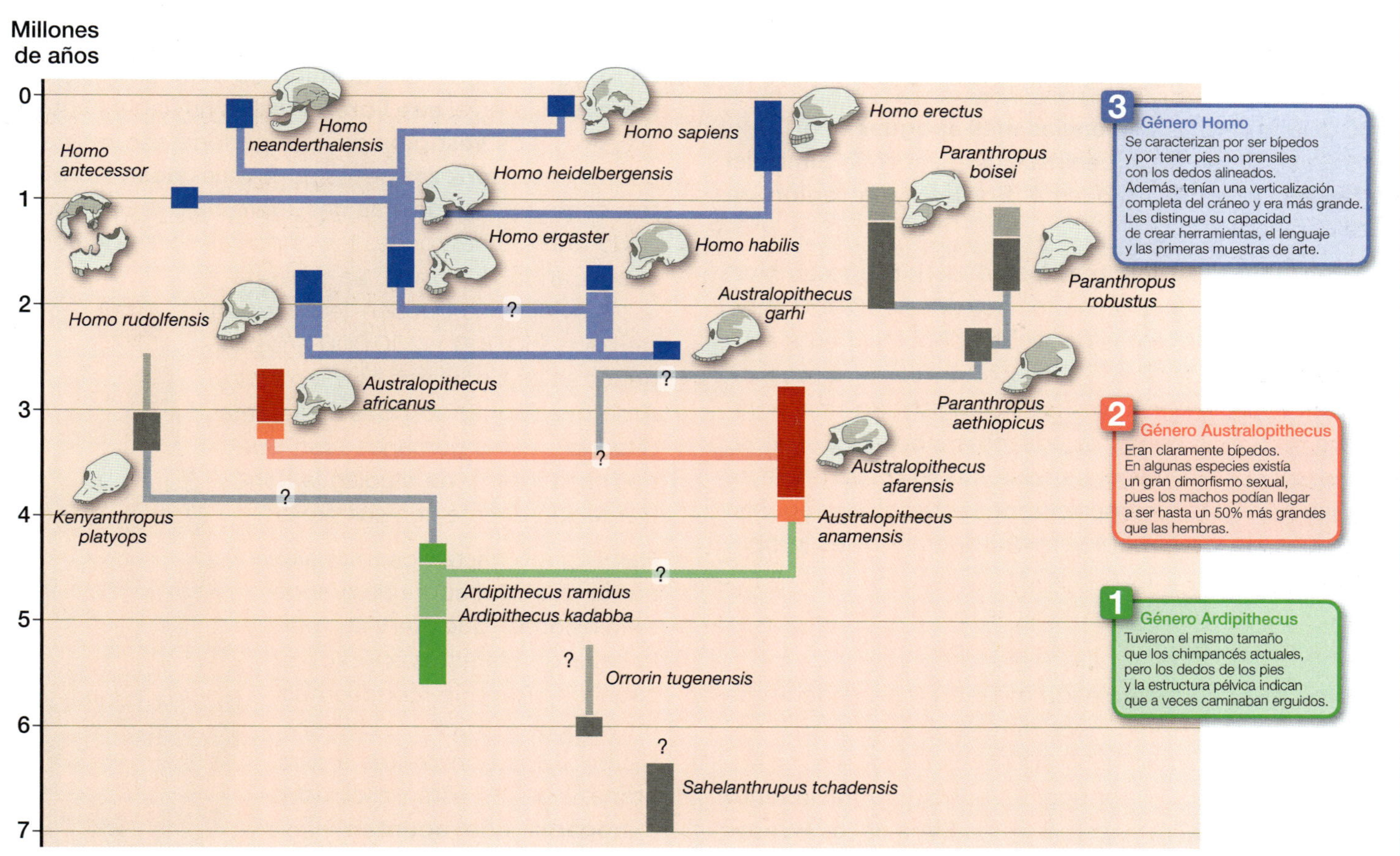

La línea cronológica situada a la izquierda indica el momento en que surgieron cada una de las especies que muestra el gráfico. Los interrogantes indican que las relaciones de ancestro-descendiente no están totalmente verificadas.

Más información en la web recursos de **anayaeducacion.es**.

Calidad de vida en el Paleolítico inferior

«A pesar de que, por lo general, los individuos de la Sima de los Huesos presentan una salud razonablemente buena y una calidad alimenticia suficiente, las heridas y enfermedades que se han reconocido en esta población dan cuenta de la dureza de la vida de estos veteranos europeos: infecciones dentales muy severas, violentos traumatismos en huesos y dientes o minusvalías auditivas han dejado sus marcas en muchos fósiles. El caso del individuo al que pertenecía la pelvis (...) es particularmente interesante. Se trata de un anciano de avanzada edad (sobre unos 45 años) que, no obstante, había sobrevivido durante cierto tiempo con graves deformaciones en su columna vertebral (...).

La dura vida nómada de los cazadores y recolectores prehistóricos (...) habría hecho necesario que un individuo con semejantes limitaciones físicas recibiera el apoyo de su comunidad para sobrevivir».

Diez Martín, F.: *Breve historia de los neandertales.* Nowtilos, Madrid, 2011.

y el marisqueo. Su adaptación a la Edad del Hielo y a la acusada estacionalidad de Europa exigía una gran dependencia de la carne animal, dado que era el recurso alimenticio más estable. Por esta razón eran **nómadas,** cuya permanencia en un mismo sitio dependía de la disponibilidad estacional de los recursos locales. Conformaban grupos pequeños y relativamente aislados, **sociedades igualitarias,** cohesionadas, sin signos aparentes de división de sus actividades económicas en función del sexo o la edad (salvo, quizás, desde el Paleolítico superior) y, por lo general, poco innovadoras culturalmente.

1.3. El Paleolítico inferior: primeros pobladores

En el marco de las tempranas migraciones fuera de África, los primeros humanos llegaron a Europa hace 1200 000 años. Las **evidencias más antiguas** de esa expansión se sitúan en la península ibérica, en la **Sima del Elefante** (Sierra de Atapuerca, Burgos) y la **región de Orce** (Granada).

En **Gran Dolina (Atapuerca),** se ha identificado un nivel arqueológico muy rico fechado hace unos 900 000 años. Allí, junto a herramientas de piedra, principalmente cantos tallados y lascas con filos cortantes, y huesos de distintas especies animales, se ha registrado una significativa colección de restos adscritos a la especie *Homo antecessor.* Estos humanos, que pudieron extenderse también por otras regiones europeas, fueron protagonistas de uno de los episodios migratorios iniciales, probablemente fallidos.

1.3.1. La expansión inicial por Europa

Fruto de una segunda oleada migratoria procedente de África, la especie *Homo heidelbergensis* se expandió por Europa a partir de hace 600 000 años. Sus fósiles se encuentran por todo el continente, aunque el **yacimiento más importante** para su estudio es la **Sima de los Huesos** (Sierra de Atapuerca). En esta cavidad se ha recuperado una acumulación de restos óseos perteneciente a veintiocho personas y fechada hace unos 400 000 años.

Los grupos *heidelbergensis* llegaron a Europa llevando consigo una innovación técnica inventada tiempo atrás por sus ancestros africanos, el **complejo achelense**, caracterizado por la elaboración de utensilios en piedra de grandes dimensiones con formas muy definidas, tales como picos triédricos, hendedores y bifaces. Estos artefactos, junto a otras herramientas cortantes de pequeñas dimensiones, servían en múltiples tareas, incluyendo actividades de carnicería o el trabajo de la madera. La producción sistemática de bifaces, que en muchas ocasiones presentan una factura elaborada, denota habilidades cognitivas avanzadas.

1.3.2. El complejo achelense en la Península

La mayor parte de los **yacimientos** arqueológicos achelenses se sitúan al **aire libre,** en valles fluviales y entornos lacustres. Los **vestigios** de este período son muy abundantes en las **terrazas** de los principales **ríos** y sus afluentes, como en las cuencas del Duero, Tajo o Guadalquivir, dado que eran entonces las principales vías de comunicación en la Península. La mayoría de estas evidencias pueden fecharse entre hace 350 000 y 200 000 años. Algunos sitios singulares son Torralba y Ambrona (Soria) o Áridos de Jarama (Madrid). Estos humanos eran buenos cazadores y no eludían la confrontación directa con sus presas.

Han llegado hasta nosotros algunas lanzas de madera de grandes dimensiones que servían para la caza de elefantes, ciervos o caballos. Aunque conocemos muy pocas estructuras de habitación correspondientes a esta etapa, algunas están asociadas a **hogares que apuntan** hacia el **conocimiento** de las técnicas de conservación y producción del **fuego.**

Bifaz achelense.

1.4. El Paleolítico medio: los neandertales

Hace unos 200 000 años, gracias a un proceso de aislamiento en la Europa de la Edad del Hielo, las poblaciones locales derivaron en *Homo neanderthalensis.* Esta es la primera especie humana fósil identificada en los albores de la ciencia prehistórica, en el siglo XIX.

Los neandertales son un ejemplo excepcional de **adaptación a las condiciones ambientales** de este período. Con un cuerpo robusto, estatura media, extremidades cortas y un cerebro mayor que el nuestro, ocuparon un amplísimo territorio que va desde su cuna europea, pasando por el Próximo Oriente y Asia Central, hasta Siberia.

En la **cueva de El Sidrón (Asturias)** se han descubierto los restos de hasta trece personas pertenecientes a un mismo grupo, con una antigüedad de 49 000 años. Los estudios genéticos llevados a cabo con restos de ADN conservados en estos fósiles han permitido identificar genes relacionados con la pigmentación de la piel (algunos neandertales eran pelirrojos) o la capacidad del lenguaje.

1.4.1. El complejo musteriense: una técnica innovadora

Los neandertales disponían de notables habilidades tecnológicas. Dentro del Paleolítico medio (200 000-40 000 años), desarrollaron el complejo arqueológico conocido como musteriense, caracterizado por la producción de un diverso instrumental lítico a partir de lascas retocadas pequeñas y medianas. Entre estos artefactos destacan las puntas, enmangadas en astiles de madera para servir como armas arrojadizas y las raederas. Para producir algunas de estas piezas, desarrollaron una compleja **técnica de talla** denominada **levallois.** Su **artesanía** de la madera, la piel, el hueso o las fibras vegetales, era sencilla.

Eran **grandes cazadores** que llevaban a cabo estrategias cinegéticas organizadas. Muy comúnmente se resguardaban en cuevas y abrigos, pero también han llegado hasta nosotros algunas construcciones o cabañas sencillas que eran ocupadas brevemente. En Vilas Ruivas (Portugal) se ha identificado una sencilla estructura que, a modo de paravientos, pudo servir como un improvisado alto de caza, hace 60 000 años. En el Abric Romaní (Barcelona) es posible observar cómo compartimentaban sus actividades cotidianas en torno a hogueras.

La sociedad neandertal y su mundo simbólico

La sociedad neandertal era **cooperativa,** cuidaba de los individuos dependientes y se estructuraba en **grupos pequeños y aislados.** Se han encontrado evidencias de su sentido estético y comportamiento simbólico, a través de ornamentos personales, como cuentas de collar de conchas o dientes perforados y plumas o garras de rapaces; la utilización de pigmentos naturales, como el ocre; notaciones incisas en algunos huesos y, quizás, manifestaciones de arte parietal. Una muestra de su sentido simbólico es el hecho de que **enterraban a sus muertos,** al menos desde hace 100 000 años. Se conservan sepulturas de mujeres y hombres de todas las edades, incluyendo recién nacidos y ancianos, aunque no parece que acompañaran a los difuntos con ofrendas rituales.

Lasca de cuarcita, instrumento lítico musteriense tallado con la técnica levallois.

Después de haber sobrevivido en la Europa del hielo durante muchos milenios, los neandertales **se extinguieron paulatinamente** en las distintas regiones del continente. Sus últimos vestigios pueden encontrarse en la península ibérica, alrededor de hace unos 30 000 años. Se desconocen las razones de su desaparición, aunque su limitada población, diezmada constantemente en función de los ciclos climáticos y, quizás, la llegada de *Homo sapiens* a Europa pudieron influir fatalmente en el delicado equilibrio de su supervivencia.

La reconstrucción del genoma neandertal ha puesto de manifiesto que los humanos modernos no africanos compartimos entre 1% y 4% de genes neandertales, lo que permite suponer cierto proceso de hibridación entre ambas especies, probablemente producido en el Próximo Oriente.

1.5. El Paleolítico superior: los humanos modernos

El *Homo sapiens,* surgió en África, casi al mismo tiempo que los neandertales en Europa, e inició una espectacular expansión hace unos 70 000 años, que le llevó a conquistar todos los continentes y regiones de la Tierra. En su proceso de **colonización global,** llegó a Europa hace unos 45 000 años. Durante un período de tiempo, estos recién llegados pudieron compartir el territorio con los últimos neandertales.

La complejidad de *Homo sapiens* se vincula al llamado **comportamiento humano moderno,** caracterizado por su flexibilidad, adaptación y por el importante papel que juegan los aspectos simbólicos en la esfera social y cultural. Estos rasgos se observan con claridad en los distintos complejos tecnológicos englobados dentro del Paleolítico superior que, desde el más antiguo al más reciente (entre hace 40 000 y 12 000 años), se denominan auriñaciense, gravetiense, solutrense y magdaleniense.

1.5.1. Complejidad técnica y diversificación económica

Los yacimientos de estos períodos son abundantes en la Península, aunque se concentran en las regiones cantábrica, levantina y el foco atlántico portugués. Dentro de su diversidad, estos complejos arqueológicos comparten avances técnicos tales como la tendencia a la producción de **artefactos de piedra cada vez más pequeños,** un fenómeno conocido como **leptolitización;** la proliferación y perfeccionamiento de un armamento compuesto muy especializado con elementos recambiables o desmontables, que sirve para mejorar las técnicas ofensivas. Los propulsores son un buen ejemplo de este tipo de armas, aunque es probable que el arco y la flecha fueran también una invención del Paleolítico superior. Ahora prolifera una gran variedad de **artefactos en hueso y asta,** como puntas o azagayas, agujas y arpones. La elaboración de vestimentas y tocados se hace más compleja.

Junto a la caza selectiva, se inicia una clara diversificación de la subsistencia, con la incorporación de recursos litorales (moluscos) o fluviales (pesca de salmones) a la dieta. Los humanos del Paleolítico superior disponían de **asentamientos estacionales** especializados, tanto en cuevas y abrigos como al aire libre. Se conocen estructuras de habitación, tales como tiendas con entramados de madera cubiertas con pieles o estructuras circulares con armazones óseos, que contienen hogares.

1.5.2. Nacimiento del arte y del simbolismo

Surge un abundante **arte mobiliar** en materiales muy diversos (hueso, asta, marfil, piedra o arcilla cocida). Son célebres las figurillas animales, como las aruiñacienses; estatuillas humanas, como las venus gravetienses; las plaquetas grabadas, como las de la Cova del Parpalló en Valencia; la decoración grabada con motivos animales y geométricos en propulsores, bastones, varillas; y los elementos ornamentales, como botones o colgantes. Aunque también son comunes motivos antropomorfos, normalmente relacionados con aspectos de la sexualidad, e ideomorfos o signos abstractos. Las representaciones de animales, preferentemente de caballos y bisontes, en las paredes de las cuevas alcanzan una maestría sobresaliente.

Se han propuesto distintas explicaciones sobre las causas de estas manifestaciones artísticas primitivas, tales como una forma simbólica o mágica de propiciar la reproducción y la abundancia de la caza, como una representación del diálogo entre las fuerzas femeninas y masculinas dominantes en la naturaleza o, finalmente, como elementos vinculados a prácticas y rituales chamánicos.

En la Península son muy abundantes las estaciones de **arte parietal,** particularmente en la región cantábrica: la Cueva de Altamira, pintada durante el período magdaleniense, supone uno de los ejemplos más sobresalientes del realismo alcanzado por estos artistas. Aunque no son muy comunes, algunas manifestaciones de arte rupestre se sitúan al aire libre, como muestran las estaciones de Foz Côa (Portugal) y Siega Verde (Salamanca). Durante este período existen muchos ejemplos de **enterramientos individuales** acompañados de ricos ajuares, como atuendos, objetos de uso cotidiano y adorno personal, arte mobiliar y restos de ocre, que señalan tanto el refuerzo de las identidades individuales como el papel concedido a las creencias en el mundo de ultratumba.

Propulsor del cervatillo con pájaros. Tallado en asta de reno y encontrado en la cueva de Mas D'Azil (Ariege, Francia). Período magdaleniense medio.

El propulsor supuso un notable avance en la actividad cazadora del Paleolítico superior. Permitía lanzar elementos punzantes, de madera o hueso, a una gran distancia con fuerza y precisión.

1.6. Los últimos depredadores del Pleistoceno

Entre el final de la Edad del Hielo y la época geológica cálida actual, el **Holoceno,** los grupos de cazadores y recolectores tuvieron que adaptarse a los cambios ecológicos y ambientales que se iban sucediendo: la retirada de las masas de hielo hacia los polos; la subida del nivel del mar; la extensión de lagos y pantanos, la extinción de especies animales adaptadas al frío, como el mamut y el rinoceronte lanudo; la expansión de los ecosistemas forestales y de las especies afines (ciervo, corzo y jabalí). Los grupos humanos que, a partir de hace 11 000 años, mantienen los modos de vida y la cultura propia del final del Paleolítico se sitúan dentro del período de transición el **Epipaleolítico.** Las comunidades del Holoceno que se encuentran en un proceso de transición hacia la producción de alimentos se enclavan dentro del llamado **Mesolítico.**

Técnicamente, el proceso de miniaturización de los artefactos líticos continuó. Se producían microlitos con formas geométricas, impulsados por el desarrollo de armamentos compuestos muy especializados. Junto a una **caza muy selectiva,** se intensificaron las **actividades pesqueras** en lagos y ríos, y en mar abierto, lo que está atestiguado por la incorporación de redes, nasas, piraguas y remos. También recogían moluscos, cuyos restos se acumulaban en basureros denominados concheros.

El Paleolítico en la península ibérica

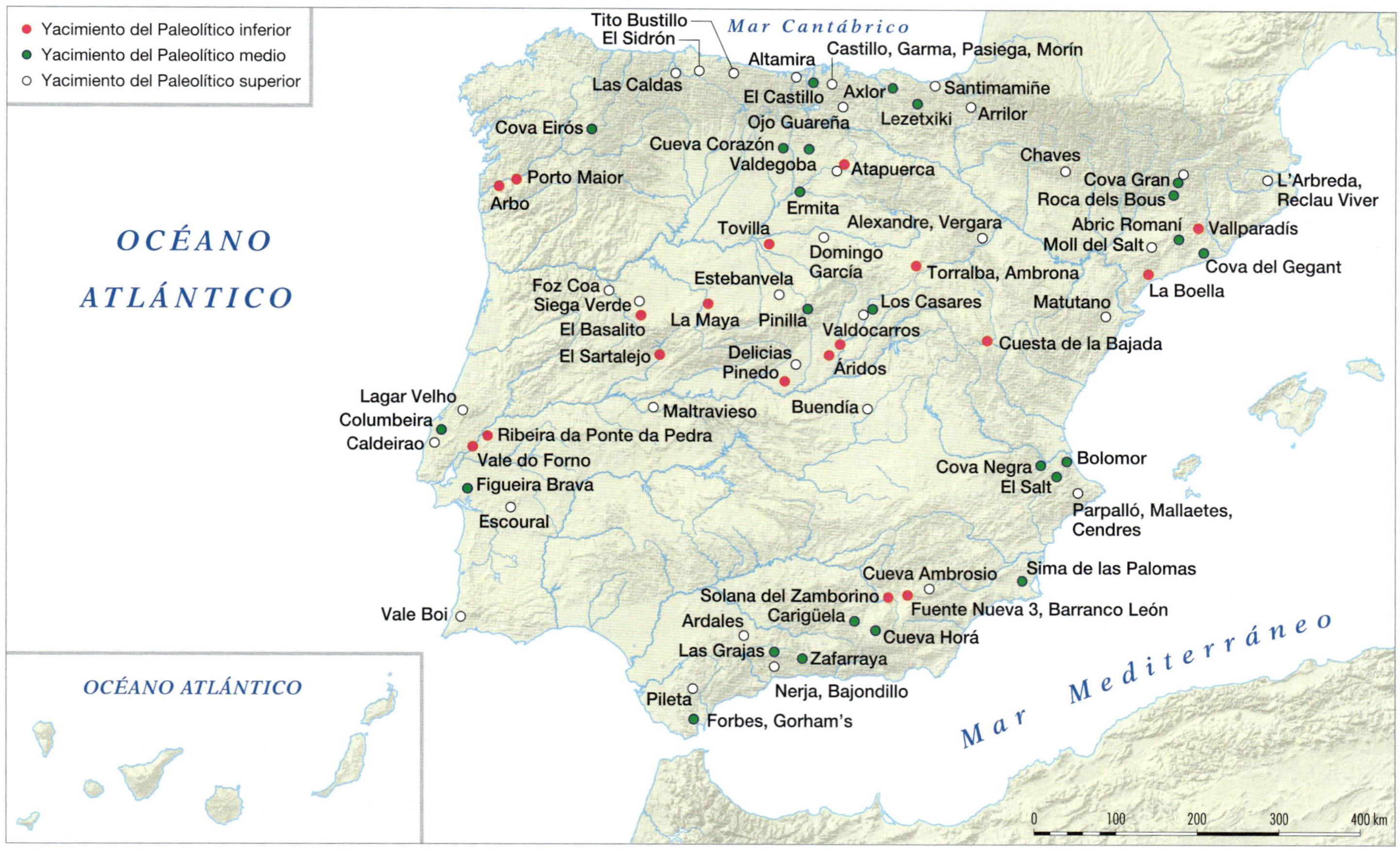

1.6.1. Epipaleolítico y Mesolítico en la Península

Existen vestigios de una **cultura** típicamente epipaleolítica, el **aziliense,** de la que es representativo el yacimiento de Los Azules (Asturias). Con posterioridad, se conocen distintos focos de **culturas marisqueadoras**, como los concheros asturienses del Cantábrico, o los de los estuarios portugueses (ríos Tajo, Mira o Sado). En este momento surgieron las **primeras necrópolis** o cementerios, particularmente vinculados a yacimientos cercanos a la costa, como las de El Collado (Valencia) o Moita do Sebastião (Portugal). Los modos de vida de cazadores, recolectores y pescadores pervivieron en la Península hasta hace unos 6 500 años.

1.6.2. Arte rupestre: protagonismo de la figura humana

En todo el arco mediterráneo peninsular se inició una expresión de arte rupestre de gran interés que pervivió durante el Neolítico. Las **escenas pintadas** alcanzan un **notable naturalismo** e incluyen a seres humanos, generalmente estilizados, realizando actividades cotidianas de caza, recolección, batallas o celebraciones. Algunos de los ejemplos más destacados se localizan en el barranco de la Cova dels Cavalls (Castellón), en la Roca dels Moros (Lérida) o en la Cueva de la Vieja (Albacete).

Los procedimientos del arte parietal paleolítico

«El equipamiento técnico de los artistas es ligero y muy sencillo, frecuentemente conseguido en la misma cavidad o en sus inmediaciones (materias colorantes, recipientes, tubos...). Los procedimientos aplicados (diversas variantes de pintura, grabados y bajo relieves) son tan simples como ingeniosos, y consiguen espectaculares resultados sobre los soportes irregulares de paredes, suelos y techos de las cuevas. Ahí precisamente radica uno de los rasgos más sobresalientes del arte parietal paleolítico: la gran capacidad para sacar partido de las irregularidades y caracteres muy variables del soporte, integrándolos en la representación».

González Sainz, C. *Una introducción del arte parietal paleolítico de la región cantábrica*. En: Arte sin artistas, una mirada al Paleolítico. Catálogo de la exposición organizada por el Museo Arqueológico Regional de Madrid, 2013.

Actividades

1 ¿Qué relación tiene el nomadismo de las gentes del Paleolítico con el proceso de recolección? Razona tu respuesta. Puedes consultar la web **anayaeducacion.es**.

2

La revolución neolítica

El **Neolítico** o **Edad de la Piedra Nueva** surgió de forma independiente en distintos puntos del planeta. El foco del Próximo Oriente, que arrancó hacia el 11000 a.C., se expandió por Europa y llegó a la península ibérica hacia el 5700 a.C. Los testimonios pioneros del Neolítico peninsular se distribuyen por distintas áreas del territorio, como el oeste portugués, La Rioja alavesa, el Pirineo y el ámbito levantino.

2.1. Los primeros agricultores

La adaptación humana a los cambios y desafíos ambientales del Holoceno propició, finalmente, la aparición de nuevos modos de vida, basados en una **economía productora de alimentos,** a través de la domesticación de determinados tipos de plantas y animales, y el inicio de la **vida sedentaria.** Esta etapa de la Prehistoria representó un cambio revolucionario para nuestra especie, con importantes consecuencias en la sociedad, cultura, tecnología, demografía y dieta de los grupos humanos.

El desarrollo de la agricultura propició el **incremento de la fertilidad** y la densidad de población que, unido al fin de la vida nómada, permitió el crecimiento de las **primeras aldeas** y la intensificación de las redes comerciales. La sedentarización permitió iniciar un camino de especialización productiva, el aumento de los excedentes alimenticios, la aparición de la propiedad privada y, como consecuencia, el impulso de la **desigualdad.** Con el tiempo se fueron creando los primeros grupos destacados entre quienes poseían la mayoría de los recursos, unas rudimentarias formas de estratificación social y un marcado vínculo con el territorio.

En este período se desarrolló la técnica de **pulimento de la piedra,** capaz de producir herramientas más duraderas. Aparecieron también nuevos artefactos destinados a las labores agrarias, como hoces y molinos, y una gran diversidad de instrumentos óseos, como cucharas, espátulas, agujas, punzones y elementos de adorno.

Los primeros telares transformaron la lana o el lino en tejidos y se hizo habitual la cestería.

La innovación más sobresaliente de esta etapa fue la **cerámica cardial,** característica del primer Neolítico de la cuenca mediterránea. Recibe su nombre de la decoración impresa con la concha del berberecho, conocido como «cardium» por su forma de corazón. Se modelaban a mano una amplia variedad de instrumentos: cuencos, ollas, cucharones, cántaros, jarras, etc., que se cocían en hornos rudimentarios o en hogueras. La invención de la cerámica fue una revolución, ya que permitió almacenar y conservar los excedentes, por lo que introdujo cambios fundamentales en el modelo de convivencia y en la economía.

Los nuevos modos de vida agropecuarios se expandieron con gran rapidez por todo el territorio peninsular. Aquí, los primeros cultivos incluyeron diversas variedades de trigo, cebada, legumbres, bellotas y lino. La explotación ganadera incluía ovejas, cabras, bóvidos y cerdos. Las actividades comunales eran muy importantes para las sociedades neolíticas. Conocemos centros de actividad minera, dedicados a la extracción de sílex (Casa Montero, en Madrid), sal o variscita, mineral verde de utilidad ornamental que se explotaba intensamente en Can Tintorer (Barcelona).

Domesticación de los animales

«Con la domesticación, los animales vivos se integran en la organización socio-económica del grupo humano. Cuando la comunidad aísla un grupo de animales y los aparta de los demás de su especie, hace que solo puedan reproducirse entre ellos, fuera del sistema reproductivo de su población de origen. Esto da lugar a la consanguinidad, favoreciendo la aparición de genotipos nuevos que pueden ser seleccionados. (...) Desaparece el fenómeno de selección natural. La selección artificial (...) da lugar a que aparezcan nuevas razas, por sus caracteres estructurales (talla, morfología, color), por su comportamiento (velocidad, fuerza), y sobre todo, según las necesidades de su aprovechamiento por la comunidad humana, por su carne, lana, leche o fuerza motriz».

Muñoz Amilibia, A.M.
«Las nuevas formas de vida del Neolítico».
En: *Prehistoria II*. UNED, Madrid, 1999.

Actividades mineras de los grupos neolíticos

«Las minas de variscita de Can Tintorer (...), protagonizan el papel del intercambio de materias primas de adorno entre los primeros agricultores. Estas piedras verdes son la primera evidencia de la búsqueda y extracción de materias primas destacadas en el marco de la negociación social. La cronología de estas minas revela una estructura de artesanado, a la vez que dedicaciones probablemente estacionales en relación con poblaciones que ocuparon áreas de habitación próximas. Aunque sea posible que los intercambios de variscita de Can Tintorer alcanzasen circuitos más largos, estos adornos tienen su mayor representación en los cementerios de los poblados neolíticos de Cataluña».

Bueno Ramírez, P. *El neolítico en la península ibérica.*
En: *La revolución neolítica.*
La Draga el poblado de los prodigios.
Museo Arqueológico Regional de Madrid, 2018.

El Neolítico en la península ibérica

Cerámica modelo cardial de la Cova de l'Or (Beniarrés, Alicante).

Puedes obtener más información en la web de recursos de **anayaeducacion.es**.

Las construcciones megalíticas

Como consecuencia del alto grado de cohesión y organización social, se inició la construcción de los primeros monumentos megalíticos. Este fenómeno cultural, que se extendió por toda la fachada atlántica hasta bien entrada la Edad de los Metales, incluía la erección de grandes piedras verticales **(menhires),** como el menhir de Meada (Portugal), o el de Iruñari (Navarra) y la construcción de estructuras en forma de mesa **(dólmenes),** como los de San Martín (Álava), Dombate (A Coruña), Casiña da Moura, Muiños (Ourense), etc. Estos monumentos tenían un **fin** principalmente **funerario** y, sobre todo a partir del 4200 a. C., florecieron como tumbas colectivas, en cuyo interior se iban depositando los difuntos de un mismo grupo. Vinculadas al culto a los antepasados, hitos paisajísticos o símbolos de identidad territorial, todas estas construcciones son el mejor reflejo de la nueva organización económica y social.

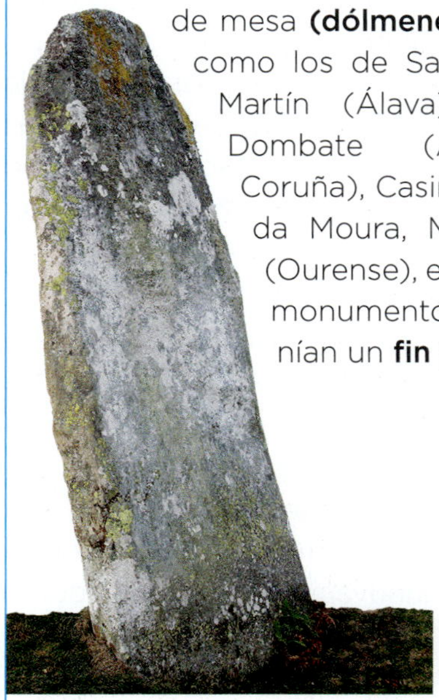

Menhir de Iruñari, Navarra.

Dolmen da Casiña da Moura, Muiños, Ourense.

3

La irrupción de la metalurgia

3.1. La Edad del Cobre

El **Calcolítico o Edad del Cobre** es el período en el que los humanos comenzaron a familiarizarse con el metal. El primer foco metalúrgico se ha identificado en el Próximo Oriente, a partir del 9000 a.C., aunque en la región europea de los Balcanes surgió otro centro independiente muy precoz, hacia el 5400 a.C., en el que se constata una elaborada actividad minera.

Más allá del uso del cobre, cuya relevancia era más social que económica, llevaron a cabo **avances agrícolas** de peso: el uso de tracción animal para las labores del campo, la introducción del regadío o la domesticación de la vid y del olivo. Intensificaron la explotación de productos obtenidos del ganado, como la leche y la lana, que jugaron un papel importante en las transacciones económicas. También se desarrollaron las **redes de intercambio** a gran escala, con el comercio de productos exóticos de prestigio. Las mejoras agropecuarias trajeron consigo un aumento de población, la adopción definitiva de la vida sedentaria, una acentuación de la desigualdad y las jerarquías sociales.

La sepultura de un joven aristócrata

«Ha sido considerada (...) como el conjunto funerario más completo y rico del vaso campaniforme en toda la península ibérica. Entre tales elementos de ajuar destacan un vaso campaniforme, una gran fuente o cazuela y un cuenco hemisférico (...) se recuperaron también dos piezas de piedra, doce de cobre y una de oro, todas las cuales (...) constituyeron el ajuar que los deudos del difunto dispusieron junto a su cuerpo durante la ceremonia de despedida (...) Todos los indicios apuntan, por tanto, a que el inhumado de Fuente-Olmedo fue un poderoso aristócrata de este sector de las campiñas meridionales del Duero (...) El campaniforme se revela, así, como un símbolo de estatus social, como un convencionalismo funerario adoptado por las élites».

Delibes de Castro, G. y Herrán Martínez, J. I.
La Prehistoria. Biblioteca Básica de Valladolid, 2007.

Inhumación con ajuar campaniforme (2500-1800 a. C.). Posible joven varón fallecido entre los 15 y los 18 años encontrado en el Camino de las Yeseras (San Fernando de Henares, Madrid).

3.1.1. El Calcolítico. Los Millares

Se conoce una importante cultura calcolítica en el sudeste de la Península, que se extendió por las regiones meridionales y recibe su nombre del **yacimiento de Los Millares** (Almería). Este núcleo agropecuario, habitado entre el 3200 y el 2200 a.C., era una gran aldea formada por casas circulares y un complejo sistema defensivo, con murallas de piedra y torres de vigilancia, que albergaba a cerca de dos mil personas. Más que a la elaboración de herramientas de uso cotidiano, destinaban la tecnología del cobre principalmente a la **fabricación de ofrendas funerarias.** Junto a los núcleos de población, cada asentamiento disponía de **necrópolis colectivas** que acogían a miembros de familias destacadas. Estas élites se enterraban con ajuares en los que se incluían objetos elaborados en materiales de gran prestigio que, en ocasiones, tenían una procedencia exótica (marfil, ámbar, oro o cáscara de huevo de avestruz). Otros ejemplos relevantes de poblados fortificados son Zambujal y Vila Nova de São Pedro (ambos en Portugal).

La prueba más significativa del desarrollo de las redes de intercambio durante el Calcolítico está representada por el fenómeno del **vaso campaniforme,** surgido hacia el 2500 a.C. Este nombre alude a una vasija característica, en forma de campana invertida, que se ha recuperado en muchos contextos funerarios de Europa occidental, junto a adornos de hueso, objetos de oro y puntas de cobre. El fenómeno campaniforme, por tanto, está vinculado al **intercambio comercial de bienes** de prestigio entre las élites de distintas regiones europeas. No obstante, en la Península se desarrollan diversas tradiciones decorativas de los vasos cerámicos entre las que destaca, por su gran extensión geográfica, el grupo de Ciempozuelos (Madrid).

3.2. La Edad del Bronce

Una vez que se comenzó a utilizar el cobre para la producción de herramientas, el perfeccionamiento de la técnica metalúrgica condujo al descubrimiento de la **aleación de cobre y estaño,** que dio como resultado un nuevo material metálico, el bronce. El período caracterizado por el uso de este metal se conoce como Edad del Bronce. A partir del 3300 a.C. esta innovación se extendió por el Próximo Oriente, Egipto, Anatolia y las islas del mar Egeo, donde surgieron las primeras grandes civilizaciones de Occidente. La llegada de la metalurgia del bronce a Europa estuvo vinculada a una serie de transformaciones económicas y sociales muy importantes. Las actividades agropecuarias, los medios de almacenamiento y los núcleos urbanos se expandieron enormemente. También se produjo una clara concentración de la riqueza en manos de un selecto grupo de personas, como consecuencia de un desigual acceso a los bienes. Se consolidaron las **sociedades de jefaturas,** dominadas por una aristocracia campesina. La proliferación de las armas metálicas identifica también a sociedades con una **creciente conflictividad** por el dominio del territorio.

3.2.1. La cultura de El Argar

En la península ibérica, la Edad del Bronce se inició hacia el 2200 a. C. En la región del sudeste se desarrolló una de las civilizaciones estatales más importantes de toda Europa, la **cultura argárica,** extendida por las actuales provincias de Alicante, Murcia, Almería, Granada y Jaén. El nombre proviene del célebre yacimiento de El Argar (Almería). En esta cultura los asentamientos formaban **poblados amurallados,** con tramas urbanas bien definidas, emplazados en lo alto de cerros, cerca de las fuentes mineras de cobre o plata. Junto a casas rectangulares, se han identificado talleres, depósitos de cereal, cisternas y establos. Fruto de una creciente complejidad política, también se construyeron grandes recintos de reuniones, como en La Almoloya (Murcia). En la **Meseta,** en particular en el territorio manchego, surgió en este momento un tipo de **construcción monumental** fortificada muy característico, las denominadas **motillas,** vinculadas al control territorial y el abastecimiento de agua. Uno de los ejemplos más representativos de esta cultura arqueológica es la Motilla de Azuer (Ciudad Real).

Motilla del Azuer (2200-1350 a. C.) Daimiel. Ciudad Real. Yacimiento de la Edad del Bronce. Fortificación con tres líneas concéntricas de muralla, contiene el pozo de agua más antiguo documentado en la Península. Estaba circundada por un poblamiento que incluye una necrópolis.

Actividades

2 ¿Puede establecerse alguna relación entre metalurgia, megalitismo y sedentarismo? ¿Cuál? ¿Por qué?

3 Explica, brevemente, los rasgos diferenciadores de los pueblos que llegaron a las costas peninsulares y baleáricas en el primer milenio a. C.

La sociedad argárica

Uno de sus rasgos más sobresalientes era la práctica de **enterramientos individuales** en cistas (urnas de piedra) y grandes vasijas, que se localizaban en el suelo de las viviendas. Los ajuares de las clases dominantes estaban compuestos por copas cerámicas rituales, abundante armamento de cobre y bronce y ricas joyas en metales preciosos. A través del estudio de los enterramientos y sus ofrendas es posible saber que la sociedad argárica presentaba una **estricta jerarquía** de carácter social y económico. La clase dominante, propietaria de la tierra, del metal y los alimentos, estaba compuesta por un selecto grupo de hombres armados y sus familias que ejercían un férreo control sobre el resto de clases. Por debajo se encontraban los súbditos con derechos sociales, vinculados a actividades productivas tales como la agricultura y la artesanía. En la base de la pirámide social existía una clase sometida de siervos y esclavos.

3.2.2. Ampliación de los horizontes culturales y económicos

La etapa final de la Edad de Bronce, a partir del 1300 a. C., marcó el desarrollo de un sistema de conexiones culturales e **intercambios económicos** a escala continental. Los territorios del norte compartían técnicas metalúrgicas, tipos de armamento, herramientas y ornamentos con otros pueblos situados en la franja atlántica europea. En los territorios del noreste, la aparición de la nueva costumbre funeraria de los **Campos de Urnas,** caracterizada por la cremación de los difuntos y la deposición de sus cenizas en urnas cerámicas, revela conexiones con Europa central. En **Mallorca** y **Menorca,** se desarrollaron los **poblados de navetas**, construcciones monumentales de piedra, como las de Closos de Can Gaià (Mallorca) y Son Mercer de Baix (Menorca).

El crecimiento de los contactos remotos y el desarrollo de los medios de navegación durante el fin de la Edad del Bronce hicieron posible la llegada de mercaderes fenicios desde el Próximo Oriente y la fundación de sus primeros asentamientos, quizás en fechas tan tempranas como hacia el 900 a. C. Este fenómeno comercial favoreció el declive de las culturas del bronce y abrió la puerta al desarrollo de un nuevo período histórico en suelo peninsular.

4

La protohistoria

Primera Edad del Hierro en el norte peninsular

En la Cuenca del Duero se desarrolló la llamada **Cultura del Soto.** Sus poblados, dedicados a una economía agrícola, se caracterizaban por casas circulares con paredes de adobe, banco corrido interior y cubiertas cónicas de maderos y ramas. El Soto de Medinilla (Valladolid), que da nombre a esta cultura, fue ocupado ininterrumpidamente entre los años 1000 y 700 a. C. Se emplaza en un meandro del río Pisuerga, defendido por una muralla de barro y madera. La introducción del hierro en la Meseta fue muy lenta y su utilización en la cultura del Soto parece excepcional. La presencia de algunos cuchillos de hierro, junto a ciertas cerámicas torneadas, con decoración orientalizante o excepcionales objetos de vidrio, delatan la influencia cultural fenicia y tartésica en estos territorios norteños. A partir del siglo V a. C., las gentes del Soto iniciaron un proceso de concentración poblacional en torno a aquellos *oppida* que los cronistas clásicos atribuyeron a los vacceos.

4.1. La primera Edad del Hierro

Los comerciantes fenicios, originarios de Líbano, fundaron colonias en el sureste e incluso más allá del estrecho de Gibraltar. Un fenómeno similar, inspirado en el éxito de los fenicios y protagonizado por los griegos procedentes de la ciudad de Focea (Asia Menor), se dio algo más tarde en las costas peninsulares del Mediterráneo. Como consecuencia de los contactos entre estos viajeros «civilizados» y las poblaciones locales del final de la Edad del Bronce y de los inicios de la Edad del Hierro algunas de estas últimas consiguieron escapar por primera vez del anonimato, al figurar sus nombres y algunas de sus costumbres en los escritos de aquellos. Por esta razón los estudiosos se refieren a esta etapa no ya como la prehistoria sino como la **protohistoria** o primera historia.

4.1.1. La colonización fenicia

Su política colonial, cuyos vestigios arqueológicos más antiguos en la península son de comienzos del **siglo VIII a. C.**, consistió en instalarse en puertos marítimos estratégicos, con buenas condiciones para entablar contactos con la población del interior e intercambiar sus refinadas manufacturas por metales locales (cobre, hierro, plata y oro).

Sus **principales colonias** se distribuyen desde el sur de la provincia de **Alicante hasta el Algarve,** como son Abdera (Adra), Sexi (Almuñécar), Malaka (Málaga), y hasta la ciudad de Allis Ubbo (la antigua, Olisipo Lisboa).

La **fundación más importante** fue **Gadir,** la actual Cádiz, que pasa por ser la primera ciudad de Occidente (según las fuentes literarias clásicas, aunque sin refrendo arqueológico, fue fundada hacia el 1100 a. C.). Fue una ciudad cosmopolita que permanecía en contacto con la metrópoli libanesa de Tiro. Su prosperidad se debió sobre todo a la explotación y comercio de los metales del suroeste (plata y cobre), pero también a la riqueza agrícola y ganadera del bajo Guadalquivir.

Aportaciones materiales y culturales fenicias

Se atribuye a los fenicios la introducción del hierro en la península ibérica, un metal que no se colaba en moldes como el bronce, sino al que se daba forma en caliente mediante forja. Sus ventajas económicas y funcionales eran evidentes: la producción era barata, pues los minerales abundaban, y sus propiedades mecánicas lo hacían especialmente apto para la fabricación de herramientas y armas. El hierro no tardó en desplazar al bronce, limitado a partir de entonces a la confección de elementos de adorno. También el uso **de la escritura;** escribían sobre todo en soportes perecederos, de los que solo han sobrevivido algunos pequeños textos grabados sobre cerámica en los que quedan registrados sus particulares lengua y alfabeto. Otra de sus aportaciones importantes fue el **torno de alfarero.**

Su llegada supuso una **«orientalización» de los pueblos indígenas del sur peninsular** con los que intercambiaron sus productos suntuarios, por ejemplo, la cerámica de barniz rojo, delicadas labores orfebres de oro y plata, o manufacturas de bronce, vidrio y marfil; y entre los que acabaron implantándose, además de los superiores conocimientos tecnológicos de los extranjeros, otras manifestaciones culturales como su religión (el culto a Astarté). Su influencia impactó no solo en la periferia costera, sino que se extendió a todo el suroeste de la Península, en el curso inferior de los ríos Guadalquivir y Guadiana, donde, al decir de los cronistas griegos, se situaba un reino inmensamente rico, Tarteso, gobernado por un rey mítico, Argantonio.

4.1.2. Tarteso: el primer estado peninsular

Los arqueólogos utilizan el término **cultura tartésica** para referirse a un núcleo cultural localizado entre las actuales provincias de Huelva y Sevilla que, a partir del final de la Edad del Bronce, desarrolló una **potente economía agropecuaria y minera,** sostenida por la influencia colonial fenicia. Con posterioridad, la cultura tartésica se extendió hacia el alto Guadalquivir y el valle del Guadiana (en las provincias de Jaén y Badajoz), llegando incluso hacia el valle del Tajo, en territorio cacereño.

Tarteso constituye el **primer estado peninsular,** una **sociedad jerarquizada** en torno a una tradición monárquica, con una clara especialización profesional y una organización social que estaba basada en la religión y el poder coercitivo.

Desde el siglo VII **a. C.,** el aumento demográfico y la complejidad urbanística (murallas, templos de inspiración fenicia y necrópolis) atestiguan el **desarrollo de las ciudades tartésicas.** El Carambolo, en Sevilla, o Cástulo, en Jaén, son algunos ejemplos de este crecimiento urbano.

En estos centros, la población indígena mantuvo un **intenso contacto comercial con los colonos,** fundamentalmente artesanos y comerciantes, que atendían la demanda de objetos de lujo de los jefes locales. Los magníficos tesoros de Aliseda (Cáceres) y El Carambolo (Sevilla) son ejemplos del refinamiento alcanzado por la artesanía orfebre dentro del mundo tartésico. La finalidad de muchos objetos suntuarios de origen oriental no fue sino su depósito como ofrendas en grandes santuarios monumentales como los de Cancho Roano y El Turuñuelo (Badajoz), formados por estancias que se situaban en torno a un patio central con altares ceremoniales. La caída de Tiro el año 573 a. C. en manos de Babilonia, quizás ligado al agotamiento de algunas materias primas locales, representó un duro golpe para las colonias fenicias, causando el declinar de Tarteso.

El Tesoro de El Carambolo, Sevilla, está formado por 21 piezas de oro de 24 quilates: un collar, dos pectorales y dos brazaletes y dieciséis placas rectangulares.

Actividades

4 ¿Qué conjunto de circunstancias explican el auge cultural y económico que se atribuye a Tarteso?

Tartesos, fenicios, griegos y cartagineses

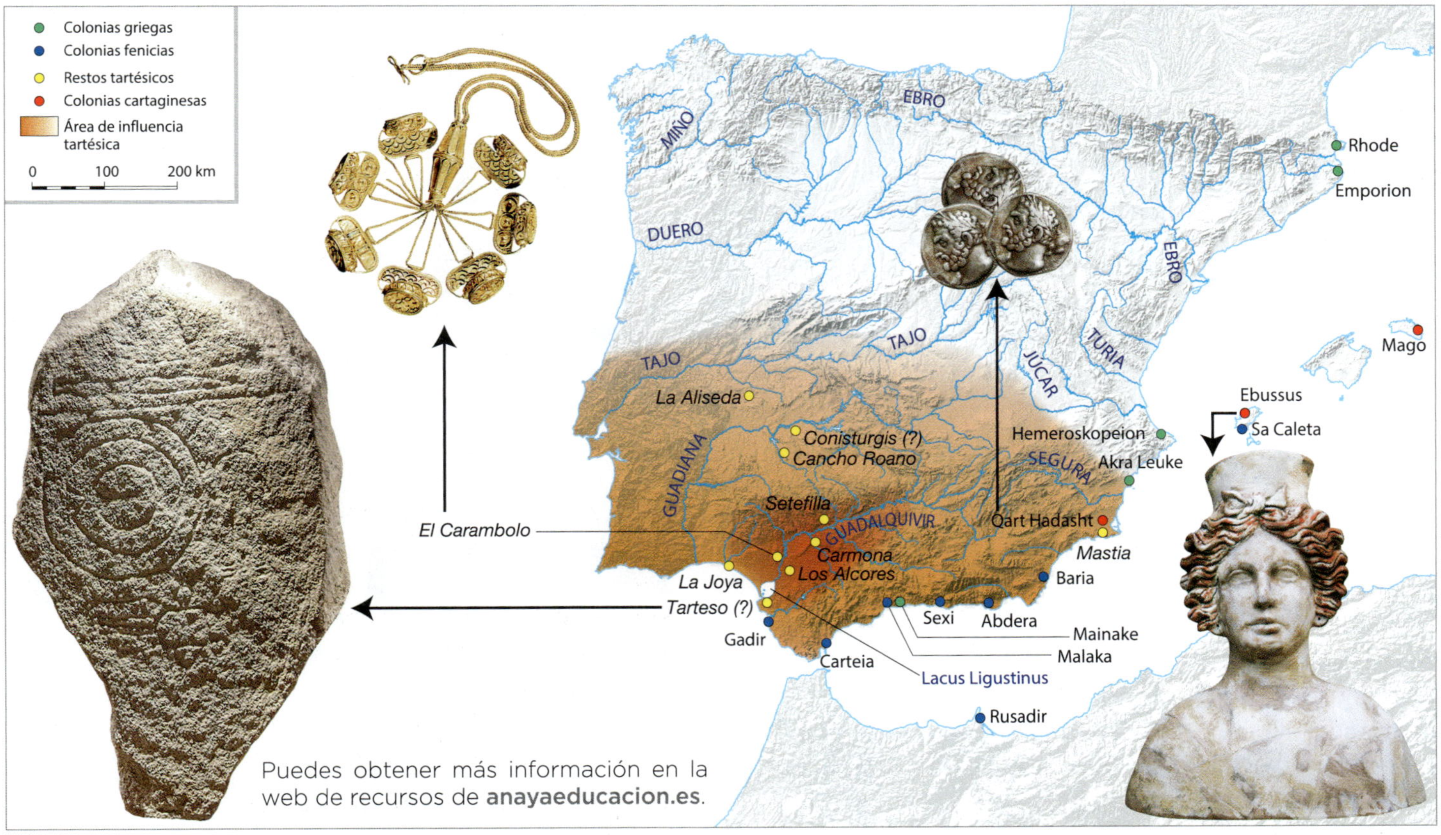

Puedes obtener más información en la web de recursos de **anayaeducacion.es**.

4.1.3. Las colonias griegas

Medio siglo después de fundar cerca de la desembocadura del Ródano una importante ciudad, Massalia (la futura Marsella), los griegos, interesados, al igual que los fenicios, en la adquisición de materias primas de calidad, crearon hacia el **600 a. C.** sus **principales colonias** en la Península, las ciudades de **Emporion** y **Rode** (Ampurias y Rosas, en Gerona). Además de estos centros urbanos, dispusieron de algunos puertos secundarios o factorías menores a lo largo de toda la costa mediterránea que les permitían mercadear con los pueblos indígenas. En este intercambio, los griegos ofrecían sus productos: cerámicas, tejidos, perfumes y adornos.

La presencia griega en la región levantina peninsular, eminentemente comercial y carente de todo ánimo civilizador, tuvo un gran **impacto cultural** en las poblaciones indígenas. Su papel como intermediarios comerciales consiguió influir en las gentes del interior a través de aspectos tan variados como su gusto artístico (arquitectura, escultura, decoración cerámica), su saber técnico, el alfabeto y la transacción monetaria.

4.2. La segunda Edad del Hierro

También se denomina etapa de los **pueblos prerromanos,** pues finaliza con el sometimiento a Roma de todos ellos. Para su estudio se cuenta no solo con los documentos rescatados por la arqueología, sino también con las noticias recogidas por los cronistas que, como el griego Polibio, acompañaron a las legiones durante la conquista.

El **inicio** de la segunda Edad del Hierro se sitúa hacia el año **500 a. C.** y su final varía conforme la conquista avanza, de este a oeste y de sur a norte, dándose por concluida definitivamente en el año 19 a. C. en que el emperador Augusto sometió a los pueblos del noroeste.

Desde el **punto de vista cultural** y **étnico,** en la Península se distinguen en esta etapa **dos grandes áreas**, la de los **iberos,** en el sur y levante, y la de los **celtas,** en la franja cantábrica, el interior y la orla atlántica. Hacia el siglo IV a. C. comienzan a llegar los primeros pobladores a las islas Canarias procedentes del noroeste de África.

4.2.1. Los pueblos mediterráneos: los iberos

Aunque los griegos denominaban *iberoi* a las gentes que residían en el entorno del Iber (río Ebro), en realidad la cultura ibérica se extiende desde el **sureste de la actual Francia hasta el Estrecho de Gibraltar,** abarcando **numerosas tribus,** como los indigetes, ausetanos, layetanos o ilergetes en la zona septentrional (Cataluña y Aragón), los ilercavones, edetanos y contestanos (en la región valenciana) o los bastetanos, oretanos y turdetanos (en Andalucía).

El denominador común de todas ellas, además de que permanecieron abiertas a los influjos de otras culturas del Mediterráneo, muy particularmente de los griegos, es el hecho de que hablaban **lenguas no indoeuropeas,** con cierta filiación con el protovasco o aquitano.

Más allá de estos rasgos comunes lingüísticos y étnicos, los pueblos ibéricos eran muy diversos en aspectos políticos, culturales y económicos. Los turdetanos, por ejemplo, situados en el bajo Guadalquivir, eran los más refinados según las fuentes clásicas, debido seguramente a que eran los descendientes de la cultura tartésica.

Economía, sociedad y cultura

Los iberos, con una amplia tradición orientalizante a sus espaldas, **vivían en ciudades,** los *oppida*. Estos núcleos constituían elementos esenciales de la organización política y territorial que, como en el caso de Cástulo (Jaén), capital de la Oretania, llegaron a tener hasta 40 ha. Desarrollaron economías basadas en la agricultura, representada por el cereal de secano y diversos cultivos de regadío; la ganadería; la minería; la artesanía cerámica o metalúrgica; y las transacciones comerciales que, en determinados casos, se extendía a gran distancia. A partir del siglo III **a. C.,** por influencia griega, emitieron su **propia moneda** que facilitaba las transacciones comerciales. Formaban **sociedades muy jerarquizadas,** dominadas por una aristocracia terrateniente, con un fuerte componente guerrero, en cuya cúspide se encontraban los monarcas. En relación con este carácter belicoso, suele destacarse la originalidad de sus armas, como la falcata, una potente espada de un solo filo y hoja curvada.

Dama sedente del Cerro de los Santos (Museo Arqueológico Nacional, Madrid). Siglo III a. C. Es una urna cineraria que se encontró en Montealegre del Castillo (Albacete). Estas esculturas tenían en la parte posterior un orificio para guardar las cenizas de los difuntos.

Utilizaban una **escritura particular,** de inspiración fenicia y griega, que sabemos leer, pero no interpretar. Han llegado hasta nosotros textos sobre soportes metálicos, cerámicos o pétreos, que debieron ser documentos comerciales o inscripciones funerarias. Son conocidos los **plomos** de Ullastret (Girona) o Alcoy (Alicante).

La manifestación que, desde finales del siglo XIX, más ha contribuido a la definición de la cultura ibérica ha sido el **arte,** comenzando por las conocidas **damas** de Elche (Alicante), Baza (Granada) o del Cerro de los Santos (Albacete). Estas **esculturas femeninas** pudieron quizás ser representaciones de divinidades de origen fenicio. De hecho, los pueblos ibéricos, debieron incorporar a su religión distintas divinidades procedentes de las religiones foráneas. También son significativos los conjuntos escultóricos de ciertos **monumentos funerarios,** como el de Pozo Moro (Albacete) o el de Porcuna (Jaén), en los que tanto el estilo artístico como los mitos representados son de clara inspiración oriental.

4.2.2. Los pueblos del norte, centro y oeste

Frente a la teoría tradicional de que los celtas hispanos fueron invasores llegados desde el norte del Pirineo y relacionados con las culturas centroeuropeas de Hallstatt y La Tène, hoy prevalece la idea de que son, sobre todo, los herederos de las comunidades indígenas del Bronce Final y del Primer Hierro (la cultura del Soto de Medinilla, por ejemplo). Merecen el título de celtas porque así los denominaban griegos y romanos, pero también porque, mayoritariamente, hablaban **lenguas indoeuropeas.** Los documentos con que contamos, plasmados sobre bronce y cerámica, utilizando preferentemente el alfabeto ibérico, se limitan al territorio de uno de los pueblos más representativos de todos ellos, los **celtíberos.**

Los nombres de las **etnias celtas** de la segunda Edad del Hierro y algunas de sus costumbres son bien conocidos gracias a los textos clásicos, destacando entre ellos la *Geografía* de Estrabón: vascones, várdulos, caristios, cántabros y astures en la franja norte, lusitanos y galaicos en el oeste y vetones, vacceos, carpetanos y celtíberos en la Meseta.

Semejante diversidad geográfica, como es lógico, se traduce también en una marcada variedad de rasgos sociales, económicos y políticos entre los distintos pueblos célticos. Así, mientras que los **celtíberos** pueden considerarse **los más complejos** de todos, abiertos a fenómenos civilizadores del ámbito ibérico, como es la acuñación de moneda; los pueblos «montañeses» del norte fueron caracterizados por los cronistas clásicos por su modo de vida extremadamente austero.

Los pueblos prerromanos hacia los siglos IV y III a. C

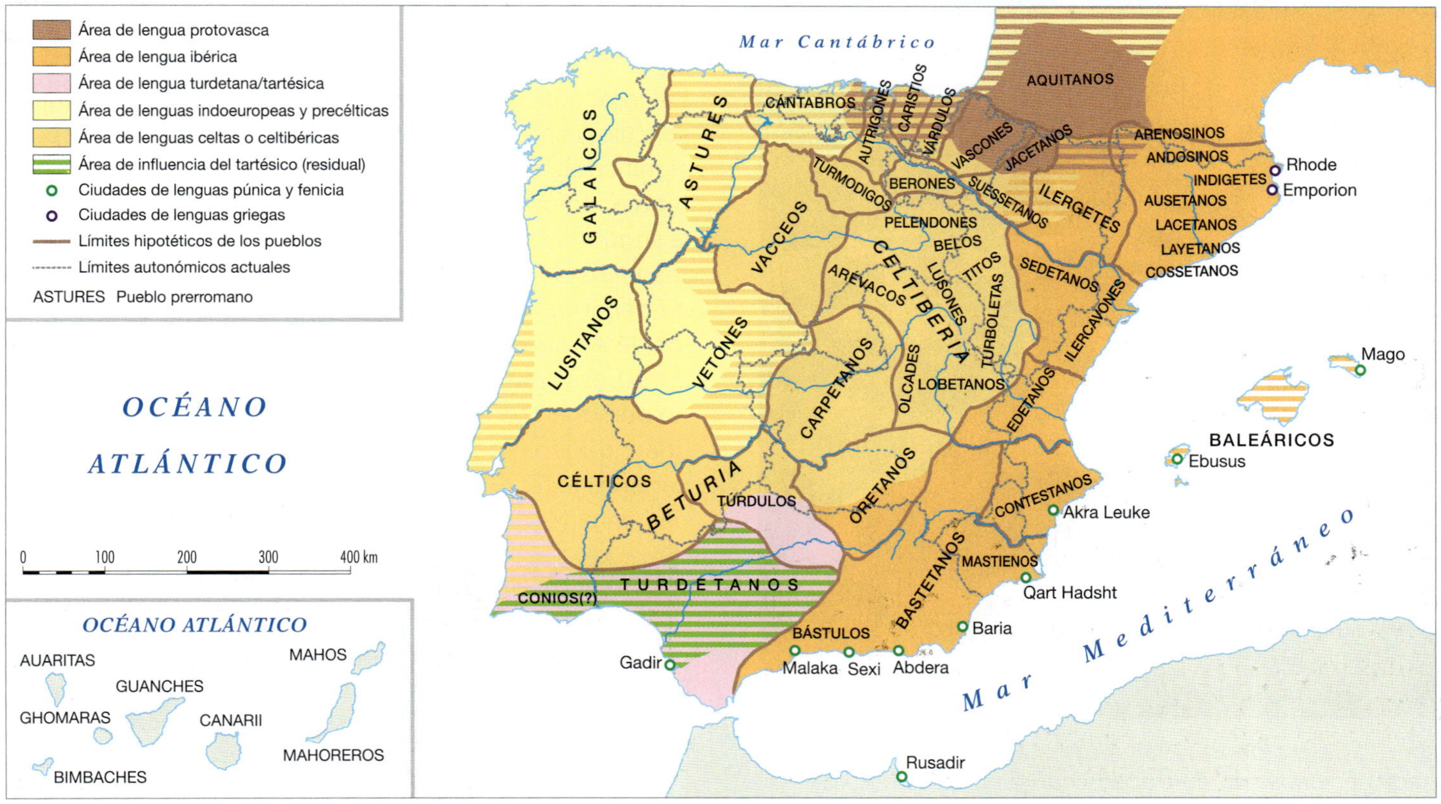

Toros de Guisando, El Tiemblo (Ávila). Son esculturas zoomorfas pertenecientes a la cultura de los verracos, datan entre los siglos IV y III a. C. Se les atribuye la función de proteger al ganado contra enfermedades y otras desgracias.

Economía, sociedad y cultura

La **economía** de estos pueblos era preferentemente **ganadera,** tal y como atestiguan los monumentales **verracos** o esculturas pétreas zoomorfas (bóvidos, jabalíes u osos) de los vetones, como los célebres Toros de Guisando (Ávila). Entre otras posibilidades, estas representaciones animales pudieron jugar un papel como identificadores de territorios de pastoreo. Junto al valor económico de las especies habituales, para algunos pueblos célticos (como los celtíberos, lusitanos y vetones) el caballo poseía un valor simbólico de carácter militar para las clases dominantes.

En las regiones más propicias, como en las cuencas del Duero y el Tajo, el **cultivo** del **trigo** y la **cebada** alcanzó un **peso económico** importante, mientras que la **actividad minera** constituyó un aporte de entidad en las regiones ricas en estas materias primas. Las labores artesanales incluían manufacturas metalúrgicas, como espadas, puñales o puntas de hierro; cerámicas y textiles, como sayos de lana.

Prácticamente en todo el territorio céltico se registra el mismo **modelo de poblamiento,** a base inicialmente de pequeños **castros fortificados** con casas circulares, como los de Santa Trega (Pontevedra) o Chano (León). Con el tiempo, a la par que se introducen mejoras urbanísticas, estos asentamientos irán dando paso a *oppida* de mayor tamaño, como la Pintia de los vacceos (Valladolid).

Vista del Castro de Baroña (A Coruña). Las plantas de las edificaciones son de trazado curvo, muchas de ellas circulares, y los muros están hechos de granito.

Una imagen clásica de lo céltico son sus **necrópolis,** caracterizadas por tumbas de incineración (cenizas depositadas en urnas cerámicas) y por la concentración de bienes de prestigio en aquellas sepulturas varoniles que se acompañan de armas. Este hecho revela la existencia de una casta de **guerreros** al **frente de la sociedad.** Por debajo de esta aristocracia se situaba un amplio grupo de agricultores y artesanos que, si así lo exigían las circunstancias, acudían al combate.

Han llegado hasta nosotros, a través de inscripciones votivas de época romana, los nombres de algunas divinidades de estos pueblos indígenas. Estos vestigios onomásticos han permitido reconocer vínculos con la religión céltica de otras regiones europeas o, por ejemplo, poner en evidencia la riqueza y diversidad del panteón lusitano.

Las prácticas rituales solían llevarse a cabo en santuarios sencillos, emplazados en espacios naturales de especial significado, siguiendo la más pura tradición celta. Testimonio indirecto de la entrada de los pueblos célticos de la segunda Edad del Hierro en la historia son una serie de tesorillos de joyas de oro y plata, a veces acompañadas de denarios acuñados en las cecas de la Celtiberia, como los de Arrabalde (Zamora), Palencia o Driebes (Guadalajara). Las joyas son mayoritariamente elementos de adorno personal (torques, brazaletes, fíbulas, pendientes) con una indudable personalidad artística, muy alejada de los cánones estéticos helenísticos que por entonces imperaban en el Mediterráneo.

Actividades

5 Realiza un trabajo que describa las características del hábitat y formas de vida de los pueblos del norte de la península ibérica. Destaca sus diferencias con los habitantes del sur y este peninsular, y explica las posibles causas. Compleméntalo con fotografías o dibujos.

ACTIVIDADES

1 Organización cronológica de etapas históricas

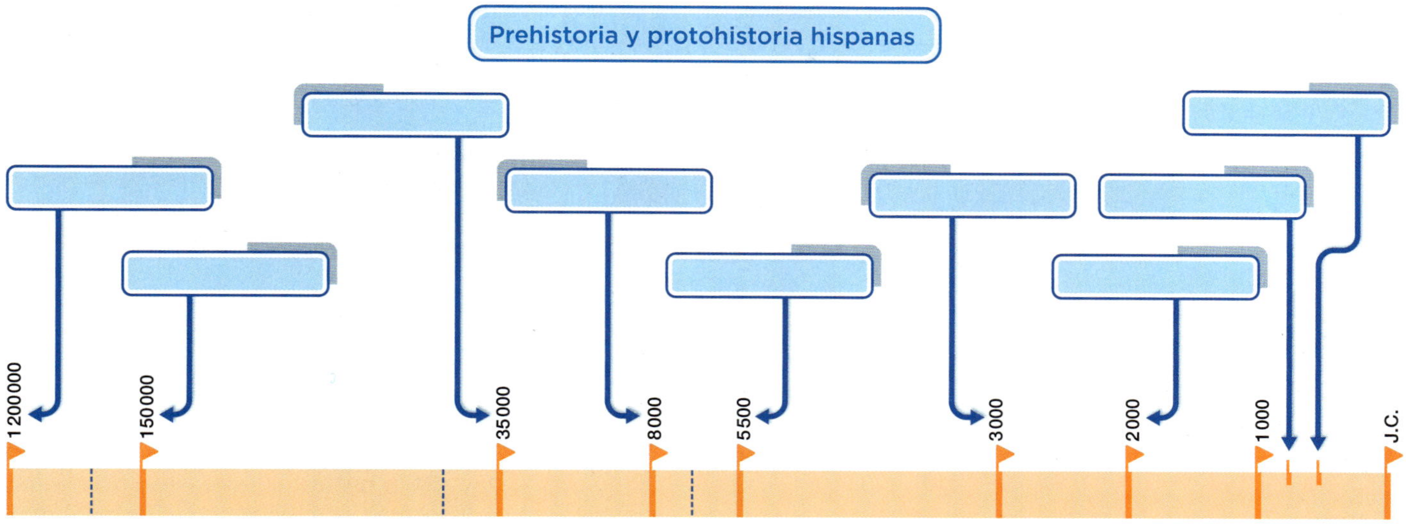

- **Línea del tiempo.** Sitúa en el eje cronológico el comienzo de las diferentes etapas: Paleolítico inferior, Paleolítico medio, Paleolítico superior, Mesolítico, Neolítico, Edad del Cobre, Edad del Bronce, Primera Edad del Hierro, Segunda Edad del Hierro. Sitúa además los principales yacimientos y áreas culturales, atribuyendo a cada una de las etapas señaladas, algún rasgo diferenciador y significativo que ayude a identificarlas.

2 Elaboración de un mapa histórico

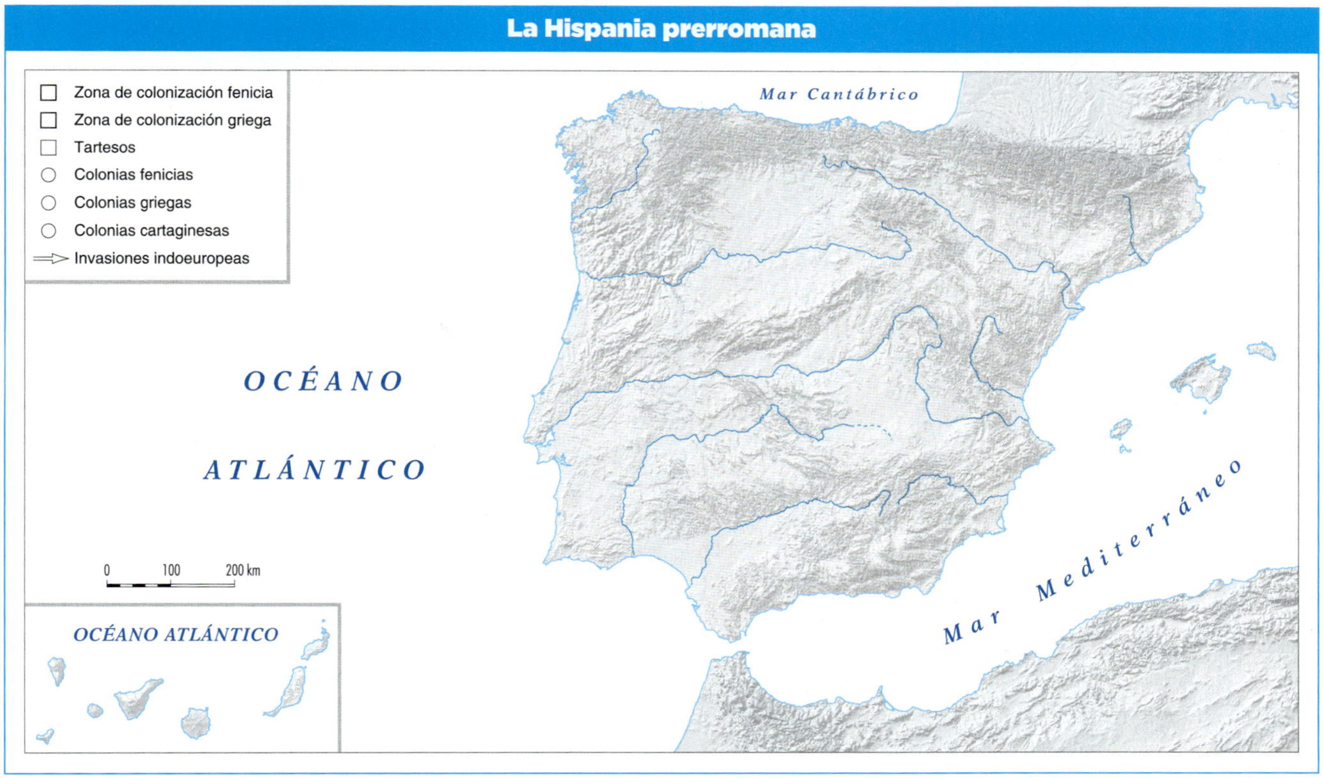

- Sitúa en el mapa, con colores distintos y signos para las localidades, las principales colonias y algunos de los pueblos y culturas de la Hispania prerromana. Explica, de forma detallada, la influencia de los pueblos colonizadores sobre la sociedad y economía de la población indígena.

3 Trabajo con conceptos

Un cuadro de doble entrada es una tabla en cuyas celdas se anotan términos, cifras o expresiones que señalan una correspondencia entre las cuestiones señaladas en la vertical y en la horizontal.

En este caso se trata de construir un cuadro resumen en el que cada fila corresponde a una etapa de la prehistoria y cada columna se refiere a un aspecto importante del análisis de las sociedades.

	Cronología	Áreas y yacimientos	Tipos humanos	Bases económicas	Manifestaciones culturales
Paleolítico inferior	Aproximadamente 900 000 a. C.		*Homo antecessor* *Homo heidelbergensis*		
Paleolítico medio					
Paleolítico superior			*Homo sapiens*		
Epipaleolítico y Mesolítico		Levante, sur, noroeste			
Neolítico	5000 a. C.				Inicio del megalitismo
Calcolítico				Uso del cobre y metales nativos Se acentúa la especialización y división del trabajo	Vaso campaniforme Expansión del megalitismo
Edad del Bronce					
Edad del Hierro					

- **Comprobamos.** A partir de la información que ofrece el texto y los documentos de la unidad, completa el cuadro con breves referencias en algunas de las casillas. A modo de ejemplo, se han rellenado ya varias de ellas.

4 Iniciación al comentario de textos

La historia intenta dar explicaciones racionales sobre la evolución de las sociedades. Para esa labor, la historiografía dispone de una serie de elementos, llamados fuentes, que son evidencias de todo tipo sobre la acción de las sociedades humanas del pasado. La prehistoria se basa fundamentalmente en el análisis e interpretación de fuentes arqueológicas y paleontológicas, lo que permite fijar fechas (datación), establecer relaciones e influencias culturales y aproximarse, en fin, a las condiciones de vida de las sociedades prehistóricas.

Lógicamente, la persona especialista en prehistoria no podrá en ningún caso describir acontecimientos o personajes concretos, pero sí analizar con precisión cambios sociales, formas de organización de la economía y el hábitat, sistemas de estratificación social, etc., como se puede observar en el siguiente texto:

«Indudablemente, la historia se hace con documentos escritos. Pero también puede hacerse, debe hacerse, sin documentos escritos si estos no existen. Con todo lo que el ingenio del historiador pueda permitirle utilizar para fabricar su miel, a falta de las flores usuales. Por tanto, con palabras. Con signos. Con paisajes y con tejas. Con formas de campo y hierbajos (...). Con exámenes periciales de piedras realizados por geólogos y análisis de espadas de metal realizados por químicos. En una palabra: con todo lo que siendo del hombre, depende del hombre, sirve y expresa al hombre, significa la presencia, la actividad, los gustos y las formas de ser del hombre».

Febvre, L.: *Combates por la historia.*

- Como iniciación al análisis y comentario de textos, debes realizar las siguientes tareas:

1. Describe la idea fundamental que mantiene el autor.
2. Relaciona sus ideas con los abundantes vestigios prehistóricos que han ido apareciendo en esta unidad sobre las primeras culturas.
3. Redacta una conclusión.

5 Análisis de fuentes arqueológicas

- Observa con atención las cerámicas y sitúa en los espacios correspondientes a cada una de las tres piezas los siguientes términos y expresiones: –Torno alfarero, –Artesanía doméstica, –Comercio a gran escala, –Especialización técnica y cocción a altas temperaturas, –Modelos generalizados en todo Occidente, –Gran variedad de tipos cerámicos, –Decoración pictórica y engobe, –Criterios estéticos en decoración incisa, –Asociada al megalitismo, –4500 a. C., –2000 a. C., –400 a. C.

A	B	C

Teatro romano de Cartago Nova (Cartagena, Murcia).

2

La Hispania antigua

La historia de la Hispania antigua comprende desde el final de la prehistoria hasta el inicio de los reinos cristianos. Es un proceso histórico que consolidó su integración dentro del mundo mediterráneo -europeo, pero también africano y asiático- que construyó y dominó un potente estado: Roma. Esa integración supuso también una participación activa de la población peninsular en la política y en los intereses romanos.

Como resultado de ello, la lengua, el derecho, la cultura y muchos de los aspectos que caracterizan a nuestra sociedad quedaron marcados históricamente por la romanidad. Adoptado por el estado romano como religión oficial en el siglo IV d. C., el cristianismo dejaría también su impronta dentro de nuestro mundo occidental.

La Antigüedad se cierra en los siglos V a VII d. C., con la hegemonía de los pueblos germánicos que, procedentes de diversas regiones euroasiáticas, acabaron causando la caída del Imperio Romano de Occidente, dando paso en la Península a los reinos visigodo y suevo.

QUÉ VAS A ENCONTRAR EN ESTA UNIDAD

DESAFÍOS QUE **DEJAN HUELLA**

Los contenidos y las actividades de esta unidad pueden resultar de utilidad para la realización del proyecto multidisciplinar «Revelando tus raíces».

1

La Hispania romana

El gobierno de Roma pasó por varios regímenes: la **Monarquía,** desde su fundación en el 753 a. C. hasta el 509, la **República** Romana (509-27 a. C.) que finalizó con la declaración de Octaviano Augusto como Príncipe y dio paso al **Imperio** Romano (27 a. C.-476 d. C.), que se suele dividir en Alto Imperio (siglos I y II d. C.) y Bajo Imperio (siglos III-V d. C.).

1.1. Hispania durante la República Romana: conquista e integración

El proceso de dominio e integración de la península ibérica en el mundo romano **duró dos siglos** (218-19 a. C.). Al comienzo, la conquista giró en torno a dos ejes:

- El enfrentamiento dentro del Mediterráneo occidental entre las dos potencias en expansión, **Roma y Cartago** (capital de los cartagineses, situada en el norte de África, en el actual Túnez) durante la **segunda guerra púnica.** Por sus alianzas, Roma es heredera de la colonización griega y Cartago lo es de sus fundadores, los fenicios.
- El otro eje lo forman los **pueblos peninsulares,** cuyo **desarrollo político y social era muy diferente;** algunos habían tenido una interacción antigua y prolongada con los colonizadores fenicios y griegos.

En el año 237 a. C. los cartagineses con el general Amílcar Barca llegaron a Gades (Cádiz) y consiguieron controlar el valle del Guadalquivir y las ricas zonas mineras de Sierra Morena y Cartagena. Esta última, fundada como Cartago Nova en el 228 a. C., fue el principal centro púnico gracias a su puerto natural. Saguntum (Sagunto), aliada con Roma en el 221 a pesar de estar en zona púnica según el Tratado del Ebro (226, el río era el límite), fue conquistada por **Aníbal,** caudillo cartaginés tras morir su padre Amílcar. Esto hizo que los **romanos,** con Publio Cornelio Escipión al mando, desembarcasen el **218** en **Ampurias.**

1.1.1. Fases de la conquista

- La **primera** fase de la ocupación se produce tras la conquista romana de Cartago Nova y Gades, la derrota en Ilipa (Alcalá del Río, Sevilla) en el 206 marcó el final de la presencia cartaginesa en Hispania y Roma pasó a dominar la franja mediterránea, el valle bajo del Ebro y gran parte del sur peninsular.
- En una **segunda** fase de la conquista se fueron definiendo dos agrupaciones étnicas del interior peninsular, los celtíberos (Meseta y valle del Ebro) y los lusitanos (Meseta y valle del Tajo) con los que Roma sostuvo un largo conflicto. Las **guerras lusitanas** (155 a 136 a. C.) contaron con Viriato como principal cabecilla y su muerte por traición en el año 139 facilitó la victoria romana. Las **guerras celtibéricas** (154-133 a. C.) se prolongaron hasta la toma de Numancia (Garray, Soria) en el 133. Tanto Viriato como Numancia han sido considerados hitos históricos de la resistencia de los pueblos ibéricos a la conquista romana. Entre el 124 y el 121 a. C. los romanos conquistaron las illes Balears.

  Entre el 87 y el 45 a. C. los **conflictos civiles** de la propia república romana afectaron al suelo peninsular. Sertorio, huyendo de la dictadura de Sila, se hizo fuerte en Hispania, donde encontró un gran apoyo entre los lusitanos, y dio lugar a las **guerras sertorianas** (82-72). En la década 55-45, la Península fue escenario de varios episodios de las **guerras civiles** entre **Pompeyo y César,** que acabaron con la victoria del último.
- En la **tercera** fase (29-19 a. C.) se completa la ocupación romana de Hispania con las **guerras contra cántabros y astures,** bajo el poder de **Augusto.** Esos dos pueblos del norte peninsular ofrecieron mucha resistencia, utilizando los ataques por sorpresa y las tácticas de guerrilla. El ejército romano los sometió duramente, incluyendo la esclavización de parte de la población. No obstante, también consiguió atraer a su bando a parte de ellos, como fue el caso de los brigaecinos, que delataron el ataque que otros astures iban a llevar a cabo.

Etapas de la conquista romana de Hispania

La conquista de Hispania fue para Roma una empresa larga que no concluyó hasta finales del siglo I a. C.

Puedes consultar la web **anayaeducacion.es**.

1.2. El Imperio Romano: las provincias hispanas

En el pacto con el Senado del 27 a. C. **Augusto** se hizo cargo del gobierno directo de varias provincias aún no sometidas y **finalizó la conquista de Hispania en el 19 a. C.** Así quedó marcado en tierras hispanas el paso de la República al Imperio. Entonces se produjo también una reorganización territorial cuya finalidad última era dejar al Senado la zona más romanizada del sur peninsular (Bética) y poner bajo el nuevo poder imperial el resto, menos integrado, pero también el que ofrecía una mayor cantidad de recursos, en especial mineros. Desde los años 68–70 d. C. la única legión que permaneció en la Península fue la Legio VII Gemina, acantonada en León (a ella debe su nombre).

La sociedad imperial supuso un **nuevo orden** distinto al republicano y entre sus clases dominantes estuvieron más representadas ya las provinciales, frente al anterior dominio romano o itálico. Las **oligarquías hispanas** pronto influyeron en la política imperial. Apoyaron la llegada al poder de Vespasiano (69–79 d. C.) y el nuevo emperador otorgó a Hispania el derecho latino (*Ius Latii*) que posibilitaba el acceso a la ciudadanía romana. Un poco más tarde, un miembro de los Ulpios de Italica (Santiponce, Sevilla), llegará a ser emperador como Marco Ulpio **Trajano** (98–117) y será seguido por su primo **Adriano** (117–138). Su época es considerada una de las mejores del Imperio Romano, que alcanzó entonces su mayor extensión.

Marco Ulpio Trajano, nacido en la provincia de la Bética en el seno de una familia aristocrática, se convirtió en el primer emperador de origen provincial. De sólida formación militar y política, gobernó Roma durante diecinueve años y llevó al Imperio a su máxima expansión territorial. En el año 114 el Senado romano le otorgó el título de Optimus Princeps, título nunca obtenido por otro emperador después de él. Fomentó las obras públicas y las vías de comunicación en todo el imperio; en Hispania se recuperó la Vía de la Plata, se construyó el puente de Alcántara y se concluyó el acueducto de Segovia.

Trajano, *obra del escultor Felipe Castro, del siglo XVIII (Palacio de Oriente, Madrid).*

Busto del emperador Adriano, de Itálica (Museo Arqueológico de Sevilla). Las efigies del emperador, repetidas por doquier en monedas y en la estatuaria, vienen a ser el símbolo supremo del Estado. Por ello, el «culto al emperador», con ceremonias públicas ante su imagen en el foro de las ciudades, era signo de acatamiento del orden político.

1.2.1. La crisis del poder central

Con la turbulenta llegada al poder de la **dinastía militar de los severos** (193–235), se hacen evidentes las transformaciones sociales y políticas que fraguarán en la llamada crisis del siglo III d. C. A comienzos de ese siglo, con la *Constitutio Antoniniana*, el emperador Caracalla (211–217) concedió la **ciudadanía romana** a todos los habitantes libres del Imperio, en un intento vano por restaurar la estabilidad y la unidad, ya que a continuación se sucedieron emperadores puestos y depuestos frecuentemente por el ejército, la llamada **anarquía militar** (235-268). Se une a ello una progresiva debilidad de las fronteras. Los mauros del norte de África habían penetrado ya en Hispania en la década de 170 y los francos llegaron desde la frontera del Rin hasta Tarraco a mediados del siglo III.

La **instauración** de la **Tetrarquía** (gobierno entre cuatro) por **Diocleciano** (284–305) se ha considerado el final de esa crisis. Durante ella Maximiano se enfrentó con éxito tanto a las llamadas bandas de los **bagaudas** (campesinos, bandidos y descontentos), como a los invasores mauros norteafricanos y a los francos centroeuropeos.

El emperador **Constantino** (306–337) volvió al gobierno absolutista y hereditario, permitió la religión cristiana

Actividades

1 ¿Qué motivó la llegada de los romanos a las costas peninsulares? ¿Y su permanencia en el territorio? Puedes encontrar información en la web de recursos de **anayaeducion.es**.

2 ¿Por qué empeoró la situación de los campesinos en la crisis del siglo III si había escasez de cultivadores y menos mano de obra esclava?

(Edicto de Milán, 313) y reformó la corte y el ejército, a la par que inclinaba hacia oriente el peso del Imperio, refundando Bizancio y haciéndola capital imperial (330) como Constantinopla.

En la segunda mitad del siglo IV, antiguas capitales hispanas, como Mérida o Córdoba, se fueron convirtiendo en **centros eclesiásticos**. Por el contrario, algunas familias con mayor poder sobre latifundios rurales se hicieron con el control del poder político. De ellas surgió la figura de **Teodosio** (Cauca, Coca, Segovia) el **último emperador** (379-395) de todo el **Imperio,** que, a su muerte, quedó **dividido** entre sus hijos; Arcadio, emperador de la parte oriental, y Honorio, de la parte occidental.

La parte occidental entró en franca disolución, con la presencia de pueblos bárbaros en casi todo su territorio. El **final del Imperio de Occidente** se produjo cuando Odoacro, rey de los hérulos, depuso al último emperador, Rómulo Augústulo (476).

Augusto y el final de las guerras contra cántabros y astures

«Todo esto (las guerras cántabro-astures) lo supo Augusto, que pasaba el invierno en Tárraco (Tarragona) (...) Luego, presentándose él mismo, a unos los hizo bajar de los montes, a otros los sometió tomando rehenes y a otros los vendió como esclavos según el derecho de guerra (...) Los astures (...), colocados sus campamentos junto al río Astura (Esla) y dividido su ejército en tres partes, se preparaban para asaltar tres campamentos romanos al mismo tiempo. Y hubiera sido un combate incierto y sangriento, (...) si no lo hubieran delatado los brigaecinos (un pueblo astur), gracias a cuyo aviso acudió Carisio con el ejército, considerándose una victoria (romana) haber desbaratado esos planes, y aun así no fue un combate incruento. La poderosa ciudad de Lancia acogió los restos del ejercito derrotado; allí se combatió tan encarnizadamente que, cuando se pedía prender fuego a la ciudad ya derrotada, a duras penas consiguió el general que se la perdonase diciendo que sería mejor monumento de la victoria romana dejarla así que incendiarla. Este fue el final de las campañas bélicas de Augusto y también el fin de la rebelión de Hispania».

Floro: *Epítome,* 2, 33, 51-59.

Consejos de Mecenas a Augusto sobre el Estado

«... En primer lugar vende las propiedades que pertenecen al Estado (...) y presta todo el dinero así obtenido a una tasa de interés moderada. De esta manera no solo se pondrá tierra en cultivo, ya que se vende a propietarios que la cultivarán por sí mismos, sino que estos conseguirán dinero y se harán más prósperos, mientras que el tesoro público obtendrá una renta permanente (gracias a los impuestos) suficiente para sus necesidades. Además, te aconsejo que hagas una estimación de los ingresos de esta fuente y de otros ingresos que con certeza pueden obtenerse de las minas o de cualquier otro recurso, y después calcula por otro lado no solo los gastos del ejército, sino todos aquellos por los que un Estado subsiste de la mejor manera, (...).

Establece una tasa sobre todas las propiedades que produzcan algún beneficio (...) y un sistema de impuestos entre todos los pueblos que gobernamos.

Porque es justo y apropiado que ningún individuo o territorio esté exento de estos impuestos, en la medida en que han de disfrutar de los beneficios derivados de los impuestos tanto como el resto. Y debes designar recaudadores de impuestos para que supervisen este negocio en cada territorio».

Dión Casio: *Historia romana,* 52, 28, 3-7.

La crisis del siglo III

La crisis consistió en un conjunto de transformaciones en la economía y la sociedad romanas que afectaron a elementos tan clásicos como la esclavitud, la vida ciudadana, el comercio y la moneda.

- Del esclavismo como sistema dominante, se pasó a una mayor explotación del trabajo libre. La concesión de la ciudadanía romana a todos los hombres libres (Caracalla, 212) buscaba recaudar más dinero con el impuesto por la herencia.
- La ciudadanía romana perdió importancia, al aparecer dos claras divisiones de clase: **honestiores** (nobles, poderosos) y **humiliores** (humildes, pobres).
- La ciudad decayó frente al campo y con los grandes latifundios autosuficientes disminuyó el comercio y por lo tanto la importancia de la moneda, que se devaluó, y de la ciudad como redistribuidora.

En fin, se rompió con el modelo político vigente desde Augusto. Frente a los 14 emperadores que hubo en los siglos I y II, se pasó a 60 en una sola centuria (193-293). Las primeras invasiones de pueblos bárbaros y la llamada «peste antonina» (pandemia de viruela) pudieron contribuir, como causas externas, a esas transformaciones.

2

La explotación de los recursos y la organización del territorio

En **época prerromana,** la Península estaba formada por **poblaciones muy diferentes,** con una articulación social y territorial heterogénea. No se puede decir que la Península tuviese una entidad histórica propia. En este sentido, el período romano es una época clave por el avance que se produjo hacia una mayor unidad social y política.

2.1. La nueva explotación del territorio y sus recursos

Desde el inicio, los **territorios** conquistados pasaron a ser **propiedad del pueblo romano** y fueron sometidos a una **tributación.** También estaban sujetas a tributación las poblaciones, aunque las más hostiles podían ser vendidas como esclavas. Esta explotación junto al **aprovisionamiento sobre el terreno** de alimentos fue lo más frecuente durante la conquista, pero Roma también se apropió de numerosos botines de plata y oro, o los consiguió como tributo, lo que hace crecer la fama de la Península como fuente de riquezas metálicas.

Enseguida se produjeron también **exportaciones de productos peninsulares.** En su **economía** esencialmente **agraria,** destacaron el trigo, el vino y, en especial, el aceite. Las ánforas olearias rotas llegaron a formar en Roma un montículo (el monte Testaccio) de 35 m de altura, con un 80 % de ellas procedentes de la Bética. El esparto se explotó en todo el sureste para hacer útiles y aperos agrícolas, marinos y mineros. El desarrollo agrícola convivió con la ganadería, sobre todo ovina y caprina. Fueron famosos los caballos, entrenados para las carreras de carros en el circo. También se exportaron salazones y el famoso *garum*, un tipo de salsa a base de pescado.

Pero Hispania adquirió renombre por sus **minerales.** Los que primero se explotaron fueron los de la zona de Cartagena y sureste y los de Sierra Morena, de plata y plomo sobre todo, por privados y sociedades constituidas al efecto, siempre bajo el control estatal, aunque hubo algunas excepciones.

El paso de la República al Imperio significó un **nuevo orden económico,** una explotación más sistemática de los recursos, lo que algunos autores han denominado «el inventario del mundo». Se generalizaron los censos de población y la valoración de todos los recursos para potenciar su explotación por el Estado, cuya estructura administrativa fue reordenada e incrementada, en época de las dinastías julio-claudia (27 a.C.–68 d.C.) y flavia (69–96 d.C.) sobre todo.

En ese contexto, durante los siglos I y II d.C., se desarrollaron las grandes **explotaciones de oro** de Asturia, Galecia y Lusitania, donde se conocen más de 800 minas. Eran explotadas por el estado gracias a su aparato administrativo y al ejército y en ellas se utilizó una sofisticada tecnología minera e hidráulica. En esa época es cuando tuvo auge la minería del cinturón pirítico del suroeste entre **Rio Tinto** (Huelva) y Aljustrel (Alemtejo, Portugal), así como el cinabrio de la zona de Almadén (Ciudad Real), famoso sobre todo como pigmento. En estas últimas zonas se produjo una explotación indirecta por parte del estado, mediante arrendamientos a particulares o a sociedades.

Actividades

3 ¿A qué se debe la extraordinaria importancia del oro y la plata de Hispania en la economía romana?

Esportón de esparto con armazón de madera encontrado en las minas romanas de Cartagena.

Trincheras y escombreras. Filón sur de las minas de plata y plomo de El Centenillo (Baños de la Encina, Jaén).

Minería de oro romana: la *ruina montium* (el derrumbe de los montes)

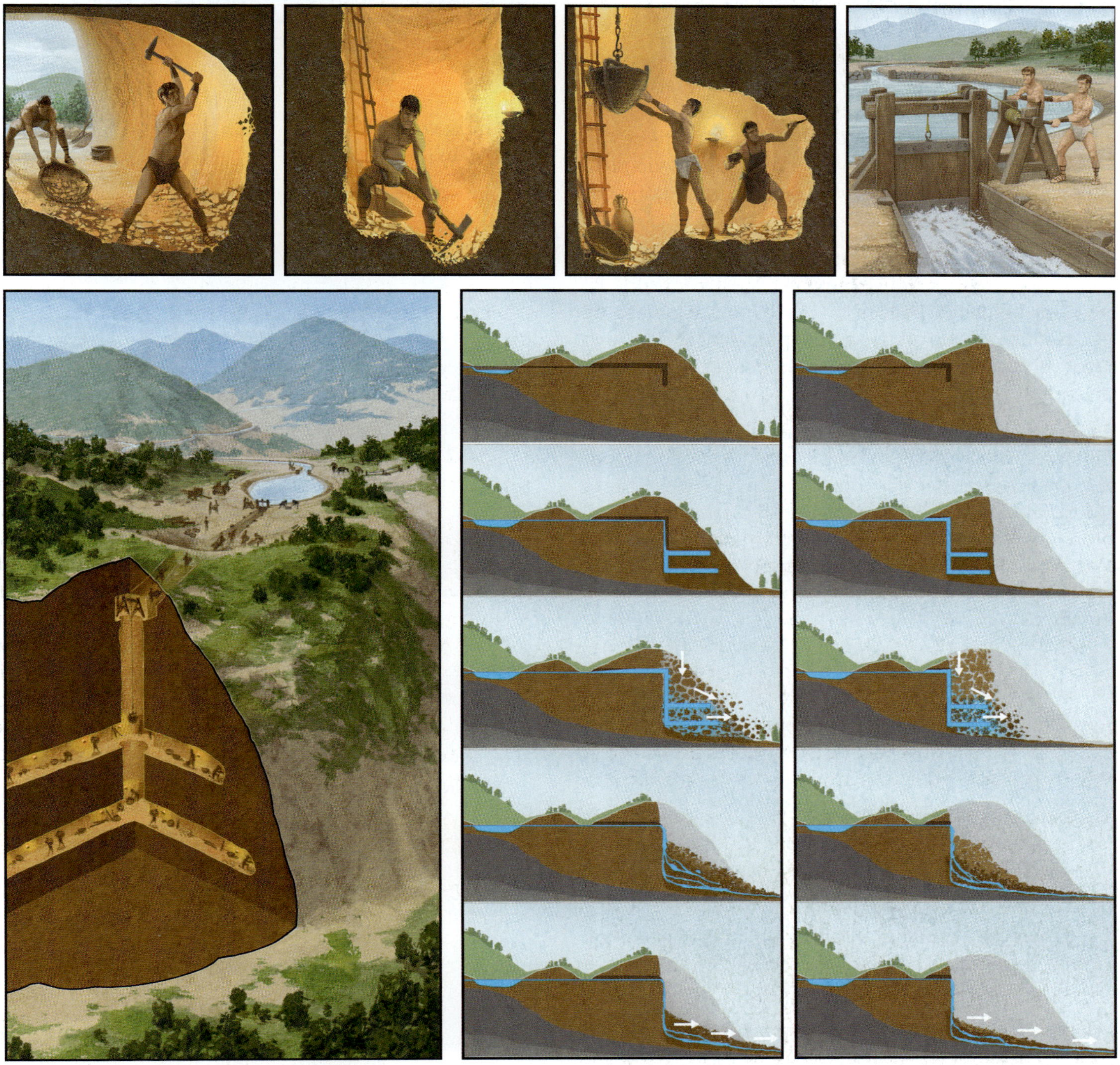

Plinio El Viejo, gobernador de la Tarraconense en época flavia, en el siglo I d. C., debió conocer muy bien las minas de oro del noroeste peninsular:

«(...) El derrumbe [de los montes] sirve de señal, que solo percibe en la cumbre del monte el vigilante. Este manda a voces y con gestos que se aparte a los trabajadores y al tiempo él mismo sale volando. El monte destrozado cae por sí solo con un gran estruendo que no puede concebir la mente humana y al mismo tiempo con un vendaval increíble. (...) Sin embargo, ni todavía hay oro ni es posible saber si lo habrá cuando excaven [la tierra derrumbada para lavarla] (...) Hay quienes han contado que Asturia, Galecia y Lusitania superan de este modo las veinte mil libras (6540 kg) cada año, pero que Asturia es la que más produce».

Plinio El Viejo: *Historia Natural*, 33, 72-78.

La *ruina montium* se aplicó en algunas minas hechas en conglomerado aurífero, como Las Médulas (León). En ella se removieron unos 100 millones de m³ (unos 200 millones de toneladas) y se obtuvieron unos 4500-5000 kg de oro en unos dos siglos de explotación.

2.1.1. Auge y decadencia del comercio

La urbanización de la Península y su integración en un mercado que comprendía todo el Mediterráneo fue acompañada de un incremento **comercial y artesanal**. El comercio permitió desarrollar los mercados urbanos y potenció la **circulación monetaria**, basada a partir de Augusto en las monedas-patrón de oro (*aureus*) y de plata (*denarius*). Las artesanías fueron ejercidas por personas libres o por siervos.

La **inestabilidad del Bajo Imperio**, vinculada en último término a una **crisis del sistema esclavista** –desprovisto ya de mercados bélicos fáciles e incluso objeto de críticas como las del estoicismo o el cristianismo–, tuvo mayor incidencia en las zonas más desarrolladas y urbanizadas.

La circulación monetaria se vio afectada por continuas **adulteraciones** o pérdidas de peso de las **monedas-patrón,** en especial del denario de plata. Hubo un cierto **regreso al campo** y los grandes propietarios se convirtieron cada vez más en grandes latifundistas, con villas rurales prácticamente autosuficientes y con un incremento de la economía de intercambio en vez de la de mercado.

2.2. La ordenación y articulación del territorio

Al ser un territorio perteneciente al pueblo romano por conquista, la península ibérica se organizó al principio (197 a. C.) en dos provincias.

- La **Provincia Hispania Citerior** –que significa la más cercana a Roma– comprendía desde los Pirineos, la cuenca del Ebro y todo el Levante hasta la cuenca del río Segura.
- La **Provincia Hispania Ulterior** –la más alejada de Roma– se extendía por la costa andaluza y se articulaba entorno al eje del río Guadalquivir.

Con posterioridad se establecieron sus capitales en Tarraco (Tarragona) y Corduba (Córdoba) respectivamente.

Finalizada la conquista con Augusto, las provincias hispanas pasaron a ser tres. Una quedó bajo el control del Senado, la Provincia Hispania Ulterior o **Baetica,** y las otras dos del emperador: la Provincia Hispania Citerior o **Tarraconensis,** que fue aumentada con las zonas mineras del sureste y Sierra Morena oriental y con los nuevos territorios conquistados, y la nueva provincia Hispania Ulterior **Lusitania,** que fue separada de la antigua Ulterior y tuvo como capital la recién fundada Emerita Augusta (Mérida). Durante el Alto Imperio permaneció esta división provincial.

La división provincial de Hispania

La **reforma de Diocleciano** del 297 d. C. creó la diócesis de las Hispanias (con capital en Emerita Augusta), formada por **cinco provincias** peninsulares: las ya existentes **Baetica**, **Lusitania**, **Gallaecia** (capital: Bracara Augusta, Braga) y **Tarraconensis** y, escindida de esta última, la nueva **Carthaginensis** (capital Cartago Nova). A ellas se añadía dentro de la misma diócesis la **Mauritania Tingitana** (parte del norte de África) y un poco más tarde se creó la de las islas **Baleares**. Con esta estructura provincial se llegó hasta el final del Imperio Romano de Occidente (476).

Por debajo de las provincias existió otra **división administrativa:** los ***conventus.*** Eran 4 en la Baetica, 3 en Lusitania y 7 en la Tarraconensis.

Los *conventus* agrupaban comunidades dentro de un área regional; así el *Conventus Asturum* (Convento de los Astures) agrupaba las ciudades o pueblos de los astures (actual Asturias, León, Zamora, Ourense y la portuguesa Tras-os-Montes) con capital en Asturica Augusta (Astorga) y en ella se producían las reuniones del *conventus* para dirimir cuestiones jurídicas, fiscales o religiosas. Tuvieron importancia durante el Alto Imperio, sobre todo en zonas con bajo grado de urbanización como los tres *conventus* del noroeste en la Tarraconense. Desde Antonino Pio (138-161) decayeron hasta desaparecer.

2.3. El desarrollo urbano

La **ciudad antigua** era una unidad de campo y ciudad, de forma que la civitas **romana** se refiere al núcleo urbano y al territorio que le pertenece. A veces, las *civitates* no cuentan con un núcleo principal y sus habitantes viven de forma dispersa en un territorio eminentemente rural.

Durante la conquista, como no existía una política sistemática de organización territorial, se producían pactos entre las comunidades y los sucesivos generales o gobernantes, por lo que era muy frecuente que las ciudades indígenas, que incluso habían podido experimentar ya un desarrollo urbano notable, fuesen integradas con su nombre o se refundasen con denominaciones romanas: Augusta Firma Astigi (Écija), capital de un *conventus* de la Bética.

Pero también se fundaron ciudades como colonias de nueva planta; desde la primera, *Italica* (Santiponce, Sevilla), hasta las concedidas a legionarios licenciados tras las guerras cántabro-astures: Emerita Augusta (Mérida), Caesaraugusta (Zaragoza) y la Colonia Iulia Gemela Acci (Guadix).

La condición jurídica de las *civitates* cambió a lo largo del tiempo sin que se pueda determinar a veces cuándo se produjo tal hecho.

La fundación de colonias y su **progresiva ordenación en ciudades** de la Península es uno de los aspectos más importantes y duraderos de su integración en el mundo romano.

La vida urbana cumplía una función dominante y articuladora en todo el territorio del Imperio. El **modelo** típico de la **ciudad** romana incluía su **delimitación,** generalmente con **muralla,** su ordenación más o menos ortogonal siguiendo **dos ejes viarios** principales, el **cardo** de norte a sur y el **decumano** de este a oeste. La ciudad se convirtió en el centro de todas las actividades y se dotó con edificios públicos para poder desarrollarlas, el foro y la basílica para la vida política y comercial, los templos y el capitolio para el culto, el teatro, el anfiteatro, el circo y las termas para actividades de ocio y esparcimiento.

En las **colonias,** el territorio de la ciudad se distribuyó entre los colonos mediante parcelas geométricas e iguales, una **división catastral** denominada **centuriación,** que realizaban los agrimensores y gromáticos y también se llevó a cabo en muchos municipios.

La inseguridad que se empieza a producir a **fines del siglo II d. C.** condujo al **decaimiento de los núcleos urbanos** en el Bajo Imperio. Muchos de ellos, como Barcino (Barcelona) o Lucus Augusti (Lugo), se amurallaron y llegaron a tener importantes pérdidas de población. Se convirtieron a veces en un refugio para el campesinado empobrecido frente al auge de las grandes villas rurales.

Condición jurídica de la *civitates* hispanas

Lo más normal era que, tras su sometimiento, los núcleos de población pasasen a ser ciudades estipendiarias y que su territorio, al ser del pueblo romano por conquista, pagase un tributo (*stipendium*).

En otros casos se producía un pacto (*foedus*) y las ciudades pasaban a ser federadas -asociadas o amigas del pueblo romano- pagando también tributo.

Algunos núcleos privilegiados pasan a ser libres o inmunes, es decir, exentos de cualquier tributo, siempre que así lo aprobase la administración romana.

Por último, las colonias estaban formadas comúnmente por gentes de origen romano, itálico o veteranos del ejército y sus habitantes solían tener derecho ciudadano reconocido.

Todas ellas podían recibir del poder romano la concesión del régimen municipal, que implicaba o al menos permitía acceder a la ciudadanía romana.

Los municipios estaban gobernados por la curia o asamblea y por magistrados. Los principales de estos era los duoviros y los cuatorviros, elegidos de entre los decuriones. Todos ellos formaban parte de la clase dirigente, no estaban remunerados y solían ejercer el evergetismo y la munificencia mediante el pago de monumentos o diversos actos públicos.

2.3.1. La red de comunicaciones

La **red viaria** que articulaba el territorio hispano no era radial como en la actualidad, sino que se trazó de acuerdo con el avance del dominio romano, con un **diseño muy funcional** que primaba la consolidación y organización del territorio, tanto la conexión de los núcleos de población o comunidades como el acceso a todos los recursos. Para facilitar su recorrido estaban jalonadas por *mansiones* o estaciones de descanso, que solían coincidir con los núcleos urbanos.

Las **vías** se construían con diferentes materiales de acuerdo con las condiciones del terreno, de forma que solo se enlosaban allí donde era preciso en los aledaños de las ciudades; al salir a campo abierto la capa superior era una fina zahorra muy compactada que facilitaba el rodamiento de los carruajes, no dañaba las pezuñas de las caballerías y permitía a ambos alcanzar velocidad. **Estaban señalizadas con mojones o miliarios** (1 milla romana = 1480 m). Los puentes que atravesaban los principales cursos fluviales constituyen una de las principales obras públicas de la tecnología romana.

Actividades

4 Con la ayuda del mapa y del texto, relaciona las vías de comunicación y las áreas de interés minero, agrícola, ganadero, etc. Indica las posibles vías y los puertos de exportación de los productos hacia Roma.

Las calzadas romanas en Hispania

Las principales vías peninsulares se trazaron siguiendo el impulso de la conquista. En los siglos III y IV el «Itinerario de Antonino» recoge las más importantes. Una de las más antiguas, la vía Heráclea, se prolongaba desde los Pirineos hasta las Columnas de Hércules –que marcaban el estrecho de Gibraltar–, con su consolidación en época imperial pasó a denominarse vía Augusta. Otras vías fueron la de La Plata entre Hispalis (Sevilla) y Asturica Augusta (Astorga) y la que comunicaba los valles del Ebro y Duero desde Tarraco (Tarragona) pasando por Caesar Augusta (Zaragoza) y llegando hasta la vía de La Plata. La vía Atlántica recorría el occidente portugués y galaico.

Puente romano de Alcántara sobre el río Tajo (Cáceres). Es una de las obras públicas más emblemáticas del mundo romano. Construido siendo emperador Trajano, tiene 6 arcos y mide 58 m de altura y 194 de longitud.

3

La sociedad y la cultura en Hispania

El concepto de **romanización**, la asimilación social y cultural del territorio y los habitantes de la Península por Roma, ha sido cuestionado recientemente, ya que no se habría producido tanto una imposición de las formas de vida romanas, sino que se habría tratado de un sincretismo entre la diversidad hispana y lo romano. La romanización se basó tanto en mecanismos de concesión y aceptación con las comunidades favorables a Roma, como de represión y sometimiento con aquellas poblaciones que mostraron resistencia o beligerancia. De esta forma la romanización se caracterizó por unas relaciones de dominio y dependencia de naturaleza desigual. Es evidente que fue un proceso histórico que condujo a una mayor **uniformidad social y cultural,** tanto en la Península como en el resto del mediterráneo.

Hay que tener en cuenta la gran **diversidad cultural de la población** peninsular: la del levante y sur con núcleos urbanos y una larga historia de contactos con el mundo mediterráneo -griegos y fenicio-púnicos- que favoreció su integración y asimilación a Roma, mientras que para la del interior, norte y noroeste tales contactos habían sido esporádicos o nulos y por ello la integración fue más difícil y significó un cambio mucho más fuerte.

3.1. Aspectos sociales

Durante los dos primeros siglos de **conquista y ocupación** se produjo una inmigración de **población itálica.** Miembros de las aristocracias, pero también otros de rango inferior que actuaban a sus órdenes, iniciaron una **colonización** del territorio haciéndose con tierras, con el comercio y explotando directamente todo tipo de recursos, entre los que destacan las minas. A la par, esa clase dirigente estableció relaciones de **dependencia social** mediante el **clientelismo,** de forma que también entre la **población peninsular** se promocionan las clases dominantes ya existentes, que se integran en la misma aristocracia imitando sus costumbres. Esta élite se completaba con personas que accedían a ella mediante la prestación de servicios, como los veteranos de las legiones, que al igual que buena parte de la clase dirigente consiguió así la **ciudadanía romana,** situándose en lo alto del orden social.

El **sistema o modo de producción romano** estaba basado en el **esclavismo**, pero eso no quiere decir que la esclavitud fuese la principal y menos aún la única entre las formas de dependencia social. Los **esclavos** eran considerados una **mercancía** y se empleaban como mano de obra en las actividades agrarias, pero también en la vida doméstica, donde a veces eran tratados de forma privilegiada, como maestros o artesanos especializados, por ejemplo. Los esclavos empleados en trabajos duros como las minas eran más frecuentes en el Oriente -Egipto, por ejemplo-, que en Hispania.

Durante el Alto Imperio aumentó la **manumisión** o concesión de libertad a los esclavos, que pasaron a ser **libertos**, pero permanecían unidos a sus dueños por vínculos de fidelidad y clientelismo. Los libertos llegaron a tener una gran importancia en labores administrativas e incluso hubo libertos imperiales que alcanzaron el grado de procurador de minas.

Ley minera de Aljustrel (*Lex Metalli Vipascensis*)

En el *Metallum Vipascensis,* minas de Aljustrel (Alemtejo, Portugal), se encontraron en 1876 y 1906 dos planchas de bronce con disposiciones sobre arrendamientos de muchas actividades, mineras y de todo tipo, bajo el control del procurador de minas (*procurator metallorum*) como representante estatal. Son de la primera mitad del siglo II (se menciona al emperador Adriano, 117-138 d. C.). En sus disposiciones se puede comprobar la convivencia de trabajo libre y trabajo esclavo.

«I, 4. (...) A nadie se permite reparar el calzado salvo que mantenga o arregle también los propios o los de su dueño. (...) 5. El arrendatario (de la barbería) tendrá derecho a utilizarla de manera que nadie haga una barbería en la aldea (*vicus*) de la mina de Vipasca o en su territorio por ninguna causa. El que hiciese de esa forma una barbería, deberá pagar por cada uso de los utensilios (...) Excepción hecha de los esclavos que cuiden (del cabello) de sus dueños o de sus consiervos. (...) 8. Se ha concedido por parte del procurador de la mina que los maestros de escuela quedasen exentos de impuestos (inmunes). (...) 9. Quien usurpase u ocupara un pozo y el lugar de un pozo dentro de los límites de la mina de Vipasca con la intención de retenerlo de forma legal en virtud de la ley minera promulgada (*lex metallis dicta*), dispone de dos días de plazo a partir de la usurpación u ocupación para declararlo ante el arrendatario, el socio o el agente de este impuesto».

Tablas de Vipasca, 117-139 d. C. Bronce (76,5 x 55 x 1,2 cm). Museu Nacional de Arqueologia (Lisboa, Portugal).

Para más información sobre la riqueza minera en Hispania puedes utilizar la web de recursos de **anayaeducacion.es**.

Una gran parte de la población de las provincias hispanas tenía la condición jurídica de **peregrinos** (*peregrini*), es decir, **libres sin** derecho a **ciudadanía romana.** Estaban sometidos a tributación territorial y personal, de forma que podían ser enrolados en el ejército a través de levas o también podían ser requeridos para el pago de tributos mediante *operae* (trabajos no retribuidos), como era el caso de los que trabajaban en las minas de oro del noroeste peninsular, a los que Plinio llama *operati*.

Actividades

5 ¿Qué cambios supuso la conquista romana en los modos de vida y la organización social de Hispania?

Esclavos fugitivos en Hispania

El emperador Constantino responde a los requerimientos de Tiberiano, responsable de la provincia de Hispania, sobre la preocupación por los esclavos fugitivos.

«Cuando alguien reclama a un siervo fugitivo, y otro, para evitar la ley que establece una pena bien definida para los que ocultan esclavos, alega un derecho de propiedad sobre él, o bien le estimula para que proclame su libertad, inmediatamente el pícaro sobre el que recae la ambigüedad será sometido a tormento para que, establecida la verdad, se ponga término a la discusión. Esto no solo dará satisfacción a ambos litigantes, sino que también podrá disuadir de la fuga a los esclavos».

Código Justinianeo, VI, I, 6.
Dado en Constantinopla, 18 de agosto del 332.

Desde una perspectiva social, la relativa igualación entre libres que supuso la concesión de la ciudadanía a todos los habitantes libres del Imperio, a comienzos del siglo III d. C., encubrió **una nueva forma de dependencia social** y explotación durante época bajoimperial. Por una parte, estaban los honestiores que englobaba a los antiguos dirigentes, senadores, magistrados, grandes propietarios convertidos en latifundistas y a las jerarquías eclesiásticas. Por otra parte estaba el resto, los **humiliores,** donde se incluían lo que quedaba de la plebe urbana, artesanos y todo el campesinado cada vez más empobrecido.

3.2. Aspectos culturales y religiosos

La lengua, el **latín,** fue uno de los principales elementos de uniformidad. Pero no era hablado por todos los habitantes ni en Hispania ni en el resto del mundo romano. Se calcula que las provincias occidentales como las hispanas apenas alcanzarían un **5 % de alfabetización.**

Los **escritores** latinos de **origen hispano** más importantes fueron muchos, entre ellos cabe destacar al filósofo estoico y literato **Séneca** y a su sobrino, el poeta **Lucano,** ambos de Corduba (Córdoba), al poeta **Marcial,** de Bilbilis (Calatayud), al geógrafo bético **Mela** y al agrónomo gaditano **Columela.**

En latín se ha trasmitido todo el **derecho romano,** otro de los factores que contribuyeron a homogeneizar todo el Imperio y que, además de ser la base del derecho actual, ha pervivido en expresiones jurídicas o incluso del día a día. En los museos se conservan diversas tablas de bronce donde están recogidas disposiciones legales imperiales, municipales, fiscales, mineras y de diversas cuestiones sociales.

Teatro de Clunia (Coruña del Conde - Peñalba de Castro, Burgos). Mandado edificar por el emperador de la dinastía julio-claudia Tiberio (14-37 d. C.) como parte del programa edilicio de reconstrucción de la Colonia Clunia Sulpicia, capital de uno de los conventus de la provincia Tarraconense, el Conventus Iuridicus Cluniensis. Fue objeto de remodelaciones en el siglo II d. C.

Lugares para los espacios públicos y de culto en la ciudad

«Trazadas las calles y situadas las plazas, deben elegirse las zonas de utilidad común de la ciudad, teniendo en cuenta la mejor situación para los edificios de culto, el foro y demás espacios públicos. Si el recinto urbano se levanta junto al mar, debe elegirse un área próxima al puerto para construir el foro; pero si está hacia el interior del territorio (el foro) se construirá en medio de la ciudad. Los lugares que ocupen los edificios de culto para los dioses tutelares de la ciudad, y para Júpiter, Juno y Minerva (la tríada capitolina), han de estar en un lugar muy elevado, desde donde pueda observarse la mayor parte del recinto urbano. El templo para Mercurio, y en su caso para Isis y Serapis, se situará en el foro o en el barrio comercial; el de Apolo y el Padre Baco, junto al teatro; en las ciudades donde no haya gimnasios ni anfiteatros, el templo de Hércules junto al circo; el de Marte, fuera de la ciudad, pero próximo a su término; y el de Venus estará junto al puerto».

Vitrubio: *Los diez libros sobre Arquitectura*, 1, 7, 1.

Inscripción funeraria de la necrópolis de Los Villares (Elche de la Sierra, Albacete).

Texto: Licinio hijo de Galión, muerto a los 45 años, aquí yace enterrado, sea para ti la tierra leve.

A través del latín se difundieron numerosos aspectos políticos, sociales, económicos o culturales, recogidos en las **inscripciones** que se han conservado hasta nuestros días. Hechas sobre soportes de piedra, también se han conservado en bronces, incluso sobre maderas enceradas, material usado, a modo de pizarras, en la enseñanza.

3.2.1. La cultura al servicio del poder

Las mejores **obras públicas y las destinadas a uso cultural** estuvieron al servicio de la propaganda del estado y del emperador. En la **construcción** de los centros de las ciudades, ocupados por el **foro, templos** u otros **edificios públicos,** o en la construcción de infraestructuras, tuvieron **gran peso** los representantes del poder, el **emperador y las oligarquías** provinciales o locales, que las utilizaron como propaganda e hicieron ostentación de ese poder. Cada vez son más las antiguas ciudades romanas de Hispania cuyos conjuntos o monumentos aislados se ponen en valor, como los conjuntos de Tarraco, Cartago Nova, Corduba, Italica, Emerita Augusta, Clunia, Lucus Augusti y muchas más.

Como contraposición a los grandes programas culturales, puede hablarse de una **cultura** y un **arte provincial,** que podría denominarse **hispanorromano,** pero en último término se trata de una cuestión de escalas, a veces simplemente de capacidad artística o apreciación estética. En general, incluso los individuos particulares pretenden dejar un testimonio propio emulando al de los más poderosos. Algo parecido ocurriría en época tardía con el **arte paleocristiano,** más esquemático generalmente que el arte áulico de la corte imperial, aunque este también participe de una sencillez hierática y jerárquica.

3.2.2. La religión romana

La universalización del panteón romano convirtió a la **religión romana** en otro elemento de uniformidad. Presidido por la **tríada capitolina: Júpiter, Juno y Minerva,** la aceptación del panteón de divinidades romanas se vio potenciada por una asimilación a divinidades particulares de diverso origen o propias de cada lugar: Júpiter se asimila al fenicio Baal, al Cándamo de las montañas astur-cántabras o aparece como el greco-egipcio Zeus-Amón. Esa capacidad de sincretismo convierte a Hispania en un hogar de divinidades mixtas. El **culto al emperador** divinizado se empezó a practicar en las capitales provinciales y pasó luego a las capitales de conventos, era una muestra de acatamiento al poder político constituido.

El arte paleocristiano

El arte paleocristiano participa de muchos de los caracteres del arte tardoantiguo: esquematismo escénico y frontalidad en los personajes, que dota a la representación de una expresividad directa y de fácil comprensión. Se combinan escenas del Viejo Testamento, el sacrificio de Isaac por Abrahan y Daniel en el foso de los leones, a ambos lados, con una del Nuevo: el Buen Pastor con su rebaño. Las inscripciones en griego denotan un origen o influjo oriental seguramente a través de modelos norteafricanos.

Sarcófago paleocristiano de la Iglesia de Santa Cruz (Écija, Sevilla). Siglo V d. C.

Durante el Bajo Imperio los **cultos orientales** (Mitra, Isis, Serapis, etc.), que ya habían introducido en Hispania con la romanización, cobran auge frente a la religión oficial, sobre todo entre la población más marginal por su halo de liberación y salvación. El edicto de Tesalónica (380), al hacer **oficial el cristianismo,** vuelve a vincular la religión con el poder imperial. Poco después (382), por encargo del primer papa de origen ibérico, Dámaso de Idanha-a-Velha (Portugal), se editó la primera «edición divulgada» en latín corriente de las Sagradas Escrituras, la *Biblia Vulgata,* que será la más seguida durante siglos.

3.3. El cristianismo primitivo en Hispania

Durante el Alto Imperio (siglos I y II d. C.) el cristianismo se extendió por las zonas más urbanas del Oriente y en la misma Roma. En el siglo I se conoce la intención que tuvo el apóstol Pablo de viajar a la Península, pero no hay evidencias de la existencia de comunidades primitivas en ese momento. Es posible que a fines del siglo II sí las hubiese y es bastante probable que fueran **comerciantes y militares** los vehículos de la **primera penetración del cristianismo,** concretamente miembros de la Legio VII Gemina, que habían estado en el norte de África, zona de difusión precoz del cristianismo, de ahí que fuesen León, Astorga, Mérida y Zaragoza, con presencia de esa legión, los primeros lugares con comunidades cristianas documentadas (carta de Cipriano de Cartago, 254 d. C.).

Al inicio del siglo IV, el **Concilio de Elvira** (Iliberis, Granada, hacia el 302 d. C.) atestiguó una gran expansión de la iglesia hispana, antes del **Edicto de Milán** (313) del emperador Constantino, que permitió el culto del cristianismo; asistieron a él 19 obispos y 24 presbíteros, las capitales provinciales romanas se habían transformado en sedes eclesiásticas metropolitanas y era patente la implantación de la Iglesia y la capacidad de sus autoridades para impartir doctrina y ser seguidas. En el primer concilio ecuménico, el de **Nicea** del 325, **Osio de Córdoba** se convirtió en el **ideólogo oficial** del cristianismo constantiniano y de las primeras normas dogmáticas para combatir al paganismo y a las herejías, caso del arrianismo.

En la Península se produjo un conflicto con la figura excepcional de **Prisciliano** (340-385), obispo de Ávila y seguramente nacido en Galicia, donde tuvo numerosos seguidores. Su condena y muerte por orden imperial en *Treveris* (Trier, Alemania) no consiguió acabar con su doctrina, que defendía los aspectos más rigurosos del cristianismo, un comportamiento ascético y de unión con la naturaleza y el acercamiento a la vida rural, frente a la jerarquía eclesiástica asentada en los centros urbanos y muy cercana al poder civil dominante.

La institucionalización de la Iglesia cristiana culminó de la mano del emperador **Teodosio,** otra figura relevante hispana, que la convirtió en **religión oficial** en el **Edicto de Tesalónica (380)** en época de Dámaso de Idanha-a-Velha (Portugal) (366-384). Pero junto a ese cristianismo oficial, siguiendo algunos valores del priscilianismo y apoyándose en el auge de las villas rurales en época tardoantigua, se difundió un cristianismo vinculado al campo, a partir de él no solo se van a desarrollar comunidades de fieles campesinos, sino también un floreciente monacato, base de influyentes monasterios medievales.

Actividades

6 ¿Por qué el cristianismo, en sus inicios, arraigó en las ciudades y casi nada en el medio rural?

La antigüedad tardía

Los pueblos bárbaros que entran en Hispania

«Hay pocas dudas de que los bárbaros que entraron en el imperio eran pueblos enteros en movimiento, seguidores leales de un caudillo, y que llevaban consigo a sus familias. Las estimaciones cifran en 100 000 el número máximo de visigodos que acabaron asentándose en la Galia. Los vándalos no sobrepasarían nunca los 80 000, mientras que los suevos rondarían entre 20 000 o 25 000 según los cálculos más fiables. Un quinto o a lo sumo un cuarto del total de toda esta gente lo compondrían hombres capaces de empuñar las armas».

Manzano Moreno, E.: *Historia de España, vol. 2. Épocas medievales*, Barcelona, Crítica/Marcial Pons, 2010, pp. 19-20.

El siglo V d. C. fue un momento de cambio, ya se considere como el final de la época tardoantigua o bien como el inicio del medievo.

4.1. Los reinos visigodo y suevo

La **caída del Imperio Romano de Occidente** estuvo marcada por las invasiones de los **pueblos bárbaros** (que para el mundo grecolatino significaba literalmente los «de habla incomprensible»). El impacto demográfico en Hispania no fue muy elevado, ya que no llegarían ni al 5 % de la población total. Los primeros fueron los suevos, vándalos y alanos que atravesaron el Rin en el 406 y en el 409 se distribuyéndose por toda la península ibérica.

Solo los suevos permanecieron y formaron el **Reino Suevo** en el noroeste durante casi dos siglos **(411-585);** en el 468 llegaron hasta Lisboa y en la segunda mitad del siglo VI se convirtieron al catolicismo, consolidando su relación con la aristocracia hispanorromana. Pero, poco después, el reino cayó bajo el poder visigodo (585).

Los **visigodos entraron** en Hispania por primera vez **(418)** para combatir como federados (desde el 332) y al servicio de Roma contra suevos, vándalos y alanos. Asentados en el sur de la Galia, en Aquitania, llegaron a constituir el Reino de Tolosa (*Toulouse*) (418-507) hasta que, al ser derrotados por los francos, se establecieron definitivamente en Hispania y fundaron el **Reino Visigodo de Toledo (507-711).**

El poder dentro del reino visigodo se consiguió muchas veces gracias a contar con las clientelas más fieles y fuertes, con el apoyo del ejército, de la aristocracia y de la Iglesia. Pero muchas veces se tuvo que recurrir al exterior. Así, la llegada de los **bizantinos (552)** se debió a la llamada en su ayuda del pretendiente Atanagildo, en un momento coincidente con el expansionismo del emperador Justiniano, que conquistó el sureste y Baleares y fundó la provincia de **Spania**. Solo en el 624 fueron expulsados por el rey Suintila.

La **mayor unificación territorial** la consiguió **Leovigildo** (572-586), que se hizo con el reino suevo, con buena parte de la provincia bizantina y consiguió someter a cántabros y vascones. Su hijo, **Recaredo** (586-601), contribuyó a esa consolidación no solo con la **conversión al catolicismo** de la monarquía (III Concilio de Toledo, 589), hasta entonces de confesión arriana, sino reivindicando también la herencia imperial romana.

La última época de estabilidad y unificación es el reinado de **Recesvinto** (653-672), que tuvo una importante **actividad legisladora** e intervino nuevamente contra los vascones.

Los **conflictos** entre las **élites nobiliarias** llevaron a buscar auxilio exterior, acelerando el **final** del **reino visigodo.** Crónicas poco fiables dan versiones contradictorias: a la muerte de Witiza (c. 710) Rodrigo se habría coronado rey frente a partidarios de los hijos del difunto rey; estos acudirían entonces al emergente poder norteafricano de los musulmanes, que invadieron la Península en el 711.

Reino visigodo a finales del siglo VI

A finales del siglo VI, con Leovigildo, se puede hablar de una cierta unificación territorial de Hispania, exceptuando siempre la cornisa mediterránea, en manos de Bizancio hasta que fue conquistada por Suintila en el año 624.

Más información en la web de recursos de **anayaeducacion.es**.

4.2. Aspectos culturales y sociales

Los visigodos pretendían **emular el poder romano imperial** en la lengua, el derecho, la política, etc. El **Código de Eurico** (466-484) basaba las relaciones con los hispanorromanos en la hospitalidad y, a cambio de actuar en su defensa como ejército, los visigodos recibían grandes compensaciones territoriales, así como colonos y esclavos para cultivarlas. El **Breviario de Alarico** (506), adaptación del Código de Teodosio del 438, tuvo gran importancia entre los reinos germánicos de Occidente, frente al Código de Justiniano (529) seguido en el Imperio de Oriente bizantino. El **Código de Recesvinto** (654), recopilación jurídica que siguió al de Justiniano, introdujo la uniformidad para godos e hispanorromanos y fue la base del futuro *Fuero Juzgo* en época de Fernando III (1241).

A pesar de la disputa entre la **monarquía visigoda arriana** y la **iglesia católica,** las interacciones entre ambos poderes fueron continuas, de modo que el Aula Regia o corte palaciega del rey y las disposiciones eclesiales de los Concilios de Toledo (18 del 397 al 702) se complementaron; esto también queda reflejado en obras de **joyería** como el tesoro de Guarrazar, exvotos ofrecidos por los monarcas. En los concilios participó activamente el principal representante de la cultura visigoda, **Isidoro de Sevilla,** autor de las enciclopédicas *Etimologías,* auténtica compilación de la cultura clásica.

Buena parte de la sociedad visigoda siguió la estela de los propietarios bajoimperiales como grandes terratenientes, una continuidad de las villas rurales, pero también con edificios religiosos que hablan de la riqueza del **poblamiento rural** e incluso con la aparición de los primeros **núcleos monásticos**. La hermana de San Isidoro, **Santa Florentina de Cartagena** llegó a fundar más de cuatro decenas de monasterios femeninos.

Coronas y cruces votivas del Tesoro de Guarrazar (Guadamur, Toledo), en el Museo de los Concilios y la Cultura Visigoda, en la Iglesia de San Román deToledo. Fue encontrado en 1858.

Actividades

7 ¿Qué papel jugo el cristianismo en el proceso de unificación política, territorial y cultural en la península ibérica durante la época visigoda? ¿Qué otros factores influyeron en dicho proceso? Valora la importancia de cada uno.

8 ¿Por qué los visigodos, siendo una minoría frente a la población hispanorromana, acabaron por controlar todo el territorio?

9 ¿Por qué debilitaba a la monarquía visigoda el hecho de que los reyes fueran elegidos por los nobles? ¿Qué consecuencias tuvo para el reino visigodo?

Iglesia visigoda de San Pedro de la Nave (Zamora). De esa época, se conservan pequeñas iglesias, situadas en zonas rurales de la Meseta: San Juan de Baños (Palencia), Quintanilla de las Viñas (Burgos), etc.

ACTIVIDADES

1 Iniciación al comentario de mapas históricos

La ciudad era un elemento esencial en la vida del imperio romano. En tiempos de la Hispania romana surgió la primera red urbana de la historia de la Península: un conjunto de ciudades unidas por calzadas y relacionadas entre sí según su jerarquía.

Sin duda, las más pobladas y dotadas de un mayor poder económico ejercerían una influencia notable sobre un área geográfica considerable.

Igualmente cabe suponer que las zonas de mayor densidad urbana deberían tener un mayor grado de integración en el Imperio; es decir, estarían más romanizadas.

- **Comprobamos.** Compara los mapas de la conquista romana de Hispania y de las calzadas romanas incluido en esta actividad con el mapa actual de España.

  Esta es la correspondencia entre algunos de los nombres latinos y los actuales: Iria Flavia (Padrón), Flaviobriga (Castro Urdiales), Pompaelo (Pamplona), Legio VII (León), Bilbilis (Calatayud), Ilerda (Lleida), Cauca (Coca), Norba (Cáceres), Cástulo (Cazlona), Onuba (Huelva), Astigi (Écija), Hispalis (Sevilla), Urci (Villaricos).

1. Señala qué ciudades romanas perviven con un rango similar o inferior al que tuvieron entonces.
2. Señala qué zonas tuvieron un mayor grado de romanización y explica por qué razones históricas. Indica si perviven hoy elementos que denoten esa desigual romanización.
3. «Las ciudades perdieron potencial económico y se deterioraron las infraestructuras municipales. Las inversiones en obras públicas y actividades culturales, decayeron. Los grandes propietarios abandonaron la ciudad y se instalaron en sus ricas residencias rurales».

   Considerando este relato:

   a. ¿A qué período histórico nos estamos refiriendo?

   b. ¿Qué causas motivaron esta situación?

   c. ¿Qué consecuencias sociales y económicas tuvo?
4. Señala algunas ciudades hispanorromanas que perdieron influencia con la caída del Imperio y no volverían a ser núcleos urbanos en el futuro.

Las calzadas romanas en Hispania

2 Interpretación de un eje cronológico

- **Línea del tiempo.** Observa los ejes cronológicos y resuelve las siguientes cuestiones:

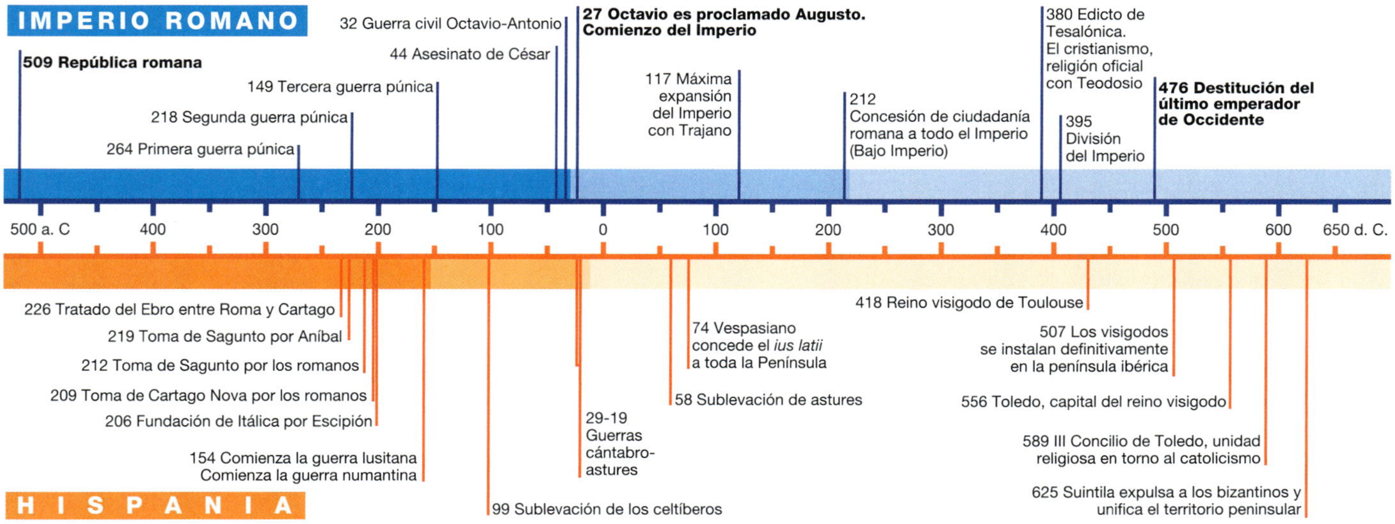

1. ¿Qué significa la diferente coloración de las sucesivas etapas? Anota la denominación que darías a cada fase temporal.

2. Indica qué relación existe entre los acontecimientos bélicos y los fenómenos políticos, sociales y culturales que aparecen en ambos ejes.

3 Elaboración de un esquema conceptual

Un esquema o mapa conceptual es un recurso útil para representar el desarrollo de una idea, descripción o explicación de cualquier tipo. Permite visualizar rápidamente los términos fundamentales para describir o explicar un tema.

En el mapa conceptual se van situando unos conceptos en relación con otros, de manera que los más generales se «despliegan» en otros más precisos. Veamos un ejemplo.

- Construye un esquema similar sobre la crisis del siglo III con los siguientes conceptos crisis social, crisis económica, colapso mercantil, retroceso artesanal, ruralización, crisis del esclavismo, colonato, etc. Añade otros tras consultar la unidad y la web de recursos de **anayaeducacion.es**.

4 Análisis y comparación de documentos

- Tras la lectura de estos textos, realiza las siguientes tareas:

1. Sobre un mapa de España señala la ubicación geográfica de los pueblos a que se refieren los autores: Estrabón y Diodoro. Infórmate sobre la datación de los textos.
2. Describe los rasgos definitorios de cada pueblo, según los textos.
3. Enumera las diferencias sociales, económicas y culturales que aprecias entre ellos.
4. Relaciona las diferencias detectadas con el grado y forma de romanización de cada pueblo.

Documento A

«Dicha región se llama Baetica, por el nombre del río, y Turdetania, por el pueblo que la habita; a estos habitantes llámaseles turdetanos y túrdulos, que unos creen son los mismos; mas, según otros, dos pueblos distintos... Tienen fama de ser los más cultos de los iberos. Tienen un alfabeto y escritos de antigua memoria, poemas y leyes en verso que ellos dicen de seis mil años (...) Sus habitantes (los de Gades) son los que navegan más y en mayores navíos, tanto por Nuestro Mar como por el Exterior y puesto que no habitan una isla grande ni dominan extensas tierras en la parte de la tierra firme, ni poseen otras islas, la mayoría de sus habitantes viven en la mar, siendo pocos los que viven en sus casas o negocian en Roma. No obstante, hecha abstracción de Roma, podría pasar por la ciudad más poblada del orbe...» (Traducción de García Bellido).

Estrabón: *Geografía* III, 4, 17 y 4, 18.

Documento B

«Las mujeres cultivan la tierra. Apenas han dado a luz ceden el lecho a sus maridos y los cuidan... Tales rasgos [alude al párrafo anterior] denotan cierto salvajismo en sus costumbres; mas otros, sin ser propiamente civilizados, no son, sin embargo, salvajes. Así, entre los cántabros es el hombre quien dota a la mujer y son las mujeres las que se preocupan de casar a sus hermanos. Esto constituye una especie de ginecocracia, régimen que no es ciertamente civilizado...» (Traducción de García-Bellido).

Estrabón: *Op. cit.,* III, 4, 17 y 4, 18.

Documento C

«Los celtíberos proporcionan para la guerra no solo hábiles jinetes, sino también soldados de infantería, excelentes por su vigor y valor (...). Sus espadas son de doble filo, de excelente fundición; llevan también dagas de un palmo de largas para las luchas cuerpo a cuerpo (...). Entierran planchas de hierro y las dejan bajo el suelo hasta que, pasado el tiempo, la herrumbre devore lo más débil del hierro y quede solo lo más sólido. El armamento así fabricado atraviesa todo lo que se le pone por delante (...). Luchan de dos maneras: después de que han vencido a caballo al enemigo, desmontan y, actuando como infantes, pelean de modo admirable. Los celtíberos son crueles con sus enemigos y adversarios, pero con los extranjeros se comportan muy dulce y amablemente. Todos ruegan a los extranjeros que tengan a bien hospedarse en sus casas y rivalizan entre ellos en la hospitalidad. Se alimentan de toda clase de carnes. Como bebida utilizan vino mezclado con miel, ya que la región produce gran cantidad de este producto, aunque, en cuanto al vino, lo adquieren de los comerciantes que lo importan».

Diodoro: *Biblioteca histórica,* V, 33, 34.

Documento D

«Todos estos habitantes de la montaña son sobrios: no beben sino agua, duermen en el suelo y llevan cabellos largos al modo femenino, aunque para combatir se ciñen la frente con una banda. Comen principalmente carne de macho cabrío. Sacrifican a Marte machos cabríos y también prisioneros y caballos. Suelen hacer hecatombes de cada especie de víctima, al uso griego, y por decirlo al modo de Píndaro inmolan todo un centenar (...). Los hombres van vestidos de negro, llevando la mayoría el ságos, con el cual duermen en su lecho de paja. Usan vasos labrados en madera como los celtas. Las mujeres llevan vestidos con adornos florales. En el interior, en lugar de moneda practican el intercambio de especies o pequeñas láminas recortadas, de plata. A los criminales se les despeña y a los parricidas se les lapida. Los enfermos, como se hacía en la antigüedad entre los asirios, se exponen en los caminos para ser curados por los que han sufrido la misma enfermedad... Así viven estos montañeses que, como dije, son los que habitan en el lado septentrional de Iberia, es decir, los galaicos, astures y cántabros, hasta los vascones y el Pirineo, todos los cuales tienen el mismo modo de vivir...».

Estrabón: *Op. cit.,* III, 3, 7.

Documento E

«Existe una curiosa costumbre entre los hispanos, singularmente entre los lusitanos. Cuando los jóvenes alcanzan la plenitud de sus fuerzas, aquellos que son más pobres, pero destacan por su vigor y valor, se lanzan al monte. Allí se juntan en grandes partidas y se lanzan a las tierras llanas, donde reúnen riquezas mediante el pillaje».

Diodoro, V, 34, 5.

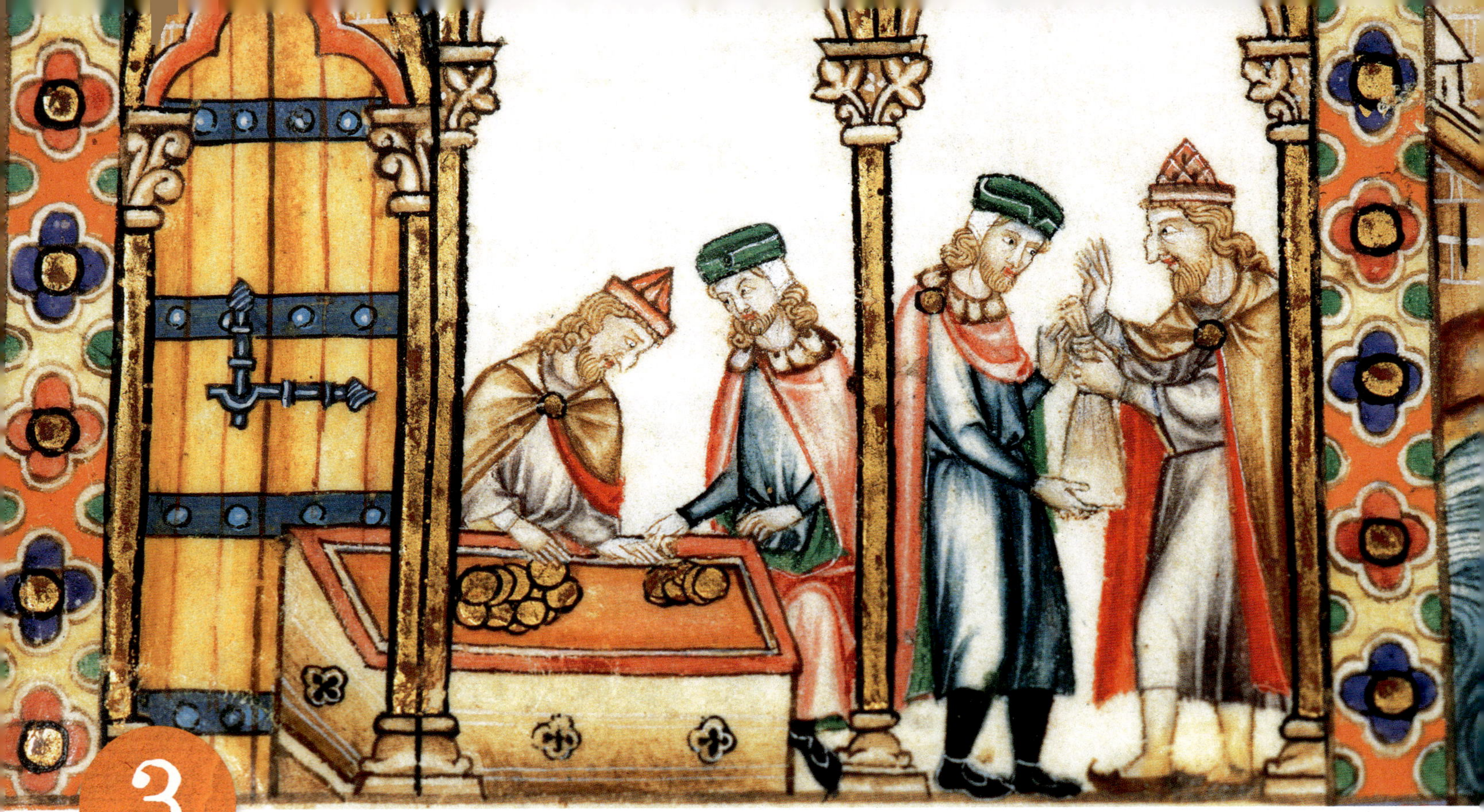

Detalle de una de las miniaturas con la representación de banqueros judíos.

3

La herencia medieval

Los siete siglos que discurren entre la conquista musulmana y el reinado de los Reyes Católicos ponen las bases de la formación de España. Se pasa de un primer período de hegemonía de al-Ándalus al predominio de los reinos cristianos que acabarán ocupando todo el territorio hispánico.

En esos reinos se formó una sociedad en la que convivieron las minorías judía y musulmana, cuya aportación fue fundamental en muchos campos (la ciencia, la cultura y el desarrollo económico). Su coexistencia con la mayoría cristiana no estuvo exenta de tensiones y violencia, que en el caso de los judíos dio pie a la formación de un amplio sector de conversos. Su influencia sigue presente en la toponimia, las lenguas y en el patrimonio histórico, arqueológico, artístico y cultural.

Mucho debemos a la sociedad medieval, entre otras cosas las lenguas que hablamos, las universidades, las cortes, el teatro, la polifonía y el reloj mecánico.

QUÉ VAS A ENCONTRAR EN ESTA UNIDAD

DESAFÍOS QUE
DEJAN HUELLA

Los contenidos y las actividades de esta unidad pueden resultar de utilidad para la realización del proyecto multidisciplinar «Revelando tus raíces».

1

Al-Ándalus en los siglos VIII-X

Entre los **siglos VIII y X** los **musulmanes** de la provincia de Ifriqiya **conquistaron** la **mayor parte** del territorio de la **Península.** Al-Ándalus se organizó como un emirato independiente antes de proclamar el califato, mientras los núcleos de resistencia del norte iniciaron su organización y lento afianzamiento hasta emprender su avance hacia el sur. Las relaciones entre uno y otro ámbito pasan por momentos de enfrentamiento y de amistad, y no faltan los enlaces matrimoniales entre sus familias dirigentes, que favorecen el intercambio cultural.

Actividades

1 Relaciona la división en el reino visigodo con la intervención de los musulmanes en Hispania y explica las causas de su rápida conquista del territorio.

2 Lee atentamente el doc. «La conquista musulmana: dos visiones opuestas» y resume brevemente las dos versiones contrapuestas sobre la conquista de la Hispania visigoda. Resalta las diferencias y contrasta ambas versiones con la información del texto.

La conquista musulmana: dos visiones opuestas

«En el nombre de Alá, el misericordioso, el compasivo, este es el escrito de Abd-al-Azziz ibn Musa para Tudmir ibn Gandaris, ya que se ha sometido a la paz, que tenga el pacto de Alá y su confirmación, y no se le retrasen sus noticias y sus enviados; y que tiene la protección de Alá y de su profeta de que no se le impondrá a nadie sobre él, ni se rebajará a nadie de sus compañeros para mal, que no serán cautivados, y que no se separará entre ellos y sus mujeres y sus hijos; que no se quemarán sus iglesias, y que no se les forzará en su religión. Y que su paz es sobre siete ciudades: Auriola, Mula, Lorca, Palantala, Locant, Iyih y Elche, y que no deje de cumplir lo pactado (...). Atestiguaron esto, Utman ibn Ubaida al-Qurasi, Habib ibn Abi Abi Ubayda al-Qurasi (...). Se escribió en rayab del año 94». (Pacto de Teodomiro con Musa).

García de Cortázar, J. A.: *Nueva Historia de España en sus textos.* Santiago de Compostela, Pico Sacro, 1975, p. 138.

«Muza (...) atravesando el estrecho de Cádiz, penetra en ella [Hispania] (...) para arruinarla sin compasión alguna. Después de arrasarla hasta Toledo, la ciudad regia, y azotar despiadadamente las regiones circundantes con una paz engañosa, valiéndose de Opas, hijo del rey Ejica, condena al patíbulo a algunos ancianos nobles (...) y los pasó a espada a todos con su ayuda.

Y así, con la espada, el hambre y la cautividad devasta no solo la España ulterior sino también la citerior hasta más allá de Zaragoza, ciudad muy antigua y floreciente, poco ha desprovista de defensas porque así lo quiso Dios.

Con el fuego deja asoladas hermosas ciudades, reduciéndolas a cenizas: manda crucificar a los señores y nobles y descuartiza a puñaladas a los jóvenes y lactantes.

De esta forma, sembrando en todos el pánico, las pocas ciudades restantes se ven obligadas a pedir la paz, e inmediatamente, complacientes y sonriendo, con cierta astucia conceden las condiciones pedidas. Pero asustadas, rechazan la paz lograda, huyen por segunda vez en desbandada a las montañas y mueren de hambre y por otras causas (...)».

Crónica del año 754, trad. E. López Pereira.

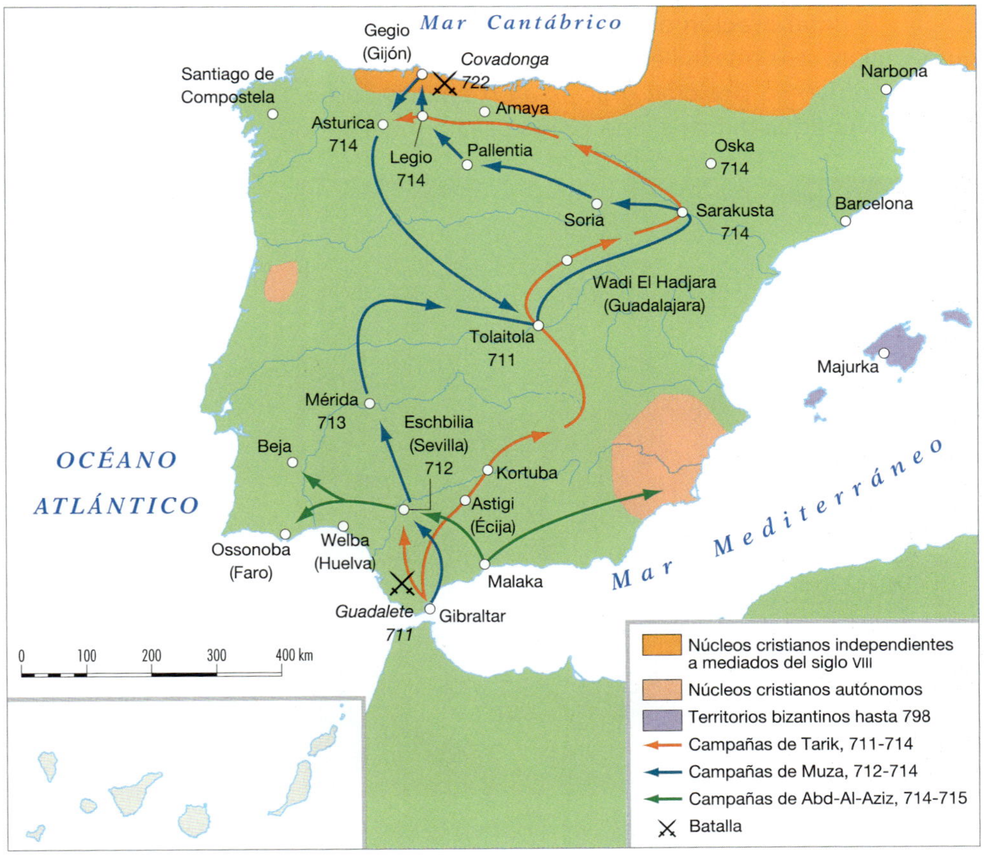

1.1. Al-Ándalus: de la conquista al califato

Las **luchas** por el poder en el **reino visigodo** de Toledo **se agudizaron** a la **muerte** del rey **Vitiza** en el **año 710.** En ese momento, los magnates del reino y el alto clero se reunieron en asamblea para elegir al **sucesor,** recayendo esa elección en el duque de la Bética, **Rodrigo.** Pero la decisión no fue unánimemente aceptada. Vitiza dejaba un hijo, Aquila, al que su familia intentó hacer reconocer como rey, llegándose incluso a acuñar monedas con su nombre. Esto provocó una **guerra civil** que obligó a Rodrigo a trasladarse al norte del reino, donde parece que los vascones apoyaban a su oponente. En estas circunstancias se produjo el **desembarco** del **711,** ante el cual el rey visigodo abandonó el sitio de Pamplona para marchar rápidamente hacia el sur con el fin de frenar a las **tropas musulmanas.** En Guadalete (Cádiz, 711), su ejército fue derrotado y el mismo Rodrigo murió en la batalla.

La historiografía plantea diferentes versiones sobre la relación entre el desembarco de las tropas de Tariq y la guerra sucesoria en el reino visigodo. La hipótesis más aceptada es el establecimiento de un **acuerdo** entre la **familia de Vitiza** y sus partidarios con los **omeyas del norte de África,** con el fin de apartar a Rodrigo del trono. Esto explicaría que se ofreciera poca resistencia a las tropas musulmanas y la facilidad con la que algunos notables visigodos pactaron con los invasores a cambio de mantener su situación de privilegio. También se considera muy probable la **colaboración** del **conde godo** de la **zona de Ceuta, Julián,** que tras la llegada del poder omeya a esa región mantuvo su posición gracias a un pacto acordado con los **conquistadores.** Sea como sea, la muerte de Rodrigo en 711 y el fracaso de Aquila en su intento de acceder al trono dejaron al reino visigodo a merced de las tropas omeyas.

El rey don Rodrigo arengando a sus tropas en la batalla de Guadalete, *de Bernardo Blanco y Pérez (1873).*

Las **fuentes musulmanas** señalan que la **ocupación** de Hispania **no respondió,** en sus orígenes, **a un plan establecido,** sino que surgió como consecuencia del éxito de algunas expediciones previas que llegaron en busca de botín. Incluso parece que Tariq inició las operaciones sin conocimiento de Musa, el gobernador de Ifriquiya. Sin embargo, no hay duda de que su acción estaba organizada, ya que para asegurar el paso de las tropas desde el norte de África se construyeron defensas en la zona de Gibraltar y Algeciras, donde quedaría Julián para facilitar la llegada de refuerzos en caso de necesidad.

No obstante, fue después de la batalla de Guadalete cuando se inició una acción más sistemática, estimulada por la riqueza de las tierras peninsulares, sus minas y bosques y la posibilidad de obtener ingresos a partir de los tributos pagados por la población sometida al nuevo poder musulmán.

1.1.1. El control del territorio

En apenas tres años la conquista se realizó con **relativa facilidad.** La explicación hay que buscarla, además de lo ya señalado, en otros factores:

- El **descontento** de buena parte de la **población** del reino hispanogodo con las élites; por una parte, el campesinado y, por otra, la población judía, mostraban un malestar acrecentado por la crisis que afectaba en ese momento a Hispania.
- La **tolerancia** de los conquistadores con las **prácticas religiosas** judía y cristiana, siempre que sus fieles aceptaran su poder y pagaran el impuesto debido; esto facilitó que la población conquistada aceptara los pactos firmados entre musulmanes e hispanogodos.
- La **visión providencialista** y **profética** que aparece en las crónicas cristianas posteriores, que explican la victoria musulmana como un castigo divino por los pecados de los visigodos, en particular del rey Vitiza. Esta interpretación, en la que interviene un elemento sobrenatural, la voluntad divina, lleva a la idea de la pérdida de España, que abre paso a la legitimación de la reconquista.

La **mayor parte** de los núcleos de **población se rindieron** ante las tropas musulmanas mediante pactos según la *dhimma,* institución islámica que permitía a la comunidad conquistada regirse por sus leyes y costumbres y mantener sus autoridades siempre que respetaran el acuerdo y pagaran un tributo. Los que aceptaron la nueva situación **conservaron** sus **tierras.** Las propiedades de los que huyeron o fueron sometidos por las armas pasaron a los conquistadores. Los matrimonios entre miembros de los linajes árabes y ricas mujeres hispanovisigodas contribuyeron al enriquecimiento fácil y rápido de aquellos. Una parte de la **población** conquistada se convirtió al islam, son los **muladíes.** Los **mozárabes** son los que se mantuvieron en el cristianismo, dentro del territorio musulmán. La población **judía** se incrementó por la emigración desde Oriente de nuevas familias al calor del comercio mediterráneo al que se incorporó al-Ándalus. En toda la población se produjo una fuerte arabización.

1.1.2. Distribución de la población musulmana

El asentamiento de la nueva población se realizó siguiendo las vías de comunicación:

- Los **beréberes,** el grupo más numeroso de los conquistadores, se instalaron principalmente a lo largo de la Ruta de la Plata, extremo occidental de la cordillera Bética y serranía de Ronda, donde las condiciones físicas y climáticas eran más parecidas a las de su entorno de procedencia en el norte de África, y parte de la región levantina. También ocuparon la región central, con la excepción de Toledo, y los territorios más al norte que se corresponderían con Castilla.
- Los distintos **grupos tribales árabes** se instalaron en la Andalucía suroccidental, desde Málaga al Alemtejo portugués; Andalucía oriental, Murcia y la Marca Superior (Valle del Ebro).

En los primeros años fueron frecuentes las **fricciones** entre los grupos beréberes, instalados en las tierras más pobres del norte y oeste, y los árabes que ocupaban el más alto escalón social y disfrutaban de las mejores tierras, lo que desembocó en la sublevación de los beréberes.

1.2. Etapas del dominio musulmán

1.2.1. El emirato (711-929)

Al-Ándalus se organizó como un **emirato dependiente** del **califato Omeya de Damasco (711-756).** Una rebelión en el centro de poder del imperio musulmán (750), sustituyó a la familia Omeya por la Abasida al frente del califato. Abd al-Rahman I, miembro de la familia Omeya, llegó a la Península huyendo de la persecución de los abasíes. Después de vencer la resistencia de algunos grupos árabes, se hizo con el poder en Córdoba.

- **Abderramán I (756-788).** Se proclamó **emir** (gobernador) **independiente** –aunque seguía reconociendo el liderazgo religioso del califa de Bagdad–, iniciando una **época de esplendor.** Realizó una importante política de construcciones. Reedificó la muralla de Córdoba, construyó un nuevo alcázar y algunas almunias (haciendas rurales) de recreo para él y su familia, intervino en el urbanismo de la ciudad y construyó una nueva mezquita aljama (principal).

El emirato de Córdoba (VIII-IX)

- **Abderramán II (822-852).** Dotó al gobierno del protocolo necesario para magnificar su poder y prestigio, siguiendo pautas orientales en las ceremonias, las artes (música y literatura), el vestido y la comida.

Bajo el **gobierno** de los emires **omeyas** (756-929), al-Ándalus gozó de estabilidad aunque hubo **revueltas internas:**

- Durante la **segunda mitad** del **siglo VIII,** tuvieron que hacer frente a **revueltas** protagonizadas por **jefes militares árabes** que discutían la legitimidad de la dinastía.
- En el **siglo IX** las revueltas fueron menos frecuentes e **impulsadas** por **familias de origen indígena,** como la del poderoso linaje BanuQasi en la Marca Superior, que osciló entre la colaboración con el emir y las manifestaciones de independencia; y la del muladí Omar Ibn-Hafsun en la zona de Málaga y Granada. También hubo problemas en otros lugares, como Toledo y Mérida.
- No faltaron **revueltas populares,** como la del Arrabal de Saqunda (818), populoso barrio meridional de Córdoba, motivada por la subida de impuestos; fue duramente reprimida, sus habitantes expulsados de al-Ándalus y el arrabal quedó arrasado y convertido en campo de cultivo.

Entre los **mozárabes** se produjo una **radicalización,** seguramente debida a la carga fiscal y la marginación política más que a problemas relativos a la libertad de culto; su rebelión a mediados de este siglo fue sofocada con dureza.

El califato de Córdoba (929-1031)

Medina Azahara (La ciudad brillante), situada a unos 8 km de Córdoba. Hacia el año 936 Abd al-Rahman III promovió su construcción con una finalidad propagandística y de afirmación política frente a sus enemigos en el interior de al-Ándalus, los reinos cristianos del norte y el califato Fatimí en el norte de África.

1.2.2. El califato de Córdoba (929-1031)

Es el período más brillante de la historia de al-Ándalus.

- **Abderramán III (912-961).** En el año 912 accedió al poder como emir; en **929,** rompió con Bagdad y se autoproclamó **califa** y «príncipe de los creyentes», poniéndose al frente de la comunidad religiosa y política. Con esta maniobra política pretendía consolidar el poder de la dinastía Omeya, amenazado por las frecuentes revueltas que sufrieron sus antecesores, en las que se discutía su legitimidad como gobernantes únicos de al-Ándalus, así como conjurar la amenaza que comportaba el nuevo califato Fatimí creado en el norte de África. A pesar de la derrota califal en Simancas (939) frente a un ejército de leoneses y pamploneses, la superioridad del califato era indiscutible. Continuaron las **aceifas** (expediciones militares) contra los cristianos del norte, destacan las de la época de Almanzor a fines del siglo X (Barcelona, Santiago de Compostela, León, Pamplona, Burgos, etc.). A pesar de ello **se mantienen** las **relaciones diplomáticas,** en las que se intercambian embajadas, como las que envían a Córdoba los condes de Barcelona, o la intervención andalusí en asuntos de los reinos cristianos. En el año 959, el califa intervino en las luchas internas de León reponiendo en el trono a Sancho I, nieto de la reina Toda de Navarra. Además envió a la corte leonesa al mejor médico de su corte, Hasday ibn Saprut, que curó a Sancho y pudo así viajar a Córdoba como gesto de vasallaje. Trasladó el **centro palaciego** y **político** a la nueva ciudad que construye cerca de Córdoba, **Medina Azahara.**
- **Al-Hakam II (961-976).** Su gobierno se define por la tranquilidad interior y la inexistencia de peligros exteriores importantes. Tuvo que **hacer frente** a los **ataques vikingos** que llegaron entonces a las costas peninsulares. Y para **proteger el Estrecho** y la comunicación con su zona de influencia en el norte de África fortaleció las defensas de Tarifa, Algeciras y Almería. Para contrarrestar el avance del califato fatimí en el norte de África, reforzó los lazos con tribus beréberes, a los que incorporó a su ejército. Los reinos cristianos aceptaron la superioridad militar cordobesa, lo que no impidió algunos intentos de avance territorial a los que el califa respondió con contundencia: conquistó Gormaz y construyó una poderosa fortaleza que sirvió de puesto avanzado, donde concentró una potente fuerza permanente, que neutralizó cualquier tentativa militar de los reinos cristianos, y facilitó el cobro de las parias.
- **Hicham II (976-1013).** Accedió al trono con once años, con la oposición de fuertes sectores de la aristocracia omeya y la guardia eslava de la corte, que apoyaban al hermano de Al-Hakam II, Al-Mugira, lo que supuso un factor de **inestabilidad.** El **peso político de las mujeres** queda reflejado en la actuación de su madre, la concubina vascona Subh que, con el apoyo incondicional de un destacado funcionario de la corte califal, **Muhammad Ibn Abi Amir (Almanzor),** neutralizaron la conspiración y actuaron como regentes del joven califa. La figura de Almanzor resultará decisiva en el futuro de al-Ándalus; nombrado hayib y tutor de Hisham, asumió el ejercicio directo del poder hasta su muerte en 1002.

1.3. Administración, economía, sociedad y cultura

1.3.1. La administración

Desde el 756, los emires cordobeses organizaron al-Ándalus con **criterios centralistas.** Con Abd al-Rahman II se procede a una **centralización administrativa,** se saneó la hacienda y se contó con un ejército bien organizado y eficaz. Organizó las instituciones concentrando todo el poder en la figura del **emir** y situando en un segundo escalón al **hayib** (primer ministro), jefe de la administración central, provincial y del ejército; y al **wasir o visir,** uno por cada rama administrativa, que rendían cuentas al hayib.

Al-Ándalus se organizó territorialmente en **distritos** o **coras.** La mayor parte de las coras se conocen por el nombre de su principal núcleo urbano; al frente de cada una estaba un **gobernador** o **valí.** También jugaron un importante papel las **marcas,** territorios limítrofes con los cristianos que estaban en permanente alerta. Existieron tres marcas: la superior con capital en Zaragoza, la media con capital en Toledo y la inferior con capital en Mérida, dirigidas por un jefe militar con amplia autonomía.

Aunque el **poder judicial** pertenece al califa, este delega la función ejecutiva en el **gran cadí** de Córdoba, que a su vez lo hace en los cadíes provinciales, uno por cada cora.

1.3.2. La economía

Las **actividades agrarias** constituyen la base económica. Se introducen **nuevos cultivos** y **técnicas** muy eficientes de **regadío.** Se cultiva cereal, vid, olivo, arroz, caña de azúcar, hortalizas (espinaca, coliflor, berenjena), frutales (higos, naranja, lima, limón, granada, sandía), lino, algodón, plantas tintóreas y medicinales. El viñedo alcanzó un gran desarrollo, a pesar de la prohibición islámica sobre el consumo de vino, sin embargo este tuvo gran demanda entre todas las clases sociales, incluidos los califas. La amplia producción aceitera se exportaba al norte de África y a Oriente; Sevilla se convirtió en el principal centro exportador de aceite de Occidente. Tuvo un notable desarrollo la actividad sedera, con la cría masiva de gusanos de seda, especialmente en las Alpujarras y Baeza.

Las referencias a la **ganadería** son escasas aunque hay constancia de zonas con grandes reservas ganaderas, como las marismas sevillanas, con referencia expresa a los caballos. De Mallorca se destacaban los ricos pastos y su variada ganadería, con especial abundancia de mulos. En las zonas de montaña, habitadas por beréberes, se tienen noticias parciales de la práctica de la trashumancia.

El **califa** tenía el **monopolio** de la **minería,** de la producción de **cerámica esmaltada** de gran calidad y de la **producción textil.** Se fabricaban tejidos de calidad media y otros de gran calidad (paños, terciopelo, seda, brocado, telas de lino), tanto para consumo local como para la exportación. En las ciudades de cierta entidad, cada ramo de la industria solía disponer de un barrio propio.

El comercio se practica con la costa magrebí y en el Mediterráneo. Hay también un comercio de lujo que abastece la demanda de los poderosos. El comercio general estaba asociado a las ciudades y se agrupaba en estrechas calles, en torno a la mezquita mayor, con vendedores de puesto fijo, el **zoco.** Para mejorar la actividad mercantil, Abd al-Rahman II instituyó al **zabazoque,** oficial encargado del zoco, con amplia jurisdicción sobre fijación de precios, evitar fraudes o registrar las pesas y medidas. El **mercado de esclavos** activó un lucrativo negocio de exportación e importación, especialmente en el siglo X; su principal objetivo era surtir los harenes (Ab al-Rhaman III llegó a comprar 6 000 mujeres) y el trabajo doméstico, así como proporcionar soldados al ejército califal.

1.3.3. Sociedad y cultura

El núcleo de población más importante es la **ciudad** o **medina.** Alguna se fortifica frente a los ataques normandos y de los cristianos del norte, y se fundan otras (Abde-

LAS MUJERES EN AL-ÁNDALUS

En la sociedad andalusí la religión construyó un sistema de valores que determinaba el papel de las mujeres y reducía su función al espacio doméstico, condición no siempre aceptada.

«Una mujer que vivió en Córdoba en el siglo X elevó una consulta al muftí Ibn-al Attar, porque reclamaba de su padre una cantidad de dinero superior a la que había recibido de él en el momento de casarse. Exigía que su padre le entregara las ganancias obtenidas del alquiler de las casas y jardines que le había donado muchos años antes, pero su padre se negaba alegando que lo había gastado en las necesidades de la hija. Aparte de las rentas reclamaba también el dinero del salario correspondiente a los servicios domésticos que había realizado en la casa, pues consideraba que durante el tiempo que había vivido en la casa paterna había realizado un trabajo que había ahorrado a su padre el pago de al menos una sirvienta. (...) Alcanzara o no su propósito, esta mujer movió a los juristas a prestar atención a una cuestión tan importante como la del valor del trabajo que realizaban en casa las mujeres».

Fuente, M. J.: *Identidad y convivencia. Musulmanas y judías en la España medieval.* Madrid, Polifemo, 2010, pp. 24-25.

rramán II fundó Murcia y Muhamad I restauró Calatayud), en su entorno se desarrollaron los **arrabales** o **barrios,** a veces delimitados por una cerca perimetral. En el período andalusí se fundaron o reconstruyeron unas 23 ciudades y la densa red urbana es una característica definitoria de la sociedad islámica. Córdoba, la gran ciudad de al-Ándalus, llegó a los 200 000 habitantes a finales del siglo X. La arqueología ha descubierto iglesias en algunas ciudades, pero los cristianos van desapareciendo, por las conversiones y, desde la segunda mitad del siglo IX, por la emigración hacia el norte. Pero, se mantuvieron obispados y obispos, como Recemundo de Elvira, autor de *Calendario de Córdoba,* dedicado a Al-Hakan II. El esplendor cultural andalusí debió de ser una de las causas del aumento del número de conversiones al islam.

En el **mundo rural,** la **alquería** o **granja** es la unidad fiscal y de producción donde habitaba la población rural, que dependían de las medinas en lo mercantil y administrativo. Convivían con grandes latifundios, con tierras, ganados y esclavos, propiedad de altos jefes militares y aristocracia que, en ocasiones, incluían recintos amurallados.

Actividades

3 ¿Qué significó política y culturalmente para al-Ándalus la instauración del califato cordobés?

1.3.4. El mecenazgo cordobés

Desde la corte se ejerció un mecenazgo que favoreció el conocimiento de la religión y la redacción de crónicas. Su principal **impulsor** fue **al-Hakam II,** califa muy interesado por el saber, el arte y la cultura, que reunió una gran biblioteca de 400 000 volúmenes.

Córdoba fue un importante centro de saber y de enseñanza; destaca la medicina, astronomía y matemáticas y la introducción de la numeración de origen indio que sustituyó a la romana. Entre los ulemas (especialistas en el saber religioso y la ley islámica) andalusíes, formados habitualmente en Oriente, predominan desde el siglo IX los seguidores de la **doctrina malikí** (interpretación muy ortodoxa de la ley islámica).

El edificio emblemático de esta época es la **mezquita de Córdoba** que se empezó a construir con Abderramán I y finalizó durante el califato. Su bellísimo **mihrab** es de la época de al-Hakam II.

Para esta sociedad, en cuya cúspide se sitúan quienes tienen acceso a los cargos de la administración y gobierno, en la que hay numerosos propietarios libres, campesinos, artesanos y comerciantes, los baños públicos (hamman) constituyen un elemento central de higiene y sociabilidad. En el siglo X, en Córdoba, se contabilizaban 300; en turno de mañana para las mujeres y tarde para los hombres.

La mezquita aljama de Córdoba fue la segunda mezquita más grande del mundo islámico, después de La Meca, hasta el siglo XVI. A través de las diferentes fases de su construcción puede seguirse la evolución del poder político y económico del imperio cordobés que llega a su culminación en el siglo X con el califato. Es el principal símbolo cultural de al-Ándalus.

El aseo corporal era una obligación religiosa y los baños públicos (hammam) se situaban cerca de las mezquitas; eran una preparación para la oración y tenían una función de esparcimiento y relajación.

Los reinos del norte peninsular en los siglos VIII-X

2.1. Los nuevos núcleos políticos

2.1.1. El núcleo astur

En los siglos VIII y IX surgieron diferentes núcleos políticos. Asturias es uno de ellos. Según las crónicas del siglo IX, escritas por mozárabes expulsados o huidos de al-Ándalus, su origen está en la victoria de **Pelayo,** jefe tribal astur, en Covadonga (722).

Las crónicas magnificaron el acontecimiento, y convirtieron una de tantas escaramuzas entre una expedición de castigo, enviada por los emires para recaudar impuestos, y tribus de astures y cántabros que luchaban por mantener su independencia, en el inicio de la salvación de Hispania y de la unidad cristiana.

- **Alfonso I (739-757).** Fue el **primer rey asturiano;** hijo del líder cántabro Pedro y de Hermesinda, hija de Pelayo. Se le atribuyen incursiones hacia Galicia, alto Ebro y valle del Duero.
- **Alfonso II (791-842).** Con él se produce la auténtica **consolidación e independencia** del reino, al que dotó de una estructura política más sólida y utilizó el *Liber Iudiciorum,* de origen visigodo, como referente jurídico. Logró resistir las aceifas musulmanas, por negarse a pagar tributos, y pasó a la ofensiva, derrotándolos en la batalla de Lutos (793). Conquistó Lisboa (797), de donde obtuvo un considerable botín. Estableció su capital en Oviedo, convirtiéndola en sede episcopal en 812, dotándola de construcciones palaciegas y religiosas como San Julián de los Prados o la Cámara Santa. Con sus **sucesores** se produjo una importante **expansión territorial** protagonizada por el rey y los condes.
- **Alfonso III (866-910).** Los graves conflictos entre beréberes y árabes en al-Ándalus, le permitieron ampliar sus territorios con la conquista de Oporto y Coimbra y avanzar posiciones en el valle del Duero, así puede hablarse de un reino astur-leonés, pues tanto Zamora como León eran sedes regias.
- **Ramiro II (931-951).** Con su victoria (Simancas, 939) sobre Abderramán III se consolidó el avance hacia el Duero. Esto posibilitó la ocupación de tierras al sur del Duero y su repoblación, caso de Salamanca y Ledesma.

Los progresos se detuvieron al fortalecerse al-Ándalus en el período califal, agravándose la situación a finales del siglo por las devastadoras aceifas de Almanzor (977-1002).

Actividades

4 Basándote en el doc. «La lucha contra el islam y el dudoso concepto de "reconquista"» argumenta si es procedente o no el empleo del término reconquista y el significado que se le asocia, para definir las relaciones sociopolíticas entre los habitantes de la península ibérica en la Edad Media.

La lucha contra el islam y el dudoso concepto de «reconquista»

«Un siglo, dos... siete de duro batallar contra el islam. En vano querrá minimizarse esta empresa multisecular. Esa gran hazaña en que primero hubimos de resistir el gran poderío de la España musulmana y luego las tres oleadas de almorávides, almohades y benimerines (...) no solo se afirmó durante ellos nuestro áspero talante histórico ancestral (...). Pelayo, Covadonga y después tres siglos de forcejeos continuos con los invasores islamitas (...)».

Sánchez Albornoz, C.: «La España cristiana de los siglos VIII al XI», en Menéndez Pidal, R. (dir.): *Historia de España,* vol. VII. Madrid, Espasa-Calpe, 1996.

«(...) Al caer el reino visigodo, después de ser vencido don Rodrigo, los invasores musulmanes no encontraron resistencia nada más que en algunas ciudades importantes.

(...) Por el contrario, los cántabro-astures y vascones que con su independencia habían conservado un régimen social antagónico al de los visigodos, donde los hombres libres eran mayoría y las diferencias de clase eran mínimas, tenían poderosos motivos para continuar defendiendo su libertad. Entre ellos pudieron refugiarse algunos habitantes del reino visigodo procedentes de las regiones vecinas. (...) Por consiguiente, el fenómeno histórico llamado Reconquista no obedeció en sus orígenes a motivos puramente políticos y religiosos (...).

Se ha adjudicado habitualmente a estos montañeses, enemigos tradicionales de los visigodos, el papel de ser sus sucesores políticos frente a los musulmanes; pero el deseo de "reconquistar" unas tierras que evidentemente nunca habían poseído, no se puede aceptar hasta tiempos posteriores en los que se creó realmente una conciencia de continuidad con el reino visigodo. (...) Con la incorporación de estos territorios [Asturias, Galicia y León] y sus habitantes, en otro tiempo parte integrante del reino godo (...) [el reino astur] asimiló la cultura y las instituciones visigodas. (...)».

Barbero, A., y Vigil, M.: *Sobre los orígenes sociales de la Reconquista.* Barcelona, Ariel, 1974, pp. 95-97.

2.1.2. Castilla

En ese contexto surgió Castilla, **territorio fronterizo** oriental del reino astur-leonés, expuesto a los ataques de Córdoba desde el sur y de los musulmanes instalados en el valle del Ebro, poco atractivo para la gran nobleza.

Este territorio fue **repoblado** por **cántabros** y **vascos** y controlado por condes belicosos que pugnaban por la hegemonía, como **Fernán González, conde de Castilla y de Álava** entre 931 y 970; su liderazgo se basaba en el éxito militar y su habilidad política alternando la guerra con el pacto, tanto con musulmanes como con cristianos. Los problemas internos en el reino leonés a la muerte de Ramiro II, le permitieron afianzar su posición, ampliar su control territorial y consolidar su sucesión, transmitiendo el reino a su hijo **García Fernández (970-995);** aunque se mantuvo una teórica vinculación con los reyes leoneses. Su centro estaba en Burgos.

2.1.3. El noreste peninsular: la influencia franca

En el noreste de la Península predomina la influencia franca. En el **778,** las **tropas** de **Carlomagno,** que no lograron tomar Zaragoza, fueron **derrotadas** en **Roncesvalles.** Pero en el **801,** los francos **conquistaron Barcelona,** con lo que surgió un espacio de frontera conocido como **Marca Hispánica.** En la **primera mitad** del siglo IX fue **conde de Barcelona, Bernardo,** duque de Septimania, y conde de Gerona y Osona.

En la segunda mitad del siglo, **Wifredo,** conde de Barcelona y Gerona, fundó el monasterio de Ripoll que convirtió en panteón condal. Su capacidad económica, el avance hacia el sur y la hábil política matrimonial afianzan en el siglo X a los condados catalanes, pero sigue sobresaliendo Barcelona, donde en **987 Borrel II** ya no presta vasallaje al nuevo rey franco Hugo Capeto, lo que significa la independencia efectiva.

Ocupación del territorio y propiedad

Ruptura de la organización gentilicia

«Hemos tratado varios casos concretos que prueban cómo en la región pirenaica y cantábrica en los siglos IX, X y XI se fue realizando una transformación de la propiedad colectiva de origen gentilicio hasta llegar a una propiedad privada dentro de una organización general de la sociedad de tipo feudal. Para comprender este proceso (...), es preciso tener en cuenta también la manera de ser ocupada la tierra por las comunidades campesinas (...). Cada grupo gentilicio ocuparía un terreno apto para ser labrado, lo roturaría, lo distribuiría y lo disfrutaría de acuerdo con su forma de organización social. El acceso a grados de desarrollo material más elevados de estas comunidades primitivas, y la sustitución progresiva de la agricultura extensiva y seminómada por cultivos más intensivos a cargo de grupos de población sedentarios, debieron de facilitar sin duda, la propiedad privada (...) contribuiría a romper la organización gentilicia (...)».

Barbero, A., y Vigil, M.: *La formación del feudalismo en la Península Ibérica.* Barcelona, Crítica, 1978, pp. 233 y 370-371.

La ocupación y apropiación del territorio: la presura

«La presura, y su sinónimo en el noreste peninsular, la aprisio, hacen referencia a un hecho económico: la ocupación de un territorio. Pero este hecho económico tiene un trascendental contenido jurídico: la propiedad de la tierra ocupada. La documentación de los primeros siglos altomedievales, particularmente la procedente del reino asturleonés y del noreste peninsular, recoge una ingente cantidad de actos de enajenación realizados por campesinos habitantes en las comunidades aldeanas. Aunque en muchos casos se puede dudar de la espontaneidad de tales enajenaciones, es difícil negar el carácter de propietarios plenos de este campesinado sobre los objetos enajenados. (...) Por otra parte, la materialización escrita de estos actos jurídicos conlleva el reconocimiento implícito, por parte de la élite cultural que redacta estos documentos, del derecho de propiedad plena que el campesino ostenta previamente al acto de enajenación (...)».

Mínguez, J. M.: *La creación de los núcleos cristianos de resistencia,* en Domínguez Ortiz, A. (dir.): *Historia de España,* vol. 3. Barcelona, Planeta, 1989, p. 186.

La colonización del territorio catalán

«La colonización del territorio catalán se inicia a partir de la conquista carolingia realizada en las dos últimas décadas del siglo VIII y que culmina en el año 801 con la ocupación de Barcelona y con la implantación institucional de la Marca Hispánica. Este hecho implica la implantación de un poder político firme (...), la figura del conde (...). A esto se añade la presencia inmediata de territorios bajo dominio islámico (...) que tiene como puntos de apoyo las ciudades de Zaragoza, Huesca, Lérida y Tortosa. (...) No existe un (...) vacío (...) en las fronteras comparable al que existe en la cuenca del Duero (...) puede observarse, sin embargo, un cierto paralelismo con la colonización asturleonesa (...) [como afirma Pierre Bonnassie] "la montaña pirenaica, en el siglo X, no solo estaba superpoblada, estaba saturada". En contraste con la montaña, [los espacios subpirenaicos estaban] escasamente poblados (...)».

Mínguez, J. M.: *Op. cit.,* p. 201.

Los reinos cristianos a principios del siglo x

2.1.4. El área pirenaica central y occidental

En el área pirenaica central y occidental predomina la **influencia** de los **BanuQasi,** familia musulmana de origen muladí, que en el 816 apoyaron a **Íñigo Arista (820-851),** rey de Pamplona. A comienzos del **siglo x** asciende al trono pamplonés la **dinastía Jimeno.**

- **Sancho Garcés I y su mujer Toda** ampliaron su territorio. A la muerte del rey, la reina, suegra de Fernán González y tía abuela de Abderramán III, siguió gobernando en nombre de su hijo García Sánchez, menor de edad. Promovió una hábil y efectiva política de alianzas matrimoniales que le permitieron participar de forma decisiva en la política de los reinos cristianos en los años centrales del siglo x. El reino incorporó Sobrarbe y logró su hegemonía sobre el condado de Aragón.
- **Sancho III, el Mayor (1004-1035).** Con él llega el máximo esplendor y expansión. Intervino en asuntos internos de León y controló Castilla mediante los derechos de su mujer, Muniadona, heredera del condado. A su muerte dividió el reino entre sus hijos: García recibió Pamplona y La Rioja; Ramiro, Aragón; Fernando, Castilla.

2.2. El inicio de la feudalización

En este período se inicia un proceso de feudalización en el que la **guerra** tiene un **papel relevante.** Los nobles se hacen con parte del excedente de producción de los campesinos, a la vez que afianzan y amplían su poder. Las actividades agropecuarias constituyen el fundamento económico, dada la debilidad del comercio. Con todo, en algunas ciudades (Barcelona, León, Pamplona, Zamora) aparecen áreas mercantiles.

La **debilidad urbana** favorece el **protagonismo** de las **comunidades campesinas.** En ellas los infanzones (miembros de la baja nobleza vinculados a otros nobles o el rey) son una élite local con autoridad en su comunidad. La **unidad de producción** es **familiar,** sus miembros usan los montes y tierras comunales, aunque sobre estos avanza el control de las élites locales y la nobleza.

A medida que se ensancha el territorio surgen nuevas aldeas, favorecidas por monasterios y nobles que animan la **repoblación,** y por los campesinos que mediante la **presura** (concesión de tierra al primero que las roturase, otorgando a continuación el rey un documento de propiedad. Se utilizó, sobre todo, en territorios de frontera con el islam) ocupan y ponen en cultivo nuevas tierras.

Los **grupos aristocráticos** se benefician de su proximidad al rey o al conde, tienen derechos sobre aldeas, son titulares de iglesias, propietarios de tierras y cuentan con campesinos dependientes. La **Iglesia** actúa como legitimadora del poder real y nobiliario, a cambio disfrutan de una posición privilegiada.

La herejía adopcionista

En lo relativo a las creencias, lo más notable fue la herejía adopcionista, defendida por Elipando, obispo de Toledo, en el concilio de Sevilla de 784, apoyado por Félix, obispo de Urgel y destacado intelectual; afirmaba que Jesucristo era un hombre que, al ser adoptado por Dios, adquirió la naturaleza divina.

Frente a esta doctrina alzó su voz Beato, monje en un monasterio de Liébana, autor del *Comentario al Apocalipsis de San Juan,* quien defendía la línea ortodoxa, es decir, que Jesucristo es Dios.

Los cuatro jinetes del Apocalipsis, del Beato de Liébana.

Actividades

5 ¿Cuál era la importancia del asentamiento de colonos o repoblación en el proceso de avance de los cristianos hacia el sur?

3

El progresivo retroceso de al-Ándalus en los siglos XI-XIII

Los reinos de taifas en el siglo XI

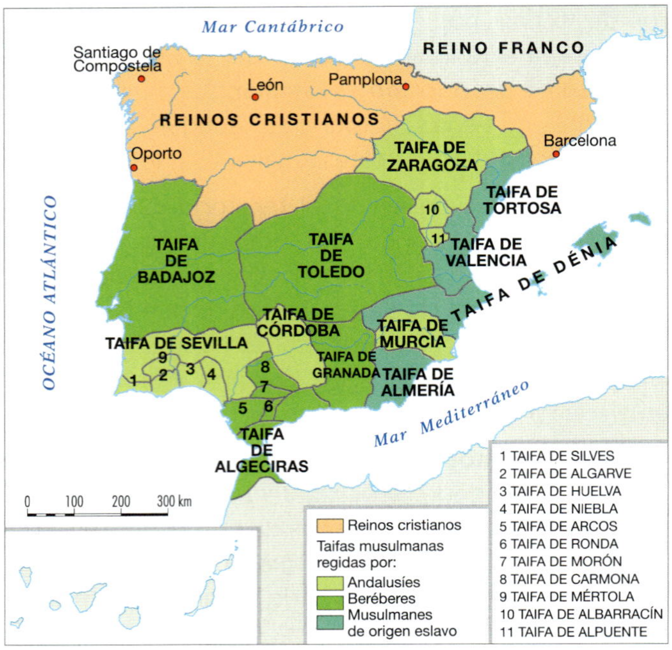

Los reinos de taifas en el siglo XII

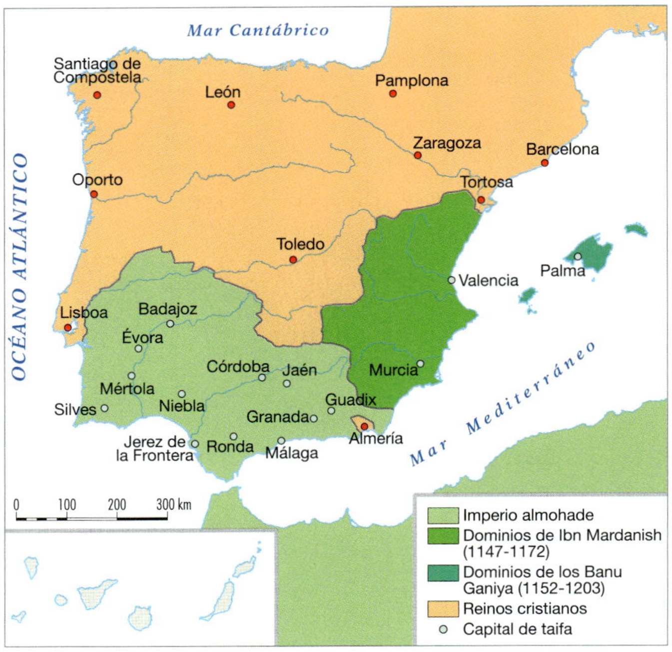

Al-Ándalus vivió una etapa de crisis y retroceso en el aspecto político. Al **final** del **reinado** de **Hisham II,** en los primeros años del siglo XI, las luchas por el poder se impusieron en la corte y fragmentaron el califato, a lo que contribuyó la **crisis dinástica.** Diferentes territorios de al-Ándalus se fueron haciendo fuertes frente a una Córdoba débil y dividida. Los califas de la dinastía hammudí, de origen bereber, que sucedió a la omeya y trasladó su centro a Málaga, no lograron imponerse.

Surgieron unidades territoriales conocidas como **taifas,** destacaron **Toledo, Sevilla, Zaragoza** y **Badajoz.** Estaban gobernadas por un rey (malik) que carecía de poder religioso, se apoyaba en oficiales públicos y un aparato diplomático, y contaba con un ejército en el que solía haber mercenarios cristianos. La debilidad de estos reinos permitió a los cristianos exigirles el **pago** de **parias** (tributos), a cambio de protección militar. Las primeras conocidas son las satisfechas por Tortosa y Valencia a Ramón Berenguer I. Esto supuso un incremento de la carga fiscal en las taifas, lo que propició el descontento de la población e indirectamente la llegada de los almorávides.

Actividades

6 Con los mapas sobre los reinos de taifas en los siglos XI y XII, describe los acontecimientos históricos que explican la evolución de la distribución territorial, entre musulmanes y cristianos. Puedes encontrar más información en la web de recursos de **anayaeducacion.es**.

3.1. La etapa almorávide (1086-1143)

Entre los siglos XI y XIII hubo reformas lideradas por grupos que desde el Magreb pasaron a al-Ándalus, protagonizando una **política centralizadora** e impulsando la actividad intelectual y cultural. Los primeros son los **almorávides.**

Tras la conquista del Magreb, llegan a al-Ándalus alentados por la petición de ayuda de algunos taifas, debido a la presión económica y al avance conquistador de Alfonso VI de León, que en 1085 toma la importante taifa de Toledo. En sus misivas, tanto el rey de Badajoz como el de Sevilla les invitaban a combatir contra los infieles, un llamamiento al yihab (lucha por la defensa del islam) que se recoge en sus crónicas.

En la cruenta **batalla de Sagrajas (Badajoz, 1086)** derrotaron al ejército castellano-leonés, lo que supuso la paralización de los avances territoriales cristianos.

Ante la debilidad y la división de las taifas, decidieron hacerse con su control: lo que empezó como una prestación de auxilio, acabó como ocupación militar.

En los **primeros años** del **siglo XII** se sucedieron sus **victorias sobre los reinos cristianos,** pero la toma de Zaragoza por Alfonso I de Aragón aliado con otros poderes cristianos (1118), la revuelta de Córdoba de 1121 y el avance del rey aragonés hasta Granada en 1125 marcó el inicio de la debilidad almorávide.

El movimiento antialmorávide se generalizó en al-Ándalus dando lugar a nuevas autonomías locales conocidas como segundas taifas.

El imperio almohade y los cinco reinos

3.2. El dominio almohade (1146-1212)

El movimiento almohade procede también del norte de África. Su **fundador IbnTumart** se proclamó mahdi (guía y guardián del islam). Su objetivo era restaurar la verdadera fe por medio del yihad frente a los musulmanes desviados del recto camino y los enemigos cristianos.

Se expandieron desde el Alto Atlas por el Magreb y pasaron a al-Ándalus, que en 1151 está ya bajo su dominio, a pesar de la resistencia de algunas zonas, como Sarq al-Andalus, tierras orientales de al-Ándalus, bajo dominio del «rey Lobo» de Murcia.

Se encontraron con graves dificultades por el empuje de los reyes cristianos, pero la victoria en **Alarcos** (Ciudad Real) sobre las tropas castellanas en **1195** dio nuevo impulso al califa Yusef II (1184-1199). Su sucesor al-Nasir, derrotado en las **Navas de Tolosa** (Jaén) en **1212,** fue el último califa relevante. Las luchas por el poder y la división interna provocaron la **disgregación** del **califato almohade.**

La reacción almorávide: batalla y victoria de Sagrajas

En su largo período de decadencia, los musulmanes de al-Ándalus se asociaron y recibieron el apoyo de expediciones desde los estados islámicos norteafricanos: almorávides (siglo XI), almohades (siglos XII-XIII) y benimerines (siglo XIV) fueron los tres intentos de resistencia.

«Permanecimos algunos días en Badajoz hasta saber de cierto que Alfonso venía a nuestro encuentro con su ejército y con el pensamiento de que derrotaría a nuestras fuerzas, por no tener cabal noticia de su importancia. El destino le impulsó a penetrar en territorio musulmán y a alejarse de sus dominios. (...) El rey cristiano, entre tanto, avanzaba lleno de fatuidad, sin pararse a pensar que podía ser vencido y que, caso de serlo, se vería lejos de sus tierras, expuesto a ser aniquilado por la espada, y que, en todo caso siempre tendría el inconveniente del mucho camino y de la larga distancia.

(...) Afortunadamente, el ejército cristiano avanzó por sorpresa, cuando los musulmanes no estaban preparados. Este ataque imprevisto les permitió imponerse en el primer momento y echar su veneno en nuestro campo, en el que perecieron algunos musulmanes que no pudieron defenderse; pero apenas cundió la alarma por el ejército muslim y los musulmanes montaron a caballo para hacer frente a los cristianos, cuando estos se sintieron cansados, por el peso de las armas y por la larga distancia recorrida.

Los musulmanes los persiguieron a filo de espada y murieron muchos de sus soldados, que quedaron sembrados por el camino. Entre los muertos en combate o de muerte natural, los había que habían sido abrumados por el peso de las armas.

Si la batalla hubiese sido como estaba prevista, es decir, poniéndose ambos bandos frente a frente y acometiéndose en un encuentro regular, los dos ejércitos hubieran perdido la mayor parte de sus soldados, como es fuerza que ocurra; pero Dios se mostró benévolo con sus siervos, y fueron muy pocos los musulmanes que perecieron. El emir de los musulmanes tomó la vuelta de Sevilla, sano, salvo y victorioso».

García Gómez, E. (ed.): *El siglo XI en primera persona.* Madrid, Alianza Editorial, 1980, pp. 202-203.

Surgieron nuevas taifas, que tuvieron que negociar el apoyo de los reyes cristianos a cambio de parias y cesiones territoriales. Hubo intentos de reunificación, pero los **problemas internos** favorecieron el avance cristiano sobre al-Ándalus, que al final del período quedó reducido al reino de Granada.

3.3. La economía

En el **mundo rural** destacan grandes propiedades de las aristocracias urbanas, junto a pequeñas explotaciones. Los pueblos y alquerías se dotaron a veces de torres o fortificaciones para defender sus cultivos. En relación con estos la **regulación del agua de riego** tiene gran protagonismo. Los almohades impulsaron la creación de jardines botánicos que ayudaron a mejorar la agricultura.

La **industria artesanal** produjo magníficas obras. Destacaron el trabajo del marfil en Toledo, los ricos tejidos de seda (con los almohades se cría el gusano en Jaén y las Alpujarras), objetos de cuero cordobés y la cerámica verde y manganeso. Esa producción era objeto de comercio como los perfumes y el azafrán.

El **comercio** mantuvo su dinamismo sobre todo en la zona mediterránea. Se basaba en productos agrícolas y de lujo. En la segunda mitad del siglo XII hay colonias cristianas (catalanes, pisanos, genoveses) en suelo andalusí. En todas las ciudades, el **zoco** es un **centro destacado de actividad,** que conocemos a través del *Libro del buen gobierno del zoco,* escrito en época almohade por el almotacén (funcionario encargado de vigilar los mercados) malagueño al-Saqati.

3.4. La sociedad y el urbanismo

Judíos y cristianos eran grupos sociales **minoritarios.** Algunos **judíos** desempeñaron tareas administrativas, como el visir Samuel ibn Naghrila, poeta e intelectual que colaboró con los ziríes (dinastía bereber fundadora de Granada); o el médico y secretario IbnAsday en Zaragoza. Entre los **cristianos,** que contaban con un obispo en cada taifa, también había algunos funcionarios. Con los almohades la situación se hizo más precaria y empeoró. La política de atracción de los reyes castellanos y aragoneses, hizo que algunos emigraran a los reinos del norte. La emigración judía se orientó hacia el Magreb y Egipto.

El papel destacado de las **mujeres** favoreció el establecimiento de alianzas familiares al intervenir en la búsqueda del marido de sus hijas; además aconsejaban a sus maridos y a otros varones de su familia. Los almohades, contrarios a su actividad política, por su rigor religioso, recortaron sus libertades y limitaron su acceso al espacio público, perdiendo influencia en la corte.

Las **ciudades** siguen siendo una **pieza fundamental** de la **organización** de al-Ándalus, ya que confluyen el poder, el comercio y la cultura; en ellas se levantan construcciones impulsadas por los poderosos. La población se relaciona en sus **plazas, mercados, mezquitas** y **cementerios.** Los varones lo hacen preferentemente en los tres primeros espacios mientras que el de los cementerios es más femenino. Los **baños** siguen siendo lugares de encuentro en los días y horas reservados a varones y mujeres. Los almohades, para conmemorar su victoria sobre los normandos en 1160, construyeron el **puerto de Gibraltar.**

Dinar de oro. Yahya I al-Mutali, Dinastía Hammudí. Ceuta, siglo XI.

Dinar de oro de Tasufin ibn Alí. Sevilla, siglo XII.

Los musulmanes aprovecharon los sistemas de riego romanos, y junto a las técnicas orientales, lograron un excepcional aprovechamiento del agua, mediante una extensa red de canalizaciones (al-saquiya) y canales subterráneos (al-saniya). A partir del siglo X proliferan las norias accionadas por energía hidráulica (naura). Se destinaban a la elevación de agua, al manejo de molinos para la industria textil y la fabricación de papel. En la imagen, reproducción de una noria del siglo XI.

3.5. La cultura y el arte

La actividad intelectual florece protegida por las clases pudientes. En Valencia destacó el astrónomo y matemático Azarquiel; en Toledo, en el círculo de Al-Mamun, sobresalió el almeriense Sa'id al-Andalusi, cuyo *Libro de la categoría de las naciones*, fue la fuente de otras historias medievales de la ciencia. **IbnHazm** (994-1064) poeta, filósofo y teólogo, merece una mención especial. En su obra *El collar de la paloma* reflexiona sobre los fundamentos del amor.

Durante el período almohade, en **materia religiosa,** se expandió el **sufismo,** meditación mística del islam, destacando el murciano IbnArabi, al que muchos ulemas acusaban de heterodoxia. Algunos intelectuales fueron perseguidos. Es el caso de **Averroes,** astrónomo, médico, jurista y filósofo, que comentó los textos de Aristóteles, acabó en el exilio; y el del pensador judío **Maimónides,** que tuvo que convertirse al islam antes de emigrar a Egipto.

Los reyes de la **taifa de Zaragoza** erigieron el **palacio de la Aljafería.** Los **almohades** construyeron en Sevilla la mezquita mayor, cuyo minarete era el cuerpo inferior de la actual **Giralda.**

Monumento a Averroes junto a la muralla de Córdoba.

Interior del palacio de la Aljafería, Zaragoza. Fue construido en la segunda mitad del siglo XI, período de mayor esplendor de la taifa de Zaragoza.

La Torre del Oro de Sevilla data de principios del siglo XIII, en época almohade y es un baluarte defensivo del recinto amurallado de la ciudad.

4

La consolidación de los reinos cristianos en los siglos XI-XIII

Entre los siglos XI y XIII los reinos cristianos ampliaron su territorio y consolidaron su poder. Es un período de expansión en el que triunfó la sociedad feudal y florecieron las letras y las artes.

4.1. El avance territorial de los reinos cristianos

Los reinos cristianos avanzaron sobre al-Ándalus en un proceso conocido con el controvertido término de reconquista. En esa guerra subyacen factores ideológicos: el yijad y la cruzada y/o la restauración del reino visigodo. El rey y los nobles se reparten las áreas conquistadas y se entregan tierras y posesiones a los colonos cristianos en función de su categoría social. En muchos lugares, el regadío musulmán se transformó alterando el sentido de la herencia hidráulica andalusí, a lo que contribuyó la difusión del molino de agua.

El **poder regio** se afianzó. El rey gobierna con un grupo reducido de nobles y obispos que están en su entorno en la corte, pero el número de oficiales fue creciendo en un proceso de especialización administrativa. En la Corona de Aragón cada territorio tuvo instituciones propias, así como un lugarteniente del rey.

En la **administración territorial,** los condados en Cataluña se dividen en veguerías; en los dominios regios de Navarra, León y Castilla se mantienen honores y tenencias. En la Corona de Castilla, Alfonso X puso las bases de una administración centralizada y creó los adelantamientos que, junto con las merindades, son las circunscripciones de la administración territorial.

4.1.1. León, Castilla y el nacimiento de Portugal

- **Fernando I de Castilla** y García de Navarra derrotaron a Bermudo III en la batalla de Tamarón (Burgos, 1037). Acordaron que Fernando, casado con una hermana del rey leonés, incorporaba el territorio de León a sus dominios, convirtiéndose en **rey de Castilla y León.** A su muerte dividió el reino entre sus hijos, García (Galicia), Sancho (Castilla) y Alfonso (León), provocando enfrentamientos que finalizaron con la victoria de **Sancho II,** que se convirtió en **rey de Castilla y León** al derrotar a Alfonso en Golpejera (Palencia, 1072). Meses más tarde fue asesinado en el cerco de Zamora y Alfonso regresó de su exilio para hacerse cargo del reino. En este contexto surge **Rodrigo Díaz de Vivar, el Cid,** un modesto infanzón de Castilla que por su habilidad guerrera y por la política antinobiliaria de Fernando I y Sancho II, obtuvo un puesto de relevancia. Con la llegada de Alfonso VI, y su política pro nobiliaria, es relegado a puestos secundarios y, posteriormente, expulsado del reino por el rey en 1081, por razones no bien conocidas. Ejerció como mercenario en Zaragoza y luego controló Valencia.
- **Alfonso VI (1072-1109)** consiguió una hegemonía que se refleja en el título de *imperator totius Hispaniae.* Conquistó el reino de Toledo (1085) pero fue derrotado por los almorávides en Sagrajas (1086) y Uclés (Cuenca, 1108) donde murió su heredero varón. Puso las **bases** del **nacimiento de Portugal** al entregar a su hija Teresa, casada con Enrique de Borgoña, el área entre el Miño y el Tajo. La pareja se tituló *comes Portucale* (condes de Portucale, hoy Oporto). Su hijo, **Afonso Henriques,** se autoproclamó **rey de Portugal** en Guimarães, después de la victoria sobre los almorávides en Ourique (1139).
- **Urraca (1109-1126)** sucede en el trono a su padre Alfonso VI, al morir este sin descendencia masculina. Tuvo que hacer frente a la presión almorávide en las fronteras y a importantes problemas internos debido a las desavenencias políticas y personales con su marido, Alfonso I de Aragón y Pamplona, del que se separó en 1114. Su actitud decidida e independiente en todos los ámbitos, propició las críticas y la oposición de grupos nobiliarios.
- **Alfonso VII (1126-1157),** hijo de Urraca, fue proclamado imperator en León en 1135, recibió el juramento de vasallaje de otros poderes cristianos, tanto del ámbito ibérico como ultrapirenaico. Reconoció a su primo, Afonso Henriques como rey de Portugal a cambio de la prestación de vasallaje, en el tratado de Zamora de 1143. Tras su muerte, Castilla y León se dividieron a causa de disputas internas: Sancho III, Castilla (1157-1158) y Fernando II, León (1157-1188). La muerte prematura de Sancho llevó al poder a un menor, Alfonso VIII,

Los reinos cristianos en el siglo XI

En la imagen, La Jura de Santa Gadea, *de Marcos Hiráldez Acosta.*

La realidad de Rodrigo Díaz, El Cid, es la de un guerrero brillante que, encabezando un grupo de aventureros profesionales, se convirtió en un mercenario solicitado por musulmanes y cristianos a los que sirvió, indistintamente, con la misma dedicación. Su figura literaria, creada por el romancero medieval (Cantar de Mío Cid, Romance de la Jura de Santa Gadea) *lo transformó en un héroe justiciero. Entre las más destacadas muestras de honor y amor a la verdad que se le atribuyen, destaca la Jura de Santa Gadea, en la que habría exigido al rey Alfonso VI el juramento de que no tuvo parte ni conocimiento en el asesinato de su hermano y antecesor Sancho II, en el cerco de Zamora. Tal acontecimiento nunca sucedió.*

y abrió un período de enfrentamiento entre las principales familias nobiliarias castellanas.

- **Alfonso VIII (1158-1214)** de Castilla fue derrotado en Alarcos (1195), pero años después, con el apoyo de Aragón y Navarra, venció a los almohades en las **Navas de Tolosa (1212),** lo que consolidó su dominio sobre la Meseta Sur y le franqueó el camino hacia el valle del Guadalquivir.
- **Alfonso IX (1188-1230),** en su reinado aumentaron las diferencias entre Castilla y León, pese a su matrimonio con Berenguela, hija de Alfonso VII, como lo demuestra el hecho de que el rey leonés no participara en la campaña militar que culminó en las Navas de Tolosa.

4.1.2. Pamplona, Aragón y los condados catalanes

En los territorios del este sobresale Pamplona en un primer momento, pues **Sancho Garcés IV (1054-1076)** cobró parias a Zaragoza y logró que Aragón reconociera su hegemonía, pero se enajenó el apoyo de los nobles por su crueldad en el ejercicio del poder y fue asesinado en una conjura entre los notables y su propia familia.

El **vacío de poder** y las disputas internas alentaron la **intervención** de Alfonso VI, que ocupo territorios pamploneses, y **Sancho Ramírez de Aragón (1063-1094)** que consiguió el **trono de Pamplona** en 1076.

Alfonso I el Batallador de Aragón y Pamplona (1104-1134), rey con un marcado espíritu cruzado, avanzó por el valle del Ebro, destacando la toma de la taifa de Zaragoza. En su testamento legó sus posesiones a las órdenes militares, pero los nobles de ambos reinos ignoraron el documento y eligieron: en **Aragón** a **Ramiro II,** hermano de Alfonso, y en **Pamplona** a **García Ramírez (1134-1150);** con **Sancho Garcés VI (1150-1194)** pasará a denominarse **reino de Navarra.**

También se reforzó la **hegemonía** de **Barcelona** sobre los condados catalanes, con **Ramón Berenguer I (1023-1076),** que amplió su influencia más allá de los Pirineos. Al dejar su herencia compartida entre sus dos hijos, dio lugar a enfrentamientos internos muy cruentos que acabaron con el asesinato de uno de ellos. Con **Ramón Berenguer III (1097-1131)** se recobra la concordia y prestigio de la dinastía e incorporó los condados de Besalú y Cerdaña.

Con el **matrimonio** de la reina **Petronila** de **Aragón,** hija de Ramiro II el Monje, y **Ramón Berenguer IV (1131-1162)** de **Barcelona,** nació la **Corona de Aragón. Su primer rey** fue **Alfonso II,** conde de Barcelona en 1162 al morir su padre, y rey de Aragón en 1164 cuando Petronila le cede los derechos sucesorios.

4.1.3. Navarra y las coronas de Castilla y Aragón en el siglo XIII

Navarra

Navarra, cobra protagonismo por su decisiva **intervención** en las **Navas de Tolosa;** pero alejada de toda posibilidad de expansión hacia el sur, y bloqueada por Castilla y Aragón, se ve obligada a orientar su política hacia el norte ultrapirenaico. Con la muerte de Sancho VII el Fuerte en 1234, accede al trono el conde Teobaldo de Champaña.

Durante años, Navarra se verá **sometida** a las **presiones** de **castellanos** y **aragoneses,** que pugnan por su control y será escenario de la lucha interior entre partidarios de uno y otro bando. Finalmente **cae bajo el control** de la **dinastía** de los **Capetos,** reyes de Francia, entre 1274 y 1328.

Castilla

En Castilla, la heredera es **Berenguela,** separada de Alfonso IX de León y madre de un hijo común, Fernando. **Abdica** en 1217, y así llega al trono **Fernando III (1217-1253),** que en 1230 heredará el reino leonés. Castilla y León no volverán a separarse. Este rey protagonizó un extraordinario avance sobre territorio musulmán; conquistó el valle de Guadalquivir y el reino de Murcia, destacando la simbólica toma de Córdoba en 1236.

Alfonso X (1252-1284) incorporó definitivamente Murcia, conquistó Cádiz y fortaleció el poder regio. Convocó Cortes, modernizó la fiscalidad y se dotó de instrumentos jurídicos, destacando las *Partidas,* basadas en el derecho romano y con las que la autoridad del monarca salía reforzada. Pero fracasó en su intento de ser coronado emperador, título al que aspiraba por los derechos de su madre, Beatriz de Suabia; chocó con nobles y concejos, lo que unido a la crisis sucesoria, provocada al intentar dejar el reino a los Infantes de la Cerda, hijos del primogénito Fernando, prematuramente muerto, en detrimento de su segundo hijo, Sancho; se desencadenó una guerra civil, en la que su propia esposa, la reina Violante, estuvo frente a él junto a su hijo Sancho IV.

Aragón

En Aragón, con **Jaime I (1213-1276)** Cataluña se independizó formalmente de Francia, lo que ya era un hecho desde 985, y se integró plenamente en la Corona aragonesa. El rey conquistó Mallorca y Valencia, donde lo mismo que en Andalucía y Murcia, el territorio se reparte entre los conquistadores mediante el sistema de repartimiento.

A su muerte, el poder regio fue contestado por la nobleza, que en 1283 exigió a **Pedro III (1276-1285)** la firma del **Privilegio General de Aragón,** pero esto no impidió que el rey ocupara el reino de Sicilia en 1282.

4.2. Modelos de repoblación y su influencia en la estructura de la propiedad

En los primeros siglos del avance cristiano, tanto en la zona pirenaica como en el reino de Asturias, una vez establecido el poder cristiano sobre nuevas tierras, estas fueron repobladas por familias campesinas que se instalaron allí mediante el sistema de **presura** también denominado **aprisio.**

El fortalecimiento del poder de los nobles y el establecimiento de monasterios facilitó esa repoblación. Este sistema favoreció la pequeña y mediana propiedad territorial y la existencia de un campesinado libre, aunque obligado a prestaciones con su señor, a cambio de defender esas tierras en caso de ataque musulmán.

Desde **finales** del **siglo XI,** con la ocupación de las tierras del sur del río Duero y del norte del río Ebro, se pone en marcha un nuevo **modelo de repoblación impulsado por los reyes.** Las nuevas zonas así repobladas se conocen como **extremaduras,** territorios fronterizos entre los reinos cristianos y al-Ándalus; en el caso de los reinos de León y Castilla surgen en ellas las **comunidades de villa y tierra.**

Siguiendo este modelo de repoblación se toma posesión de grandes espacios de dedicación agrícola y ganadera; en ellos el núcleo central es una villa dotada con un amplio territorio sometido a su jurisdicción (la «tierra») en el que existen y se desarrollan núcleos de población aldeanos; el concejo de la villa es el «señor» de su tierra y de las aldeas que en ella existen. Estas villas y ciudades serán dotadas de un **fuero** que establece los privilegios y libertades de sus habitantes. Entre sus pobladores destacan los caballeros villanos, que tienen esa condición a cambio de mantener caballo y armas, lo que responde a la necesidad de garantizar una defensa rápida y eficaz del territorio apoyada en las milicias concejiles. En estas extremaduras predomina la mediana propiedad y amplios espacios comunes (tierras comunales).

Con la conquista de Toledo (1085) y de Zaragoza (1118) los reinos cristianos incorporaron amplios espacios bien poblados. En algunas zonas se mantiene la población musulmana sobre la que se imponen los señores feudales y a la que se suman nuevos colonos. La Iglesia, en particular los obispados (como el de Toledo) se vieron beneficiados en esta repoblación.

El sistema repoblador cambia cuando se ocupan extensos territorios con escasa población al sur de los Montes de Toledo, en los altos valles del Júcar, el Guadiana y el Segura y desde la Ribera Navarra hasta la desembocadura del Ebro, espacios cuyo dominio había que garantizar en una situación de relativa inestabilidad. En esas circunstancias predomina un sistema repoblador que privilegia a las **órdenes militares.** El rey les entregaba grandes propiedades (encomiendas) y ellos aseguraban la defensa del territorio recibido además de convertirse en señores de esas tierras y sus habitantes. Surgen así grandes propiedades territoriales en las que la población asentada es escasa, cuyo señor es una orden militar, y donde predomina la explotación ganadera.

Actividades

7 ¿Qué diferencias pueden establecerse, y con qué consecuencias, entre las repoblaciones encomendadas a las órdenes militares y las efectuadas directamente por la monarquía mediante colonos individuales?

Los reinos cristianos en el siglo XIII

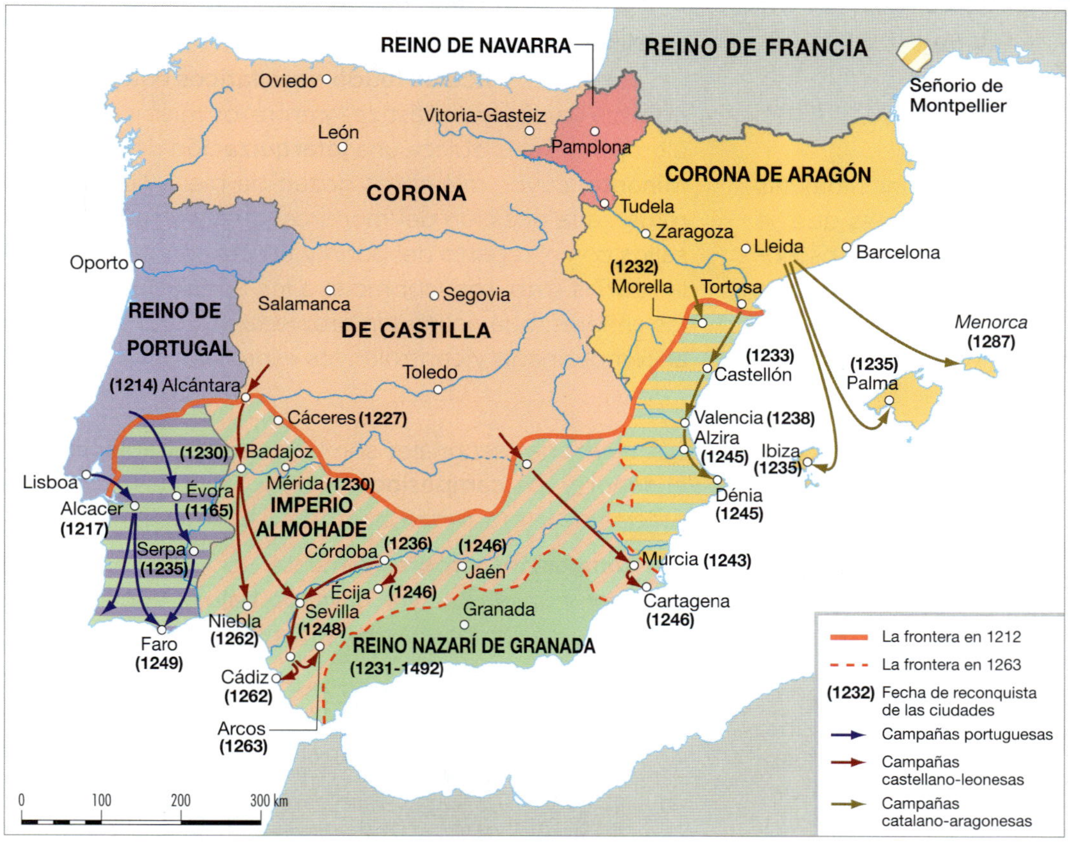

El momento de mayor expansión cristiana hacia el sur se lleva a cabo durante el siglo XIII, tras la victoria de la coalición cristiana en las Navas de Tolosa en 1212.

La Corona de Castilla amplió considerablemente su territorio. De aquí que incluso, tras una compleja negociación diplomática entre Jaime I de Aragón y el infante Alfonso de Castilla (futuro Alfonso X), se firmara el tratado de Almizrra en 1244, que cedía el territorio de Murcia a Castilla, permitiendo su salida al Mediterráneo.

La expansión aragonesa hacía el sur quedó cerrada y se orientó, a partir de entonces, hacia el reino de Valencia y el Mediterráneo.

Más información en la web de recursos de **anayaeducacion.es**.

Fuero de Vitoria-Gasteiz (1181)

Las normas reguladoras de la vida de la población en la sociedad feudal se recogen en los fueros o «cartas pueblas», leyes otorgadas por el rey o el señor que patrocina la repoblación u ocupación de un territorio o una ciudad. Cada fuero presenta unas normas sobre obligaciones fiscales, leyes penales, etc., como se puede comprobar en este articulado del fuero de Logroño dado a la ciudad de Vitoria-Gasteiz por Sancho el Sabio en 1181.

«En el nombre de Dios omnipotente. Yo, Sancho, por la gracia de Dios rey de Navarra, hago esta carta de confirmación y roboración a todos mis pobladores de Vitoria la nueva, tanto a los presentes como a los futuros.

1. Me place con ánimo benevolente y en mi sano juicio poblar la ya dicha villa a la que impuse el nuevo nombre de Vitoria, que antes se llamaba Gasteiz, y os doy y concedo que en todos vuestros juicios, causas y negocios, tengáis en todo tiempo el mismo fuero que tienen y poseen los burgueses de Logroño.

2. Excepto los clérigos e infanzones a los que queráis recibir en vuestra población (nadie) tenga casas libres en esta población más que las vuestras, y paguen con vosotros en todo asunto común.

5. Los antiguos labradores que estuvieran ahí y quisieran permanecer en el lugar allí asignado, tengan independiente la mitad de su heredad, y vosotros, que sois nuevos, tengáis la otra mitad y la dividáis entre vosotros.

6. Y por donde quiera que encontréis madera para hacer casas y leña para quemar, cogedla sin ninguna contrariedad, excepto en las ya conocidas dehesas en las que no es lícito cogerla (...).

8. Tengáis libres e ingenuas todas las heredades que ahora tenéis o las que comprasteis, o las que, a partir de ahora, podáis adquirir, y nunca paguéis por ellas mortura nin ningún otro pecho, sino haced de ellas vuestra voluntad.

9. El señor que tuviese villa en nombre del rey nunca os fuerce a nada, ni ponga sobre vosotros merino ni sayón de fuera, sino el vecino que queráis (...).

11. Tened siempre alcalde elegido de entre vuestros vecinos y si no fuere bueno y fiel, cambiadle (...).

13. Pero si uno mata a otro, y dos vecinos lo testifican, pague el homicida CCL sólidos y otros CCL sólidos sean enviados para el rey (...)».

Cuando se produce el gran avance repoblador tras las conquistas del siglo XIII, que incorporan a los territorios cristianos los reinos de Valencia, Mallorca y Murcia y el valle del Guadalquivir, la repoblación se realiza mediante el sistema de **repartimiento.**

Con el repartimiento, todo lo conquistado, incluidas las viviendas y las zonas urbanas, se divide en lotes que se entregan a los conquistadores y repobladores. Los nobles obtuvieron enormes propiedades, lo mismo que la Iglesia y las órdenes militares, lo que dio lugar a la formación de extensos señoríos (latifundios) que fortalecieron su poder. En algunas zonas próximas a las ciudades y, sobre todo, en la huerta de Valencia y Murcia, surgió también una pequeña y mediana propiedad en manos de campesinos libres.

La población musulmana se mantuvo en el valle del Guadalquivir cuando la ocupación del territorio se realizó mediante un pacto, pero fue expulsada allí donde la conquista fue militar.

En Murcia, Valencia y Mallorca se mantuvo una numerosa población mudéjar tras la conquista, dedicada sobre todo al trabajo de la tierra, aunque después su evolución en una y otra zona fue diferente.

4.3. El régimen señorial

4.3.1. La feudalización

El proceso de feudalización iniciado en la Alta Edad Media alcanzó su **plenitud** en los **siglos** XI y XII. Contribuyeron a ello el papel militar de la aristocracia, tanto en los conflictos internos de la segunda mitad del siglo XI como, sobre todo, en la conquista de los valles del Tajo y el Ebro.

Paralelo a ese proceso **se reforzó** el **poder de los señores sobre** las **behetrías castellanas,** es decir, el poder de las comunidades campesinas de elegir a su señor, según mejor les convenga, y que vieron mermada esa capacidad.

Los señoríos

Además de la behetría hay otros tipos de señorío: **solariego** (basado en la propiedad feudal de la tierra cuyo titular es un noble); **abadengo** (similar al anterior pero cuyo señor es eclesiástico) y **jurisdiccional.** Este último otorga un gran poder al señor ya que le permite actuar, teóricamente en nombre del monarca que es quien le ha concedido ese poder, en la administración de justicia, el reclutamiento de tropas y el cobro de impuestos en el territorio de su jurisdicción. Al frente de estos señoríos jurisdiccionales pueden estar nobles, obispos, monasterios y órdenes militares. El señorío del rey se conoce como **realengo.**

Las relaciones feudo-vasalláticas

Uno de los elementos clave de la sociedad feudal está basado en los **vínculos feudo-vasalláticos** entre el rey y la nobleza (laica y eclesiástica) y entre los miembros de esta última. Así se establece una **jerarquización** de la **clase dominante,** cuyos miembros gozan de plena libertad, y se refuerza la posición del monarca, que favorece a sus vasallos con el reparto del botín y tierras conquistadas y de las parias (tributos) cobradas a los andalusíes. Estos son los señores, que acumulan propiedad territorial, someten al campesinado y controlan los espacios comunales.

Las relaciones señoriales

Las relaciones señoriales son las que **se establecen entre** el **señor** y los **campesinos** (y/o las ciudades y villas) en función de la propiedad territorial y el poder jurisdiccional.

Los **campesinos, progresivamente,** ven cómo empeora su situación a la vez que **van cayendo bajo el dominio de los señores.** Los campesinos libres y plenamente propietarios

Alfonso II de Aragón recibe homenaje de los condes de Perpiñán. Cartulario. El homenaje era una ceremonia ritualizada, de carácter público, en la que se establecía un vínculo personal entre señor y vasallo que conllevaba derechos y obligaciones recíprocas. El rey concedía un feudo (condado, ducado, castillo, población etc.), a cambio, el noble (vasallo) le juraba fidelidad y se obligaba a prestarle consejo y ayuda militar.

Los privilegios de la Mesta

El Honrado Concejo de la Mesta (1273) disponía de numerosos privilegios para el uso de terrenos de pastos y todo tipo de exenciones fiscales que le dieron un gran poder e influencia. Sus rebaños utilizaban una red de «cañadas reales» que atravesaban el sistema Central en su camino hacia los pastos de verano del norte desde las dehesas extremeñas y manchegas.

La Mesta creó un sistema de explotación extensiva de la tierra, dio a la aristocracia castellana el monopolio de la lana en Europa occidental y posibilitó una gran red comercial que unía Castilla con Flandes. Este comercio condicionó las relaciones internacionales de Castilla en la Edad Media.

de las tierras que cultivan van perdiendo esa posición al tiempo que sobre sus tierras avanzan los derechos de los señores, lo que sucede por diferentes causas: debido a la necesidad de **protección** en un período en el que la violencia estaba muy presente; por **donaciones** realizadas en beneficio de los monasterios habitualmente a cambio de oraciones por la salvación de su alma y las de sus familiares, o bien a causa de **deudas** imposibles de satisfacer, el campesinado va cediendo la titularidad de sus tierras en beneficio de los señores convirtiéndose en sus dependientes.

Otros se convierten en dependientes al perder su libertad cuando el **señor les cede parte de sus tierras** a cambio de permanecer en ellas y de ciertas prestaciones. Estos campesinos, a los que se conoce como **siervos,** tienen la obligación de someterse a las normas establecidas por el señor: fijadas a veces en los fueros; también han de pagarle rentas en especie (una cantidad fija o una parte de la cosecha o de los animales o productos obtenidos) y en trabajo (habitualmente tareas en las tierras del señor, corveas, sernas); cuando se desarrolló el comercio, a partir de finales del siglo XII, las rentas en trabajo fueron sustituidas por otras en moneda. A estas cargas se suma el diezmo (décima parte de las cosechas), impuesto ya generalizado en el siglo XI, que se paga a la Iglesia.

4.4. La sociedad estamental

La sociedad feudal ha sido definida como estamental debido a que se estructura en **tres estamentos** caracterizados por su función y por gozar o no de privilegios: la **nobleza,** el **clero** y el **campesinado.** En la Edad Media, la existencia de estos tres grupos se definió por la función que Dios había encomendado a cada uno de ellos. La nobleza (bellatores) eran los que, con las armas, defendían a todos los demás; el clero regular y secular (oratores) intercedían ante Dios por el bien y la salvación de todos; los campesinos (laboratores) eran los que trabajaban para su propio sustento y el de los otros dos grupos.

Desde el **punto de vista del privilegio** en realidad hay **dos grupos:** los **privilegiados** (nobles y clero secular y regular) que son titulares de los señoríos y disfrutan de privilegios fiscales, jurídicos y sociopolíticos, es decir, poseen los medios de producción, ostentan el poder y no pagan impuestos; y los **no privilegiados,** que son la inmensa mayoría de la población. Entre los nobles destacan los grandes, ricos-hombres en León y Castilla y barones en Navarra y la Corona de Aragón, y la baja nobleza de caballeros e hidalgos.

Al **final** de la **Edad Media,** los grandes señores se garantizan la conservación de sus señoríos mediante el **sistema de mayorazgo,** en el que el primogénito hereda todos los bienes. También entre los no privilegiados hay diferentes grupos en función de su estatus sociojurídico y económico.

4.4.1. La integración de las minorías

En esta sociedad feudal hispana están integradas las minorías **mudéjar** y **judía.** Mientras en Aragón, Valencia y Murcia los musulmanes que viven en tierras cristianas se dedican preferentemente al trabajo de la tierra, en otras zonas, como la cuenca del Duero, viven en núcleos urbanos y desempeñan diversos oficios, destacando como carpinteros. La minoría judía, que habita en villas y ciudades, se dedica a oficios diversos, destacando en la medicina y la recaudación de rentas.

Judío bautizado en un convento tras convertirse al cristianismo, página miniada.

4.4.2. La reforma eclesiástica

La cristiandad vivió una época de reforma, que en los reinos ibéricos se plasmó en figuras como el **abad Oliba de Ripoll,** renovador de la Iglesia en Cataluña desde los principios cluniacenses, e hitos como el **concilio de Coyanza (León, 1055),** que reformó la organización eclesiástica. Los **cluniacenses** impulsaron la reforma introduciendo nuevas ideas, como el espíritu de cruzada.

Todo eso culmina en el **cambio** de **rito litúrgico.** Con Alfonso VI de León se abandonó el hispánico (mozárabe o visigótico) para adoptar el rito **romano** (concilio de Burgos de 1080). Además, se reorganizó el mapa diocesano, destacando Santiago, Toledo y Tarragona. A lo largo del siglo XII se organizó la red parroquial.

Se instauraron **nuevas órdenes,** en particular el **Císter,** con monasterios como los masculinos de Sobradodos Monxes (A Coruña), Veruela (Zaragoza), Poblet (Tarragona), Moreruela (Zamora), etc., y los femeninos de las Huelgas (Burgos), Tulebras (Navarra), San Clemente (Sevilla), etc.

Aparecen las órdenes militares, que disfrutarán de extensos señoríos; apoyadas por los reyes se crearon las de Santiago, Alcántara y Calatrava en Castilla y San Jorge de Alfama en Aragón, donde en el siglo XIV surge la de Montesa. Su participación fue decisiva en la colonización de tierras conquistadas a los musulmanes.

4.5. Las ciudades y el comercio

A partir del siglo XII, y sobre todo en el XIII, cobra fuerza la población urbana, a quienes se denomina «burgueses» por habitar en burgos (villas y ciudades). El progreso de la división social del trabajo, la posibilidad de comercializar los excedentes y el incremento demográfico favorecieron el progresivo **florecimiento** de las **actividades económicas plenamente urbanas,** aunque buena parte de su población siguiera trabajando la tierra. En algunas ocasiones ciudades y villas quedaron bajo el poder del señorío jurisdiccional (de un noble o un obispo), en otras su señor era el rey. No faltan casos en los que ellas mismas señorean en el territorio circundante sobre el que ejercen el poder jurisdiccional por cesión de los reyes; esto fortalece a los gobiernos urbanos, garantiza su fidelidad a la Corona y afianza la posición de los monarcas frente a los nobles.

4.6. La vida cultural y artística

El **contacto** cultural e intelectual con el **mundo musulmán** favoreció el trasvase del saber. En **Toledo** trabajaban el judío Juan Hispano, el cristiano Domingo Gundisalvo y otros destacados intelectuales; surgió así la **Escuela de Traductores,** que no es sino un círculo informal de sabios. También hubo actividad en otros lugares como Pamplo-

Donaciones señoriales a la Iglesia

Ramón Berenguer IV dona a Sancho García, abad del monasterio de San Juan de la Peña, y a sus monjes el señorío de Aínsa.

«Jaca, 26 de marzo de 1158.

Cristo, Alfa y Omega. En el nombre de Dios y por su gracia. Yo Raimundo, por la gracia de Dios conde de Barcelona y príncipe de Aragón, hago esta carta de donación a Dios en su nombre a García y a sus hermanos. Me agrado, con ánimo generoso y determinación espontánea, y por la salvación de mi alma. Entrego a Dios y en su nombre a Sancho García y a sus hermanos el dominio que tengo en Aínsa para que hagan allí un monasterio en honor de la Santa Madre de Dios y de San Fructuoso y todos los santos, con todo su territorio, con montes, pastos y aguas. Y para que del diezmo construyan su iglesia y todo lo que sea necesario. Y quien cometiera algún daño pague el doble y me entregue mil sueldos. Y apruebo este donativo según se ha escrito más arriba, para que lo posean libre y sin cargas por todos los siglos de los siglos. Amén».

Sello. Conde Raimundo.

Carta hecha en la era MCXCVI, VIII Calendas de abril, en la villa llamada Jaca. Jaca, 26 de marzo de 1158».

Monasterio de San Juan de la Peña, en Huesca.

na y Barcelona. Destaca el judío converso aragonés Pedro Alfonso, médico, astrónomo y matemático. Hubo figuras señeras, como el mallorquín Ramón Llul.

El programa más brillante se desarrolló en torno a **Alfonso X;** destaca la obra historiográfica *Estoria de España y General Estoria;* la literaria con las *Cantigas de Santa María* escritas en gallego; y la científica, entre otras, con las **Tablas astronómicas.**

En **literatura** sobresale el *Cantar de mío Cid* y la obra de Gonzalo de Berceo, que contiene vocablos en euskera. También se redactan crónicas. En el siglo XI, Sampiro escribió la de los reyes de León del siglo X. En la Corona de Aragón, la vida de Jaime I es narrada en catalán en el *Llibre dels feits.*

El románico

En estilo románico se construyen **grandes catedrales** (Santiago de Compostela), otros **templos** (San Isidoro de León o Santa María de Eunate), y **monasterios** (Roda).En **escultura** puede citarse el tímpano de la catedral de Jaca. En **pintura,** el frontal sobre tabla de la Seo de Urgel. y en miniatura, el *Libro de los testamentos* de la catedral de Oviedo. En **orfebrería,** el frontal de Santo Domingo de Silos.

Un área con especial relevancia es el **Camino de Santiago,** por donde llegan influencias políticas, artísticas, religiosas y culturales, así como monjes, guerreros, artesanos y comerciantes que se establecieron en la zona, siendo conocidos como francos. El número de peregrinos aumentó atraídos por el deseo de salvación, la propaganda, las facilidades otorgadas por los poderosos y la red de hospitales.

Actividades

8 ¿Por qué, pese a la división del califato en 1031, los reinos cristianos no avanzaron significativamente sobre el territorio musulmán hasta dos siglos después?

9 Establece diferencias entre las repoblaciones encomendadas a las órdenes militares y las efectuadas por la monarquía mediante colonos individuales.

10 Busca en Internet y describe las peculiaridades de repoblación de Baleares tras su conquista en el siglo XIII.

11 ¿Puede considerarse el pensamiento, la literatura, el arte y las demás manifestaciones de la sociedad medieval peninsular como una elaboración cultural del cristianismo? ¿Por qué?

12 Partiendo de la lectura del doc. «La obra de Alfonso X», ¿qué acontecimientos, situaciones o circunstancias explican el cambio de actitud de la monarquía y sociedad peninsulares ante las minorías étnicas?

La obra de Alfonso X

En el siglo XIII la producción cultural bajo protección de Alfonso X acoge manifestaciones de las tres culturas. Esta tolerancia perduró pocas décadas, dando paso a manifestaciones de exclusión y de xenofobia.

«Entre estas [obras] conviene mencionar las dos fundamentales: el *Fuero Real* y *Las Siete Partidas.* El Fuero es el primer código unificador castellano, que intenta superar la diversidad de ordenamientos y costumbres locales. Detalle significativo del Fuero es que en él Alfonso X, rey de tres religiones, prohíbe que los judíos conserven libros heréticos de su propio credo, que han de ser quemados a la puerta de las sinagogas. Es preciso recordar que reyes castellanos anteriores –Alfonso VI, VII y VIII– ayudaron a los judíos ortodoxos a eliminar herejías hebraicas. *Las Siete Partidas,* compuestas entre 1256 y 1265, forman un compendio enciclopédico de la vida medieval castellana, insustituible para conocer los detalles de la organización religiosa, política, social y económica del momento, con sus tres culturas y tres religiones en plena y fecunda coexistencia. La obra tiene siete partes, de acuerdo con la creencia en la magia y en la perfección simbólica de dicho número –el universo tiene siete esferas, por ejemplo– y jugando con la casualidad de que el nombre de Alfonso tiene también siete letras. Como muestra de la aludida coexistencia y tolerancia, véase lo referente a las sinagogas:

"(...) et porque la sinagoga es casa do se loa el nombre de Dios, defendemos que ningunt cristiano non sea osado de la quebrantar, nin de sacar nin de tomar ende ninguna cosa por fuerza, fueras ende si algunt home malfechor se acogiese a ella (...). Otrosí defendemos que los cristianos non metan y bestias nin posen en ellas, nin fagan embargo a los judíos mientras que y estuvieren faziendo oración segunt su ley (...)".

La tarea de Alfonso X, en fin, supone, entre otras cosas, la incorporación de la ciencia árabe a Occidente; la presencia de una preocupación universal; la secularización de la cultura, que deja de ser así monopolio de la Iglesia; la creación de la prosa castellana: todo ello enmarcado en ese florecer social y cultural del siglo XIII (...). Recordemos, como nota última, que a lo largo de todo el mismo siglo proliferan las traducciones de la Biblia –a pesar de las restricciones eclesiásticas de 1233–; las colecciones de ejemplos, que se utilizan en la predicación para mantener la atención popular, así como las sentencias y pensamientos breves, etc. (...)».

Blanco Aguinaga, C., *et al.*: *Historia social de la literatura española.* Madrid, Castalia, 1978, pp. 70-71.

El Camino de Santiago

Santiago según al-Idrisi

Nacido en Ceuta, en el año 1100, al-Idrisi es autor de una importante obra geográfica titulada *Recreo del que ansía recorrer los horizontes del mundo.* Se educó en Córdoba y residió en África del norte y en Sicilia. Sus mapas, llamados *Idrisi Mayor* e *Idrisi Menor,* anticipan la proyección de Mercator.

«Esta insigne iglesia, a donde concurren los viajeros y se dirigen los peregrinos de todos los ángulos de la cristiandad, no cede en tamaño más que a la de Jerusalén, y rivaliza con el Templo de la Resurrección (o Santo Sepulcro), por la hermosura de las fábricas, la amplitud de su distribución y lo crecido de sus riquezas y de los donativos que recibe. Entre grandes y pequeñas hay sobre trescientas cruces labradas de oro y plata, incrustadas de jacintos esmeraldas y otras piedras de diversos colores y cerca de doscientas imágenes de estos mismos metales preciosos. Atienden al culto cien sacerdotes, sin contar los acólitos y otros servidores. El templo es de piedras unidas con cal y lo rodean las casas de los sacerdotes, monjes, diáconos, clérigos y salmistas. Hay en la ciudad mercados muy concurridos y, así cerca como lejos de ella, aldeas grandes».

Pórtico del Paraíso de la catedral de Ourense.

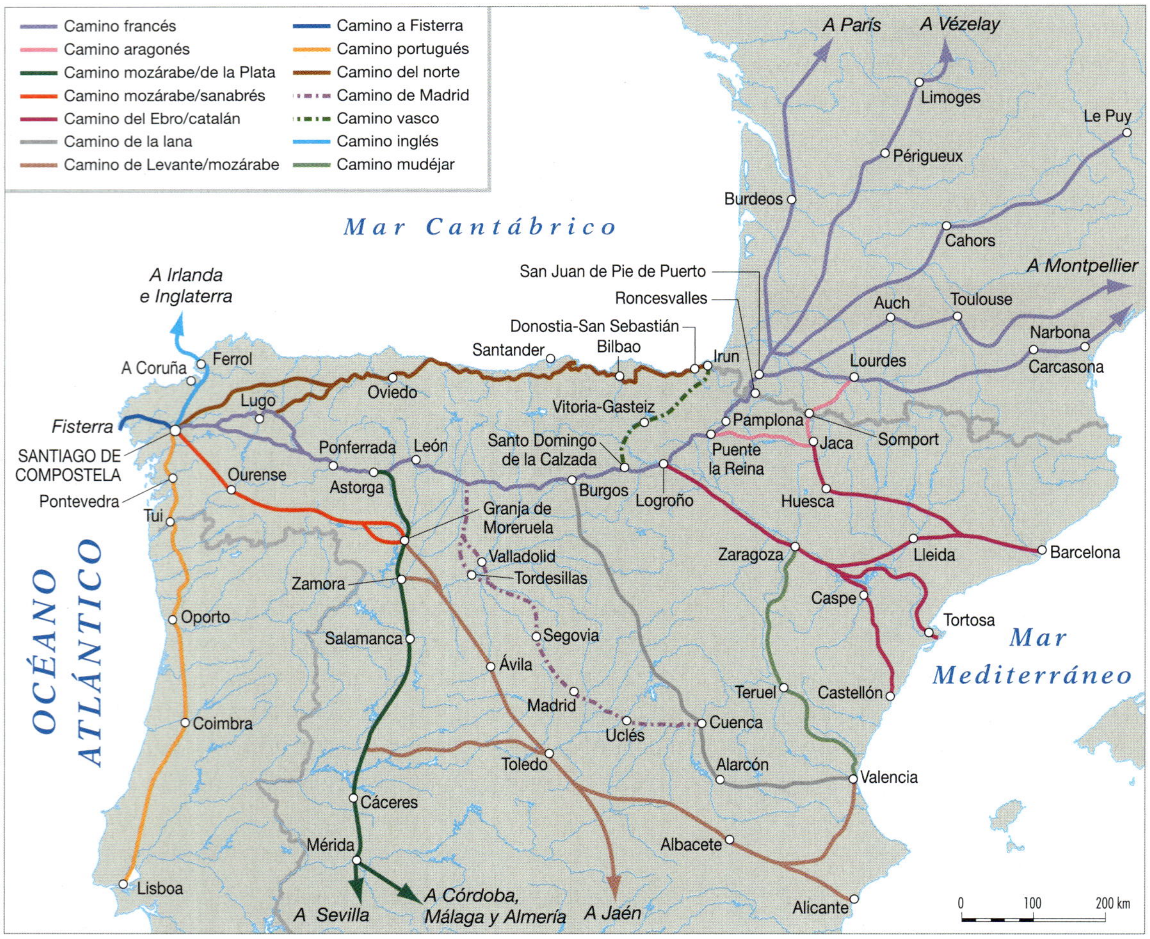

El llamado «Camino de Santiago» era en realidad una profusa red de vías que, desde los más distintos orígenes, venían a confluir hacia el noroeste de la Península. Hasta los tiempos del Renacimiento, el Codex Calixtinus de Aymeric Picaud orientaba a los peregrinos europeos que llegaban desde las cuatro vías francesas. Pero también, oleadas de peregrinos de Levante, al-Ándalus, Cataluña o Portugal dieron pie para que se rehabilitaran antiguos puentes y calzadas. Incluso había rutas marítimas desde Inglaterra y vías de peregrinación costeras, como la cantábrica o la procedente de Oporto.

5 La taifa de Granada en los siglos XIV-XV

5.1. El reino nazarí

Aunque fue perdiendo territorios en beneficio de Castilla, el reino de Granada logró consolidarse y mantenerse hasta que en el siglo XV fue conquistado. El avance conquistador castellano del siglo XIII y las revueltas mudéjares en Castilla y Aragón favorecieron la **llegada** de nueva **población** que contribuyó a su fortalecimiento y continuidad, lo mismo que la **política de negociación** con las coronas de Aragón y Castilla y con los benimerines llegados del norte de África.

El emir **Muhammad III** conquistó Ceuta en 1306. **Muhammad IV** (1325-1333) conquistó Gibraltar. Pero el período más brillante fue el del emir **Muhammad V (1354-1391),** que apoyó a Pedro I frente a Enrique II de Trastámara, en la primera guerra civil castellana.

En su relación con Castilla **alternaron** períodos de **victorias militares con** otros en los que los emires tuvieron que aceptar el **vasallaje al rey castellano** y el pago de parias. La frontera, conocida como Banda Morisca, se mantuvo relativamente estable hasta el inicio de la guerra en 1481, pero Granada vio retroceder lentamente su territorio desde mediados del siglo XIV.

Las **luchas internas** por el poder fueron frecuentes, especialmente las rivalidades entre miembros de la familia reinante. En ese contexto las **mujeres** jugaron un **papel político, económico** y **diplomático** destacado, especialmente en los frecuentes períodos en que, ante la falta de un poder masculino claro, se ponen al frente de su linaje. Sobresale la madre de Ismail I (1314-1325), la **sultana Fátima** (1260-1349) regente de sus nietos Muhammad IV y Yusuf I (1333-1354).

LAS SULTANAS DE LA ALHAMBRA

«(...) las mujeres reales nazaríes no llegaron a ejercer una activa participación, aunque velada, en la política desarrollada en la corte de la Alhambra. (...) las sultanas nazaríes nunca llegaron a ser reinas titulares y, cuando fueron mencionadas como tales en los textos, fue únicamente en su calidad de consortes o de madres de emires (...) ni eran mencionadas en la jutba o sermón de la oración comunitaria del viernes ni, por supuesto, aparecieron sus nombres plasmados en las acuñaciones monetarias. (...)

Sin embargo (...) algunas mujeres de la dinastía nazarí no solo llegarán a ser artífices de la historia sino también protagonistas de esta (...). Tomemos como referencia cuatro casos femeninos concretos con los que pretenderemos ilustrar la participación de las mujeres de esta estirpe en la política durante los tres siglos de vida del Reino de Granada». [En la publicación, la autora desarrolla los casos de la sultana Fátima y la concubina Rim (siglos XIII y XIV) y de Umm Al-Fath y Soraya (siglo XV)].

Boloix Gallardo, B.: «El rostro femenino del poder. Influencia y función de la mujer nazarí en la política cortesana de la Alhambra (siglos XIII-XV)», *Cuadernos del Cemyr,* 23 (2015) pp. 52-54.

5.2. La economía y la cultura

5.2.1. La economía

Hasta su desaparición, el reino nazarí cuenta con un gran potencial social y económico, ciudades populosas y una **activa y potente** economía en la que junto a la agricultura destaca el comercio, favorecido por su estratégica posición entre el Mediterráneo y el Atlántico, en un momento en que las potencias comerciales buscan dominar las rutas marítimas. Desde el puerto de Málaga se desarrolló un activo comercio en el que participaron los genoveses, que se dirige tanto al norte de África como al Mediterráneo.

5.2.2. La cultura

En el mundo del saber y la cultura destaca el poeta almeriense **Ibn Jatima (c 1310-1369).** Además de poesía y una historia de Almería escribió un tratado sobre la peste negra desde una perspectiva científica, en el que da consejos preventivos, señala la conveniencia de aislar a los enfermos y se ocupa de sus efectos.

Su coetáneo el visir **Ibn al-Jatib** fue un brillante polígrafo. Tuvo una agitada vida política, lo que no le impidió escribir una extensa obra sobre temas muy diversos, entre ellos geografía, gramática, política, poesía, medicina, matemática y, sobre todo, historia.

Algo posterior (muere a comienzos del siglo XV) es **Ibn Hudayl,** miembro de una de las grandes familias árabes de Granada, lo que no le evitó caer en desgracia de los emires y pasar dificultades de las que se queja en sus escritos. Además de poesía, escribió sobre política, veterinaria y religión.

Durante el emirato de **Mohammed V** (1354-1359; 1362-1391), Granada alcanzó su máximo esplendor. Este emir ordenó la construcción del **Hospital de Granada,** el **maristán,** en 1367. Pero el elemento que marca la brillantez del período nazarí es el complejo arquitectónico de la **Alhambra,** obra desarrollada por los emires en diferentes fases a partir de la segunda mitad del siglo XIII.

Actividades

13 ¿Cuáles fueron las aportaciones más importantes de los musulmanes en la Península?

Viaje de Abd al-Basid (1466)

«(...) Esta ciudadela, bajo la cual se ha construido este palacio insigne, lo mismo que esta grandiosa fortaleza, está provista de torres estupendas y de una muralla maravillosa (...).

También vimos una cantidad de edificios admirables y de modos de construcción extraña y agradable, y decorados de yeso esculpido tales que no seríamos capaces de describirlos ni de representarlos. En suma: Granada, con la Alhambra, está entre las más grandiosas y bellas ciudades del islam. Sino que los infieles están en la proximidad de aquella región y han tomado la mayor parte de aquella tierra de al-Ándalus y muchas ciudades del islam que eran famosas, especialmente cuando allí reinaban los Omeyas, como Murcia, Valencia, Córdoba, Toledo, Zaragoza, Jaén y castillos fortificados, como Játiva, y del mismo modo otros países que pertenecían al islam y ahora han pasado a los francos. ¡No está la fuerza ni el poder sino en Dios! (...)».

García Mercadal, J. (ed.): *Viajes por España*. Madrid, Alianza Editorial, 1972, p. 56».

La Alhambra, ciudad palatina y fortaleza defensiva, construida por la dinastía nazarita entre los siglos XIII-XV. Simboliza el prestigio cultural y poder político del último reino musulmán peninsular: Granada.

Detalle de las columnas del Patio de los Leones.

Puerta de la Justicia de la Alcazaba de Almería.

Vista de la Alcazaba de Almería.

Los reinos cristianos en los siglos XIV y XV

Durante la Baja Edad Media, lo mismo que el resto de la Europa feudal, los reinos cristianos hispánicos pasaron por una profunda crisis de la que empezaron a recuperarse en el siglo XV.

6.1. La demografía

El progresivo crecimiento demográfico de siglos anteriores se había **frenado** ya a **fines** del siglo **XIII,** pero fue en el siglo **XIV** cuando se produjo una **profunda quiebra** que redujo drásticamente el número de habitantes.

Hubo una sucesión de años de malas cosechas debido en buena parte a alteraciones climáticas (por exceso o escasez de lluvias) y también al agotamiento de algunas tierras cuya productividad descendió dada su escasa calidad o por no estar bien trabajadas (escasez de abonado y utilización de técnicas poco adecuadas). Este **descenso brusco** de la **productividad** y de la **producción agraria** provocó carestías y hambrunas que explican la desnutrición e incluso la muerte de parte de la población.

6.1.1. La peste negra de 1348

En esa sociedad hambrienta y desnutrida, el impacto de la peste negra de 1348 fue enorme. Llegó a la Península procedente de Oriente, mediante ratas contagiadas portadas por barcos mercantes. La enfermedad se extendió con mucha rapidez de manera que a mediados del año siguiente está presente en todo el territorio. Además, alcanzó a todos los grupos sociales; en Castilla, el rey Alfonso XI murió precisamente a consecuencia de la peste.

Aunque su impacto no fue igual en todas partes, el descenso de población tras su paso fue general y en algunas zonas pudo alcanzar hasta un 40 %. La enfermedad se hizo endémica, con brotes sucesivos pero cada vez menos virulentos, porque los que sobrevivían quedaban inmunizados.

En el siglo XV, los brotes tenían un carácter más local, lo que permitió que, a lo largo de ese siglo, se iniciara una lenta recuperación demográfica en la que se observan evidentes diferencias entre unas zonas y otras.

6.2. Consecuencias económicas y sociales

Como consecuencia del descenso de la productividad de muchas tierras de cultivo y del elevado número de fallecimientos, se produjo un movimiento de **redistribución de la población,** que desde las zonas más desfavorecidas se trasladó a otras que gozaban de mejores condiciones, lo que provocó algunos despoblados.

El resultado de todo ello fue un **fuerte empobrecimiento** y un **reajuste** de las **relaciones sociales,** de la producción artesanal y del comercio. La disminución de mano de obra, por fallecimiento o traslado, y la caída de las cosechas provocaron alteraciones en el mercado, con fuertes oscilaciones de precios, y una subida de los salarios imposible de compensar con la venta de excedentes debido a la caída de precios. Esto afectó a la ciudad y al campo y, en particular, a la renta feudal.

Los señores vieron disminuir sus ingresos, debido a la dificultad de cobrar sus rentas, e intentaron aumentar las cargas feudales y fortalecer los lazos de dependencia que llevaron a los campesinos a una situación de segunda servidumbre. Para ello no dudaron en aplicar una extrema violencia, comportándose como auténticos «malhechores feudales». Además de esto los señores buscaron, y consiguieron, el amparo de la Corona, de la que obtienen mercedes y donaciones.

Los conflictos sociales

En el marco de la crisis tuvo lugar también un aumento de las **tensiones sociales** que se tradujeron en conflictos tanto urbanos como rurales:

Las islas Canarias en la Baja Edad Media

«Las islas afortunadas, descritas por los geógrafos de la Roma imperial, habían caído en el olvido durante la Edad Media (...). El nuevo descubrimiento de las Canarias fue una faceta más de la expansión europea en los siglos XII al XV y (...), se realizó a través de dos fases. Una primera, desde fines del siglo XIII hasta fines del siglo XIV, en que las islas fueron exploradas por marinos del Mediterráneo. Otra, desde fines del siglo XIV, en que la iniciativa pasa claramente a las marinas atlánticas de los pueblos hispanos».

Ladero Quesada, M. Á.: *Los primeros europeos en Canarias (siglos XIV y XV).* Las Palmas, Mancomunidad de Cabildos de Las Palmas, 1979.

«Algunas gentes de Sevilla e de la costa de Vizcaya e de Guipuzcoa armaron algunos navíos en Sevilla e llevaron caballos en ellos e pasaron a las islas que son llamadas Canarias (...).

E los marineros salieron en la isla de Lançarote e tomaron al rey e la reyna de la isla, con ciento e sesenta personas, (...) e trajeron otros muchos de los moradores de la dicha isla e muchos cueros de cabrones e cera, e ovieron muy gran provecho los que allá fueron. E enviaron a decir al Rey lo que allí hallaron e cómo eran aquellas islas ligeras de conquistar, si la su merced fuese (...)».

Crónica de Enrique III.

- En la **ciudad** destaca el enfrentamiento en Barcelona entre **la «busca», oligarquía urbana** y **nobleza** y la **«biga», comerciantes** y **artesanos.**
- En el **medio rural** los levantamientos más señalados los protagonizaron los **irmandiños gallegos,** revuelta antiseñorial de gran magnitud en la estuvieron implicados más de 70 000 campesinos y se destruyeron doscientos castillos; y los **remensas catalanes,** conflicto complejo y de larga duración que enfrentó a los campesinos y los señores por el endurecimiento de las cargas feudales (els mals usos), solo resuelto parcialmente por Fernando II el Católico en 1486, mediante la Sentencia arbitral de Guadalupe.

La crisis también reavivó la larvada **hostilidad hacia los judíos.** Aunque el componente religioso e ideológico tuvo un papel innegable, el principal motivo tiene un carácter social: el odio alimentado a través del tiempo contra sectores semitas que se dedicaban a la percepción de impuestos o al préstamo, a veces usurario. La combinación de ambos elementos condujo a los **pogroms** (ataques) de los años finales del siglo XIV; en 1391 de produjeron los más violentos disturbios antijudíos, con matanzas generalizadas en la Corona de Aragón y en Castilla.

Actividades

14 ¿Por qué se incrementaron las revueltas campesinas antinobiliarias al final del período medieval?

15 En épocas de crisis económica se intensificaba la xenofobia antijudía. ¿Por qué? ¿Desde qué instancias sociales y políticas se alentaban estas actitudes?

La persecución de los judíos

Existió siempre una clara segregación espacial de las minorías en la ciudad medieval hispana. Los judíos vivían en aljamas o juderías (*call* en Levante) ubicadas intramuros, mientras que la otra gran minoría, la de los mudéjares, habitaba las morerías, arrabales fuera de la cerca.

«Las ciudades fueron, además, el principal escenario del último tipo básico de conflictos sociales bajomedievales: los pogromos contra judíos y conversos, derivados del antisemitismo generalizado en los siglos XIV y XV. En diversos estudios recientes se ha insistido en la importancia fundamental de los factores económicos en la aparición y desarrollo del antisemitismo, de forma que la religión no tendría más que un "carácter legitimador de unas motivaciones más profundas"; y se ha tendido a ver en las persecuciones y pogromos un enfrentamiento de pobres contra ricos, manipulado en ocasiones por los poderosos, que lo utilizaron como "un mecanismo de desviación de la conflictividad social" (Monsalvo Antón). Pero sin negar el papel desempeñado por estos factores –en el siglo XV, los pogromos suelen producirse en momentos de subida de precios y carestía de subsistencias; las protestas en las Cortes contra la riqueza judía y la práctica de la usura son constantes durante los siglos XIV y XV–, conviene no olvidar la existencia de otras causas para explicar el odio antisemita. Entre ellas, ocupó un lugar destacado la insistencia eclesiástica en la responsabilidad colectiva y hereditaria del pueblo judío por la crucifixión de Jesucristo, que llegaba al paroxismo en algunas fechas clave (Semana Santa) y en boca de algunos predicadores, como Ferrán Martínez o San Vicente Ferrer (...)».

Pérez Ledesma, M.: *Estabilidad y conflicto social.* Madrid, Nerea, 1992, p. 72.

Puedes encontrar más información en la web de recursos de **anayaeducacion.es**.

Judería de Guadalupe, Cáceres.

Guerra civil castellana

A partir del siglo XIII se agota la fase de crecimiento de los recursos que se había basado en la expansión y conquista de nuevos territorios. La crisis originó grandes convulsiones y luchas sociales. En Castilla, nobleza y burguesía urbana se enfrentaron violentamente; la guerra civil entre Pedro I el Cruel y Enrique de Trastámara, con la victoria de este, significó una nueva etapa de hegemonía de los señores de la tierra.

«El ascenso de familias de la baja nobleza (...) tuvo su punto de partida en el triunfo de Enrique II, apoyado por ellos, sobre Pedro I y en las abundantes concesiones de tierras y derechos jurisdiccionales que el nuevo monarca realizó como pago por el apoyo recibido (las "mercedes enriqueñas").

La ocupación de las nuevas tierras reconquistadas en la Meseta sur y la enajenación de la jurisdicción real en favor de los señores (...) favorecieron el desarrollo de una densa red de señoríos plenos, a la vez solariegos y jurisdiccionales, en manos de una "oligarquía nobiliaria". No más de 200 linajes en toda la Península poseían una décima parte del territorio, y gracias a la ocupación por miembros de sus familias de obispados, abadías o maestrazgos de las Órdenes Militares, controlaban prácticamente la mitad de las tierras peninsulares.

A diferencia de la ruda nobleza guerrera de siglos anteriores, los ricos hombres surgidos con los Trastámara (...) vivían de acuerdo con nuevas pautas de comportamiento: eran constructores de castillos suntuosos y protectores a veces de las artes y las letras, que en ocasiones cultivaban ellos mismos, como en los casos del canciller Lope de Ayala, el marqués de Santillana o Jorge Manrique».

Pérez Ledesma, M.: *Op. cit.*, p. 48.

Lucha de Pedro I y Enrique de Trastámara ante el castillo de Montiel.

Los almogávares, soldados de fortuna

«Los almogávares mantienen desde su origen hasta que se adueñan del ducado de Atenas (1311) un pensamiento exclusivo basado en la política de destrucción de hombres y territorios y en la acumulación de bienes procedentes de los combates y saqueos; la ideología guerrera les llevará a anteponer el botín y su consiguiente reparto a cualquier otra acción.

Se establecen en núcleos alejados de las ciudades populosas, primero en Sicilia y más tarde en el imperio bizantino, en espera de ser empleados como soldados a sueldo por algún rey o señor necesitado de los servicios de una hueste preparada para aniquilar al contrario mediante ataques sorpresa, rapidez en desplazamientos y óptima utilización de armas cortas ofensivas. (...). La gran mayoría almogávar procedía de campesinos que abandonaban, legal o ilegalmente, las tierras del señor, de los mercaderes arruinados y, sobre todo, de las masas de población ínfimas, mendigos, vagabundos, aventureros catalanes, aragoneses, sicilianos y bizantinos (...)».

Rivero González, I.: «Los almogávares, azote del Mediterráneo», en *Historia 16*, n.° 49, mayo, 1980.

Más información en la web de recursos de **anayaeducacion.es**.

Tropas de Jaime I.

6.3. La evolución política

La crisis bajomedieval viene marcada también por la **confrontación política.**

6.3.1. La Corona de Castilla

En Castilla, la **sublevación** de **Enrique de Trastámara (1369-1379) contra** su hermanastro, el rey legítimo **Pedro I (1350-1369),** provoca una **guerra civil** que se extiende hasta 1369, cuando Enrique II se alza como rey tras asesinar a su oponente.

Se entroniza así una **nueva dinastía,** que durante décadas tendrá problemas para legitimarse, lo que favoreció la **inestabilidad** y su necesidad de contar con apoyos firmes entre los nobles y las ciudades; surgió así una **nueva oligarquía nobiliaria** favorecida por las donaciones realizadas por el nuevo rey con el fin de garantizarse su lealtad.

Los intentos de expansión de **Juan I (1379-1390),** a costa de Portugal, cuyo trono pretendía, se vieron frustrados por la derrota de Aljubarrota en 1385. Las guerras civiles reaparecieron en el reinado de **Enrique IV (1454-1474)** con el trasfondo de la lucha por el poder entre grupos nobiliarios y las disputas dinásticas.

6.3.2. La Corona de Aragón

La Corona de Aragón se orientó hacia la **expansión mediterránea,** con la conquista de Cerdeña, la incorporación de Sicilia y la anexión de los ducados de Atenas y Neopatria, conquistados por los almogávares, ejército mercenario al servicio de Aragón.

La **crisis política** se agudizó a la **muerte de Martín I** ante la falta de un sucesor legítimo directo. Para solucionar el conflicto se llega a un acuerdo entre los reinos de la Corona aragonesa en el **Compromiso de Caspe (1412),** y fue elegido rey **Fernando de Trastámara (1412-1416),** hermano de Enrique III de Castilla, con lo que ambas coronas son gobernadas por la misma dinastía.

Con Juan II (1458-1479) las tensiones internas condujeron a una guerra civil en Cataluña, por la rebelión de la oligarquía urbana y la nobleza frente al rey. La guerra se prolongó entre 1462 y 1472, y supuso la agudización de la crisis económica, además de que los territorios perdidos en la zona pirenaica en favor de Francia (Rosellón y Cerdaña) no se recuperaron.

6.3.3. Navarra

Navarra, desvinculada de la casa real francesa, sufre un **repliegue territorial,** pero recuperó la conciencia de su identidad. Con **Carlos III (1387-1425)** alcanzó **estabilidad interna,** pero a su muerte se abrió un grave **conflicto sucesorio** que **enfrentó** a dos facciones: **agramonteses** y **beamonteses.**

A la muerte de la **reina Blanca (1425-1441),** su marido Juan de Trastámara (futuro Juan II de Aragón) entró en conflicto por la sucesión con su hijo Carlos, príncipe de Viana, lo que exacerbó las luchas entre los bandos. Los conflictos y la inestabilidad no cesaron hasta la invasión de Navarra por Fernando el Católico en 1512, lo que significó la incorporación del reino a la Corona de Castilla.

El príncipe de Viana

Carlos, hijo de la reina Blanca de Navarra y del infante Trastámara aragonés Juan, recibió de su abuelo Carlos el Noble este título como heredero del reino. Tras la muerte de Blanca, Juan de Aragón negó a su hijo la Corona de Navarra.

El príncipe de Viana fue apoyado por el bando beamontés de la nobleza Navarra, por Castilla e incluso, más tarde, por Cataluña. Sus aspiraciones fracasaron ante el bando agramontés en un clima de guerra civil.

Obligado a refugiarse en Italia, cultivó aficiones literarias y artísticas y adquirió prestigio de príncipe renacentista. Fue apoyado también por un amplio sector de Aragón a la muerte de su tío Alfonso V, que le había designado heredero.

Murió a los cuarenta años (1461) y fue recordado popularmente como víctima de la injusticia y de la intriga palaciega de la corte de Juan II.

El príncipe don Carlos de Viana, *de Moreno Carbonero.*

Castilla y Flandes

«Los orígenes de la relación entre Castilla y Flandes hay que buscarlos en la corriente de emigración europea hacia la península ibérica, que se establece en los siglos XI al XIII a medida que avanza la conquista hispanocristiana frente a al-Ándalus, y en el transporte por vía naval de peregrinos noreuropeos a Santiago de Compostela.

Pero su desarrollo se sitúa en la nueva coyuntura que se extiende por los últimos años del siglo XIII y en la primera mitad del XIV. Fue en aquella época cuando la fachada cantábrica castellana se abrió al gran comercio marítimo, en estrecha relación con el traspaís urbano y agrario de la Meseta.

Burgos se convirtió en centro mercantil de primera magnitud, mediante el control del tráfico de lana. Y en la costa despertó todo un mundo de constructores de naves, armadores, pescadores, marinos y transportistas en las "cuatro villas" (San Vicente de la Barquera, Santander, Laredo, Castro Urdiales) y en la costa vasca (Bermeo, Guetaria, San Sebastián, Fuenterrabía y Bilbao, sobre todo, fundada en 1300 y que será pronto el puerto más importante) (...)».

Ladero Quesada, M. Á.: «Castellanos en Flandes», en *Historia 16*, n.º 45, febrero, 1980..

6.4. La recuperación económica del siglo XV

Aunque la crisis política se extendió hasta avanzado el siglo XV, a lo largo de este siglo Aragón, Castilla y Navarra fueron saliendo de la crisis demográfica y económica, que afectó de forma desigual a los tres territorios.

- La **Corona de Castilla**, que partía de una mejor situación y que contaba con mayor volumen de población, la sufrió en menor medida que la aragonesa.
- En la **Corona de Aragón:** en Mallorca se produjo un declive del comercio; en Cataluña hubo una profunda y duradera recesión, lo que explica que su recuperación fuera más tardía; en Aragón hubo un retroceso que empezó a superarse en el siglo XV; Valencia fue el reino menos afectado y el que antes se recuperó, alcanzando con ello una posición hegemónica en el contexto de la Corona aragonesa.

En todas partes, la **salida** de la crisis **supuso** la **reactivación del comercio,** que se convirtió en la actividad más enriquecedora y la que aportaba sustanciosos ingresos a la hacienda regia. Las ciudades afianzaron su posición hegemónica en el comercio y las finanzas, lo mismo que las oligarquías urbanas. Y se transformaron las relaciones entre señores y campesinos debido a que el señorío supo adaptarse a la nueva situación.

La expansión aragonesa entre los siglos XIII y XV

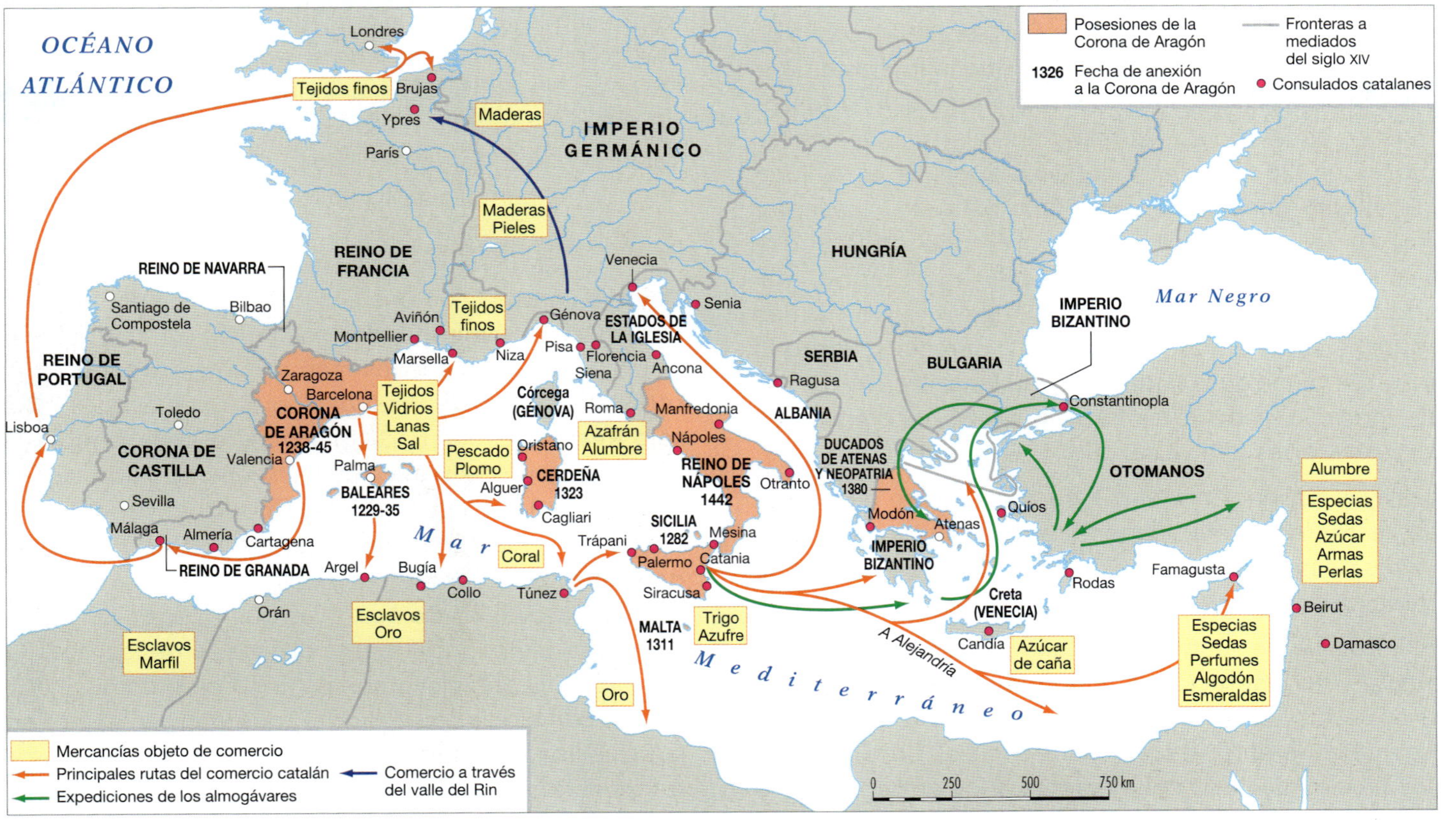

6.5. La Corona y las Cortes

La relación del rey con el reino y las características que adquiere la monarquía es diferente en cada uno de los tres estados hispánicos medievales.

6.5.1. Corona de Castilla

En la Corona de Castilla continúa el proceso de centralización del poder iniciado en el reinado de Alfonso X y reforzado con Alfonso XI. La hacienda suministra al rey cuantiosos ingresos, se impone el **regimiento** (alcaldes elegidos por el Concejo) como **órgano de gobierno** de villas y ciudades, y aparecen los **corregidores,** oficiales reales que los controlan.

El **Consejo Real** se convirtió en el principal órgano de gobierno del reino, y en un instrumento de centralización del poder del rey, en el que se desarrolló el diálogo entre este y los grandes.

En ese contexto, las **Cortes** son un órgano en el que, en principio, es posible la discusión política y la colaboración en la tarea legislativa privativa del rey, pero progresivamente **van perdiendo poder** y reduciendo su actividad en favor del Consejo Real; en el siglo XV, cuando la centralización monárquica se reforzó en Castilla, las Cortes interesan sobre todo a las oligarquías urbanas que envían sus procuradores, presentan los cuadernos de peticiones al rey y aceptan los impuestos extraordinarios (servicio) que este solicita.

6.5.2. Corona de Aragón

A diferencia de lo que sucede en Castilla, en la Corona de Aragón cada uno de los **territorios que la integran** tiene su **propio derecho,** los **usatges** en Cataluña y los **fueros** o **furs** en cada uno de los restantes reinos. A finales del siglo XIII, en **1283,** nobles y ciudades exigieron al rey jurar el **Privilegio general de Aragón:** le obligaron a aceptar las leyes de cada territorio y la presencia de la nobleza en el Consejo, a reconocer sus privilegios, a no tomar decisiones sin contar con ella y a respetar al Justicia de Aragón, institución que defiende sus derechos. **Pedro III** pactó también con la oligarquía catalana, entre otras cosas, el respeto a sus leyes tradicionales y el compromiso de reunir Cortes una vez al año.

Los reyes dependían financiera y fiscalmente de los reinos y estos les hicieron pagar su apoyo. De esta forma las fuerzas políticas de la Corona limitaban la capacidad de actuación de los reyes, es lo que se ha llamado **pactismo.**

En la Corona de Aragón hubo una **política** y un **rey común** pero las **instituciones,** aunque similares, eran **distintas** en todos los territorios, debido a los diferentes intereses de cada uno de sus grupos sociales dominantes y a los recelos de unos con respecto a los otros; eso llevó a que cada reino reforzara su identidad. En cada uno de ellos, Aragón, Cataluña, Mallorca y Valencia el rey se ve obligado a negociar y pactar con el correspondiente sector predominante: la nobleza en Aragón, las ciudades, en particular su capital, en el reino de Valencia, y la nobleza unida a la oligarquía mercantil barcelonesa en Cataluña.

Al **frente del gobierno** de cada uno de los territorios se establece un **gobernador** (un virrey en Mallorca) que tiene el poder delegado del monarca. Aunque había unas Cortes Generales de la Corona aragonesa, Cataluña, Aragón y Valencia tenían además **Cortes propias.** Las Cortes tenían la capacidad de controlar la fiscalidad regia, en particular los impuestos cuya recaudación hubieran aceptado; también es el lugar en el que los tres estamentos presentaban sus quejas al monarca cuando entendían que no se habían respetado sus privilegios o sus fueros. Entre cada una de las reuniones de Cortes actuaba un organismo permanente, la Generalitat en Cataluña y en Valencia y la Diputación General en Aragón, cuyo fin era velar por el cumplimiento de lo acordado.

El reino de Navarra

Navarra contaba con una organización territorial que dividía el reino en **merindades** que tenían carácter administrativo y fiscal, ya que los merinos se encargaban, entre otros asuntos, de la recaudación de impuestos. El **Consejo Real,** en el que participan eclesiásticos y nobles, es un alto órgano del reino; hay también una institución encargada de la recaudación de impuestos y de la gestión del gasto de las finanzas reales; se trata de la **Cámara de Comptos** integrada por nobles y clérigos. Lo mismo que en Castilla, las **Cortes,** a las que acuden los tres estamentos, clero, nobleza y la oligarquía de las villas (las buenas villas del reino), son un órgano de comunicación del rey con el reino, pero sobre todo otorgan al monarca la posibilidad de solicitar y hacer aceptar impuestos extraordinarios, y al reino la de presentar solicitudes al rey o denunciar agravios o incumplimientos de normas forales.

Actividades

16 Explica por qué la llegada al trono castellano de la dinastía Trastámara conllevó un cambio en la tendencia al fortalecimiento del poder real. ¿Qué consecuencias sociales y económicas supuso esta circunstancia para la sociedad castellano-leonesa?

17 Los reyes de Castilla apoyaron la presencia de los representantes de las principales ciudades castellanas en las Cortes. ¿Por qué? Argumenta la respuesta.

18 La organización política de la Corona de Aragón respondía a criterios «confederales». ¿Qué significaba en la práctica? ¿En qué se diferenciaba del modelo castellano?

6.6. El mundo del saber y del arte

El desarrollo de la administración demandaba personas bien formadas; parte de la población urbana necesitaba conocimientos que les facilitaran su trabajo y el éxito en el comercio y los negocios; los poderosos encontraron en las cortes literarias, las capillas musicales y las bibliotecas una forma de mostrar su rango. Todo esto potenció las **escuelas** y **universidades** y, a pesar del florecimiento del latín entre los humanistas, el uso de las **lenguas vernáculas,** en las que escribieron, entre otros, Jorge Manrique, Martín Codax y Bernat Metge.

Hubo **escuelas urbanas** mantenidas por los concejos, como la de Calatayud, fundada por Benedicto XIII en 1413, y la de Cuéllar, donde se estudiaba gramática y artes. Al tiempo se consolidaron las universidades: Salamanca y Valladolid en Castilla, y Lleida, Huesca, Perpiñán, Gerona, Barcelona y Palma en Aragón. Hay cátedras de derecho civil y canónico, música, gramática, astrología, aritmética, geometría, lógica, medicina y teología. La lengua utilizada era el latín y los títulos eran, bachiller, licenciado y doctor o maestro. Pero no todos los que destacan en el mundo del saber pasaron por la Universidad, como lo demuestra el caso del médico y teólogo Arnau de Vilanova.

El gusto por la cultura potenció el **comercio** de **libros** y **obras de arte.** En **literatura** destacaron obras como el *Libro del Buen Amor* de Juan Ruiz, arcipreste de Hita, el *Libre de les dones* de Francisco Eiximenis y la *Arboleda de los enfermos* de Teresa de Cartagena; tratados destinados a futuros gobernantes como los *Proverbios* del marqués de Santillana y el *Libro de los estados* de don Juan Manuel; obras de entretenimiento como el *Libro del caballero Zifar,* y *Tirant lo Blanc* de Joanot Martorell. En

La aportación mudéjar

Esta minoría, formada por los musulmanes «que permanecieron» o fueron «sometidos» –ese parece ser el significado del término–, tuvo una gran importancia en la Baja Edad Media hispana. Tras la conquista de la submeseta sur en el siglo XI y de Aragón, en el siglo XII, constituyeron un grupo étnico numeroso, en general bien integrado en las ciudades cristianas, con sus propias normas, religión, costumbres y autoridades.

Normalmente hablaban el árabe y el castellano o lengua romance correspondiente. Cultivaban una literatura «aljamiada», en romance con grafía árabe. Destacan en trabajos como la loza, carpintería de lazo –artesonados–, taracea, textil sedero, forja de armas y damasquinados, cueros, etc.

Es inmenso el patrimonio arquitectónico español basado en las técnicas constructivas mudéjares, que mezclaba elementos góticos y andalusíes y utilizaba materiales pobres: ladrillo, yeso y barro vidriado; tanto en construcciones civiles (Palacio de Pedro I, del alcázar de Sevilla o la Puerta del Sol de Toledo), como religiosas (Torre de la catedral de Teruel o la iglesia de San Pablo de Zaragoza).

Puerta del Sol en Toledo.

ISABEL DE VILLENA (c.1428-1490)

En la sociedad medieval cristiana muy pocas mujeres alcanzaron notoriedad; si acaso, alguna reina o aristócrata usaron el poder para tener influencia social y perpetuar su memoria. Las mujeres fueron «invisibles» durante siglos, excepto algunas prioras o abadesas: la única jerarquía religiosa femenina, subordinada, claro está, a los dignatarios eclesiásticos. Una de estas excepciones fue Isabel de Villena que desarrolló su actividad en un monasterio de Valencia en el siglo XV.

Era hija del marqués de Villena. Huérfana a los cuatro años, fue protegida y educada por María de Castilla, esposa de Alfonso V el Magnánimo. Ingresó en un convento de franciscanas clarisas y pronto (1463) alcanzó la dirección de la comunidad. La rica biblioteca del monasterio fue una de sus preocupaciones. Escribió en valenciano, la *Vita Christi,* comentarios y reflexiones sobre la vida de Cristo, con especial atención a las figuras femeninas del Evangelio, Magdalena y María, la madre de Jesús. Es una explicación de la vida de Cristo desde una óptica femenina. Fue impresa a poco de su muerte y alcanzó gran difusión. Es reconocido el valor literario de esta primera obra escrita en valenciano, así como el énfasis que pone en el sentimiento como base de la meditación y fortaleza de la fe. Hilo conductor de la obra es la consideración de la superioridad moral de las mujeres sobre los varones.

poesía, sobresalen los cancioneros, y la obra de Ausiàs March. Se escriben crónicas de reyes y grandes personajes, como las de Pedro López de Ayala en castellano, la de Ramón Muntaner, en catalán, y la de Alonso de Palencia, en latín.

El desarrollo de los **viajes** y la **exploración marítima** condujo a la elaboración de mapas, actividad en la que destaca el judío mallorquín Abraham Cresques.

La **medida del tiempo** cobró un **nuevo protagonismo,** lo que explica la difusión del reloj mecánico. Varias de las grandes catedrales se dotan de reloj y se documentan relojes domésticos en las cortes de los reyes de Castilla, Navarra y Aragón. Destacan los de la catedral de Toledo, el del palacio de Olite y el del castillo palacio de Perpiñán.

En torno a las cortes surgió una gran **actividad musical;** sobresalen las de Carlos III de Navarra y Juan I de Aragón. A los reinos peninsulares llegó la corriente más innovadora de la época, el Ars Nova, en la que destaca el Llibre Vermell de Montserrat y de la que contiene algún testimonio el Códice de las Huelgas de Burgos.

El **estilo artístico** predominante fue el **gótico.** En **arquitectura** se construyeron grandes catedrales, residencias palaciegas como la casa de los Condestables de Castilla en Burgos, y edificios civiles como la lonja de Palma de Mallorca y la de la Seda o de los Mercaderes de Valencia.

En **pintura,** destaca Luis Dalmau, que introdujo el estilo hispanoflamenco en la Corona de Aragón; el catalán Jaume Huget, que tuvo un activo taller en Barcelona; y los frescos de Teresa Díaz en el monasterio de Santa Clara de Toro. Son ejemplos de **escultura** la Virgen Blanca de la catedral de Toledo, los sepulcros del panteón real de Poblet y el de los reyes de Navarra Carlos III y su mujer Leonor de Trastámara.

Virgen Blanca, en el coro de la catedral de Toledo.

La construcción de las grandes catedrales góticas está ligada al resurgir de las ciudades como centros de la nueva economía mercantil en la Baja Edad Media. Solo el marco urbano y su capacidad económica podían hacer frente al esfuerzo financiero que exigían empresas de esta envergadura. En la imagen, la catedral de Segovia.

Torre del homenaje del castillo de Bellver, en Palma de Mallorca.

ACTIVIDADES

1 Interpretación de un eje cronológico

La Edad Media en España

Acontecimiento	Año	Año	Acontecimiento
Penetración musulmana en la Península	711	1139	Portugal se separa de León
Mítica batalla de Covadonga	722	1250	Alfonso X patrocina la Escuela de Traductores de Toledo
Toma de Girona por los francos. Marca Hispánica	785	1282	Aragón ocupa Sicilia
Flujo de migraciones mozárabes hacia la cuenca del Duero	850	1348	Llegada de la peste negra a las costas levantinas
Comienzo de la reedificación de ciudades y fortalezas en la línea del Duero bajo Alfonso III el Magno	883	1356	Guerra entre Pedro I de Castilla y Pedro IV de Aragón (1356-1369)
Instauración del califato de Córdoba	929	1366	Guerra civil en Castilla (1366-1369). Triunfo de Enrique de Trastámara
Consolidación del condado de Castilla con García Fernández	970	1391	Persecuciones generalizadas contra judíos en Castilla y en Aragón
Fragmentación política de al-Ándalus: taifas	1031	1412	Compromiso de Caspe (1412)
Unificación de Castilla y León con Fernando I	1037	1462	Revuelta de los «remensas» en Cataluña (1462-1468)
Los reinos de taifas solicitan ayuda a los almorávides del norte de África	1086	1467	Segunda guerra «irmandiña» (1467-1469)
Unificación de Aragón y Cataluña	1137	1486	Sentencia arbitral de Guadalupe. Paz de los «remensas»

- **Línea del tiempo.** Con la ayuda del texto, de los documentos y de los mapas de la unidad, incluye en este eje cronológico seis fechas significativas relacionadas con acontecimientos bélicos importantes en la expansión de los estados cristiano-feudales peninsulares.

2 Trabajo con conceptos

- Asocia los conceptos de ambas columnas. Explica en una frase breve la razón de cada relación.

- Casa de Champaña	Pogromo
- Fuero	Murcia
- Alfonso X	Navarra
- Ramón Berenguer IV	Petronila
- Aljama	Ley de los repobladores
- Abderramán III	Nazaríes
- Alcázar de Sevilla	Califato
- Alhambra	Mudéjares

- Relaciona las expresiones de las dos columnas de manera que tengan sentido desde el punto de vista histórico.

- La presura...	... posibilitó un alto nivel cultural en la sociedad medieval hispana.
- La guerra civil castellana del siglo XIV...	... supuso un aumento del poder de la nobleza y una cierta «refeudalización».
- La convivencia de judíos, musulmanes...	... dio un gran poder territorial a los cristianos... órdenes militares.
- La expansión castellana en la submeseta sur...	... significó la ocupación de tierras desiertas por repobladores norteños.
- El arte gótico...	... es expresión del desarrollo urbano.

3 Elaboración de un mapa histórico

Avance cristiano y conflictos sociales

- **Comprobamos.** Con la información del texto y de los mapas de la unidad, señala en el mapa mudo:

1. Los límites de los distintos reinos cristianos a finales del siglo XIII.
2. Las localidades arrebatadas a los musulmanes en el siglo XIII.
3. Sombrea los territorios que se vieron afectados por las luchas entre los campesinos y los señores en la Baja Edad Media (siglos XIV y XV).

4 Análisis y comentario de textos. Crónica histórica

El texto que se propone es una crónica histórica, es decir, una recopilación de hechos históricos ordenados cronológicamente. Este tipo de documentos son fuentes historiográficas de gran interés por los datos que aportan para la reconstrucción de hechos, acontecimientos, períodos y procesos históricos. Pueden referirse a hechos coetáneos a su redacción o a series históricas de larga duración.

El fragmento corresponde a la *Crónica o Libro de los hechos del rey Jaime,* obra autobiográfica del rey aragonés Jaime I el Conquistador.

En el análisis y comentario de este tipo de materiales hay que tener en cuenta que sus autores suelen reflejar, como en este caso, la opinión del poder establecido o, incluso, del propio protagonista, justificando sus actuaciones personales y de gobierno.

Los antecedentes del enfrentamiento de los nobles contra el rey, planteada en las Cortes de Egea, están en los desacuerdos entre los nobles aragoneses y la nobleza y aristocracia urbana catalana, sobre el modelo de expansión territorial. Llegados los aragoneses a la iglesia de Santa María, donde se celebran las Cortes, Jaime I les reprocha no haber expuesto sus agravios y esperar a ver si se les hacía o no justicia. Los nobles responden que la causa de todo fue que el rey les violaba los fueros de Aragón, a lo que Jaime I pregunta en qué, y que se leerá fuero tras fuero para que indiquen las violaciones a fin de que, si así es, sean reparadas en justicia. A lo que los nobles replicaron no ser necesaria esa lectura de los fueros pues iban a señalar de palabra sus agravios contra el rey. Pero este les pide que lo manifiesten por escrito (...) y esta fue su respuesta:

«Respuesta del rey (Jaime I) en lo tocante al reyno de Valencia: en lo de la conquista del reyno de Valencia decía que aquella tierra la ganó con Aragoneses y Catalanes y con otros extranjeros de su señorío que se hallaron en ella y había heredado a los Aragoneses muy bien a asaz honradamente, así a los ricos hombres como a los caballeros que quisieron haber parte de él. Y porque era reyno separado y de por sí, nunca había sido sujeto a otro reyno, no le quería obligar a otras leyes; antes era su voluntad que en todo se gobernase como reyno apartado y no unido con este; y que cuando era de ello servido hacía en él mercedes a los Aragoneses, por deuda ni premio no haría merced a ninguno, pues no era obligado a dar su reyno a ninguna persona si por su voluntad no fuese».

Jerónimo de Zurita, *Anales de la Corona de Aragón.*
Cortes de Egea (1265).

- Lee atentamente el documento y responde a las siguientes cuestiones:

1. ¿Puede deducirse del análisis del documento si la actitud de Jaime I es favorable al unitarismo o a la confederación como forma de organización de sus reinos? ¿Por qué?
2. ¿Qué diferencias encuentras entre el modelo de expansión territorial que describe el documento y el practicado por los catellano-leoneses?

5 Análisis y comentario de textos. Fuentes primarias

«Conoscida cosa sea a todos los homes que esta carta vieren como Yo Don Alfonso, por la gracia de Dios, Rey de Castilla, de León, etc., en uno con la Reina Doña Violante, mi muger, y con mis hijos la Infanta Doña Berenguela y la Infanta Doña Beatriz, con gran sabor que el de facer bien y merced a todo el Concejo de la ciudad de Badajoz, y de llevarlos adelante dóles y otorgóles para siempre que fagan en la ciudad de Badajoz una feria en el año, que comience dos días después de Pascua mayor, y que dure fasta quince días. Y mando que todos aquellos que vinieren a esta feria de mío señorío, y de fuera de mío señorío a comprar y a vender, christianos, y moros, y judíos, que vengan salvos y seguros por mar y por tierra y por todo mío señorío con sus mercadurías y con todos sus haberes, y con todas sus casas, dando sus derechos adonde los hobiere de dar, y non sacando cosas vedadas de los míos Reinos. Y mando y defiendo que ninguno no sea osado ir contra este mío privilegio, ni de quebrantarlo ni de menguarlo en ninguna cosa; en cualquier que lo ficíese habría mi ira y pecharme hia en coto mil maravedís; y porque este privilegio sea firme y estable, mándelo sellar con mi sello de plomo. —Fecha la carta en Palencia, por mandado del Rey, diez y ocho días andados del mes de Mayo, en la Era mil y ducientos y noventa y tres años».

Tomás González, *Colección de privilegios, franquezas, exenciones y fueros concedidos a varios pueblos y corporaciones de la Corona de Castilla...,* copiados de los registros del Real Archivo de Simancas, VI, n. CCLVIII, pp. 112-113. Madrid, 1833.

- Comenta el texto según las pautas habituales (tipificación, descripción del contenido, comentario y análisis, valoración e interpretación...) y responde a las siguientes cuestiones:

1. ¿Qué importancia tenían las ferias en la economía medieval?
2. ¿Cuál era el interés de los reyes en la concesión de estos privilegios a las ciudades?

Mapamundi de 1502 que muestra el continente africano en el centro.

4

El legado de los tiempos modernos

Las transformaciones que se produjeron en el siglo XVI hunden sus raíces en los reinados de Isabel I de Castilla y Fernando II de Aragón. La empresa colombina, la incorporación de Navarra a Castilla y la unidad dinástica de las coronas de Castilla y Aragón bajo los Austrias propiciaron el esplendor que alcanzó la monarquía hispánica.

A mediados del siglo XV proliferaron revueltas sociales y luchas entre bandos nobiliarios en: la Corona de Castilla los irmandiños de Galicia, la guerra de bandos en Bizkaia y la aristocracia partida en facciones; en Navarra agramonteses contra beamonteses, en Aragón la rebelión de los remensas y una guerra civil en Cataluña; abencerrajes contra zegríes en Granada...

Sectores de las élites de esos reinos buscaron superar tanta inestabilidad, lo que equivalía a consolidar y reforzar el poder de la monarquía con nuevas alianzas y tensiones entre los estados. En ese contexto surgió la monarquía hispánica, articulada en torno a Castilla, eje en el proceso desde la monarquía feudal al estado moderno.

QUÉ VAS A ENCONTRAR EN ESTA UNIDAD

DESAFÍOS QUE **DEJAN HUELLA**

Los contenidos y las actividades de esta unidad pueden resultar de utilidad para la realización del proyecto multidisciplinar «Recepción en el Salón de Reinos».

1

Los Reyes Católicos

En los reinados de Juan II (1406-1454) y Enrique IV (1454-1474) la Corona de Castilla sufrió graves conflictos internos. El último en torno a la sucesión de Enrique IV, ya que sus opositores no reconocían como heredera a su discutida hija, Juana de Trastámara; en ese enfrentamiento acabó imponiéndose su medio hermana Isabel.

1.1. El acceso al trono de Isabel y Fernando

En 1474, tras el fallecimiento de Enrique IV, Isabel fue proclamada por sus partidarios reina en Segovia. Esto provocó un enfrentamiento sobre cómo repartir el ejercicio del poder entre Isabel y su marido Fernando, asunto resuelto en la **Concordia de Segovia (1475),** redactada por los dos grandes de la Iglesia castellana: el cardenal Mendoza y el arzobispo de Toledo, Carrillo.

Pero, el problema más grave fue la **guerra de sucesión:** Alfonso V de Portugal, casado con la hija de Enrique IV Juana de Trastámara, inició una guerra apoyado por un sector de la nobleza castellana en el que ahora figuraban el arzobispo de Toledo y el marqués de Villena e importantes ciudades como Burgos.

Crisis y sucesión en Castilla (1465-1475)

En 1465 la oposición a Enrique IV se había manifestado en la llamada «Farsa de Ávila», ceremonia pública en la que fue depuesto simbólicamente el rey por un grupo de nobles. Estos venían exigiendo destituir a don Beltrán de la Cueva, hombre de confianza del rey y nombrar heredero a su hermanastro Alfonso, de once años de edad. De hecho, fue coronado como Alfonso XII en esa extraña ceremonia. Pero murió en 1468, mientras continuaban las refriegas. Entonces, tuvo lugar el «pacto de los toros de Guisando» en que se dice que Enrique IV aceptó nombrar heredera a su hermanastra Isabel, que no podría casarse sin autorización real, desheredando así a su hija Juana, llamada por sus enemigos «la Beltraneja». Contra lo acordado, en octubre de 1469 Isabel se casó en secreto con Fernando de Aragón, operación urdida por el arzobispo de Toledo Alfonso Carrillo, entre otros. Enrique rechazó tal boda y confirmó como heredera a su hija Juana.

Isabel tenía dieciocho años y Fernando diecisiete. Aunque no existían pactos previos entre los reyes de Aragón y de Castilla, ni acuerdos de las respectivas Cortes, el matrimonio respondía a intereses estratégicos de sectores importantes de ambas coronas.

En la **batalla de Toro** de **1476,** se impusieron las tropas isabelinas dirigidas por Fernando, y se decantó la guerra a favor de Isabel, que acabó con la firma del **Tratado de Alcaçobas** en **1479.** En ese año Fernando heredó la Corona de Aragón, a la muerte de su padre Juan II: Isabel I y Fernando II eran ya reyes reconocidos de Castilla y de Aragón respectivamente.

1.2. El nuevo estado

Hubo un proceso de **fortalecimiento del poder real,** sobre todo en Castilla ya que en Aragón la capacidad de los reyes era más limitada por la tradición «pactista» entre el rey y las Cortes. En **1476,** en plena guerra de sucesión se instauró la nueva **Santa Hermandad,** organismo sujeto a la Corona pero pagado por las ciudades, proyecto iniciado en 1473 por Enrique IV de acuerdo con las Cortes. Fue un instrumento en manos de los reyes a los que suministró fuerzas militares de a pie y a caballo, y sirvió para controlar impuestos y garantizar el orden. Con ello, se pusieron las bases firmes para crear un ejército permanente.

Ambas coronas mantuvieron cada una sus **instituciones propias** y diferenciadas leyes, organismos, moneda, etc. Las **Cortes,** al servicio de los reyes, tomaron serias medidas: las de **Toledo** de 1480 organizaron la Hacienda real y encargaron la codificación de todas las ordenanzas reales (Ordenamiento de Montalvo). Las de **Aragón,** en 1484 y 1493, modificaron aspectos de los fueros. En los cargos políticos de la **administración central** y de la burocracia aumentó el peso de los **letrados.**

El órgano supremo de justicia en Castilla era la **Real Chancillería,** con sede en Valladolid y otra posterior en Granada (1500), cuyo ámbito eran las tierras del sur. Surgieron los **Consejos,** órganos especializados en áreas y territorios: el de Aragón (1494), el de la Inquisición (1488) y el de Órdenes Militares (1498). El Consejo Real de Castilla siguió siendo el órgano central de la administración. En los reinos incorporados después, Nápoles y Navarra (1512), instituyeron el **virrey,** lugarteniente del rey dotado de plenos poderes.

A nivel local, impusieron el **corregidor** en villas y ciudades castellanas, garantizando el poder de la oligarquía pero también su control por la Corona. Fernando introdujo reformas en Zaragoza, Valencia y en el Consejo del Ciento de Barcelona en métodos de elección de síndicos en Cortes y Consejos.

El papado apoyó en buena medida la política de Isabel y Fernando. Inocencio VIII les concedió el **patronato regio** sobre las iglesias de Canarias y Granada. Su sucesor, Alejandro VI les otorgó el título de **Reyes Católicos (1496).**

1.3. La política internacional

Su reinado tuvo **unidad de acción** en la política internacional. Establecieron embajadas en las cortes europeas más importantes: estrecharon lazos con Portugal, casando a las infantas Isabel y María con los herederos de ese reino; establecieron alianzas con Inglaterra, con el sacro imperio y los Países Bajos, concertando los matrimonios de la infanta Catalina con el heredero del trono inglés, y del príncipe heredero (Juan) y la infanta Juana con los hijos de Maximiliano de Austria, Margarita y Felipe.

Mantuvieron la rivalidad con Francia por los territorios catalanes del norte. Fernando se volcó en la política mediterránea en competencia con Francia: como rey de Sicilia y de Cerdeña, en el **Tratado de Barcelona (1493)** permitió a Carlos VIII intervenir en Nápoles y, a cambio, Aragón recuperó el Rosellón y la Cerdaña, ocupados por Francia desde 1463. Más tarde, frente a Luis XII, tuvo lugar una segunda guerra de Nápoles con victorias hispanas (Ceriñola, Garellano y Gaeta) a cargo del Gran Capitán, Gonzalo Fernández de Córdoba.

1.4. La expansión territorial

Durante el reinado de Fernando e Isabel, Castilla conquistó el reino de **Granada.** La guerra se inició en la década de 1480. Sus hitos más significativos fueron las conquistas de Málaga (1487) y de Baza (1489). Frente a la fuerte resistencia de la capital del reino, se construyó el campamento de Santa Fe en el que Isabel mandó instalar un hospital de campaña. Tras negociar con el emir Boabdil, los reyes entraron en la ciudad el 2 de enero de **1492.**

El interés por el norte de África se ampliaba a medida que mejoraba la navegación y crecían los intereses comerciales. Esto llevó a Castilla a buscar establecimientos en la **costa africana** (en 1497 ocupó Melilla) y a la conquista de las islas **Canarias,** cuya estratégica posición las hacía imprescindibles como base para acceder a la costa sahariana. El objetivo era conectar con el comercio caravanero, facilitar el tráfico esclavista, y preservar la actividad pesquera. Conocidas desde la Antigüedad y redescubiertas en el siglo XIV, Enrique III de Castilla (1390-1406) se las había concedido al caballero normando Juan de Bethencourt que anexionó Lanzarote, Fuerteventura y El Hierro. Nobles andaluces continuaron la conquista señorial en La Gomera, hasta que los Reyes Católicos las reivindicaron para Castilla y organizaron la conquista de Gran Canaria, La Palma y Tenerife, con el exterminio y rápida colonización de las poblaciones aborígenes, que fueron castellanizadas en una generación. Las tres últimas islas conquistadas pasaron a ser de realengo, mientras que en las demás se mantuvieron los señoríos.

1.5. La unidad religiosa

Una característica esencial de la monarquía hispánica fue forzar y mantener la identificación de la población de sus estados con el catolicismo. Se llevó a cabo una «limpieza étnica» y religiosa contra hispanojudíos y moriscos y contra cualquier disidencia religiosa. Se pretendía la unión de todos los reinos en una misma fe. La animadversión popular contra los conversos siguió creciendo con la acusación de que judaizaban, lo que dio pie a la idea de la «herejía conversa». Sixto IV autorizó la instauración de la **Inquisición** contra los falsos conversos **(1478):** en Castilla empezó a funcionar en 1480; en Aragón hubo resistencia, pero tras el asesinato del inquisidor Pedro de Arbués se impuso también la nueva institución, dependiente de los reyes, a diferencia de la medieval. Perseguía toda manifestación de herejía o desvío en cuestiones de religión, pensamiento y costumbres, interviniendo en temas como la homosexualidad, bigamia y blasfemia.

La toma de Granada por los Reyes Católicos, *de Carlos Luis de Ribera y Fieve.*

La conquista de Granada fue una empresa esencial en el proyecto de los Reyes Católicos.

El reino nazarí se encontraba desde 1483 en una guerra civil en la que Boabdil fue protegido y alentado por Fernando el Católico contra Muley Hacén y El Zagal. Todo facilitaba los avances cristianos.

Pero el problema converso no se resolvía, y los judíos se mantenían en su fe, lo que llevó a los reyes a firmar en marzo de **1492** el **decreto de expulsión de los judíos** que no se convirtieran al cristianismo. Muchos, quizás en torno a 100 000, tuvieron que abandonar Sefarad (España). Los sefardíes fueron despojados de sus bienes y salieron hacia Portugal, Países Bajos, Italia, Magreb y algunas zonas europeas del imperio turco.

Ese mismo año, con la rendición de Granada, surgió un nuevo problema, el de los **mudéjares granadinos,** a los que se intentó, sin éxito, convertir al cristianismo, lo que desembocó en el bautismo forzoso de los musulmanes castellanos en 1502. Los de la Corona de Aragón fueron forzados a bautizarse en 1525. Los ahora llamados «moriscos» vieron fallidas sus esperanzas de trato respetuoso, acordado en la rendición de Granada.

Anexiones a las coronas de Castilla y Aragón

Fernando e Isabel llevaron a cabo la integración de territorios por diferentes vías: la asociación de sus estados patrimoniales (Castilla y Aragón), la anexión mediante conquista (Canarias, Granada y Navarra) y la cesión (el Rosellón, devuelto a Aragón por Francia).

Actividades

1. Si Castilla y Aragón conservaron sus propias instituciones y normas de gobierno, ¿en qué consistió la «unidad dinástica» creada por los Reyes Católicos?

2. Con la información del texto y búsquedas en Internet realiza un esquema con los datos de la política de alianzas matrimoniales de los Reyes Católicos.

3. Basándote en el decreto de 1492 y en la información del texto, elabora un informe explicando los motivos de la expulsión de los judíos hispanos, y explica qué beneficios esperaban obtener con esta decisión.

Represión y unidad religiosa

Prácticas inquisitoriales

El primer auto de fe de la nueva Inquisición fue en Sevilla el 6 de febrero de 1481, contra un grupo de conversos. Andrés Bernáldez, el cura de los Palacios, lo describe en *Memorias del reinado de los Reyes Católicos:*

«E sacaron a quemar la primera vez a Tablada seis hombres y mujeres, que quemaron (...). E dende a los pocos dias quemaron tres de los principales de la ciudad e de los más ricos, los cuales eran Diego de Susan, que decían que valía lo suyo diez cuentos e era gran rabí, e según pareció murió como cristiano, e el otro era Manuel Sauli, e el otro Bartolomé de Torralva. E prendieron a Pero Fernández Bernadeba, que era de los más principales de ellos ẽ tenía en su casa armas para armar cien hombres, e a Juan Fernández Abolasia, que avía sido muchos tiempos alcalde de la Justicia e era gran letrado; e a otros muchos e muy principales e muy ricos, a los cuales también quemaron».

Decreto de expulsión de los hispanojudíos

«Don Fernando y Doña Isabel, por la gracia de Dios rey e reina de Castilla, de León, de Aragón, de Sicilia (...) acordamos de mandar salir a todos los judíos de nuestros reinos, que jamás tornen (...) salgan todos con sus fijos, de cualquier edad que sean, e non osen tornar (...) bajo pena de muerte. E mandamos que nadie de nuestros reinos sea osado de recebir, acoger o defender pública o secretamente a judío nin judía pasado el término de julio (...) so pena de confiscación de todos sus bienes (...). Dada en Granada, a treinta y uno de marzo de 1492».

Pedro Mártir de Anglería, en su *Legatio Babylonica*, refleja la xenofobia existente: «Conoceréis lo obscenos, detestables, viles y execrables que son, os daréis cuenta que deben ser apartados de todo comercio humano, y entonces habréis de confesar que mis reyes fueron los más sabios de los hombres, precisamente porque pensaron en exterminar a ganado tan despreciable y morboso».

Más información en la web de recursos de **anayaeducacion.es**.

1.6. La expansión ultramarina

En el siglo XV, barcos mejor construidos y más resistentes, una cartografía más precisa y nuevos instrumentos permitieron avanzar hacia el sur por la costa africana y aventurarse en el Atlántico, buscando enlazar con el comercio de Asia, de donde provenían lucrativos productos de lujo.

Con el empuje del infante don Enrique el Navegante, los portugueses iban por delante de Castilla. Gracias al **Tratado de Alcaçobas (1479)** mantenían esa ventaja, al reservarles la navegación africana salvo Canarias y una pequeña franja costera frente a esas islas (Santa Cruz de la Mar Pequeña); fueron avanzando hasta que en 1488 Bartolomé Dias dobló el cabo de Buena Esperanza. Diez años después, por esa ruta, Vasco de Gama llegó a Calicut (India), regresando con especias. Eso permitía pensar que se podía enlazar con el comercio de Oriente bordeando la costa africana, a pesar de las enormes dificultades del viaje.

1.6.1. Los viajes de Cristóbal Colón

Colón quería llegar a Asia navegando hacia Occidente. Su proyecto fue rechazado en Portugal, pero fue aceptado en Castilla a pesar del informe desfavorable de una comisión de expertos consultada por los reyes. Tras firmar las **capitulaciones de Santa Fe,** un acuerdo sobre las condiciones de la expedición, **zarpó** en agosto de **1492** del puerto de Palos en la nao Santa María, y con dos carabelas. La mayoría de los marineros eran andaluces, pero también había gallegos y vizcaínos. El **12** de **octubre llegó** a la **isla Guanahaní** que llamaron San Salvador (Bahamas); luego arribó a Cuba y a La Española (Santo Domingo). En marzo de 1493, regresó a España y en abril fue recibido por los reyes en Barcelona.

Para salvaguardar sus derechos sobre las tierras recién descubiertas, los Reyes Católicos lograron el respaldo del papa Alejandro VI.

Los viajes de Cristóbal Colón

Motivaciones del primer viaje

Sigue siendo un enigma cómo Colón persuadió a los frailes franciscanos del monasterio de Santa María de La Rábida para obtener su apoyo ante la reina en la búsqueda de una ruta por el oeste hacia las Indias.

La disputa con Portugal por la hegemonía en el océano Atlántico -en las Capitulaciones, los reyes se autodenominan «señores de las mares océanas»- y las expectativas de beneficios económicos explicarían el respaldo oficial al proyecto. Colón escribía tras su primer viaje: «Finalmente, para compendiar mi partida y vuelta, así como para referir en breve las ventajas de este viaje, prometo que, con pequeños auxilios que me suministren nuestros invictísimos reyes, he de presentarles cuanto oro se necesite, y tanta cantidad de aromas, de algodón, almáciga, que se encuentran solo en Quío, y tanta de lináloe, y tantos esclavos para el servicio de la Marina cuantos quisieren exigir Sus Majestades. Ofrezco lo mismo de ruibarbo y de infinitos géneros de aromas que estoy ya persuadido han hallado y hallarán todavía los que dejé en la fortaleza».

Cristóbal Colón: *Carta al tesorero de los Reyes Católicos,* 14 de marzo de 1493.

Más información en la web de recursos de **anayaeducacion.es**.

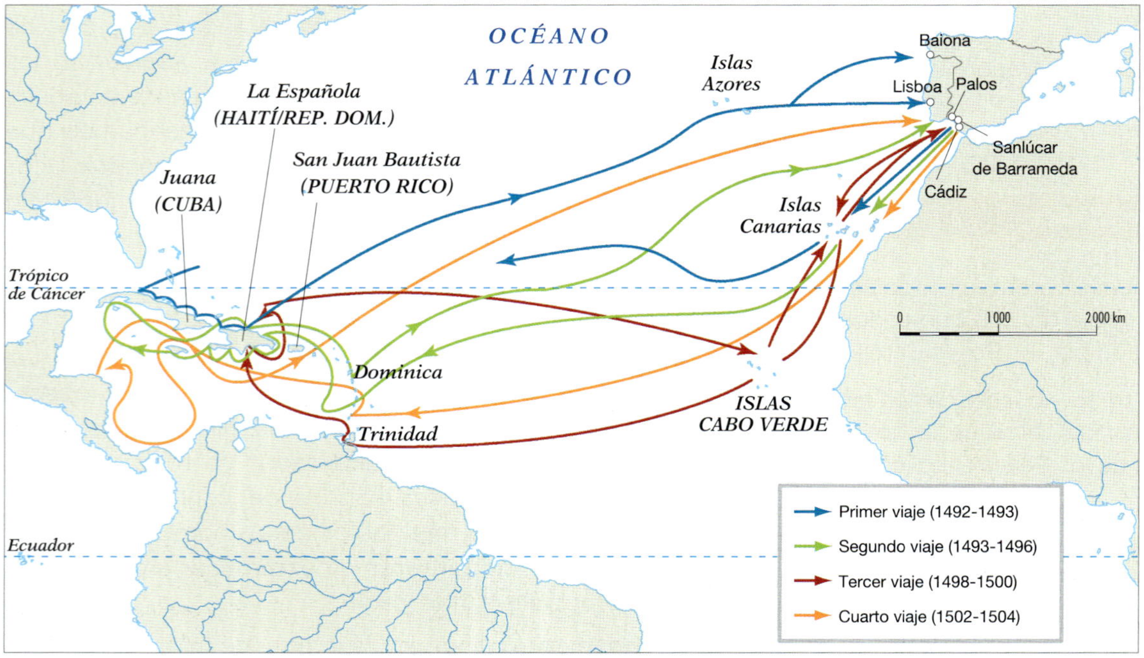

El primer viaje de Colón, ante la falta de recursos de los Reyes, fue posible gracias al compromiso financiero de Luis de Santángel, un converso de Valencia, que apoyaba a Colón desde 1486 y aportó dinero de las rentas de la Santa Hermandad que tenía en arriendo, así como la significativa aportación y ayuda técnica de los hermanos Pinzón (Martín, Francisco y Vicente Yáñez) armadores de Palos de la Frontera y expertos navegantes.

Pero Portugal reaccionó ante lo que entendía perjudicial a sus intereses. En **1494,** se firmó el **Tratado de Tordesillas** en el que se dividía el área de influencia de cada uno de los dos reinos peninsulares. Una línea de norte a sur a 370 leguas al oeste de las islas de Cabo Verde delimitaba las zonas portuguesa y castellana. África y la navegación hacia el Atlántico sur era para los portugueses, lo mismo que Brasil; el espacio al oeste de esa línea correspondía a la Corona de Castilla.

1.7. La muerte de Isabel I

Isabel I **murió** en noviembre de **1504.** En su testamento designó heredera a su hija Juana, pero en caso de que no quisiera o no pudiera reinar, dejaba el gobierno de Castilla a Fernando de Aragón hasta que su nieto Carlos, hijo de Juana y Felipe I de Habsburgo, tuviera edad para reinar.

Desde el primer momento Felipe I «el Hermoso» ocupó el puesto de su mujer. Fernando acordó con él en 1506 en los encuentros de Remesal y Villafáfila (Zamora) el traspaso de la Corona. Luego se retiró a Aragón y se centró en los asuntos de sus reinos.

Pero la muerte repentina de Felipe I (1506) reclamó de nuevo la presencia de Fernando, casado desde 1505 con Germana de Foix. El cardenal Cisneros mantuvo la situación, pero fueron años difíciles en los que Juana fue recluida en Tordesillas.

1.7.1. Incorporación de Navarra

El reino de Navarra estaba **gobernada por Juan III de Albret y Catalina de Foix,** vinculados a la Corona de Francia con la que firmaron en el año 1512 el Tratado de Blois, que implicaba abandonar la neutralidad navarra entre Francia y Aragón. **Fernando el Católico,** regente de Castilla, **ordenó** al duque de Alba, en julio de 1512, **ocupar Navarra.** Contaba con el apoyo de Inglaterra y el aval del papa. El bando de los beamonteses, las gentes del norte del reino y el condestable, el conde de Lerín, apoyaron a Fernando. Solo encontró alguna resistencia en Estella y Tudela y los reyes depuestos huyeron a Francia.

Las Cortes de Navarra reconocieron como rey a Fernando y en **1515 el reino se incorporó** formalmente **a la Corona de Castilla** en las Cortes de Burgos, manteniendo sus instituciones y fueros, bajo presidencia de un virrey. Hasta 1524 hubo nuevos intentos fracasados de vincularse a Francia.

Actividades

4 Redacta un texto breve indicando los itinerarios seguidos en los cuatro viajes de Colón.

5 ¿Cuáles fueron las motivaciones de la Corona de Castilla para patrocinar el incierto primer viaje de Colón, teniendo en cuenta los problemas de la Hacienda Real?

A la muerte de Felipe I, Juana quedaba como reina titular de Castilla, si bien su padre Fernando el Católico ejerció la regencia desde 1507 hasta su propia muerte en 1516. Juana siguió enclaustrada en un convento en Tordesillas hasta el fin de su vida (1555). Fue motejada como «Juana la Loca» por supuestos desvaríos a partir de 1506. Otros la añoraron siempre como reina legítima de Castilla.

La reina, Juana la Loca confinada en Tordesillas con su hija Catalina, *de Francisco Pradilla (1906).*

2

La monarquía en el siglo XVI

Fernando el Católico nombró heredera a su hija Juana, pero estableciendo como gobernador a su nieto Carlos de Habsburgo. De este modo se fraguó la unión dinástica: un mismo monarca pasó a ser titular de todos los reinos y posesiones de las coronas de Castilla y Aragón y del reino de Navarra. La dinastía Habsburgo, o de Austria, iniciaba su andadura.

2.1. Carlos I

En 1517, Carlos de Habsburgo llegó a Castilla desde los Países Bajos, rodeado de consejeros flamencos a los que favoreció. Desconocía los territorios sobre los que iba a gobernar, así como sus lenguas y costumbres. Su objetivo era ser nombrado emperador del sacro imperio romano germánico lográndolo en 1519 como Carlos V, lo que exigió un gran esfuerzo económico.

Según el testamento de su abuelo, **Carlos** debía llegar como **regente de Juana I,** siendo entre tanto gobernadores, en Castilla el cardenal Cisneros y, en Aragón, el hijo natural de Fernando, el arzobispo Alonso de Aragón y Roig de Ivorra. Pero en Castilla y en Aragón los gobernadores tenían problemas para controlar la situación. Y en Bruselas entendieron que para sus aspiraciones imperiales Carlos debía ser rey, por lo que antes de emprender el viaje a la Península fue proclamado como tal.

Ya en Castilla se dirigió a Tordesillas, residencia de la reina, y en Valladolid las Cortes (1518) le juraron rey junto a su madre. Luego fue jurado en las Cortes de Aragón y de Cataluña. Los disturbios valencianos de las Germanías impidieron una ceremonia similar en Valencia; pero, el nuevo rey juró sus fueros en 1520, año marcado por los conflictos internos en Castilla, Valencia y Mallorca.

2.1.1. Comunidades y Germanías

Los comuneros de Castilla

En 1520, en Castilla las tensiones y luchas por el poder en las ciudades culminaron en la guerra de la Comunidades que, aunque se centró en los **núcleos urbanos,** afectó también al **mundo rural.**

El **descontento político** de años anteriores se intensificó con la llegada del nuevo rey. La tensión subió cuando se convocaron **Cortes (1520),** en Santiago y en A Coruña, con la intención de recaudar un **impuesto extraordinario** para sufragar los gastos derivados de la coronación imperial.

La herencia patrimonial de Carlos V

«Algunos dicen que yo quiero ser Monarca del Mundo, y mi pensamiento y mis obras muestran que es lo contrario (...) mi intención no es de hacer guerra con los cristianos, sino contra los infieles y que la Italia y la cristiandad estén en paz y que posea cada uno lo suyo». Es decir, ocho, diez, dieciséis años después de las Cortes de La Coruña Carlos V no se cansa de repetir el mismo concepto condenatorio de la monarquía universal».

Menéndez Pidal, R.: «Formación del fundamental pensamiento político de Carlos V», en *Charles Quint et son temps*. París, CNRS, 1959, p. 7.

El emperador Carlos V con un perro, *de Tiziano.*

Las Comunidades, movimiento antiseñorial

«El destino de la revolución comunera se zanjó en octubre de 1520, cuando Burgos se apartó de la Junta: la burguesía comercial, la de los grandes mercaderes, la única que existía en Castilla, desconfió desde el principio de aquella revolución burguesa; la tentativa de la Junta le pareció una aventura sin perspectivas (...), una burguesía todavía en ciernes o que allí donde tenía pujanza, como en Burgos, prefirió la alianza con la aristocracia y la tutela de la monarquía (...). Los comuneros en este sentido no ocultaron sus intenciones; estaban dispuestos a obligar a los señores a devolver cuantos territorios habían ocupado amparándose en la complacencia o en la debilidad de los reyes y, de ser posible, ir más lejos: que ningún realengo fuese a jurisdicción de señorío (...)».

Pérez, J.: «Los comuneros», en *Historia 16*. Madrid, 1989, pp. 157-158.

Batalla de Villalar, *de Manuel Pícolo López (1887).*

El **común de las ciudades,** contrariado con la oligarquía y las exigencias fiscales y de fuerzas para el ejército, aprovechó esta ocasión para reivindicar una mayor participación en el gobierno concejil y del reino, lo mismo que otros sectores sociales que se unieron a la sublevación. Juan Padilla, Francisco Maldonado, Juan Bravo, María Pacheco y el obispo Acuña, fueron sus principales líderes. Lo mismo que en el bando realista, las **mujeres participaron activamente en las acciones de la Comunidad.** Las élites comuneras se organizaron constituyendo la **Junta Comunera,** que tuvo su sede en Tordesillas, donde se entrevistaron con la reina; se trasladaron a Valladolid cuando el ejército realista tomó esa villa a finales de 1520. Fue el principio del fin, las **tropas comuneras** fueron **derrotadas en Villalar** el 23 de abril de **1521.**

Las Germanías

A diferencia de las Comunidades, las **reivindicaciones** de las Germanías fueron más **sociales** que políticas. Se iniciaron en **Valencia** en **1520,** debido a la crisis provocada por la **peste** de **1519** que hizo alejarse de la ciudad a nobles y privilegiados. Los miembros de las **hermandades artesanales,** que tenían autorización para armarse en previsión de ataques berberiscos, eligieron un **consejo** de **trece síndicos** para gobernar la ciudad siendo su primer líder destacado Joan Llorens y después Viçenc Peris. Supuso el **enfrentamiento** de **campesinos, menestrales** y **artesanos contra nobles, mercaderes** y **alto clero,** exigiendo supresión y alivio de impuestos. Hubo también xenofobia y persecución popular de moriscos. En el verano de 1521 derrotaron en Gandía a las tropas reales, pero la **alianza** del **poder real** y los **nobles sofocó el movimiento,** Peris fue derrotado en Sagunto en septiembre de 1521, aunque hubo focos de resistencia hasta 1522.

En **Mallorca** se produjo una rebelión similar en **1521.** En 1522 Carlos envió una fuerza de cerca de mil hombres que restituyó el poder de la nobleza. Se reforzó el dominio señorial y la presión fiscal con nuevos impuestos.

2.1.2. La política europea

Superadas estas crisis, la política de Carlos I se centró en defender los intereses de la casa de Austria y a la cristiandad católica. Su matrimonio con Isabel de Portugal fue bien recibido. La reina quedaba como regente en las ausencias de su marido; tras su muerte en 1529 esa función la desempeñaron en ocasiones sus hijos Felipe y Juana. Sus enfrentamientos tuvieron lugar frente a Francia, en Italia, contra los turcos y los protestantes alemanes.

- **Francia** siguió siendo un oponente a tener en cuenta. Francisco I invadió **Navarra** intentando reponer a la dinastía Albret, pero fracasó. Sin embargo, el enfrentamiento por la hegemonía continental giraba en torno al control de la **península italiana** y el ducado de Borgoña. El hito más destacado fue la victoria española de Pavía de 1525. El papa Clemente VII se unió a Francia y Venecia en la «Liga de Cognac» frente al imperio. Consecuencia inmediata fue el ataque y **«saqueo de Roma»** (1527) llevado a cabo por tropas imperiales alemanas, españolas e italianas. La paz de Cambrai (1529) recuperó el equilibrio anterior a la guerra. Otro punto de fricción era el **ducado de Milán,** que se incorporó a la monarquía hispánica en 1540.
- **El imperio turco.** En 1529, las tropas de Carlos I rechazaron a los **turcos** en el **asedio de Viena,** pero no lograron frenar su expansión en el Mediterráneo **central y oriental,** debido a la alianza del imperio otomano con Francia.

- **Alemania,** donde la **reforma luterana** había arraigado fue su principal problema. Al principio quiso mantener la unidad de los cristianos, pero en 1530 se unió a la condena de los luteranos al confirmar el edicto de Worms que los había excomulgado diez años antes. El papa, con apoyo imperial, reunió en **Trento,** en **1545,** un **concilio ecuménico** para buscar una solución que no se encontró, pero puso las **bases** de la **Contrarreforma** católica. En Alemania, el emperador recurrió a las armas venciendo a los luteranos en la **batalla de Mühlberg** en 1547. Pero en la **paz de Augsburgo** (1555) Carlos tuvo que aceptar la consolidación del luteranismo y la reforma y la idea de que cada príncipe impusiese su religión «oficial» a sus súbditos según el principio «cuius regio, eius religio» (de quien sea el poder sea la religión).

Su madre murió en 1555 y él abdicó al año siguiente. Dejó el imperio a su hermano Fernando y el resto de sus estados a su hijo Felipe. Se retiró al monasterio de Yuste (Cáceres), donde falleció en 1558.

2.2. Felipe II

A diferencia de sus predecesores fue un hombre sedentario que resolvía los asuntos políticos desde su despacho. Instaló su corte en Madrid.

Cerca de esa villa ordenó la construcción del monasterio de San Lorenzo en un lugar escogido por él, El Escorial. El edificio, de un estilo austero sin decoración, fue confiado a los jerónimos. Es un lugar para la memoria, pues alberga el panteón real, pero sobre todo fue concebido como un centro de estudio y formación; el rey estaba muy interesado en la ciencia y el saber como lo demuestra la fundación en 1582 de la Academia Real Matemática, por eso dotó a El Escorial, entre otros recursos, con una biblioteca de cerca de cinco mil volúmenes, un laboratorio de destilación, jardín botánico, instrumentos astronómicos y mapas.

2.2.1. Problemas internos

Los reinos peninsulares no aceptaron una política que exigía enormes gastos y que conducía a la ruina.

- En **Castilla,** el **detonante fue** la creciente **presión fiscal** de la Hacienda Real, que gravaba sobre todo a los sectores populares.
- En **Aragón,** el hito de la oposición lo representa (1591) el **caso** de **Antonio Pérez,** secretario del rey, acusado de alta traición que huyó de la justicia ordinaria y de la Inquisición con el apoyo de los aragoneses descontentos; esto provocó la ira del rey que, contra lo establecido en los fueros, envió un ejército que ocupó Zaragoza y mandó ajusticiar al Justicia de Aragón, Juan de Lanuza y a otros implicados; tras las «alteraciones de Aragón», Felipe II en las Cortes de Tarazona de 1592 impuso su autoridad sobre las ciudades con el apoyo de la nobleza aragonesa.
- Las **cuestiones** de **carácter religioso** ocuparon buena parte de su acción política. El problema más espinoso lo plantearon los **moriscos granadinos** que protagonizaron la **sublevación** de las **Alpujarras** en los años 1568-1571 al endurecerse la política contra el uso de su lengua, costumbres y cultura; después de ser sofocada por Juan de Austria, fueron deportados a otras zonas de la Corona castellana. En el **ámbito cristiano,** la cuestión giraba en torno a los **alumbrados** y el **erasmismo.** En defensa de la ortodoxia actuó la Inquisición, se prohibió la importación de libros religiosos y se impuso el control del Consejo de Castilla para los que se publicaran en España.

La paradoja de una gran potencia militar

«La España de Felipe II presentaba la paradoja de ser una gran potencia militar basada en una sociedad atrasada y empobrecida, en la que se daba una incontestable supremacía de las clases de los terratenientes nobles o eclesiásticos, dedicados a vivir de la fuerza productiva de los agricultores y de los pastores y a mantener el régimen de la renta territorial en sus diversas formas.

Al prolongarse de esta manera, en el marco de un desarrollo general del capitalismo europeo en expansión, el feudalismo solo podía llevar a España al estancamiento y a la agonía históricas. Este anacronismo ha dejado sus huellas hasta nuestros días».

Salomon, N.: *La vida rural castellana en tiempos de Felipe II.* Barcelona, Planeta, 1973, p. 320.

Felipe II, *de Sofonisba Anguissola.*

2.2.2. Política exterior

Felipe II tuvo varios frentes abiertos:

- **Francia.** Venció a los franceses en la **batalla de San Quintín** (1557), abriéndose un período de paz, sellada en el **Tratado de Cateau-Cambresis (1559)** en el que se acordó su matrimonio con Isabel de Valois. La tranquilidad volvió a la **península italiana** y se afianzó la hegemonía hispánica.
- **Imperio turco.** En el **Mediterráneo,** la alianza con Venecia le permitió triunfar sobre los **turcos** en la **batalla de Lepanto (1571).** Fue una gran victoria cristiana, pero no frenó la presión turca en el Mediterráneo, que continuaron su expansión recuperando Túnez en 1574, perdido ese año definitivamente por España.
- **Problema de Flandes.** Lo mismo que Carlos I, actuó como **defensor** de la **catolicidad** y se enfrentó a la Reforma. En los **Países Bajos,** a la voluntad de **secesión** de amplios sectores se unía el problema del **calvinismo,** extendido en las provincias del norte. Envió para someterlos al duque de Alba, al mando de su ejército. En 1598 cedió a su hija Isabel Clara Eugenia y a su marido, el archiduque Alberto de Austria, el gobierno y soberanía de estos territorios como vía de conciliación.
- **El reino de Portugal.** Al quedar sin heredero directo el trono portugués, reivindicó sus derechos por ser nieto por línea directa femenina del rey don Manuel. Tuvo que imponerse por la fuerza de las armas, siendo reconocido rey por las Cortes portuguesas de Tomar en 1581. Portugal conservó su identidad e instituciones.
- **Inglaterra.** Al inicio de su reinado, el matrimonio con María Tudor favoreció las relaciones, que se enturbiaron tras la muerte de la reina y el acceso al trono de Isabel I. La guerra se inició en 1585; se intentó la invasión de Inglaterra con la Armada Invencible, que resultó un rotundo fracaso (1588).

2.3. Modelo político-administrativo

Castilla, por población y por riqueza y medios de pago, gracias al dominio de América, fue el **reino central** de la nueva monarquía. El **estado imperial** estaba **formado por reinos, estados** y **territorios** muy diversos, cada uno con sus instituciones. Era un sistema que iniciaba el absolutismo y se legitimaba como monarquía católica; el **rey,** como señor de cada estado, se reservaba la fuerza militar y la diplomacia e **imponía** su **autoridad** sobre todos. Carlos I y Felipe II afianzaron la **monarquía autoritaria,** reforzando el poder real, la fuerza militar y la burocracia del Estado. La **alta nobleza** seguía manejando las grandes decisiones desde la corte y jugó siempre un papel decisivo en la dirección de la Iglesia, el ejército, la diplomacia o la marina; pero su **poder** se veía **limitado por** los numerosos **letrados** que hacían funcionar junto a ella los consejos y organismos que gestionaban la vida pública.

Los **consejos** aumentaron hasta 14: a los heredados de los Reyes Católicos (Inquisición, Aragón, Órdenes, etc.), se sumó el Consejo de Cámara de Castilla (1518), organismo de asesoramiento continuo del rey. Carlos I creó los de Guerra (1522), Hacienda (1523), Indias (1524) y el Consejo de Estado (1526) para temas de política internacional. Felipe II creó los de Italia, Portugal y Flandes y en 1561 fijó la dirección de la administración y la corte en Madrid.

En los territorios residían los **virreyes,** delegados del rey en Valencia, Cataluña y Aragón, Navarra, Cerdeña, Sicilia y Nápoles, y en Nueva España y Perú. Esa función era ejercida en zonas específicas por **gobernadores** (Países Bajos, Milán).

Los **secretarios,** nexos de relación con los consejos, eran personas de confianza de los reyes y asistentes cortesanos. Entre las secretarías, figuraba la de patronato regio para gestión de las competencias eclesiásticas del rey.

El **poder local** de unas 80 villas y ciudades en **Castilla** lo ejercían los **corregidores,** designados por el rey. En **Navarra** y **Aragón merinos, bayles** y **veguers** se encargaban de la recaudación de impuestos, vigilancia de ordenanzas, justicia, etc., ayudados por contadores, veedores, escribanos, etc. El **sistema judicial** culminaba en las **Chancillerías** y las **Reales Audiencias,** altos tribunales de casación y apelación junto al Consejo de Castilla.

El poder real fue rebajando atribuciones a entidades de representación como las **Cortes,** que **perdían autoridad,** mientras otros órganos vinculados a ellas como las Generalitats, Diputaciones, Cámara de Comptos navarra, Justicia de Aragón, etc., seguían reivindicando la vigencia de sus fueros y privilegios.

Actividades

6. Describe la herencia patrimonial de Carlos I. Infórmate del significado del título de emperador a que aspiraba.
7. ¿Por qué la revuelta comunera no fue apoyada por la aristocracia ni por la alta burguesía comercial?
8. ¿Qué factores hacen posible que España sea la primera potencia militar en el siglo XVI siendo un país atrasado técnicamente y socialmente empobrecido?
9. Explica las consecuencias de la reforma protestante en la política imperial de Carlos V.
10. Haz un esquema del sistema político-administrativo de los Austrias. Anota, junto a la mención de las instituciones, dos principios esenciales de dicho sistema.

2.4. La economía y la sociedad

El siglo XVI fue una época de **crecimiento demográfico,** sobre todo en la **Corona de Castilla,** que pasó de 4,3 millones de habitantes a 6,4 en 1591, y en el **reino de Valencia.** Se observaron movimientos migratorios interiores, una elevada emigración a América, e inmigración desde Francia hacia Aragón y parte de Navarra.

2.4.1. La economía

En el **campo** se amplió la superficie cultivada pero el desarrollo técnico era escaso; sobresalía la ganadería lanar y el cultivo de cereales, plantas textiles, viñedo y olivo, frutales y hortalizas; el ganado lanar trashumante continuó siendo predominante. Parte de esta producción iba al comercio, en el que destacan la lana, el aceite, el vino y la seda.

En las **ciudades** y **villas** se desarrolló una activa **burguesía,** destacando grandes mercaderes y compañías, del comercio internacional. Las **ferias** de Medina del Campo se convirtieron en generales del reino. Destacaron los **puertos** de Valencia y Sevilla. Se generalizaron **técnicas bancarias** y **financieras.** El comercio internacional se articulaba a través de los **consulados** de Burgos, Bilbao, Barcelona y la Universidad de Mercaderes de Sevilla, donde se creó la **Casa de Contratación** para el de Indias. El **comercio interior** se debilitó mucho en la segunda mitad del siglo. Más abajo figuran comerciantes minoristas y los gremios de artesanos. Sectores importantes eran una pañería de calidad media, la siderurgia vasca, la fabricación de armas, la seda en Valencia, Murcia y Granada, la industria del cuero y la piel, y la construcción de barcos.

2.4.2. La sociedad

La mayor parte de la **población** seguía siendo **campesina,** con diferentes situaciones jurídicas y económicas: propietarios, arrendatarios, etc.

Atraso técnico en la agricultura

«A pesar de que la gravedad del problema del abastecimiento iba en aumento, Fernando e Isabel no tomaron ninguna medida vigorosa para estimular la producción de trigo. Por el contrario (...) toda una serie de leyes concedieron a la Mesta amplios privilegios y enormes favores, que culminaron en la famosa ley de 1501 en virtud de la cual toda tierra en que hubieran pacido los rebaños trashumantes por lo menos una vez quedaba reservada a perpetuidad para el pastoreo y no podía ser dedicada a otros usos por el propietario (...)».

Elliott, J. H.: *La España Imperial, 1469-1716.* Barcelona, Vicens Vives, 1965, p. 122.

La **oligarquía urbana** controlaba el gobierno concejil, bajo la atenta mirada del corregidor. El común urbano aspiraba a participar en el regimiento o al menos tener presencia en las reuniones concejiles, papel desempeñado en algunos lugares por el procurador del común. Entre los **marginados,** estaban los moriscos; los pobres, como las doncellas necesitadas de dote para poder casarse o entrar en religión; y los gitanos, que mantuvieron su cultura y sus costumbres a pesar de las leyes que pretendían sedentarizarlos.

Los **grandes nobles,** titulares de importantes señoríos, medraron al lado de los reyes, colaborando con la Corona. Nobleza y clero gozan de privilegios políticos, jurídicos y fiscales: los grandes títulos preservan sus patrimonios a través de los mayorazgos, mientras caballeros e hidalgos tienen una condición modesta. Para el reconocimiento de la hidalguía y acceder a algunas instituciones se pedía limpieza de sangre, es decir, demostrar que no se descendía de conversos o de condenados por la Inquisición.

El **siglo XVI finalizó** con una **crisis estructural** y una **fuerte inflación.** Las malas cosechas y la demanda fiscal arruinaron a la población; la hacienda regia sufrió sucesivas bancarrotas (1556, 1575 y 1596), lo que explica la solicitud de cuantiosos préstamos (asientos) a banqueros como los Fugger y los genoveses. En 1576 subió en un 300 % la alcabala, principal impuesto sobre el comercio, coincidiendo con el estancamiento agrario. Nuevos impuestos indirectos sobre productos de alimentación y gran consumo, como la «sisa» y «los millones» en 1590 aumentaron la carga fiscal sobre campesinos y clases productoras, mientras se enajenaban tierras y bienes y todo tipo de servicios públicos. Nobleza e Iglesia no tributaban y las oligarquías urbanas y rurales, que controlaban la recaudación, conseguían nuevos privilegios pues los nuevos tributos debían ser aprobados en las Cortes precisamente por los procuradores de las ciudades. Al final del siglo, la Corona dependía del capital extranjero y de las remesas de metales preciosos procedentes de América.

2.5. La cultura y el arte

La vida cultural, tanto en las cortes como en las ciudades, recibe la influencia del **humanismo.** Se revitalizó el uso del latín, lengua que conocía Beatriz Galindo, *la Latina.* Isabel I cuidó la educación del príncipe, las infantas y los jóvenes de la corte, para los que pagó a buenos maestros.

La imprenta llegó a los reinos hispánicos en 1469 y el primer incunable castellano es de 1472. La Universidad de Alcalá de Henares cobró impulso con el **cardenal Cisneros,** que propició allí la edición de la *Biblia políglota.*

Destacan insignes personalidades en el mundo de las letras, como **Elio Antonio de Nebrija,** autor de la *Gramáti-*

ca de la lengua castellana (1492); consideraba la lengua como vehículo de cultura al servicio de los reyes. Hay obras señeras como *La Celestina* de **Fernando de Rojas** y la *Vita Christi* de **Isabel de Villena.** En la corte hay **músicos** como Juan del Encina, Juan de Urrede, y el cantor Francisco de Peñalosa o el compositor Juan de Anchieta.

2.5.1. Pervivencias góticas

El estilo gótico recibe influencias renacentistas. Los reyes utilizaron la **arquitectura** para mostrar su programa político y su poder, como se observa en San Juan de los Reyes (Toledo) y en el convento de Santa Engracia (Zaragoza). También queda patrimonio fruto de la iniciativa de grandes personajes como los colegios de Santa Cruz y de San Gregorio de Valladolid. En **escultura** sobresalen la obra de Gil de Siloé en la Cartuja de Miraflores, y el retablo del Pilar de Zaragoza de Damián Forment. En **pintura** destacan Pedro Berruguete, que trabajó en Santo Tomás de Ávila, y Juan Rexach, al que se atribuye el retablo de Santa Úrsula y las once mil vírgenes.

2.5.2. El Renacimiento

En el Renacimiento, la influencia italiana se une a la tradición. Se difunde una espiritualidad más intimista que se refleja en la literatura con autores como Teresa de Jesús y Juan de la Cruz, que propugna la reforma de las órdenes religiosas, como la carmelita, y que conduce a la aparición de otras nuevas, como la Compañía de Jesús de Ignacio de Loyola.

- **Escritores** como Garcilaso de la Vega y Fray Luis de León sobresalen en la lírica. En la narrativa se produce una fecunda experimentación, con obras como *El lazarillo de Tormes,* que inaugura la novela picaresca. Se ponen las bases de un teatro propio, con autores como Lope de Rueda. Siguen produciéndose crónicas, como la de Indias de Bernal Díaz del Castillo. Entre los **humanistas** están las hermanas Sigea, expertas en latín y griego; Ana llegó a ser una música virtuosa, Luisa destacó como poeta y vivió de su actividad intelectual. El descubrimiento de América significó un cambio en la perspectiva del mundo y la naturaleza y el desarrollo de nuevas concepciones sobre filosofía natural. En medicina y filosofía, la obra que manifiesta una concepción más moderna es *Nueva Filosofía de la naturaleza del hombre* (1587), de Oliva Sabuco, cuya autoría se discutió a comienzos del siglo XX atribuyéndosela a su padre.
- En **arquitectura** destaca el Hospital de la Santa Cruz de Toledo, el palacio de Carlos V en la Alhambra, y en Zaragoza la lonja de los mercaderes. y numerosos edificios platerescos de Salamanca, Úbeda, Cáceres y muchas ciudades andaluzas En **escultura** sobresalen los sepulcros de la capilla real de Granada; el retablo del monasterio de San Benito de Valladolid de Alonso Berruguete. En **pintura** se puede citar al extremeño Luis de Morales, el valenciano Juan de Juanes, y el aragonés Jerónimo de Cósida, pero los dos con mayor proyección en la actualidad son El Greco y Sofonisba Anguissola. En **orfebrería** sobresale la familia de Arfe.

El monasterio de El Escorial

El proyecto del monasterio de El Escorial fue encargado por Felipe II como un palacio, monasterio, panteón y templo a Juan Bautista de Toledo, que dirigió desde 1563 su construcción. A su muerte (1567), su colaborador Juan de Herrera continuó el trabajo hasta su fin en 1583. El «estilo herreriano», que apenas tuvo seguidores, une a la grandiosidad del edificio la sencillez de líneas clásicas, un rasgo netamente manierista.

3

La América hispana

3.1. Etapas de la conquista

Iniciado el siglo XVI, los descubridores seguían buscando un paso hacia las islas de las especias. Exploraron islas y costas del Caribe apoyados en convenios y capitulaciones con la Corona, que les facultaban para tomar posesión del territorio e iniciar la colonización.

3.1.1. El Caribe

En una primera fase comenzaron la **ocupación** efectiva de las **grandes islas de las Antillas** –Puerto Rico, Jamaica o Cuba– llegando a Florida en 1513. Este mismo año Vasco **Núñez de Balboa,** tras fundar Santa María la Antigua de Darién, **descubrió** el **océano Pacífico** en Panamá. Hacia 1518 se tenía sensación de desconcierto: las Indias buscadas no se vislumbraban y tampoco se cumplían las ansias de enriquecimiento con la captura de esclavos o el expolio del oro de los indígenas. En tanto, los nativos morían en masa a causa de la viruela, el sarampión o la difteria o resistiendo a los invasores, que, a su vez, caían presa de enfermedades tropicales, esperando suministros de España, con serias dificultades para la supervivencia.

3.1.2. La gran expansión

En la segunda fase, a partir de 1518, **se intensificó** el **plan** de **conquista** de un territorio que ya se intuía inmenso y sin relación con las islas de las especias. Por un lado, el viaje encargado por Carlos I a Fernando de **Magallanes** (1519-1522) de bordear el continente buscando un paso hacia el «mar del Sur» y las islas Molucas –empresa que culminó Juan Sebastián **Elcano–** no reportó beneficios inmediatos, pero supuso un **gran avance cosmográfico:** esta **primera circunnavegación de la Tierra** demostró su esfericidad y abrió grandes oportunidades para nuevas empresas; llegar a las Molucas desde el este no contrariaba lo establecido en el Tratado de Tordesillas. Por otra parte, el gobernador de Cuba encargó a **Hernán Cortés** la **exploración** y la **conquista** del **imperio azteca,** en el actual México; al frente de unos 700 hombres, con treinta y cinco caballos y cuatro cañones, aplastó la resistencia inicial en la batalla de Centla (1519), aliándose con los indios tlaxcaltecas y derrotó a los aztecas en Otumba (1521); fue nombrado gobernador de la Nueva España.

A pesar de la **expedición** de Álvar Núñez **Cabeza de Vaca** por **territorio norteamericano** (1529-1536), las dificultades de navegar hacia el norte en el Pacífico y la resistencia en el interior hicieron volver las miradas hacia el sur, tras las exploraciones de Rodrigo de **la Bastida** en el río Magdalena (1525) o la del Orinoco de **Diego de Ordax** (1531).

Entre 1532 y 1533, el mito de El Dorado –supuesto territorio de gran riqueza en metales preciosos– lanzó a Francisco **Pizarro** a la **conquista** del **imperio inca,** actuales Perú, Ecuador y parte de Bolivia. Con sus socios, Almagro y Hernando Luque, llegó a Cajamarca, apresó al inca Atahualpa, y, tras conseguir un rescate en oro, lo ejecutó. Esta muerte supuso el debilitamiento de la lucha inca contra los conquistadores. Fundó Lima y murió en una dura guerra frente a sus antiguos compañeros de armas.

Encuentro entre Pizarro y el inca Atahualpa enfrentado a su hermano Huáscar en una guerra civil. El encuentro tuvo lugar en noviembre de 1532 en la ciudad de Cajamarca y supuso el inmediato apresamiento de Atahualpa, una matanza de varios miles de indios y la exigencia de un rescate en oro. Una vez obtenido, el inca fue ejecutado en agosto de 1533.

Tras la ocupación de Cuzco a finales de 1533, el proceso de asentamiento se prolongó varios años, incluyendo guerras entre los conquistadores. Pizarro fue asesinado en 1541.

En 1543 fue establecido el virreinato del Perú y, tras fracasar varios movimientos de resistencia, en 1572 fue ejecutado en Cuzco Túpac Amaru, considerado último soberano inca.

Ruta de Magallanes-Elcano

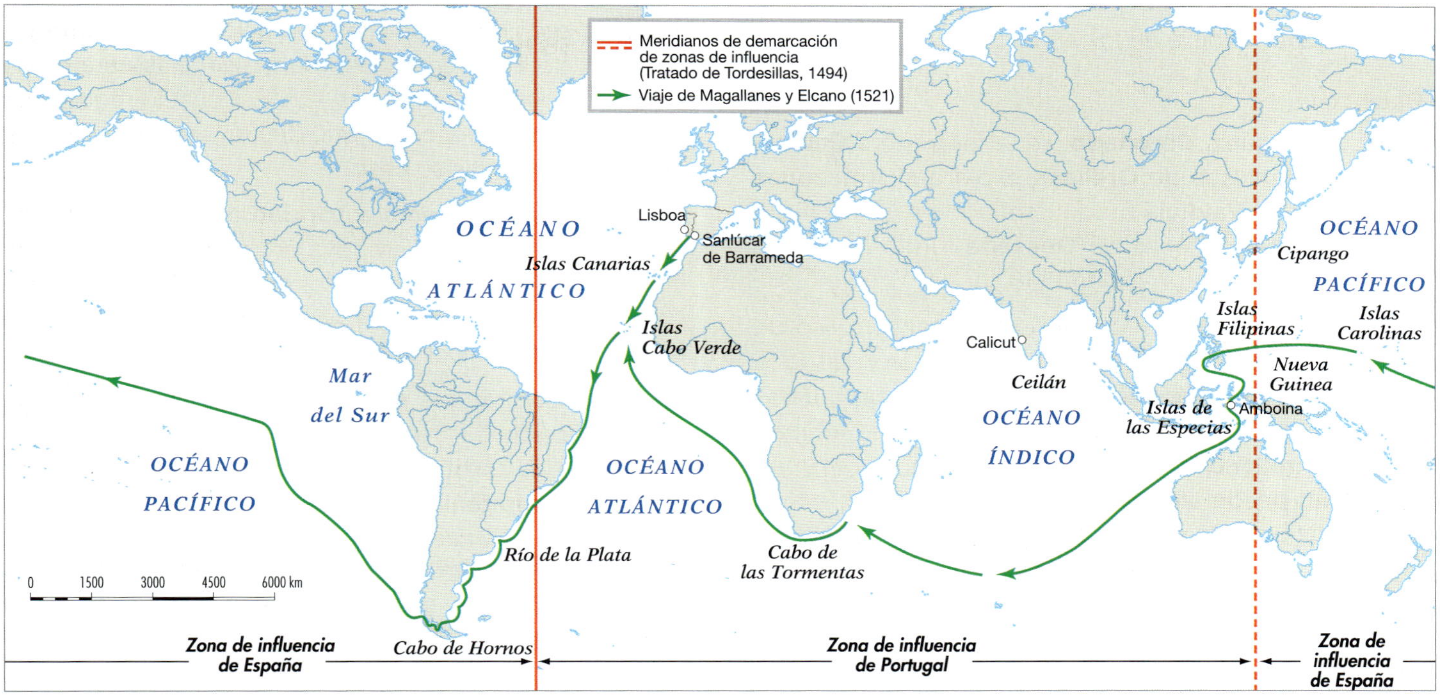

Pueblos precolombinos, exploraciones y conquistas españolas

La conquista del territorio americano fue muy rápida. Desde California a Tierra del Fuego, los conquistadores pusieron bajo control de la monarquía hispánica más de diez millones de km² en menos de un siglo.

Se han señalado como factores la aplastante superioridad militar de los españoles –caballos, armamento, medios de transporte, etc.–: la capacidad de fraguar alianzas y aprovechar las rivalidades entre pueblos indígenas; un Estado que implantó rápidamente una administración eficaz y dirigió el sometimiento del territorio y sus pobladores.

El proceso colonizador llevó al inmediato arrasamiento de los dos sistemas culturales de alto nivel, el azteca y el inca. La lengua, la religión, el gobierno, las técnicas y los usos sociales de los conquistadores desplazaron las culturas indígenas, que solo pervivieron precariamente en zonas marginales sin interés económico para los colonizadores.

3.1.3. Nuevas exploraciones: el Pacífico y las misiones

La tercera fase se inicia en los años cuarenta.

El Pacífico

Francisco **Vázquez Coronado** se adentró en **California** (1540), Francisco de **Orellana** exploró el **Amazonas** (1539); Pedro de **Valdivia** fundó Santiago en Chile (1541). En 1539 Gonzalo Jiménez de **Quesada** fundó Bogotá y Alonso de **Mendoza,** La Paz en 1548.

Desde Buenos Aires se iniciaron expediciones a Río de la Plata y al Chaco. En el Pacífico se alcanzaron las islas Carolinas y las Filipinas (Miguel López de **Legazpi,** 1564) en competencia con Portugal por controlar las Molucas. Alonso de **Arellano** y Andrés de **Urdaneta** lograron en 1571 retornar desde allí a Acapulco, abriendo así la ruta mercantil del «galeón de Manila», entre Filipinas y México.

Las misiones

Años más tarde hubo un ciclo de **exploraciones** de **interés cosmográfico** y de **evangelización.** A partir de 1598 emergieron **misiones franciscanas** en Nuevo México, Texas y hacia 1700 en California. En el sur, surgieron **«reducciones» jesuíticas,** en el Gran Chaco, El Plata y Paraguay, y en las selvas de El Beni y Mojos en la actual Bolivia. En estos agrupamientos comunitarios eran cristianizados indios guaraníes con cierto respeto a sus tradiciones y cultura.

3.2. La administración de las Indias

Con Carlos I empezó a estabilizarse la nueva administración, que presidía el funcionamiento de los organismos de la metrópoli: la Casa de Contratación y el Consejo de Indias.

- La **Casa de Contratación de las Indias Occidentales** fue creada en 1503 en Sevilla para controlar el tráfico mercantil, la organización de las flotas y el registro de las entradas de oro y demás mercancías de Indias. Fiscalizaba las importaciones para recaudar el «quinto real», 20 % de los metales preciosos llegados, con destino a la Hacienda real. Era tribunal de comercio, concedía licencias comerciales, permisos de navegación, etc. Como primera escuela de navegación, de formación de pilotos y de cartografía de Europa, contaba con una dirección y burocracia solvente, que examinaban a los capitanes de barco y dirigían trabajos cartográficos. Juan de la Cosa y Américo Vespucio trabajaron en ella.
- El **Consejo de Indias,** creado en 1524, era órgano consultivo y tribunal de justicia en causas que afectasen a cargos o instituciones. Proponía el nombramiento de magistraturas y responsables militares y eclesiásticos: virreyes, presidentes de audiencias, gobernadores, regidores, así como veedores o inspectores reales, escribanos, etc. Redactaba la legislación general administrativa, fiscal y penal y acordaba licencias para nuevas poblaciones, encomiendas, etc. El Consejo regulaba los «juicios de residencia» a que debían someterse los cargos públicos tras su cese.

En las Indias la **suprema autoridad** era la del **virrey,** cargo de la tradición gubernativa aragonesa. Tras el primer virreinato, más bien simbólico, otorgado a Colón en las Capitulaciones de Santa Fe, los dos primeros fueron el de Nueva España (México, 1535) y el de Perú (1542).

El virrey ostentaba la autoridad gubernativa, militar, hacendística, administrativa y judicial, como delegado del rey. En varios **territorios fronterizos** o muy **conflictivos** se crearon **capitanías generales:** Cuba, Santo Domingo, Guatemala, Filipinas, etc. Del virrey dependían las audiencias y las gobernaciones y la **vida municipal** estaba **regida** por cabildos y regidores, **instituciones similares** a las de **Castilla.**

Panamá fue fundada en 1519, como primera ciudad importante en la costa del océano Pacífico, siguiendo las instrucciones de Fernando el Católico (1513) sobre planificación de nuevas ciudades. Fue uno de los centros esenciales de las rutas marítimas del imperio español en América. El plano corresponde a su nuevo emplazamiento en el siglo XVII.

3.3. Aspectos de la colonización

3.3.1. La población

Isabel I prohibió la **esclavización** de los **nuevos súbditos,** pero el desplome demográfico de la población indígena, por enfermedades desconocidas en América y la desarticulación de familias y comunidades por la colonización, provocó el exterminio de los aborígenes del Caribe en pocos años. Esto propició la **temprana importación** de **esclavos africanos** que se hizo ya masiva en 1518.

Los, aproximadamente, 100 000 **emigrados** a América en el siglo XVI procedían en su práctica totalidad del **reino de Castilla.** Eran **varones** en un 90 %, por ello **se generalizó** el **mestizaje:** se estiman en unos diez millones los habitantes de la América bajo control español a mediados del siglo XVII, distribuidos en tres grandes grupos étnicos: blancos un 5 %, indios 80 % y el resto negros, mulatos y mestizos.

A **finales** del siglo **XVI** se había creado unas **200 poblaciones** españolas de **nueva planta** en América. Muchas respondían a un plano ortogonal, en torno a algunas grandes plazas y obras destacadas como palacios oficiales y señoriales, conventos e iglesias y grandiosas catedrales (México, La Habana, Lima, etc.).

Para la construcción de estas poblaciones se seguían las instrucciones dadas por Fernando el Católico (1513) y por Carlos I (1523) que se atenían a la experiencia de Santa Fe en la conquista de Granada y los primeros modelos de ciudad colonial en Canarias. En algunas surgieron pronto las primeras universidades (Santo Domingo, 1538; México y Lima, 1551, etc.).

3.3.2. El trabajo

La actividad de explotación de recursos, minera y constructiva implicó formas específicas de relaciones de servidumbre de los indígenas, como la encomienda, que fue la principal, y la mita.

- La **encomienda** era concedida en los «repartimientos de indios» desde 1503 a españoles destacados. Era una relación de dependencia personal, en que el encomendero obtenía prestaciones en trabajo o tributos de los indios, obligándose a tutelarlos y cristianizarlos pagando para ello a un «cura doctrinero». En las **Leyes Nuevas (1542)** se reiteró la prohibición de esclavizar a los indios y la condición temporal, no hereditaria, de la encomienda. Normas a menudo incumplidas, a pesar de la supuesta vigilancia de los «visitadores». Fueron sustituidas por las **haciendas,** hasta desaparecer entrado el siglo XVIII.
- La **mita** fue otro sistema de explotación indígena de tradición incaica, común en el virreinato de Perú. Las

Una pérdida irreparable

«Los números pueden engañar, pero la evidencia nos dice que la población descubierta por Colón en el Caribe en 1492 había desaparecido totalmente en 1550. Los historiadores de la experiencia colonial de América Barbara y Stanley Stein estiman en 25 millones la población del centro de México al iniciarse la conquista en 1519. En 1605, solo había un millón de habitantes.

En los Andes centrales, una población de cerca de seis millones en 1525, había descendido a un millón y medio en 1561.

Las razones de esta catástrofe demográfica fueron complejas, acumulativas y brutales: trabajos forzados, la encomienda y la mita, enfermedades europeas, desplomes inmunológicos, pero también, hasta qué grado, la desesperación cultural. Pues no son los números lo más impresionante. Una sola muerte injusta, un solo ser humano esclavizado, sirven, como el pájaro enjaulado de William Blake, para desatar el escándalo del cielo. La violencia con que Europa implantó su poder en América, trátese de españoles, portugueses, ingleses o franceses, es apenas el índice estadístico de una muerte irreparable: la muerte de grandes civilizaciones que poseían un sistema educativo, un mundo moral y artístico, y formas de relación humana, "en continuada evolución creadora".

Al lado del universo del poder, místico y guerrero, otras maneras de ser, jóvenes, prometedoras, fueron arrancadas de su tallo que no de su raíz por el descubrimiento y la conquista».

Fuentes, C.: «Quinientos años no son nada», en *El País,* 24 de septiembre de 1992.

Actividades

11 Explica si resultó decisivo el Tratado de Tordesillas en la constitución de los imperios coloniales de Castilla y Portugal. ¿Influyó en el modelo de expansión colonial de ambos países a partir del siglo XVI?

12 La población indígena americana descendió drásticamente tras la llegada de los españoles. Enumera cuatro razones que te parezcan fundamentales para explicar esta catástrofe demográfica.

13 Lee atentamente el documento adjunto y elabora un breve resumen de las ideas del escritor mexicano Carlos Fuentes sobre la colonización de América. Contrasta sus opiniones con la información del texto. Comprueba si el punto de vista de Fuentes era compartido por alguien en aquella época y valora esta circunstancia.

comunidades estaban obligadas a enviar a las explotaciones coloniales grupos de trabajadores durante una parte del año. Fue utilizada especialmente en la minería y obras públicas.

La **importación** de **esclavos** procedentes de **África** y comprados generalmente a los traficantes portugueses proporcionaba la fuerza de trabajo a hacendados europeos sobre todo en Brasil, Centroamérica, el Caribe y América del Norte. Se calcula que, hacia 1700, en territorios de control español había unos 200 000 esclavos, que supone un 10 % de los que llegaron vivos en los barcos negreros. El otro 90 % pobló haciendas y plantaciones en las colonias europeas de las áreas citadas.

3.3.3. Efectos económicos en España y en Europa

Los primeros asentamientos de colonos se abastecían de suministros llegados de Europa, surgiendo así un intenso **flujo comercial ultramarino.** El oro extraído de los placeres de las islas del Caribe se enviaba a Sevilla en pago de manufacturas, pues regía la prohibición de establecer talleres en la colonia. Más tarde se abrió el continente a la **explotación minera:** oro y plata en Nueva España (Zacatecas, 1545) y Perú (Potosí, 1546) cerca de la mina de azogue (mercurio) en Huancavélica (1560).

Dos veces al año, protegida por galeones artillados, se reunía en La Habana la **flota de Indias** y emprendía retorno a Sevilla. En ella llegaron oficialmente 180 toneladas de oro y 16 000 de plata hasta 1650. Hay que anotar, junto al comercio registrado en Sevilla, el realizado de modo oculto sobre todo por flotas holandesas e inglesas que alcanzó un volumen similar al legal en el siglo XVII.

Este **«tesoro americano»,** base de la masa monetaria, produjo importantes **alteraciones** en la **economía** española y europea: permitió financiar la política «exterior» y las guerras de la monarquía católica; contribuyó a incrementar la inflación, en la discutida revolución de los precios y –junto a otros factores– a que la producción artesana española perdiese competitividad ante la europea.

En **España,** la **nobleza** y el **rey** emplearon gran parte del tesoro americano en **gastos de prestigio,** perdiendo la oportunidad de hacerlo en economía productiva. El impacto económico motivó que surgiera un grupo de intelectuales, la llamada **«Escuela de Salamanca»** en la que figuraban pioneros de la economía y de la teoría monetaria como **Martín de Azpilcueta** y **Tomás de Mercado.**

3.3.4. España en el «espacio económico mundial»

En este reparto global del trabajo y de la producción, la **agricultura americana** adoptó **cultivos** llegados de Europa como cereales, algodón, caña de azúcar, café, vid, olivo y las **especies ganaderas** comunes. El comercio con América promovió **innovaciones** en la **agricultura** y en la **dieta europea** con la difusión del maíz, el tomate, más tarde la patata, etc., y de artículos ultramarinos muy apreciados como el cacao, el tabaco, los tintes, y otros aclimatados en el Nuevo Mundo como el café, el azúcar, etc.

Vista de la ciudad de Sevilla (España) desde el barrio de Triana. Llegaba la Flota de Indias a través del río Guadalquivir.

Creció rápidamente el envío de aguardiente, aceite, tejidos y manufacturas hacia las colonias. Muy pronto **España** fue **desplazada** como proveedora de recursos y pasó a ser mera reexportadora de producción europea. El monopolio mercantil castellano organizado desde la Casa de Contratación no impedía que fueran en general mercaderes flamencos, genoveses o franceses los que controlasen el negocio americano. Además del permanente contrabando, agentes castellanos actuaban en nombre y junto a los negociantes europeos, que a veces compraban cartas de naturaleza a la Corona, siempre necesitada de dinero.

A finales del siglo XVII, de todo lo exportado legalmente desde Europa a América a través de Sevilla –transformada en una destacadísima ciudad mercantil de Occidente– España solo participaba con un 5% del valor total, o sea, tres veces menos que Inglaterra o Génova, siete veces menos que Francia y lo mismo que Flandes, por ejemplo.

3.4. Ideas y polémicas sobre la conquista

La colonización era entendida por los poderes de Castilla como sometimiento de los pobladores autóctonos que, una vez cristianizados, pasaban a ser **vasallos** del **rey** de España, por tanto libres. Pero, en la práctica, se generalizó el maltrato sobre comunidades indígenas, que no entendían el llamado **«requerimiento»** por el que los conquistadores les conminaban a aceptar el bautismo. Surgió muy pronto el debate entre juristas y teólogos sobre los justos títulos para la conquista del territorio americano. En las **Leyes de Burgos (1512),** y en los **informes** de **Matías de Paz** y de **Juan de Palacios Rubios, legitimaban** la **conquista** y la **dominación** de los **indios** por la necesidad de evangelizarlos. Sin embargo los abusos eran tan notorios que enseguida se produjeron denuncias, principalmente de frailes como **Antonio de Montesinos, Pedro de Córdoba** y **Bartolomé de las Casas.**

Precisamente uno de los tópicos de la llamada leyenda negra fue la crueldad española en la conquista y colonización de América con el exterminio de las comunidades indígenas. Esta idea se expandió entre los competidores de Castilla en la carrera colonial –Holanda, Inglaterra, Francia– que publicaron los informes críticos de algunos españoles, como *La brevísima relación de la destrucción de Indias* de las Casas, quien mantuvo un célebre debate con Fray Juan Ginés de Sepúlveda ante una Junta de Teólogos convocada por Carlos I.

Las ideas expuestas por el papa Paulo III en bula de 1537, en que reconocía la libertad y el derecho de propiedad a los indios, está en la base de las **Leyes Nuevas de Indias** de **1542** y los estudios y obra de **Francisco Vitoria** y **Diego de Covarrubias.**

La denuncia del régimen colonial

«Subió en el púlpito el susodicho padre fray Antón Montesino (...). Esta voz, dijo él, dice que todos estáis en pecado mortal y en él vivís y morís, por la crueldad y tiranía que usáis con estas inocentes gentes. Decid, ¿con qué derecho y con qué justicia tenéis en tan cruel y horrible servidumbre aquestos indios? ¿Con qué autoridad habéis hecho tan detestables guerras a estas gentes que estaban en sus tierras mansas y pacíficas; donde tan infinitas de ellas, con muertes y estragos nunca oídos, habéis consumido? ¿Cómo los tenéis tan opresos y fatigados, sin dalles de comer ni curallos en sus enfermedades, que de los excesivos trabajos que les dais incurren y se os mueren, y por mejor decir, los matáis, por sacar y adquirir oro cada día? (...)».

Fray Bartolomé de las Casas: *Historia de las Indias (1561).*
En Artola, M.: *Textos fundamentales para la historia.*
Madrid, Alianza Editorial, 1982, p. 222

Actividades

14 ¿Por qué la llegada de grandes cantidades de oro y plata de América no mejoró la vida de la población española? Consulta los documentos y el gráfico de la actividad de evaluación 5, al final de la unidad y redacta una breve argumentación.

4

El siglo XVII: La pérdida de la hegemonía

Durante el siglo XVII la «monarquía católica» continuó su enfrentamiento con otras grandes potencias: los Países Bajos, Inglaterra, Francia y estados nórdicos lucharon contra los ejércitos hispanos, que constituían la base esencial del bloque militar y de alianzas del imperio de los Habsburgo. Felipe III, Felipe IV y Carlos II fueron calificados como «Austrias menores», expresión del declive de sus reinados. Según un tópico muy extendido, la «decadencia» del imperio español fue provocada por la **irresponsabilidad** de unos **reyes indolentes, frívolos** e incapaces, unida al descrédito de los «validos», que ejercían el poder de hecho.

El siglo XVII se caracterizó por la figura del **valido,** un aristócrata en quien el rey depositaba su confianza y poder. Tomaba las principales decisiones, a veces prescindiendo de los Consejos y apoyándose en Juntas formadas por expertos y por sus leales («hechuras suyas», en la jerga de entonces). El valido aprovechaba su poder para obtener cargos y favores para familiares y partidarios, generando críticas y odios feroces entre bandos nobiliarios.

Este sistema de gobierno se encontraba también en otros estados, caso de Richelieu con Luis XIII en Francia o Strafford con Carlos I en Inglaterra, y tenía aceptación la idea de que la compleja gestión política requería cada vez más un primer ministro con gran poder ejecutivo.

Felipe III a caballo, *de Diego Velázquez.*

4.1. Felipe III: un reinado «pacífico» (1598-1621)

Felipe III heredó un **imperio** de **gran extensión,** involucrado en **guerras** frente a **Inglaterra** (desde 1585) y contra las **Provincias Unidas de los Países Bajos** (desde 1568).

Sucesivos fracasos militares como la derrota en la primera batalla de Las Dunas (1600) ante un ejército holandés y la de Puerto Cortés (Honduras, 1603) frente a barcos ingleses alarmaban a la corte española.

Desde Flandes, el archiduque **Alberto de Austria** e **Isabel Clara Eugenia,** soberanos aceptados por las provincias católicas iniciaron, apoyados por la fuerza militar del general Spínola, un **acercamiento** a **Inglaterra** que llevó a la firma de un **tratado de paz** en **1604** entre Felipe III y Jacobo I de Inglaterra.

Felipe III confió el poder a Francisco Gómez de Sandoval, **duque de Lerma,** que trasladó la corte a Valladolid de 1601 a 1606 y, rodeado de personajes igualmente corruptos como Ramírez de Prado o Rodrigo Calderón se esforzó en hacerse con una enorme fortuna. Su política no ofreció ninguna novedad: otra derrota naval frente a los holandeses en **Gibraltar,** en 1607, año también de la **primera bancarrota** de la Hacienda real en el reinado, que lo llevó a renegociar los «asientos» y contratas con los financieros alemanes y genoveses y a acuñar moneda de vellón.

Finalmente, en **1609,** se **firmó** con los **Países Bajos** la **Tregua de los Doce Años,** que fue un compromiso temporal de paz de mutua conveniencia en la larga «guerra de los Ochenta años», así llamada por los holandeses. Para algunos fue el reconocimiento de hecho de la independencia de los Países Bajos del norte, según la propia letra del acuerdo.

4.1.1. La expulsión de los moriscos (1609)

El rechazo del pueblo católico, los riesgos de colaboración con berberiscos y la política de buscar homogeneidad cultural y religiosa fueron las causas de que en 1609, el duque de Lerma promulgara el decreto de expulsión de los moriscos de la Península. Hasta 1616 partieron hacia África unas trescientas mil personas de esta minoría hispana.

Eran, en general, campesinos y menestrales, sobre todo de Valencia, Aragón, Murcia y Andalucía. Esta limpieza étnica ha sido considerada uno de los factores que agravó la crisis económica y social, ya que muchas tierras quedaron yermas y en zonas de Valencia y Murcia se hundió el regadío, la producción y las rentas del campo. Además, este hecho supuso un paso más en la intransigencia religiosa oficial que comenzó con los Reyes Católicos.

4.1.2. El «giro belicista»

La situación de tregua con continuos ataques holandeses en los mares creó inquietud en la corte española. Por ello, en **1617** se firmó un acuerdo secreto propiciado por el embajador español en Austria, el conde de Oñate, entre el aspirante a emperador Fernando II de Habsburgo y Felipe III. El **«Pacto de Oñate»** era un acuerdo entre ambos estados y ramas de los Habsburgo por el cual Fernando conseguía apoyo para coronarse rey de Bohemia y de Hungría, frente a la nobleza protestante: España, a cambio, obtenía garantías de paso para sus tercios desde el norte de Italia hacia Flandes.

Poco después, la **defenestración de Praga (1618)** de delegados de Fernando por parte de nobles bohemios provocó el estallido de la guerra. La **batalla de la Montaña Blanca** (1620) en la que el ejército imperial, con el apoyo de tercios reclutados en territorios españoles, derrotó a los protestantes, es el **primer episodio** militar de la **guerra de los Treinta Años (1618-1648).** En 1618 el desprestigio del duque de Lerma en la corte motivó su cese y sustitución por su hijo, el duque de Uceda, que había conspirado contra él. Preventivamente había obtenido el capelo de cardenal y se ordenó sacerdote. Esto parece que lo libró de ser enjuiciado y condenado por corrupción.

4.2. Felipe IV (1621-1665)

A la temprana muerte de su padre, subió al trono de España e inmediatamente asumió la soberanía de Flandes, por la muerte del archiduque Alberto. Su reinado presenta una doble dimensión: el declive militar, económico y político junto a una etapa de gran brillantez cultural.

4.2.1. El conde-duque de Olivares

El rey nombró como valido a don Gaspar de Guzmán, conde-duque de Olivares, que tenía un proyecto de Estado y aparece como un reformista en muchos aspectos. Durante su gobierno impulsó la llamada **«Unión de Armas»,** para que todos los reinos contribuyesen a la financiación del ejército de la monarquía católica: cada reino pagaría una parte de un ejército permanente de 140 000 soldados. Propuso la idea en un informe secreto entregado al rey en 1624 (el «Gran Memorial») y decretó su aplicación en 1626. Además, propuso el de **Castilla** como **modelo** de **organización política** a aplicar a todos los reinos. Pero encontró fuertes resistencias en las Cortes aragonesas y de los demás estados, que querían preservar sus fueros y libertades.

Reformó algunos aspectos de la **Administración del Estado:** las tareas de los Consejos fueron asumidas por razones de agilidad por Juntas (Armada, Población, Obras y bosques, etc.). **Depuró** la **corte,** alejando a colaboradores

La expulsión de los moriscos

«Primeramente, que todos los moriscos de este reino, así hombres como mujeres, con sus hijos, dentro de tres días (...) vayan a embarcarse (...) en las galeras y navíos que están aprestados para pasarlos a Berbería (...).

Que cualquiera de los dichos moriscos que, publicado este bando, y cumplidos los tres días, fuese hallado desmandado (...) puede cualquiera persona, sin incurrir en pena alguna, prenderle y desvalijarle, entregándole al Justicia del lugar más cercano y si se defendiere lo puede matar (...).

Valencia, a veinte y dos días del mes de setiembre del año mil seiscientos nueve».

Actividades

15 ¿Puede establecerse alguna relación entre la expulsión de los moriscos y la crisis económica y social del siglo XVII en España? Argumenta la respuesta.

16 ¿Qué modelo de organización del Estado propone el conde-duque de Olivares en. «Instrucción sobre el Gobierno (1625)»? ¿Mediante qué procedimientos? ¿Con qué finalidad?

Instrucción de Olivares sobre el Gobierno (1625)

«Tenga V.M. por el negocio más importante de su Monarquía, el hacerse Rey de España; Quiero decir, Señor, que no se contente V.M. con ser Rey de Portugal, de Aragón, de Valencia, Conde de Barcelona, sino que trabaje y piense con consejo mudado y secreto, por reducir estos reinos de que se compone España, al estilo y leyes de Castilla sin ninguna diferencia (...).

Tres son, Señor, los caminos (...). El primero, Señor, (...) sería que V.M. favoreciese los de aquel reino, introduciéndolos en Castilla, casándolos en ella, y los de acá allá, y con beneficios y blandura los viniese a facilitar (...). El segundo sería, si hallándose V.M. con alguna gruesa armada y gente desocupada, introdujese el tratar de estas materias por vía de negociación (...).

El tercer camino, aunque no con medio tan justificado, pero el más eficaz, sería hallándose V.M. con esta fuerza que dije, ir en persona (...) y hacer que se ocasione algún tumulto popular grande y con este pretexto meter la gente (...) y disponer las leyes en conformidad con las de Castilla (...)».

Tuñón de Lara, M. (dir.): *Historia de España,* vol. XI. Barcelona, Labor, pp. 674-676.

de los validos duque de Lerma y de Uceda. Tomó algunas medidas de **política económica** de tipo mercantilista, proteccionismo a manufacturas textiles y supresión de algunos impuestos y de las acuñaciones de vellón masivas.

4.2.2. La oposición de las Cortes

En el siglo XVII, las **Cortes de Castilla consiguieron limitar las prerrogativas reales.** El conde-duque tuvo que retirar su proyecto de Junta Grande de Reformación (1622), que podía perjudicar los privilegios de las oligarquías urbanas. Presionaron para limitar la emisión de moneda de vellón, que provocaba pérdida de rentas en los negocios urbanos. En 1626 aceptaron duplicar la recaudación en concepto de millones y no evitaron que se implantaran nuevos impuestos como el de papel sellado y estancos, como el de tabacos.

En las Cortes de la **Corona de Aragón,** que contaban con poderes más efectivos para condicionar la acción real, los **conflictos** fueron **frecuentes.** La única convocatoria de las Cortes catalanas en todo el siglo presididas por Felipe IV fue en 1626-1632, concluidas sin acuerdos. En ellas creó tensiones el intento del Consejo de Hacienda real de imponer nuevos tributos a los municipios y medidas como prohibir la posesión de determinadas armas. Cataluña rechazó la Unión de Armas y no aportó nada al proyecto. Las Cortes de Valencia y Aragón otorgaron al rey algunos subsidios para reclutar soldados.

4.2.3. La política exterior del conde-duque

En un principio la **toma de Breda (1625)** pareció devolver el prestigio a las armas españolas, mandadas por Spínola. Pero, el triunfo quedó oscurecido por varias derrotas: en 1628 los holandeses capturaron por primera vez parte de la flota de Indias frente a La Habana, tomaron en 1629 la estratégica ciudad de Bolduque en Flandes y en 1630, tras derrotar a la armada hispano-portuguesa, ocuparon Pernambuco, en Brasil, donde permanecieron hasta 1654. Los **desastres navales** agudizaron los problemas de la Hacienda real, que había declarado una nueva **bancarrota** en **1627** y no se veía cómo financiar los ejércitos en Europa. Las últimas victorias fueron sobre las potencias protestantes de Dinamarca y Suecia (Nordlingen, 1634). Olivares creó la Junta de Ejecución que, entre otras cosas, orillaba al Consejo de Estado en política exterior y militar.

Se produjo entonces la gran reacción de **Francia** apoyando a los holandeses, que marcó toda una etapa de la guerra de los Treinta Años. En **1635 declaró** formalmente la **guerra a los Habsburgo.** A pesar de batallas favorables a España en Kollum, junto a Amberes, y frente a una armada holandesa en La Habana (1638), la derrota de la escuadra en la segunda batalla de las Dunas (1639) dejaba patente la superioridad naval holandesa.

4.2.4. 1640: riesgo de disgregación de la monarquía hispánica

En 1638, **Francia** fracasó en el intento de ocupar Hondarribia y Richelieu orientó las operaciones hacia **Cataluña,** que pasó a ser la **principal zona de enfrentamiento con España.** Ocupó la fortaleza de Salses en el Rosellón (1639). Olivares con un gran ejército formado por unos 30 000 soldados de diferentes lugares, castellanos, flamencos, italianos y catalanes, recuperó la plaza en enero de 1640, iniciándose así un ciclo de enfrentamientos.

- **La sublevación de Cataluña.** En **1640,** el malestar de la población por tener que alojar y mantener a las tropas reales desencadenó en Barcelona el Corpus de Sangre y Olivares reforzó la ocupación militar de Cataluña. Pau Claris, canónigo de la Seu d'Urgell miembro de la Junta de Brazos de la Diputación, como president de la Generalitat, capitalizó el malestar social y pidió ayuda a Richelieu. La Generalitat acordó con Francia un pacto por el que en 1641 se convirtió en una república bajo la protección de Luis XIII, a quien la Diputación y el Consell de Barcelona reconocieron como soberano y conde de Barcelona. Las tropas españolas fueron rechazadas en Montjuic por las franco-catalanas. En 1642 los franceses ocuparon Llérida, recuperada en 1643 por Felipe IV, que juró públicamente las constituciones catalanas.

- **La guerra en Portugal.** Olivares intentó incluir a Portugal en su Unión de Armas. Castilla costeaba la defensa del imperio portugués, muy reducido en Extremo Oriente por la presión de Holanda y cada vez más centrado en la explotación de Brasil. A la nobleza y a los comerciantes portugueses les había resultado ventajoso integrarse en la monarquía hispánica. Pero la exigencia de impuestos provocó motines (Évora) contra Castilla en 1637. El malestar creció con el reclutamiento de 6 000 soldados para servir en Italia, que acabaron actuando frente a los catalanes sublevados. Pero, la derrota de la armada hispano-portuguesa frente a Holanda en Brasil (1640) inclinó a las élites portuguesas a rechazar la monarquía católica, mientras recibían apoyo de Francia e Inglaterra para la secesión. A **finales** de **1640** proclamaron **rey** de Portugal al **duque de Braganza** con el título de Juan IV. Holanda firmó una tregua con el nuevo monarca y aprovechó la situación para ocupar las bases del comercio portugués de esclavos en Luanda, que Portugal recuperó en 1648.

- **Conspiración en Andalucía.** En **1641** se produjo una conspiración dirigida por el **duque de Medina Sidonia,** hermano de la duquesa de Braganza, reina de Portugal. Le secundó el marqués de Ayamonte. Parece que su objetivo era la **constitución** de un **reino andaluz independiente.** Pero, agentes de Olivares descubrieron los planes e informaron al rey y la conspiración fue aplastada. Medina Sidonia fue llamado a la corte, despojado del señorío de Sanlúcar, obligado a una fuerte multa y desterrado; estuvo preso en el castillo de Coca y luego en Valladolid, hasta su muerte en 1664. El marqués de Ayamonte fue ejecutado en 1648. Se han señalado como factores de la conjura los apuros económicos del duque, una de las casas nobiliarias más poderosas de España, con las rentas de salinas y almadrabas (pesquerías de atunes) entre sus posesiones, pero acuciado por deudas y peticiones de subsidios de la Hacienda real. Igualmente, el marqués se encontraba desde 1636 con sus rentas embargadas por el Consejo de Castilla.

Retrato ecuestre del conde-duque de Olivares, *de Diego Velázquez.*

Las lanzas o La rendición de Breda, *de Diego Velázquez.*

La sublevación de Cataluña (1640)

Una algarada de segadores generó una revuelta popular con carácter antiseñorial. El conde de Santa Coloma, virrey del principado fue asesinado.

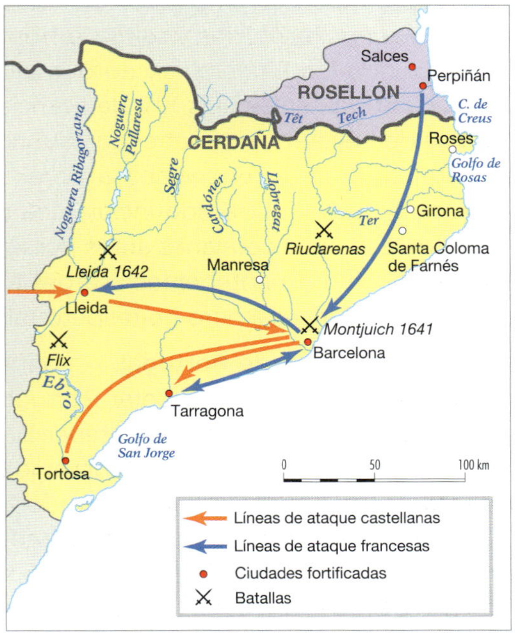

- **La conjura de Aragón.** En **1648** se produjo en Aragón una conspiración nobiliaria similar a la de Andalucía, liderada por el **duque de Híjar.** Pretendían hacer de Aragón un reino independiente y pensaban conseguir el apoyo de Portugal y de Francia; la conspiración fue descubierta y algunos de sus dirigentes fueron ejecutados, mientras Híjar pasó en prisión el resto de su vida.
- **Navarra.** En **1648,** el militar **Miguel de Itúrbide** estaba detenido en Madrid, donde murió de manera no aclarada, acusado de intentar una secesión en favor de Francia. Tal rebelión nunca se probó.

4.2.5. El ocaso español en Europa

En 1643, los tercios españoles sufrieron la decisiva derrota de Rocroi. Olivares abandonó el gobierno.

- La **paz de Westfalia (1648). Don Luis de Haro,** después de una nueva derrota en Lens, firmó la paz de Westfalia en la que se quiso fijar un nuevo equilibrio de poderes en Europa: España reconoció la independencia de los Países Bajos (Acuerdos de Munster); Francia se anexionó Alsacia y Lorena, cortando el «camino español» que unía el norte de Italia y Flandes a través de Suiza y el Franco Condado. No obstante, la rebelión de la Fronda en Francia facilitó a Felipe IV la toma de Barcelona y el fin de la guerra de Cataluña (1652). Inglaterra y Francia derrotaron de nuevo a España en las Dunas (1658). **Francia** era ya la **potencia hegemónica** de Europa.
- La **paz de los Pirineos (1659).** Fue firmada en la isla de los Faisanes, en la desembocadura del Bidasoa, entre Luis de Haro representando a Felipe IV y el cardenal Mazarino a Luis XIV. España cedió Artois y algunas plazas flamencas, el Rosellón y casi toda la «Cataluña norte», reconociendo la anexión de Alsacia. Francia devolvió algunos territorios y se fijó la frontera con España siguiendo los Pirineos, excepto la villa de Llívia. Se acordó la boda entre Luis XIV de Francia y María Teresa, hija de Felipe IV, prometiendo este una fuerte dote. A cambio, Francia renunciaba a derechos sucesorios al trono español. El tratado incluía una reparación por parte de España a catalanes antes perseguidos y Francia se obligaba a mantener los usatges tradicionales en la Cataluña francesa, pero no respetó tal acuerdo.
- **La independencia de Portugal.** A continuación la Corona española intentó recuperar Portugal, pero el ejército español, aunque logró mantener Badajoz, fue derrotado en Elvas en 1659. El matrimonio de Catalina de Braganza con Carlos II de Inglaterra fortaleció la alianza angloportuguesa. Otro ejército español fracasó ante portugueses y aliados en Ameixial (1663) y Vila Viçosa (1665). En 1668 la regente hispana Mariana de Austria firmó la paz y reconoció la independencia portuguesa.

Carlos II con armadura, *de Juan Carreño de Miranda.*

La figura enfermiza de Carlos II, llamado «el hechizado» y que fue por ello sometido varias veces a exorcismos, ha sido vista por muchos como resultado de la larga y acusada endogamia de la dinastía de los Habsburgo.

4.3. Carlos II: fin de la dinastía (1665-1700)

Carlos II sucedió a su padre, Felipe IV, a la edad de cuatro años. Su madre, Mariana de Austria, gobernó con **validos** como Fernando de Valenzuela. Carlos, proclamado mayor de edad en 1675, cedió el gobierno a **Juan José de Austria,** que se impuso apoyado en el ejército (1677). A partir de 1680, el **duque de Medinaceli,** primero, y el **conde de Oropesa** después, desarrollaron una política reformista en aspectos económicos y administrativos.

Francia, en nuevas guerras hasta final de siglo, se apoderó de parte de Flandes, el Franco Condado y otros territorios.

4.3.1. Las paces y los tratados de reparto

En los **tratados de Aquisgrán (1668), Nimega (1678)** y **Ryswick (1697)** hubo reajustes territoriales en Europa. Pero la cuestión más grave era la sucesión de Carlos II, que tenía una salud muy precaria sin esperanza de descendencia. La debilidad hispana alentó negociaciones entre estados europeos que firmaron sucesivos tratados de reparto del territorio de la monarquía española, incluidas zonas de la Península. El primero se firmó en 1668 entre Francia y el imperio. El segundo, en 1698 y tras la muerte del heredero José Fernando de Baviera el tercero, en marzo de 1700 (Londres) fueron firmados por Francia, Inglaterra y Países Bajos. Ocho meses más tarde moría Carlos II.

El declive demográfico y económico

En el siglo XVII, EN España y Europa hubo varios ciclos de crisis subsistencias propias de las sociedades preindustriales por el desequilibrio entre una población en expansión y unos recursos limitados y a veces decrecientes.

5.1. La demografía

No cabe hablar de una catástrofe demográfica, pero sí hubo un estancamiento de la población a lo largo del siglo. Todo comenzó con una **epidemia** de **peste bubónica** (1597-1602) que afectó a todo el reino de Castilla y sureste peninsular. En 1629-1631, 1647-1654 y 1678-1684 hubo nuevas oleadas de mortalidad y cada pocos años epidemias de **tifus, paludismo, difteria,** etc., sobre una población desnutrida.

En la primera mitad de siglo el despoblamiento de las ciudades castellanas fue considerable: Valladolid, Burgos, Segovia, Medina del Campo, perdieron más del 60 % de sus habitantes. Toledo redujo su población a la mitad. En la peste de 1649 Sevilla perdió unos 60 000 habitantes, Murcia 40 000 y Zaragoza y Valencia en torno al 25 % de su población. Madrid y Cádiz crecieron. También se constata el estancamiento de la población de Aragón, de 80 000 «fuegos» en 1600 a 83 000 en 1700.

Se produjo una **redistribución poblacional:** Castilla perdió un 12 % de la población y muchos pueblos y aldeas se «despoblaron». La cornisa cantábrica, en cambio, la aumentó en un 40 % y la costa mediterránea se recuperó a partir de 1650 de las pérdidas y adquirió mayor pujanza económica y demográfica.

Junto a las epidemias, similares a las de épocas anteriores, las **causas** fueron varias: la **guerra,** que produjo despoblamiento en zonas de acción militar, como la frontera en Castilla y Portugal. Otro factor fue la **emigración** a América. La **expulsión** de la **población morisca** en 1609; el **descenso** de la **natalidad** debida a las levas de miles de jóvenes en los ejércitos, al retraso en edad de matrimonio y al **aumento** del **clero** y conventos y, por tanto, del celibato.

5.2. El empobrecimiento del campesinado

Ya con Felipe II, por el continuo déficit de la Hacienda real y de los concejos, disminuyeron las tierras comunales y baldíos de los pueblos, que los campesinos usaban como fuente de recursos como pastos, leña y otros bienes. Y es que la Corona vendía a menudo pueblos que pasaban a ser tierras de señorío. Los **campesinos** apenas disponían a principios de siglo de un **20 %** de las **tierras labradas** y la ruina de muchos labradores, agobiados por censos, impuestos, diezmos y otros derechos señoriales, incrementaba el abandono de tierras.

Actividades

17 La cuenca del Duero, en particular, y la Castilla interior, en general, sufrieron de forma más intensa la crisis económica y demográfica del siglo XVII. ¿Qué circunstancias explican este hecho? Valora sus consecuencias en el modelo de gobierno del Estado dirigido desde Castilla.

Puerto de Cádiz en el siglo XVI. La ciudad de Cádiz fue absorbiendo lentamente muchas tareas del comercio ultramarino y sustituyendo a Sevilla. A fines del siglo XVII ya se planteaba la ubicación en ella de la Casa de Contratación, medida llevada a cabo en 1717.

Aumentaron los jornaleros, mendigos o pícaros en las ciudades, y ascendieron socialmente nuevos propietarios agrarios procedentes de la burguesía comercial, rentistas, y labradores ricos, que adquirieron tierras, fundaron mayorazgos y podían aspirar a algún título nobiliario. Incluso disminuyeron las rentas de la vieja nobleza que se vio forzada a vivir de censos –préstamos– sobre sus propiedades y derechos señoriales.

La **salida** de la **crisis agrícola** comenzó **hacia 1660,** junto a **cierta recuperación ganadera** desde la prohibición de roturación de fincas de 1633. Mejoraron los rendimientos del cereal en el interior y el maíz en el norte fue un gran avance. En las **áreas mediterráneas** se impuso la **mediana propiedad,** con una expansión –también el alto Ebro– del viñedo, el arroz y el olivo, y la morera propició un auge de la industria sedera en Valencia y Andalucía oriental. Se empezó a generar un notable comercio exterior, en el caso de los vinos y aguardientes hacia América.

5.3. Decadencia industrial y comercial

En las manufacturas se produjo una **caída** de la **demanda** y del **mercado interno** por la depauperación general; América se surtía cada vez más de sus artículos y de los europeos, ante lo cual los talleres españoles perdían competitividad por los altos costes y la inflación. Una ciudad textil como Segovia llegó a perder a lo largo del siglo un 75 % de su producción y población.

La **rigidez** de normas de los **gremios** iba contra la mejora técnica del artesanado y fue otro factor contra la competitividad. El trabajo a domicilio, que permitió en zonas de Europa aumentar la producción industrial no pudo abrirse paso en Castilla y solo tardíamente en Cataluña. En **1679** una **Junta General de Comercio,** impulsada por el duque de Medinaceli y el conde de Oropesa, fue acicate oficial a las **manufacturas** y la **reanimación mercantil.**

La Corona impulsó las ferrerías del norte –Liérganes y La Cavada– para proveer la demanda estatal y surgieron Juntas Locales de Comercio como la de Granada en 1684.

Predominaba el **comercio de cabotaje** con continuo riesgo de ataques corsarios. También se complicaron las **grandes rutas** para las naves españolas en Europa: entraron en crisis la ruta desde Barcelona al norte de Italia, Flandes hacia 1630 y la ruta atlántica hacia Amberes y Hamburgo, bloqueada de facto por los holandeses desde principios de siglo. Hay que tener en cuenta el **«mercantilismo agresivo»:** la lucha tenaz por conseguir mercados, de estados europeos enfrentados a los Austrias que conseguían en los tratados y paces ventajas comerciales y franquicias diversas para sus manufacturas tanto en España como en la América española.

En cuanto a las **importaciones de América,** el máximo de oro y plata registrado en 1600 por valor de 60 millones de pesos había caído a 10 en 1660 y otras mercancías pasaron de un valor de 20 millones a 5 en 1650.

Crisis económica en España en los siglos XVI y XVII

«Tras el esplendor de las cinco o seis primeras décadas del siglo XVI, la falta de tradición (o sea, de calidad) y el distanciamiento de los precios hispanos respecto de los europeos, se conjugaron para arruinar la producción artesana y manufacturera de Castilla. El declive industrial trajo consigo el derrumbamiento de las ciudades. Burgos, Salamanca, Segovia, Cuenca, Toledo y muchos otros núcleos cayeron en picado a partir del reinado de Felipe II. La quiebra de la industria, seguida de la del comercio y de los servicios, comprometió los ingresos de un fisco cada vez más ávido, así como los de una parte de las clases privilegiadas. Estas circunstancias habían de propiciar la conversión de la agricultura (...) en tabla de salvación codiciada por todos. Víctima de tanta codicia, la tabla no tardaría en zozobrar. Presión fiscal y presión señorial insoportables (...) préstamos usurarios de tipo hipotecario han sido los azotes que se han abatido sobre la aldea castellana (...)».

Nadal, J.: «La población española durante los siglos XVI, XVII y XVIII», en Pérez Moreda, V., *et al.* (ed.): *Demografía histórica de España.* Madrid, El Arquero, 1988, pp. 45-46.

En la imagen se representa el gremio de carpinteros de ribera construyendo una carabela.

Los arbitristas y las Cortes se oponían a las alteraciones monetarias realizadas con las emisiones de vellón. Juan de Mariana, en 1609, lo denunció por suponer carestía y subida de impuestos sobre las capas populares. Por ello fue perseguido.

5.4. La impotencia fiscal del Estado

La creciente carga fiscal y el endeudamiento de la Corona provenían de las necesidades de la monarquía para costear el funcionamiento de un Estado muy extenso, diverso y falto de cohesión interna. La guerra en los Países Bajos se llevaba el 80 % de los ingresos de la Hacienda real. La política de **prestigio «exterior»** obligaba a un dispendio masivo de hombres y recursos. Además, el reino de Castilla asumía el coste de dicha política, mientras Aragón, Italia, Flandes, Cataluña, teóricamente integrantes del mismo gran Estado de la monarquía católica, aportaban muy poco o nada a este esfuerzo.

La emisión de juros «al quitar», títulos de deuda con una retribución en forma de intereses, resolvía mal el déficit. La Corona, endeudada siempre con banqueros y asentistas (alemanes, genoveses y luego portugueses), declaraba sucesivas bancarrotas (1607, 1627, 1648, 1662...) y acudía a la **manipulación monetaria,** con el vellón, desplazando la plata en las piezas en favor del cobre, e incluso alterando el valor nominal de la moneda castellana. Todo esto conjugaba inflación monetaria con recesión económica y abocaba al descenso de la producción y al empobrecimiento general.

5.5. La crítica de los arbitristas

Ante la decadencia aparecieron numerosos escritos en los que se proponían medidas para atajarla. A los autores de esas obras se les denomina arbitristas, como fue Miguel **Caxa de Leruela,** autor de *Restauración de la antigua abundancia de España* (1631), Martín **González de Cellorigo, Tomás de Mercado, Sancho Moncada** o **Pedro Fernández de Navarrete.** Este último en sus *Discursos políticos* (1621) hace un diagnóstico y propuesta de soluciones a los problemas de Castilla, obra en la que comenta la respuesta que el Consejo de Castilla dio a la consulta hecha por las Cortes del reino celebradas entre 1617 y 1621. La lista de grandes «males» es muy expresiva: desde la falta de protección a la agricultura y excesivos impuestos sobre los «pecheros» a la creciente despoblación.

5.6. Balance social

Como efectos sociales, se ha afirmado que la crisis del siglo XVII ocasionó en España, al igual que en otras zonas del Mediterráneo y Europa oriental, un aumento de las clases no productivas, nobleza y clero, y de su poder. Supuso de hecho una **«refeudalización»** de amplias zonas del país con una mayor presión sobre los vasallos y un incremento de las cargas sobre los sectores que se dedicaban al campo, al comercio y a la manufactura.

Paralelamente, el número de pobres y de mendigos creció considerablemente y una de las formas de rebeldía popular fue el **aumento** del **bandolerismo,** muy extendido, especialmente en Valencia y Cataluña.

También fueron frecuentes los estallidos de **cólera antifiscal** y **antiseñorial,** como el motín de la sal de Bilbao (1631), el de Lucena (1647), los de Córdoba, Sevilla y Ayamonte (1652), la revolta dels gorretes en Cataluña (1687), el de Manresa (1688), o la llamada «segunda germanía» de Valencia (1693). Se inició así un tipo de revueltas populares con continuidad en el futuro.

Murillo, en sus escenas costumbristas, testimonia la pobreza de gran parte del pueblo. Anciana despiojando a un niño *(c. 1670).*

6

La cultura de la Contrarreforma, siglos XVI y XVII

En paralelo al declive económico y social se vivió una fase de esplendor en la que la producción cultural y artística alcanzó altos niveles creativos. De ahí el nombre de **«Siglo de Oro»** español. Se generó una **ingente producción artística** y una larga lista de creadores que trabajaron en nuevas formas literarias y en la plástica del **Barroco.** Servía a una ideología religiosa intransigente, la **Contrarreforma,** en la que la sociedad hispánica fue bastión fundamental. De ella surgió la Compañía de Jesús y el impulso al Concilio de Trento frente a la Reforma protestante.

En Europa se produjo un **aislamiento científico**: las universidades cultivaban una cultura escolástica dentro de la ortodoxia católica. La férrea censura y control de las ideas garantizada por la Inquisición creó una atmósfera de delación y temor incompatible con los avances en el saber.

La Contrarreforma

«En Trento se asiste, en fin, a la destrucción del humanismo y a su sustitución por la teología. Hemos, pues, de dar siempre la importancia que se merece al Concilio de Trento que, con interrupciones, se reúne de 1545 a 1563 para hacer frente, fundamentalmente, al protestantismo (...) a partir del Concilio de Trento (en el cual dominan los jesuitas españoles desde 1551) la situación represiva es ya irreversible. (...)».

Blanco Aguinaga, C., *et al.*: *Historia social de la Literatura Española*, vol. II. Madrid, Castalia, 1978, p. 254.

6.1. El Siglo de Oro

6.1.1. La literatura

La literatura en lengua castellana tuvo un gran desarrollo en diversos géneros.

El **teatro** tuvo gran aceptación popular con autores como Lope de Vega, Tirso de Molina y Calderón de la Barca. En los corrales de comedias se representaban **comedias de enredo, obras heroicas** o **«autos sacramentales».**

Se extendió la **novela picaresca, satírica** y a veces **moralizante,** un buen testimonio de la vida social en los «bajos fondos», con *El Buscón don Pablos,* de Francisco de Quevedo o *El diablo cojuelo,* de Luis Vélez de Guevara.

La **gran narrativa** tuvo su muestra señera en la obra de Miguel de Cervantes *El ingenioso hidalgo don Quijote de la Mancha,* de proyección universal.

La **poética** de Lope, Góngora o Quevedo era seguida por el gran público.

6.1.2. Las artes plásticas

Surgió la estética del **Barroco,** que buscaba nuevas formas de trabajar con la luz, el espacio y el movimiento. Fueron artes al servicio de una clientela formada por la realeza y la Iglesia, que recibía también muchas obras encargadas por la aristocracia en templos y monasterios.

- La **arquitectura.** La **monumentalidad** barroca se refleja en muchas iglesias parroquiales y conventuales y en

ESCRITORAS DEL SIGLO DE ORO: MARÍA DE ZAYAS Y MARÍA DE GUEVARA

En el siglo de Oro, entre la pléyade de escritores y géneros, se olvida a menudo reseñar la obra de mujeres escritoras que alcanzaron alto nivel literario.

Debe reivindicarse la figura de **María de Zayas** (1590-1661), de familia militar, lo que le llevó a viajar y residir en diversas ciudades (Nápoles, Zaragoza...). *Sus Novelas ejemplares y amorosas* (1637) y Novelas y Saraos (1647) fueron muy leídas, en la estela de la obra de Miguel de Cervantes. Alguna fue traducida y publicada en Francia. Su pieza teatral *La traición en la amistad* fue elogiada por el propio Lope de Vega. Se detecta en su obra un enfoque reivindicativo feminista, así como la denuncia de la subordinación social de la mujer e incorpora elementos eróticos en sus novelas. Siglos después Emilia Pardo Bazán mostró su admiración por María de Zayas a la que consideraba pionera en planteamientos feministas.

María de Guevara (+ 1683) es otro ejemplo, pero bien diferente al anterior. Fue una dama de la alta nobleza, que aunaba linajes vasco-navarros y castellanos. Como condesa de Escalante era titular de una casa nobiliaria que, como otras muchas, acusaba la crisis de rentas que asolaba la Castilla del s. XVII. En 1663 dirigía al rey un *Tratado y advertencias hechas por una mujer celosa del bien de su rey* y al año siguiente publicaba en Valladolid *Desengaños de la corte y mujeres valerosas. Compuesto por un autor moderno, poca experiencia y grande celo.* En estas obras denuncia con el lenguaje de los arbitristas la mala gestión política y la incompetencia de asesores y cortesanos, al tiempo que expone su condena del ninguneo y postergación de las mujeres en la vida social y política.

Casa de la Panadería, en la Plaza Mayor de Madrid, obra dirigida por Juan Gómez de Mora y concluida en 1619.

La Torre del Reloj, de Domingo de Andrade, en Santiago.

grandes templos de base clásica pero de gran dinamismo y exuberancia. Son las intervenciones de **Domingo de Andrade** en las catedrales de Lugo y de Santiago, inaugurando el nuevo estilo en Galicia, **López de Rojas** y su fachada de la catedral de Jaén, o **Juan Gómez de Mora** que diseña la Clerecía de Salamanca y una extensa obra en Madrid. A fines de siglo se iniciaba la saga de los **Churriguera** y grandes figuras como **Casas Novoa** o **Pedro Ribera,** que llevan el Barroco al siglo XVIII.

- La **escultura** conoció una época de abundancia: además de la estatuaria de lujo de la corona y los nobles en sus sepulcros y salones, eran miles las cofradías, corporaciones o gremios que declaraban públicamente su fe en ceremonias, procesiones y celebraciones exhibiendo imágenes religiosas. Se desarrolló así la «imaginería» en madera policromada destinada a ser contemplada, conmover y provocar la devoción. En Castilla, **Gregorio Fernández** con sus Cristos yacentes encabeza un grupo de escultores muy rico en el que figuran **Bernardo del Rincón** o el catalán **Antonio Riera.**

El descendimiento, *de Gregorio Fernández.*

Los «grandes» de Andalucía como **Alonso Cano, Juan Martínez Montañés** o **Pedro de Mena** realizaron muchas imágenes para retablos y altares y «pasos» procesionales para Semana Santa. Entre los andaluces, sobresale **Luisa Roldán, «Roldana»,** nacida a mediados de siglo y que alcanzó gran prestigio como tallista y autora también de magníficas terracotas de tradición italiana. Su obra alcanzó gran difusión y admiración.

Virgen con el Niño, *de Luisa Roldán, «la Roldana».*

- La **pintura.** Es aquí donde se habla de una **potente «escuela española».** La relación de maestros es inacabable. Citemos en el área mediterránea al leridano Francisco **Ribalta** que, compitiendo con Pedro **Orrente,** desarrolló su actividad en Valencia. Eran ambos conocedores del tenebrismo y luminosidad de Caravaggio, mientras su paisano José de **Ribera,** «lo Spagnoletto», trabajaba en Italia y posteriormente en Castilla en esas mismas tendencias.

  Los grandes **maestros andaluces** llenan todo el siglo XVII: Francisco **Pacheco, Alonso Cano,** Bartolomé Esteban **Murillo,** el extremeño Francisco de **Zurbarán**

El patizambo o el niño cojo, *de José de Ribera «El Españoleto».*

Santa Isabel de Portugal, *de Zurbarán.*

y, a final de siglo, Juan **Valdés Leal.** Destaca sobre todos el genial maestro de la luz y pintor del espacio, la atmósfera y el paisaje, **Diego de Silva Velázquez:** sus retratos, el del papa Inocencio X o los de miembros de la realeza o personajes del común, son adelantados en la plasmación del carácter y la personalidad; *Las Meninas,* las *Hilanderas,* los cuadros mitológicos, la *Venus del Espejo,* las *Lanzas,* figuran entre las obras maestras de la historia de la pintura.

- Otras artes como la **música** no alcanzaron niveles de gran excelencia y decayó la música polifónica, si bien cabe recordar instrumentistas como **Luis de Briceño** (*Método para aprender a tañer la guitarra a lo español,* 1626) o los inicios de un género propio como la zarzuela uno de cuyos primeros textos se debe a Pedro Calderón de la Barca (*El Jardín de Falerina,* 1649).

Actividades

18 Infórmate sobre la temática de la novela picaresca, ¿por qué tuvo buena acogida este género literario en la sociedad española de los siglos XVI y XVII?

19 Enumera las características del arte barroco que explican su identificación con la expresión estética de la religiosidad católica en la España del siglo XVII.

20 Realiza un esquema sobre la significación social y científica de los «novatores».

6.2. Aislamiento científico y censura inquisitorial

Desde los Reyes Católicos, el poder impuso medidas de **control de la información, la educación y la circulación de ideas,** alertado por el éxito en Europa de la Reforma protestante. La **Inquisición** pasó a ser el principal instrumento de vigilancia de la ortodoxia.

El aislamiento de las nuevas corrientes del saber quedó garantizado por medidas como la ley de 1502 por la que cualquier edición debía contar con licencia de los arzobispos de Toledo, Sevilla y Granada y obispos de Burgos y Salamanca.

El rey Felipe II, por su parte, prohibió a los castellanos, en 1559, estudiar en universidades extranjeras, salvo en las de la Corona de Aragón y las de Coimbra, Roma y Bolonia.

Un instrumento de control fue el **Índice de libros prohibidos (1551),** relación de obras cuya lectura y posesión era ilegal o debían ser expurgados y censurados. En el Índice figuraron, por ejemplo, obras de Erasmo de Rotterdam o Juan Luis Vives, Copérnico o Kepler. Era actualizado periódicamente, seis veces hasta 1700 en sucesivas ediciones.

6.2.1. Los «novatores»

En **algunos campos,** debido al desarrollo obligado de saberes técnicos relacionados con la producción como la industria naval, la minería y la metalurgia, se mantuvo un **nivel aceptable de innovación.** Estas mejoras quedan reflejadas en las nuevas herrerías vizcaínas y fargas catalanas, como el caso de la de Ripoll (1626). y en las obras de:

- Tomé Cano, *Arte para fabricar y aparejar naos* (1611).
- Antonio de Nájera (1628) *Navegacion especulativa, y práctica.*
- Antonio Alonso Barba *El Arte de los Metales* (1640).

A pesar del aislamiento científico y la opresión inquisitorial, en la segunda mitad de siglo surgieron grupos de intelectuales, los llamados **«novatores»** que divulgaban el heliocentrismo, estudios y trabajos de anatomía, botánica y cartografía, renegando de la escolástica y defendiendo la observación, las matemáticas, la química y la experimentación.

Destacaron los valencianos Crisóstomo Martínez, autor de un *Atlas anatómico* muy reconocido, y Juan de Cabriada, autor de la *Carta filosófica médico-química.* Otros grupos actuaban en Zaragoza, Sevilla y Barcelona. En el grupo de Sevilla, Diego Mateo Zapata creó la Regia Sociedad de Medicina y otras ciencias, con Juan Muñoz y Peralta en 1697.

ACTIVIDADES

1 Interpretación de un eje cronológico

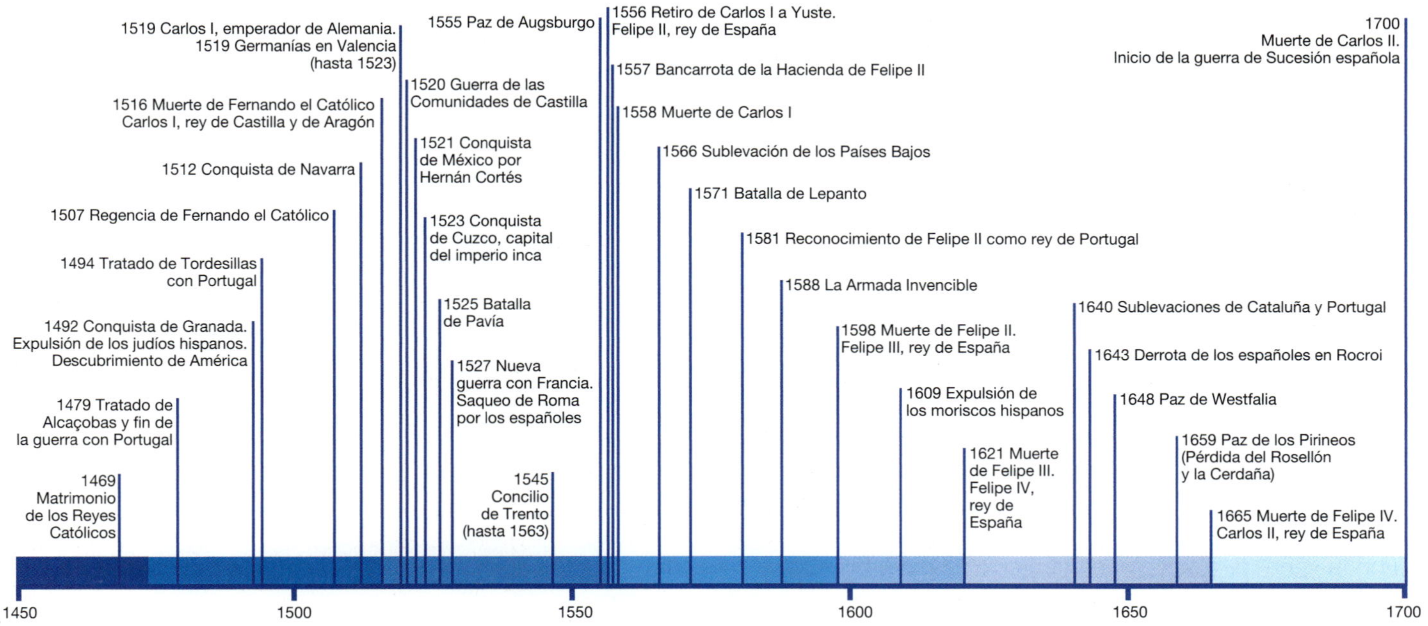

- **Linea del tiempo.** Señala en el eje cronológico las fechas y los acontecimientos significativos de las relaciones conflictivas con Francia en los siglos XVI y XVII. Redacta una breve nota al respecto.

2 Análisis y comentario de un cuadro de hechos históricos

- **Comprobamos.** En el siguiente cuadro aparecen hechos y situaciones atribuidos a los períodos de gobierno de distintos monarcas en los siglos XVI y XVII. Lee atentamente el cuadro y realiza las siguientes tareas:

1. Determina cuáles de las atribuciones son ciertas o falsas.
2. Justifica brevemente las que consideres falsas, proponiendo su formulación correcta.

Reyes Católicos (1474-1516)	Carlos I (1517-1556)	Felipe II (1556-1598)	Austrias menores (1598-1700)
Incrementaron los privilegios de la Mesta.	Organizó la Armada Invencible.	Participó en la guerra de los Treinta Años.	Sublevación de Cataluña.
Entregaron a la nobleza los principales cargos políticos.	Creó el órgano armado denominado Santa Hermandad.	Incorporó a su Corona el reino de Portugal.	Expulsión de los judíos.
Unieron los reinos de Aragón y Castilla bajo la misma Corona y las mismas leyes.	Nebrija publicó la primera gramática del castellano.	Reprimió con dureza la revuelta de los comuneros.	Magallanes y Elcano dieron, por primera vez, la vuelta a la Tierra.

3 Construir una explicación a partir de un texto

Para resolver esta tarea, conviene recorrer los siguientes pasos:

- Subrayar las ideas principales y las secundarias que el autor expone sobre el problema, el acontecimiento o el proceso que analiza.
- Conceptualizar correctamente esas ideas.
- Relacionar estos conceptos de forma que expresen coherente y ordenadamente el punto de vista del autor.

«En el nombre de la Santísima Trinidad (...) la orden que da Luis Ortiz, Contador de Castilla de S.M. y vecino de la ciudad de Burgos, para que no salgan dineros de estos reinos de España, antes bien de otros vengan a ellos, y para que bajen las cosas de los excesivos precios en que al presente están (...) es la siguiente:

Inflación

Entendido está que de una arroba de lana que a los extranjeros cuesta quince reales, hacen obraje de tapicerías y otros paños y cosas labradas fuera de España, de que vuelven de lo mismo a ella, valor de más de quince ducados (...). Y ha venido la cosa a tanta rotura, que aun la vena de que se hace el hierro llevan a Francia, y allí tienen de poco acá herrerías nuevas; todo en daño no solo de nuestras honras, pues nos tratan peor que a bárbaros, mas aún de nuestras haciendas. Pues con estas industrias nos llevan el dinero; y la misma orden se tiene en la grana y en la cochinilla y en lo demás que en España se cría y viene de Indias (...).

Manufacturas

Desequilibrio balanza comercial

Materia prima

Oro americano

Y el remedio para esto es vedar que no salgan del reino mercaderías por labrar, ni entren en él mercaderías labradas. Con esto es visto que los mercaderes extranjeros vendrán a comprar lo que les falta en sus tierras, y como ahora pagan por la arroba de lana quince reales, pagarán por la obra que de ella resulte quince ducados y así en todo lo demás (...).

Proteccionismo

Lo primero que deroguen las leyes del reino por las cuales están los oficiales mecánicos aniquilados y despreciados, y se promulguen y hagan otras en favor de ellos, dándoles honras y oficios, como se hace en Flandes y en los otros reinos, donde hay ordenadas repúblicas con estas libertades. Se ha de mandar que todos los que al presente son nacidos en estos reinos, de diez años abajo y los otros que nacieran de aquí adelante para siempre jamás aprendan letras, artes u oficios mecánicos, aunque sean hijos de Grandes y de caballeros (...)».

Educación profesional

En Fernández Álvarez, M.: *Economía, sociedad y corona*. Madrid, Edic. de Cultura Hispánica, 1963. (Transcripción en castellano actual).

- Partiendo de los conceptos señalados en este ejemplo y de otros que consideres relevantes, elabora un texto breve que exprese las ideas expuestas por Luis Ortiz, reflejando:

1. Los problemas que denuncia.
2. Las medidas que propone.
3. Los resultados que pretende.

4 Análisis de una serie estadística de tipo sociodemográfico

Este tipo de series expresan numéricamente fenómenos sociales que tienen consecuencias demográficas, o viceversa. Para interpretarlas, conviene seguir las pautas de los análisis de series estadísticas. Toda interpretación exige, como punto de partida, tener una información precisa sobre el fenómeno social considerado.

Población morisca expulsada (1609-1611)

Áreas	Habitantes	Expulsados
Castilla, La Mancha, Extremadura	4120000	44625
Andalucía, Murcia	1590000	45517
Valencia	450000	117464
Aragón	400000	60818
Cataluña	450000	3716

Reelaborado de Le Flem, J. P.: *Los aspectos económicos de la España moderna*, en Tuñón de Lara, M. (dir.): *Historia de España*, vol. 5. Barcelona, Labor, 1982.

- Con los datos de la población morisca expulsada de España entre 1609 y 1611:

1. Realiza gráficos que te permitan visualizar de forma más precisa la incidencia de la expulsión en las diferentes zonas de España. Por ejemplo: porcentaje sobre la población total en cada área; repercusión en la Corona de Castilla y en la Corona de Aragón, etc.
2. Consulta información complementaria sobre la población morisca y su actividad económica para explicar:
   - ¿Quién y por qué decidió su expulsión?
   - ¿Qué consecuencias demográficas, socioeconómicas y culturales tuvo esta la expulsión?

5 Análisis y comentario de documentos de diferente naturaleza

Documento A

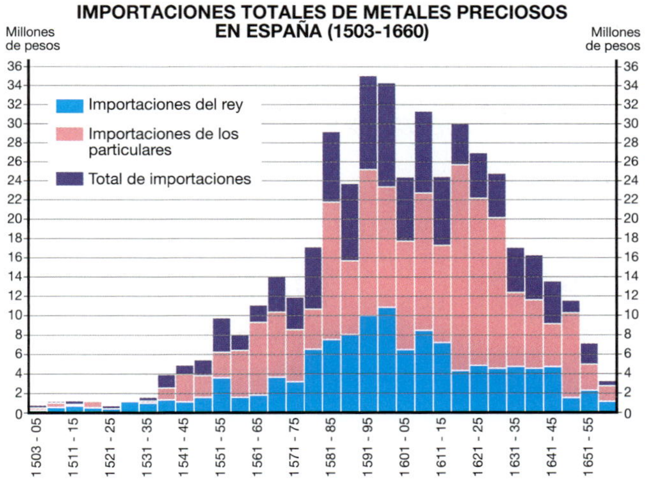

Documento B

«Como el conjunto de Europa, la economía española del siglo XVI conoció la llamada revolución de los precios. A lo largo del siglo los precios se triplicaron, comenzando a estancarse durante las primeras décadas de la centuria siguiente (...) para los contemporáneos resulto un fenómeno novedoso sobre todo por su persistencia durante un período tan prolongado. Se ha discutido mucho la responsabilidad de la plata americana en este proceso inflacionario, pero la comparación del mismo con las remesas de metales preciosos no muestra una coincidencia exacta (...) las llegadas fueron menores en la primera mitad del siglo, cuando la inflación fue mayor (...) en la segunda mitad, las remesas se incrementaron mientras los precios quedaban rezagados. Por tanto, es muy posible que los metales solo contribuyeran a aumentar una tendencia que respondía a razones más de fondo (...) la inflación parece haber sido mayor en España –que recibía el impacto directo de los cargamentos de plata– que en el resto de Europa (...) "La inflación que al principio fue un estímulo para los fabricantes españoles, acabó poniéndolos fuera de juego en el mercado internacional y aun en el nacional" (J. Lynch)».

Palafox, J. (coord.): *Curso de historia económica*. Valencia, Tirant lo Blanch, 1998, pp. 77-78.

Documento C

«El daño vino del haber mucha plata y mucho dinero que es y ha sido siempre (como lo probaré en otro papel) el veneno que destruye las Repúblicas y las ciudades. Piénsase que el dinero las mantiene y no es así: las heredades labradas y los ganados y pesquerías son las que dan mantenimiento. Cada uno había de labrar su parte: ahora los que se sustentan con dinero, dado a renta, inútiles y ociosos son, que quedan para comer lo que los otros siembran y trabajan».

Pedro de Valencia (1608). Cit. en Pierre Vilar: *Oro y moneda en la historia*. Barcelona, Ariel, 1974, p. 233.

- Basándote en los documentos A, B y C y en la información de la unidad, explica las consecuencias económicas y sociales de la llegada masiva de oro y plata a Castilla durante los siglos XVI y XVII.

5

La familia de Felipe V, *de Louis-Michel van Loo.*

El siglo XVIII: Antiguo Régimen, reformismo e Ilustración

A lo largo del siglo XVIII, en Europa occidental, creció la población y aumentó la riqueza debido a grandes reformas políticas, económicas, sociales y culturales. Es el Siglo de las Luces o el siglo de la Ilustración, en alusión a la luz que deberían aportar la razón y la ciencia para el logro de la felicidad humana. Los ilustrados propugnan el progreso y el cambio para mejorar la vida de los seres humanos. La burguesía protagoniza este cambio, y la monarquía se apoya en ella para promover el fortalecimiento de su poderoso Estado. Por ello, esa monarquía absoluta patrocina reformas desde el poder; de ahí el apelativo de despotismo ilustrado.

En España, las minorías ilustradas hicieron enormes esfuerzos para alejar al país de los viejos principios de la Contrarreforma que habían regido durante los dos siglos anteriores. A pesar de sus fracasos, dejaron planteados los principales problemas a los que España debería enfrentarse en su historia contemporánea.

QUÉ VAS A ENCONTRAR EN ESTA UNIDAD

1. La guerra de Sucesión y el cambio de dinastía
2. El reformismo borbónico
3. Los ilustrados españoles
4. La América hispana en el siglo XVIII
   - Trabaja los contenidos

DESAFÍOS QUE **DEJAN HUELLA**

Los contenidos y las actividades de esta unidad pueden resultar de utilidad para la realización del proyecto multidisciplinar «Recepción en el Salón de Reinos».

1

La guerra de Sucesión y el cambio de dinastía

A finales del siglo XVII, las principales monarquías europeas se preparaban para disputarse el control de los territorios de la antaño poderosa monarquía católica. Había hasta tres príncipes que se consideraban con derechos a ocupar el trono español si, como todo indicaba, quedaba vacante: José Fernando de Baviera, el archiduque Carlos de Austria y el Borbón Felipe de Anjou. **Carlos II,** último rey español de la casa de Austria, murió sin descendencia en 1700 y dejó el trono a un nieto del rey Luis XIV de Francia, **Felipe de Borbón.** Pero ante la prepotencia mostrada por el monarca francés, el Rey Sol, se constituyó en Europa, en 1701, una gran alianza, integrada básicamente por Inglaterra, Holanda y Austria, que defendía la candidatura al trono de España del archiduque **Carlos de Austria** y declaró la guerra a Francia. Esa situación desembocó en una guerra que se prolongó hasta 1714.

1.1. Desarrollo del conflicto (1701-1714)

La **guerra de Sucesión española** (1701-1714) fue la primera de las guerras dinásticas europeas que, a lo largo del siglo XVIII, implicaron a casi todos los Estados en un continuo reequilibrio entre las potencias. Los primeros enfrentamientos tuvieron lugar en Flandes y con la frustrada marcha sobre Viena de Luis XIV, seguida de los ataques austriacos a las posesiones españolas en Italia. La reacción austriaca y los ataques ingleses en Galicia y Cádiz, con la toma de Gibraltar, llevaron al archiduque Carlos a desembarcar primero en Lisboa (1704) y luego en Barcelona. El candidato austriaco encontró en tierras hispanas el apoyo de catalanes, aragoneses, valencianos y baleáricos, integrantes de la antigua corona de Aragón.

Inicialmente, la guerra fue favorable a la Gran Alianza, pero Felipe de Borbón terminó por imponerse, al vencer primero en Almansa (1707) y posteriormente en Brihuega y Villaviciosa (1710). También influyó en el desenlace del conflicto el hecho de que el archiduque Carlos heredó en 1711 el imperio austriaco, por lo que perdió el apoyo de ingleses y holandeses, temerosos de que se concentrase tanto poder en el mismo monarca.

La **paz** se alcanzó en los tratados de **Utrecht (1713)** y **Rastadt (1714),** que establecían un nuevo equilibrio en Europa occidental y en el Mediterráneo, pero también afectaba a las posesiones de ultramar. Felipe V fue reconocido rey de España, si bien Gran Bretaña se quedó con Terranova, Gibraltar y Menorca, al tiempo que consiguió privilegios en el comercio americano. Los Borbones de España y de Francia renunciaron a la unión dinástica de ambos reinos. Austria se quedó con la mayoría de los territorios continentales españoles en Europa (Milanesado, Flandes, Nápoles y Cerdeña). Pero la lucha continuó en la Península, pues la resistencia catalana se prolongó hasta el año 1714 y la de Mallorca hasta el año 1715.

La guerra de Sucesión (1701-1714)

Tratado de Utrecht

«(...) Artículo 10.

El Rey Católico, por sí y por sus herederos, y sucesores, cede por este Tratado a la Corona de la Gran Bretaña la plena y entera propiedad de la ciudad y castillo de Gibraltar, juntamente con su puerto, defensas y fortalezas que le pertenecen, dando la dicha propiedad absolutamente para que la tenga y goce con entero derecho y para siempre, sin excepción ni impedimento alguno. Pero para evitar cualesquiera abusos y fraudes en la introducción de las mercancías (...) la dicha propiedad se cede a la Gran Bretaña sin jurisdicción alguna territorial y sin comunicación alguna abierta con el país circunvecino por parte de tierra. Y como (...) de aquí puede resultar que los soldados de la guarnición de Gibraltar y los vecinos de aquella ciudad se vean reducidos a grande angustia (...) se puede comprar a dinero de contado en tierra de España circunvecina la provisión y demás cosas necesarias para el uso de las tropas del presidio, de los vecinos y de las naves surtas en el puerto (...)».

1.2. El nuevo orden

Felipe V (1700-1746) emprendió importantes reformas en la Administración, inspirándose para ello en el modelo francés.

1.2.1. Los Decretos de Nueva Planta

Las medidas de mayor trascendencia tomadas por el nuevo rey de España fueron los Decretos de Nueva Planta, aplicados a los territorios de la antigua corona de Aragón: en **1707,** a **Aragón** y a **Valencia;** en **1715,** a **Mallorca,** y en **1716,** a **Cataluña.**

En los territorios que habían formado parte de la corona de Aragón, no solo se suprimieron los fueros y las instituciones (Cortes), sino que en cada uno de ellos se estableció un capitán general, sustituto del antiguo virrey, y una audiencia, al tiempo que se les imponía un nuevo sistema tributario que fijaba un cupo de recaudación para cada reino: la llamada contribución única de Aragón, el equivalente en Valencia, la talla en Mallorca y, en Cataluña, el catastro, el más elaborado y general que combinaba imposición directa e indirecta.

En el caso de Cataluña se trasladó la Universidad de Barcelona a Cervera y se estableció que las causas de la Real Audiencia se sustanciaran en castellano, lo que perjudicaba a la lengua catalana. Es evidente que, con esas medidas, se configuraba un **Estado** de indiscutible signo **centralista,** a la par que uniformista. Solo se respetaban los fueros tradicionales de los vascos y de los navarros, que habían mantenido fidelidad a Felipe V en la guerra.

1.2.2. La política exterior

El objetivo de Felipe V, a partir de su matrimonio en 1715 con Isabel de Farnesio, fue paliar los resultados negativos que produjo el Tratado de Utrecht. En una primera etapa, el privado, el abad Alberoni, favorito de la reina, impulsó la **reaparición** de la **fuerza militar** española en Italia, organizando en 1717 una armada que conquistó Cerdeña y Sicilia, pero aquí fue derrotada en 1718 por los británicos, mientras la propia Francia invadía España por el País Vasco y Cataluña para hacer respetar los acuerdos de Utrecht. El objetivo de instalar a príncipes Borbón-Farnesio en los ducados italianos e incluso en el reino de las Dos Sicilias se consiguió con el tiempo, pero siguiendo diferente estrategia.

En una segunda etapa, Felipe V firmó dos de los tres **Pactos de Familia** (1733 y 1743) que sellaron la colaboración con Francia, que se mantendría a lo largo del siglo XVIII. Entre los colaboradores de Felipe V alcanzó gran renombre **José Patiño,** que llevó a cabo una formidable labor en favor de la reconstrucción de la Marina española.

Felipe V

Su reinado tuvo dos etapas, separadas por su abdicación y el breve reinado de su hijo Luis I, en 1724. Estableció la Ley Sálica, que excluía a las mujeres de la sucesión dinástica, e intervino en las guerras de Sucesión de Polonia y de Austria, recuperando para sus hijos varios ducados italianos y el reino de Nápoles.

Puedes conseguir más información en la web de recursos de **anayaeducacion.es**.

Actividades

1 Enumera los motivos expuestos por Felipe V en el Primer Decreto de Nueva Planta para abolir los derechos y libertades de Aragón y de Valencia.

Primer Decreto de Nueva Planta (1707)

«Considerando haber perdido los reinos de Aragón y Valencia y todos sus habitantes por la rebelión que cometieron, faltando enteramente así al juramento de fidelidad que me hicieron como a su legítimo Rey y Señor, todos los fueros, privilegios, exenciones y libertades que gozaban (...) se añade ahora la del derecho de conquista (...), y considerando también que uno de los principales tributos de la soberanía es la imposición y derogación de las leyes (...). He juzgado por conveniente, (...), abolir y derogar enteramente (...) todos los referidos fueros y privilegios (...) en los referidos reinos de Aragón y Valencia, siendo mi voluntad que estos se reduzcan a las leyes de Castilla (...)».

Buen Retiro, a 29 de junio de 1707».

El reformismo borbónico

A Felipe V le sucedió en el trono su hijo **Fernando VI** (1746-1759). En esos años, España mantuvo una **política exterior de neutralidad.** Esa postura fue defendida por sus dos principales colaboradores: José de Carvajal, de orientación anglófila, y el marqués de la Ensenada, de tendencia francófila. Este último continuó la restauración de la potencia naval española. En 1759, el rey murió sin descendencia y su hermano Carlos, rey de Nápoles, abandonó su residencia de Caserta para ceñirse la corona de España. Le acompañaba un séquito de ministros napolitanos dispuestos a aplicar las fórmulas políticas y económicas ensayadas en su país.

2.1. El impulso reformador

Tanto Felipe V como **Carlos III** (1759-1788) impulsaron reformas políticas, económicas y sociales, dentro del espíritu de la Ilustración. Los ilustrados, siguiendo el modelo francés, pretendieron racionalizar la Administración como forma de fortalecer el Estado y de la propia monarquía, así como de promover el crecimiento económico. España conoció cuarenta años de **reformas.** La inquietud de los ilustrados por adaptar el país a las necesidades del momento contribuyó a difundir algunos de los principios sobre los que luego se sustentaría el Estado nacional. Vocablos como patriotismo y nación sirvieron para definir conceptos y realidades que encontrarán su desarrollo en el siglo XIX. Empezaba a hablarse de la necesidad de aplicar unas mismas leyes en todo el territorio, mientras el castellano se extendía como lengua de la Administración.

2.2. La centralización del Estado

2.2.1. El modelo político absolutista

Los Decretos de Nueva Planta, para los territorios de la antigua Corona de Aragón, fueron la **primera medida centralizadora,** a la que siguieron importantes reformas en la **Administración Pública,** en la línea del centralismo y la uniformización bajo el **poder absoluto** del monarca:

- Las **Cortes** quedaron reducidas a funciones protocolarias.
- Los **Consejos** perdieron peso específico, pero pasaron a un **primer plano** los **secretarios de despacho,** claro antecedente de los futuros ministros. Figura clave en esta reforma fue don Zenón de Somodevilla, **marqués de la Ensenada** (1702-1781), que ocupó diversas secretarías durante los reinados de Felipe V y de su sucesor, Fernando VI.

En tiempos de Fernando VI había cinco secretarías (Estado, Gracia y Justicia, Marina e Indias, Hacienda y Guerra), y se produjeron varias reestructuraciones a lo largo del siglo. En cuanto a los Consejos, solamente el de Castilla mantuvo su rango e importancia como suprema instancia jurisdiccional.

Actividades

2 Elabora un esquema con la relación de problemas sociales que Macanaz denuncia en su *Testamento de España.*

Un nuevo concepto de España

Melchor de Macanaz, procesado por la Inquisición y obligado a treinta años de exilio en Francia, después de haber desempeñado altos cargos con Felipe V, presenta irónicamente la patria en su Testamento de España, dictando su última voluntad en el lecho de muerte:

«(...) Habiendo dispuesto ya de lo esencial de mis bienes, solo se me acuerdan algunas advertencias que exponer, (...) y son las siguientes:

1.ª Que no ejecuten las leyes que previenen rigurosos castigos contra los hurtos, por cuanto en tal caso serían insuficientes el número de verdugos y patíbulos para tan innumerables delincuentes. Y como entre ellos hay muchos de alta jerarquía, se mancharía el lustre de sus familias (...).

2.ª Que no lleguen a oídos de la corte los tristes lamentos de los pueblos que, gravados de contribuciones y afligidos por las extorsiones y tropelías de los ministros reales, lloran su deplorable estado en el silencio de su opresión.

3.ª Que se destierre de mis reinos y se trate como extravagante (...) al proyectista que se atreva a proponer la composición de caminos, procreación de bosques, navegación, canales y establecimiento de hospicios y hospitales.

4.ª Que se quemen públicamente las imprentas para que se perpetúe la ignorancia, madre de la obediencia (...).

5.ª Que, en cuanto a las ciencias, no se innove cosa alguna, pues estamos más adelantados que nuestros ascendientes los godos (...).

En fin, habiendo esparcido mi vista en la extensión de mis reinos, los miro sujetos al infame yugo de la ignorancia, madre de la presunción y la pereza (...).

Y así, desengañada de lo que soy y desesperanzada de lo que pudiera ser, tormento que más agrava mis males, y arguyendo mi corta duración por mi debilidad, suplico desde ahora a todas las potencias de la Europa asistan personalmente a mis funerales (...)».

Real, C., y Alcalde, L. (ed.): *Prosistas del siglo XVIII.* Madrid, Biblioteca Hermes, 1997.

2 El reformismo borbónico

División provincial en el siglo XVIII

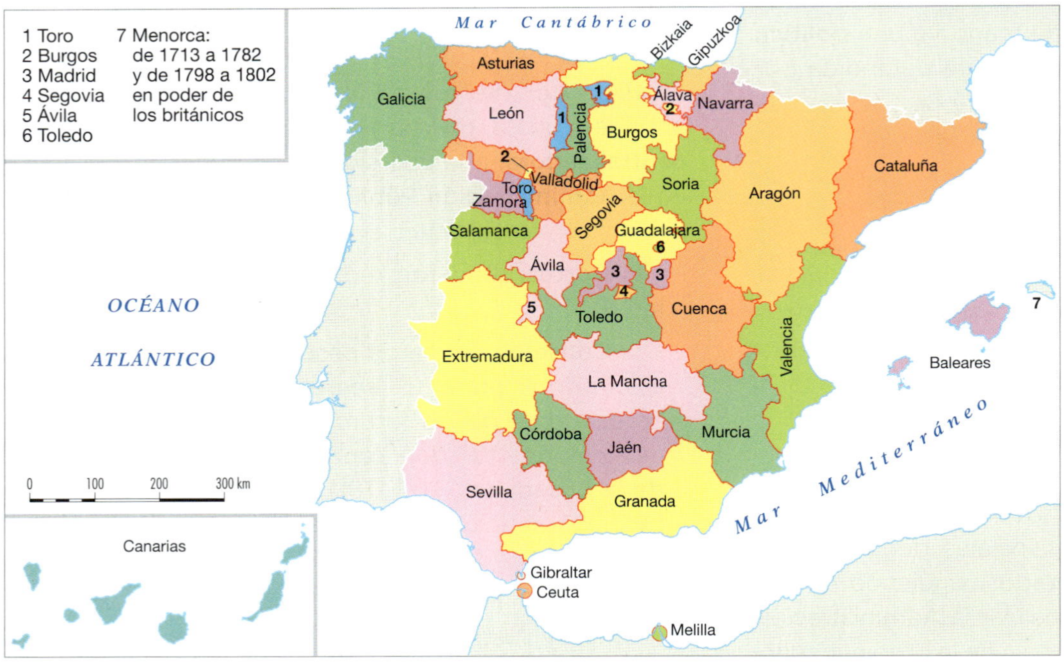

El reformismo borbónico llevó a cabo una reorganización territorial del Estado para uniformizar la Administración. La creación de «provincias» iba en ese sentido, aunque resultó un conjunto muy poco equilibrado.

Fernando VI

Juró como heredero al trono en 1724. Por su matrimonio con Bárbara de Braganza retornaron las buenas relaciones con Portugal.

Su reinado se caracterizó por un fuerte impulso reformista: recuperación de la Armada, creación de la Real Academia de Bellas Artes de San Fernando, reorganización de la Hacienda, construcción de carreteras, obras del canal de Castilla, en 1753; mejora de los puertos de A Coruña, Gijón, Bilbao y Málaga; promoción de la industria de la seda... Se crearon en estos años varias compañías comerciales por acciones, que intentaron expandir la actividad de la «economía civil».

En la política exterior, aceptó en 1748 el Tratado de Aquisgrán, poniendo fin a la guerra de Sucesión de Austria. Intentó una política equidistante entre Gran Bretaña y Francia. En 1753, asimismo, firmó el Concordato, que regulaba las relaciones con la Iglesia. No implicó a España en la guerra de los Siete Años (1756), a pesar de la oferta francesa de recuperar Menorca.

Carlos III

Antes de ocupar el trono español a la muerte de su hermanastro Fernando VI, Carlos había sido duque de Parma y, luego, rey de Nápoles como Carlos VII, tras las campañas victoriosas de Felipe V frente a los austriacos.

En su largo reinado se alcanzaron los logros más destacados del despotismo ilustrado y de la forma de gobierno absolutista en España.

Para el historiador J. Lynch, fue «un prodigio entre los ineptos monarcas Borbones». Gobernaba personalmente los más diversos asuntos del Estado y hasta su muerte en 1788 tuvieron lugar importantes reformas económicas, sociales y culturales del siglo.

Su política exterior fue de estrecha colaboración con Francia y beligerante frente a Inglaterra, participando en la guerra de los Siete Años (1756-1763) y en la de Independencia de Estados Unidos (1776-1783), tras la que recuperó algunos territorios.

Su reinado se asocia a una importante mejora urbana de Madrid y a la aparición del gusto neoclásico.

2.2.2. La administración del territorio

La organización de los reinos sometidos a los Decretos de Nueva Planta y la del conjunto del reino de España se inspiraban en la tradición de la corona de Castilla y de la Francia de Luis XIV. Los **capitanes generales,** con competencias militares y administrativas, las **audiencias,** para la administración de justicia, y los **intendentes,** encargados de la economía, la Hacienda y la supervisión administrativa, formaban parte del nuevo modelo político.

Surgió el concepto de **provincia** como entidad territorial dependiente de un intendente, cuya función primordial era la gestión de todo lo referido a la milicia y a la Hacienda.

Para el **gobierno local** se generalizó la figura del corregidor de nombramiento real, aunque hasta Carlos III las Haciendas municipales actuaban a su arbitrio. La nobleza y las oligarquías de los concejos de hecho carecían de control, por lo que fueron creados los diputados del común en 1766.

La población en la España peninsular (en miles)

	1530	1591	1768	1787
Andalucía	762	1067	1661	1847
Asturias	81	133	403	348
Castilla la Nueva	614	1145	1131	1142
Castilla la Vieja	1049	1254	978	1232
Extremadura	305	451	273	417
Galicia	263	504	1088	1346
León	503	633	600	628
Murcia	74	115	317	338
País Vasco y Navarra	268	296	425	535
Corona de Castilla	3919	5598	6876	7833
Aragón	255	310	530	623
Cataluña	251	364	878	899
País Valenciano	273	360	739	783
Corona de Aragón	779	1034	2147	2305
España continental	4698	6632	9023	10138

Nadal, J.: «La población española durante los siglos XVI, XVII y XVIII», en Pérez Moreda, V. *et al.* (ed.): *Demografía histórica de España.* Madrid, El Arquero, 1988, p. 40.

Actividades

3 Agrupa y relaciona los datos de «La población en la España peninsular» y comprueba si se verifica lo que dice el texto sobre las tendencias de poblamiento en España a lo largo del siglo XVIII.

4 ¿A qué se debió el estancamiento de la oferta agraria en la España del Antiguo Régimen? ¿Qué relación hay entre ese fenómeno y las formas de tenencia de la tierra?

2.3. Desarrollo poblacional y reforma agrícola

2.3.1. Población y poblamiento

En el siglo XVIII se produjo en España una **recuperación demográfica.** La población pasó de unos 7,5 millones de habitantes en 1700, a casi 11,5 millones al concluir el siglo. Ello obedecía a la disminución de la mortalidad por mejoras agrarias y a la ausencia de enfermedades como la peste, aunque había frecuentes epidemias de cólera y fiebre amarilla, y hambrunas por malas cosechas.

Se elaboraron los **primeros censos de población** individualizados: censo de **Aranda** (1769), censo de Floridablanca (1787) y de Godoy (1797). Por vez primera, la población de la **periferia predominaba sobre** la del **centro** de la Península. Ciudades como Madrid o Barcelona superaban los 100 000 habitantes, y Valencia, Sevilla, Granada y Cádiz se aproximaban a esa cifra.

2.3.2. La política agraria

Los ilustrados eran decididos partidarios de modernizar las estructuras de propiedad y tenencia de la tierra, y de fomentar el crecimiento de la producción agraria.

El peligro de amotinamientos, motivados por el hambre, convenció a los intelectuales cortesanos de la necesidad de una rápida **reforma agraria. Olavide, Floridablanca** y **Jovellanos** consideraban un gran problema las enormes propiedades acumuladas por la nobleza y la Iglesia, a las que responsabilizaban del atraso del campo. Pero pronto encontraron la oposición de la tradición y de los propietarios, que demostraron su fuerza poniendo en marcha severos procesos inquisitoriales contra los reformistas.

2.3.3. Herencia feudal: la propiedad de «manos muertas»

Las leyes feudoseñoriales en vigor provocaban que la mayor parte de las tierras –en torno al 80%– estuvieran fuera del mercado, sometidas a un tipo de **propiedad vinculada** y **amortizada** (propiedad de manos muertas) que las condenaba a ser explotadas con bajísimos rendimientos: las nobiliarias, sujetas al mayorazgo; las eclesiásticas, amortizadas; en cuanto a los bienes municipales y baldíos, no podían ser parcelados, privatizados ni explotados eficientemente. Además, los ganaderos de la Mesta disponían de enormes privilegios frente a los labradores.

Las mejores tierras, por tanto, **no podían ser capitalizadas,** vendidas, mejoradas en suma. En una época de crecimiento de la población y de aumento de la demanda se daba, pues, una continua contradicción entre esa demanda creciente y una oferta estancada, lo que provocaba subidas enormes de precios, sobre todo en años de malas cosechas. Eran las terribles **crisis de subsistencia** que menudearon a lo largo del siglo.

2.3.4. Primeras tentativas de reforma agraria. El plan Olavide

Pedro Rodríguez de **Campomanes** vinculó el progreso del país al acceso del campesinado a la propiedad de la tierra y a la desamortización de los bienes eclesiásticos. Tratando de poner en práctica estas ideas, **Carlos III repartió tierras comunales** entre los campesinos extremeños en un innovador programa que tenía un claro objetivo político: crear una clase campesina dependiente, alejada de la conflictividad social. Esta reforma agraria tuvo éxito en Badajoz, y se extendió a Andalucía y La Mancha, donde cientos de jornaleros y pequeños propietarios agrícolas consiguieron tierras y ayudas económicas del Estado para la compra de aperos y vivienda.

Pablo de **Olavide,** responsable del Gobierno en Andalucía y preocupado por los problemas del sur español, trató de corregir el **despoblamiento** de la zona de **Sierra Morena** mediante la **colonización** de estas tierras. Como refuerzo demográfico de las vías de enlace entre Castilla y Andalucía, seis mil colonos alemanes, holandeses y españoles fueron instalados en una treintena de pueblos y aldeas en torno a tres nuevos centros: La Carolina, La Carlota y La Luisiana.

En 1775, cuando las poblaciones habían demostrado su viabilidad, los **nobles y la Iglesia abortaron el experimento:** tras hacer caer a Olavide en manos de la Inquisición, su reforma agraria quedó arrinconada, y el campesinado sureño, desamparado.

La cuestión agraria

Pablo de Olavide, en su *Informe sobre la Ley Agraria* (1768), escribe:

«No tiene duda que uno de los mayores males que padecemos es la desigual repartición de tierras y que las más de ellas están en pocas manos; es bastante que esto perjudica a la agricultura y al Estado; que lo que conviene es que haya muchos vasallos ricos y bien estantes y no que en pocos se reúnan inmensas fortunas y que este axioma de buena política se acomoda con más propiedad a los labradores que cultivan un terreno inmenso (...). Que la demasiada extensión de la labranza previene que las tierras se cultiven mal y que no se cultiven todas, pues el mismo terreno que puesto en muchas manos se sembraría todos los años, se estercolaría, se araría bien y, por ello, se escardaría, reducido a uno solo, queda en la mayor parte inculto y el que se labra es de un modo imperfecto y defectuoso (...)».

En Sevilla, en 1767, entró en el círculo de Olavide un joven funcionario asturiano, **Gaspar Melchor de Jovellanos** (1744-1811), quien llegaría a ser uno de los intelectuales más representativos de la España de la Ilustración. Sus escritos y propuestas abarcan los temas considerados fundamentales por los reformistas: educación, libertad comercial, reforma de la propiedad agraria, mejora de la agricultura, etc. Al igual que Campomanes, Olavide y otros, era un decidido partidario de la fisiocracia, doctrina económica que consideraba la tierra como única fuente de riqueza, y preconizaba la necesidad de fomentar el desarrollo de los recursos primarios, la libertad de comercio y la reforma fiscal. Defendía la «contribución única», un nuevo sistema fiscal que unificara el complejo sistema tributario en todos los territorios del Estado. Entre 1788 y 1795 escribió su célebre *Informe sobre la Ley Agraria.*

2.4. Desarrollo de las infraestructuras y la industria

2.4.1. Las infraestructuras

El siglo XVIII marcó un cambio muy radical en la actitud del Estado con respecto a las vías de comunicación. Desde el inicio de la monarquía borbónica ya se puede advertir una gran atención gubernamental hacia estos asuntos.

Durante los reinados de Felipe V y de Fernando VI, el **marqués de la Ensenada** abordó una profunda mejora de las comunicaciones cuyo fin era posibilitar la formación de un **mercado nacional de productos agrícolas,** con objeto de paliar los efectos de las crisis de subsistencia sin necesidad de recurrir a las importaciones del extranjero.

Carlos III y su ministro **Esquilache** emprendieron un **plan de carreteras** destinado a enlazar la capital del reino con Andalucía, Cataluña, Valencia y Galicia, propósito frustrado por la inestabilidad política y el alto coste de las obras en un país de orografía complicada.

Actividades

5 ¿Por qué razones la Iglesia y la nobleza veían amenazados sus privilegios con las medidas colonizadoras de Olavide?

6 El proyecto de comunicaciones de Ensenada pretendía articular un mercado nacional. Explica qué mejoras económicas y sociales podría aportar dicho proyecto.

El canal de Castilla y las infraestructuras viarias

«"Perfeccionar el camino que llaman de La Montaña y los exámenes de la posibilidad o imposibilidad de hacer canales en Castilla la Vieja que se den la mano con el referido camino. Si fuere posible esta empresa y se facilitan fondos para ella, conseguirá S.M. dar a sus reinos un tesoro inagotable, porque Castilla la Vieja dará salida, que no tiene, a sus abundantes frutos, que traerán sumas de dinero de reinos extraños; y cuando haya carestía en Andalucía y Murcia, como suele suceder, las socorrerá, quedando en la Península los muchos millones de pesos que se llevan los ingleses y otros con los granos que traen a vender". (Ensenada a Fernando VI en 1752).

El plan que Ensenada (...) comprendía tres proyectos fundamentales. En primer lugar, para superar el obstáculo de la cordillera Cantábrica, y hacer posible el tráfico de carretas entre Castilla y el mar, en 1749 se inició la construcción del camino de Reinosa a Santander (...); quedó abierto al tráfico en 1753, y durante más de un siglo, hasta la tardía puesta en servicio del ferrocarril de Isabel II, fue la principal vía de salida para los trigos y las harinas castellanos (...). En 1749 se emprendió la construcción del camino del Puerto de Guadarrama desde las inmediaciones de El Espinar (...); quedó abierto al tráfico a fines de 1750, y permitió franquear la cordillera Central al transporte en carretas, con lo que se facilitó la conducción de los trigos castellanos para el abastecimiento de Madrid. El tercero (...) consistía en enlazar los puntos de arranque de los dos caminos citados -Reinosa y El Espinar, (...)- por una red de canales navegables que, corriendo de norte a sur de la cuenca del Duero, conectarían entre sí algunas de las principales ciudades de la región (...); en julio de 1753 -apenas un año antes de que se produjera la caída política de Ensenada- se iniciaron las obras».

Helguera Quijada, J., *et al.*: *El canal de Castilla*. Valladolid, Junta de Castilla y León, 1990.

El canal de Castilla es una de las más importantes obras públicas del siglo. Era parte esencial de la proyectada red viaria y mercantil del territorio, base del mercado peninsular articulado a que se aspiraba.

2.4.2. Recuperación de las flotas comercial y militar

Con Carlos III, la monarquía española volvió a alcanzar un **desarrollo naviero** importante, favorecido en gran parte por los **astilleros** de nueva creación en la Península. Ya en tiempos de Felipe V se redactaron con este fin planes de explotación forestal en los Pirineos, mientras la Marina obtenía la concesión de zonas madereras en montañas del interior.

Pero el desarrollo se debió, sobre todo, a las grandes reservas forestales de las colonias americanas. En sus astilleros de Veracruz y La Habana se construyeron los barcos que formaban una flota capaz de competir con la británica. El Santísima Trinidad, hundido en la batalla de Trafalgar (1805), fue el mayor barco del mundo en su época.

2.4.3. El impulso del Estado: las Reales Fábricas

Con Felipe V se construyeron, en España, las **Reales Fábricas,** siguiendo el modelo de Francia. Con estas fábricas, se pretendía proporcionar **productos de calidad** para los **palacios reales** y para las **clientelas ricas** de la Península y de las colonias, pero también contribuir al fomento de la industria en España.

La corona creaba las empresas, las financiaba y se encargaba de su gestión, buscando artesanos cualificados, aunque fuera en el extranjero. Entre otras creaciones regias están:

- La Real Fábrica de Tapices de Santa Bárbara, fundada en 1720.
- La Real Fábrica de Porcelanas y Piedras Duras del Buen Retiro, conocida como «La China».
- La Real Fábrica de Cristal de la Granja de San Ildefonso, que se fundó aprovechando que, desde 1727, había un taller de artesanos del vidrio en esta localidad.

También hubo una incursión en la fabricación de paños, con la creación, en 1719, de la Real Fábrica de Guadalajara, y, en 1723, de la Real Fábrica de Paños de Segovia. La vida económica de las **manufacturas reales** fue, en general, negativa. Por ejemplo, La Real Fábrica de Guadalajara perdió, entre 1730 y 1755, unos dos millones de reales al año de promedio.

Decidida a impulsar el desarrollo del país, la **corona rompió** (en 1772) el **monopolio** de los **gremios,** que impedían la libertad del trabajo y paralizaban la industria, continuando con la labor de patrocinio de los primeros Borbones sobre las Reales Fábricas. Gracias a la protección regia se ampliaron las de Guadalajara, que con sus 21000 empleados albergaban una de las mayores concentraciones manufactureras de España; creció la de Talavera y se fundó la de Ávila.

El **patronato oficial se concentró** muy especialmente en **Castilla** y **Andalucía,** las regiones más afectadas por el parón del siglo XVII, que asentaban los grandes centros consumidores de la capital de la monarquía y el eje Sevilla-Cádiz-América.

Una vez superada la etapa fundacional, a las industrias estatales les **sobraron privilegios,** que no hicieron sino acostumbrar a sus dirigentes a la ayuda estatal, en lugar de prestar atención a la competencia o de lanzarse a sacar partido del naciente mercado nacional, impulsado por una pragmática que ordenaba la **libre circulación de mercancías.**

2.4.4. La iniciativa privada

En cambio, en la **periferia** vasca, catalana, valenciana y gallega, la iniciativa privada **arraigó con fuerza,** bajo la dirección de la **burguesía comercial.** Es la hora de Cataluña, que, con los capitales generados en el campo y los privilegios reales, comenzo a transformar su artesanía textil, adaptándola, con el cambio de la lana por el algodón, al gusto de los consumidores, como demuestra la importancia que alcanzaron sus indianas, tejidos de algodón estampados destinados al mercado americano.

Sin apenas capitales, la iniciativa privada tropezaría a menudo con los obstáculos impuestos por un **mercado** excesivamente **regionalizado** y de **baja demanda.**

2.5. Desarrollo del comercio

2.5.1. El proteccionismo

También en el comercio se percibía la llegada de los aires ilustrados. Los economistas, algunos de ellos agrupados en distintas **Sociedades Económicas de Amigos del País,** consideraban primordial frenar el déficit crónico de la balanza de pagos y reanimar la demanda interior.

Solo un **mercado nacional** que abarcase todo el reino podría impulsar la deseada recuperación. Para ello, nada mejor que cargar con elevados gravámenes las importaciones y liberar de trabas internas el movimiento de mercancías.

Fue el comienzo de una **política económica proteccionista,** que, con distintos vaivenes, recorrerá la historia de España en los dos siglos siguientes. Para afrontar los gastos crecientes, el Estado ejerció de banquero después de la fundación, en 1782, del primer banco nacional de España, el Banco de San Carlos, aunque su actividad no consiguió aliviar las angustias de la Hacienda Pública.

Actividades

7 Investiga y señala en un esquema las causas de la inviabilidad económica de las Reales Fábricas.

La industria española en el siglo XVIII

La flota naval

Los astilleros de la Península y los de Veracruz y La Habana permitieron conseguir una gran flota, utilizada como elemento disuasorio en la política exterior y en las guerras contra Gran Bretaña al lado de Francia (Pacto de Familia de 1761) en tiempos de Carlos III, con resultados dispares. Así, tras la guerra de los Siete Años (1756-1763), España vio decaer su poderío en América con la pérdida de Florida, territorios en Honduras, Caribe, etc. Lo contrario ocurrió tras la guerra de Independencia de EE. UU. (1775-1783), recuperó Florida, Menorca y la colonia de Sacramento. Pero, esta flota tenía una marinería y una oficialidad con poca preparación técnica, según ponen de manifiesto los observadores de la época.

Las Reales Fábricas

Surgieron en respuesta a una creciente demanda del Estado, especialmente ante la necesidad de pertrechos militares y navales estandarizados. Ello explica los nuevos focos industriales en los arsenales de Ferrol, Cádiz y Cartagena; o las nuevas siderurgias de Liérganes y La Cavada. Supusieron la introducción de un nuevo sistema de organización del trabajo, la manufactura, más productivo que el taller artesanal, pero aún alejado del sistema fabril. Fueron, en general, deficitarias, y entraron en crisis cuando el Estado no pudo cubrir sus pérdidas con cargo a la Hacienda Real. A pesar de ello, actualmente subsiste la Real Fábrica de Tapices, y se ha recuperado la magnífica Fábrica de Cristales de La Granja.

Navíos de guerra de la Armada española.

Fábrica Real de Brihuega.

Puedes conseguir más información en la web de recursos de **anayaeducacion.es**.

2.5.2. Libre comercio con América

Una medida de gran repercusión fue, en **1765,** el **fin del monopolio de Cádiz** en los intercambios con América, concediendo autorización a ocho puertos españoles para comerciar con las colonias. En **1778** se promulgó el **Decreto de Libre Comercio con América.** La libertad comercial impulsó las **regiones periféricas,** que **promovieron** variadas **industrias** para satisfacer la demanda de los virreinatos, que comerciaban con contrabandistas europeos por la pobre oferta de la metrópoli. Los criollos, enriquecidos con la exportación de artículos como el cacao o el café, pedían manufacturas de alta calidad, y si España no se ponía al día en su producción, serían sus rivales, Gran Bretaña, Francia y Holanda, los países beneficiados.

Para proteger a la marina mercante de los ataques piratas, los ministros de Carlos III continuaron mejorando la flota con la construcción de grandes navíos al estilo francés, adaptados a una mayor velocidad.

2.5.3. Auge del comercio catalán

Cataluña fue la **gran beneficiada** de los cambios en el sector mercantil, pues consiguió el mercado interior de Castilla y que sus afamadas indianas (telas) entrasen en América expedidas directamente desde el puerto de Barcelona. Gracias al comercio interior y exterior, la **burguesía catalana** reunió el capital necesario para abordar con éxito la Revolución Industrial en la centuria siguiente.

Otras burguesías peninsilares, centradas en inversiones agrícolas, llegaron tarde a la cita de la industrialización.

2.6. La reforma fiscal

La **tributación** era muy **compleja** por la fiscalidad de los señoríos y una maraña de peculiaridades, privilegios y exenciones: alcabalas, rentas de aduana y caudales de Indias eran los principales capítulos de ingreso. El Estado necesitaba **reformar a fondo el sistema fiscal** para con-

Motines y crisis de subsistencia

El motín de Esquilache ejemplifica un fenómeno propio de la sociedad del Antiguo Régimen: las crisis de subsistencia y las subsiguientes algaradas populares fruto de la carestía y el malestar social. Estas crisis, originadas por las malas cosechas, el acaparamiento y la especulación, revelan que la sociedad se debatía aún en las contradicciones propias de una economía agraria, de bajos rendimientos, de cuyas rentas y excedentes se adueñaban, mediante censos, arrendamientos y tributos, los poseedores de la tierra: la aristocracia, el alto clero y la Hacienda Real. Estamos ante una sociedad que conserva muchos de los rasgos básicos de la economía feudal.

Como dice Pierre Vilar: «En la base, en las estructuras profundas, sigue existiendo la contradicción fundamental entre el campesino y el señor (...). A cada crisis de subsistencia –y no son escasas–, el campesino pobre se hace vagabundo, engrosa las masas urbanas, se convierte en fermento revolucionario (...). Pero después de 1750, tanto en España como en Francia, las cosas se hicieron menos simples. Entre los campesinos pobres, periódicamente conducidos a la desesperación, y las capas dirigentes fieles a las viejas normas –caridad prudente y policía dura– han surgido los campesinos ricos, los arrendatarios de los derechos de almacenaje, los comerciantes, los funcionarios especuladores, una clase para la que el fin es el dinero, la libertad, un medio (...)».

Vilar, P.: «El motín de Esquilache y la crisis del Antiguo Régimen», en *Revista de Occidente,* n.° 107, 1972.

Motín de Esquilache, *de José Martí y Monsó (1864). Oficiales reales obligan a paisanos a sustituir sus sombreros de ala ancha y largos capotes por tricornios y capas cortas que permitan su identificación.*

tar con recursos y asegurar su fortaleza militar, naval y administrativa, evitando los riesgos de bancarrota. Con las guerras exteriores en la segunda etapa de gobierno de Felipe V, la amenaza de bancarrota volvió.

La urgencia de reformas llevó a mejorar la recaudación, encargándola directamente a empleados reales y suprimiendo intermediarios. Pero, era obvia la necesidad de una reforma global del sistema. Ensenada inició un proyecto que intentaba aplicar el modelo impuesto en Cataluña y preveía realizar una estadística general de población y recursos de Castilla como paso previo. Esta fue la razón de ejecutar entre 1749 a 1756 el **catastro de Ensenada** para aplicar la «contribución única». Con Carlos III, el ministro **Cabarrús** creó los vales reales, **nuevo modelo** de **deuda pública** para atender el continuo déficit de la Hacienda.

2.7. Los límites del reformismo

2.7.1. Resistencia de la nobleza y el clero. El motín de Esquilache

El empuje más importante correspondió al **marqués de Esquilache,** cuyas medidas progresistas asustaron a los grupos privilegiados, dispuestos a sacar partido del descontento producido por el alza del precio del pan y de la xenofobia popular, alimentada por los numerosos ministros napolitanos. El **decreto** de **1766,** orientado a mejorar la imagen de Madrid y de sus habitantes dentro de la amplia reforma urbana proyectada por Carlos III, degeneró en tumultos, que hicieron claudicar al monarca ante las masas. El ministro italiano tuvo que abandonar el país. Con el ejemplo de la capital, toda España fue un puro **motín,** agrandado por el hambre. El levantamiento, manipulado por la nobleza y la Iglesia, se transformó en símbolo del rechazo de la política ilustrada y en el primer aviso de las dificultades que harían encallar las reformas.

Las investigaciones en torno al motín de Esquilache responsabilizaron a los **jesuitas,** cuyas riquezas y control de la educación suscitaban recelos entre los gobiernos ilustrados, que consideraban su dependencia de Roma como una infidelidad al Estado. Con el aplauso del clero y el precedente de Portugal y Francia, **Carlos III** los **expulsó** en **1767** de todos los territorios de la monarquía, confirmando el compromiso ilustrado de la Corona de imponerse a los representantes del poder religioso.

Uno de los principios del despotismo ilustrado es el **regalismo,** teoría que preconiza el control y sometimiento de la Iglesia al Estado en la dirección de la vida política. En España, Carlos III estableció numerosas medidas de este tipo. No obstante, la **política regalista,** aunque enturbió las relaciones Iglesia-Estado, se mantuvo muchas veces en el terreno de los proyectos, al no atreverse el Gobierno a la reforma de la Inquisición.

Actividades

8 Cataluña obtuvo claras ventajas de su unión económica con Castilla. A partir de la lectura del texto, redacta una breve explicación de este importante hecho.

9 Busca información y realiza un esquema situando los grupos sociales partidarios de las reformas ilustradas y los contrarios a ellas. Señala las causas y los intereses que explican estas actitudes contrapuestas.

La religiosidad popular

El rezo del rosario, *de Luis Paret y Alcázar.*

Esta obra, de un notable pintor costumbrista de la segunda mitad del siglo XVIII, alude a la religiosidad popular. La Iglesia española, que poseía cerca del 20 % del riqueza territorial, ejercía una influencia poderosa en las conciencias de la inmensa mayoría de la población. Para ilustrados y viajeros extranjeros, la religiosidad popular española se basaba en reliquias, milagros, indulgencias, procesiones y una acendrada devoción a la Virgen y al Santo Patrón de cada lugar. Los ilustrados, que admiraban la racionalidad y el rigor incluso en cuestiones de fe, denunciaban como superstición estas prácticas, llegando a hablar de España como de un país escasamente «cristianizado».

3

Los ilustrados españoles

Los filósofos franceses difunideron por Europa la **Ilustración** que fue ganando poco a poco el espíritu de las clases burguesas, y acabó por impregnar también a muchos nobles y titulares de las dinastías reinantes, dando lugar al **despotismo ilustrado,** política reformista que pusieron en marcha las monarquías absolutas en el Antiguo Régimen, sobre todo en la segunda mitad del siglo XVIII.

El rey aparecía como aliado de las minorías ilustradas y promovía reformas económicas, administrativas y culturales en diversos campos. La expresión de **«todo para el pueblo pero sin el pueblo»** se refería a una idea de progreso general del Estado y la nación solo posible bajo la autoridad del monarca absoluto.

A partir de auténticos precursores de la «modernidad», como Benito Jerónimo Feijoo, Gaspar Melchor de Jovellanos, Pablo de Olavide y Pedro Rodríguez de Campomanes, por vez primera en la historia de España se rechazaba la cultura basada en leyendas y creencias míticas, dándose relevancia al desarrollo de la ciencia y la técnica.

En permanente conflicto con la Iglesia y la Inquisición, los **ilustrados españoles** trataron de promover los primeros proyectos sociales y económicos verdaderamente modernos. Una nueva era se alzaba sobre los cimientos de la utilidad, la prosperidad y la felicidad, solo al alcance de quienes tuvieran un gobierno adecuado y una educación moderna.

Puntos de vista sobre la Ilustración en España

«La penetración de la Ilustración en España fue muy superficial. Y los logros obtenidos con la política de reformas a lo largo de todo el siglo se revelaron insignificantes. La misma fraseología reformista de los pocos ilustrados debió de resultar machacona e insoportable a los ojos del pueblo. Aquellos hombres, sin embargo, se dieron cuenta de cuáles eran las causas del atraso de España (...). Pero no se consiguieron los objetivos. El dirigismo borbónico terminó en un fracaso absoluto (...)».

Moreno Alonso, M.: *La generación española de 1808*. Madrid, Alianza, 1989, p. 31.

«Un grupo de hombres valientes (...) liberados por la ciencia moderna del yugo de las autoridades consagradas, y deseosos de aplicar a las cuestiones económicas sus hábitos de espíritu, su afán de observación y precisión, describieron los abusos que afligían a su patria y desearon acabar con ellos. Comprendieron que la libertad y la justicia debían ser los fundamentos de la economía pública; que, sin perjuicio del interés general, el interés individual, móvil de toda actividad, debía ser protegido por leyes equitativas; que el escándalo secular de la "acumulación" de los bienes, y sobre todo de las tierras, en manos de un corto número de privilegiados, debía llegar a su fin. Censuraron enérgicamente estos males. No era la primera vez, ni tampoco, por desgracia, la última. La minoría selecta de este siglo XVIII en su ocaso daba así la mano a los grandes reformadores del siglo XVI, y anunciaba a las generaciones modernas de 1898 y de 1931, que han luchado incansablemente contra fuerzas inexpugnables y abusos siempre renacientes».

Sarrailh, J.: *La España ilustrada de la segunda mitad del siglo XVIII*. México, Fondo de Cultura Económica, 1957, p. 572.

La censura de libros en el Antiguo Régimen

«(...) La publicación de índices de libros prohibidos y expurgados, iniciada en 1551, continuó a lo largo del siglo XVIII (...).

Se trataba de atacar y perseguir –como escribía el inquisidor general Agustín Rubin de Celis– "el desenfrenado empeño y la vana temeridad con que muchos hombres arrogantes y soberbios se han opuesto en diversos escritos a la infalible doctrina de la Santa Madre Iglesia".

Eso, que había sido el objetivo fundamental de censuras inquisitoriales desde los tiempos de la reforma protestante, se hizo también particularmente necesario en la segunda mitad del siglo XVIII, "esos tiempos en que muchas prensas de afuera se fatigan excesivamente por hacer prevalecer en el campo del Señor la cizaña, repetidamente arrancada, cortada y abrasada, con los más formidables anatemas; y aun dentro de los dominios de Su Majestad Católica se han reimpreso algunas obras de las contenidas en el Expurgatorio de 1747" (...); las prohibiciones de libros tenían un cierto carácter aleatorio, ya que, con mucha frecuencia afectaban a aquellos libros que eran descubiertos a partir de denuncias. Ello significa que una buena parte de estos libros ya circulaban en España en el momento de la prohibición (...)».

Capel, H.: «El público y la circulación de las obras de Geografía en España», en Ordóñez, J., y Elena, A.: *La ciencia y su público*. Madrid, CSIC, 1990, p. 75.

Actividades

10 Elabora un breve esquema de cada una de las opiniones sobre la Ilustración en España; destaca las diferencias y verifica cuál se ajusta mejor con lo expuesto en el texto de la unidad.

3.1. El proyecto de modernización de los ilustrados

Nada quedaba libre del deseo de reforma de los ilustrados. El atraso económico, la debilidad de la agricultura, el poder de la aristocracia y de la Iglesia, la ignorancia de las clases populares, la Mesta o el gobierno de América fueron examinados con ojos muy críticos por los pensadores. De estas reflexiones sacarían los gobiernos de Carlos III su **programa de modernización de España.**

El auge del comercio, la relación con extranjeros y la libre entrada de publicaciones enciclopedistas impulsaron el espíritu reformador y práctico, que prendería en médicos, militares, comerciantes y eclesiásticos críticos, los más interesados en formarse en el nuevo espíritu ilustrado.

El cerco ideológico de la Inquisición nunca fue tan estrecho como para evitar que a través de las ciudades costeras –Barcelona, Valencia, Bilbao y, naturalmente, Cádiz– se colara el enciclopedismo francés. Las nuevas ideas, las luces de Europa, recibieron mejor acogida entre los habitantes de las capitales que en los pueblos, con lo que la separación de la ciudad y el campo a partir de entonces cobró un nuevo significado.

3.1.1. La renovación cultural

Esa minoría ilustrada renovó el panorama cultural español. Se sucedieron varias generaciones de intelectuales a lo largo del siglo:

- A comienzos de la centuria, Benito Jerónimo **Feijoo** realizó una gran tarea divulgadora por medio de su *Teatro Crítico Universal.* Gregorio **Mayans y Siscar** y Enrique **Flórez** representan una segunda generación que mantuvo sólidas relaciones con la cultura europea.
- En la segunda mitad del siglo, la nómina de ilustrados era muy amplia y, en algunos casos, fueron llamados a intervenir en el Gobierno: **Campomanes** y **Olavide** son representativos de este grupo.
- A finales de siglo brilló otro grupo, en el que destacan **Cabarrús** y **Jovellanos.**

La Ilustración se plasmó en diversos campos literarios y científicos: Antoni de **Capmany** y el jesuita Juan Francisco **Masdéu,** en la historiografía; **Hervás** y **Panduro,** en la filología; Jerónimo de **Ustáriz** y otros ya citados desarrollaron el pensamiento económico.

En cuanto a las ciencias de la naturaleza, José Celestino **Mutis** y Antonio **Cavanilles** crearon una interesante obra botánica; los hermanos **Elhuyar** descubrieron el tungsteno. La matemática tuvo en **Jorge Juan** un importante exponente.

3.1.2. La política educativa

Convencidos de que el comportamiento de los pueblos dependía de la educación recibida, los ilustrados comprendieron que la mejora de la enseñanza era un paso previo a cualquier reforma política y confiaron al Estado la mejora de la instrucción, que debería fundamentarse en el pensamiento científico y en la mejora de la investigación. Al atraso español contraponían el progreso europeo. Sin embargo, la **voluntad reformadora** de Carlos III se estrelló contra el conservadurismo de las clases dominantes y de la Iglesia, decididas a impedir cualquier cambio.

El deseo de convertir la enseñanza en factor de integración nacional y el compromiso del Estado en la formación del ciudadano, preparaba el camino al liberalismo del siglo siguiente. Se fundaron instituciones educativas como los Reales Estudios de San Isidro; se reformó el Seminario de Nobles y hubo planes de reforma universitaria, para abolir viejos privilegios de los colegios mayores. En **política cultural** se dieron las primeras medidas que tenían en cuenta a las **mujeres,** sumidas en absoluta invisibilidad social pues solo destacaban ocasionalmente mujeres de la alta nobleza o de la vida monástica. A fines de siglo, hubo presencia de algunas de la alta sociedad en Sociedades de Amigos del País (Madrid, Zaragoza...), como **Josefa Amar** o la **duquesa de Osuna.** Contados ilustrados, como Feijoo y Jovellanos, reivindicaron derechos sociales y educativos en favor de las mujeres. De hecho fueron creadas escuelas de niñas en los últimos años del reinado de Carlos IIII.

JOSEFA AMAR Y BORBÓN (1749-1833)

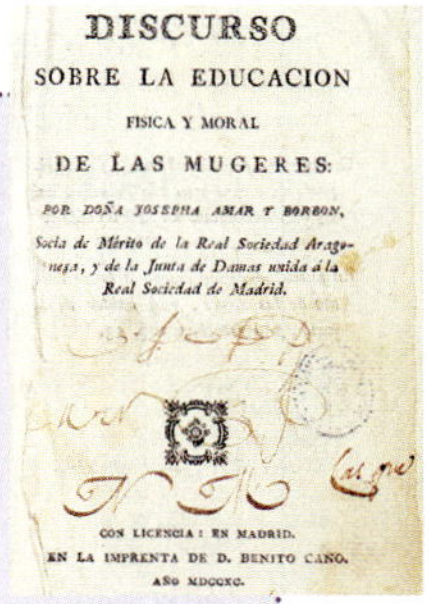
DISCURSO
SOBRE LA EDUCACION
FISICA Y MORAL
DE LAS MUGERES:
POR DOÑA JOSEPHA AMAR Y BORBON,
Socia de Mérito de la Real Sociedad Aragonesa, y de la Junta de Damas unida á la Real Sociedad de Madrid.
CON LICENCIA: EN MADRID.
EN LA IMPRENTA DE D. BENITO CANO.
AÑO MDCCXC.

Fue la escritora más relevante del siglo XVIII. Nació en Zaragoza, en una familia burguesa ilustrada. Su formación humanística le permitió estudiar autores como Arias Montano o Leibniz. En su *Discurso en defensa del talento de las mujeres* (1786) y en *Discurso sobre la educación física y moral de las mujeres* (1790) defiende la igualdad de capacidades para el desarrollo intelectual y práctico de varones y mujeres y una política que dé iguales oportunidades educativas a ambos.

En sus palabras, «Ninguno que esté medianamente instruido, negará que (...) ha habido mujeres que han hecho progresos hasta en las ciencias más abstractas (...). En España (...) Luisa Sigea, (...) Juliana Morrell, y Oliva de Sabuco. Esta última fue inventora de un nuevo sistema en la Física (...) si las mujeres tuvieran la misma educación que los hombres, harían tanto, o más que estos. ¡Pero qué diferente es una de otra!».

3.1.3. Nuevas instituciones culturales

Estos esfuerzos de renovación cultural encontraron, como vías de difusión y desarrollo, nuevas instituciones. Por un lado, las **Reales Academias** ofrecían el apoyo de la monarquía al más alto nivel (Lengua, Bellas Artes...).

Pero fueron las **Reales Sociedades de Amigos del País,** agrupaciones de personajes ilustrados que surgieron en la segunda mitad del siglo XVIII, las instituciones más dinámicas y extendidas. La primera de ellas, fundada en 1765, había sido la Sociedad Bascongada de Amigos del País, cuyos trabajos entusiasmaron a Campomanes. Este ministro alentó su expansión en su *Discurso sobre la educación popular de los artesanos y su fomento* (1774). Estas organizaciones publicaban y traducían obras extranjeras, promovían innovaciones técnicas, editaban periódicos, realizaban debates, etc. Hasta 1789 se fundaron más de setenta sociedades de este tipo en toda España, la más importante de las cuales fue la de Madrid, que encargó a Jovellanos el *Informe sobre la Ley Agraria.*

Novedad importante fue también la **aparición del periodismo** como medio de divulgación masivo de las nuevas ideas: *El Mercurio, El Pensador, El Diario Pinciano, El Semanario Histórico Erudito, Diario de Madrid, Diario de Barcelona* (1792), etc. Su temática iba desde la información sobre adelantos técnicos o noticias del extranjero hasta sesudas reflexiones político-económicas o nuevos métodos de explotación del campo.

La preocupación por la educación

«¿Y dónde o cuándo puede ser esto más urgente que en nuestra patria y nuestros tristes días? Tendamos la vista por toda la nación, y lloremos sobre la inocente niñez, esperanza naciente del Estado, en la infeliz educación que ahora recibe. Nula, arbitraria, incoherente, verala V. A. abandonada a mercenarios mal pagados, ineptos cuando menos, si no perjudiciales. Aprendemos lo que nos daña y debemos olvidar, y poco o nada de lo mucho que conviene saber. Nos faltan escuelas y enseñanzas, y orden y vigilancia en las que hay; independientes entre sí, cada cual obra sin relación a las demás según el talento de su regente. Nos falta un magistrado que las dirija todas, y atienda cuidadoso al desempeño de un plan pensado y general. Nos falta este plan tan necesario como urgente. Nos falta un curso elemental que abrace por entero con claridad y sencillez la instrucción de los primeros años. Nos faltan libros y lecturas que con utilidad y recreo nos llenen los siguientes: unos buenos principios de la moral civil, otros de nuestra historia y nuestras leyes, los de la numeración y la aritmética, algunas definiciones de las ciencias, algo de las bellezas de la naturaleza para conocerlas y admirarlas, algo también de la agricultura y de las artes, anécdotas interesantes, rasgos de sensibilidad para formarnos a la compasión y la indulgencia, todo esto que tanto nos importa, ¿lo aprenderemos por ventura en las jácaras de que hablo, en el disparatado *Carlo Magno, La cueva de S. Patricio, El espejo de cristal fino, El Belarmino* y otros tales libros familiares en nuestras escuelas, no menos que en las manos del pobre pueblo? (...)».

En Esteban, J. (ed.): *Meléndez Valdés. Discursos Forenses.* Madrid, Fundación Banco Exterior, 1986.

3.2. La nueva estética: la corte de los Borbones

Los Borbones introdujeron en España el **modelo de la corte francesa** que imperaba en Versalles en tiempos de Luis XIV. La corte tenía su centro en Madrid, pero se desplazaba a El Escorial, La Granja, El Pardo o Aranjuez, donde había residencias reales. Rasgos típicos de su corte fueron la pérdida de la severidad que había tenido con los Austrias, el acercamiento a la naturaleza, palpable en la importancia de los jardines e incluso del bosque (en Riofrío, Segovia), y el enfriamiento de la religiosidad tradicional. En la corte había brillantes actos oficiales, pero también representaciones teatrales, conciertos de música, bailes de máscaras, etc.

El **estilo cortesano francés** fue visible en las construcciones, como el Palacio Real de Madrid o el **Palacio de La Granja.** El **Palacio Real de Madrid** se instaló en el lugar donde estuvo el viejo alcázar de la villa, que sufrió un aparatoso incendio en 1734. La impulsora de su construcción fue la reina Isabel de Farnesio, que puso al frente al arquitecto italiano Juvara, pero los trabajos los llevó a cabo finalmente su discípulo Sachetti, a partir de 1738.

Con Carlos III, que durante su gobierno napolitano había tenido ocasión de admirar el descubrimiento de las ruinas pompeyanas y el renovado interés por la Antigüedad clásica, penetró también en España el **estilo neoclásico.** La sobriedad arquitectónica, la severidad, la armonía y la regularidad son valores que conjugaban bien con los principios de la Ilustración: claridad, eficacia y racionalidad. **Ventura Rodríguez** y **Juan de Villanueva** diseñaron sus edificios en este fecundo reinado.

Actividades

11 Tras la lectura del texto y de los documentos adjuntos en la web de **anayaeducación.es**, señala los objetivos fundamentales que perseguían los reformistas ilustrados.

La América hispana en el siglo XVIII

4.1. El crecimiento de las colonias americanas

El continente americano conoció un vigoroso impulso en el siglo XVIII. La **población** de la América española **creció** en torno al **50 %.** Según el censo de 1797 había unos dieciocho millones de habitantes, apreciándose un claro descenso de población indígena, frente al ascenso de mestizos y blancos. El crecimiento fue espectacular en ciudades como La Habana y Buenos Aires. Predominaban los grandes **latifundios,** semejantes a los viejos señoríos de la Europa medieval. Creció notablemente el **tráfico mercantil** con el Viejo Mundo, del que se beneficiaba ante todo la burguesía comerciante de América. A cambio de artículos industriales, América proporcionaba productos como tabaco, cacao y azúcar. En cambio, **retrocedió** la **salida** de **oro** y de **plata** desde el Nuevo Mundo. Para facilitar el comercio colonial, se crearon compañías comerciales, que, por concesión real, conseguían monopolios para comerciar con distintos puntos clave de las colonias. Las más destacadas fueron la Compañía de Caracas, Compañía de La Habana, Compañía de San Fernando de Sevilla y Compañía de Barcelona.

En América se crearon nuevas **universidades,** hasta un total de dieciocho. Hubo, asimismo, importantes expediciones científicas, como la de Jorge Juan y Ulloa, Félix de Azara, Celestino Mutis y Alejandro Malaspina. También progresaron la **imprenta** y la **prensa,** y apareció una élite cultural, aunque la mayoría de la población era analfabeta.

4.2. El reformismo americano

Perdidas a comienzos del siglo XVIII sus posesiones en Europa, España concentró todos sus esfuerzos en América, tratando de lograr una mayor integración económica y administrativa del continente. La nueva política de Madrid coincidió con un notable aumento de la **población criolla** –los blancos americanos–, que cada vez necesitaban menos de la Administración central para defender su posición y sus propiedades frente a los indios. Los líderes criollos, formados en las universidades del continente, no solo se mostraban reacios a colaborar con la Hacienda, sino que también criticaban el monopolio de Sevilla-Cádiz. La aparición de mercaderes en el Caribe y Sudamérica con mejores precios que los de la metrópoli les haría tomar conciencia de lo injusto de esta situación.

4.2.1. Efectos de la libertad de comercio

Lejos de apaciguar los ánimos, la libertad comercial de 1765 y 1778 los soliviantó aún más, ya que, a excepción de Cuba, la apertura solo beneficiaba a los comerciantes peninsulares en sus operaciones con las colonias, y nunca a los americanos con respecto a la metrópoli. Además, la **avalancha de mercancías,** especialmente textiles y aguardientes catalanes, inundó los mercados de América, en **perjuicio** de los **productos indígenas.** De esta forma, la metrópoli hundía en el subdesarrollo a algunas regiones americanas, avivando el resentimiento de amplias capas de la población contra la corte de Madrid.

Las expediciones científicas del siglo XVIII

«En España la publicación de los trabajos realizados por Juan y Ulloa llegó a tener el significado de una gesta nacional (...).

Sin menoscabo de su calidad como científicos, el ámbito de su curiosidad se había extendido considerablemente hacia observaciones del hombre americano, su cultura y las instituciones, su medio natural y el hábitat urbano. Todo ello sin violencia y con perspicacia; como hombres de luces, encarnaban un modelo de ilustrado inédito entre los españoles, eran mutantes del sabio donde se hermanaban sin estridencia ciencia y política (...).

Voltaire resume sus logros: "pero la misión del Perú –escribía en 1745– por el vasto programa de observaciones, que tuvo el doble mérito de inaugurar y de realizar, ha quedado como un modelo para todas las expediciones científicas que la han seguido" (...)».

Lafuente, A., y Mazuecos, A.: *Los caballeros del punto fijo. Ciencia, política y aventura en la expedición geodésica hispanofrancesa al virreinato del Perú en el siglo XVIII.* Barcelona, Ediciones del Serbal-CSIC, 1987, pp. 11 y 62.

La expedición hispano-francesa (1735-1746) de Jorge Juan y Ulloa con La Condamine fue un proyecto cosmográfico de medición del meridiano terrestre y las dimensiones del globo. La publicación de sus resultados en dos obras en 1748 fue recibida con expectación en toda Europa.

4.2.2. Reacción de la sociedad colonial: todos contra el rey

Junto a las cuestiones económicas, hubo otras de índole social y política, que terminarían por indisponer a la población más influyente.

Proyectos como el de la **abolición** de las **encomiendas** desagradaban a los terratenientes mexicanos y peruanos, que deseaban seguir beneficiándose de una mano de obra indígena barata.

El propósito ilustrado de mitigar las discriminaciones raciales eliminando fronteras entre blancos y mestizos disgustaba a los criollos, recelosos siempre de la gente de color.

Asimismo, la **política reformista** de **Carlos III** implicaba redoblar el **control** sobre el **gobierno colonial,** a costa de recortar los poderes de los criollos. Un mayor esmero en la selección de los funcionarios permitió mejorar y sanear la burocracia, pero provocó el descontento de los nativos, aumentado con la llegada de nutridas remesas de emigrantes peninsulares que les disputaban los mejores puestos de la Administración y del comercio.

Tampoco la **Iglesia** permaneció indiferente ante los cambios introducidos en América. A ella le afectaba, sobre todo, la **actuación regalista del Estado,** que luchaba por limitar sus privilegios. Complaciente con la corte madrileña, a la que debía su promoción, la alta jerarquía no parecía darse cuenta de que el bajo clero empezaba a distanciarse de la monarquía.

4.2.3. Conflictos y revueltas populares

La población americana sufría una presión fiscal incrementada por el creciente gasto de la Corona: se triplicó la alcabala, se crearon nuevos impuestos y monopolios y estancos, que prohibían la fabricación y comercio libre de sal, pólvora, aguardiente y, especialmente, tabaco. El resultado era carestía, endurecimiento de las condiciones de trabajo y malestar social.

Hubo **revueltas** y **huidas** de **esclavos** en La Habana y Santiago (1731), en plantaciones azucareras de Nueva España (1762). **Pueblos indígenas** se negaban a someterse a la administración española en zonas fronterizas: rebelión de los indios de Sonora (1740), de los mapuches (1723), de guaraníes del Chaco (1746), etc. La oposición de la población a los monopolios y prohibiciones de Compañías y agentes del gobierno dio lugar a serias agitaciones en Venezuela (1730 y 1749), Quito y Lima (1777). En Nueva Granada tuvo lugar la **rebelión de los Comuneros de Socorro** (1781), que firmaron acuerdos con el Regente Visitador español, luego incumplidos, siendo sus dirigentes ejecutados.

La **rebelión de Túpac Amaru II,** en Perú, tuvo especial importancia. Este mestizo encabezó un levantamiento indígena contra la mita y los impuestos y logró poner sitio a Cuzco. Fue derrotado en 1781 en Checacupe y ejecutado posteriormente. La sublevación finalizó en 1784. Las protestas populares de fines de siglo han sido señaladas como precedentes de los movimientos de emancipación de la generación posterior.

Rebelión de los negros en Santo Domingo. Grabado de Emile Antoine Bayarden, que reproduce la sublevación de los esclavos africanos, dirigidos Toussaint Lowuverture, en década de 1790.

ACTIVIDADES

1 Interpretación de un eje cronológico

El siglo XVIII en España

1713	Tratado de Utrecht
1714	Fundación de la Real Academia de la Lengua
1716	Decretos de Nueva Planta para Cataluña
1719	Real Fábrica de Paños de Guadalajara
1724	Abdicación de Felipe V. Luis I, rey de España
1724	Muerte de Luis I
1727	Publicación de *Teatro Crítico Universal,* de B. J. Feijoo
1733	Primer Pacto de Familia con Francia
1734	Carlos, rey de Nápoles (futuro Carlos III de España)
1738	Creación de la Real Academia de la Historia
1743	Ensenada, secretario (ministro) de Hacienda, Guerra, Marina e Indias
1743	Segundo Pacto de Familia
1744	Creación de la Real Academia de Bellas Artes de San Fernando
1746	Muerte de Felipe V. Comienza el reinado de Fernando VI
1749	Se inicia el catastro de Ensenada
1754	Caída de Ensenada
1759	Muerte de Fernando VI. Llegada de Carlos III desde Nápoles
1761	Tercer Pacto de Familia
1765	Fundación de la Real Sociedad Económica Bascongada de Amigos del País
1766	Motín de Esquilache
1767	Decreto de expulsión de los jesuitas
1767	Olavide, intendente de Andalucía
1767	Decreto de colonización de Sierra Morena
1777	Floridablanca, secretario de Estado (primer ministro)
1779	España entra en la guerra de Independencia de Estados Unidos
1782	Creación del Banco de San Carlos
1783	Paz con Gran Bretaña
1788	Muerte de Carlos III. Sube al trono Carlos IV

- **Comprobamos.** Sobre este eje, que refleja los hechos más importantes del siglo XVIII, señala cuáles tienen relación con los siguientes conceptos:
  a) Reformismo económico (ejemplo: 1782, creación del Banco de San Carlos).
  b) Regalismo.
  c) Centralismo.

Redacta, a continuación, un breve texto sobre el significado histórico de estos tres conceptos en el siglo XVIII. Puedes ayudarte elaborando un esquema de aspectos clave previo a la redacción definitiva.

Puedes conseguir información en la web de recursos de **anayaeducacion.es**.

2 Construcción de un mapa conceptual sobre un período histórico

Un mapa conceptual presenta organizados y relacionados los conceptos que describen o explican algún fenómeno o proceso histórico.

Los conceptos se relacionan mediante vectores que señalan la influencia o la dependencia de unos sobre otros. Hacer un mapa conceptual acerca de un tema implica:

1. Lectura del texto y comprensión del texto.
2. Identificación y anotación de los conceptos fundamentales.
3. Clasificación según su naturaleza y jerarquía.
4. Establecimiento de relaciones entre ellos.

Las estructuras del Antiguo Régimen

- **Demografía**
  - Población en expansión continuada
  - Distribución espacial centro-periferia
- **Economía**
  - Base agropecuaria
  - Desarrollo mercantil y manufacturas
  - Crisis de subsistencia
- **Sociedad** — Estamental
  - Nobleza y alto clero: grupos privilegiados
  - Tercer estado: predominantemente rural
  - Burguesía mercantil
- **Política**
  - Monarquía absoluta
  - Pervivencia de las estructuras feudoseñoriales
  - Reformismo estatal: despotismo ilustrado
  - Regalismo
- **Ideología y cultura**
  - Ilustración
    - Racionalidad y cientifismo
    - Educación
  - Resistencia de la cultura tradicional ↕ Represión inquisitorial

- Generar - Clasificar - Relacionar - Desarrollar Observa el mapa conceptual adjunto, que refleja las estructuras de la sociedad del Antiguo Régimen en España.

  A la vista de este ejemplo, organiza un esquema conceptual similar referido a la población y la economía en la América hispana, a partir de la información contenida en el texto y alguna información complementaria que puedas localizar en otras fuentes.

3 Análisis de una serie estadística de tipo económico

Este tipo de series presentan datos numéricos con la misma unidad de medida y reflejan la evolución en el tiempo de un fenómeno económico. Entre ellos se puede establecer una correlación para dar un significado histórico a la serie.

Interpretar una serie estadística implica aplicar el siguiente guion de trabajo:

1. Presentar los datos: procedencia, período y espacio a que se refieren; conceptos que aparecen representados.
2. Describir la evolución de la serie: fases y etapas que refleja (de crecimiento, de recesión, estancamiento, etc.).
3. Representación gráfica de la serie.
4. Análisis y comentario: hipótesis explicativa de la evolución de la serie, poniéndola en relación con los hechos históricos que conocemos (incremento de la población y la demanda, estancamiento de la oferta, dificultades para el reformismo agrario...).

- Analiza la serie adjunta relacionando los datos con el fenómeno de las crisis de subsistencia y el estancamiento de la oferta agraria en el Antiguo Régimen. Representa la serie gráficamente para que te resulte más sencillo el análisis de los datos y su evolución.

Los precios del trigo en Castilla (1754-1767)

Años	Maravedíes/ fanegas	Años	Maravedíes/ fanegas
1754	952	1761	843
1755	836	1762	1039
1756	529	1763	1360
1757	–	1764	1258
1758	680	1765	1657
1759	646	1766	1054
1760	1009	1767	1791

Vilar, P.: *Op. cit.*

4 Análisis y comentario de documentos iconográficos: el retrato

El análisis y comentario de obras pictóricas nos permite comprender la mentalidad de una época, cuáles son sus valores dominantes, o el papel de las instituciones en un período concreto. La observación y anotación de los elementos y detalles de la obra, de su composición, de la actitud de los personajes, etc., facilita una mejor comprensión histórica.

- Redacta una composición donde comentes los retratos de estos importantes príncipes de la monarquía española pertenecientes a dos épocas y sociedades diferentes: la España imperial en decadencia y la España de la incipiente Ilustración. Ten en cuenta las indicaciones situadas junto a los esquemas de los cuadros y descubre nuevos elementos significativos.

Para tu redacción te servirá este guion de trabajo:

1. Identificación de los personajes representados, época, hechos importantes en ambos períodos y papel de ambos príncipes en la historia.
2. Descripción de los elementos significativos: actitudes, vestimenta, objetos...
3. Interpretación comparada de ambos retratos: ¿Qué grandes conceptos sociales, políticos y estéticos se reflejan en cada cuadro?
4. Evaluación final: ¿Qué contexto histórico había en España en ambos momentos? El modo de representar a ambos príncipes, ¿es coherente con la época?

El príncipe Baltasar Carlos a caballo, *de Velázquez (1635).*

Carlos III niño, *de Jean Ranc (hacia 1724).*

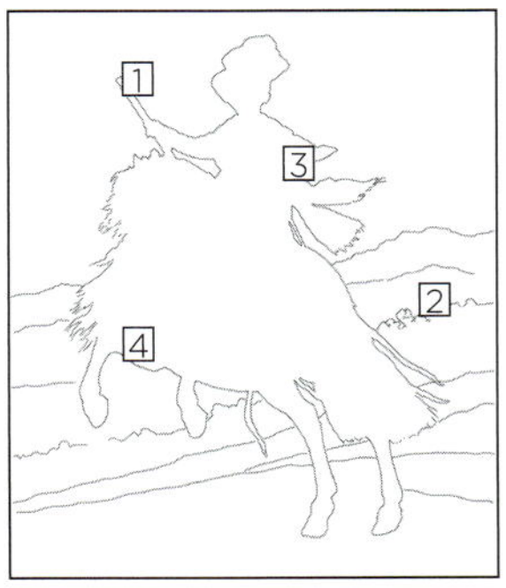

1 bastón de mando/ poder militar

2 paisaje de Guadarrama/ dominio del territorio

3 vestimenta/ traje nobiliario

4 caballo en corveta/ actitud principesca y belicosa

vestimenta cortesana/ elegancia civil 1

libro/valores de la Ilustración 2

plantas y animales exóticos/ interés por conocer realidades distintas 3

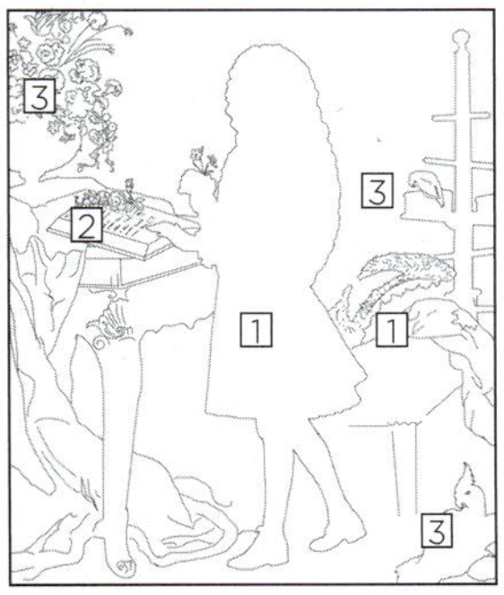

Plaza de San Antonio en Cádiz el día de la promulagación de la Constitución de 1812.

6

La crisis del Antiguo Régimen (1788-1833)

En 1788, año en que accede al trono Carlos IV, España era una sociedad feudoseñorial: «seguía habiendo Mesta, Inquisición, señoríos, municipios oligárquicos, mayorazgos, privilegios estamentales; en una palabra, todas las instituciones que habían denunciado los ilustrados» (Domínguez Ortiz).

El modelo político del absolutismo ilustrado era incapaz de resolver los graves problemas de la sociedad: déficit de la Hacienda, crisis de subsistencia y estancamiento económico.

La influencia revolucionaria de Francia y su intervención en España agudizaron las contradicciones de una sociedad en crisis. El momento culminante se produjo en 1808; se inició una guerra, con varias dimensiones: guerra patriótica frente a los ejércitos napoleónicos; guerra civil, pues una parte del país estaba del lado de José I, y, finalmente, guerra internacional, ya que España fue teatro principal de operaciones de los ejércitos británico y francés.

QUÉ VAS A ENCONTRAR EN ESTA UNIDAD

1. El miedo a la revolución
2. La alianza con la Francia napoleónica
3. La guerra de la Independencia (1808-1814)
4. El programa revolucionario de las Cortes de Cádiz
5. La restauración del absolutismo
6. La emancipación de la América hispana
   - Trabaja los contenidos

DESAFÍOS QUE DEJAN HUELLA

Los contenidos y las actividades de esta unidad pueden resultar de utilidad para la realización del proyecto multidisciplinar «¿Votamos o no votamos?».

1

El miedo a la revolución

1.1. Las noticias de Francia

La Revolución Francesa produjo una reacción inmediata en las autoridades españolas, que se asustaron ante la posibilidad de que se extendiera el movimiento. Aunque los filósofos racionalistas habían sido los promotores de las ideas que estaban triunfando en Francia, los ilustrados españoles, en su mayoría, no eran partidarios de la revolución, sino de una política de reformas dentro de los márgenes del Antiguo Régimen. No obstante, conforme llegaban las noticias de Francia, los agentes gubernamentales de las ciudades costeras detectaban una creciente **simpatía** hacia las **ideas revolucionarias** en los grupos de **burgueses ilustrados** y en las colonias de comerciantes franceses, crecidas al abrigo de los **Pactos de Familia** suscritos por los Borbones de París y de Madrid.

La revolución podía prender a este lado de los Pirineos si no se tomaban medidas urgentes para frenar el contagio. Mientras tanto, las malas cosechas castigaban a las clases populares, provocando motines en distintas ciudades que alarmaron al Gobierno, temeroso de que el conflicto degenerase en un estallido antimonárquico. Estos temores se manifestaron en la reunión de las Cortes convocada para proclamar al nuevo monarca Carlos IV. En ellas se decidió revocar el Auto Acordado firmado en 1713 y derogar así la Ley Sálica. Pero la sanción real de dicho revocamiento no fue publicada y Floridablanca disolvió las Cortes a toda prisa.

1.2. La política de aislamiento de Floridablanca

De nuevo, el aislamiento parecía el mejor recurso, y se cortaron las relaciones con Francia. La **Inquisición** recibió el encargo de amenazar a los ilustrados sospechosos y cerrar el país a la propaganda política. A medio camino entre las «luces» reformistas del siglo XVIII y el liberalismo del siglo XIX, Jovellanos aprovechó su estancia obligada en Asturias para escribir su *Informe sobre la Ley Agraria*, que consagraba el valor de la propiedad privada y los intereses individuales. Bajo la acusación de anticristianas, eran **perseguidas** todas las **publicaciones francesas,** lo que desató mayor interés en el público y convirtió a Cádiz en un hervidero clandestino de librerías e imprentas.

También, se prohibió la salida de España de los jóvenes que deseaban estudiar en universidades extranjeras y la entrada de profesores foráneos, medida de graves consecuencias en un momento en que el país necesitaba con urgencia dotarse de conocimientos técnicos.

El miedo al contagio revolucionario creció tanto entre los miembros del Gobierno que el conde de Floridablanca llegó a prohibir la enseñanza del francés como forma de evitar lecturas contrarias a la monarquía y a la Iglesia. La prensa también estuvo en el punto de mira de los asustados gobernantes, que negaron el permiso de edición a todo periódico de carácter político. Además, se prohibieron las actividades a las Reales Sociedades de Amigos del País.

El «pánico de Floridablanca»

«El incendio de Francia va creciendo y puede propagarse como la peste, hallando dispuesta la materia en los pueblos de la frontera (...). La necesidad de formar un cordón contra esta peste estrecha más y más cada día, y es preciso arrimar a ciertos puntos de la Raya todas las tropas posibles en las provincias de Guipúzcoa y Vizcaya, reinos de Navarra y Aragón y principado de Cataluña (...).

El mando principal del cordón deberá estar a cargo de los capitanes generales (...). El pretexto legítimo para este cordón será, sin entrar a nombrar nada de lo que toque a la Revolución Francesa y su nueva Constitución, divulgar desde luego los avisos y temores que tenemos de que los malhechores franceses y los que se les hayan unido de los nuestros meditan pasar la Raya y venir a robar, saquear y maltratar a las gentes de nuestros pueblos (...)».

Informe presentado a Carlos IV por Floridablanca. Septiembre de 1791.

1.2.1. El breve acercamiento a la Francia revolucionaria

La política de Floridablanca ante Francia, su incapacidad de neutralizar la propaganda revolucionaria y las presiones de sus adversarios en la Corte le hicieron perder la confianza de **Carlos IV,** que **lo cesó** en febrero de **1792** y **encomendó el Gobierno al conde de Aranda.** Este intentó mejorar las relaciones con las autoridades francesas, confiando frenar la revolución y salvar la vida de Luis XVI, pero sin éxito alguno. Francia entró en guerra contra Prusia y Austria, monarquías absolutas como España, y, en agosto de 1792, un levantamiento parisiense derrocó a Luis XVI y se proclamó la República.

1.3. Godoy: de la guerra a la alianza con Francia

En noviembre de 1792, **Manuel Godoy** asumió el cargo de primer secretario de Despacho -equivalente a primer ministro-, sustituyendo a Aranda. Debido al favor de la reina María Luisa y de Carlos IV, dirigió España hasta 1808, con un paréntesis de dos años, 1798-1800. Fue un típico gobernante del despotismo ilustrado, temeroso, por un lado, de la revolución, y, por otro, promotor de medidas de reforma educativas y económicas. Fue considerado un advenedizo, odiado y rechazado, tanto por los sectores ilustrados como por los reaccionarios absolutistas.

1.3.1. La guerra de la Convención. El avance del ejército español

En 1793, después de la ejecución de Luis XVI, se anularon los Pactos de Familia, y **España** rompió sus lazos con **Francia** y le declaró la guerra. La apertura de hostilidades significaba mucho más que una manifestación de solidaridad familiar entre miembros de la misma casa real. Era la respuesta de la España del Antiguo Régimen a quienes habían roto el orden tradicional, fundamentado en el absolutismo de los reyes, los privilegios de la nobleza y la hegemonía de la Iglesia. Por este motivo, la **guerra de la Convención** tendría sus predicadores laicos y eclesiásticos, que movilizaron las masas en una auténtica cruzada popular contra un país regicida y enemigo de la religión.

El ejército del **general Ricardos** avanzó sobre la Cataluña francesa, sin que se aprovecharan los éxitos iniciales con la firma de un tratado de paz, como pedían a Godoy algunos cortesanos. La alianza coyuntural contra la Convención no amortiguó los recelos del Gobierno de Madrid hacia Gran Bretaña, empeñada en que la poderosa Armada española participase activamente en el bloqueo naval a Francia. La diplomacia de Londres deseaba forzar un enfrentamiento con la flota francesa para asegurarse el dominio de los mares del mundo y de su comercio. La Marina española se desentendió de estos requerimientos y consiguió mantener despejadas las comunicaciones con América.

1.3.2. La reacción francesa

En tierra, pronto llegaron los reveses, debido a la pésima preparación técnica, ya denunciada por los ilustrados, y por el penoso abastecimiento y la baja moral de la tropa española frente a los enardecidos revolucionarios franceses. A lo largo de **1794,** las fuerzas de la Convención ocuparon buena parte de Cataluña, sin que el Gobierno se decidiera a reforzar sus efectivos militares hasta la formación de **comités de defensa en Barcelona** y la puesta en pie de un **ejército local.** El desastre fue aún mayor en **Gipuzkoa,** que cayó en **manos francesas,** y su **Diputación,** excediéndose en sus competencias, **negoció la paz.**

Pese a que el comportamiento de algunas autoridades pudo hacer dudar de su lealtad, no hubo peligro alguno de secesión en estos territorios de la monarquía. A favor de la Corona jugaban la vieja antipatía hacia los franceses, el patriotismo de los púlpitos y el sentimiento tradicionalista herido por el anticlericalismo de la Convención, responsable, además, del destierro de miles de sacerdotes franceses refugiados en España.

1.3.3. La paz y la alianza

Godoy, preocupado por los rápidos avances del enemigo en Navarra y Álava, intentó detener la guerra al margen de sus aliados, y llegó a un acuerdo con los franceses en la **Paz de Basilea,** en julio de **1795:** España recuperaba su integridad territorial y cedía a Francia su parte de la isla de Santo Domingo y algunas ventajas comerciales.

En **1796,** el **Pacto de San Ildefonso** restauró la alianza franco-española para luchar contra Gran Bretaña, convencido Godoy de que la verdadera amenaza a la monarquía de Carlos IV provenía de la penetración británica en el mercado de América. Pocos meses más tarde, enfrentada a los ingleses, la **Marina española** fue **diezmada** en la **batalla del cabo de San Vicente (1797),** con lo que el comercio ultramarino quedaba desprotegido.

1.3.4. Un tímido reformismo

Mientras la Corona se desprestigiaba con la impopularidad de **Godoy,** este devolvió por un tiempo a la corte el espíritu reformista del reinado anterior: apoyó la ley agraria, suprimió algunos impuestos, liberalizó los precios de las manufacturas y redujo el poder de los gremios. Incluso, en **1797,** formó un **Gobierno** con los más distinguidos **ilustrados.** Sin embargo, la guerra contra los revolucionarios franceses había puesto en cuestión la idea misma de la reforma nacional. De ella solo debía esperarse, como en el caso de Francia, la impiedad y la anarquía, según argumentaban los conservadores. Símbolo de los males denunciados, la revolución con sus desórdenes se oponía a la paz del absolutismo monárquico.

Numerosos eclesiásticos difundieron estas ideas; pero, algunos ilustrados insignes cambiaron entonces de programa, alarmados por la marcha de los acontecimientos y temerosos de la Inquisición. Todos los intentos de abolir este tribunal fracasaron, y hasta el rey lo apoyó en la represión de las corrientes más aperturistas del clero, dando la razón a quienes pensaban que la reforma de la Iglesia aumentaría el riesgo de una revolución.

Actividades

1 ¿Por qué afirmamos que la política de Godoy es continuadora del despotismo ilustrado?

2 ¿Qué razones explican la impopularidad de Godoy, tanto en los sectores reaccionarios como en los reformistas y revolucionarios?

Manuel Godoy (1767-1851)

Fue el hombre de confianza de los reyes Carlos IV y María Luisa; tuvo una fulgurante carrera política y llegó a ejercer un poder absoluto entre 1792 y 1808. Su política exterior pasó del enfrentamiento a Francia –guerra de la Convención en 1793–, a la total sintonía con Napoleón reflejada en el Tratado de Fontainebleau, algunas de cuyas cláusulas secretas contenían compensaciones para el propio Godoy. Enfrentado personal y políticamente al príncipe heredero, Fernando, fue apartado del poder, junto a los reyes, en el motín de Aranjuez propiciado por el futuro rey en marzo de 1808.

La personalidad de Godoy

«Godoy hace suyos los postulados ilustrados, aquellos que no afectan a la constitución tradicional del reino en sus aspectos políticos y económico-sociales, admitiendo todo lo que suponga favorecer el crecimiento económico y elevar el nivel cultural popular siempre que no atente contra dichas estructuras tradicionales. Sus posturas más osadas son las que hacen referencia a sus roces con la Iglesia más conservadora (...) fortalecer la autoridad estatal frente a la eclesiástica (...), patrocinio y difusión de la enseñanza y de toda clase de conocimientos científicos. El Príncipe de la Paz ejerció su mecenazgo político para favorecer empresas como la primera Escuela de Veterinaria, el Real Colegio de Medicina, Cirugía y Ciencias Físicas (...)».

Díez, F.: *Prensa agraria en la Ilustración.* Madrid, Ministerio de Agricultura, 1980.

La guerra de la Convención (1792-1795)

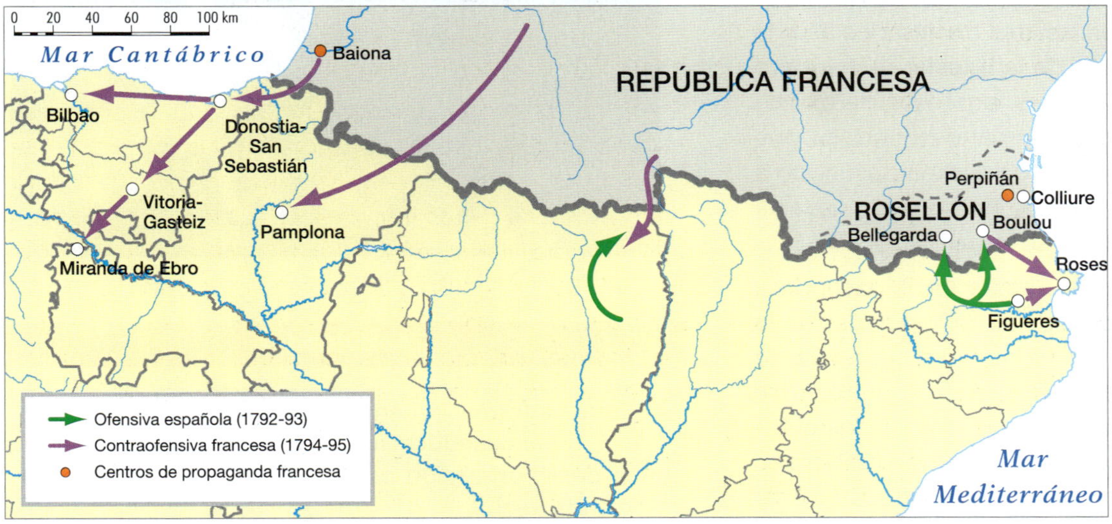

La guerra de la Convención también es denominada guerra de los Pirineos o guerra del Rosellón. La declaración de guerra a la Francia revolucionaria se considera uno de los errores más graves de la política exterior de Godoy. Frente a la postura de neutralidad que había mantenido Aranda, Godoy se arriesgó a una guerra para la que el ejército español de tierra no estaba en absoluto preparado.

1.4. La crisis económica y fiscal

En el reinado de **Carlos IV** se manifestaron las contradicciones económicas del Antiguo Régimen: subida de los precios de los alimentos e insostenible situación financiera del Estado. Por un lado, se produjo una importante subida del precio de las propiedades agrarias a fines de siglo, debida a la escasa oferta de tierra y al crecimiento de la población y la demanda, acentuada por las malas cosechas. Esencialmente, se trataba del conocido mecanismo de las **crisis de subsistencia,** explicables por estar gran parte de la tierra fuera del mercado, amortizada y vinculada. «Las rentas agrícolas subieron incluso con más rapidez que los precios. Esta tesis (...) explica que el enriquecimiento del agro beneficie sobre todo a los propietarios y que estos tuvieran especial interés en roturar los baldíos, limitar los privilegios de la Mesta y atacar los bienes de manos muertas» (Domínguez Ortiz).

1.4.1. Los problemas de la Hacienda

El **déficit del Estado** –la Hacienda Real– se manifestó en la emisión continuada de vales reales –títulos de deuda pública–, cuya finalidad era hacer frente a los gastos que se iniciaron en 1793 con la guerra contra la Convención. La primera emisión de vales reales había comenzado en 1780, y se amortizaron sin problema, con una cotización de un 2% sobre su valor nominal. Pero, a partir de 1795, las emisiones se dispararon (968 millones emitidos en 1795), su cotización bajó y la deuda del Estado aumentó, con nuevas emisiones (800 millones en 1799). En este contexto surgió un importante conflicto con el clero, que revistió especial gravedad desde el momento en que la Hacienda de Carlos IV se fijó en el patrimonio de la Iglesia para remediar sus apuros.

1.4.2. Primeras desamortizaciones

En **1798,** el Estado vendió bienes de los organismos eclesiásticos de beneficencia junto a propiedades comunales de los ayuntamientos y de los jesuitas expulsados. Fue la **primera venta de propiedades de la Iglesia;** se inauguró así la era de las desamortizaciones, procesos de expropiación por el Estado de bienes de «manos muertas», que luego ponía a la venta. Lo recaudado estaba destinado a pagar la deuda del Estado, aunque no se pudo llevar a cabo a partir de 1804 al producirse la bancarrota.

La **desamortización** se prolongó hasta 1808, pasando a manos privadas una sexta parte de las propiedades de la Iglesia. Una nueva sociedad rural empezó a configurarse con la venta de tierras, que benefició a los comerciantes y terratenientes, al carecer los campesinos que las cultivaban del dinero para la subasta. El arma de los liberales del XIX en su lucha por un nuevo orden sirvió a Carlos IV para intentar sostener la sociedad tradicional.

Carlos IV

Carlos IV accedió al trono con cuarenta años de edad y, según muchos testimonios, era indolente, «increíblemente beato» (Gil Novales) y poco interesado por los problemas de gobierno. Justamente la antítesis de Carlos III, quien de hecho desconfiaba de la capacidad del heredero. Por consejo de su padre mantuvo a Floridablanca como primer secretario de Despacho. La Revolución Francesa y la crisis del Antiguo Régimen en España coincidieron con su reinado, lo que supuso una época trágica también para Carlos y su familia. Pasados los años, en 1819, murió en el exilio aborrecido por su hijo Fernando VII.

Actividades

3 Busca información en Internet y en la web de recursos de **anayaeducacion.es** y explica de qué manera la desamortización podía contribuir a sanear la Hacienda Real.

Francisco de Goya (1746-1828)

La familia de Carlos IV, *de Francisco de Goya (1800), Museo del Prado.*

Este retrato muestra dos aspectos clave en Goya: su admiración por Velázquez, a quien parece homenajear en la composición, y su gran capacidad para pintar rostros y caracteres vulgares, como eran los de la familia real. El cuadro, organizado en tres grupos de personajes, gira en torno a María Luisa de Parma, la intrigante reina, inteligente y escandalosa. No tiene ningún fundamento la idea de que Goya pretendiese ridiculizar a la familia real. Al contrario, se trata de un retrato fiel y preciso, que entusiasmó a la reina.

Goya es un testigo privilegiado de la crisis del Antiguo Régimen. De pintor de la corte y de la aristocracia a retratista de la sociedad de la época, se vio implicado en los conflictos del momento: las resistencias a la modernización, las difíciles relaciones con Francia, la represión y el oscurantismo del absolutismo con el retorno de Fernando VII. Ante la asfixia cultural, en 1824 se exilió en Francia, de donde ya no regresó.

«La familia de Carlos IV viene a ser algo así como el resumen y compendio de la intensa labor de retratista que Goya ha realizado. Si su maestría formal alcanza límites insospechados, su penetración psicológica saca a la luz la verdadera fisonomía de todos estos personajes, de los cuales solo uno –el infante de Paula, de notable parecido con Godoy– conserva la inocencia y no es maltratado por la mirada del pintor (...).

Los caprichos se componen de 84 grabados, en los que destacan claramente cuatro temas principales: la corrupción de las costumbres, en que tienen un gran papel la prostitución, declarada u oculta, y el celestinaje; la superstición (especialmente en forma de brujería); el anticlericalismo (que se apoya en los vicios de los clérigos y en su poder sobre las personas) y la ignorancia (que aprovecha algunas de las imágenes de la época) (...).

Lo que ve en la guerra no es la lucha entre dos facciones, sino la violencia y la crueldad, la miseria humana y la indignidad, el aplastamiento del inocente, la desolación y el exterminio.

(...) El mundo al revés, el mundo invertido. Las escenas costumbristas adquieren un aire siniestro (...). El absurdo domina esa inversión (...). En segundo término, la desolación. La desolación es general en todas estas obras (...). Junto a una España negra, una pintura negra (...)».

Bozal, V.: *Historia del Arte en España.* Madrid, Istmo, 1973.

2

La alianza con la Francia napoleónica

A partir de la toma del poder por Napoleón Bonaparte, en 1799, la corte española no fue sino una mera comparsa de la política expansionista de Francia.

La **debilidad** de **Carlos IV** espoleó el intervencionismo francés, que obligó a Manuel Godoy a dirigir la invasión de Portugal en 1801 –guerra de las Naranjas– con objeto de cerrar sus puertos al comercio británico.

En 1802, Francia e Inglaterra firmaron la Paz de Amiens; pero enseguida reanudaron sus hostilidades, y España se vio envuelta en otra guerra no deseada, de trágicas consecuencias para su flota, que cayó destrozada en la batalla de **Trafalgar** (1805) ante la escuadra del almirante Nelson. Las posesiones americanas quedaron incomunicadas, y el hundimiento económico de España se hacía imparable.

2.1. División social y lucha por el poder

Los desastres bélicos, el arrinconamiento político de la alta nobleza y el disgusto del clero a causa de las medidas desamortizadoras unieron a la **oposición en torno** al **príncipe de Asturias,** el futuro Fernando VII, quien no congeniaba con Godoy. Por el contrario, otros españoles descontentos ponían sus esperanzas en Napoleón Bonaparte, cuya revolución liberal daba respuesta al deseo de cambio de una minoría ilustrada.

El impulso al complot de los conservadores fue el **Tratado de Fontainebleau (1807),** por el que Godoy autorizaba el acantonamiento de tropas francesas en España con el objetivo de conquista y reparto de Portugal.

La delicada situación de Godoy favoreció el asalto al poder del príncipe Fernando.

Soldados, campesinos y servidumbre del palacio, alentados por los adeptos del heredero, organizaron un **motín** en **Aranjuez** (19 de marzo de 1808); el resultado fue la **caída** de **Godoy** y la forzada **abdicación** de **Carlos IV** en su hijo Fernando VII.

Actividades

4 ¿Qué grupos sociales prepararon el motín de Aranjuez y cuáles eran los motivos de su oposición a la política de Godoy?

Buques salidos hacia América desde Cataluña

Año	N.º de buques	Toneladas	Valor de las exportaciones
1803	68	11635	62,6
1804	105	17302	76,8
1805	20	1302	2,5
1806	6	359	1,2
1807	1	55	0,2

Archivo de la Diputación de Barcelona, cit. por Fontana, J.: *Cambio económico y actitudes políticas en la España del siglo XIX*. Barcelona, Ariel, 1973.

Tanto en la conspiración de El Escorial al final de 1807, como en el motín de Aranjuez, el objetivo de los conspiradores era acabar con Godoy, deponer a Carlos IV y poner a Fernando en el trono.

Un grupo de aristócratas, desde el duque del Infantado a los condes de Orgaz o Montijo, en connivencia con el canónigo Escóiquiz, dirigían las tareas de desprestigiar a Godoy y movilizar a sectores populares para lograr sus fines. Este a duras penas pudo sobrevivir gracias a la protección del ejército francés.

En la imagen, El motín de Aranjuez en 1808, caída y prisión de Godoy, *de Zacarías González.*

Más información en la web de recursos de **anayaeducacion.es**.

2.2. La familia real en Francia: abdicaciones de Bayona

Napoleón no reconoció a Fernando, y Carlos IV pronto se arrepintió de su abdicación, en tanto las tropas francesas, al mando del general Murat, entraron en Madrid. Requerido por ambas partes, el emperador intervino en la disputa de la Corona forzando a padre e hijo a arreglar sus diferencias en Bayona. Con los reyes en Francia, y ante la imposibilidad de acuerdo entre ellos, Napoleón no esperó más, y obligó a ambos a traspasarle el trono, que, a su vez, entregaría a su hermano **José Bonaparte** en las **«abdicaciones de Bayona».**

Los herederos de la Revolución Francesa consiguieron la Corona española y se dispusieron a enterrar el Antiguo Régimen con la ayuda de un grupo de ilustrados españoles. Con la finalidad de hacer más atractivo su Gobierno, el rey **José I** hizo publicar el **Estatuto de Bayona,** una especie de constitución que, a pesar de otorgar al monarca amplias prerrogativas, ofrecía un renovado aire liberal que cuestionaba los fundamentos del Antiguo Régimen.

Tras presentar cuatro proyectos a la Junta Española, reunida en Bayona, formada por 91 miembros de la Iglesia, la nobleza y el estado llano, José I promulgó la Ley. No llegó a entrar en vigor pues establecía una implantación gradual hasta 1813 y la guerra impidió su puesta en práctica.

José I Bonaparte (1768-1844)

José I ocupó el trono de Nápoles (1806) antes de ser presentado por el emperador a la Asamblea de notables convocados en Bayona. José I entró en España a principios de julio de 1808 pero la derrota de Bailén le obligó a abandonar Madrid. Su reinado no empezó hasta los inicios de 1809 con medidas como la reforma de la Administración, desamortización de bienes monásticos, etc. Apoyado en un gobierno de destacados ilustrados –Urquijo, Cabarrús, O'Farrill, almirante Mazarredo–, tras la victoria de Ocaña (noviembre 1809), afianzó su posición y se opuso sin éxito a las pretensiones imperiales de anexionar los territorios situados al norte del Ebro. En 1812 preparaba incluso la convocatoria de Cortes Generales, prevista por el estatuto de Bayona, una Carta Otorgada, presentada a la Asamblea de Bayona en julio de 1808, y en el que no se admitía la soberanía nacional, limitaba en escasa medida el poder del rey con tres cámaras muy poco representativas y un sistema judicial relativamente separado del ejecutivo. No llegó a entrar en vigor. La victoria de Wellington en Arapiles le obligó a salir de Madrid en agosto 1812. Abandonó definitivamente España en junio de 1813.

Las abdicaciones

1. Carta de Carlos IV a Napoleón (marzo, 1808):

«Señor mi hermano: V.M. sabrá sin duda con pena los sucesos de Aranjuez y sus resultas (...). Yo no he renunciado en favor de mi hijo sino por la fuerza de las circunstancias, cuando el estruendo de las armas y los clamores de una guardia sublevada me hacían conocer bastante la necesidad de escoger la vida o la muerte (...). Yo fui forzado a renunciar (...). Dirijo a V.M.I. una protesta contra los sucesos de Aranjuez (...). De V.M.I. y R., su muy afecto hermano y amigo. Carlos».

2. De Fernando a Carlos, ya en Bayona:

«Mi venerado padre y señor: Para dar a V.M. una prueba de mi amor, de mi obediencia y de mi sumisión (...) renuncio mi Corona en favor de vuestra Majestad, deseando que vuestra Majestad pueda gozarla por muchos años (...).»

3. De Carlos a Napoleón, en Bayona:

«Su Majestad el rey Carlos, que no ha tenido en toda su vida otra mira que la felicidad de sus vasallos (...) ha resuelto ceder como cede por el presente todos sus derechos al trono de España y de las Indias a Su Majestad el emperador Napoleón como el único que, en el estado a que han llegado las cosas, puede restablecer el orden; entendiéndose que dicha cesión solo ha de tener efecto para hacer gozar a sus vasallos de las condiciones siguientes: 1.ª La integridad del reino será mantenida (...). 2.ª La religión católica, apostólica y romana será la única en España (...)».

Un juicio sobre el asunto: «Carlos IV cedió el trono a Bonaparte; Fernando, el Principado de Asturias y con él la Corona, y sus hermanos, sus títulos y honores. En una palabra: la real familia traspasó a Napoleón sus vasallos como se traspasa un rebaño de carneros. No tuvieron el valor de resistir, ni siquiera el de la fuga que el duque de Mahón les propuso, y mientras sus vendidos súbditos se sacrificaban por ellos derramando su sangre, sufriendo el hambre y la sed, el calor y el frío, sin tener albergue ni lecho, ellos gozaban en los palacios de Compiègne y Valençay con todas las comodidades (...). Y más tarde les veremos felicitar a Napoleón por los triunfos que obtienen sus soldados contra los españoles que se batían (...) ¡por ellos!».

Rodríguez-Solís, E.: *Los guerrilleros de 1808.* Barcelona, La Enciclopedia Democrática, 1895, T. I., p. 121.

3

La guerra de la Independencia (1808-1814)

La salida de la familia real española en dirección a Francia, donde se debía reunir con Napoleón, enfureció tanto a los madrileños que el 2 de mayo de 1808 se levantaron contra las fuerzas francesas ocupantes de la capital.

Pocas horas después, el general Murat reprimía la revuelta fusilando a centenares de personas como escarmiento, mientras la Junta de Gobierno, dejada tras su marcha por Fernando VII, no hacía nada por evitar el castigo. Al conocerse la noticia de las abdicaciones de Bayona y los sucesos de Madrid, los levantamientos antifranceses se extendieron por toda España.

3.1. Guerra nacional y conflicto internacional

Los levantamientos de mayo de 1808 degeneraron en guerra (1808-1814), que se generalizó por todo el territorio español durante cinco largos años, dejando un trágico balance de pérdidas humanas –más de 300 000 muertos–, destrucciones y saqueos. Fue una guerra nacional y popular, pero no revolucionaria; guerra española y al mismo tiempo conflicto internacional.

La lucha contra los franceses acrecentó el sentimiento de pertenencia a una misma comunidad y conformó una nueva mentalidad de españoles, por encima de las adscripciones regionales o de reinos. Sin embargo, el ideario que hizo posible el levantamiento partía de la **defensa** de la **religión** y de la **monarquía,** de una visión tradicional de la sociedad no compartida por la **minoría liberal,** que, además de afirmar la nación frente a Francia, deseaba hacer su propia revolución.

El discurso ideológico de la guerra lo realizó el bajo clero, que convenció al pueblo de que, mediante la **guerrilla** o el acatamiento a las autoridades provisionales de resistencia, colaboraba en una verdadera cruzada contra la impiedad francesa. Al quedar fuera de juego la burocracia del Estado, solo la **Iglesia** disponía de una organización nacional centralizada, capaz de llegar a todos los rincones del país y erigirse en **motor** del **levantamiento** con su influencia doctrinal.

Los cinco años de guerra constituyeron, de hecho, una ocasión irrepetible para un movimiento de masas de carácter revolucionario; pero la identificación del clero con el Antiguo Régimen lo impidió. Lo que la Iglesia no pudo evitar fue que una minoría progresista, concentrada en **Cádiz** por causa de la guerra, en la que figuraban también elementos del clero, estableciese los **fundamentos** de la futura **revolución liberal.**

Se ha escrito que con la guerra de la Independencia aparecen las masas populares en la escena política española.

El 2 de mayo de 1808 en Madrid o La lucha con los mamelucos, *de Francisco de Goya.*

En esta obra de 1814, Goya «si bien es cierto que no demuestra ninguna simpatía por los franceses, tampoco parece tenerla excesiva por los patriotas. Lo que ve en la guerra no es la lucha entre dos facciones, sino la violencia y la crueldad, la miseria humana y la indignidad, el aplastamiento del inocente, la desolación y el exterminio... lo que le interesa es la imagen de la multitud... la violencia que lo llena todo. En el cuadro no hay uno o varios protagonistas individualizados; el protagonista es la masa (...)». (V. Bozal).

3.2. El gobierno de José I. Los «afrancesados»

Así como el clero movilizó al campesinado contra los franceses, José Bonaparte no logró apoyo suficiente de las minorías ilustradas, porque era demasiado evidente el espíritu de conquista de su hermano Napoleón. En la España ocupada por las tropas francesas, el rey José I trató vanamente de emprender las reformas que el **Estatuto de Bayona** había proyectado contando con el apoyo de los **afrancesados,** partidarios del reformismo ilustrado pero enemigos de medidas revolucionarias. Al igual que otros ilustrados, el pintor Francisco de Goya confió en los Bonaparte; mientras, retrataba la violencia desatada en su serie de grabados *Los desastres de la guerra*.

José I nunca tuvo las manos libres para implantar su política de reformas. La convocatoria de unas cortes bonapartistas no contó con el apoyo de su hermano Napoleón. Su preocupación por la educación, plasmada en la fundación de la **Junta de Instrucción Pública,** quedó en nada ante la realidad de la guerra. Y no consiguió el afecto de un pueblo que lo vio como una marioneta a las órdenes del emperador francés y de sus generales.

Muchos afrancesados eran funcionarios del Estado que, en su pragmatismo, prefirieron seguir fieles a quien ejercía el poder; otros eran eclesiásticos ilustrados que, ante la fortaleza del ejército francés y la ineficacia de las instituciones del Antiguo Régimen, optaron por el invasor. La mayoría de los afrancesados convencidos lo fueron porque quisieron realizar reformas en el ámbito de la enseñanza, el derecho o la religión, de acuerdo con un ideario compartido por algunos españoles, a los que la lucha contra el invasor reunió en las **Cortes de Cádiz.** Pero la minoría afrancesada pagó caro su colaboracionismo y acabo siendo víctima de las venganzas domésticas que toda guerra genera y, más tarde, del exilio.

Los afrancesados

Una parte de la élite ilustrada española –los «afrancesados»– confiaba en que el sometimiento a Napoleón, liberado el país de los corruptos Borbones, posibilitase el progreso y el resurgimiento de la patria. Era el caso de uno de los admiradores de la Francia revolucionaria, el abate Marchena (1768-1821), que escribía en 1808:

«Jamás el genio de Napoleón se habrá ocupado en una obra más bella que la creación de la gloria española. Superior a todas las preocupaciones, no puede dejar este gran Príncipe de distinguir todos los gérmenes de grandeza que encierra la más noble de las naciones. El resto de la Europa se complace en oponernos memorias sacadas de nuestros propios anales; Napoleón experimentará que, lejos de estar en una degeneración irrevocable, nos hallamos en disposición de igualar, y aun de superar, a nuestros padres».

Cit. por Fuentes, J. F.: *José Marchena. Biografía política e intelectual.* Barcelona, Crítica, 1989.

3.3. Las juntas provinciales

Con el estallido de los levantamientos y las abdicaciones de Bayona, se produjo un gran **vacío de poder** y la **ruptura** del **territorio español.** Para controlar la situación en las regiones no ocupadas por el ejército francés, los ciudadanos más prestigiosos establecieron las juntas provinciales, que asumían su soberanía y legitimaban su autoridad en nombre del rey ausente. Hombres de la aristocracia y del clero, militares y letrados de ideología dispar componían estos poderes territoriales, que enseguida establecieron un Gobierno nacional unitario.

En septiembre de **1808,** se constituyó en Aranjuez la **Junta Central Suprema,** con delegados de las juntas provinciales, entre los que estaba Jovellanos, bajo la presidencia del conde de Floridablanca que tomó los poderes soberanos y se erigió en el máximo órgano gubernativo.

Actividades

5 Resume los principales principios de la posición política de los llamados «afrancesados». ¿En qué se diferenciaban de otros españoles reformistas de la época?

¿A quiénes representan las juntas?

Las juntas, que proliferaron por todo el país en los días siguientes al 2 de mayo, eran organismos heterogéneos en los que el pueblo depositaba la autoridad, ante la sensación de «vacío de poder» que supuso la ausencia de la familia real.

«Falto de experiencia y de formación política, el pueblo, al elegir, lo hace nombrando para la junta a elementos de las clases superiores, de manera que la junta, creación del pueblo, es ya una pérdida de poder por parte de ese mismo pueblo (...) las juntas en sí mismas, y su reunión en la Central, son siempre necesarias para la conducción político-militar de la guerra, son siempre iniciativa de los aristócratas, de los ricos y poderosos, que a través de ellas privan al pueblo de su poder. Son una forma de control del pueblo, de sujeción de este a intereses que le son ajenos».

Gil Novales, A.: «Reinado de Fernando VII», en Tuñón de Lara, M.: *Historia de España,* vol. VII. Barcelona, Labor, 1980, p. 270..

La guerra de la Independencia (1808-1814)

3.4. Las fases de la guerra

En junio de 1808, con el objetivo de reprimir los levantamientos populares e instaurar el régimen de José I, un ejército de 170 000 hombres se adentró en España, confiando en desplegarse en abanico por todo el territorio y controlar así los centros neurálgicos del país.

3.4.1. Resistencia: Bailén (mayo-octubre de 1808)

La inesperada resistencia de los españoles desbarató, en un primer momento, los proyectos de Napoleón. Aunque la toma de las ciudades se preveía fácil, **Zaragoza** resistió, supliendo su falta de fortificaciones con barricadas espontáneas, mientras los franceses se debilitaban, al no poder recibir refuerzos de Cataluña, pues habían sido frenados en el desfiladero del Bruch.

Otra ciudad sitiada, **Girona,** aguantó el ataque y rompió las vías de abastecimiento con Francia. Pero a los invasores todavía les esperaba lo peor: el ejército de Dupont, encargado de dominar **Andalucía,** se estrelló contra las milicias del general Castaños y tuvo que rendirse en **Bailén** (19 de julio).

El descalabro tuvo una gran repercusión internacional, al tratarse de la primera derrota en tierra de un ejército napoleónico. Su hermano José I, que acababa de llegar a Madrid, se retiró rápidamente a Vitoria-Gasteiz, y las tropas francesas retrocedieron hasta el Ebro.

En Portugal, la llegada del ejército de Wellington obligó a los franceses al abandono del país (Tratado de Sintra). En octubre de 1808 la presencia francesa en España se reducía a Navarra, País Vasco y norte de Girona.

3.4.2. Napoleón en España: la ocupación (1808-1812)

A partir de entonces, la guerra adquirió una mayor dimensión, impulsada por el deseo de Napoleón de aplastar la resistencia española; acompañado de sus más prestigiosos generales, el emperador entró en España (noviembre de 1808) al frente de un ejército de 250 000 hombres. Napoleón dirigió personalmente operaciones militares que buscaban derrotar al cuerpo expedicionario inglés que actuaba desde Portugal y controlar política y militarmente España. Los ejércitos franceses vencieron en Espinosa y Gamonal (Burgos) y en Tudela (Navarra), culminando el avance en la batalla victoriosa de Somosierra.

El **avance francés** fue tan **contundente** que en pocas semanas José Bonaparte volvía a Madrid. La Junta Central abandonó la Meseta para refugiarse en Sevilla y luego en Cádiz. Poco después, el ejército inglés de Moore era destrozado y obligado a reembarcarse en A Coruña, muriendo el propio Moore. Napoleón regresó en enero de 1809 a París. Solo algunas zonas de la periferia y las áreas montañosas del centro permanecían libres tras un año de guerra.

Junta Central Suprema

Es la emanación de las juntas provinciales, «depositaria interina de la autoridad suprema» en ausencia de Fernando VII, perduró hasta el 29 de enero de 1810, estando Cádiz cercada por el mariscal Victor, cedió sus competencias a un Consejo de Regencia, presidido por Castaños, el vencedor sobre Dupont en la batalla de Bailén.

3.4.3. El decisivo papel de la guerrilla

Dada su inferioridad militar, los españoles adoptaron una novedosa forma de combate, la guerrilla: grupos de antiguos soldados, civiles y hasta bandoleros, atacaban por sorpresa y en acciones rápidas, valiéndose de su conocimiento del terreno y de la complicidad de la población civil. Fueron muy prestigios El Empecinado, Julián Sánchez el Charro, Pedro Villacampa, Espoz y Mina. Los **franceses dominaban** las **ciudades,** pero las **partidas guerrilleras,** extendidas desde 1809 por toda la Peninsula, el **campo.** Solían atacar pequeñas guarniciones de retaguardia, caravanas de abastecimiento y soldados rezagados por cansancio o heridas. Los franceses no consiguieron liquidar las guerrillas, pues se dispersaban después de cada ataque en medio de la población civil, cuya represión indiscriminada solo hizo aumentar su apoyo.

3.4.4. José I frente al imperio

A medida que la guerra se alargaba, José se sentía más **identificado con el ideario pacifista y reformista** de sus súbditos **afrancesados** que con el de conquista de su hermano. Napoleón, al no hallar en José la sumisión esperada, intervino directamente y en 1810 transfirió las provincias al norte del Ebro a la autoridad militar para preparar su anexión a Francia, con la oposición de José. Holanda, los puertos hanseáticos alemanes y diversos Estados italianos, entre ellos los Estados Pontificios, fueron también incorporados a la Francia imperial. Tras la victoria francesa en Ocaña, en febrero de 1810 cayó Sevilla y toda Andalucía, excepto Cádiz. En esos días, José recorrió muchas ciudades andaluzas y fue recibido en general calurosamente, mientras Cádiz iniciaba la convocatoria de Cortes.

3.4.5. Derrota y retirada del ejército francés

En la primavera de **1812,** la **guerra** dio un **giro** definitivo. Lo que en un principio pareció un paseo militar, se había convertido en un atolladero que obligaba a Napoleón a mantener en España un importante conjunto de tropas, cada vez más necesarias en el frente de Rusia. La retirada de efectivos podía llevar a los franceses al desastre, como ocurrió en julio de 1812, cuando el **general Wellington,** al frente de tropas británicas, portuguesas y españolas, y ayudado por las partidas guerrilleras, **derrotó** a los franceses del **mariscal Marmont** en **Arapiles,** cerca de Salamanca y llegó hasta Madrid. Los franceses retrocedieron hacia Burgos, mientras el rey José abandonaba Madrid, en agosto, hacia Valencia. Soult desde Sevilla acudió en septiembre hasta Valencia, formando un ejército de 75000 soldados. Por primera vez los generales bajo el mando de José I, comenzaron una contraofensiva que paralizó a Wellington, que se retiró a Ciudad Rodrigo en noviembre.

El ejército francés restableció sus posiciones, pero la victoriosa campaña de Wellington había revelado la estrategia adecuada para derrotarlos. A finales de 1812 la sensación de derrota de José I era clara. Una nueva retirada de soldados franceses hacia Europa la acrecentó. En la primavera de **1813,** el general británico lanzaba de nuevo su acometida, sin que los franceses consiguieran parar su avance. Abandonaron Madrid y llegaron hasta **Vitoria-Gasteiz** donde sufrieron una grave **derrota,** que se repitió en la batalla de **San Marcial** (Irun). Vencido también en Alemania, Napoleón se apresuró a llegar a un acuerdo con Fernando VII, al que devolvió la Corona de España por el **Tratado de Valençay** (diciembre de 1813).

Actividades

6 Explica qué razones impidieron a los ejércitos napoleónicos el control del territorio español hasta 1808.

7 ¿Por qué se habla de «triple dimensión de la guerra»?

Los sitios

Goya retrató al general Palafox en 1814, que había alcanzado gran prestigio como organizador de la defensa de Zaragoza en los dos asedios habidos en el verano de 1808 y el segundo en enero-febrero de 1809. Los «sitios» de esta ciudad produjeron miles de víctimas, como también el de Girona, defendida por Álvarez de Castro, en la segunda mitad de 1809. Hubo más de 50 asedios de ciudades fortificadas, en un tipo de combate peculiar de la guerra peninsular, dentro del conjunto de las guerras napoleónicas.

4 El programa revolucionario de las Cortes de Cádiz

La otra cara de la guerra de la Independencia la constituye, sin duda, la labor de las **Cortes de Cádiz.** A la vez que gran parte de la sociedad española se enfrentaba con las armas a los franceses, unos pocos ilustrados pretendían implantar en España las mismas ideas que, en Francia, habían supuesto una verdadera **revolución burguesa.**

La gran oportunidad llegó cuando las derrotas militares desacreditaron a la Junta Central, que, refugiada en Cádiz, dio paso, en enero de 1810, a una **regencia colectiva,** una especie de gobierno provisional compuesto por cinco miembros, muy conservadores, pero sometidos a la presión ambiental de la ciudad, sede de una nutrida burguesía mercantil y de importantes colonias de comerciantes extranjeros. Muchos burgueses liberales, funcionarios ilustrados e intelectuales procedentes de otras ciudades tomadas por el ejército del rey José, huyendo de la guerra, se habían concentrado en Cádiz, ciudad-refugio protegida por la Marina británica.

4.1. Convocatoria y composición de las Cortes

La idea de una reunión de **Cortes Generales** para reorganizar la vida pública en tiempo de guerra y llenar el vacío de poder ya había sido debatida en la Junta Central en mayo de 1809. Desde su Comisión de Cortes, presidida por Jovellanos, se remitió una **consulta al país,** encuesta dirigida a instituciones y personalidades representativas de la *opinión pública* para que enviasen sus informes sobre la guerra, las leyes fundamentales del reino, la Hacienda, la situación de América, etc. Las respuestas, generalmente, eran partidarias de profundas reformas en la organización del país. La regencia no se decidió a convocar las Cortes hasta que llegó a Cádiz la noticia de la creación de **poderes locales** en distintas **ciudades americanas** que podían poner en peligro el imperio español.

Después de cien años, en los que los Borbones habían gobernado sin convocarlas, las Cortes inauguraron sus reuniones en septiembre de 1810, con el juramento de los diputados de defender la integridad de la nación española, y prolongaron su actividad hasta la primavera de 1814. Un conjunto de decretos, y sobre todo la Constitución de 1812, manifestaban su deseo de transformación del país mediante la aplicación de importantes reformas que debían convertir España en una monarquía liberal y parlamentaria.

4.1.1. La representación y sus problemas

Debido a la guerra, la alta nobleza y el alto clero apenas estuvieron representados en Cádiz. Tampoco asistieron los delegados de las provincias ocupadas a los que se buscó suplentes gaditanos o entre los oriundos de cada provincia presentes en Cádiz, lo mismo que a los representantes de los territorios españoles de América.

En las Cortes **predominaban clases medias** con formación intelectual, eclesiásticos, abogados, funcionarios, militares y catedráticos, y miembros de la burguesía industrial y comercial. Sin embargo, no había representación de las masas populares: ni un solo campesino tuvo sitio en la asamblea de Cádiz. Tampoco mujeres, carentes de todo derecho político. Las primeras sesiones de las Cortes congregaron a un centenar de diputados, pero su número fue aumentando, hasta llegar a los trescientos.

Cádiz

Detalle del monumento a las Cortes de Cádiz, en Cádiz.

La ciudad de Cádiz acordó ya en 1812 elevar un monumento conmemorativo a las Cortes, pero solo fue posible su edificación al cumplirse el centenario de la promulgación de la Constitución de 1812. Este monumento, rico en alegorías a la patria y a los valores de la nueva economía y a la libertad, es un buen símbolo del protagonismo de Cádiz en los cambios políticos y económicos durante la crisis del Antiguo Régimen. Cádiz era la ciudad más cosmopolita y abierta de España desde la mitad del siglo XVIII, que gestionaba la mitad del valor del comercio exterior. Sus cerca de 80 000 habitantes sufrieron las convulsiones de esta etapa tan conflictiva. Durante todo el siglo XIX fue cuna de iniciativas liberales y de progreso.

4.1.2. Carácter y tendencias en las Cortes de Cádiz

Desde su inicio se evidenció que las Cortes no se parecían a las antiguas. Al configurarse en **Asamblea Constituyente** y asumir la **soberanía nacional,** los diputados ponían en marcha la revolución liberal, que contaba ya con el precedente de la Francia (1789). También con la concesión de iguales derechos a todos los ciudadanos, incluidos los de América, España y sus colonias se convertían en la única nación repartida a ambos lados del océano.

En la cámara gaditana surgieron dos grandes **tendencias:**

- Los **liberales** –por vez primera se emplea este término como etiqueta política– eran partidarios de reformas revolucionarias, y contaban con renombrados intelectuales, juristas y grandes oradores como Agustín Argüelles, José M.ª Calatrava, el conde de Toreno, Manuel José Quintana, etc.
- Los **absolutistas,** llamados despectivamente **«serviles»,** pretendían mantener el viejo orden monárquico. Pedro Inguanzo y Blas de Ostolaza eran dos de sus miembros destacados.

La **prensa de Cádiz**, en su mayoría, apoyó a los **liberales,** que siempre dominaron los debates de las Cortes, manteniéndose, en cambio, los **púlpitos** de las iglesias al servicio de la **ideología absolutista.** A pesar del posicionamiento mayoritario del clero en la trinchera conservadora, un puñado de sacerdotes participaron en el diseño del régimen gaditano, al que contribuyó Diego Muñoz Torrero, miembro del equipo redactor de la Constitución y una de las personalidades más relevantes dentro de la familia liberal.

4.2. La acción legislativa de las Cortes

A impulsos del pensamiento ilustrado, las Cortes de Cádiz desmontaron la arquitectura del Antiguo Régimen, mediante la promulgación de una serie de decretos.

4.2.1. Libertad de expresión

Con una prensa adicta, y después de siglos de bloqueo informativo, los liberales aprobaron el decreto de libertad de imprenta –primera formulación del derecho a la libre expresión–, que suprimía la censura para los escritos políticos, pero no para los religiosos (1810).

Para los diputados gaditanos, la libre expresión de las ideas era una pieza clave en un sistema basado en la soberanía nacional y un eficaz instrumento de concienciación política y de defensa frente a los abusos del poder.

4.2.2. Anulación del régimen feudal

Una decisión primordial, en el proceso de reforzamiento del Estado, fue la **abolición** de los **señoríos jurisdiccionales** (1811), ya que la mitad de los pueblos y dos tercios de las ciudades españolas mantenían todavía alguna dependencia del clero y de la nobleza, que impedía la modernización de la Administración.

Los **gremios** fueron **derogados** (1813); era una estructura medieval tachada de inoperante desde el reinado de Carlos III, para dar paso a las modernas relaciones de producción liberal-capitalista.

En 1813 se decretó la **desamortización** de las tierras comunales de los municipios, de las órdenes militares y de los jesuitas, **se derogaron** los **privilegios** de la **Mesta,** autorizando a los pueblos y vecinos a cercar sus tierras; y se abolió la Inquisición.

Decreto de abolición de los señoríos

«Deseando las Cortes generales y extraordinarias remover los obstáculos que hayan podido oponerse al buen régimen, aumento de población y prosperidad de la Monarquía española, decretan:

I. Desde ahora quedan incorporados a la Nación todos los señoríos jurisdiccionales de cualquier clase y condición que sean.

II. Se procederá al nombramiento de todas las justicias y demás funcionarios públicos por el mismo orden y según se verifica en los pueblos de realengo (...).

IV. Quedan abolidos los dictados de vasallo y vasallaje y las prestaciones, así reales como personales, que deban su origen a título jurisdiccional (...).

VII. Quedan abolidos los privilegios llamados exclusivos, privativos y prohibitivos que tengan el mismo origen de señorío, como son los de la pesca, caza, hornos, aprovechamientos de aguas, montes y demás, quedando al libre uso de los pueblos, con arreglo al derecho común, y a las reglas municipales establecidas en cada pueblo, sin que por esto los dueños se entiendan privados del uso que, como particulares, pueden hacer».

Actividades

8 ¿En qué se diferencian las Cortes de Cádiz de las Cortes tradicionales del medievo y del Antiguo Régimen?

9 Señala brevemente las diferencias políticas entre liberales y absolutistas en las Cortes de Cádiz. ¿Por qué estos eran llamados despectivamente «serviles»?

10 Enumera y explica los decretos de las Cortes de Cádiz que reformaban en profundidad las estructuras agrarias del Antiguo Régimen.

④ El programa revolucionario de las Cortes de Cádiz

La abolición de la Inquisición

Este tema suscitó intensos debates entre los diputados de Cádiz. El texto del Diario de las Cortes recoge las opiniones de un clérigo absolutista:

«(...) De nuevo el señor Ostolaza, que estuvo siempre muy combativo, hace una larga crítica del Dictamen de la Comisión, afirmando "qué vergonzoso sea que la Comisión imite a esos charlatanes periodistas, en la pintura horrorosa y equivocada que hacen del Tribunal de la Fe (...) ya que la Inquisición es un medio de la Iglesia para conservar la fe"; llega a añorar los tiempos de "los Fernandos el Santo y el Católico, en cuyo tiempo, y a la vista de la Inquisición, floreció la España y dio ley a toda la Europa". Dice que no se opone a que se reformen algunas cosas, pues ello no influye en lo esencial de la institución. Niega que el Santo Establecimiento vaya contra las luces y el progreso, diciendo que la Inquisición no se opone a la luz, sino a las doctrinas tenebrosas. Defiende vehementemente uno de sus procedimientos, el de la delación secreta, y concluye proponiendo dar por concluida la discusión y pasar el expediente al Concilio Nacional, "para que arregle definitivamente este asunto de acuerdo con las Cortes"».

Discusión del proyecto de decreto sobre el Tribunal de la Inquisición. *Texto impreso 14.*

4.2.3. Legislación religiosa

Las Cortes también legislaron en materia religiosa, después de acaloradas discusiones entre los diputados, que alcanzaron su mayor vehemencia al decretar la **abolición** de la **Inquisición,** presentada como un obstáculo para la libertad de pensamiento y el desarrollo de la ciencia. Se decretó la supresión de los conventos que contasen con menos de doce miembros y se secularizaron los bienes de las órdenes religiosas. Estas medidas provocaron la ruptura con la jerarquía eclesiástica, pese a lo cual el clero ilustrado contribuyó, con su destacada presencia en las Cortes, a la propagación de estas ideas.

4.2.4. Reforma administrativa y ordenación del territorio

Resultó especialmente animado el debate sobre la **reorganización territorial,** con las aportaciones de contenido regionalista de un diputado catalán, disconforme con el proyecto propuesto, inspirado en el modelo departamental francés.

Las Cortes eliminaron los antiguos reinos, provincias e intendencias y decretaron una **nueva división provincial,** que no se llegó a concretar, con el fin de conseguir la uniformidad territorial y la centralización política. «Formamos una sola nación, y no un agregado de naciones», argumentó Agustín Argüelles, jefe de los liberales, ratificando el propósito de estos de plantear de forma inmediata una nueva ordenación territorial.

4.3. La Constitución de 1812

El día de san José de 1812, los diputados de Cádiz aprobaron una Constitución, la primera de la historia de España, que resumía su labor legisladora y establecía las ideas y el lenguaje del liberalismo español.

«La Pepa» es un texto muy extenso, porque, en su deseo de evitar interpretaciones contrarias al espíritu de la Constitución, los legisladores gaditanos regularon hasta el detalle todas las cuestiones relacionadas con la vida política y los derechos de los ciudadanos.

4.3.1. Un solo Estado, los mismos derechos

Su idea de nación quedó plasmada en el diseño de un **Estado unitario,** que afirmaba los derechos de los españoles en su conjunto por encima de los históricos de cada reino. Los diputados representan a la nación, lo que supone la eliminación de cualquier otra representación, regional o corporativa, algo que ya carecía de sentido en una España dividida en provincias y municipios.

De esta forma, se daba un nuevo paso adelante en el proceso de centralización política y administrativa emprendido por los primeros Borbones. Al mismo tiempo, con su **afirmación** de los **derechos individuales** y **colectivos** de los españoles, ponía los fundamentos para acabar con un modelo de sociedad basado en las exenciones y los privilegios.

Con el fin de conseguir la igualdad de los ciudadanos, fijaba una **burocracia centralizada,** una **fiscalidad común,** un **Ejército nacional** y un **mercado libre de aduanas interiores.**

4.3.2. Estado constitucional y soberanía nacional

En consonancia con la primera declaración de la asamblea gaditana, la Constitución proclamaba la soberanía nacional en detrimento del rey, al que se le quitaba la función legisladora, atribuida ahora a las **Cortes,** que tendrían **una** sola **cámara,** elegida por **sufragio universal masculino** mediante un complicado sistema de compromisarios. Sin embargo, para ser diputado se requería la condición de propietario, lo que excluía a asalariados y a campesinos sin tierra.

Al atribuir la soberanía a la nación, se estaba produciendo un cambio fundamental: de acuerdo con el texto, los ciudadanos, reconocían a **Fernando VII** como **rey** de España, pero no como rey absoluto, sino constitucional.

La Constitución, aunque símbolo del liberalismo radical, reflejaba el influjo de la religión y de la nobleza a través de la definición de un Estado confesional y el reconocimiento de las propiedades de los grupos privilegiados.

La guerra y Fernando VII impidieron que se implantaran las reformas promulgadas por la Constitución. No obstante, años más tarde, otros textos, inspirados en ella, se encargarían de hacer avanzar a la sociedad española en la conquista de sus derechos individuales y colectivos. Como símbolo del deseo de libertad de los españoles, la Constitución de 1812 permaneció viva en el recuerdo a lo largo del siglo, prolongándose, también, en el ideario de los liberales de América del Sur y de Europa.

Actividades

11 ¿Qué decretos de la Constitución de Cádiz establecían la libertad política y la igualdad jurídica de los ciudadanos?

12 Explica brevemente por qué podemos calificar como progresista e, incluso, como democrática la Constitución de 1812.

La importancia de la Constitución de 1812

«Dejando, pues, de lado la Constitución de Bayona, nuestra primera Constitución, redactada en Cádiz de 1810 a 1812, representa el hito fundamental que inicia la dialéctica constitucional que llega hasta el presente. Su significado, situándonos en el contexto de la época, aparece como un avance progresista fundamental para la modernización de la vida política española (...) supuso el motivo fundamental del nacimiento del liberalismo español y, en algunos casos, europeo. Su influencia, como es sabido, se extendería por toda Europa y América Latina, desde el mismo momento de emancipación de las colonias españolas. Por supuesto, en ella es posible encontrar todavía claras reminiscencias del Antiguo Régimen, pero al mismo tiempo da acogida también a conceptos e instituciones revolucionarias para su época. Lo cual se explica a causa de que intervinieran en su redacción tanto elementos progresistas o liberales como reaccionarios o ultramontanos».

De Esteban, J.: *Las constituciones de España.* Madrid, Taurus, 1990.

«Dentro del primer constitucionalismo occidental, el texto de Cádiz representa uno de los mejores modelos, soportando la comparación con la Constitución francesa de 1791 o la americana de 1787. Mirkine Guetzevitch llega a decir que supera a aquella y alcanza mayor influencia que ella en el resto de Europa por el espíritu nacional que respiraba, del que carecía la francesa».

Solé Tura, J., y Aja, E.: *Constituciones y períodos constituyentes en España (180-1936).* Madrid, Siglo XXI, 1985, p. 20.

La proclamación de la Constitución de 1812, de Salvador Viniegra.

Debido a su situación estratégica y a la proximidad de la flota y de la base británica de Gibraltar, Cádiz fue, a partir de 1810, el «refugio de la soberanía nacional». El acceso a Cádiz, muy complicado por tierra firme, era relativamente fácil por mar, lo que supuso una notable presencia de delegados de las provincias periféricas, las más avanzadas de España en aquellos momentos.

5 La restauración del absolutismo

5.1. El Sexenio Absolutista (1814-1820)

El final de las operaciones militares contra los franceses no apaciguó por completo el país, que se veía sometido al enfrentamiento político entre liberales y absolutistas, ambos a la expectativa de la postura que tomase Fernando VII a su regreso del cautiverio. La duda se despejó en la primavera de 1814, al poco tiempo de tocar el rey tierra española y aceptar el ofrecimiento de algunos generales de colaborar en la reposición del absolutismo monárquico, derogado por las Cortes de Cádiz. La acción contrarrevolucionaria del Ejército contaba, además, con el apoyo de un grupo de diputados absolutistas, firmantes del **Manifiesto de los Persas,** que rechazaban de forma rotunda la legislación gaditana.

5.1.1. Abolición de la Constitución de 1812

En mayo de 1814, Fernando VII declaró ilegal la convocatoria de las Cortes de Cádiz y **anuló** toda su **obra legisladora.** Desaparecían de un plumazo las reformas plasmadas solo sobre el papel, sin que nadie saliera a la calle en su defensa. Con el golpe de Estado fernandino, España volvió a la situación anterior a la «francesada», mientras la **represión** elegía sus víctimas entre los liberales y los colaboradores del gobierno de Bonaparte, obligados muchos de ellos a tomar el camino del exilio.

Tras la caída de Napoleón, la contrarrevolución diseñada por la Europa de la Santa Alianza daba nuevo empuje al absolutismo fernandino, que intentaba borrar de la memoria de los españoles el recuerdo de una Constitución que hacía residir la soberanía en la nación, no en el rey.

Apoyado en la Iglesia y en los grandes terratenientes, liquidó la libertad de prensa y resucitó la Inquisición, que enseguida se puso manos a la obra con la retirada de cientos de publicaciones del período de la guerra. Los jesuitas volvieron a España, y permanecerían en el país hasta el siguiente estallido liberal.

5.1.2. Regreso al Antiguo Régimen: represión y conspiración

Bajo la mirada protectora del rey absoluto, la **Iglesia** inauguró su cruzada «contra una época de desorden y crímenes» y **colaboró** gustosa con el **Santo Oficio** delatando a los liberales. Sin embargo, la alianza entre el trono y el altar no cosechó los frutos esperados: decrecían las rentas eclesiásticas y el clero sufría una notable disminución a causa del desbarajuste producido por la guerra.

Cuando la Iglesia exigió la devolución de sus tierras, vendidas en el reinado anterior, Fernando VII se negó a satisfacer su reclamación, confirmando la nueva distribución de la propiedad, en manos ahora de latifundistas afectos al gobierno.

Desde la vuelta de Fernando VII, muchos **militares** que lucharon contra los franceses se opusieron a la restauración del Antiguo Régimen, y algunos de ellos conspiraron por el restablecimiento de las leyes de Cádiz, agrupados en **organizaciones secretas** o en **logias masónicas.**

La reacción de 1814 cortó los primeros brotes de modernización de un Ejército de 200 000 soldados y 16 000 oficiales en el que convivían los profesionales al estilo borbónico con los paisanos ascendidos de la guerrilla, y los generales absolutistas con la oficialidad rabiosamente liberal.

Fernando VII

Fue un monarca idolatrado, temido y odiado. Tras su retorno a España en marzo de 1814, buscó asesoramiento y apoyo en los sectores más reaccionarios del país. El día 5 de mayo entró en Madrid y el día 10 decretó la abolición de la obra de Cádiz. Los generales Elío y Eguía le dieron el apoyo militar para aplastar al Consejo de Regencia y a los principales líderes liberales. A partir de entonces gobernó rodeado de una «camarilla» de amigos, confidentes y compañeros de correrías. En este grupo figuraban personajes como el duque de Alagón, el aguador Chamorro, el cura Vicente Sáiz o Francisco Calomarde. La situación fue, incluso, denunciada por declarados absolutistas como el antiguo preceptor del rey, Juan Escóiquiz, o Miguel Lardizábal.

Actividades

13 Describe y explica los argumentos que justifican el absolutismo como forma perfecta de gobierno según los firmantes del Manifiesto de los Persas.

14 Identifica los momentos anteriores de la historia de España en que se produjeron exilios masivos y a qué colectivos sociales afectó; explica sus causas y consecuencias. Determina las semejanzas y diferencias con el exilio descrito en el doc.: «El primer gran exilio de España Contemporánea».

El Manifiesto de los Persas

Firmado por 69 diputados serviles –de los que 34 eran eclesiásticos–, fue presentado a Fernando VII con anterioridad a su decreto de anulación de la obra de las Cortes de Cádiz. Toma su extraño nombre de sus palabras iniciales: «Señor: era costumbre en los antiguos persas pasar cinco días en anarquía después del fallecimiento de su rey, a fin de que la experiencia de los asesinatos, robos y otras desgracias les obligase a ser más fieles a su sucesor».

Exponen en el mismo una defensa teórica del retorno al absolutismo como forma de gobierno.

«(...) 20. Quisiéramos grabar en el corazón de todos, como lo está en el nuestro, el convencimiento de que la democracia se funda en la inestabilidad y la inconstancia (...). O en estos gobiernos ha de haber nobles, o puro pueblo: excluir la nobleza destruye el orden jerárquico, deja sin esplendor la sociedad (...).

21. La nobleza siempre aspira a distinciones; el pueblo siempre intenta igualdades: este vive receloso de que aquella llegue a dominar (...).

40. En fin, Señor, esta Constitución (...) dice: Que la Nación española es libre e independiente y no es ni puede ser patrimonio de nadie, ninguna familia o persona. Y el artículo 14 expresa que el gobierno de la nación española es una monarquía hereditaria: artículos inconciliables (...).

134. La monarquía absoluta es una obra de la razón y de la inteligencia: está subordinada a la ley divina, a la justicia y a las reglas fundamentales del Estado; fue establecida por derecho de conquista o por la sumisión voluntaria de los primeros hombres que eligieron sus Reyes (...). En un gobierno absoluto las personas son libres, la propiedad de los bienes es tan legítima e inviolable que subsiste aún contra el mismo soberano (...). Madrid, 12 de abril de 1814».

Rodríguez Alonso, M.: *Los manifiestos políticos en el siglo XIX* (1808-1874). Barcelona, Ariel, 1988.

Primer gran exilio de España Contemporánea

El regreso de Fernando VII desencadenó una oleada de represión sobre toda persona sospechosa de tendencias liberales y, de modo más claro, contra los colaboradores del rey José I Bonaparte, los afrancesados. Muchos de ellos tuvieron que exiliarse en Francia o en Inglaterra.

«El primer gran exilio de españoles perseguidos a muerte por otros españoles se produce, en efecto, a comienzos del siglo XIX, en dos etapas sucesivas y bajo la inspiración de aquel que fue el rey más funesto de nuestra historia, según Marañón y el más unánime criterio. En la primera etapa, 1813-1814, salen del país, a retaguardia de las tropas napoleónicas (...) muchos, más de 10 000 militares y unos 5 000 civiles (...) y a ellos se unieron los citados patriotas liberales, perseguidos por el traidor monarca que fueron también cerca de 15 000. Una primera cifra de 30 000 fugitivos, según Marañón, a la que él mismo añade otros 20 000 exiliados más como consecuencia de la segunda etapa de la persecución, iniciada en 1823 (...).

En cuanto a la significación cualitativa de este primer magno exilio (...), salieron de España sus mejores hombres, además de notables escritores, profesores y hombres de ciencia (...). Se fueron los funcionarios más aptos e inteligentes con que contaba el país, nunca sobrado de capacidades. Con los afrancesados y los liberales en el exilio habían desaparecido en realidad de la vida pública las minorías dirigentes del país».

Sueiro, D.: «El amargo pan del exilio», en *Triunfo*, n.º 691, 1976.

Abolición de la libertad de imprenta

«Habiendo visto con desagrado mío el menoscabo del prudente uso que debe hacerse de la imprenta, que en vez de emplearla en asuntos que sirvan a la sana ilustración del público, o a entretenerlo honestamente, se la emplea en desahogos y contestaciones personales, que no solo ofenden a los sujetos contra los que se dirigen, sino a la dignidad y decoro de una nación circunspecta, a quien convidan con su lectura; y bien convencido por Mí mismo de que los escritos que particularmente adolecen de este vicio son los llamados periódicos y algunos folletos, provocados por ellos, he venido en prohibir todos los que de esta especie se dan a la luz dentro y fuera de la Corte; y es mi voluntad que solo se publiquen la *Gazeta* y *Diario de Madrid* (...)».

Real Decreto de 25 de marzo de 1815.

5.1.3. Los «pronunciamientos» militares

Erigidos en guardianes del liberalismo, algunos oficiales llevaron a cabo una serie de **intentonas golpistas** (pronunciamientos) encaminadas a liquidar el absolutismo fernandino y a poner en vigor la Constitución gaditana. **Espoz y Mina** en Pamplona (1814), **Díaz Porlier** en A Coruña (1815) y **Lacy** en Barcelona (1817) fracasaron en su empeño; pero, en 1820, el triunfo de **Riego** encabezaría el censo de pronunciamientos triunfantes a lo largo del siglo que ofrecían la posibilidad de dar un giro al régimen mediante la alianza de los mandos militares y la prensa.

Las conspiraciones del Ejército se nutrían del **descontento popular** provocado por la situación calamitosa en que se encontraba España después de la guerra, que había destruido ciudades, caminos y fábricas, y descapitalizado la agricultura y la ganadería con la pérdida de rebaños y cosechas. Además, la inminente independencia de América privaría a los españoles de un mercado que habría podido contribuir a su despegue económico, y al Estado, de los medios necesarios para la reconstrucción del territorio. Un panorama negativo que se veía complicado por la política inmovilista de Fernando VII, cuyo empeño en revitalizar el Antiguo Régimen, retrasando más el inicio de la era industrial. Por último, el cambio constante de ministros y la escasa preparación de muchos de ellos entorpecieron la política económica del Gobierno, sometido a las contradicciones del viejo sistema tributario.

La quiebra de la monarquía absoluta

«En la etapa de 1814 a 1820, con un país deshecho por la guerra de la Independencia y en medio de una recesión general europea, el Gobierno se encontró sin estas fuentes de ingresos extraordinarios (caudales de Indias y deuda pública). Sus ingresos totales, que en los años 1785-1808 habían sido del orden de 1200 millones de reales al año, cayeron en 1814-1820 a menos de 700 millones; pero como esta suma se obtenía ahora casi exclusivamente de fuentes tributarias (impuestos), el resultado fue que la angustiosa miseria del erario vino a combinarse con una presión tributaria creciente, que pesaba duramente sobre el país. A empeorar la situación de unos y otros (...) vino la crisis del comercio exterior, consecuencia de la progresiva pérdida de los mercados coloniales (...).

Ante la situación existente (...) el Estado español no parecía tener más salida válida que la de un camino de transformaciones revolucionarias, del tipo de las que se habían producido en Francia a fines del siglo XVIII, que hiciese posible remover los obstáculos que el latifundismo y la persistencia de formas de explotación señoriales oponían al crecimiento de la producción agraria (...).

Los gobernantes a los que hemos visto fracasar –nueve ministros de Hacienda destituidos, uno tras otro, en menos de seis años– no fallaron porque se equivocaran en las fórmulas que había que aplicar, sino porque se les encomendó una tarea irrealizable: acomodar el régimen absoluto a las necesidades de los nuevos tiempos sin adoptar medidas que pudieran alterar la estructura social vigente ni tocar los privilegios de los estamentos dominantes (...)».

Fontana, J.: *La quiebra de la monarquía absoluta.* Barcelona, Ariel, 1983.

5.1.4. Crisis económica y financiera

Tras la revolución de Cádiz, todos los españoles habían quedado obligados a colaborar en el sostenimiento del Estado y desaparecieron las exenciones y los enrevesados mecanismos de recaudación, vigentes desde el tiempo de los Austrias. Con el fin de facilitar la contabilidad gubernamental, por vez primera en Europa, las Cortes gaditanas habían elaborado el **presupuesto nacional,** que hacía un repaso anticipado de los ingresos y gastos del Estado. Nada de esto sobrevivió a la restauración absolutista de 1814. Se volvió al **régimen fiscal anterior,** en menos de dos años la deuda pública se había incrementado peligrosamente. Esta situación la aprovechó el ministro Martín de Garay para convencer al rey de la necesidad de restablecer la contribución general aprobada en Cádiz y mejorar el reparto de la carga fiscal mediante la evaluación tanto de la riqueza territorial como de la mercantil e industrial. Aunque los resultados de la reforma no fueron los previstos, bastaron para que el responsable de la Hacienda estatal se convirtiera en el blanco de distintas campañas de descrédito que saltaron a la calle bajo la forma de versos satíricos.

En contraste con el **estancamiento** de la **industria,** que demoraba la consolidación de una clase burguesa en España, la **agricultura** tuvo cierta **expansión.** Aumentaron las tierras labradas, a impulsos de la presión demográfica del campo y de la consiguiente búsqueda de alimentos de primera necesidad, como el trigo. Pero también en este ámbito el desarrollo español se veía entorpecido por la restauración absolutista, que, al liquidar las reformas de Cádiz, devolvía a la **Mesta** sus **privilegios,** tan perjudiciales para la agricultura.

Actividades

15 Explica por qué se produjo una disminución de ingresos de la Hacienda Real tras la restauración del absolutismo. Puedes encontrar información en la web de recursos de **anayaeducacion.es**.

5.2. El Trienio Constitucional (1820-1823)

Todas las dificultades del absolutismo y el malestar de la población española configuraron una situación insostenible que estalló en **1820,** cuando el comandante **Rafael del Riego,** al frente de unas tropas dispuestas cerca de Cádiz para su traslado a América, se levantó a favor de la Constitución de 1812. El **pronunciamiento** encontró apoyos en otras guarniciones de la Península, que hicieron ver a Fernando VII que debería cambiar de política y aceptar el régimen constitucional. Mientras tanto, nacían **juntas liberales** en distintas ciudades, que dirigirían los ayuntamientos según el modelo de 1808 hasta la reunión de las Cortes. Comenzaba así la segunda experiencia revolucionaria española, que duró tres años, y logró calar en la vida pública en mayor grado que Cádiz, aunque se saldó con un fracaso, explicable si se tiene en cuenta el pobre respaldo social y político del liberalismo en el país.

5.2.1. Las reformas del Trienio

Desde el poder, los liberales eliminaron la Inquisición, impusieron el sistema fiscal aprobado en Cádiz, suprimieron los señoríos, expulsaron a los jesuitas y confirmaron las leyes que garantizan los derechos y las libertades de los ciudadanos. La **Iglesia** fue la **institución que más sufrió** con el cambio de régimen, al aprobar el Gobierno la supresión de las órdenes monacales y la desamortización de tierras de los monasterios. Con la venta de propiedades eclesiásticas, los liberales pretendían rebajar la deuda pública y ganarse la confianza de los gobiernos extranjeros y de los acreedores españoles. Sin embargo, el agujero llegaba a superar la cuarta parte del presupuesto nacional y la suspensión de pagos no se podía evitar.

Al abrigo de la libertad de opinión, nacieron numerosas tertulias y centros de debate que, bajo la forma de **sociedades patrióticas,** promovían los primeros periódicos en defensa del orden constitucional y que esbozaban los futuros partidos políticos. Mucho más que un «cuarto poder», la prensa –muy abundante durante el trienio– empezó a convertirse en un poderoso instrumento de acción política al servicio de los partidos, llegando a oscurecer incluso las mismas sesiones de las Cortes.

5.2.2. División del liberalismo español

La aplicación de las reformas provocó enseguida la ruptura del bloque liberal en dos grupos, de gran trascendencia posterior, que representan diferentes generaciones y filosofías políticas. De un lado, los hombres que participaron en las Cortes de Cádiz, ahora **moderados,** y de otro, los jóvenes seguidores de Riego, que se atribuían en exclusiva el triunfo de la revolución de 1820: los denominados **exaltados.**

Aprendida la lección de 1814, cuando nadie se movió en defensa del orden constitucional, los doceañistas, desilusionados, querían reformar la Constitución para restringir la plena soberanía del pueblo mediante un sufragio limitado y una cámara alta en las Cortes. Entre ellos se encontraban políticos responsables de los primeros gobiernos del Trienio como el general Ballesteros, Eusebio Bardají, Pérez de Castro o Martínez de la Rosa. Por el contrario, los exaltados defendían el sufragio universal y unas Cortes de una sola cámara, expresión de la soberanía nacional. Contaban con algunos de los militares más prestigiosos, como el propio Riego, Antonio Quiroga y el general Evaristo San Miguel, y con políticos relativamente jóvenes, como Calatrava y Mendizábal. De estos postulados arrancaría la fractura del liberalismo español y su división en **moderados** y **progresistas.**

El general Riego

De familia noble asturiana, fue guardia de corps. Participó en la guerra de la Independencia y fue deportado a Francia en 1808, tras la derrota en la batalla de Espinosa de los Monteros. Conoció allí la masonería. Viajó por Inglaterra y Alemania. Su pronunciamiento en 1820 en Cabezas de San Juan, junto al coronel Quiroga y con el apoyo de los núcleos liberales gaditanos, estaba a punto de fracasar cuando despertó una oleada de apoyos en varias guarniciones de Galicia, Aragón, etc., logrando la reposición de la Constitución. En el Trienio se inclinó por posiciones democráticas y dirigió la resistencia frente al Ejército invasor en 1823 (asalto del Trocadero en Cádiz). Apresado, fue ejecutado ignominiosamente en la horca. Riego se convirtió, ya en vida, en uno de los principales mitos del liberalismo español.

Actividades

16 Señala las diferencias más notables entre las dos tendencias del liberalismo español que se manifiestan a partir del Trienio Constitucional.

Tratado secreto de Verona

Extracto del tratado firmado por Austria, Francia, Prusia y Rusia (22-11-1822), que dio pie a la intervención en España de los «Cien Mil Hijos de San Luis» (60 000 franceses más 35 000 realistas españoles), al mando del duque de Angulema, en abril de 1823, para restablecer a Fernando VII como rey absoluto.

«Los infrascritos Plenipotenciarios autorizados especialmente por sus Soberanos para hacer algunas adiciones al tratado de la Santa Alianza (...) han convenido en los artículos siguientes:

Artículo 1. Las Altas Partes Contratantes, plenamente convencidas de que el sistema de gobierno representativo es tan incompatible con el principio monárquico, como la máxima de la Soberanía del Pueblo es opuesta al principio de derecho divino, se obligan del modo más solemne a emplear todos sus medios, y unir todos sus esfuerzos, para destruir el sistema del gobierno representativo de cualquier Estado de Europa donde exista, y para evitar que se introduzca en los Estados donde no se conoce.

Artículo 2. Como no puede ponerse en duda que la libertad de imprenta es el medio más eficaz que emplean los pretendidos defensores de los derechos de las Naciones para perjudicar a los de los Príncipes, las Altas Partes Contratantes prometen recíprocamente adoptar todas las medidas para suprimirla no solo en sus propios Estados, sino también en todos los demás de Europa.

Artículo 3. Estando persuadidos de que los principios religiosos son los que pueden todavía contribuir más poderosamente a conservar las Naciones en el estado de obediencia pasiva que deben a sus Príncipes, las Altas Partes Contratantes declaran que su intención es la de sostener cada uno en sus Estados las disposiciones que el Clero por su propio interés esté autorizado a poner en ejecución, para mantener la autoridad de los Príncipes, y todas juntas ofrecen su reconocimiento al Papa (...) solicitando su constante cooperación con el fin de avasallar las Naciones.

Artículo 4. Como la situación actual de España y Portugal reúne por desgracia todas las circunstancias a que hace referencia este tratado, las Altas Partes Contratantes, confiando a la Francia el cargo de destruirlas, le aseguran auxiliarle del modo que menos puede comprometerles con sus pueblos, y con el pueblo francés, por medio de un subsidio de 20 millones de francos anuales cada uno, desde el día de la ratificación de este tratado, y por todo el tiempo de la guerra.

Artículo 5. Para restablecer en la Península el estado de cosas que existía antes de la revolución de Cádiz (...) las Altas Partes Contratantes se obligan mutuamente, y hasta que sus fines queden cumplidos, a que se expidan (...) las órdenes más terminantes (...) para que se establezca la más perfecta armonía entre las cuatro Potencias contratantes, relativamente al objeto de este tratado (...)».

«Rey Felón»

Fernando VII, rodeado del alto clero y de la aristocracia, desembarca en El Puerto de Santa María, una vez acabada la resistencia liberal de Cádiz, y saluda al duque de Angulema, general de los Cien Mil Hijos de San Luis. En marzo de 1820, el rey había dicho: «(...) Ya he tomado las medidas oportunas para la propia convocatoria de las Cortes (...). Marchemos francamente, y yo el primero, por la senda constitucional; y mostrando a la Europa un modelo de sabiduría, orden y perfecta moderación (...), hagamos admirar y reverenciar el nombre español (...)». Ahora, tres años más tarde, se expresaría en términos absolutamente contrarios. Los liberales le adjudicarían el epíteto de «rey Felón».

5.2.3. Oposición interna e intervención exterior

A pesar de su cautela en introducir las reformas, los moderados apenas pudieron gobernar, hostigados por la reacción absolutista y contrarrevolucionaria. En **1821** ya estaban constituidas **partidas armadas de voluntarios realistas,** que contaban con el apoyo de Fernando VII, a quien se presentaba como prisionero de los liberales. Alentada por amplios sectores de la Iglesia, irritados con la política anticlerical del Gobierno, la insurrección ganó terreno en Navarra y Cataluña, donde la autoproclamada **Regencia de Urgell** declaraba nulo todo lo dispuesto desde 1820. La escalada contrarrevolucionaria radicalizó a los liberales, que en **1822** formaron un **Gobierno exaltado,** dispuesto a aplastar, con la ayuda del Ejército y de la Milicia Nacional, los focos de rebelión. Los enfrentamientos casi estaban degenerando en guerra civil cuando, en abril de **1823,** un **ejército francés,** conocido como los **Cien Mil Hijos de San Luis,** respaldado y financiado por las potencias absolutistas de Europa, unidas en la Santa Alianza, **entró en España** con el fin de restablecer a Fernando VII en el poder. Los liberales no pudieron hacer nada ante unas tropas que duplicaban las suyas, ni siquiera consiguieron movilizar al pueblo en la defensa de un régimen que no había prendido en la sociedad.

Con las manos libres, el **rey invalidó** la **legislación** del **Trienio,** y puso fin al segundo intento de revolución liberal. Para respaldar la vuelta al absolutismo, parte del ejército francés permaneció en España durante cinco años.

5.3. La Década Ominosa (1823-1833)

5.3.1. Represión y exilio

Desde 1823 hasta su muerte en 1833, Fernando VII gobernó como **monarca absoluto.** Lo primero que hizo al recuperar el trono fue desatar una **durísima represión,** que golpeó a políticos, funcionarios, hombres de letras y oficiales del Ejército.

La sangrienta depuración vino acompañada de un alarde de procesiones y liturgias esperpénticas con las que, a modo de autos de fe, la Iglesia pregonaba su influencia y la vuelta a la «normalidad» religiosa anterior al Trienio.

El país volvió a cerrarse a las novedades del pensamiento y de la ciencia, a la vez que el ministro Calomarde suplía con su policía la labor de la Inquisición, que el jefe militar francés impidió resucitar.

Varios miles de españoles se pusieron a salvo en el **exilio,** donde no permanecían inactivos, sino que conspiraban abiertamente contra los gobiernos de Fernando VII, a la espera de su oportunidad.

Durante los seis primeros años del régimen neoabsolutista, sus preferencias estarían en Gran Bretaña; pero, a

Actividades

17 ¿A qué clases y grupos sociales hace responsables Blanco White del atraso social y cultural de España? ¿Por qué?

Un exiliado en Londres

José María Blanco White plantea una vigorosa crítica de la sociedad española de la época en sus *Cartas de España* (1822):

«La religión, o mejor dicho, la superstición está tan íntimamente ligada a la vida española, tanto pública como privada, que temo cansarle con mi continua referencia a ella. La involuntaria sucesión de ideas me obliga a entrar ahora mismo en este tema inacabable (...).

La influencia de la religión en España no conoce límites y divide a los españoles en dos grupos: fanáticos e hipócritas. En un país en que la ley amenaza con la muerte o la infamia a todo disidente del tiránico dogmatismo teológico de la Iglesia de Roma, (...) ¿No están condenados los disidentes ocultos a una vida de degradante sumisión o desesperado silencio? (...).

Los Grandes de España se han degradado por su servil conducta en la corte y se han hecho odiosos ante el pueblo por su insoportable altanería fuera de ella. Con su mala administración y sus extravagancias han arruinado sus casas y con el descuido y abandono de sus inmensas propiedades han empobrecido el país. Si hubiera una revolución en España estoy seguro de que el orgullo herido y el espíritu de partido les negaría en la constitución la participación en el poder a que le dan derecho sus estados, sus antiguos privilegios (...). Seguirán siendo una pesada carga para el país y, por otra parte, el temor a perder sus excesivos privilegios y su oposición a aceptar las reformas (...) los pondrán siempre del lado de la Corona para restaurar los abusos y arbitrariedades de un gobierno despótico (...).

Pocas son las ventajas que un joven puede sacar de los estudios universitarios en España. Esperar que exista un plan racional de estudios en un país en el que la Inquisición está constantemente al acecho sería manifestar un desconocimiento total de las características de nuestra religión (...).

¿Quién se atreverá a caminar por el sendero de la cultura cuando conduce derechamente a las cárceles de la Inquisición?».

partir de 1830, el triunfo del liberalismo en Francia ofrecía la posibilidad de un acercamiento físico a España.

En contacto con sus correligionarios europeos, los refugiados mantuvieron el fuego de la revolución española, que contaba en Londres con siete periódicos que publicaban en castellano, mientras que la vida intelectual en el interior de la Península debía esconderse, por miedo a la represión que podían sufrir, en el teatro romántico, las noticias financieras o en los artículos costumbristas, que cultivaban con éxito Mariano José de Larra y Ramón de Mesonero Romanos.

5.3.2. Necesarias pero escasas reformas económicas

La nueva restauración absolutista de Fernando VII significó, como la anterior (1814), el **restablecimiento parcial** del **Antiguo Régimen,** aunque la experiencia del Trienio Constitucional aconsejaba abordar los problemas que sufría el país con soluciones muy diferentes e introducir algunas reformas para lograr la colaboración de los antiguos ilustrados y de los partidarios de un liberalismo templado.

Por ello, la labor gubernamental realizada a lo largo de la década habría de tener mayor importancia y alcance que la llevada a cabo en el período anterior de gobierno absolutista.

Sobre los departamentos existentes, **se creó,** en **1823,** el **Consejo de Ministros,** órgano de consulta del monarca, en quien descansaba el poder ejecutivo. Uno de los ministros más estables de los gabinetes fernandinos, **Luis López Ballesteros, reorganizó** la **Hacienda,** estableció el presupuesto anual del Estado, abordó el eterno problema de la deuda pública, agravado desde 1824 por la pérdida del imperio americano, promulgó un código de comercio y creó la Bolsa de Madrid.

A partir de la pérdida de las colonias americanas dió cominezo una fase de **autarquía económica** con el fin de compensar lo perdido, roturándose nuevas tierras y reduciéndose el comercio exterior en beneficio de la industria nacional.

Las trasformaciones impulsadas por los gobiernos de Fernando VII encontraron eco en la iniciativa privada, que montó la **primera siderurgia moderna** en Marbella y mecanizaba **fábricas textiles** en Cataluña, al tiempo que la **Bolsa de Madrid** abría sus puertas.

Pero ni la mejora económica ni el crecimiento demográfico consiguieron cambiar el rostro de un país arruinado que arrastraba sus viejos males: escasa credibilidad del Estado respecto al pago de su deuda, agricultura estancada, bandolerismo, desbarajuste de las diversas administraciones, pésima red de caminos y carreteras, etc.

La «Bolsa de Comercio» de Madrid fue creada por Ley en septiembre de 1831. El ministro López Ballesteros se vio auxiliado en el proceso de su creación por Pedro Sáinz de Andino, un afrancesado vuelto del exilio que redactó proyectos como el Código de Comercio (1829) o la Ley que organizaba el Banco de San Fernando. El edificio fue construido décadas más tarde.

MARIANA PINEDA, SÍMBOLO FEMENINO DEL PRIMER LIBERALISMO

Mariana Pineda (1804-1831) fue una mujer granadina de acomodada familia, que en el Trienio Liberal abrazó la causa del constitucionalismo. En la Década Ominosa varios familiares y allegados suyos se fueron al exilio y Mariana era vigilada por la policía fernandina.

Mientras Torrijos preparaba un pronunciamiento (febrero de 1831), Ramón de Pedrosa, alcalde del Crimen de Granada, siguiendo las instrucciones del servil Calomarde, ministro de Gracia y Justicia de Fernando VII, ordenó la detención y encarcelamiento de Mariana.

En el juicio se adujo que se había hallado en su casa un banderín con lemas liberales («Libertad, Igualdad, Ley»), que serviría de señal para un levantamiento. Mariana fue acusada de actuar como conexión entre los liberales granadinos y exiliados en Gibraltar. Se negó a declarar contra sus presuntos colaboradores; fue condenada a muerte y ejecutada a garrote vil públicamente ante una masa popular que, de inmediato, difundió su imagen de serenidad, valor y lealtad, lo que la convertiría en un mito del liberalismo español.

Su recuerdo perduró en la memoria popular. Notables dramaturgos –Villanueva (1837), F. García Lorca (1925) o J. Martín Recuerda (1972)– crearon obras teatrales sobre su proceso y su muerte. Fue retomado el tema en una película alemana (1965) y en una serie de TVE (1984).

Mariana Pineda en capilla, *de Juan Antonio Vera Calvo* (1862). *Congreso de los Diputados.*

5.3.3. Crisis política permanente

Nada, sin embargo, tan destructivo para la España de 1823-1833 como la ausencia de una dirección política firme y la incapacidad estructural de los gobiernos de Fernando VII para remediar los problemas de la nación con los instrumentos legales y económicos del Antiguo Régimen. Los continuos cambios de Gobierno dejaron patentes, además, las dificultades que no logró superar el monarca en su deseo de integrar en el poder las distintas corrientes del absolutismo renovado de 1823.

Dos graves **amenazas** gravitaron sobre los gobiernos de Fernando VII: de un lado, los **liberales exaltados,** con sus principales dirigentes en el exilio o agazapados en sociedades secretas, siempre dispuestos a preparar levantamientos, que, carentes de apoyo social, se saldaban las más de las veces con la ejecución de sus dirigentes y la mitificación de sus nombres como símbolo de la lucha por la libertad; de otro, los **realistas puros o ultras,** el sector más reaccionario y clerical del absolutismo, que desconfiaban de Fernando VII, al que acusaban de transigir demasiado con los liberales. Su brazo armado era el cuerpo de voluntarios realistas, las partidas, fundamentalmente campesinas, que lucharon contra el liberalismo del Trienio Constitucional y que ahora se sentían despreciadas por los militares profesionales y mal pagadas.

El descontento de los ultrarrealistas se tradujo pronto en levantamientos: unas veces pronunciamientos militares, como la conspiración del general Bessières (1825), que fracasó y fue fusilado, y revueltas desorganizadas en otras ocasiones.

A partir de 1826, el movimiento adquirió más fuerza y se identificó con la figura del piadoso **Carlos María Isidro,** hermano del monarca y su supuesto heredero, por falta de descendencia real, como evidenció el **Manifiesto de los Realistas Puros,** documento que denunciaba la presunta deslealtad de Fernando a los principios absolutistas.

En la primavera del año siguiente, la **rebelión** de los **realistas «agraviados» o malcontents,** como ellos se llamaban, triunfaba en zonas rurales de Cataluña, pero se mostraba incapaz de conquistar las ciudades. Cuando Fernando VII llegó a Barcelona, una vez sofocado el alzamiento, la burguesía le manifestó su adhesión prestándole dinero, que el rey devolvería a través de medidas proteccionistas. Otros levantamientos ultras en Navarra, norte de Castilla y La Mancha fueron castigados con gran dureza. En sus escritos, los ultrarrealistas se mostraban claramente como «carlinos», partidarios del hermano del rey, ya en connivencia con Calomarde y otros políticos de la corte y el Consejo Real.

5.4. La cuestión sucesoria

La gran inestabilidad política se vio incrementada en 1830 por otros acontecimientos que oscurecían el futuro del absolutismo y las esperanzas de los seguidores de **Carlos María Isidro,** los carlistas. La revolución liberal había triunfado en Francia, por lo que los absolutistas españoles no podían esperar ya más ayuda de sus vecinos, y en Madrid, la cuarta mujer de Fernando VII, María Cristina, le había dado en 1830 una heredera, la princesa **Isabel.**

Antes de su nacimiento, su padre había hecho publicar la **Pragmática Sanción,** redactada por las Cortes en **1789,** que restablecía la sucesión tradicional de la monarquía hispana permitiendo reinar a las mujeres. El pleito legal tenía un evidente alcance político. La exclusión del trono del ultrarrealista Carlos María Isidro significaba un triunfo de los círculos moderados y liberales encubiertos de la corte, que se reunían en torno a la reina María Cristina con el fin de promover una cierta apertura del régimen.

Los partidarios de Carlos no se resignaron y, aprovechando la grave enfermedad del rey, obtuvieron, en 1832, por medio del ministro Calomarde, un nuevo documento en el que se derogaba la Pragmática Sanción. Pero, el complot se volvió en contra de sus protagonistas. Una vez recuperado, Fernando VII confirmó los derechos sucesorios de su hija Isabel, se deshizo de sus colaboradores más reaccionarios y formó un nuevo Gabinete, presidido por **Cea Bermúdez,** que buscó el apoyo del liberalismo moderado y autorizó el retorno de los exiliados, al tiempo que tomó medidas contra los voluntarios realistas.

En septiembre de 1833 moría Fernando VII, y su viuda, María Cristina, heredó en nombre de su hija Isabel la Corona de España, que también reclamaba para sí Carlos María Isidro, apoyado por los últimos defensores del Antiguo Régimen, los carlistas, que llevaban unos meses preparando su levantamiento.

Actividades

18 ¿Por qué puede decirse que la cuestión sucesoria es solamente un «pretexto» en el enfrentamiento entre liberales y absolutistas?

La reacción de Carlos María Isidro

Carlos Carlos María Isidro, a principios de 1833, se negó a reconocer como reina a su sobrina Isabel. Fernando le ordenó abandonar España y se refugió en Portugal. Al conocer la muerte del rey, emitió el Manifiesto de Abrantes, una llamada a la movilización de sus partidarios, que significaba la guerra:

«¡Cuán sensible ha sido a mi corazón la muerte de mi caro hermano! Gran satisfacción me cabía en medio de las aflictivas tribulaciones, mientras tenía el consuelo de saber que existía, porque su conservación me era la más apreciable: Pidamos todos a Dios le dé su santa gloria (...).

No ambiciono el trono; estoy lejos de codiciar bienes caducos; pero la religión, la observancia y cumplimiento de la ley fundamental de sucesión y la singular obligación de defender los derechos imprescriptibles de mis hijos y todos mis amados sanguíneos, me esfuerzan a sostener y defender la corona de España del violento despojo que de ella me ha causado una sanción tan ilegal como destructora de la ley (...). Desde el fatal instante en que murió mi caro hermano (que santa gloria haya), creí se habrían dictado en mi defensa las providencias oportunas para mi reconocimiento; y si hasta aquel momento habría sido traidor el que lo hubiese intentado, ahora será el que no jure mis banderas, a los cuales, especialmente a los generales, gobernadores y demás autoridades civiles y militares, haré los debidos cargos cuando la misericordia de Dios, si así conviene, me lleve al seno de mi amada patria, y a la cabeza de los que me sean fieles (...).

Abrantes, 1 de octubre de 1833
Carlos María Isidro de Borbón».

6 La emancipación de la América hispana

6.1. Los factores del independentismo

Diversos factores explican el surgimiento del espíritu independentista en la América española. Estaba, en primer lugar, la **oposición al control mercantil** de la metrópoli, que impedía a los criollos (descendientes de españoles emigrados a América) comerciar libremente con competidores anglosajones con mejores precios y calidades. La reivindicación de un comercio libre es, pues, una razón económica de gran calado. Cuando en 1796 la ruptura de las comunicaciones entre los dos continentes, como consecuencia de la guerra naval contra Inglaterra, obligó al Gobierno español a dar plena libertad a la colonias para comerciar con los países neutrales, era demasiado tarde.

En segundo lugar, el reformismo de Carlos III había supuesto un **mayor control** sobre la **Administración colonial** y el envío de funcionarios que desplazaban a los criollos de puestos influyentes.

La **Iglesia americana,** sobre todo en los sectores del bajo clero, fue otro sector con identidad propia. Cuando llegaron a América las noticias de las medidas desamortizadoras de Carlos IV o algunas de las reformas anunciadas poco después en las Cortes de Cádiz, muchos sacerdotes y frailes ya habían elegido el camino de la insurrección. Como en la guerra española contra los franceses, la Iglesia sería una cantera magnífica de líderes insurgentes y guerrilleros, con los púlpitos y los conventos al servicio de la revolución.

Por otro lado, actuaba como un estímulo constante el ejemplo de la **emancipación** de las **colonias británicas** del norte (Estados Unidos) y era decisiva la ayuda material, económica y política que, de hecho, prestaron a los movimientos independentistas. Un factor importante en el proceso fue la llamada «doctrina Monroe» (1823), del presidente de Estados Unidos de América del Norte, resumida en la fórmula «América para los americanos».

Dominios españoles en 1808

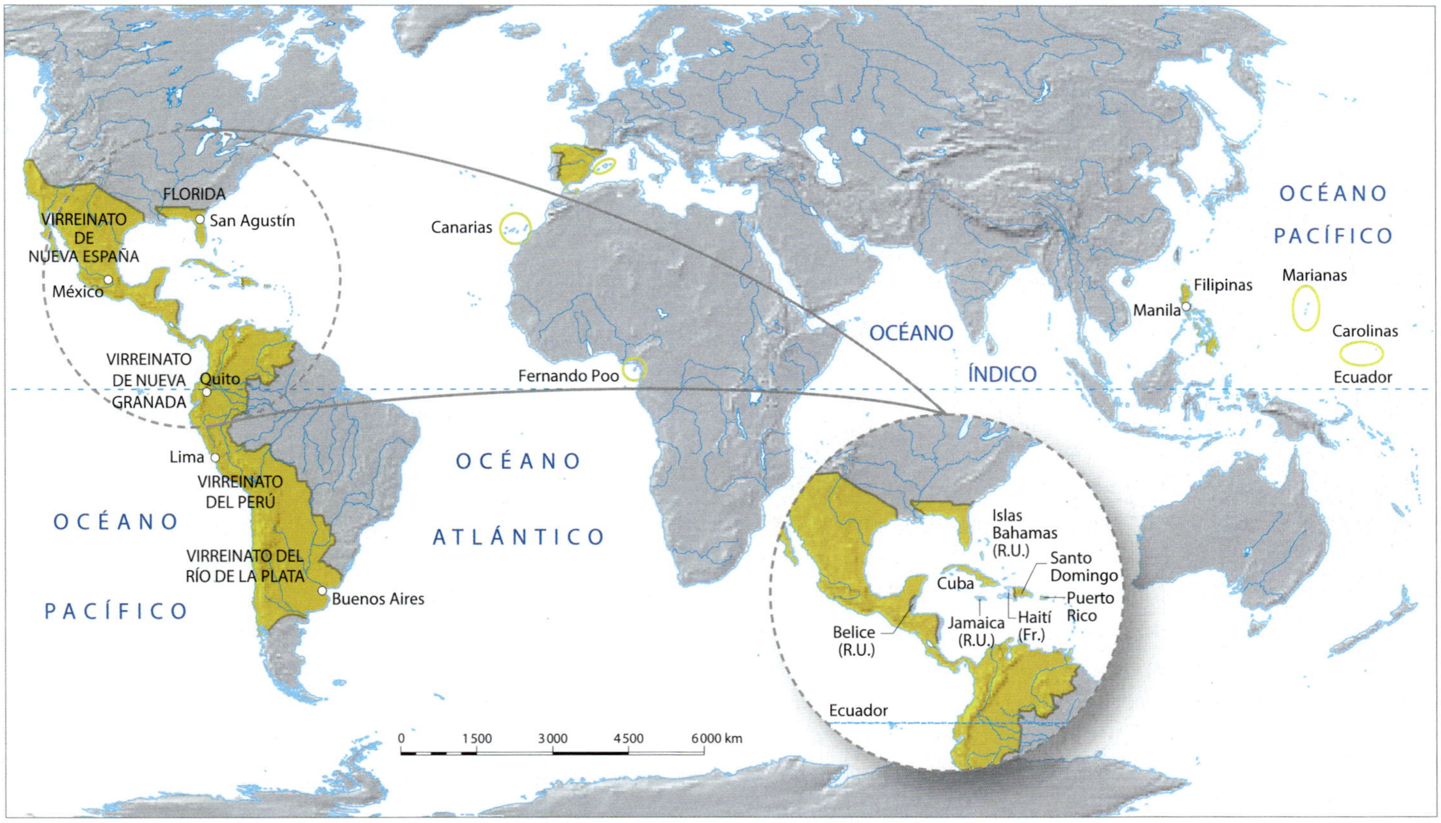

A principios del siglo XIX, España controlaba un extensísimo territorio colonial en el continente americano que comprendía Florida, Luisiana (cedida a Francia en 1801), Texas, Nuevo México y Alta California en el norte; Centroamérica y las principales Antillas; Perú, Chile, Argentina. También estaban bajo su mando las islas Filipinas y otros archipiélagos en el Pacífico oriental, así como la isla de Fernando Poo en el golfo de Guinea. Durante la guerra de la Independencia española se iniciaron los movimientos independentistas, liderados por la burguesía criolla, que llevaron a la pérdida de la mayoría de los territorios americanos en el primer tercio del siglo, con la excepción de Cuba, Puerto Rico y las islas del Pacífico.

6.2. La ideología de la burguesía criolla

Todo el descontento alimentado en América habría de tener fundamento y justificación, desde finales del siglo XVIII, en los escritos de la Ilustración francesa y en el ejemplo de Estados Unidos, que animaba a los criollos a llevar a la práctica sus deseos de independencia.

También en algunos territorios del continente, el ideario americanista sería difundido a través de jesuitas resentidos por la expulsión decretada por Carlos III. A impulsos de las nuevas ideas, las reivindicaciones de igualdad y poder político, características del pensamiento liberal, se fundían con las demandas de soberanía de unas élites que se enorgullecían de autodenominarse españoles americanos.

La **doctrina ilustrada** inspiraba los ideales de la burguesía criolla y justificaba doctrinalmente la revolución venidera, pero en absoluto serviría para promover avances en el desarrollo político y social. El proceso de **insurrección americana** tendría, pues, un marcado **carácter clasista,** y en él participarían, asimismo, oficiales del Ejército español comprometidos con la causa criolla.

Bajo la bandera del patriotismo se trata de ocultar el modelo criollo de nación, en el que la mayoría de los ciudadanos quedaban marginados, mientras que el **militarismo** y el **caudillismo** se apoderan de todos los resortes del poder. Era un **nacionalismo provinciano,** que disgregaba el imperio en distintos Estados, acorde con las divisiones administrativas creadas por España, y que utilizaría la maquinaria burocrática para afirmar su política.

6.3. Etapas del proceso de independencia

6.3.1. Inicio del proceso (1808-1814)

La independencia americana tuvo su preámbulo en 1806, cuando el militar criollo **Francisco Miranda,** financiado por los británicos, fracasó en su intento de invadir el actual territorio de Venezuela. En el mismo año, Gran Bretaña, que, como Estados Unidos, deseaba entrar en el mercado colonial de España, atacó Buenos Aires, defendida animosamente por tropas criollas, cuya victoria consiguió fortalecer su orgullo de americanos y los convenció de su capacidad para regir sus destinos. Ninguna oportunidad mejor para llevarla adelante que la abdicación de Fernando VII en 1808 y su sustitución por Bonaparte.

También los españoles americanos rechazaron el cambio y se organizaron en **juntas locales** (Caracas, Buenos Aires, Asunción, Bogotá, Santiago de Chile, etc.), con el pretexto de preservar la autoridad del monarca. Pero, al poco tiempo, eran destituidos muchos gobernantes peninsulares y asomaban las primeras proclamas de libertad política y comercial.

Aprovechando el **vacío** de **poder** de la **metrópoli** producido por la guerra contra los franceses, **algunas juntas declararon la independencia,** mientras se ponían en marcha diversas **insurrecciones** que anunciaban el fin próximo del imperio español.

En este contexto, Gran Bretaña aprovechó la ocasión y su estrategia respondió a un doble juego:

- En la Península era aliado frente a Francia.
- En América alentaba las posiciones independentistas de las colonias españolas.

Los gobiernos de España nada podían hacer contra los brotes independentistas; ni tampoco las Cortes de Cádiz, decididas a apuntalar la integridad de la monarquía, ofrecían solución alguna.

La lucha por la independencia en estos territorios pronto degeneró en **guerra civil** entre los partidarios de la secesión y los fieles a la metrópoli, o entre la burguesía nacionalista y los explotados mestizos e indios, manipulados por uno u otro bando.

En no pocas ocasiones, la profunda carga racial y campesina de algunos levantamientos asustó tanto a los líderes criollos que resultaría negativa para las aspiraciones independentistas. Deseos de emancipación, enfrentamientos sociales y rivalidad entre el liberalismo y la reacción constituían, en definitiva, el núcleo de la contienda americana.

6.3.2. La reacción española (1815-1824)

Concluida la guerra hispano-francesa, el Gobierno de Fernando VII respondió a los secesionistas con el envío de un modesto ejército que logró pacificar algunos territorios, pero que no consiguió evitar la independencia formal de **Argentina** en 1816.

La intransigencia de la metrópoli ante cualquier fórmula de autonomía impedía el arreglo, al soliviantar a los dirigentes americanos y lanzarlos definitivamente al enfrentamiento. Fue a partir de ese año cuando tuvieron lugar las grandes campañas, en las que se enfrentaron los cuerpos expedicionarios españoles a los patriotas americanos, cuyos jefes militares, **Simón Bolívar** y **José de San Martín,** dirigían con gran acierto estratégico la sublevación y se aprovechaban de la falta de recursos de la Corona. Los triunfos de los libertadores en **Colombia** y **Chile** no consiguieron hacer claudicar al rey, que preparaba la represalia concentrando tropas en Andalucía, las cuales no llegaron a cruzar el Atlántico, al sublevarse en 1820 a favor de la Constitución de Cádiz.

Al compás de las dificultades de la monarquía española, los rebeldes prosiguieron su avance, hasta liberar, tras la batalla de Ayacucho, en 1824, las tierras del **Perú,** últimos reductos leales a España, perdiéndose así para siempre los territorios americanos, con excepción de Cuba y Puerto Rico.

En México, el miedo a una revolución igualitaria e indigenista mantuvo a los terratenientes, a los burgueses y al alto clero fieles a la metrópoli. No obstante, los intentos de reforma agraria y eclesiástica del Trienio Liberal empujarían a los notables y a la Iglesia a apoyar el movimiento independentista del general **Agustín de Iturbide,** quien, en 1822, se proclamaba emperador del nuevo Estado.

6.4. Consecuencias de la independencia

La independencia de las colonias no solo clausuró tres siglos de relación política entre la metrópoli y América, sino que fue el origen de profundas transformaciones a ambas orillas del Atlántico.

Sin sus territorios americanos, **España** quedó definitivamente relegada a un papel de **potencia de segundo orden,** y perdió un inmenso mercado y unos recursos muy necesarios en un momento en que otros países europeos comenzaban su industrialización. Para América, el sueño de Bolívar de crear una Gran Colombia unida fracasó.

Los nuevos Estados americanos fueron una presa muy fácil del neocolonialismo de Estados Unidos y del Reino Unido. Durante todo el siglo XIX, las **nuevas repúblicas** nacidas de la desmembración de la América hispana **librarían entre sí guerras** en diversos escenarios de Chile, Perú, Argentina o Centroamérica, conflictos armados que ayudarían a construir o a reforzar nuevas identidades nacionales.

Actividades

19 Elabora una relación de los motivos aducidos por los independentistas de las colonias americanas. Establece su relación con la situación política y militar de la España del momento, identifica el grupo social que propone la independencia y valora si los expuestos en el documento son los argumentos reales o meros pretextos de oportunidad.

20 ¿Qué diferencias se daban entre las élites dirigentes de Perú y de otras zonas frente a la cuestión de la independencia? ¿Por qué?

21 Estados Unidos y Gran Bretaña, que apoyaron la independencia de la América hispana, estaban interesados, sin embargo, en la desmembración del territorio en numerosos Estados. ¿Estás de acuerdo con esta afirmación? ¿Qué ventajas obtenían en ese caso?

Simón Bolívar

El caraqueño Simón Bolívar fue el libertador por excelencia en el proceso de emancipación americana. Tuvo una sólida formación académica y militar. Viajó a España, Francia e Italia en años decisivos. A partir de la intentona de Miranda en 1806, se puso al servicio de la idea independentista que desarrolló abiertamente a partir de 1810. Como dirigente militar, obtuvo notables victorias frente a las tropas realistas (Boyacá, 1819; Carabobo, 1821). Fue igualmente grande su prestigio como líder político defendiendo la creación de una Gran Colombia a partir del territorio del virreinato de Nueva Granada. Su proyecto unificador ya había fracasado antes de su muerte en 1830.

La pérdida del mercado americano

«El comercio exterior español sufrió una drástica reconversión tras la pérdida del imperio colonial. Hasta entonces, España, como metrópoli, había tenido un papel de intermediario entre sus colonias y Europa, desarrollando una intensa actividad reexportadora. Merced a su monopolio comercial con el Nuevo Mundo, exportaba hacia él una cantidad considerable de productos manufacturados, la mayoría importados previamente de otros países europeos, aunque también los había producidos domésticamente; a su vez exportaba hacia Europa, además de los producidos por ella, una serie de productos primarios traídos de las Indias. El fin del imperio impuso un cambio radical en la estructura de ese comercio exterior. Al dejar de ser metrópoli colonial (o casi), España hubo de renunciar a su lucrativo papel de intermediario. Sus exportaciones a América se redujeron espectacularmente y también lo hicieron en gran medida sus reexportaciones a Europa. En cuestión de unos pocos años pasó de ser cabeza de un gran imperio colonial a ser un país subdesarrollado de la periferia europea (...)».

Tortella, G.: *El desarrollo de la España contemporánea.* Madrid, Alianza, 1995, p. 121.

Independencia de las colonias de la América española

Dirigentes independentistas como Bolívar aspiraban a un gran Estado territorial, la Gran Colombia, uniendo los virreinatos de Nueva Granada y el Perú. Su proyecto fracasó en medio de luchas entre las oligarquías criollas, provocando la retirada de San Martín hacia el sur (1822) o el asesinato (1830)del general Sucre y vencedor en Junín y Ayacucho (1824), cuando, tras renunciar a la presidencia de Bolivia, regresaba a Quito de una asamblea de la Gran Colombia.

En Centroamérica, la federación de repúblicas creada en 1824 al sur de México apenas duró 15 años tras varias guerras civiles, fragmentándose en seis diferentes estados.

El derecho a la independencia

«La monarquía se ha disuelto y España está perdida. ¿No estamos nosotros en la situación de hijos que alcanzan la mayoría de edad a la muerte del padre de familia? Cada uno de ellos pasa a disfrutar de sus derechos individuales, crea un nuevo hogar y se gobierna a sí mismo».

C. Torres, dirigente del movimiento revolucionario de Nueva Granada, 1810.

«En el nombre de Dios todopoderoso. Nosotros, los representantes de las provincias unidas de Caracas, Cumaná, Margarita, Barcelona, Mérida y Trujillo, que forman la Confederación americana de Venezuela (...) y considerando la plena y absoluta posesión de nuestros derechos, que recobramos justa y legítimamente desde el 19 de abril de 1810 en consecuencia de la jornada de Bayona, y la ocupación del trono español por la conquista y sucesión de otra nueva dinastía constituida sin nuestro consentimiento: queremos, antes de usar de los derechos de que nos tuvo privados la fuerza por más de tres siglos, y nos ha restituido el orden político de los acontecimientos humanos, patentizar al universo las razones, que han emanado de estos acontecimientos, y autorizar el libre uso que vamos a hacer de nuestra soberanía (...)».

Declaración de Independencia de Venezuela.

El papel de los mestizos en la guerra

A lo largo de tres siglos, la colonización española en América generó un complejo proceso de mestizaje cuya resultante fue un rico mosaico de tipos y culturas. A la hora de la independencia, fue muy distinto el comportamiento de las comunidades americanas en función de la estructura social y étnica de cada territorio. Así, mientras que los criollos venezolanos se apoyaron en las comunidades negra y mestiza, en México el protagonismo indígena fue muy claro. En otros lugares, como el Alto Perú, era tal la distancia social y la desconfianza entre criollos e indígenas, que apenas existió espíritu independentista entre las élites dominantes, que preferían seguir vinculadas a la metrópoli.

ACTIVIDADES

1 Análisis y comentario de mapas

Los mapas históricos son un recurso imprescindible en el estudio de la historia, ya que todos los procesos que conforman la evolución de las sociedades humanas se pueden enmarcar en un espacio, que, a su vez, también es dinámico. Los mapas se presentan gráficamente con colores, símbolos o signos.

El comentario de mapas históricos requiere una observación, lectura y anotación del mapa: título, claves y símbolos, leyenda, espacio que se estudia para después proceder a la interpretación correcta de la información contenida en él, de forma que permita la explicación de los hechos, o fenómenos históricos que representa.

La invasión francesa de los Cien Mil Hijos de San Luis

- A la vista del mapa adjunto, que describe la invasión francesa de los Cien Mil Hijos de San Luis (1823), redacta un comentario según el siguiente guion de trabajo:

1. Tipo de mapa, información que presenta, su naturaleza, tipo de fuente histórica, autor, etc.
2. Descripción de los elementos principales, movimientos de tropas, ritmo de avance, etc.
3. Comentario sobre la estrategia seguida por el invasor, las resistencias habidas y los resultados de la victoria francesa.
4. Interpretación del hecho a la luz de la contienda entre liberalismo y absolutismo en la Europa de la restauración. Consecuencias para España.
5. Conclusión.

2 Comentario de textos constitucionales

El comentario de esta clase de escritos nos permite conocer los principios políticos, sociales, económicos y culturales de las fuerzas dominantes en el momento de la elaboración de cada constitución.

Su análisis y comentario consiste en:

1. Presentar el documento: quién y en qué circunstancias lo elabora.
2. Analizar su contenido, considerando aspectos como: concepto de soberanía, forma de Estado, derechos y deberes de los ciudadanos, organización territorial del Estado, relaciones Iglesia-Estado, etc.
3. Explicar el significado histórico del documento, los intereses sociales, políticos y económicos que representa.
4. Valoración de la vigencia y eficacia del documento, destacando las aportaciones más significativas, si las tuvo, al proceso constitucional español.

Constitución de 1812:

«Art. 1. La Nación española es la reunión de todos los españoles de ambos hemisferios. (...)

Soberanía nacional

Art. 3. La soberanía reside esencialmente en la Nación y por lo mismo pertenece a esta exclusivamente el derecho de establecer sus leyes fundamentales. (...)

Art. 4. La Nación está obligada a conservar y proteger por leyes sabias y justas la libertad civil, la propiedad y los demás derechos legítimos de todos los individuos que la componen. (...)

Estado confesional

Art. 12. La religión de la Nación española es y será perpetuamente la católica, apostólica romana, única verdadera. La Nación la protege por leyes sabias y justas y prohíbe el ejercicio de cualquier otra. (...)

Art. 14. El gobierno de la Nación española es una monarquía moderada y hereditaria.

Art. 15. La potestad de hacer las leyes reside en las Cortes con el Rey. (...)

Art. 17. La potestad de aplicar las leyes en las causas civiles y criminales reside en los tribunales establecidos por la ley.

Art. 18. Son ciudadanos aquellos españoles que por ambas líneas traen su origen de los dominios españoles de ambos hemisferios, y están, avecindados en cualquier pueblo de los mismos dominios. (...)

Art. 27. Las Cortes son la reunión de todos los diputados que representan a la Nación, nombrados por los ciudadanos en la forma que se dirá.

Art. 28. La base para la representación nacional es la misma en ambos hemisferios. (...)

Art. 34. Para la elección de diputados de Cortes se celebrarán juntas electorales de parroquia, de partido y de provincia. (...)

Art. 92. Se requiere para ser elegido (...) tener una renta anual proporcionada, procedente de bienes propios. (...)

Art. 168. La persona del Rey es sagrada e inviolable y no está sujeta a responsabilidad. (...).

Art. 225. Todas las órdenes del Rey deberán ir firmadas por el secretario de despacho del ramo al que el asunto pertenece. (...)

Igualdad jurídica

Art. 248. En los negocios comunes, civiles y criminales, no habrá más que un solo fuero para todas las personas. (...)

Art. 339. Las contribuciones se repartirán entre todos los españoles con proporción a sus facultades, sin excepción ni privilegio alguno. (...)

Art. 366. En todos los pueblos de la monarquía se establecerán escuelas de primeras letras, en las que se enseñará a los niños a leer, escribir y el catecismo de la religión católica, que comprenderá también una breve exposición de las obligaciones civiles. (...)

Art. 371. Todos los españoles tienen libertad de escribir, imprimir y publicar sus ideas políticas, sin necesidad de licencias, revisión o aprobación alguna anterior a la publicación, bajo las restricciones y responsabilidades que establezcan las leyes. (...)».

- Comenta esta selección del articulado de la Constitución de 1812, siguiendo las pautas indicadas. Anota al margen los conceptos que corresponden al contenido de cada artículo, tal como se indica en los tres casos señalados (artículos 3, 12 y 248).

3 Análisis y comentario de series estadísticas económicas

La crisis del Antiguo Régimen supuso para España la pérdida del mercado americano. El cuadro siguiente describe aspectos esenciales de ese proceso.

- Analiza esta serie estadística, teniendo en cuenta el siguiente guion de trabajo:

1. Tipo de fuente histórica, naturaleza de su información, autor, etc.
2. Datos que describe la serie y su agrupación.
3. Comentario y valoración de los cambios habidos entre las dos fechas. Significado de los valores para cada territorio. ¿Por qué Navarra tiene contabilidad diferente? ¿Por qué Filipinas presenta una situación peculiar?
4. Interpreta el fenómeno a la luz de los cambios generales habidos en España en el primer tercio de siglo. ¿Cómo queda la economía española en relación con otros países europeos?

Valor del comercio exterior español (millones de reales)

Extranjero	1792	1827	América	1792	1827
Importaciones	714,9	226,2	Importación de mercancías	318,3	83,8
Exportación de mercancías	397,0	221,2	Importación de dinero	421,3	15,1
Exportación de dinero	274,8	—	Exportaciones	429,7	41,8
Total	1386,7	447,4	Total	1169,3	140,7
Prov. exentas y Navarra	**1792**	**1827**	**Filipinas**	**1792**	**1827**
Importaciones	15,6	19,6	Importaciones	7,5	12,9
Exportaciones	30,2	3,0	Exportaciones	14,3	0,5
Total	45,8	22,6	Total	21,8	13,4
TOTAL GENERAL DE 1792	2623,6		TOTAL GENERAL DE 1827	624,1	

Reelaborado de Fontana, J.: *Op. cit.*

4 Comentario de series estadísticas de contenido fiscal

En el análisis de esta clase de datos se ha de tener en cuenta, además de las pautas generales de comentario de series estadísticas, lo siguiente:

1. El tipo de impuestos que configuran los ingresos del Estado y su tendencia en el transcurso del tiempo. En ocasiones, los datos nos permitirán extraer información sobre la orientación ideológica y económica de quienes ejercen el poder.
2. La proporción que supone cada fuente de ingresos en el total que percibe el Estado. Esta información permite establecer la mayor o la menor solvencia financiera del Estado.

- **Comprobamos.** Analiza el cuadro teniendo en cuenta las orientaciones indicadas. Anota las tendencias de cada uno de los tres conceptos a lo largo del tiempo y los hechos históricos con los que se relacionan.

- ¿Por qué no hay datos para 1806-1814?
- ¿Por qué faltan los porcentajes de deuda pública entre 1814-1819? ¿A qué puede deberse el incremento del porcentaje de deuda pública entre 1793 y 1806?

Para contextualizar estos datos, considera el volumen de ingresos totales en promedio anual y en millones de reales, según el autor: 1785-1807: 1169; 1814-1833: 711.

Composición de los ingresos totales del Estado español (en %)

Años	Impuestos	Caudales de Indias	Deuda pública
1788-1791	76,9	11,2	11,9
1793-1797	55,5	11,9	32,6
1803-1806	50,4	13,7	35,9
1814-1819	95,5	4,5	—
1824-1833	89,2	—	10,8

Reelaborado de Fontana, J.: *Op. cit.*

Alegoría sobre la Primera República, *de la revista satírica* La Flaca.

7

La construcción de la España liberal (1833-1874)

A la muerte de Fernando VII, en 1833, comenzó en la historia de España un proceso imparable de cambios políticos, sociales y económicos.

En toda Europa occidental se consolidaba la sociedad burguesa sobre la base económica de la Revolución Industrial y el sistema capitalista. España, con sus peculiaridades, se incorporó a este proceso, y a lo largo del reinado de este período se produjeron los cambios sustanciales de la revolución liberal-burguesa y se sentaron las bases del sistema capitalista.

En el reinado de Isabel II se llevaron a cabo las reformas fundamentales para el establecimiento de un régimen liberal muy moderado. Cuando en los años sesenta la sociedad española exigió la democracia, el primer obstáculo fue la propia reina Isabel, destronada y enviada al exilio en 1868 por una auténtica revolución popular, La Gloriosa.

QUÉ VAS A ENCONTRAR EN ESTA UNIDAD

DESAFÍOS QUE
DEJAN HUELLA

Los contenidos y las actividades de esta unidad pueden resultar de utilidad para la realización del proyecto multidisciplinar «¿Votamos o no votamos?».

1 La revolución liberal-burguesa

El concepto de revolución liberal-burguesa es esencial para describir y explicar las transformaciones sufridas por las sociedades occidentales en los tiempos recientes.

Podemos definirla como un proceso violento de sustitución de la sociedad feudo-señorial del Antiguo Régimen por una nueva **sociedad liberal-burguesa** y **capitalista,** esto implicaba cambios muy relevantes:

- **Cambios políticos,** con la aparición del Estado constitucional, organizado sobre la base de la libertad política y la igualdad jurídica de los ciudadanos, la división de poderes y la soberanía de la nación.
- **Cambios económicos,** con una gran expansión de las fuerzas productivas: crecimiento demográfico, relaciones de producción basadas en la libre contratación de la fuerza de trabajo, nuevo concepto de la propiedad, libre circulación de capital, creación de mercados nacionales.
- **Cambios ideológicos:** una nueva doctrina que postula la racionalidad y el cientificismo como forma de fomentar el crecimiento económico y el desarrollo.

Todas estas transformaciones se producen bajo la **hegemonía** de la **burguesía** como clase social dominante y unas relaciones sociales encaminadas a garantizar la reproducción del capital, de ahí la denominación de capitalismo del nuevo sistema socio-económico.

En el caso de España, la revolución liberal-burguesa presentó como rasgos:

— La lentitud y **fragilidad de los cambios.**

— Las fuertes **resistencias** de los **grupos privilegiados** del Antiguo Régimen.

— La **conflictividad** e inestabilidad.

— Como marco general, el **retraso** en los cambios frente a los países de Europa occidental.

Declaración de María Cristina

La Regente confirmó inmediatamente a Cea Bermúdez como jefe de Gobierno. Este le preparó un manifiesto a la nación en el que mantenía una actitud continuista e inmovilista, mientras los carlistas comenzaban su rebelión.

«Sumergida en el más profundo dolor por la súbita pérdida de mi esposo y soberano, solo una obligación sagrada a que deben ceder todos los sentimientos del corazón pudiera hacerme interrumpir el silencio que exigen la sorpresa cruel y la intensidad de mi pesar. La expectación que excita siempre un nuevo reinado crece más con la incertidumbre sobre la administración pública de la menor edad del monarca (...) he creído mi deber anticipar (...) los principios que he de seguir constantemente en el Gobierno de que estoy encargada por la última voluntad del rey, mi augusto esposo, durante la minoría de la reina, mi muy cara hija doña Isabel.

(...) la religión y la monarquía, primeros elementos de vida para España serán respetadas, protegidas, mantenidas por mí en todo su vigor y pureza (...) su doctrina, sus templos y sus ministros serán el primero y más grato cuidado de mi Gobierno. Yo mantendré religiosamente la forma y las leyes fundamentales de la monarquía, sin admitir innovaciones peligrosas, aunque halagüeñas en su principio, probadas ya sobradamente por nuestra desgracia. La mejor forma de gobierno para un país es aquella a la que está acostumbrado (...).

En el palacio de Madrid a 4 de Octubre de 1833.
Yo, la Reina Gobernadora».

María Cristina de Borbón, reina de España, *(1806-1878), retratada por Vicente López. Era sobrina de Fernando VII y se convirtió en su cuarta esposa, en 1829. A la muerte del rey, en 1833, asumió la regencia hasta 1840, año en que renunció y marchó a Francia.*

2

La guerra civil (1833-1840)

A la muerte de Fernando VII, las tensiones acumuladas salieron a la luz en forma de una guerra civil especialmente despiadada, que se prolongó durante siete años, entre absolutistas y liberales, dando lugar a la **primera guerra carlista**. Tuvo su principal teatro de operaciones en el País Vasco y Navarra, aunque los combates se extendieron también a los enclaves montañosos de Cataluña, Aragón y Valencia. La sangría no fue pequeña, pues perdieron la vida casi 200 000 personas, en una época en la que el país rondaba los trece millones de habitantes.

Desde la primera semana del nuevo reinado, se concentraron partidas absolutistas en distintos lugares del país. La reina regente, María Cristina, encargó formar gobierno a **Cea Bermúdez,** exponente del brazo burgués de la corte, partidario de algunas reformas liberales, pero no aceptó, por el momento, las presiones progresistas, que insistían en una mayor apertura del régimen.

Atento a los problemas iniciales de liberalización del Gobierno, el bando cristino reaccionó con lentitud, sin darse cuenta de que la sublevación ganaba terreno.

Por el contrario, el general carlista guipuzcoano **Tomás de Zumalacárregui,** estratega formidable y líder austero, pudo disponer de un tiempo precioso para convertir unos efectivos escasos y dispersos en un ejército en toda regla, con un gran conocimiento del terreno.

2.1. Apoyos sociales y planteamientos de ambos bandos

Dos formas distintas de concebir el Estado, el gobierno y la sociedad se encontraron en el campo de batalla con el pretexto de una guerra de sucesión dinástica.

El **absolutismo monárquico,** la intransigencia religiosa y la defensa de los fueros y del régimen tradicional de propiedad de la tierra constituyeron los elementos fundamentales de la ideología carlista, que fue configurándose a raíz de los primeros enfrentamientos de 1833.

El primer carlismo fue una verdadera reacción rural contra el progreso político y cultural de la ciudad. A pesar del protagonismo de algunos notables locales en ella, no perdió nunca su condición de insurrección popular.

Con el reconocimiento de los fueros vascongados por don Carlos, el carlismo se atrajo a la población campesina norteña, sacando partido del malestar provocado por la política uniformadora y anticlerical del liberalismo. En un comienzo contó con el apoyo de aquellos sectores que se oponían a las reformas liberales: el clero conservador; la pequeña nobleza; la clase campesina de las provincias vascas, de Navarra y de Valencia; los labradores de Cataluña y del Bajo Aragón, y los artesanos de las pequeñas ciudades de dichas regiones. Eran los grupos sociales que nutrían los escuadrones de voluntarios realistas formados desde la época del Trienio Liberal, muy activos en la persecución de vecinos «sospechosos» y preparados de hecho para tomar las armas frente al liberalismo.

Sin embargo, el **ideario carlista** no consiguió convencer a las clases ilustradas, contrarias al integrismo religioso del pretendiente, ni a la burguesía ni al proletariado urbano, que se alistaron en las milicias locales, defensoras de la reina regente.

Rusia, Austria y Prusia dieron su apoyo a don Carlos, en tanto que los regímenes liberales de Reino Unido, Francia y Portugal ofrecieron el suyo al Gobierno de María Cristina, firmando en abril de **1834** el acuerdo de creación de la **Cuádruple Alianza** como frente de Estados seguidores del liberalismo político y, sobre todo, económico.

Durante la «carlistada», España fue un hervidero de idealistas, buscadores de aventura y reporteros, que acudían a los frentes de combate convencidos de que allí se estaba decidiendo el futuro de la civilización europea. También hubo apoyo oficial de Francia, que envió unos cuatro mil hombres en la primera misión al exterior de la Legión Extranjera, y de Reino Unido, que alistó a cerca de diez mil integrantes de la Legión Británica, muy activa en Álava y Guipuzkoa hasta 1837.

2.2. La evolución de la guerra carlista

2.2.1. Primera fase

En una primera fase, tras la adhesión oficial a don Carlos de la Diputación de Bizkaia y la movilización de los voluntarios realistas en todo el país, quedó claro el escaso apoyo carlista en el Ejército, cuyos generales se inclinaron masivamente por María Cristina. Sin embargo, los ataques por sorpresa y la movilidad de sus partidas reportaron a los carlistas los primeros éxitos ante el ejército de la reina y el afianzamiento de la sublevación en el País Vasco y Navarra y en las montañas de Cataluña y el Maestrazgo.

Salvo en las capitales vascas y el sur de Navarra, el pretendiente, que se hacía llamar **Carlos V,** pudo sentirse monarca en un territorio comprendido entre el Ebro y el Cantábrico, con su gobierno y leyes propias, pero sin deseo secesionista alguno respecto a España: su objetivo era Madrid.

Fue una fase muy sangrienta, de la que se recordarían los fusilamientos masivos de prisioneros ordenados por Zumalacárregui en Heredia (Álava) en marzo de 1834. O los que llevaba a cabo Cabrera en Aragón, donde algo más tarde los cristinos, en represalia, fusilaron a la madre del general.

La primera guerra carlista

2.2.2. Segunda fase

En esta fase, la toma de las capitales de Euskadi era la obsesión de los líderes carlistas; de ahí, el fatal atractivo del **sitio de Bilbao,** que malgastó las posibilidades de una última victoria sobre los liberales. El asedio de la villa, realizado en contra de la opinión de Zumalacárregui, que prefería lanzar una campaña móvil hacia Madrid, supuso un giro crucial en el desarrollo de la guerra. Terminó en un fracaso y se cobró la vida del legendario militar (junio de 1835), que no encontró digno sucesor entre los divididos mandos carlistas. Poco después, las tropas carlistas fueron derrotadas en Mendigorría (Navarra).

En diciembre de 1836, después de la **batalla de Luchana,** el general **Espartero** levantó el sitio de Bilbao, en cuya operación los liberales tuvieron la eficaz ayuda de la marina británica.

En 1836 y 1837 tuvieron lugar expediciones militares carlistas intentando crear nuevos «frentes» en zonas supuestamente favorables a don Carlos. La del general Gómez, a pesar de entrar en algunas ciudades como Valladolid o Segovia, fue incapaz de consolidar el dominio territorial. Don Carlos en persona, tras recorrer zonas de Aragón y Cataluña, acompañado de Cabrera, no se decidió a entrar en Madrid. Su retorno al norte fue entendido como un fracaso.

El Convenio Elliot

La guerra carlista presentó, según los testimonios de la época, rasgos de ferocidad similares a los de la de 1808. Reino Unido propuso a ambos contendientes el establecimiento de un convenio sobre el trato a prisioneros de guerra.

«Convenio para el canje de prisioneros, propuesto por lord Elliot, comisionado al efecto por S.M. británica, que ha de servir de regla a los generales en jefe de los ejércitos beligerantes en las provincias de Guipuzkoa, Álava y Bizkaia, y en el reino de Navarra.

Art. 1.° Los generales en jefe de los dos ejércitos actualmente en guerra (...), convienen en conservar la vida a los prisioneros que se hagan de una y otra parte, y en canjearlos del modo siguiente:

Art. 2.° El canje de los prisioneros será periódico dos o tres veces al mes, y más frecuente si las circunstancias lo exigen o lo permiten (...).

Art. 4.° En cuanto a los oficiales, el canje se hará de grado a grado, entre los oficiales de todas categorías, empleos, clases y dependencias que sean canjeados por ambas partes, según el rango respectivo de cada uno (...)».

2.2.3. Tercera fase

En una tercera fase, incapaz el carlismo de ampliar su radio de acción, las partidas guerrilleras siguieron operando y el ejército liberal caía frecuentemente en emboscadas y se desesperaba ante la imposibilidad de obligar a las tropas del pretendiente a una acción en campo abierto.

Con el cansancio de la contienda aumentaron las voces que aconsejaban a la reina María Cristina garantizar los fueros vascos para quitar, así, su bandera a don Carlos. La crisis interna del carlismo; la fatiga de la tropa y de los civiles, todo allanaba el camino hacia el final de la guerra, que se hizo inminente cuando **Maroto,** jefe supremo del ejército carlista, mandó fusilar a los generales contrarios al acuerdo de paz.

Actividades

1 Explica las diferencias entre carlistas e isabelinos en los aspectos políticos y sociales.

2 Observa el mapa de la página anterior de «La primera guerra carlista» y relaciona las zonas de influencia del «carlismo» con los grupos sociales e intereses políticos y económicos que le prestaron apoyo. Justifica la respuesta.

2.3. El fin de la guerra y el acuerdo de Vergara

Las entrevistas secretas de **Maroto** y **Espartero** culminaron en el **Convenio de Vergara,** de agosto de **1839,** que preparó el término de la contienda. El general liberal se comprometía a recomendar al Gobierno el mantenimiento de los fueros vascos, mientras que los pactistas de Maroto, con sus pagas y ascensos asegurados, reconocían a Isabel II como reina. Con sendas leyes de 1839 y 1841 se procedió a la supresión de las instituciones del «reino» de Navarra y a la «confirmación» de algunos aspectos de sus fueros, derecho civil, fiscalidad, etc. La pacificación de Euskadi permitió a los liberales finalizar la guerra en 1840, con el sometimiento de los focos del Maestrazgo y Cataluña, e implantar en España el régimen constitucional.

La importancia del carlismo en la historia de España rebasa los límites del enfrentamiento desatado entre absolutistas y liberales a la muerte de Fernando VII. Entre 1833 y 1876, el conflicto se manifestaría a través de **tres guerras civiles,** pero el ideario carlista, como versión española del tradicionalismo europeo, tuvo más larga vida.

El carlismo fue un movimiento de protesta contra las corrientes dominantes de la época: liberalismo y capitalismo, industrialización y urbanismo, socialismo y laicismo.

El Convenio de Vergara (1839)

«Art. 1. El capitán general don Baldomero Espartero recomendará con interés al Gobierno el cumplimiento de su oferta de comprometerse formalmente a proponer a las Cortes la concesión o modificación de los fueros.

Art. 2. Serán reconocidos los empleos, grados y condecoraciones de los generales, jefes, oficiales y demás individuos dependientes del Ejército del teniente general don Rafael Maroto, quien presentará las relaciones con expresión de las armas a que pertenecen, quedando en libertad de continuar sirviendo defendiendo la Constitución de 1837, el trono de Isabel II y la regencia de su augusta madre o bien de retirarse a sus casas los que no quieran seguir con las armas en la mano.

Art. 3. Los que adopten el primer caso de continuar sirviendo tendrán colocación en los cuerpos del Ejército, ya de efectivos, ya de supernumerarios, según el orden que ocupan en la escala de las inspecciones a cuya arma correspondan (...)».

El abrazo de Vergara (agosto de 1839), entre los generales Espartero y Maroto, puso fin a la primera guerra carlista, aunque el general Cabrera aún continuó su lucha unos meses en el Maestrazgo, hasta ser derrotado y obligado a abandonar el país, pasando a Francia en mayo de 1840.

3 Las regencias (1833-1843)

3.1. La regencia de María Cristina de Borbón

La primera propuesta de los consejeros de María Cristina tras la muerte de Fernando VII, fue realizar unas reformas a fin de alcanzar un «justo medio» que pudiera atraer a carlistas y a liberales de distinto signo. La guerra demostró la imposibilidad del intento. Los gobiernos que se sucedieron en Madrid tuvieron diferentes actitudes.

3.1.1. Las corrientes del liberalismo: moderados y progresistas

Entre los moderados y los progresistas -llamados exaltados o radicales- no había demasiadas diferencias. Para dar estabilidad al Estado, ambos admitían ciertas bases: aceptación de una ley fundamental escrita, la Constitución, y de unos órganos representativos de la nación basados en el sufragio censitario y en la necesidad de un régimen con opinión pública y con libertades individuales.

- El **modelo moderado** era pragmático, trataba de conjugar tradición y modernidad; atendía a **intereses económicos** más que a tesis políticas; su principal preocupación era construir un **Estado unitario** y seguro con una **administración centralizadora controlada por clases propietarias** e ilustradas, sin intervención de las clases populares ni reconocimiento del principio de soberanía nacional. Consideraban la monarquía como institución clave del sistema político. El poder debía estar controlado por las clases propietarias e ilustradas, que eran las capacitadas para hacerlo, en tanto se dejaba de lado a la gran masa de las clases populares. Para ello, el procedimiento elegido fue el sufragio censitario, que determinaba los límites de la participación política: solamente podrían ser electores aquellos que pagaran al Estado una determinada cantidad anual en concepto de contribución por la propiedad, o quienes tuvieran una determinada profesión.
- El **modelo progresista** planteaba un programa reformista -no revolucionario- sustentado en **principios políticos:** la soberanía reside en el pueblo; las Cortes representan dicha soberanía y ejercen el poder legislativo; la Constitución es la norma superior del Estado, el rey debe jurarla y cumplir sus preceptos; el rey reina pero no gobierna, es un poder neutral. Defendían el sufragio censitario, menos restringido que los moderados porque se reducía la cantidad anual exigida para ser elector. Eran partidarios del librecambio y de eliminar el servicio militar obligatorio, compensado con la creación de un ejército profesional. Las clases medias,

La división provincial de Javier de Burgos

Político moderado. Dirigió el Ministerio de Fomento en 1833, estableció la organización administrativa del Estado en provincias, basada en una propuesta del Trienio Liberal.

«Real Decreto de 30 de noviembre de 1833 mandando hacer la división territorial en provincias. Persuadida de que, para que sea eficaz, la acción de la Administración debe ser rápida y simultánea; y asegurada de que esto no puede suceder cuando sus agentes no están situados de manera que basten a conocer por sí mismos todas las necesidades y los medios de socorrerlas, tuve a bien (...) encargaros que os dedicaseis, antes de todo, a plantear y proponerme, de acuerdo con el Consejo de Ministros, la división civil del territorio, como base de la Administración interior y medio para obtener los beneficios que meditaba hacer a los pueblos (...).

Art. 1. El territorio español en la Península e islas adyacentes queda desde ahora dividido en 49 provincias, que tomarán el nombre de sus capitales respectivas, excepto las de Navarra, Álava, Guipúzcoa y Vizcaya, que conservarán sus actuales denominaciones.

Art. 2. La Andalucía, que comprende los reinos de Córdoba, Granada, Jaén y Sevilla, se divide en las ocho provincias siguientes (...).

Art. 4. Esta división (...) no se entenderá limitada al orden administrativo, sino que se arreglarán a ella las demarcaciones militares, judiciales y de Hacienda (...)».

Esta división ha perdurado hasta hoy, con ligeras variaciones. Al frente de cada provincia figuraba un subdelegado de Fomento; posteriormente, la autoridad política provincial sería el gobernador civil.

propietarios de tierra, comerciantes, manufactureros e intelectuales universitarios, fueron su principal clientela política. Hasta mediados de siglo también contaron con el apoyo de pequeños artesanos y obreros industriales.

3.1.2. El Estatuto Real (1834)

En este punto, la Corona se convirtió en el factor decisivo del proceso político. En enero de 1834, el nuevo ministro **Martínez de la Rosa** se dio cuenta de que no era posible un acuerdo con los carlistas, e intentó lograr un equilibrio entre las tendencias -moderada y radical- de los pocos liberales que se habían ofrecido a ayudar a María Cristina para comenzar a andar por la nueva senda liberal. El primer resultado fue la elaboración del Estatuto Real.

El Estatuto, sancionado y firmado por la reina gobernadora, María Cristina de Borbón, en abril de 1834, fijó por escrito el deseo de una transición entre el Antiguo y el Nuevo Régimen que no resultara demasiado traumática.

Por un lado, era una **Carta otorgada** similar a la Carta constitucional que en 1814 había ofrecido Luis XVIII a los franceses: el monarca, sin que las Cortes intervinieran, se limitaba a consentir a su lado otros poderes del Estado. Por otra parte, era una **Constitución incompleta:** no regulaba los poderes del rey ni del Gobierno, ni recogía declaración alguna sobre los derechos de los individuos. E introducía una novedad: por primera vez las Cortes eran divididas en dos Cámaras, la del Estamento de Próceres del Reino y la de Procuradores, antecesoras directas del Senado y del Congreso.

En los dos años siguientes a su promulgación pudo comprobarse que el Estatuto Real no satisfacía a los liberales radicales, quienes proponían una auténtica Constitución nueva -elaborada desde la soberanía nacional- o la vuelta a la de 1812. La opinión liberal generalizada era que el Estatuto no solo no solucionaba los problemas acuciantes, sino que resultaba un freno para realizar las auténticas reformas que se reclamaban.

El sufragio censitario

«Formaban el censo electoral una exigua minoría de ciudadanos propietarios, minoría que se ampliaba en las fases de gobierno de los progresistas. En cambio, en las elecciones municipales -cuestión esencial del programa progresista-, el cuerpo electoral ascendía aproximadamente a un tercio del vecindario. Así, en 1835, con una población superior a 12 millones de habitantes, los electores ascienden a 785 432 en las 37 provincias de las que tenemos datos (con 2 736 847 vecinos)».

3.1.3. Los progresistas: la Constitución de 1837

La incierta evolución de la guerra carlista y la desastrosa situación de la Hacienda Pública provocaron un clima de crispación social y política. En el verano de **1834,** en que una **epidemia de cólera** hizo estragos en Madrid, tuvieron lugar manifestaciones de anticlericalismo de una gran violencia contra los frailes de los conventos, considerados cómplices de los carlistas y acusados del envenenamiento de las fuentes. Fueron asesinados casi un centenar. Otro tanto ocurrió al verano siguiente en Barcelona, donde además fue incendiada la moderna fábrica de Bonaplata; y también en Zaragoza y otras ciudades.

El malestar, sobre todo en las ciudades, y la presión de los grupos liberales y de los jefes del Ejército obligaron a la regente a encargar el Gobierno al **conde de Toreno,** que nombró ministro de Hacienda a **Mendizábal** en junio de 1835. En septiembre este asumió la jefatura de Gobierno manteniendo la cartera de Hacienda. **Istúriz** lo desplazó en mayo de 1836, con apoyo de los sectores moderados. Pero el malestar urbano enseguida se manifestó con **rebeliones** por gran parte del país, cuya culminación fue el **pronunciamiento de los sargentos en La Granja de San Ildefonso** (agosto 1836), que obligó a la regente a restablecer la Constitución de 1812 y entregar el Gobierno de nuevo a los progresistas, dirigidos porJosé M.ª Calatrava y Mendizábal.

Las nuevas Cortes elaboraron una nueva constitución ante los problemas de adaptación de la de 1812. Al tiempo, entraban en vigor los decretos de disolución de conventos, expropiación y desamortización de sus bienes. Con la venta de estos «bienes nacionales» se pretendía sanear Hacienda, obtener el apoyo de los compradores y recursos para ganar la guerra, etc. La promulgación de la nueva Constitución (18 de junio de 1837) coincidió con un momento muy comprometido para los isabelinos porque el ejército carlista avanzaba hacia Madrid, adonde llegaría en septiembre, por ello reflejó un consenso entre los dos grupos liberales, de forma que con esta Constitución pudieran gobernar ambos. De hecho, así fue entre 1837 y 1840.

Actividades

3 ¿Qué consecuencias electorales y políticas tiene la aplicación del sufragio censitario?

4 ¿Cuáles son las diferencias fundamentales entre una «Carta otorgada» y una Constitución?

5 ¿Por qué no se eligieron Cortes Constituyentes para la elaboración del Estatuto Real?

6 ¿Qué relación existe entre el motín de los sargentos de La Granja y la Constitución de 1837?

El Estatuto Real de 10 de abril de 1834

Francisco Martínez de la Rosa fue uno de los más ilustres «doceañistas» que adoptó un talante moderado. Nombrado jefe de Gobierno en 1834, intentó, mediante el Estatuto Real, conciliar la tradición absolutista con algunos elementos del constitucionalismo. Su propuesta no satisfizo a nadie.

«Título I. De la convocación de las Cortes generales del Reino.

Art. 1. (...) Su Majestad la Reina Gobernadora, en nombre de su excelsa hija Doña Isabel II, ha resuelto convocar las Cortes generales del Reino.

Art. 2. Las Cortes generales se compondrán de dos Estamentos: el de Próceres del Reino y el de Procuradores del Reino (...).

Art. 3. El Estamento de Próceres del Reino se compondrá: 1.° De muy reverendos arzobispos y reverendos obispos. 2.° De Grandes de España (...). 5.° De los propietarios territoriales o dueños de fábricas *(... con)* una renta anual de sesenta mil reales.

Art. 7. El Rey elige y nombra los demás próceres del Reino, cuya dignidad es vitalicia (...).

Art. 24. Al Rey toca exclusivamente convocar, suspender y disolver las Cortes (...).

Art. 31. Las Cortes no podrán deliberar sobre ningún asunto que no se haya sometido expresamente a su examen en virtud de un Decreto Real (...).

Art. 38. En el caso que el Rey suspendiere las Cortes, no volverán estas a reunirse sino en virtud de una nueva convocatoria».

La Constitución de 1837

«Doña Isabel II, por la gracia de Dios y la Constitución de la Monarquía española, Reina de las Españas; y en su Real nombre, y durante su menor edad, la Reina viuda su madre Doña María Cristina de Borbón, Gobernadora del Reino (...). Que las Cortes Generales han decretado y sancionado, y Nos de conformidad aceptado, lo siguiente:

Siendo la voluntad de la Nación revisar, en uso de su Soberanía, la Constitución política promulgada en Cádiz el 19 de marzo de 1812, las Cortes Generales, congregadas a este fin, decretan y sancionan la siguiente (...).

Art. 2. Todos los españoles pueden imprimir y publicar libremente sus ideas sin previa censura, con sujeción a las leyes. La calificación de los delitos de imprenta corresponde exclusivamente a los jurados.

Art. 4. Unos mismos códigos regirán en toda la Monarquía, y en ellos no se establecerá más que un solo fuero para todos los españoles en los juicios comunes, civiles y criminales.

Art. 6. Todo español está obligado a defender la Patria con las armas cuando sea llamado por la ley, y a contribuir en proporción de sus haberes para los gastos del Estado.

Art. 7. No puede ser detenido, ni preso, ni separado de su domicilio ningún español, ni allanada su casa, sino en los casos y en la forma que las leyes prescriban (...).

Art. 11. La Nación se obliga a mantener el culto y los ministros de la Religión Católica que profesan los españoles.

Art. 12. La potestad de hacer las leyes reside en las Cortes con el Rey.

Art. 13. Las Cortes se componen de dos cuerpos colegisladores, iguales en facultades: el Senado y el Congreso de los Diputados (...).

Art. 15. Los senadores son nombrados por el Rey a propuesta, en lista triple, de los electores que en cada provincia nombran los diputados a Cortes (...).

Art. 26. Las Cortes se reúnen todos los años. Corresponde al Rey convocarlas, suspender y cerrar sus sesiones, y disolver el Congreso de los Diputados; pero con la obligación, en este último caso, de convocar otras Cortes, y reunirlas dentro de tres meses (...).

Art. 70. Para el gobierno interior de los pueblos habrá Ayuntamientos, nombrados por los vecinos, a quienes la ley conceda este derecho (...).

Art. 77. Habrá en cada provincia cuerpos de milicia nacional, cuya organización y servicio se arreglará por una ley especial; y el Rey podrá en caso necesario disponer de esta fuerza dentro de la respectiva provincia; pero no podrá emplearla fuera de ella sin otorgamiento de las Cortes (...)».

18 de junio de 1837.

Era una **Constitución breve** (77 artículos), que establecía un Parlamento bicameral, basada en los principios de la soberanía nacional, división de poderes y reconocimiento de los derechos individuales, aunque todo ello matizado por el acuerdo entre progresistas y moderados. Los aspectos más progresistas fueron la libertad de prensa, la autonomía política y de gestión otorgada a los ayuntamientos –elegidos por los vecinos sin intervención del poder central– y la recuperación de la Milicia Nacional, compuesta por voluntarios y dependiente del poder local. Su recuperación era una aspiración esencial de los liberales. Había sido instituida en la Constitución de 1812 y repuesta en el Trienio, como garantía de defensa ciudadana armada de la Constitución.

3.2. La regencia de Espartero (1841-1843)

La cuestión de los ayuntamientos y de la Milicia Nacional sacó a la luz la auténtica **lucha por el poder** entre **moderados** y **progresistas.** El prestigio de Espartero era enorme: tras su triunfo en Luchana (1836), este general, de origen humilde, se convirtió en un ídolo de los liberales progresistas. Su liderazgo creció más cuando en 1840 apoyó los alzamientos de las provincias frente al proyecto de Ley de Ayuntamientos, presentado por el Gobierno moderado. Este proyecto reducía el poder de los ayuntamientos al establecer que los alcaldes serían nombrados por el Gobierno, conculcando el artículo 70 de la Constitución. Pese a esto, María Cristina firmó la ley en julio, llegaron los desórdenes, la regente se fue a Francia y renunció a gobernar.

Se formó un breve ministerio-regencia, presidido por Espartero, que duró hasta 1841, año en que las Cortes lo eligieron regente. Gobernó autoritariamente durante tres años, aislado de los sectores del progresismo y con el único apoyo de un grupo de militares adictos. Su mandato estuvo salpicado de revueltas encabezadas por generales moderados partidarios de María Cristina: O'Donnell, Narváez, De la Concha. La exregente, desde Francia, seguía influyendo en la vida política española, y eran conocidas sus intrigas y negocios poco limpios en los que actuaba de acuerdo con su marido desde 1833, Fernando Muñoz, a quien ennobleció y con el que tuvo larga descendencia.

Espartero reprimió con dureza pronunciamientos moderados, como el de 1841, financiado por María Cristina, y tras el que fue fusilado el general Diego de León, a pesar de las numerosas peticiones de indulto. En 1842 ordenó el bombardeo de barrios de Barcelona, donde se habían producido motines a causa de una dura crisis industrial, acentuada por un tratado comercial con Gran Bretaña contrario a los intereses de la industria textil catalana. A finales de julio de 1843, un nuevo pronunciamiento del general Narváez puso de manifiesto que Espartero apenas tenía ya partidarios. Tanto moderados como progresistas habían decidido acabar con su excesivo poder personal.

Actividades

7 ¿Qué factores explican la caída de Espartero en 1843?

Fusilamiento del general Diego de León y Navarrete (1807-1841) por su alzamiento contra Baldomero Espartero.

La Década Moderada (1844-1854)

Con el final de la guerra civil, España entró en una etapa distinta, al menos de una relativa paz interna y con un ejército dispuesto a asegurar el funcionamiento del sistema constitucional, lo que a la larga institucionalizaría la intervención de los militares en los asuntos civiles, convertiría a los generales en figuras políticas y favorecería una época de pronunciamientos.

Un tiempo complejo donde a lo largo de los veinticinco años del reinado de Isabel II se producirían dieciocho pronunciamientos militares, hubo treinta y nueve gobiernos y dos revoluciones. Y sin olvidar la segunda guerra carlista (1846-1849).

Isabel II

Isable II, *de Federico de Madrazo.*

«Al igual que en toda Europa, la relación entre la Corona y el liberalismo estaba inmersa en el difícil aprendizaje de los mecanismos de gobierno y representación de la monarquía constitucional. A la concepción del poder monárquico de Isabel II –netamente patrimonial–, con una intromisión tozuda en los asuntos políticos, se unía un comportamiento personal inadecuado a los valores de la sociedad burguesa.

Casada en 1846 con su primo Francisco de Asís, su vida privada oscilaba entre amores clandestinos y los escrúpulos morales en una "Corte de los Milagros", en palabras de Valle-Inclán. Por otra parte, los partidos liberales, incapaces de ponerse de acuerdo entre ellos, tratarían de manipularla en beneficio propio.

La imagen –tradicional– de una Isabel II como reina de los moderados debe replantearse pues esa identidad nunca llegó a forjarse plenamente. Ni la reina fue liberal (moderada), ni el moderantismo –un conjunto disperso de fuerzas– logró convertirla en un instrumento en sus manos. El resultado fue un intrincado laberinto político».

Burdiel, I.: *Isabel II. Una biografía (1830-1904).* Madrid, Taurus, 2010, pp. 17-22.

4.1. Contrarreformas moderadas y Constitución de 1845

El **orden público estricto** y el control político desde una **Administración centralizada** fueron los principios orientadores de las contrarreformas moderadas. En 1843 se suprimió la Milicia Nacional, sustituida por un nuevo cuerpo del orden público, la **Guardia Civil** (1844), con estatus militar y encargada de salvaguardar el orden público y la propiedad privada, bajo las órdenes directas del **delegado del Gobierno** en las provincias –más tarde, gobernador civil–, facultado para actuar a iniciativa propia si faltara dicha autoridad.

La Constitución de 1845

«Doña Isabel II, por la gracia de Dios y de la Constitución de la Monarquía española, Reina de las Españas; a todos los que la presente vieren y entendieren, sabed: Que siendo nuestra voluntad y la de las Cortes del Reino regularizar y poner en consonancia con las necesidades actuales del Estado los antiguos fueros y libertades de estos Reinos, y la intervención que sus Cortes han tenido en todos tiempos en los negocios graves de la Monarquía, modificando al efecto la Constitución promulgada en 18 de junio de 1837, hemos venido, en unión y de acuerdo con las Cortes actualmente reunidas, en decretar y sancionar la siguiente: Constitución de la Monarquía española (...).

Art. 11. La Religión de la Nación española es la Católica, Apostólica, Romana. El Estado se obliga a mantener el culto y sus ministros.

Art. 12. La potestad de hacer las leyes reside en las Cortes con el Rey.

Art. 13. Las Cortes se componen de dos Cuerpos Colegisladores, iguales en facultades: el Senado y el Congreso de los Diputados.

Art. 14. El número de senadores es ilimitado: su nombramiento pertenece al Rey (...).

Art. 15. Solo podrán ser nombrados senadores los españoles que, además de tener 30 años cumplidos, pertenezcan a las clases siguientes: (...) Ministros de la Corona, Consejeros de Estado, Arzobispos, Obispos, Grandes de España, Embajadores (...) Presidentes de los tribunales supremos (...).

Art. 17. El cargo de Senador es vitalicio (...).

Art. 79. Las Cortes fijarán todos los años, a propuesta del Rey, la fuerza militar permanente de mar y tierra»

En enero de 1845, una ley orgánica suprimió el carácter electivo de los alcaldes, que serían nombrados por el Gobierno. En julio de 1845 se pasó al control directo de la imprenta y de la prensa, tras suprimir el jurado que entendía en esos temas. La liquidación del consenso constitucional se culminó con la promulgación de una nueva Constitución, que, presentada como «mejora» de la de 1837, sustituyó el principio de soberanía nacional por la soberanía compartida, limitando el poder de las Cortes y ampliando las prerrogativas del rey.

4.2. La segunda guerra carlista (1846-1849)

En 1845 fracasó el intento de algunos moderados de casar con Isabel II al hijo del derrotado «Carlos V» el conde de Montemolín. Este llamó a una nueva sublevación que meses más tarde solo fue secundada en zonas de Cataluña y por algunas partidas en Navarra, Castilla y La Mancha. Fue la llamada «guerra dels matiners» y duró hasta 1849 sin obtener éxitos militares importantes. El pretendiente, «Carlos VI», ni siquiera pudo hacerse presente en España.

4.3. El clericalismo moderado: el Concordato

Un aspecto destacado de la Constitución fue la declaración de que la **religión** de la nación española era la **católica, apostólica y romana,** frente a la Constitución de 1837, que se limitaba a enunciar el hecho de que la religión católica era la que profesaban los españoles. Por entonces, los moderados intentaban restablecer las relaciones con el papa, después de la ruptura provocada por la desamortización de Mendizábal y negociaron un concordato que se firmaría en 1851.

Las primeras medidas adoptadas en 1844 habían sido la suspensión de nuevas subastas de bienes del clero y la orden de que el producto de los bienes que todavía eran susceptibles de ventas se aplicara íntegramente al mantenimiento del clero secular y de las órdenes religiosas.

El Concordato interpretaba que la única religión del Estado era la católica, lo cual entrañaba obligaciones del poder civil para la defensa de la religión. Las principales consecuencias de esta afirmación eran la **intervención** que se concedía a los obispos en la **enseñanza** y el apoyo que los gobiernos se obligarían a prestarles en la **represión** de las llamadas **doctrinas heréticas.** De hecho, ya una disposición gubernamental de 1844 había concedido -en plena consonancia con las medidas adoptadas por entonces para regular la libertad de imprenta- la capacidad de **censurar** las obras sobre religión y moral.

En el orden político, los gobiernos moderados iban a conseguir: la aceptación por Roma de que los **bienes desamortizados quedaran en manos de sus propietarios,** lo cual implicaba acabar con la persecución de los compradores, que formaban el núcleo del Partido Moderado, y la renovación del derecho de **presentación de obispos,** establecidos en el Concordato de 1753. Cuando quedaba vacante alguna diócesis, el Gobierno proponía tres nombres para que Roma eligiera entre ellos al nuevo obispo, lo cual significaba que, en adelante, los gobiernos propondrían a adictos a sus programas y pretensiones.

El grabado ilustra la legendaria crueldad de Cabrera, ordenando el fusilamiento de paisanos.

En la «guerra dels matiners» Cabrera, Rafael Tristany, Savalls y otros jefes apenas pudieron movilizar unos 5 000 hombres y tomar algunas localidades como Cervera, Igualada, Cardona, etc.

Hubo otras intentonas como la de San Carlos de la Rápita en 1860, dirigida por el general Ortega que acabó en su fracaso y fusilamiento.

En este proceso de acercamiento a la Iglesia había prevalecido la convicción de los moderados de que el orden público pasaba por un **pacto con la religión,** elemento que resultaba primordial para mantener la tranquilidad general, que era lo que importaba.

Una de las tareas que acometió el Estado liberal burgués fue la creación de un sistema cultural y educativo para inculcar a la ciudadanía un mismo conjunto de valores y conocimientos. Así, se garantizaba una vía más para el control social: la jerarquización de los ciudadanos según su saber y «capital cultural».

En la Década Moderada se presentó el primer plan educativo (marqués de Pidal, 1845). Este se consolidó en la ley de 1857, propuesta por el ministro de Fomento Claudio Moyano, estructurándose el sistema educativo en tres niveles, siguiendo el modelo francés. El Estado asumía la gestión de la educación nacional, y los ayuntamientos el control y la gestión de las escuelas de enseñanza primaria.

Actividades

8 Compara los preámbulos de las Constituciones de 1837 y 1845. ¿Qué cambios observas en el tratamiento del concepto de soberanía? Compara el art. 11 de ambas constituciones y el art. 15 de la primera con el 14 de la segunda y comenta las diferencias.

9 ¿Qué significa para la relación Iglesia-Estado el Concordato de 1851? Explica si se puede calificar al Estado español como confesional en esta etapa.

10 ¿Qué circunstancias favorecieron la firma del Concordato entre la Iglesia católica y el Estado español? Enumera las ventajas que obtuvo la Iglesia con este acuerdo y las contrapartidas logradas por el Estado. Debate la respuesta en el aula.

11 Con la ayuda del texto y la del doc. «La construcción de un sistema educativo» explica qué motivos e intereses movieron a la burguesía liberal a regular un sistema educativo único para todo el Estado.

El Concordato con el Vaticano (1851)

Desde principios de siglo, el clero disminuyó considerablemente: 203 000, en 1803; 130 000, en 1836, y 62 000 en 1860.

El Concordato de 1851 «reconcilió» al Estado liberal con la Iglesia católica y concedió a esta un conjunto de privilegios en diversas esferas de la vida política y social. El Estado protegía y financiaba a la Iglesia, y esta legitimaba el sistema político.

«Art. 1. La religión católica, apostólica, romana, que, con exclusión de cualquier otro culto, continúa siendo la única de la Nación Española, se conservará siempre en los dominios de su majestad católica, con todos los derechos y prerrogativas de que debe gozar (...).

Art. 2. En consecuencia, la instrucción en las Universidades, Colegios, Seminarios y Escuelas Públicas o privadas, de cualquiera clase, será en todo conforme a la doctrina de la misma religión católica (...).

Art. 3. (...) Su Majestad y su real gobierno dispensarán asimismo su poderoso patrocinio y apoyo a los obispos en los casos que le pidan (...) o cuando hubiera de impedirse la publicación, introducción o circulación de libros malos y nocivos (...).

Art. 38. Los fondos con que han de atenderse la dotación de culto y del clero serán:

1. El producto de los bienes devueltos al clero por la Ley de 3 de abril de 1845.
2. El producto de limosnas de la Santa Cruzada.
3. Los productos de encomiendas y maestrazgos (...).
4. Una imposición sobre las propiedades rústicas y urbanas y riqueza pecuaria (...)».

El presidente del Gobierno, Juan Bravo Murillo, firmó el Concordato de 1851 con el Vaticano.

La construcción de un sistema educativo

«(...) Art. 243. El gobierno superior de la Instrucción Pública en todos sus ramos, dentro del orden civil, corresponde al ministro de Fomento. En este concepto, le incumbe:

1.° Aconsejar al Rey y en todos los asuntos relativos a esta parte de la Administración Pública (...).

3.° Conferir el grado de doctor.

4.° Expedir los títulos profesionales (...).

Art. 256. El Gobierno oirá al Consejo de Instrucción Pública:

1.° En la formación de los reglamentos generales y especiales que deberán expedirse para el cumplimiento de esta Ley (...).

2.° En la creación o supresión de cualquier establecimiento público de enseñanza y en las autorizaciones que exige esta ley para los establecimientos privados. Exceptúase la creación de escuelas de primera enseñanza.

3.° En la creación o supresión de cátedras (...).

5.° En la revisión de los programas de enseñanza y en las modificaciones que en ellos se hicieren.

6.° En la designación de libros de texto (...)».

Claudio Moyano Samaniego (1809-1890).

Catedrático de Derecho Civil y Economía Política, fue ministro de Fomento en varios gobiernos. Bajo la presidencia de Narváez, elaboró la Ley de Instrucción Pública (1857).

4.4. La organización de la Administración

Los principales objetivos de los moderados eran tres: un orden jurídico unitario, una Administración centralizada y una Hacienda con unos impuestos únicos.

- El deseo de componer un *corpus* de leyes unitario que sirviera para todos, y que implicaba la **eliminación** de los **fueros, leyes** y **costumbres excepcionales,** ya estaba presente en 1843 o en los primeros momentos del Partido Moderado. Se formó una Comisión General de Codificación para elaborar, respondiendo a las pretensiones del liberalismo moderado en el poder, un proyecto de **Código Civil** centrado en la defensa de la propiedad privada. Presentado al Gobierno en 1851, y rechazado, será el texto básico para la redacción del código de 1889, que sería calificado como «un cántico a la propiedad privada». De acuerdo con este interés, en 1848 se publicó el nuevo **Código Penal.**
- La **centralización,** con su organización administrativa, sustentada por la **reforma territorial** de Javier de Burgos de 1833, quedó consolidada y uniformizada, desde enero de 1845, mediante leyes que regulaban la ordenación provincial y la Administración local, concentrando en los **gobernadores civiles** la autoridad de cada provincia y haciendo depender de ellos a los alcaldes. Se producía así una conexión entre el poder central y el poder local, que eliminaba las posibles veleidades de este último. Mediante un decreto de septiembre de 1845, se centralizó la **instrucción pública** y se organizó la enseñanza según el modelo francés, tan imitado por la Administración española a lo largo del siglo.
- La reforma de **Hacienda** fue la más urgente. Para superar la ineficacia que la había caracterizado, se refundieron los numerosos impuestos en unos pocos de corte moderno, con el fin de racionalizar su cobro. La reforma se concretó en nuevas contribuciones directas –territoriales, industriales y de comercio–; pero sobre todo en impuestos como **los consumos,** las antiguas rentas provinciales y que gravaban todo tipo de transacciones. Junto con rentas de aduanas y otros **impuestos indirectos** alcanzaban el 70% de los ingresos. La **reforma fiscal** de **Mon-Santillán** duró más de un siglo y no cumplía los requisitos de un sistema tributario moderno. La carga fiscal recaía principalmente en las capas populares. Por otro lado, como España carecía de un catastro y de estadísticas fiables, prosiguió el fraude y la evasión fiscal de los grandes propietarios. Como resultado de ello, no se lograron generar los ingresos suficientes para el Estado, provocando un déficit crónico y una deuda pública muy cuantiosa, cuyo pago suponía en torno al 25% del gasto público.

Actividades

12 Explica las funciones de los gobernadores civiles en la reforma administrativa de la Década Moderada y sus consecuencias políticas.

El Bienio Progresista (1854-1856)

El **favoritismo** en todos los campos de la vida social y la **corrupción** en la política económica y financiera de los gobiernos moderados provocaron reacciones y movimientos subversivos en amplios sectores de la opinión liberal, incluida la moderada, que finalmente llevaron a la calle a las clases populares. El **pronunciamiento** de **1854** trajo consigo un cambio de rumbo en la orientación política del país, mediante un nuevo pronunciamiento militar.

En julio de 1854, una facción del ejército encabezada por el general moderado **O'Donnell** se pronunció en Vicálvaro, enfrentándose a las tropas del Gobierno. El resultado de la acción quedó indeciso y O'Donnell se retiró camino de Andalucía. En Manzanares se le unió el general **Serrano** y ambos decidieron lanzar un manifiesto al país con promesas progresistas. Desde que se produjo su difusión, las agitaciones populares proliferaron y casi toda España se unió a la insurrección, de modo que el alzamiento militar moderado quedó desbordado y convertido en un **movimiento popular** y **progresista,** que, además, en algunos lugares -principalmente en Barcelona- tuvo dimensiones obreristas. A la vista de los acontecimientos, la reina Isabel II decidió entregar el poder a la principal figura del progresismo, el general Espartero.

Actividades

13 Consulta el doc. del «Manifiesto de Manzanares (1854)» y sintetiza los motivos que se exponen para justificar el pronunciamiento de Vicálvaro. Explica, con ayuda de la información del texto, las condiciones sociales y económicas que propiciaron las protestas populares en apoyo del levantamiento militar.

Manifiesto de Manzanares (1854)

«(...) Nosotros queremos la conservación del trono, pero sin camarilla que lo deshonre; queremos la práctica rigurosa de las leyes fundamentales, mejorándolas, sobre todo la electoral y la de imprenta; queremos la rebaja de los impuestos, fundada en una estricta economía; queremos que se respeten en los empleos militares y civiles la antigüedad y los merecimientos; queremos arrancar a los pueblos la centralización que los devora, dándoles la independencia local necesaria para que conserven y aumenten sus intereses propios, y como garantía de todo esto queremos y plantearemos, bajo sólidas bases, la Milicia Nacional (...)».

El manifiesto, aunque fechado el 6 de julio, comenzó a difundirse el 14 del mismo mes, día en el que se modificó radicalmente el panorama del agónico pronunciamiento.

El elemento civil, hasta entonces pasivo, se mostró receptivo a las promesas que le ofrecían y se lanzó a las calles de las ciudades en apoyo de los pronunciados: primero en Barcelona, que ya estaba viviendo unas jornadas de luchas obreras contra la introducción de las máquinas selfactinas (máquinas de hilar con carro), y después en Valencia, Valladolid, Madrid y diferentes ciudades de Andalucía.

Episodio de la Revolución de 1854, *de Eugenio Lucas.*

5.1. Las reformas progresistas del Bienio

Finalizaba así la Década Moderada y comenzaba lo que se llamó el Bienio Progresista, que duraría hasta septiembre de 1856, un tiempo en el que los gobiernos se esforzaron por poner en práctica medidas genuinamente liberales.

El punto principal fue la elaboración de una **nueva Constitución,** que **no** fue **promulgada** *(non nata)* debido a las largas discusiones y a los diversos sucesos políticos acontecidos. El texto refleja, más genuinamente que ningún otro documento, el ideario del Partido Progresista: la soberanía nacional, el establecimiento de limitaciones al poder de la Corona, una prensa sometida al juicio de un jurado, la vuelta de la Milicia Nacional eliminada por los moderados, los alcaldes elegidos por los vecinos y no designados por el poder central, un Senado elegido por los votantes y no por designación de la Corona, autonomía de las Cortes y primacía del Congreso sobre el Senado, en el momento de la decisión sobre los presupuestos anuales, y tolerancia religiosa.

La **política económica** tuvo como eje principal la **desamortización** –ley de 1 de mayo de 1855, de Pascual Madoz–, y una serie de leyes aperturistas que buscaban atraer capitales extranjeros, relanzar la actividad crediticia de los bancos y fomentar el ferrocarril, símbolo de la industrialización y el progreso: **Ley de Ferrocarriles** de 1855, **Ley Bancaria** de 1856 y **creación del Banco de España** en ese mismo año. En concreto, la estrecha unión entre la Ley de Ferrocarriles y la Ley Bancaria iba a provocar un intenso movimiento constructivo que derivó en un clima de gran euforia en los medios madrileños de negocios.

5.2. Nuevas corrientes políticas

La preocupación por liberalizar los derechos individuales y el mecanismo electoral, ensanchando así la base de los votantes, facilitó que salieran a la luz corrientes políticas que habían sido reprimidas durante el régimen anterior. A la izquierda del progresismo se consolidaron las opciones **demócrata** y **republicana;** esta última recogía, a su vez, corrientes como el **socialismo** y el **federalismo.**

Los orígenes del **Partido Demócrata** se remontan a la regencia del general Espartero. Hacia 1840, la opinión democrática y republicana se extendía en círculos reducidos del progresismo atraídos por el **fourierismo.** Sixto Cámara fue una de las figuras más relevantes de aquel grupo de periodistas y conspiradores que exigían democracia, república y cambios sociales en las condiciones de vida del pueblo trabajador. Junto con Fernando Garrido, quien había dirigido *El Amigo del Pueblo,* fundó en 1849 el periódico *La Asociación,* portavoz del grupo.

El Partido Demócrata

«Para que el noble partido que tomó un tiempo el nombre hermoso de liberal, no se confunda con esta falange de corrompidos, que todavía pesa sobre nuestras frentes como una mancha inmensa, es necesario que tome un nombre nuevo y en consonancia con el progreso de los tiempos; un nombre que demuestre que nuestro liberalismo no es el liberalismo de Olózaga o Narváez; un nombre que represente los adelantos de la ciencia, las conquistas del derecho, el ideal de las clases, la libertad, el porvenir. Ese nombre es la democracia.

La idea liberal, que ayer se llamó progreso, desarrollada por los tiempos, hoy se llama democracia. Y en este sentido la democracia es, no solo la verdadera expresión de los intereses, sentimientos y principios de España libre; no solo el medio único de fundar entre nosotros la libertad querida, sino que también expresa el pensamiento fundamental del siglo, y es la gran bandera de rehabilitación de las sociedades modernas (25 de novimbre de 1854)».

«El trono ya no tiene hoy más que un medio de prolongar su existencia, y es hincar las rodillas ante la majestad del pueblo; ser levantado sobre el pavés de la revolución en el seno de la Asamblea Constituyente; sustituir, en fin, al derecho antiguo y tradicional, por el nuevo derecho revolucionario (...) (23 de diciembre de 1854)».

Cit. en Fernández Urbina, J. M.: *Sixto Cámara, un utopista revolucionario.* Bilbao, Universidad del País Vasco, 1984.

El programa republicano (1841)

«(...) supresión del Trono, el gobierno de la Nación entregado a una Junta Central compuesta de un representante por provincia. Reducción del presupuesto de gastos a 600 millones. Supresión de las rentas estancadas y de las contribuciones indirectas. Reducción del máximum de los sueldos a 40 000 reales y aumento del mínimum a 6 000. Abolición de las quintas y de las matrículas de mar. Inamovilidad judicial y establecimiento del jurado. Instrucción primaria universal, gratuita y obligatoria. Libertad religiosa, de imprenta, de reunión y asociación. Reparto entre los jornaleros de tierras del Estado y otras medidas menos importantes (...). Sin la conquista de los derechos políticos las clases trabajadoras no alcanzarán nunca sus derechos sociales (...)».

Garrido, F.: *La España Contemporánea. Sus progresos morales y materiales,* Barcelona, Ed. S. Manero, 1865-67.

De entre los progresistas surgieron muy pronto tendencias avanzadas preocupadas por «la cuestión social», que se difundía por medio de periódicos como *La Fraternidad, La Reforma Económica* o *El Republicano*.

En España, los orígenes del **movimiento obrero** datan de la **década de 1840,** cuando surgieron las primeras organizaciones de trabajadores en Cataluña: el tejedor Juan Muns, que lideraba la Asociación Mutua de Obreros de la Industria Algodonera, promovió las primeras huelgas por mejoras salariales. Durante la Década Moderada, el movimiento obrero se debatió entre la prohibición y algún momento de tolerancia. Con el Bienio Progresista crecieron las esperanzas de reconocimiento y libertad de asociación y el incipiente movimiento obrero ensayó sus primeras fórmulas de acción, incluida la huelga general.

A la vez, el **carlismo** volvió a dar señales de vida, promoviendo partidas armadas en el campo.

Durante estos dos años, los gobiernos progresistas se vieron continuamente hostigados en las sesiones de las Cortes y en los medios de comunicación por la derecha, decidida a poner todo tipo de impedimentos al régimen, y por la izquierda radical, que luchaba denodadamente para que no se perdiera la oportunidad de realizar reformas democráticas.

Las acciones reivindicativas de obreros y campesinos y los intentos políticos de signo revolucionario para acabar con los gobiernos fueron constantes. La inseguridad en la calle y la conflictividad aumentaron. Con estos ingredientes, una **nueva crisis** estaba servida.

Actividades

14 Busca información en Internet y enumera las principales reformas planteadas en el proyecto de constitución del Bienio Progresista y explica qué modelo de sociedad pretendía construir.

15 Elabora un mapa conceptual con los objetivos fundamentales de las opciones demócrata y republicana.

La unión de clases a la clase obrera de Cataluña

«Queridos compañeros: Ha llegado el caso de manifestaros el estado en que se hallan atendidas nuestras justas pretensiones. Se ha nombrado una comisión de entre nosotros que ha salido para Madrid con el fin de hacer comprender al Gobierno (...) la pronta constitución de un Jurado que, imparcialmente y compuesto de individuos de conocimientos, por parte de los operarios y por parte de los fabricantes, arreglándose a las instituciones que ambas clases les suministren, dirima nuestras desavenencias. Lleva también el objeto de hacer ver al Gobierno la utilidad y necesidad de fijar el jornal a diez horas de trabajo, y, por último, la comisión persuadirá al Gobierno de la conveniencia de la libre asociación, que en todos los tiempos reclama el obrero por ser el único medio que conduce a alcanzar una paz octaviana en sus diferencias (...).

Por esto, pues, es que los representantes de la clase obrera se dirigen para que, comprendidas en el verdadero sentido sus quejas, tengáis a bien, una vez que nos hemos visto obligados a dejar los talleres para el definitivo arreglo de nuestras diferencias, continuaremos sin ocuparnos hasta tanto que haya regresado la comisión que se halla en Madrid, y que así lo tenemos a la misma ofrecido, con lo que contribuiremos al más pronto arreglo de las diferencias de la clase obrera de Cataluña.

¡Viva Espartero! ¡Viva la Milicia Nacional! ¡Viva la libertad! ¡Viva la libre asociación, orden, pan y trabajo!».

Barcelona, 5 de julio de 1855.

6 La Unión Liberal y el retorno del moderantismo (1856-1868)

La **crisis** se produjo, por fin, en julio de 1856: ante la inestabilidad **existente, O'Donnell** dio un auténtico **golpe de Estado** contra la mayoría parlamentaria y desplazó del poder al general Espartero y al Partido Progresista. De este modo, el Bienio Progresista acabó como había comenzado, es decir, a tiros y con derramamiento de sangre en las calles de Madrid durante los días 15 y 16 de ese mes de julio.

O'Donnell asumió la **presidencia del Gobierno** con el respaldo de su nuevo partido, la **Unión Liberal,** y presentó los objetivos principales de su política: consolidación de la monarquía constitucional; respeto a «los legítimos derechos y legítimas libertades»; restablecimiento del orden público, y conciliación de las tendencias, moderada y progresista.

Con ese programa, O'Donnell intentaba establecer un liberalismo centrista. Repuso la Constitución de 1845 con un Acta Adicional que reconocía algunos principios progresistas, suprimió la Milicia Nacional y reorganizó los ayuntamientos. Este Gobierno de la Unión Liberal, sin embargo, fue breve. Retornó **Narváez** al Gobierno con la supresión del Acta Adicional, la interrupción de la desamortización y rodeándose de los elementos más conservadores del moderantismo, los llamados neocatólicos, y con el decidido apoyo de la reina, que se identificaba con la facción más reaccionaria del moderantismo.

Una nueva oportunidad para la Unión Liberal fue el período 1858-1863. Fueron años de expansión económica en los que España se incorporó al lado de Francia a la carrera por la **reconstrucción** del **imperio colonial.** La guerra de Marruecos (1859-1861), con escasos logros territoriales pero de notable exaltación patriótica, junto con sendas expediciones a México e Indochina, dieron cierto prestigio al Gobierno.

En estas aventuras adquirió un gran reconocimiento el general **Prim,** líder progresista y convencido defensor de la monarquía constitucional, que había sido héroe en Castillejos (Marruecos), en 1859, y antes, observador de guerra en Crimea, gobernador en Puerto Rico y enviado a México para ayudar a los franceses en su intento de derrocar a Juárez. En 1864 volvió de nuevo Narváez al Gobierno y, con él, una política conservadora y de represión de las libertades públicas.

Actividades

16 ¿Qué actitud política adoptó la reina Isabel II ante los frecuentes cambios de Gobierno provocados por los pronunciamientos militares?

17 ¿Qué fuerzas políticas firmaron el Pacto de Ostende? ¿Cuáles eran sus pretensiones?

6.1. La crisis de 1866 y el agotamiento del régimen isabelino

En la crisis final del reinado de Isabel II actuaron como factores estructurales la imposibilidad del moderantismo de responder a las demandas sociales y de participación política de los ciudadanos, el **descrédito** de **Isabel II** y su «corte de los milagros», y, por último, el malestar social generado por una gran **crisis industrial, financiera** y de **subsistencia** en 1866. A ello se unieron dos acontecimientos desencadenantes: la expulsión de sus cátedras de Julián Sanz del Río y de Emilio Castelar, con la consiguiente manifestación estudiantil ahogada en sangre el 10 de abril de 1865 –la noche de San Daniel–, y la organización de un complot militar liderado por el general Prim, que, si bien fracasó, alentó la sublevación de los sargentos del cuartel de San Gil, intentona por cuya causa fueron fusilados sesenta y ocho de los participantes y que conmovió a la opinión pública.

La **crisis económica** general se agudizó en 1866. Fue una crisis de subsistencia que trajo escasez de cereales, alza de precios, hambre, enfermedades y una grave crisis financiera. Además, la industria textil se vio afectada por el encarecimiento del algodón debido a la guerra de Secesión americana y las empresas ferroviarias sufrieron pérdidas generalizadas. Estas dificultades afectaron a toda la burguesía de los negocios, que era, precisamente, la que desde 1833 había optado por defender con su dinero el trono de Isabel II frente a las pretensiones de los carlistas. Cabe concluir, por tanto, que en esas fechas –y efecto de la crisis– estaban truncadas las esperanzas y perspectivas políticas de aquella burguesía. La carta que Madoz remitiera a Prim en 1866 ilustra ese estado de opinión: «la situación del país mala, malísima (...) Los negocios perdidos, y no sé quién se salvará de este conflicto (...) Nadie paga porque nadie tiene para pagar (...)».

Prim urdió entre 1864 y 1867 siete planes –basados en el sistema del pronunciamiento militar de un cuartel– para derrocar al Gobierno. Pero fue después del fracaso de la sublevación del cuartel de San Gil, en 1866, cuando comprendió que había que aunar las máximas fuerzas militares y civiles posibles. De esta forma, **pactó en Ostende** una alianza con el Partido Demócrata, que se había escindido del Progresista, sobre dos bases: la destrucción del sistema político isabelino («todo lo existente en las altas esferas del poder») y la construcción de un orden nuevo por medio de unas Cortes Constituyentes –que elaboraran una Constitución– elegidas por sufragio universal.

En septiembre de **1868** se produjo, por fin, una **sublevación** triunfante, que provocó la **caída** de la **dinastía borbónica** y la esperanza de un régimen democrático para España.

7 La economía

El largo proceso de la revolución liberal había empezado en 1808, y en 1840 estaba sin culminar. Las principales normas legales giraron alrededor de la **redefinición** del nuevo **derecho de propiedad.** Esta, considerada sagrada e inviolable, relacionaba la titularidad individual con la capacidad de disponer libre e ilimitadamente de bienes y todo tipo de posesiones.

7.1. Los principios económico-sociales del liberalismo

Según la doctrina liberal, los individuos tienen como principal derecho natural el de la existencia feliz; esto es, el derecho no solo a existir hoy, sino a tener la certeza de la mejor existencia futura posible. Pero para alcanzar esto último, es preciso tener propiedad de bienes, ya que es la manera de asegurar no solo el presente, sino, sobre todo, el futuro; de esta forma, la propiedad queda incorporada al citado derecho natural a una existencia feliz, porque se convierte en el medio imprescindible. Por otra parte, puesto que los individuos desean lograr su felicidad, la propiedad da sentido al interés de cada uno por el trabajo, se convierte en el elemento motriz de la sociedad y, al final, es el sustento de la riqueza de las naciones.

Para que los individuos puedan desarrollar su interés, es preciso que tengan libertad y cuenten con igualdad de oportunidades, puesto que todos están buscando lo mismo: la felicidad. La libertad de actuación se convierte en necesaria para que cada uno pugne por lograr su máxima felicidad, lo que implica poder **acumular** la máxima **propiedad** posible. Por tanto, la labor del Estado respecto a la propiedad privada tenía que ser doble: por una parte, debía garantizar la inviolabilidad de tal derecho y otorgar la libertad precisa para poder ejercerlo y, por otra, debía intervenir lo menos posible en limitarlo. En el pensamiento liberal había una **correlación** entre **propiedad** y **libertad.**

7.2. La desamortización

En las Cortes de Cádiz (1811-1813), los diputados iniciaron la labor de convertir en libre la propiedad inmueble del Antiguo Régimen: las fincas rústicas y urbanas. La primera tarea era desvincular los bienes de la nobleza y desamortizar los bienes eclesiásticos y municipales; pretendían sacar al mercado libre, para que fueran objeto de compra y venta, bienes que el Antiguo Régimen había dejado al margen del mercado. La palabra «desvinculación» se aplicaba a los bienes de los seglares, y la de «desamortización», a los bienes de los eclesiásticos. Se trataba de proporcionar las condiciones necesarias para que aumentara el número de propietarios particulares y, con la aplicación de su trabajo a dichos bienes, creciera su felicidad personal y, con ella, la riqueza nacional.

Actividades

18 ¿Por qué crees que el liberalismo considera la propiedad privada como el principio básico de su sistema sociopolítico y económico? Razona tu respuesta.

El monasterio de Moreruela, en la provincia de Zamora, fue uno de los primeros conventos cistercienses del reino de León (siglo XII). Muy poderoso en la baja Edad Media, ya era una institución decadente cuando en 1835 se produjo el exclaustramiento de unas decenas de frailes y la incautación del mismo y sus fincas. Fue inmediatamente vendido y la mayor parte de la edificación sirvió de cantera para la construcción en pueblos del entorno. Cerca de dos mil monasterios corrieron parecida suerte en toda España.

Más información en la web de recursos de **anayaeducacion.es**.

- La **desvinculación** supuso una doble decisión: la **abolición de los señoríos,** lo que significaba acabar con una serie de relaciones de dominio que los señores habían tenido, debido a privilegios concedidos por los reyes, sobre los habitantes de unos determinados territorios y, conversión en **propiedad particular y libre** de aquellas tierras. El proceso iniciado en Cádiz fue largo, a causa de las múltiples quejas y problemas surgidos, y concluyó en 1837. Y eso que, en contraste con la desamortización, esta medida no aportaba un cambio de propietario, sino la transformación de los señores antiguos en propietarios liberales, con una titularidad plena y libre sobre dichos bienes.

  La segunda medida fue la **supresión de los mayorazgos.** En Cádiz solo se había insinuado, y la primera ley que la recogía se escribió en 1820, durante el Trienio Liberal. De nuevo, las resistencias de la nobleza retrasarían su culminación hasta 1841. El mayorazgo había sido la fórmula por la que las casas nobiliarias en los siglos anteriores habían podido mantener una gran parte de sus propiedades: el primogénito de la casa recibía por herencia un bloque de bienes del que no era propietario, sino usufructuario, y que podía aumentar con compras, pero nunca vender, manteniendo el deber de transmitirlo a su heredero. La abolición suponía que estos bienes eran declarados libres y que, por tanto, podían ser vendidos por sus titulares.

- La **desamortización,** primero de los bienes eclesiásticos y luego de los pueblos, fue la medida práctica de mayor trascendencia de los gobiernos liberales, y se desarrolló durante todo el siglo XIX, entrando incluso en el siglo XX. El hecho de desamortizar tales bienes supuso dos momentos bien diferenciados: primero, la incautación por parte del Estado de esos bienes, por lo que dejaban de ser de **manos muertas,** dejaban de estar fuera del mercado, para convertirse en **bienes nacionales;** y segundo, su **puesta en venta,** mediante pública subasta. El producto de lo obtenido lo aplicaría el Estado a sus necesidades.

7.3. El proceso desamortizador

La desamortización, aunque considerada liberal-progresista por antonomasia, ya había empezado a ser aplicada en el siglo XVIII. Se ha calculado que desde que se pusieron en venta los primeros bienes de los jesuitas –expulsados de España por Carlos III en 1767– hasta 1924, fecha en que el estatuto municipal de Calvo Sotelo derogó definitivamente las leyes sobre desamortización de los bienes de los pueblos, pasaron a manos de propietarios particulares 19 900 000 hectáreas que habían sido de propiedad colectiva, o sea, el 39 % de la superficie del territorio.

Este proceso de ventas no fue continuo, sino resultado de varias **desamortizaciones:** la de **Godoy,** ministro de Carlos IV (1798); la de las **Cortes de Cádiz** (1811-1813); la del **Trienio Liberal** (1820-1823); la de **Mendizábal** (1836-1851) y la de **Pascual Madoz** (1855-1924).

De estas desamortizaciones, hay que destacar las dos últimas, y en especial la de Mendizábal, porque la puesta en práctica de su decreto trajo la ruptura de las relaciones diplomáticas con Roma y removió y dividió la opinión pública de tal forma que ha quedado en la historia contemporánea como la desamortización por antonomasia.

7.3.1. La desamortización de Mendizábal

En 1835 Mendizábal llegó de Londres para presidir el Gobierno; lo que le preocupaba era garantizar la continuidad en el trono de Isabel II, esto era, la del nuevo Estado liberal. Para ello era imprescindible ganar la guerra carlista, que en ese momento resultaba incierta; pero este objetivo no podría realizarse sin dinero o sin crédito. A su vez, para poder fortalecer la credibilidad del Estado ante futuras peticiones de crédito a instituciones extranjeras, era preciso eliminar, o al menos disminuir, la deuda pública hasta entonces contraída o, dicho de otro modo, pagar a los acreedores. Ante la mala situación de Hacienda, Mendizábal juzgó que había que recurrir a nuevas fuentes de financiación, y estas eran los bienes eclesiásticos.

El decreto desamortizador, publicado en 1836, en medio de la guerra civil con los carlistas, puso en venta todos los bienes del clero regular –frailes y monjas–. De esta forma quedaron en manos del Estado y se subastaron no solamente tierras, sino casas, monasterios y conventos con todos sus enseres, incluidas las obras de arte y los libros. Al año siguiente, 1837, otra ley amplió la acción, al sacar a la venta los bienes del clero secular –los de las catedrales e iglesias en general–, aunque la ejecución de esta última se llevó a cabo unos años más tarde, en 1841, durante la regencia de Espartero.

Con la desamortización de Mendizábal se pretendían lograr varios **objetivos** a la vez: ganar la **guerra carlista;** eliminar la **deuda pública,** al ofrecer a los compradores de bienes la posibilidad de que los pagaran con títulos emitidos por el Estado; atraerse a las filas liberales a los principales beneficiarios de la desamortización, que componían la incipiente **burguesía** con dinero; poder solicitar nuevos **préstamos,** al gozar ahora la Hacienda de credibilidad, y cambiar la **estructura de la propiedad eclesiástica,** que de ser amortizada y colectiva pasaría a ser libre e individual. Pero había más: la **Iglesia** sería **reformada** y **transformada** en una institución del Nuevo Régimen, comprometiéndose el Estado a mantener a los clérigos y a subvencionar el correspondiente culto.

La desamortización de Mendizábal (1835-1836)

Juan de Dios Álvarez Méndez (1790-1853) nació en Cádiz. Adquirió gran experiencia política y hacendística durante la guerra contra los franceses. En el Sexenio Absolutista se acercó a los círculos liberales clandestinos. Colaboró con Riego y Quiroga en el pronunciamiento de 1820 y se exilió en Inglaterra tras la reposición del absolutismo en 1823. En Londres adquirió prestigio internacional y estableció buenas relaciones con los círculos financieros de la *City*. De vuelta en España, fue ministro de Hacienda en 1835 con el conde de Toreno; luego primer ministro y nuevamente ministro de Hacienda con José M.ª Calatrava. Es una de las figuras de mayor talla política y capacidad en el liberalismo español. Sus planes de saneamiento de la Hacienda, la desamortización y liberación de la propiedad de la tierra y otras medidas de política económica fueron elementos clave en el proceso de la revolución liberal española.

Decreto desamortizador

«Atendiendo a la necesidad y conveniencia de disminuir la deuda pública consolidada, y de entregar al interés individual la masa de bienes raíces que han venido a ser propiedad de la Nación, a fin de que la agricultura y el comercio saquen de ellos las ventajas que no podrían conseguirse por entero en su actual estado (...) conformándome con lo propuesto por el Consejo de Ministros, en nombre de mi excelsa hija la Reina Doña Isabel II, he venido en decretar lo siguiente:

Art. 1. Quedan declarados en venta desde ahora todos los bienes raíces de cualquier clase que hubiesen pertenecido a las comunidades y corporaciones religiosas extinguidas, y los demás que hayan sido adjudicados a la Nación por cualquier título o motivo, y también todos los que en adelante lo fuesen desde el acto de su adjudicación.

Art. 2. Se exceptúan de esta medida general los edificios que el Gobierno destine para el servicio público o para conservar monumentos de las artes, o para honrar la memoria de hazañas nacionales. El mismo Gobierno publicará la lista de los edificios que con este objeto deben quedar excluidos de la venta pública.

Art. 3. Se formará un reglamento sobre el modo de proceder a la venta de estos bienes, manteniendo en cuanto fuese conveniente y adaptable a las circunstancias actuales (...)».

Gaceta de Madrid, 21 de febrero de 1836.

«Los beneficiarios de la ley de Mendizábal no podían ser otros que los capitalistas tenedores de títulos de la deuda o capaces de comprarlos en el mercado; o, ampliando el círculo, la burguesía adinerada de provincias, que invirtió su dinero en la tierra a través de operaciones fabulosamente lucrativas concertadas al amparo de las subastas oficiales, fácilmente trucadas y propicias a todo tipo de abusos y a la más ladina picaresca».

Tomás y Valiente, F.: *El marco político de la desamortización*. Barcelona, Ariel.

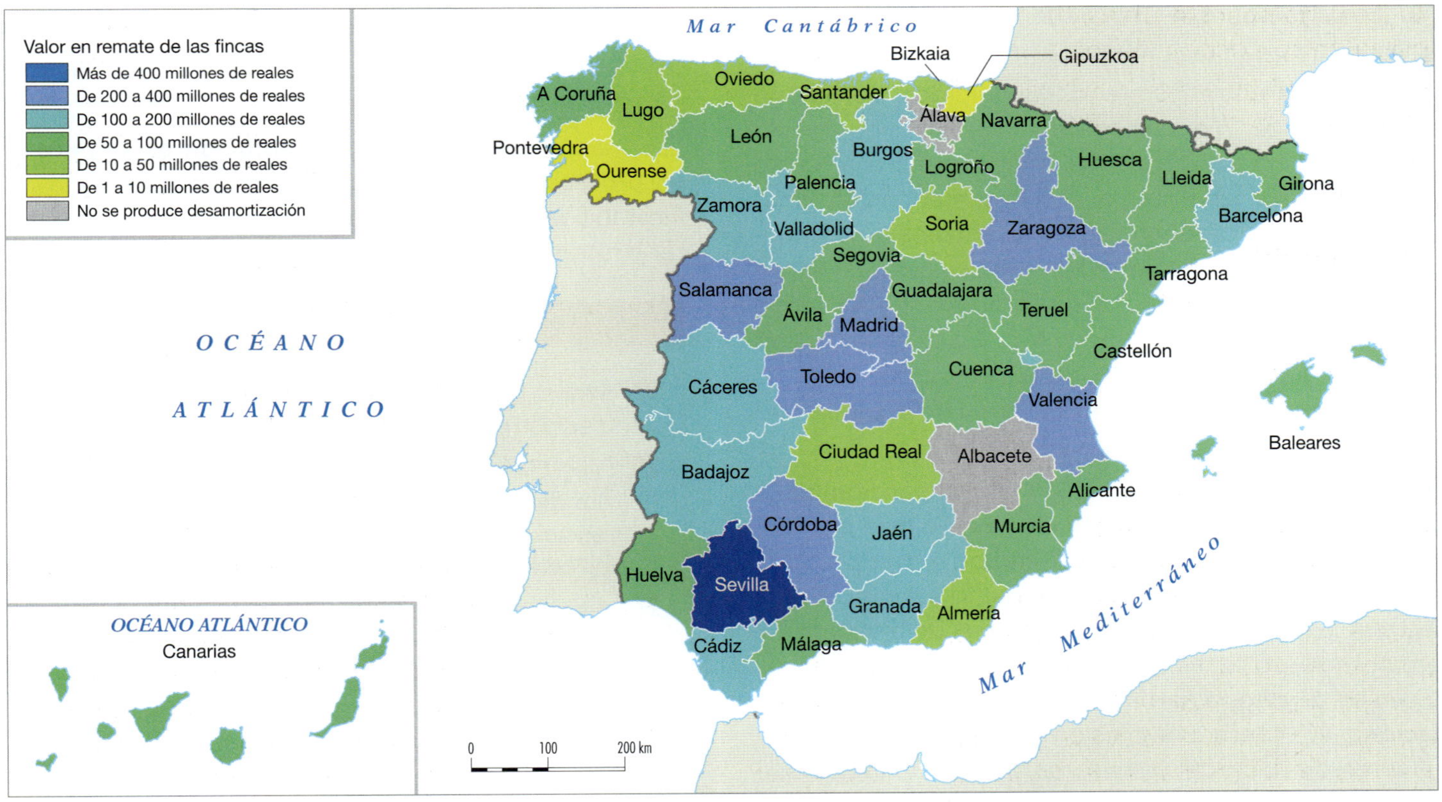

7.3.2. La desamortización general de Madoz

El 1 de mayo de 1855, el ministro de Hacienda, Pascual Madoz, también progresista y amigo de Mendizábal, sacó a la luz su Ley de Desamortización General. Se llamaba «general» porque se ponían en **venta** todos los **bienes** de **propiedad colectiva:** los de los eclesiásticos que no habían sido vendidos en la etapa anterior y los de los pueblos –se llamaban bienes de propios aquellos que proporcionaban, por estar arrendados, una renta al Concejo, en tanto que los comunes no proporcionaban renta y eran utilizados por los vecinos del lugar–. La desamortización de bienes de propios y comunes se prolongó hasta 1924. El procedimiento utilizado para las ventas fue una copia del de Mendizábal. Pero, había dos diferencias claras:

- El **dinero obtenido,** sin las anteriores angustias de Hacienda, fue dedicado a la **industrialización** del país o, mejor y de modo más concreto, a la **expansión del ferrocarril.**
- El **Estado** percibiría el importe de las ventas en nombre de los ayuntamientos y lo transformaba en lo que hoy podrían ser bonos del Estado, lo cual significaba que este se convertía en **custodio de los fondos de los ayuntamientos,** utilizándolos para el bien de todos.

En este proceso, la **burguesía** con dinero fue de nuevo la **gran beneficiaria,** aunque la participación de los pequeños propietarios de los pueblos fue mucho más elevada que en la anterior de Mendizábal.

7.4. Resultados del proceso desamortizador

Las desamortizaciones no sirvieron para que las tierras se repartieran entre los menos favorecidos, porque no se intentó hacer ninguna reforma agraria, sino conseguir dinero para los planes del Estado, aunque a medio y largo plazo sí contribuyó a que aumentara el volumen general del producto agrícola, al trabajar los nuevos propietarios tierras que hasta entonces no habían sido labradas. Esta operación de compraventa de tierras afectó enormemente a la agricultura. La extensión de lo vendido se estima en el 50 % de la tierra cultivable y su valor entre el 25 y el 33 % del valor total de la propiedad inmueble española.

La desamortización trajo consigo una **expansión** de la **superficie cultivada** y una **agricultura algo más productiva.** Pero, en los cambios en el campo actuaron otros factores, como la abolición del diezmo, la supresión de la Mesta, la lenta mejora de las condiciones de transporte y comunicación, o las políticas proteccionistas en favor del cultivo de cereales a partir de 1820. El **aumento** de la **población** pudo causar una presión en favor de la extensión y la intensificación del cultivo, tanto o más decisiva que los cambios en la estructura de la propiedad.

Otras consecuencias de gran relevancia histórica fueron:

- La social con la aparición de un **proletariado agrícola,** formado por más de dos millones de **campesinos sin tierra,** jornaleros sometidos a duras condiciones de vida y trabajo solamente estacional; y la conformación de una **burguesía terrateniente,** que pretendía emular a la vieja aristocracia.
- La estructura de la propiedad, apenas varió la situación desequilibrada de predominio de **latifundios** en el centro y el sur del país y de **minifundios** en extensas áreas del norte y noroeste.
- La enajenación de propiedades municipales que trajo consigo el **empeoramiento** de las condiciones de vida del **pequeño campesinado,** privado del uso y disfrute de los antiguos bienes del concejo.
- La **pérdida** y el expolio de una gran parte del **patrimonio artístico** y **cultural** español fue muy importante.

7.5. La libertad económica

Convertida la tierra en un bien de libre mercado, era preciso completar el proceso modernizador de la economía suprimiendo las trabas para conseguir la **liberalización** del **tráfico comercial** –eliminando las aduanas interiores que aún persistían– y de la **actividad industrial** –acabando con los privilegios de los antiguos gremios–. Se intentaban crear así las condiciones para la consolidación de un mercado interior eficiente, regulado por un ordenamiento comercial común. Se dieron pasos hacia un tímido librecambismo –reforma arancelaria de Espartero en 1841, Ley de Ferrocarriles de 1855, etc.–, muy contestados desde algunos sectores económicos influyentes, como la burguesía textil catalana.

Los frecuentes **cambios** de **orientación económica** entre **proteccionismo** y **librecambismo,** consecuencia de la inestabilidad política del período, contribuyeron a dificultar y retrasar el despegue industrial en España.

Actividades

19 Explica por qué las desamortizaciones se consideran medidas políticas y económicas de carácter liberal.

20 Lee «El decreto desamortizador de Mendizábal» y «La desamortización de Madoz». Enumera las diferencias entre el tipo de bienes desamortizados y a los colectivos e instituciones afectados.

21 Investiga y describe por qué Mendizábal propuso la desamortización de los bienes de la Iglesia.

22 Analiza la «Desamortización y cambios en la agricultura», describe las diferencias entre 1800 y 1860, explica el sentido positivo o negativo de las variaciones y valora su incidencia en la agricultura.

La desamortización de Madoz (1-5-1855)

«Ley declarando en estado de venta todos los predios rústicos y urbanos, censos y foros, pertenecientes al Estado, al clero, etcétera, y cualesquiera otros pertenecientes a manos muertas.

Doña Isabel II, por la Gracia de Dios y la Constitución, reina de las Españas, a todos los que las presentes vieren y entendieren, sabed que las Cortes Constituyentes han decretado y Nos sancionamos lo siguiente:

I. Se declaran en estado de venta, con arreglo a las prescripciones de la presente Ley, y sin perjuicio de las cargas y servidumbres a que legítimamente estén sujetos, todos los predios rústicos y urbanos, censos y foros, pertenecientes: al Estado, al clero, a las órdenes militares de Santiago, Alcántara, Calatrava, Montesa y San Juan de Jerusalén; a cofradías, obras pías y santuarios, al secuestro del exinfante don Carlos, a los propios y comunes de los pueblos, a la beneficencia, a la instrucción pública, y cualesquiera otros pertenecientes a manos muertas, ya estén o no mandados vender por leyes anteriores (...)».

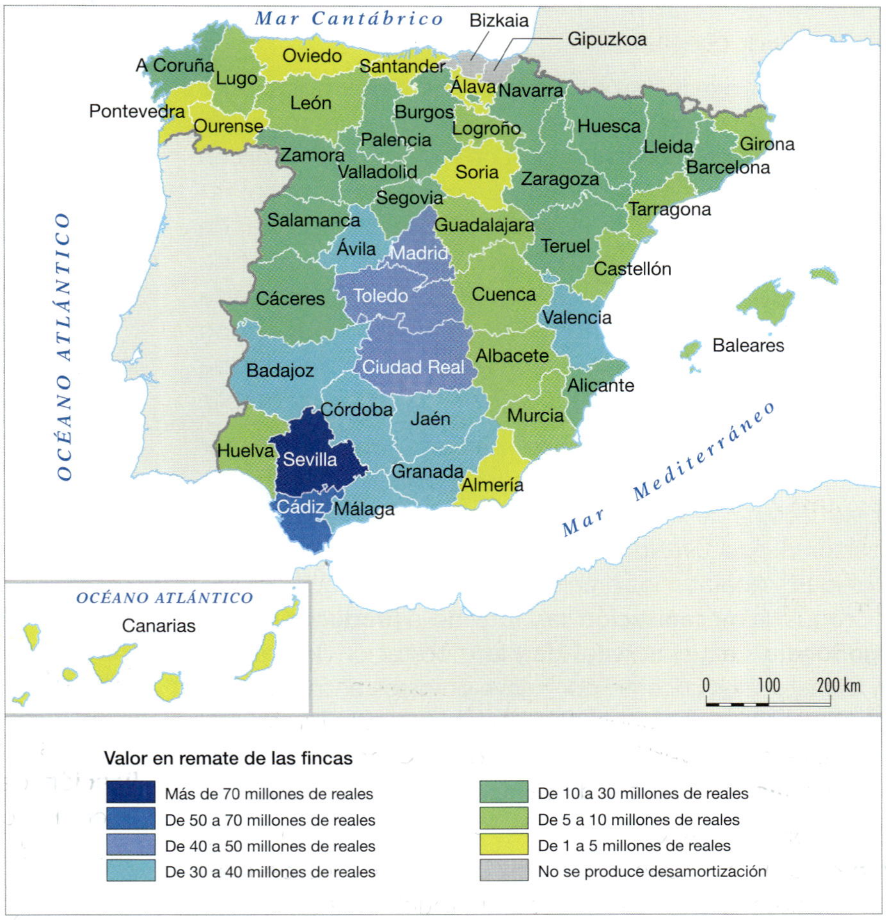

Desamortización y cambios en la agricultura

	Superficie millares ha		Producción por habitante	
	1800	1860	1800	1860
Trigo	2900	5100	18,30	29,59
Cereales	6100	9000	39,50	55,75
Vid	400	1200	3,85	10,30
Olivar	—	—	0,69	1,44

	Rendimiento anual por ha (qm)		Producción por habitante	
	1800	1860	1800	1860
Trigo	6,31	5,80	174 kg	188 kg
Cereales	6,47	6,20	371 kg	355 kg
Vid	9,62	9,00	36 hl	68 hl
Olivar	—	—	6 hl	9 hl

Cifras citadas por J. Vicens: *Manual de Historia Económica de España*. Barcelona, Teide, 1959, p. 578. Se trata de una estimación, dada la precariedad de las fuentes estadísticas de la época.

7.6. Los comienzos de la industrialización

7.6.1. La industria textil

Cataluña aprovechó su experiencia anterior y posterior a la guerra de la Independencia, y la pérdida del mercado americano, para modernizarse. Los factores que explican ese proceso fueron: contar con un mercado nacional reservado y protegido por elevados aranceles; disponer de recursos procedentes de la agricultura y la exportación de aguardientes; contar con un campesinado de cierta capacidad de trabajo a domicilio y consumo por el tipo de arrendamiento de la tierra, en enfiteusis, lo que dejaba en manos de los cultivadores un nivel de renta aceptable.

En la década de 1830, la burguesía catalana había optado por sustituir la industria de la lana por la del algodón y, al introducir la máquina de vapor y la fábrica como modelo de organización productiva, logró aumentar la producción, mejorar la calidad y abaratar los precios. Durante el período isabelino se produjo la **mecanización** casi total de la **producción textil algodonera.** La fuerza instalada y la importación de algodón en rama se multiplicaron por nueve en estos años. En 1780 habían llegado a Cataluña las primeras *spinning jenny,* que se adaptaron para el aprovechamiento de la energía hidráulica. En 1830 apareció el telar mecánico y en 1833 se empezaron a instalar los primeros motores de vapor.

El apoyo recibido desde los gobiernos legislando **medidas proteccionistas,** que prohibían la entrada de manufacturas extranjeras de algodón, fue definitivo, porque, a partir de ese momento y durante el resto del siglo XIX, las empresas textiles catalanas coparon el mercado nacional. Además de Cataluña, algunas áreas de Levante, Madrid, Málaga y Béjar mantuvieron focos textiles de importancia en la industria de paños de lana. En Valencia destacó la industria del calzado.

En definitiva, se puede concluir que la producción textil fue, en cierto modo, el sector punta de la industrialización española, junto con la siderurgia y el ferrocarril. La especialización de Cataluña en la industria textil le proporcionó, a mediados de siglo, una estructura socioprofesional que se asemejaba notablemente a otras áreas industrializadas de Europa.

Actividades

23 Explica las causas del liderazgo de la industria textil catalana, en el mercado nacional, a lo largo del siglo XIX.

24 ¿Contribuyeron las medidas proteccionistas a incrementar la producción industrial? ¿Estimularon la mejora en la calidad de los productos? Razona las respuestas.

25 Resume las causas que propiciaron el definitivo impulso en la expansión del ferrocarril en España.

7.6.2. La siderurgia

Desde el algodón, la incipiente industria se encaminó hacia el **hierro** y el **acero,** y los **altos hornos** sustituyeron las viejas ferrerías y forjas.

Los decenios de **1830 a 1850** contemplaron la hegemonía siderúrgica de **Andalucía,** con Málaga y Marbella como principales centros, en manos de la familia Heredia. En el **decenio** de **1860** se produjo el predominio de **Asturias,** localizado en Mieres y La Felguera, cuando la fundición al carbón vegetal no pudo competir en precios con la fundición al carbón mineral. Hacia **1870,** los Ybarra en **Bizkaia** promovieron la renovación tecnológica con el proceso Bessemer, alcanzando el 30 % de la producción nacional, de manera que en 1880 la siderurgia vizcaína tenía la primacía del acero.

7.6.3. El ferrocarril

La **expansión** del ferrocarril fue el indicador más fiable del grado de industrialización alcanzado por cada país. Este nuevo medio, imprescindible en el transporte de mercancías en el siglo XIX, desempeñó un papel fundamental en el crecimiento económico de los distintos países. En España, su expansión se **retrasó** a la segunda mitad del siglo por varias causas: condiciones orográficas poco propicias, estancamiento económico, atraso técnico, ausencia de capitales privados dispuestos a invertir, un Estado que declaraba no tener ingresos e inestabilidad política, agravada por contiendas civiles.

A partir de la progresista **Ley General de Ferrocarriles** de **1855** –que eliminó los aranceles a las importaciones de material ferroviario y concedió privilegios de expropiación de tierras a las compañías privadas concesionarias–, se construyó la red ferroviaria con rapidez, merced a la entrada de **capitales franceses, belgas** e **ingleses.**

El tendido ferroviario fue un gran negocio, pero no alentó con fuerza el crecimiento económico y el desarrollo industrial. Se construyó tarde y mal, con precipitación y malas condiciones técnicas. No generó una industria nacional ferroviaria hasta finales del siglo. Pero sí movilizó recursos, propició la articulación del mercado nacional y ayudó al crecimiento de la siderurgia y de la minería del carbón.

Este proceso industrializador conviene situarlo comparativamente dentro del conjunto europeo para, desde esa perspectiva, comprender mejor su alcance y problematización, en definitiva, de su desfase respecto a otros Estados del continente. Al finalizar el siglo XIX, la extensión de la red ferroviaria española quedaba lejos de la de otros países europeos: sus 11 000 km representaban 1 km por cada 45 km^2 de superficie frente a la relación de 1 a 3 de Bélgica o de 1 a 8 de Francia.

Principales instalaciones siderúrgicas en 1866

Las zonas de producción siderúrgica se ubicaron cerca de los yacimientos de mineral de hierro: Andalucía, Asturias y el País Vasco.

Los convertidores Bessemer y los hornos Siemens-Martin, a los que se adaptó especialmente el hierro vizcaíno, dieron la primacía a esta zona.

La ley de ferrocarriles: la red ferroviaria en el siglo XIX

«Con la Ley General de Ferrocarriles, los progresistas dejaron patente su convicción de que la modernización económica del país exigía la transformación del sistema de transportes. Con su política, el Gobierno se esforzó por hacer atractivas las inversiones ferroviarias tanto para el ahorrador nacional, poco acostumbrado a las operaciones bursátiles, como para el extranjero, que rehuía los valores españoles por su conocida insolvencia.

El éxito de la ley fue rotundo (...). Para 1864, los recursos efectivos de las compañías ferroviarias totalizaban 1313 millones de pesetas.

Este volumen de capital era 15 o 16 veces superior al disponible para las industrias manufactureras e industriales en su conjunto (...). Cuantos han estudiado el caso español han coincidido en afirmar que la Ley de Ferrocarriles hizo posible la llegada de un volumen considerable de capitales extranjeros, que de otra forma no hubieran acudido a España (...)».

Gómez Mendoza, A.: «Transportes y crecimiento económico (1830-1890)», en Sánchez Albornoz, N. (comp.): *La modernización económica de España*. Madrid, Alianza, 1991, p. 119.

8

La nueva estructura social

Con la muerte de Fernando VII (1833) se había iniciado el proceso hacia el definitivo asentamiento del nuevo modelo de **sociedad clasista,** que sustituía a la sociedad estamental del Antiguo Régimen.

El racionalismo liberal considera a todos los hombres iguales en derechos y aspiraciones, pero sus capacidades y actitudes determinan su lugar en la escala social. Mérito y esfuerzo eran los nuevos criterios para establecer el ascenso o descenso de estatus de los individuos, cuya expresión es la **propiedad,** baremo que regula la participación política mediante el **sufragio censitario.** La asociación de mérito y propiedad modificó esencialmente, en la práctica, el principio de igualdad y excluyó de la participación política a la mayoría de los ciudadanos.

8.1. La aristocracia

La **nobleza,** aunque por entonces aparecía ya como una reliquia del acabado Antiguo Régimen, mantenía una vigencia social. La mentalidad nobiliaria, con su peculiar forma de entender la vida y de actuar, fue el motor externo que en buena medida avivó los movimientos ascensionales de la burguesía dentro de la pirámide social.

Los historiadores señalan que la aristocracia siguió ostentando un gran poder efectivo en la sociedad isabelina y se adaptó a los nuevos valores de la burguesía en ascenso. Los nobles habían conservado e incrementado sus posesiones territoriales y pasaron a ser propietarios plenos de sus antiguos señoríos jurisdiccionales. Estos terratenientes mantuvieron sus posiciones en el Estado, en la alta oficialidad del Ejército y en las finanzas.

Amalia de Llano y Dotres, condesa de Vilches, *de Federico de Madrazo.*

La nobleza, que carecía ahora de un estatuto jurídico diferenciado, era una **élite asociada a la burguesía** con un gran poder económico e influencia política: el Senado tenía, en 1849, un 43 % de nobles, y en 1868, un 48 %. Pero su **poder económico** permanecía intacto: en 1854, los 27 mayores contribuyentes de Castilla eran nobles; de ellos, 24 tenían posesiones en Andalucía y Extremadura.

Precisamente por su predicamento social, esta nobleza fue tratada con consideración por la nueva oligarquía liberal. Como esta deseaba lograr todo de la situación liberal, juzgaba que alcanzarlo pasaba por comprender que era la sangre noble la que daba el toque de distinción al dinero burgués.

8.2. La Iglesia

En 1845, la Iglesia aparecía ya como un elemento útil para el mantenimiento del régimen político. La **participación** del alto clero en el **Senado** en los años siguientes iba a ser «moderada» en todos los sentidos: en cuanto a número, a incidencia en la vida política y a ideología, caracterizada esta por la ausencia de posiciones extremas.

Privada de buena parte de sus riquezas por la desamortización, la Iglesia había perdido no solo poder político y fuerza, sino que, además, **pasó a depender económicamente** por completo del **Estado,** por lo que optó por dedicarse solamente a lo espiritual.

De ahí que el alto clero que se sentaba en el Senado estuviera compuesto por hombres intelectualmente grises que reunían dos características predominantes: estaban centrados en su específico oficio pastoral más que en el desarrollo de las posibilidades político-sociales que les podía proporcionar el cargo, y eran individuos que no estaban a la altura de los problemas propios de la época en que vivían, ni siquiera al mismo nivel de los otros componentes del estrato superior. Pero servían para los fines de los políticos liberales.

Lo que estos pretendían era la promoción de un espíritu de paz y reconciliación entre los españoles –después de la agitación de la guerra civil con los carlistas– que sirviera para asentar el orden establecido.

La Iglesia aceptó el papel que le fue asignado de tranquilizadora de espíritus y que resultó de vital importancia para calmar los exaltados ánimos ante las diferencias sociales que provocaba el desarrollo de la industrialización.

Pretorianismo del ejército español en el siglo XIX

«El pretorianismo institucionalizado no fue otra cosa que el producto del vacío político creado por el liberalismo español. Lo que se llamaba "partido moderado" no era en realidad un partido, sino una asociación de notables, periodistas, activistas políticos y frustrados aspirantes a burócratas. Aunque tenía una doctrina inspirada en el liberalismo elitista francés, le faltaba la unidad, la organización y la disciplina –y también el apoyo popular– necesarios para gobernar con la mera fuerza civil de sus miembros. Por eso los moderados habían dependido desde el principio de una especie de alianza conservadora con los militares liberales, en la que figuras destacadas del Ejército, con su energía, su capacidad de decisión y su fuerza, podían, llegado el caso, disponer del liderazgo y el poder de que carecían los civiles».

Payne, S.: *Ejército y sociedad en la España liberal, 1808-1936*. Madrid, Akal, 1977, p. 47.

8.3. El Ejército: «los espadones»

Otro grupo del estrato superior, y de gran influencia, fue el de los **jefes militares.** La victoria en la guerra civil les proporcionó seguridad en sí mismos, al interpretar que gracias a ellos existía la monarquía liberal, y una desconfianza radical hacia los civiles que se dedicaban a la política y que no solucionaban asuntos sustanciales. Así que se sentían monárquicos constitucionales –defensores de Isabel II–, más que liberales, y llamados a mantener el orden social como medio imprescindible de defender la libertad.

Todo ello los llevó a hacerse políticos y a participar en los gobiernos; y así comenzó lo que se ha llamado **«régimen de los generales»,** que duraría prácticamente hasta 1868; fueron los tiempos de Espartero, Narváez, O'Donnell y, más tarde, de Prim y Serrano.

La clase media los aceptó plenamente porque eran una **garantía** para la guarda de su **propiedad,** al considerar que resultaban imprescindibles para que tomara cuerpo la nueva sociedad liberal.

El grupo de militares en el Senado complementaba la labor que estaban realizando los presidentes militares del Gobierno: medio centenar amplio de capitanes y tenientes generales, a los que se añadía un número inferior de mariscales de campo y brigadieres –que pertenecían al Senado por su condición nobiliaria o económica personal–, formaban un bloque significativo como para imponer su parecer.

Por otra parte, la misma **unión** de este grupo con la **nobleza,** que desde su origen había estado vinculada con la realidad militar, reforzaba aún más su poder.

8.4. La burguesía

Isabel II ganó la guerra civil y se asentó en el trono gracias al apoyo de la nueva burguesía que desplazó a la aristocracia como clase dominante. Era una burguesía **aristocratizante,** que, por la vía del matrimonio o por la concesión de nuevos títulos, buscaba ennoblecerse. Nació así la «nobleza romántica». La reina concedió muchos títulos nobiliarios a personajes de la milicia, la política y las finanzas: Narváez, O'Donnell, Serrano, Remisa, Salamanca, etc. Políticos, funcionarios, propietarios agrícolas y empresarios industriales eran en conjunto los representantes de las clases acomodadas. **Económica y social-**

CONCEPCIÓN ARENAL (1820-1893)

(Ferrol, 1820-Vigo, 1893). De familia burguesa progresista y de tradición militar, fue una escritora y activista social que desde mediados del siglo XIX propagó nuevas ideas sobre la responsabilidad del Estado en la protección social de los trabajadores y contra la pobreza y la marginación.

Adquirió formación jurídica asistiendo desde 1841 a sesiones en la Universidad de Madrid, ocultando su condición femenina. Participó en tertulias literarias y políticas. Además de poesía y obras literarias, escribió numerosos ensayos sobre lo que ya se llamaba entonces la «cuestión social»: *La beneficencia, la filantropía y la caridad* (1860), *Cartas a los delincuentes* (1865), *La mujer del porvenir* (1869). Artículos en revistas como «La Voz de la Caridad», «La Iberia», etc.

Fue nombrada Visitadora de Cárceles de Mujeres (alto cargo de inspección) en 1863, cuando no existía legislación sobre derechos o garantías de presos. «Odia el delito y compadece al delincuente» era su lema. Más tarde fue inspectora de Casas de Corrección de Mujeres. Fue promotora, con Carolina Coronado y Faustina Sáez de Melgar, de la Sociedad Abolicionista Española (1866), que reclamaba el fin de la esclavitud en las colonias españolas.

Su filosofía ética busca la justicia y el bien común y transformar instituciones de control social como escuelas, cárceles, manicomios, etc. –como pionera del catolicismo social–. Participó en la creación del Ateneo Artístico y Literario de Señoras (1869) con el apoyo de Fernando de Castro, rector de la Universidad Central de Madrid y en la Asociación para la Enseñanza de la Mujer (1870).

mente eran **parte principal** de la **clase media,** concepto muy amplio que comprendía también la baja burguesía, dueña de pequeños talleres y tiendas, con escasos ingresos, lo que les excluía del censo electoral.

La burguesía era, sobre todo, defensora de la propiedad privada, de los derechos individuales y de participación política –con un sistema electoral censitario– y de la nueva economía industrial. Adquirieron gran parte de los bienes procedentes de la desamortización de la Iglesia y de los pueblos. El antiguo concepto de que la vida «es un valle de lágrimas» dio paso a la idea de que el progreso aportaba un mundo hermoso compatible con las promesas del más allá de la religión católica.

8.5. Las masas populares: campesinos y proletarios

Había también una movilidad entre el estrato medio y el estrato inferior, y dentro de este, existían diferentes niveles, que descendían hasta llegar al **proletariado,** entendido como la capa más baja entre las sociológicamente populares desde el punto de vista de su capacidad económica y de la estimación social. En la historia tradicional decimonónica, las masas populares aparecen como un fondo inerte y desdibujado.

Después de su participación en la guerra de la Independencia, el elemento popular quedó sumido en un silencio que derivaba de la misma inmovilidad que le había otorgado la ideología liberal; y así permaneció durante décadas. Pero el estrato inferior no formaba un todo unitario. **Dos grupos** diferentes se mostraban de forma inmediata, derivados de una España económicamente dual y con un desarrollo desequilibrado: el **rural** y el **urbano.**

La **comunidad rural** estaba regida por un tiempo lento, que dependía del ciclo astronómico y sus leyes, en contraste con la celeridad urbana. Así, todo lo que llegaba a ella desde fuera, a través de la aplicación de una ley o de la moda, era algo necesariamente impuesto que, o bien se soportaba sin digerirlo –admitiéndolo normalmente con retraso–, o bien se rechazaba plenamente porque suponía un ataque a la costumbre.

Había un gran **desfase** entre la **sociedad urbana** y la **rural.** Ambas sociedades no podían ser equiparadas numéricamente: en 1860 la población activa era abrumadoramente agrícola y los obreros estrictamente industriales representaban en torno a un 4%. Dentro de cada una, y sobre todo en la urbana, la variedad de oficios, ocupaciones y salarios, producía una gran diversidad de situaciones.

Actividades

26 Explica los motivos que llevaron a la Iglesia a aceptar la nueva realidad del liberalismo y a colaborar con él.

27 ¿En qué se fundamentaba el protagonismo de los militares en la política del período isabelino?

28 ¿Qué se quiere decir cuando se alude al carácter «aristocratizante» de la burguesía del siglo XIX?

29 ¿Qué actitudes sociales distinguieron al pequeño burgués de la aristocracia y de la alta burguesía?

A la salida de la iglesia, *de Raimundo Madrazo y Garreta, que refleja en su obra con realismo tipos y escenas cotidianos. En este caso es la presencia de la Iglesia en la vida popular de la España isabelina.*

El Sexenio Democrático (1868-1874)

9.1. La Revolución de 1868

El 19 de septiembre de 1868, el **almirante Topete,** jefe de la Armada, secundado por Prim y Serrano, **se sublevó** en Cádiz e hizo un llamamiento de apoyo a la población civil. Se formaron inmediatamente juntas revolucionarias por todo el país. El **Manifiesto de la Junta Revolucionaria de Cádiz,** que acababa con el «¡Viva España con honra!», o el de **Valencia**, que concluía con el grito «¡Abajo los Borbones!», no cogieron a nadie por sorpresa, y la revolución triunfó sin apenas derramamiento de sangre. Isabel II, que estaba veraneando en Lekeitio (Bizkaia), se encontró sin apoyos y optó por partir hacia Francia.

El Sexenio es decisivo para interpretar la historia contemporánea. La revolución de septiembre significó la afirmación de un nuevo sentido del liberalismo, contrapuesto al rígido moderantismo, el fin del régimen de los generales de las décadas anteriores y el triunfo de la sociedad civil.

Actividades

30 Explica el significado del grito revolucionario «¡Viva España con honra!».

31 Enumera los principios del lema revolucionario de Valencia en 1868.

Manifiesto revolucionario, Valencia (29-9-1868)

«Valencianos: Sonó por fin la hora de la libertad. Hemos alcanzado la reparación de nuestros agravios, la realización de nuestros deseos y la inauguración de una era (...). A impulsos de un movimiento generoso, nacido al calor de las ideas de unión y fraternidad en los corazones verdaderamente liberales, han caído derrumbados en el polvo la injusticia de la opresión, la tiranía de los imbéciles y el reinado de las orgías.

Premio al trabajo, igualdad de derechos, justicia en todo y para todo: tal es el lema de nuestra santa revolución, la primera que registrará la historia en sus páginas de oro, como el cimiento más sólido de nuestra regeneración futura.

¡Cobrad aliento, generosos y esforzados valencianos! La conquista de vuestras libertades ha empezado; pero es preciso dar pronta cima a tan grandiosa obra: en vuestra lealtad, en vuestra cordura, en vuestro acreditado patriotismo, confían hoy más que nunca vuestros conciudadanos para que alleguéis en torno suyo vuestros comunes esfuerzos. ¡Viva la libertad! ¡Viva la soberanía nacional! ¡Abajo los Borbones!».

Citado en Bozal, V.: *Juntas revolucionarias. Manifiestos y proclamas de 1868.* Madrid, Cuadernos para el Diálogo, pp. 86-87.

9.2. La Constitución democrática de 1869

El principal objetivo del Gobierno provisional, formado por la Unión Liberal y los progresistas, fue la elaboración de una nueva Constitución. **Se convocaron Cortes Constituyentes** con **sufragio universal masculino** –mayores de veinticinco años–, lo que supuso un drástico incremento de votantes respecto a cualquier convocatoria anterior.

Aunque triunfó claramente la coalición gubernamental, los republicanos obtuvieron una representación significativa, e incluso hubo una simbólica presencia del carlismo, lo que evidencia el carácter democrático del proceso.

La **Constitución** recogía explícitamente el principio de la soberanía nacional y establecía la división de poderes, derecho de reunión y asociación y libertad de cultos. El sufragio universal se incluía en la carta constitucional, estableciéndose los mismos requisitos para ser elector o elegible. La **forma de Estado** es la **monarquía democrática** –el rey reina pero no gobierna–; establece cortes bicamerales y defiende al Gobierno como un órgano colegiado que ejerce el poder ejecutivo y tiene responsabilidad política. La Constitución, ampliamente debatida durante cerca de cinco meses, fue promulgada en junio de 1869.

El general Prim a caballo, *de Henri Regnault.*

La Constitución democrática de 1869

«LA NACIÓN ESPAÑOLA y en su nombre las Cortes Constituyentes, elegidas por sufragio universal, deseando afianzar la justicia, la libertad y la seguridad, y proveer al bien de cuantos vivan en España, decretan y sancionan la siguiente Constitución:

Art. 3. Todo detenido será puesto en libertad o entregado a la autoridad judicial dentro de las veinticuatro horas siguientes al acto de la detención.

Toda detención se dejará sin efecto o elevará a prisión dentro de las setenta y dos horas de haber sido entregado el detenido al Juez competente (...).

Art. 17. Tampoco podrá ser privado ningún español:

Del derecho de emitir libremente sus ideas y opiniones, ya de palabra, ya por escrito, valiéndose de la imprenta o de otro procedimiento semejante.

Del derecho a reunirse pacíficamente. Del derecho de asociarse para todos los fines de la vida humana que no sean contrarios a la moral pública (...).

Art. 21. La Nación se obliga a mantener el culto y los ministros de la religión católica.

El ejercicio público o privado de cualquiera otro culto queda garantizado a todos los extranjeros residentes en España, sin más limitaciones que las reglas universales de la moral y del derecho.

Si algunos españoles profesaren otra religión que la católica, es aplicable a los mismos todo lo dispuesto en el párrafo anterior (...).

Art. 32. La soberanía reside esencialmente en la Nación, de la cual emanan todos los poderes (...).

Art. 34. La potestad de hacer las leyes reside en las Cortes (...).

Art. 38. Las Cortes se componen de dos Cuerpos Colegisladores, a saber: Senado y Congreso. Ambos Cuerpos son iguales en facultades, excepto en los casos previstos en la Constitución (...).

Art. 60. Los senadores se elegirán por provincias (...).

Art. 65. El Congreso se compondrá de un Diputado al menos por cada 40 000 almas de población, elegido con arreglo a la ley electoral.

Art. 66. Para ser elegido Diputado se requiere ser español, mayor de edad y gozar de todos los derechos civiles (...).

DISPOSICIONES TRANSITORIAS

Art. 1. La ley que en virtud de esta Constitución se haga para elegir la persona del Rey y para resolver las cuestiones a que esta elección diere lugar formará parte de la Constitución (...)».

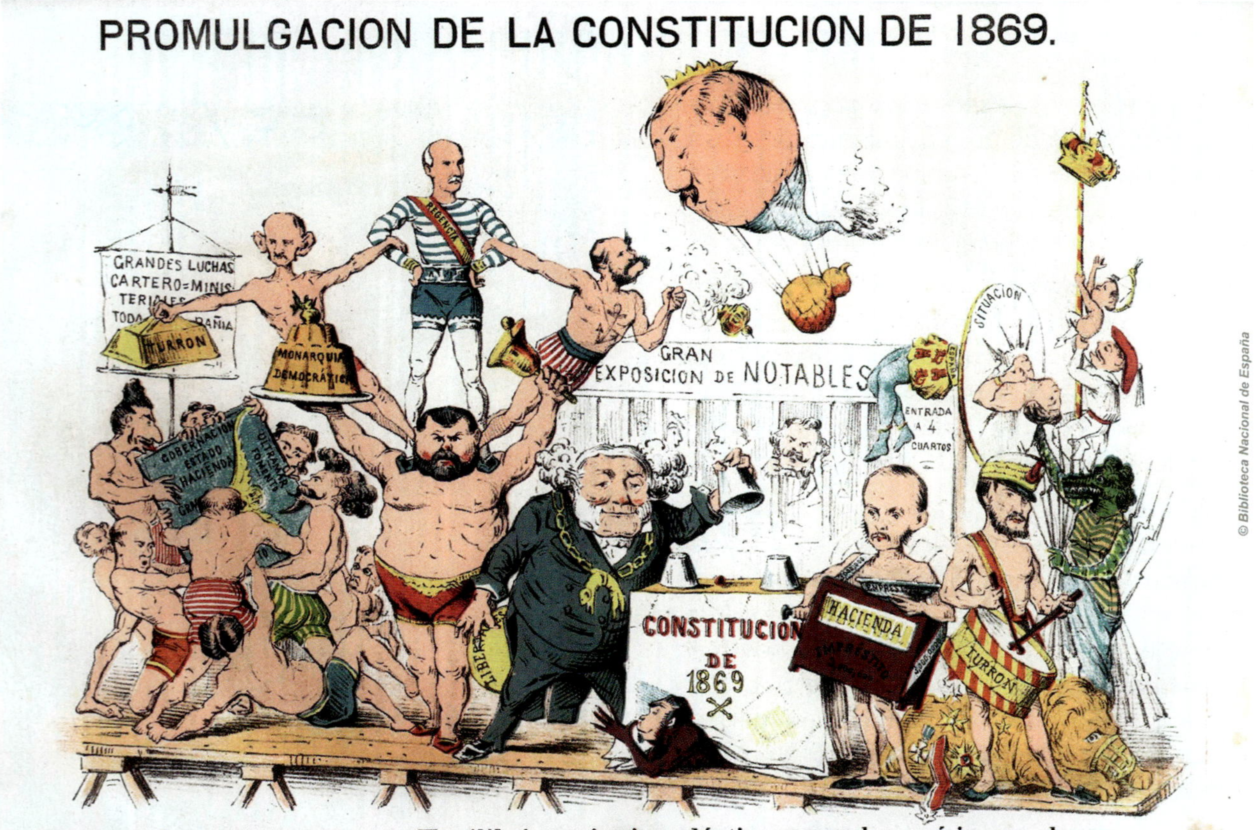

Fiestas oficiales y sargentos.—Equilibrios mi-mico plásticos, populares é impopulares.

9.3. La búsqueda de un rey demócrata (1869-1870)

Había nueva Constitución, pero España era una monarquía sin rey. Por ello, se intentó solucionar provisionalmente la situación con la instauración de una **regencia** presidida por el **general Serrano,** mientras que **Juan Prim** se hizo cargo de la **dirección del Gobierno.**

Descartada la vuelta de Isabel II de su exilio de Francia, resultaba imposible pensar en hacer rey a su hijo de doce años; pese a ello, **Cánovas del Castillo** comenzó a formar un partido alfonsino para asegurar la defensa de los derechos del futuro rey, Alfonso XII.

Las diferentes corrientes políticas y de opinión presentaban en la prensa y los debates a sus candidatos para ocupar el trono vacante: Serrano, Espartero, aristócratas y miembros de dinastías europeas como el duque de Montpensier, Leopoldo de Hohenzollern, Francisco de Portugal, Amadeo de Saboya, tuvieron partidarios. Sin olvidar, por supuesto, al pretendiente carlista, don Carlos VII, que vio una nueva oportunidad de hacer valer sus derechos a la Corona.

9.4. Nuevos conflictos

Mientras se iniciaba la búsqueda de un rey por las cancillerías europeas, resurgió el **problema colonial,** aunque con el régimen revolucionario parecían sólidas las promesas de conceder representación en las Cortes, de abolir la esclavitud y de reformar el gobierno en Cuba y en Puerto Rico. La inestabilidad política de España trasladada a las Antillas y la acción de sociedades secretas independentistas desembocaron en la **insurrección cubana:** en octubre de 1868, Céspedes lanzó el grito de «¡Viva Cuba libre!» (el grito de Yara), y comenzó una guerra que se convirtió en uno de los problemas más graves del Sexenio.

El afán de **Prim,** como **jefe de Gobierno,** fue intentar conciliar las distintas posiciones de los partidos hasta que hubiera un rey. Volvieron a resurgir los carlistas, olvidados hasta entonces por los liberales, que reclamaban los legítimos derechos a la Corona de su rey, don Carlos, nieto de Carlos María Isidro, mientras los republicanos se mostraron decididos a impedir el restablecimiento del régimen monárquico, por muy liberal y democrático que fuera: pretendían que la revolución de septiembre fuera el inicio de la auténtica revolución democrática.

Una frenética propaganda republicano-federal se extendió por España, y el resultado fue una serie de movilizaciones de masas populares que llegaron mucho más lejos de lo propuesto por los ideólogos promotores, porque, en muchos casos, acabaron convirtiéndose en una respuesta anarquista contra la propiedad privada.

Actividades

32 ¿Por qué los liberales moderados no eran partidarios del sufragio universal?

Desamortización y cambios en la agricultura

Las agitaciones del campesinado sin tierras tienen una importancia grande en la dinámica política del siglo XIX. Ya en 1861 tuvo lugar la sublevación de Loja, dirigida por Rafael Pérez del Álamo, quien llegó a reunir a más de diez mil jornaleros, que ocuparon fincas y localidades hasta ser masacrados por el Ejército. Otro tanto vino a ocurrir en Montilla (Córdoba), en 1873. En este contexto de «hambre de tierra», el esfuerzo de la propaganda anarquista encontró un amplio eco.

«El alzamiento de Loja, como la huelga general de Barcelona de 1855, no eran acontecimientos esporádicos, ni revueltas de díscolos o manejadas por manos arteras. Eran los primeros signos de la participación en la vida nacional de unas clases -obreros, jornaleros agrícolas, campesinos pobres- que hasta entonces no habían contado en el juego político del país. Eran un aldabonazo precursor de la intervención de la clase obrera en los destinos de España».

Tuñón de Lara, M. y Núñez de Arenas, M.: *Historia del movimiento obrero español*. Barcelona, Nova Terra, 1970, p. 83.

9.5. La monarquía de Amadeo de Saboya

A fines de octubre de 1870 se solucionó la cuestión del rey, hecho vital para garantizar la estabilidad interna. Gracias a las gestiones de Prim y de las logias masónicas, la casa de Saboya presionó al duque de Aosta para que aceptara el trono de España. Este aceptó, tras recabar el consentimiento de las potencias europeas; y por fin las Cortes lo eligieron rey a mediados de noviembre.

Cuando don Amadeo conoció esta decisión, embarcó rumbo a Cartagena, donde llegó el 30 de diciembre. Fue entonces cuando se enteró de que Prim, llamado a dirigir sus pasos en el reinado democrático, había sido tiroteado tres días antes en la madrileña calle del Turco. Esta circunstancia hizo que, desde el principio y sin su valedor, se considerara desamparado para cumplir las perspectivas de gobierno derivadas de la Constitución.

La desaparición de la figura integradora de Prim dividió al progresismo y debilitó al principal apoyo de Amadeo; la oposición de las fuerzas monárquicas tradicionales alineadas con el carlismo -que inicia nuevos levantamientos- y el nuevo partido alfonsino promovido por Cánovas del Castillo; un republicanismo federalista que ganaba terreno; agitaciones obreras cada vez más organizadas y la crisis colonial como trasfondo, todas ellas son las causas del **fracaso** de la primera experiencia de **monarquía constitucional** en **España.**

Después de repetidas elecciones generales y crisis de gobiernos que nada solucionaron, **don Amadeo** entregó su acta de **abdicación** el 11 de febrero de **1873.**

Inmediatamente, el Congreso y el Senado, constituidos en una sola Asamblea Nacional, dispusieron, de forma ordenada y pacífica, la **proclamación de la República.**

Amadeo I (1844-1890)

Fue el único rey español elegido por el Parlamento, pero, careció de suficientes apoyos sociales. Desde la extrema derecha carlista a la izquierda republicana, existía un amplio frente de opositores. Por otra parte, a lo largo de los dos años de su reinado, fue sometido a un completo aislamiento por la oligarquía española y fue objeto de los desaires y desprecio de la aristocracia y de la jerarquía eclesiástica. Los Saboya acababan de arrebatar la ciudad de Roma al papa (1870) e inmediatamente la convirtieron en capital del Estado italiano unificado. Por esta razón, entre otras, aparecían a los ojos de los católicos españoles como una dinastía advenediza y sacrílega, incompatible con los valores religiosos vigentes. Su reinado duró del 16 de noviembre de 1870 al 11 de febrero de 1873.

«Grande fue la honra que merecía la Nación española eligiéndome para ocupar su trono, honra tanto más por mí apreciada cuanto se me ofrecía rodeada de las dificultades y peligros que lleva consigo la empresa de gobernar un país tan hondamente perturbado (...).

Conozco que me engañó mi buen deseo. Dos años ha que ciño la corona de España, y la España vive en constante lucha, (...). Si fuesen extranjeros los enemigos de su dicha, entonces, al frente de estos soldados, (...), sería el primero en combatirlos, pero todos los que con la espada, con la pluma, con la palabra, agravan y perpetúan los males de la Nación son españoles; todos invocan el dulce nombre de la patria, todos pelean y se agitan por su bien, y entre el fragor del combate, entre el confuso, atronador y contradictorio clamor de los partidos, entre tantas y tan opuestas manifestaciones de la opinión pública, es imposible atinar sobre cuál es la verdadera, y más imposible aún, hallar el remedio para tamaños males. Lo he buscado ávidamente dentro de la ley y no lo he hallado. Fuera de la ley no ha de buscarlo quien ha prometido observarla. (...).

Estas son, señores diputados, las razones que me mueven a devolver a la Nación y en su nombre a vosotros, la corona que me ofreció el voto nacional, haciendo de ella renuncia por mí, por mis hijos y sucesores. Estad seguros de que, al desprenderme de la corona, no me desprendo del amor a esta España tan noble como desgraciada, y de que no llevo otro pesar que el de no haberme sido posible procurar todo el bien que mi leal corazón para ella apetecía.—AMADEO».

Palacio de Madrid, 11 de febrero de 1873.

Sátira de la lucha entre federalistas y unionistas durante la Primera República, en la revista La Flaca.

9.6. La Primera República (1873)

La Asamblea designó a **Estanislao Figueras** como «presidente» de una **república unitaria,** pero inmediatamente **chocó** con los **republicanos federales.** Su principal cometido era convocar unas Cortes Constituyentes para promulgar una nueva constitución, aunque se enfrentaba también a graves problemas: una Hacienda exhausta, una incipiente guerra carlista en Navarra y el País Vasco, el problema de Cuba, y un Ejército inclinado al moderantismo y reacio a colaborar frente a la tensión de una calle dispuesta a llegar hasta el final en el proceso revolucionario.

Pese a ello, en sus meses de gobierno, Figueras pudo poner en marcha ciertas medidas democráticas, como la promulgación de una amplia amnistía o la abolición de la esclavitud en Puerto Rico y la supresión de las quintas.

Pero la República unitaria carecía de masas y de defensores cualificados, de modo que el resultado de las elecciones a Cortes dio el triunfo a los republicanos federales. El 1 de junio, Figueras devolvió el poder a las nuevas Cortes, y estas proclamaron la **República Democrática Federal,** y fue propuesto como presidente del Gobierno el catalán **Pi i Margall.**

Con el triunfo de los republicanos federales surgieron entre ellos discrepancias sobre los pasos que debían seguirse en la organización de la España federal; el nuevo modelo aparecía dividido en 17 estados, entre los que figuraban como tales Cuba y Puerto Rico. Unos –los transigentes, que constituían la mayoría, encabezada por Pi i Margall– consideraban primordial conseguir el orden social para luego proceder a construir una república federal desde arriba; otros –los intransigentes– defendían que se debía comenzar por la construcción de la federación desde

El federalismo

Francisco Pi i Margall es una de las figuras más importantes del pensamiento y la acción política en la España del siglo XIX. Figura fundamental en el Partido Republicano Federal, fundado en 1868 como heredero del Partido Demócrata, llegó a presidente de la Primera República. Pertenecía a la burguesía radical y reformista, tenía grandes preocupaciones sociales y era partidario de una organización federal de España.

«Queremos los federales en el orden humano: libres el pensamiento, la conciencia, los cultos; respeto a todas las religiones, preferencia ni privilegio a ninguna; suprimidas las obligaciones del culto y del clero; dotados los sacerdotes de todas las iglesias de los mismos derechos que los demás ciudadanos, atenidos a los mismos deberes y sujetos a la misma jurisdicción y las mismas leyes; civiles el matrimonio, el registro y el cementerio.

Garantizados la vida y el trabajo; inviolables la personalidad, el domicilio y la correspondencia; abolida la pena de muerte; perseguida sin piedad la vagancia.

Queremos en el orden político: la voluntad del pueblo como el único origen legítimo del poder público; los tres poderes limitados, el Legislativo a legislar, el ejecutivo a ejecutar, el Judicial a juzgar (...).

El sufragio universal; las leyes fundamentales, sometidas a la sanción del pueblo (...).

La República por forma de gobierno; la Federación por sistema. La Nación dividida en Regiones, y las Regiones en municipalidades; las municipalidades y las regiones autónomas a par de la Nación en todo lo que a su vida interior corresponda (...).

Los Estados regionales, que han de tener a su cargo el régimen de la vida regional en lo político, lo económico y lo administrativo (...) la garantía y la defensa de la libertad y el orden (...) la organización de las milicias regionales, subordinadas al Estado central solo en caso de guerra con el extranjero (...) la imposición y la cobranza de los tributos (...)».

Programa del Partido Federal.

abajo, lograda la cual, decían, llegarían sin remedio la paz y el orden. Ambos grupos presentaron a las Cortes sus propios proyectos para una Constitución federal; pero el de los intransigentes fue rechazado, por lo que estos se retiraron de ellas el 1 de julio.

Pi i Margall quería discutir y aprobar el proyecto transigente cuanto antes. No lo logró. La retirada de los intransigentes coincidió con la **revolución cantonal,** iniciada en **Cartagena** y extendida luego por el sureste del país. En esta revolución -en la que cada población se proclamaba cantón independiente del poder central- confluyeron tres **revoluciones:** la **regionalista,** la **política** y la **social,** reveladoras las tres de las aspiraciones federales. De hecho, las clases populares, creyendo encontrar en el federalismo más igualdad y un mayor reparto de la riqueza, siguieron a los federales intransigentes, que querían dar el poder de decisión a las regiones y acabar con el centralismo.

Pi i Margall, al no poder alcanzar la aprobación del proyecto de Constitución y viéndose desbordado por la revolución de los cantones, dimitió el 18 de julio y le sucedió **Salmerón.** Este, durante el escaso mes y medio de mandato, se limitó a restablecer militarmente el orden y a reprimir de modo especial los movimientos obreros internacionalistas, como sucedió en Alcoy; era la reacción de los republicanos unitarios, defensores del «orden social» frente al «orden natural de la libertad».

Pero a esta nueva República unitaria no le quedaba más remedio que girar a la derecha si quería salvarse como régimen.

Salmerón dimitió por problemas de conciencia -no quiso firmar unas penas de muerte contra los revolucionarios-, y el 6 de septiembre fue elegido nuevo presidente del Gobierno el catedrático de la Universidad Central **Emilio Castelar.** Su programa se limitó a restablecer el orden. Si bien había finalizado el movimiento cantonal, quedaban otros focos de crisis: la guerra con Cuba y el nuevo conflicto con los carlistas en el norte y Cataluña, que iniciado en 1872 se prolongaría hasta 1876, en la llamada tercera guerra carlista.

La tercera guerra carlista (1872-1876)

Además de la permanente conspiración alfonsina y de las agitaciones del proletariado agrícola, en el Sexenio aparecieron en escena la revolución cantonal y una nueva sublevación carlista.

En abril de 1872, cuando Amadeo de Saboya se encontraba aislado políticamente en Madrid y los carlistas acababan de tener un cierto fracaso electoral, el nieto de Carlos M.ª Isidro -Carlos VII para sus partidarios- encabezó un nuevo levantamiento que esta vez afectó sobre todo al País Vasco-Navarro, a Cataluña y a Valencia en menor medida. Se inició una guerra que duró cuatro años y en la misma don Carlos llegó a establecer un gobierno estable en Estella, organizó una administración, servicio de Correos, emitió moneda y dispuso de fuertes contingentes de artillería y caballería que le proporcionaron éxitos como la toma de Eibar y victorias frente al ejército gubernamental: Montejurra, Abárzuza y Lácar, entre otras. En Cataluña las partidas carlistas estuvieron al mando de veteranos como Rafael Tristany o Francesc Savalls y Cucala en el Maestrazgo. Cabrera no intervino en la guerra ya que en 1870 había abandonado las filas del carlismo.

Tras la restauración alfonsina, el general Martínez Campos derrotó nuevamente a los carlistas provocando la marcha de «Carlos VII» a Francia.

Batalla de Lácar o Sorpresa de Lácar.

El giro a la derecha de Castelar y su llamada al Ejército para que mantuviera el orden llevaron a los diputados de izquierdas –los federales intransigentes– a buscar su dimisión para que la República virara de nuevo hacia la izquierda. Sin embargo, este intento fue interrumpido por el **golpe del general Pavía** –noche del 2 al 3 de enero de 1874–, quien, con fuerzas de la Guardia Civil, disolvió las Cortes Constituyentes, lo que puso fin a la Primera República.

Actividades

33 Enumera las causas que motivaron el fracaso de la monarquía constitucional de Amadeo de Saboya.

34 Cita los problemas internos de la República que provocaron la elección de cuatro presidentes en un año.

35 Investiga y describe el ideario político de Pi i Margall.

36 Señala las medidas adoptadas en el Sexenio Democrático para reactivar la economía. ¿Cuáles tuvieron mayor trascendencia para el futuro de España?

El fin de la Primera República

«El Sr. Calvo: La Guardia Civil entra en el edificio, preguntando a los porteros la dirección y diciendo que se desaloje el edificio por orden del Capitán General de Madrid.

El Sr. Benítez de Lugo: Que entre, y todo el mundo a su asiento.

El Sr. Presidente: Ruego a los Sres. Diputados que se sirvan ocupar sus asientos, y que solo esté en pie aquel que haya de hacer uso de la palabra.

El Sr. Benítez de Lugo: He pedido la palabra.

El Sr. Presidente: La tiene S.S.ª. (...)

El Sr. Presidente: Ruego a los Sres. Diputados que ocupen sus asientos. No tenemos más remedio que ceder ante la fuerza, pero ocupando cada cual su puesto. Vienen aquí y nos desalojan.

¿Acuerdan los Sres. Diputados que debemos resistir? ¿Nos dejamos matar en nuestros asientos?

(Varios Sres. Diputados: Sí, sí, todos) (...).

Varios Sres. Diputados: ¡Soldados! ¡Viva la República Federal! ¡Viva la asamblea soberana!

(Otros señores diputados apostrofan a los soldados que se repliegan en la galería, y allí se oyen algunos disparos, quedando terminada la sesión en el acto.)

Eran las siete y media de la mañana».

Del Diario de Sesiones.

9.7. La política económica del Sexenio

Los progresistas y los demócratas que dirigieron el país en este período pusieron en marcha una serie de medidas que buscaban, ante todo, el crecimiento económico. La **figura principal,** ya en el primer Gobierno de Serrano en 1868, fue **Laureano Figuerola,** quien propuso reformas de importancia.

Así, **se creó** por fin la nueva unidad monetaria, la **peseta,** en **1868.** La nueva moneda, que sustituía al real, tras el fracaso en el intento de creación del escudo en 1856, se vinculaba al sistema de paridades de la Unión Latina, que lideraba el franco francés desde 1865.

Para responder a las demandas sociales, se intentó llevar a cabo una reforma fiscal que suprimiera los odiados **consumos,** pero la reforma se frustró ante las resistencias de la burguesía y los apuros de la Hacienda.

Para afrontar el crónico problema de la Hacienda, se arbitró un sistema de atención a la deuda pública por el que **se creó** el **Banco Hipotecario** en **1872** y, lo más importante, se otorgó al **Banco de España** el **monopolio** de la **emisión de billetes.** A partir de ese momento, este Banco actuaría como prestamista del Estado y podría emitir billetes en la medida en que saliesen títulos de deuda al mercado.

Pero lo más importante en la idea progresista de abrir la economía española a los mercados exteriores fueron medidas como la **Ley Arancelaria** de **1869,** que establecía una desprotección selectiva, rebajando los impuestos aduaneros para facilitar la importación de bienes de equipo y la exportación de alimentos y materias primas. Se pretendía con ella que la industria española pudiese, en unos años, competir con el exterior.

La **Ley de Sociedades Anónimas** y la **Ley de Minas** de **1871** fueron pasos para obtener **inversiones exteriores** y **entrada de capitales** que pudiesen financiar el crecimiento económico. Esta última fue una auténtica desamortización del subsuelo que facilitaría la llegada de capitales y la exportación masiva de minerales en las décadas siguientes.

10

La cultura

La revolución liberal-burguesa implicó una profunda transformación cultural en las sociedades de Occidente. Para su análisis, el profesor Álvarez Junco ha propuesto un esquema que abarca diversos aspectos. Según este autor, en estas sociedades se produjeron los siguientes cambios socioculturales:

- La **secularización** de la **cultura.** La cultura burguesa adopta nuevos valores relacionados con la eficiencia, el progreso, la mejora de las condiciones de vida, la ciencia como instrumento de análisis de la realidad y el abandono progresivo de los mitos religiosos.
- La **creación** de una **conciencia nacional** en la sociedad, para lo cual se potencian la lengua y una historia común y oficial que permitan a la ciudadanía identificarse con el Estado-nación.
- La generalización de la **alfabetización,** de modo que posibilite la adopción de una cultura común y una cualificación a los trabajadores, necesaria en la nueva sociedad industrial.
- La aparición de un **nuevo concepto del mecenazgo** o patrocinio de la creación cultural, literaria y artística. La clientela del intelectual, el creador y el artista pasa a ser la burguesía y, en menor medida, el Estado; y su obra, una mercancía sometida a los gustos y a las demandas del mercado del arte y la cultura.
- La creación de un **sistema educativo reglado por el Estado,** que establece normas y requisitos, distribuye las credenciales del capital cultural de cada individuo, y segrega y clasifica a la población según su nivel de formación. Un sistema educativo, por otra parte, separado e independizado de la Iglesia.

El proceso de la revolución liberal burguesa en España fue accidentado y lento. Por ello, los cambios culturales también se abrieron paso con dificultad, ante importantes **resistencias** y **pervivencias** de la **vieja cultura oficial eclesiástica.**

10.1. Cultura y educación en la crisis del Antiguo Régimen (1789-1833)

La vida cultural española reflejó en este período las terribles convulsiones y luchas sociales. La generación de ilustrados jovellanistas continuó demandando reformas acordes con el espíritu de la Ilustración. Los comienzos del siglo XIX conocieron la madurez y la obra final de intelectuales del despotismo ilustrado. La preocupación fundamental fue establecer un **sistema educativo básico de implantación estatal.** Así, la Constitución de 1812 establecía «escuelas de primeras letras en todos los pueblos de la monarquía». Una medida que sería abolida en el Sexenio Absolutista.

El Trienio Liberal supuso un nuevo impulso cultural y educativo: se legisló nuevamente el establecimiento de escuelas; se crearon las universidades de Madrid –trasladada de Alcalá de Henares– y de Barcelona; proliferaron los periódicos; etc.

La Década Ominosa acabó con todo ello y generó un nutrido exilio de intelectuales, que entraron en contacto con el movimiento romántico europeo del momento.

Como nota de excepción, se produjo la creación del **Museo del Prado** por Fernando VII como depósito de la colección real de pinturas (en 1868 pasaría a ser museo nacional).

Uno de los proyectos culturales de la revolución liberal burguesa en Europa fue crear instituciones de referencia de la cultura nacional y el prestigio del Estado, como los museos nacionales.

En España, el museo del Prado es el ejemplo más claro. Fernando VII en 1818 decidió trasladar una amplia colección de pinturas de la familia real a este edificio construido para Gabinete de Ciencia Naturales. En 1868 fue desvinculado de la familia real y pasó a ser la principal pinacoteca pública española.

En la imagen, Vista de la fachada sur del Museo del Prado desde el interior del Jardín Botánico, *hacia 1835.*

10.2. La cultura romántica de la España isabelina

10.2.1. La literatura y la producción artística

El Romanticismo, en **literatura,** introduce la afición por los temas históricos, el sentido patriótico y la primacía de la libertad y el sentimiento. Sus principales representantes son, entre otros, Mariano José de Larra, José de Espronceda, José Zorrilla, Gustavo Adolfo Bécquer, Ángel de Saavedra y Ramírez de Baquedano –duque de Rivas– y Fernán Caballero –Cecilia Böhl de Faber–.

En la **producción artística** destacó el **retrato pictórico,** con tratamiento costumbrista y la **pintura histórica;** sobresalen Vicente López, Eduardo Rosales, José Madrazo, Antonio María Esquivel y Suárez de Urbina.

10.2.2. Los movimientos culturales y literarios

Esta cultura romántica alentó movimientos culturales y literarios de **carácter nacional:**

- La Renaixença catalana, expresión ligada al desarrollo burgués con figuras como Bonaventura Carles Aribau (*Oda a la patria,* 1833) o Jacinto Verdaguer (*La Atlántida,* 1877, y *Canigó,* 1886).
- Más tardíamente aparecieron las exaltaciones nacionalistas de Manuel Murguía (*Historia de Galicia,* 1886), y Francisco Navarro Villoslada (*Amaya o los vascos del siglo VIII,* 1876).

En el ámbito de las **instituciones** culturales destaca la creación del Ateneo Científico, Literario y Artístico de Madrid (1835), espacio de debate intelectual; y el Liceo Artístico y Literario, que publicaba un periódico con el mismo nombre.

10.2.3. La enseñanza

En la enseñanza, los liberales aprobaron en **1836** el primer Plan General de Instrucción Pública**, Plan del duque de Rivas,** que no tuvo aplicación; en **1845** fue aprobado otro, el **Plan Pidal,** que corrió la misma suerte. Por fin, la **Ley de Claudio Moyano (1857)** reglamentó definitivamente un sistema educativo de ámbito estatal: la enseñanza pasaba a ser cuestión de Estado e instrumento esencial de difusión de los valores de la burguesía triunfante.

Mediante el sistema educativo se imponía a la sociedad la nueva **cultura** con criterio **centralista,** muy conservador y sometido a la tutela eclesiástica en contenidos y valores. La enseñanza primaria debía llegar a todos los ciudadanos, mientras la secundaria era una iniciación a los estudios universitarios, reservados a la minoría dirigente.

En 1860 comienza la construcción de un sistema educativo acorde con la sociedad liberal: España contaba entonces con un millón de niños escolarizados en enseñanza primaria, 20 000 estudiantes de bachillerato y unos 6 000 universitarios, distribuidos en diez universidades. Maestros y escuelas de entonces adolecían de grandes penurias materiales y personales, dado que eran los ayuntamientos, carentes de recursos, los encargados de sufragar instalaciones y salarios, muchas veces miserables.

Otro aspecto relevante era la **escasa atención** a la **educación** de las **mujeres,** asunto considerado privado. Estaban excluidas de la educación secundaria y universitaria, pues carecían de reconocimiento social y jurídico. Alguna excepción femenina notable en el mundo literario, como fue Cecilia Böhl de Faber, utilizó un seudónimo masculino –Fernán Caballero– para poder publicar sus escritos.

Los poetas contemporáneos. Una lectura de Zorrilla en el estudio del pintor, *de Antonio María Esquivel y Suárez de Urbina.*

Esta pintura presenta una galería de personajes del mundo literario y cultural madrileño en la etapa isabelina. No se le otorga especial valor artístico pero sí como documento de la vida social de la época.

10.3. La proyección cultural de España en el Romanticismo

La guerra de la Independencia había puesto de moda en Europa las peculiaridades paisajísticas, culturales y sociales de España.

Muchos, británicos y franceses recorrieron, años más tarde, el escenario de aquella guerra. Los viajeros describían aquel raro país del sur y sus aspectos sorprendentes. Se acuñaron, así, algunos de los tópicos más persistentes de la imagen de España en el exterior.

Viajeros ilustres, como Lord Byron, Merimée, Rossini, Delacroix, Didier, Stendhal, Chopin, Gautier y Dumas, **recorrieron España.** Alcanzarían gran difusión: *Un año en España,* de Charles Didier (1837-1841); las entregas del barón de Davillier en *Le tour du monde,* con grabados de Gustave Doré, a partir de su viaje de 1862; y, en Reino Unido, las ilustraciones de *Picturesque sketches in Spain in 1832,* de David Roberts (1837).

Actividades

37 ¿Por qué tenía interés el Estado liberal del siglo XIX en establecer y reglamentar un sistema educativo básico para todo el territorio nacional?

38 ¿Por qué resultaba tan atractiva la España del siglo XIX para los viajeros y escritores románticos?

39 ¿Qué efectos negativos para el patrimonio cultural se derivaron del proceso desamortizador?

El atractivo de un país de cultura tan compleja y rica, sumido ahora en el atraso económico y cultural, fue tema también de las artes plásticas: *El torero muerto,* de Manet (1864-66); y de los temas operísticos: *El barbero de Sevilla,* de Rossini (1816); *Don Carlos,* de Verdi (1867), etc.

10.4. La desamortización y el patrimonio cultural español

Durante el siglo XIX se produjeron en varias ocasiones destrucciones y **pérdidas** masivas de **obras de arte y vestigios histórico-culturales.**

La primera de ellas fue durante la guerra de la Independencia (1808-1814), cuando salieron del país numerosas obras de arte como regalo a personalidades y generales de los ejércitos francés y británico.

A raíz de las desamortizaciones, se promulgó en **1840** una **real orden** por la que las autoridades provinciales debían elaborar un **catálogo de bienes inmuebles de valor artístico** con el fin de catalogar y conservar los monumentos y objetos artísticos. Estos trabajos sentaron las bases de los Museos Provinciales de Bellas Artes, cuya finalidad era recuperar y conservar el patrimonio cultural y artístico.

Sin embargo, tales normas tuvieron escasa eficacia y gran parte del patrimonio quedó en el **abandono** y sometido al expolio generalizado. Luis Felipe de Orleans inauguró, precisamente en 1838, la Galería Española del Louvre con obras recién adquiridas en España a precios de saldo.

Granada. Arco de las Orejas, en Bibarrambla, *de David Roberts.*

ACTIVIDADES

1 Análisis y comentario de una estadística social

La estructura de la población activa:

1. Ofrece información sobre la estructura social y económica del país.
2. Puede servir de base para explicar la dinámica de las clases sociales, la conflictividad social, etc.
3. Facilita información sobre las aspiraciones, reivindicaciones y pautas de comportamiento político de los diferentes grupos sociales.

En el siglo XIX se desarrolló la estadística al servicio del Estado. En España, en 1856, surgió la Comisión Estadística del Reino, precedente del actual INE. A mediados de siglo se firmaron los primeros acuerdos internacionales para elaborar anuarios estadísticos con censos de variados aspectos sociales y económicos. De 1857 data el primer censo de datos referidos a las profesiones de todos los españoles. En 1860 se confeccionó el segundo, más completo.

- Redondeando cifras y agrupando las categorías profesionales, la estructura de la población activa española en la época aparece recogida en la tabla.

1. Señala qué tipo de fuente es, su naturaleza, autores y destinatarios, etc.
2. Describe su contenido, agrupando las profesiones en sectores productivos y señalando categorías llamativas.
3. Comenta el significado de la participación de cada sector y –recabando datos en el texto y otras fuentes– haz una interpretación sobre el nivel de desarrollo económico y social de España en aquel momento.
4. Valora las consecuencias que se derivan de la estructura de clases que presenta la España isabelina: rasgos de las diferentes clases, conflictividad social, etc.

Población total: 15 658 584	Activos: 6 891 000
Jornaleros del campo	2 354 000
Sirvientes	818 000
Pobres de solemnidad	262 000
Propietarios	1 466 000
Jornaleros de fábricas	150 000
Mineros	23 000
Empleados de ferrocarril	5 000
Clero	62 000
Empleados	70 000
Comerciantes	70 000
Fabricantes	13 000
Artesanos	665 000
Industriales (pequeños comerciantes)	333 000
Profesiones liberales	100 000
Arrendatarios	500 000

Tuñón de Lara, M.: *El movimiento obrero en la historia de España.* Madrid, 1972, pp. 90-91 .

2 Análisis y comentario de textos de contenido doctrinal

Estos textos recogen los principios políticos, sociales, económicos y culturales de una determinada corriente política: liberalismo, socialismo, etc. Para su comentario, además de las pautas generales de comentario de textos, hay que tener en cuenta:

1. Corriente de pensamiento a la que pertenece.
2. Grandes principios políticos, sociales y económicos que proclama.
3. Sectores sociales a los que representa.
4. Presencia y relevancia en el contexto histórico en el que actúa.

- Siguiendo las indicaciones anteriores, realiza un comentario sobre el siguiente texto, teniendo en cuenta el documento sobre Pi i Margall y el programa del Partido Federal, en el epígrafe 9.6.

«Somos federales, queremos la Federación y la proclamaremos el día en que triunfe la República (...) Las ideas de Federación y de República nacieron a la vez en 1868 (...). Palpita la idea federal en el corazón del país (...). Recuérdese la rapidez con que se propagó después de la revolución de septiembre. A los cuatro meses llevaba setenta diputados a las Cortes y al año ponía sobre las armas cuarenta mil combatientes (...) O son autónomos el pueblo y la provincia o no lo son ni el individuo ni la nación (...) reconocemos autónomas las regiones todas de la Península: autónomas política, administrativa y económicamente. Podrá cada una, por nuestro sistema, darse la constitución que estime más conveniente: tendrá su gobierno, sus Cortes, sus tribunales, su milicia, su administración, su Hacienda...».

Pi i Margall: «Lecciones de controversia federalista. Artículos doctrinales». En García-Nieto, M.C. e Yllán, E.: *Historia de España 1808-1978.* Barcelona, Crítica, 1987, T. II, p. 143.

3 Análisis y comentario de mapas de contenido socio-económico

La cartografía nos permite comprender mejor fenómenos económicos y sociales en su dimensión espacial, ya que en ocasiones la mera presentación de datos numéricos puede resultar demasiado abstracta. Los mapas mejoran la valoración de un fenómeno, y permiten relacionarlo con otros elementos para su mejor comprensión y explicación.

1. «(...) [En el norte de la Península] la estructura social del campo durante el *Ancien Régime* era parecida a la de Francia y Alemania occidental, por cuanto la tierra se hallaba ya, de hecho, en manos de los pequeños cultivadores (...); las reformas del siglo XIX tuvieron consecuencias análogas: ante todo, el nacimiento de una clase rural dominante formada por pequeños propietarios. Cierto que la situación de estos nuevos propietarios no era tan favorable como la de sus homólogos de Europa occidental, ni el suelo era tan rico, ni los mercados tan amplios; por otra parte, tampoco era fácil encontrar trabajo en la industria, de modo que los hijos habían de colocarse en la tierra, lo cual obligaba a repetidas fragmentaciones de las propiedades, ya reducidas de por sí. Finalmente, el estancamiento de la economía y la apatía de la Administración española hacían difícil la obtención del crédito».

Malefakis, E.: *Reforma agraria y evolución campesina en la España del siglo XX*. Barcelona, Ariel, 1982.

- **Comprobamos.** A la vista de los mapas de esta unidad referidos a las desamortizaciones de Mendizábal y de Madoz y teniendo en cuenta lo expuesto en la unidad y las ideas del texto de Malefakis, redacta una breve composición sobre la distribución espacial en España del latifundismo y el minifundismo y sus consecuencias sociales, económicas, políticas...

4 Análisis y comentario de un mapa conceptual

Los procesos históricos de larga duración, como la revolución burguesa, son resultado de transformaciones profundas en la estructura política, social, económica y cultural de la sociedad. Plasmar estos cambios en un mapa conceptual supone asociar los conceptos que los definen con las estructuras (sociales, económicas, políticas) a las que afectan. El resultado será una visualización sintética del proceso que facilita su comprensión.

- Generar - Clasificar - Relacionar - Desarrollar Observa el mapa conceptual y asocia los conceptos que correspondan con los aspectos más significativos de este período (1833-1874).

Revolución burguesa

Proceso violento de sustitución de la sociedad feudoseñorial por una nueva sociedad burguesa capitalista

- **Trabajo**
  - Abolición de las prestaciones feudales
  - Libre contratación de la fuerza de trabajo
- **Tierra**
  - Transformación de la propiedad feudal en propiedad capitalista
  - Desvinculación y desamortización de la tierra y bienes inmuebles
- **Comercio e industria**
  - Libre circulación de capital
  - Abolición de gremios y trabas feudales
  - Creación de un mercado nacional
  - Creación de condiciones para la industrialización
- **Estado**
  - Sustitución de la monarquía absoluta por el Estado burgués institucionalizado como:
    - Monarquía
    - República
- **Ideología y cultura**
  - Nueva cultura burguesa
    - Laicismo
    - Cientifismo
    - Eficiencia técnica
    - Progreso material
  - Nuevas instituciones de control social
    - Sistema educativo

5 Análisis y comentario de textos: fuentes primarias

La desamortización

«Álvaro Flórez Estrada (1765-1853), un prestigioso progresista, critica el modo de poner en venta los bienes desamortizados. Lamenta que el Estado pierda la ocasión de crear una masa de pequeños campesinos.

1. El Estado, sin que se pueda decir cosa en contrario, cumple, igualmente que pagando de una vez toda su deuda, pagando el interés correspondiente. Sentados estos antecedentes, la cuestión que hay que resolver es la siguiente: ¿el Gobierno debe pagar de una vez toda su deuda dando fincas en lugar de dinero, o convendrá que arriende en enfiteusis todas estas fincas y reparta su renta entre los acreedores? Hacer ver que el segundo método es el único justo, el únlco compatible con la prosperidad futura de nuestra industria, el único conveniente a los intereses de los acreedores, el único popular, y, por consiguiente, ventajoso al sostén del trono de Isabel II, el único que no perjudica a la clase propietaria, el único, en fin, por cuyo medio se puede mejorar la suerte de la desgraciada clase proletaria desatendida en todas épocas y por todos los gobiernos, es lo que me propongo hacer ver (...).

2. Con el sistema enfitéutico, todas las familias de la clase proletaria serían dueñas del dominio útil de la tierra que cultivasen, y, por consiguiente, interesadas en sostener las reformas y el trono de Isabel, pues en ellos verían cifrado su bienestar. Por el contrario, el sistema de vender las fincas hará la suerte de esta numerosa clase más desgraciada de lo que es aún en la actualidad, y, por consiguiente, les hará odiosas la reforma y el orden existente de cosas.

3. ¿Será posible que nuestro Gobierno, a costa de tan graves inconvenientes, se desentienda de abrazar la única medida capaz de sacar a la clase numerosa de la sociedad del estado de abyección y de miseria en que se halla (...)?

4. ¿Malograría nuestro Gobierno la oportunidad rara y sin igual apreciable que se le presenta, sin tener que vulnerar ningún derecho ni que excitar ninguna queja fundada, de regenerar España, formando así su Ley Agraria, esto es, distribuyendo del modo más equitativo y ventajoso la propiedad, que es don de la naturaleza y no producto de la industria del hombre, de cuya justa distribución penden la consolidación de las instituciones fundamentales de los pueblos y el bienestar de los asociados?».

En Tomás y Valiente, F.: *El marco político de la desamortización*. Barcelona, Ariel.

Ley de desamortización de Madoz

«Doña Isabel II, por la gracia de Dios y la Constitución, Reina de las Españas (...):

Art. 1. Se declaran en estado de venta (...) todos los predios rústicos y urbanos, censos y foros, pertenecientes: al Estado, al clero, a las órdenes militares de Santiago, Alcántara, Calatrava, Montesa y San Juan de Jerusalén. A las cofradías, obras pías y santuarios. A los propios y comunes de los pueblos. A la beneficencia. A la instrucción pública. Y a cualquiera otros pertenecientes a manos muertas, ya estén o no mandados vender por leyes anteriores. (...)

Art. 15. El Gobierno invertirá el 80 por 100 del producto de la venta de los bienes de propios a medida que se realicen (...) en comprar títulos de Deuda amortizable al 3 por 1000, que se convertirán inmediatamente en inscripciones intransferibles de la misma a favor de los respectivos pueblos (...)

Art. 20. (...) Los cupones serán admitidos a su vencimiento, como metálico, en pago de contribuciones (...).

Art. 22. A medida que se enajenen los bienes del clero, se emitirán a su favor inscripciones intransferibles de la Deuda consolidada al 3 por ciento por su capital equivalente al producto de las ventas (...)

Aranjuez, a 1.° de mayo de 1855. YO LA REINA. El ministro de Hacienda, Pascual Madoz.

En García-Nieto, M.C. e Yllán, E.: *Op. cit.*, T. I, p. 102.

- Lee los textos y coméntalos siguiendo las orientaciones que se proponen a continuación:

1. Señala qué tipo de textos son y de qué temas tratan.
2. Indica qué posición defiende Flórez Estrada.
3. Describe y analiza las ideas y conceptos fundamentales de los textos siguiendo un orden jerárquico: idea principal, ideas asociadas a esta.
4. Comenta el significado histórico de los documentos atendiendo a las siguientes cuestiones:
   - ¿Tuvo alguna influencia la postura de Flórez Estrada en su momento?
   - ¿Cómo se desarrollaron realmente los hechos a los que alude? Pon en relación el documento con el texto de la Ley de desamortización de Madoz. ¿Qué consecuencias históricas tuvieron?
5. Como conclusión, valora la crítica de Flórez Estrada explicando por qué resultaron inviables sus propuestas.

8

Grabado de la entrada de Alfonso XII en Madrid, como rey de España.

La Restauración moderada (1875-1902)

Tras fracasar el intento de construir un Estado democrático, España inició en 1874 una nueva etapa histórica, en la que se consolidaría el sistema político demoliberal. La llegada de Alfonso XII parecía un retorno a la situación anterior a 1868. Pero, en la Restauración el cuadro de fuerzas sociales y económicas se hizo más complejo, y se produjo un cierto desarrollo industrial, financiero y urbano, que provocó nuevas tensiones y conflictos.

El modelo político y social de la Restauración se caracterizó por un enorme conservadurismo: una reducida oligarquía controlaba los resortes del poder económico y político en todas las esferas. Sin embargo, fueron surgiendo una serie de elementos que acabarían por romper ese estrecho marco: el movimiento obrero, las fuerzas políticas democráticas, los nacionalismos periféricos y los conflictos coloniales fueron factores que –ya entrado el siglo XX– darían al traste con un sistema basado en la corrupción y el caciquismo.

QUÉ VAS A ENCONTRAR EN ESTA UNIDAD

DESAFÍOS QUE **DEJAN HUELLA**

Los contenidos y las actividades de esta unidad pueden resultar de utilidad para la realización del proyecto multidisciplinar «¿Votamos o no votamos?».

1

Las bases del régimen restaurado

La Revolución de 1868 no consiguió instaurar una forma estable de monarquía; ni solucionó el problema social, que originó un movimiento por vez primera organizado y generó una conciencia política ciudadana de participación. En España faltaba una auténtica burguesía con conciencia unitaria, capaz de asegurar un sistema social. A esto se añadió el divorcio de la masa popular con respecto a las clases dirigentes del país. Así comenzó el período de la Restauración. Por «restaurar» se entendía estrictamente **restablecer** la **dinastía borbónica** y crear las condiciones necesarias para mantenerla, lo cual suponía la vuelta al más puro moderantismo liberal, pero con modificaciones superficiales.

Alfonso XII entró en Madrid como restaurador de la dinastía borbónica en 1875. Fue el primer monarca español que declaró abiertamente su talante liberal y acorde con los valores de la nueva sociedad.

1.1. El retorno de la dinastía borbónica

Tras el **golpe** del **general Pavía** (3 de enero de 1874), el **general Serrano encabezó** el **Gobierno** y dedicó todos sus esfuerzos a poner término a la tercera guerra carlista. Los oficiales alfonsinos de grados alto y medio adquirieron mayor protagonismo, al tiempo que la burguesía catalana y los círculos ligados al negocio ultramarino constituyeron un grupo de presión que preconizaba la restauración de la dinastía borbónica.

El 1 de diciembre, el príncipe Alfonso dirigió desde la academia militar de Sandhurst (Reino Unido) un manifiesto a la nación, redactado por Cánovas, en el que afirmaba que la única solución para los problemas de España, «desde las clases obreras hasta las más elevadas», residía en el restablecimiento de la monarquía tradicional. Aunque Cánovas, líder de esta opción, no era partidario de nue-

El Manifiesto de Sandhurst

El heredero de Isabel II, Alfonso, desde la academia militar de Sandhurst, hizo público un manifiesto donde se presenta ante la opinión pública española e internacional como un rey de voluntad constitucional.

«He recibido de España un gran número de felicitaciones con motivo de mi cumpleaños, y algunas de compatriotas nuestros residentes en Francia (...). Cuantos me han escrito muestran igual convicción de que solo el restablecimiento de la monarquía constitucional puede poner término a la opresión, a la incertidumbre y a las crueles perturbaciones que experimenta España (...).

Huérfana la nación ahora de todo derecho público e indefinidamente privada de sus libertades, natural es que vuelva los ojos a su acostumbrado derecho constitucional y a aquellas libres instituciones que ni en 1812 le impidieron defender su independencia ni acabar en 1840 otra empeñada guerra civil. Debioles además muchos años de progreso constante, de prosperidad, de crédito y aún de alguna gloria (...). Por todo esto, sin duda, lo único que inspira ya confianza en España es una monarquía hereditaria y representativa, mirándola como irreemplazable garantía de sus derechos e intereses desde las clases obreras hasta las más elevadas (...).

No hay que esperar que decida yo nada de plano y arbitrariamente; sin Cortes no resolvieron los negocios arduos los Príncipes españoles allá en los antiguos tiempos de la Monarquía (...). Llegado el caso, fácil será que se entiendan y concierten las cuestiones por resolver entre un príncipe leal y un pueblo libre (...). Sea la que quiera mi propia suerte, no dejaré de ser buen español, ni, como todos mis antepasados, buen católico, ni, como del siglo, verdadero liberal (...).

Nork Town (Sandhurst), a 1 de diciembre de 1874».

Fernández Almagro, M.: *Historia política de la España contemporánea*. Madrid, 1956, pp. 356-358.

vos pronunciamientos, a finales de 1874 el general **Martínez Campos proclamó** en Sagunto, ante una brigada de soldados, a **Alfonso XII** como **rey de España,** y obtuvo inmediatamente la adhesión de la mayor parte del Ejército. Cánovas apeló a la burguesía que había apoyado a Isabel II para que de nuevo sostuviera el trono del nuevo rey. Así se inició la Restauración, que pretendía restablecer el régimen liberal moderado anterior a 1868.

1.2. Las bases sociales del régimen canovista

El régimen de la Restauración **se apoyó** fundamentalmente en la **burguesía conservadora.** Era un **régimen oligárquico** que defendía los intereses de grupos como los latifundistas, la burguesía harinera castellana, la gran burguesía industrial catalana y sectores de la burguesía industrial y financiera vasca, así como la ligada a los negocios coloniales. Contaba con el apoyo de instituciones tan influyentes como la **Iglesia,** que recuperó toda su influencia y prebendas de la etapa isabelina y volvió la espalda al carlismo. También la alta oficialidad del **Ejército** acentuó su talante conservador, salvo algunos sectores de la oficialidad republicana seguidores de Ruiz Zorrilla.

1.3. Primeras medidas de Cánovas del Castillo

Cánovas encabezó el Gobierno formado tras el golpe de Martínez Campos y logró la **conciliación** general entre todos los **monárquicos** –desde los moderados y unionistas hasta los progresistas del Sexenio– **alrededor** del futuro rey **Alfonso XII.** Al fin, el rey entró en Madrid el 14 de enero de 1875 como un procurador de la convivencia entre todos. Durante 1875, las primeras medidas del nuevo régimen consistieron en lograr el apoyo de la Iglesia, distante por los ataques recibidos durante el período revolucionario; suspensión de los periódicos de la oposición que habían florecido en los años anteriores; establecimiento de una nueva policía y tribunales especiales para los delitos de imprenta; conseguir un Ejército amigo reincorporando a los mandos que habían sido eliminados por el Sexenio, y depuración del funcionariado, renovando, además, los cargos de las diputaciones provinciales y los ayuntamientos. Para evitar futuros pronunciamientos militares, que podían romper la convivencia continuada que defendía Cánovas, el **rey** sería el **jefe supremo** del **Ejército,** con lo que quedaba asegurada la sumisión de los altos mandos militares. También se dieron pasos para poner **fin** al **conflicto** de **Cuba,** concluido, parcialmente, con la Paz de Zanjón, en 1878, así como a la **tercera guerra carlista,** terminada en 1876 con la Proclama de Somorrostro, y exilio de don Carlos a Francia.

Actividades

1 Resume la opinión política de Cánovas del Castillo sobre el sufragio universal.

2 Consulta el doc. sobre la Constitución de 1876 y el doc. sobre la de 1869 de la unidad anterior; compara ambas y describe sus diferencias y similitudes. Explica las consecuencias electorales, políticas y sociales de la Constitución de 1876.

1.4. El proceso constituyente

La **convocatoria** de **Cortes** para elaborar la nueva constitución se hizo por **sufragio universal,** respetando la legalidad vigente, pero fue un mero trámite porque ya se había organizado un sistema de captación de votos. La discusión del proyecto constitucional se formuló de manera suficientemente flexible como para que diera cabida a los distintos programas liberales. Antes de que comenzaran los debates, Cánovas consideró fundamental establecer unas premisas para poder colocar la **monarquía por encima** de los **partidos políticos** y para que quedara fuera de posibles debates futuros sobre su validez y poderes; apeló para ello a la existencia previa de una «constitución interna», que debía ser el fundamento de toda Constitución escrita o, lo que era lo mismo, a la existencia de unas **instituciones fundamentales** –Monarquía y Cortes– que eran anteriores y superiores a todo texto escrito. En las primeras elecciones, convocadas en enero de 1876, el 90 % de los diputados elegidos pertenecían a su partido liberal-conservador.

1.4.1. La Constitución de 1876

Con esa mayoría de incondicionales y aceptados esos supuestos, que fueron la piedra angular para la elaboración de la Constitución por el Congreso («La potestad de hacer las leyes reside en las Cortes con el Rey»), sus artículos fueron aprobados en breve tiempo y con pocos debates, exceptuando los que afectaban a la **cuestión religiosa.** El Congreso se dividió entre los defensores de la unidad católica y los partidarios de la tolerancia dentro de la línea de la Constitución de 1869; al final se llegó a una fórmula ecléctica, que pretendía satisfacer a todos.

La Constitución de 1876, de solo **ochenta y nueve artículos,** establecía una imperfecta división de poderes, al otorgar al monarca la facultad de nombrar al jefe de Gobierno; reconocía vagamente las libertades políticas básicas; establecía un Parlamento bicameral, con un Senado formado en gran parte por senadores por derecho propio y vitalicios. Determinaba, asimismo, un Estado confesional, aunque permitía el ejercicio privado de otras religiones. Fue promulgada el 30 de junio de 1876 y permaneció en vigor hasta 1931.

Cánovas del Castillo: una idea elitista del Estado

Admirador de la estabilidad del parlamentarismo inglés y de su sistema de turno de partidos, consideraba la «constitución interna» de un país la clave de su organización política, basada en instituciones de tradición secular, como la Monarquía y las Cortes. Su actitud era, pues, elitista y alejada de los postulados democráticos.

«Yo creo que el sufragio universal si es sincero, si da un verdadero voto en la gobernación del país a la muchedumbre, no solo indocta, que eso sería casi lo de menos, sino a la muchedumbre miserable y mendiga, ha de ser el triunfo del comunismo y la ruina del principio de propiedad (...).

Escójase, pues, entre la permanente falsificación del sufragio universal o su supresión si no se quiere tener que elegir entre la existencia y la desaparición de la propiedad (...).

Cuando las minorías inteligentes, que serán siempre las minorías propietarias, encuentren que es imposible mantener en la igualdad de derechos con ellos a la muchedumbre; cuando vea que la muchedumbre se prevalece de los derechos políticos que se han dado (...) buscarán dondequiera la dictadura y la encontrarán».

Tras el pronunciamiento de Sagunto, que restableció la monarquía de Alfonso XII, Cánovas fue el responsable del sistema de la Restauración, basado en el turnismo de dos partidos, el conservador y el liberal. Caricaturas y retrato de Antonio Cánovas del Castillo. Revista satírica El Motín.

Algunos artículos de la Constitución de 1876

«Don Alfonso XII, por la gracia de Dios, Rey constitucional de España; a todos los que las presentes vieren y entendieren, sabed: Que en unión y de acuerdo con las Cortes del Reino actualmente, hemos venido en decretar y sancionar lo siguiente: (...).

Art. 4. Ningún español, ni extranjero, podrá ser detenido sino en los casos y en la forma que las leyes prescriban. (...)

Art. 11. La religión Católica, Apostólica, Romana, es la del Estado. La Nación se obliga a mantener el culto y sus ministros.

Nadie será molestado en territorio español por sus opiniones religiosas, ni por el ejercicio de su respectivo culto, salvo el respeto debido a la moral cristiana. No se permitirán, sin embargo, otras ceremonias ni manifestaciones públicas que las de la religión del Estado (...).

Art. 13. Todo español tiene derecho:

De emitir libremente sus ideas y opiniones, ya de palabra, ya por escrito, valiéndose de la imprenta o de otro procedimiento semejante, sin sujeción a la censura previa.

De reunirse pacíficamente.

De asociarse para los fines de la vida humana (...).

Art. 18. La potestad de hacer las leyes reside en las Cortes con el Rey.

Art. 19. Las Cortes se componen de dos Cuerpos Colegisladores, iguales en facultades: el Senado y el Congreso de los Diputados.

Art. 20. El Senado se compone:

1.° De senadores por derecho propio.

2.° De senadores vitalicios nombrados por la Corona. (...).

Art. 27. El Congreso de los Diputados se compondrá de los que nombren las Juntas electorales, en la forma que determine la ley. Se nombrará un diputado a lo menos por cada cincuenta mil almas de población (...).

Art. 30. Los diputados serán elegidos por cinco años (...).

Art. 89. (...) Cuba y Puerto Rico serán representadas en las Cortes del Reino en la forma que determine una ley especial, que podrá ser diversa para cada una de las dos provincias (...)».

2

El sistema político canovista: turnismo y bipartidismo

2.1. Turnismo y bipartidismo

Aprobada la Constitución, el **sistema canovista** inició su andadura, apoyándose en dos **pilares:** la **soberanía compartida,** del rey y las Cortes, y la **existencia** de unos **partidos oficiales** que admitieran la legalidad constitucional. Cánovas, admirador del modelo inglés, pensaba que eran precisos dos partidos que respetasen la Constitución para acoger la disparidad de criterios y poder turnarse en el Gobierno. Serían unos grandes partidos de notables que no tendrían que ver con los partidos de masas y cuyos diputados dominarían abrumadoramente los escaños del Congreso. Estos dos partidos se apoyarían en un electorado de burgueses relevantes que formaban la clase política del país, ya que la **ley electoral** de **1878** restableció el **sufragio censitario,** dejando la participación ciudadana reducida a no más de un 5% de la población.

Con arreglo a estos principios, **Cánovas, jefe** del **Partido Liberal-Conservador** –formado por diputados de la alta burguesía terrateniente, alto funcionariado militar o civil y nobleza fundamentalmente del sur peninsular–, necesitaba, como elemento de contraste, un partido que se estructurara de acuerdo con la izquierda dinástica, y así convocó al nuevo **Partido Liberal-Fusionista** –formado por progresistas y demócratas que habían votado la Constitución de 1869 y a Amadeo I–, que tenía por **jefe** a **Sagasta.**

Práxedes Mateo Sagasta (1825-1903). Tras la vuelta de los Borbones al trono de España, con Alfonso XII, Sagasta fundó el Partido Liberal, que, junto al Partido Conservador de Cánovas del Castillo, constituirá el sistema bipartidista característico de la Restauración: alternancia en el Gobierno de los dos partidos. Revista satírica, El Motín.

2.2. Centralismo y control ideológico

La nota predominante de la actividad legislativa fue el reforzamiento de la coerción política, del autoritarismo y del centralismo político-administrativo, plasmado en la igualdad de códigos y en la igualdad jurídica de todos los ciudadanos.

La primera constatación de esto fue la **abolición** de los **fueros** de las **provincias vascas** por una ley de julio de 1876 (aunque la ley solo hablaba de reformar el antiguo régimen foral). La fórmula seguida para esa abolición demostraba quiénes eran los vencedores de la guerra: Cánovas se limitó a comunicar a los representantes de las diputaciones forales su decisión de proponer a las Cortes, para su aprobación, un proyecto de ley que haría extensivas a sus provincias la obligación de prestar el servicio militar y el pago de las contribuciones consignadas en los presupuestos del Estado.

El **centralismo,** con eje en Madrid, se hizo patente en la reorganización de las diputaciones provinciales y los ayuntamientos. Se restringió la participación ciudadana en las elecciones de los cargos, dejándose estas a los propietarios; se determinó que en las poblaciones de más de 30 000 habitantes (casi todas las capitales de provincia y algunas otras ciudades) los alcaldes serían nombrados por el rey, lo que equivalía a ser designados por el Gobierno, y que los presupuestos provinciales y municipales deberían ser aprobados por este.

El orden también exigía una canalización de los cauces de la opinión pública. Se restringió la libertad de imprenta al establecerse la **censura** previa a los impresos de menos de 200 páginas, lo que significaba el control estatal de todos los folletos y periódicos. Si a esto se añade que dentro del restablecimiento de unas buenas relaciones del régimen con la Iglesia se había incluido la potestad de esta para censurar todos los libros en lo que a la moral y las buenas costumbres concerniera, el resultado era que todas las publicaciones, por un medio u otro, estaban reguladas. La ley de imprenta de 1879 extendió la consideración de delito a todo ataque, e incluso a la duda, sobre el sistema político y social de la Restauración.

2.3. La corrupción electoral

El turno era una fórmula política que, gracias a la **manipulación electoral,** daba a ambos partidos la posibilidad de alternarse en el Gobierno de forma pacífica. Así, se pactaba de antemano la falsificación. Aceptar la **falsificación permanente** implicaba estar de acuerdo, además de con lo irrenunciable –la Corona y la Constitución–, con unos planteamientos económicos y sociales; esto es, con la defensa del sistema de producción capitalista y la propiedad privada, y la existencia de un sistema político que debía funcionar de arriba abajo.

El sistema quedó asegurado por el **liderazgo** de los **dos partidos** centrado en Madrid y por el **control del poder local** mediante la **práctica caciquil,** de gran trascendencia económica y social en una España rural depauperada.

La práctica política consistía en buscar un Parlamento «adecuado», falseando la voluntad nacional. La fórmula se basaba en la elaboración de una lista en la que figuraban los candidatos que contaban con la aquiescencia del Gobierno. Esos candidatos oficiales tenían prácticamente ganada la elección antes de que se realizaran las votaciones. Cuando el pacto era algo imposible o inseguro, la presión que se ejercía para que los resultados no se apartaran de los objetivos previstos se denominaba **«pucherazo»,** que consistía en la aplicación de coacción, violencia, fraude, compra de votos, etc.

Caricatura sobre el fraude electoral de la revista satírica La Flaca *(1872).*

Sagasta, que había sido ministro de la Gobernación varias veces en el Sexenio Democrático, encaramado en un embudo, encabeza un cortejo en el que desfilan grupos que describen satíricamente el falseamiento electoral, habitual en España desde la época isabelina: la compra de votos en la carretilla de «votos al por mayor»; dirigentes de la oposición maniatados; personas con bastones y heridos como signo de la violencia; los votos de difuntos en el carro de «los lázaros» (resucitados), etc., todo garantizado por el Ejército al final del desfile.

Más información en la web de recursos de **anayaeducacion.es**.

2.4. El caciquismo

El caciquismo fue un **hecho sociopolítico** que se manifestó en España desde mediados del siglo XIX hasta cumplirse el primer tercio del XX y consistía en el control del poder en determinadas zonas, sobre todo rurales, por personas de gran influencia y prestigio social. Era un **residuo** de las antiguas **relaciones señoriales,** y suponía la dependencia personal y el dominio del cacique sobre los campesinos como un auténtico señor de vidas y haciendas. Conviene recordar, en este sentido, cómo la mayor parte del país seguía viviendo de la agricultura y de la ganadería; en 1877 un 66 % de la población activa estaba ocupada en el sector primario.

Los caciques eran, en principio, miembros de una **élite local** o **comarcal** caracterizada por su arraigo en un medio geográfico, económico y social concreto; su predominio personal (frecuentemente único) en esa sociedad cerrada; y su función de intermediarios de esta última ante el Estado. Mientras que el funcionario o el diputado eran intercambiables y dependían, en última instancia, de Madrid, el cacique permanecía en su territorio, y era el único interlocutor real del que disponía el poder político central para entrar en contacto con una realidad en la cual todavía no había acabado de consumarse el proceso histórico del paso del Antiguo al Nuevo Régimen.

Eran los más influyentes de la localidad (aunque no necesariamente los más ricos) y los agentes políticos encargados de recopilar los votos y amañar las elecciones para el correspondiente diputado encasillado u oficial. Relacionados con el gobernador civil respectivo o con personajes de Madrid, los caciques se convertían en dispensadores de favores y prebendas a cambio de votos; en amos y señores de los pleitos rurales, y en generadores de un clientelismo de adictos.

El sistema caciquil logró una **fuerte implantación** en **Andalucía,** ligado principalmente al fenómeno del latifundismo agrario, pero también con ramificaciones en el sector minero de Huelva, las industrias pesqueras de Cádiz y las actividades comerciales.

El bipartidismo

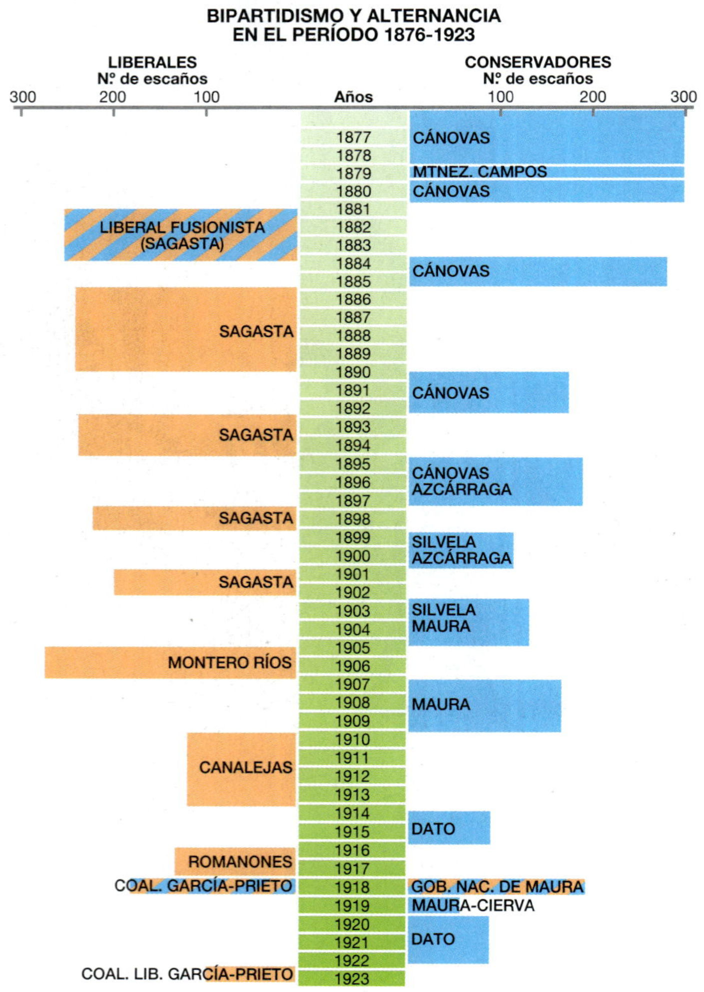

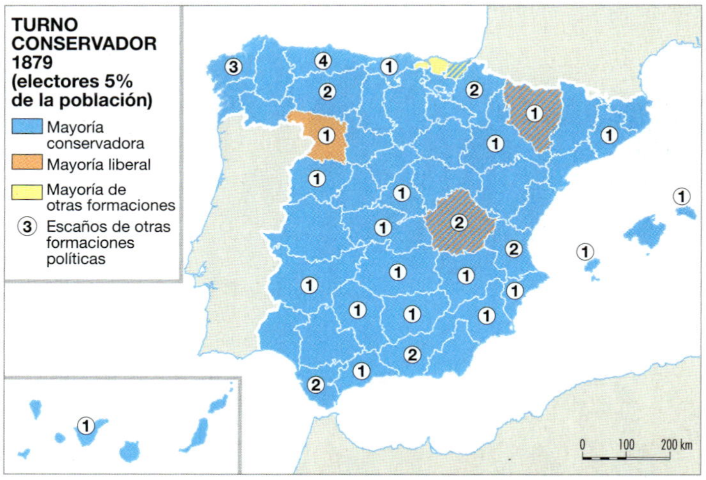

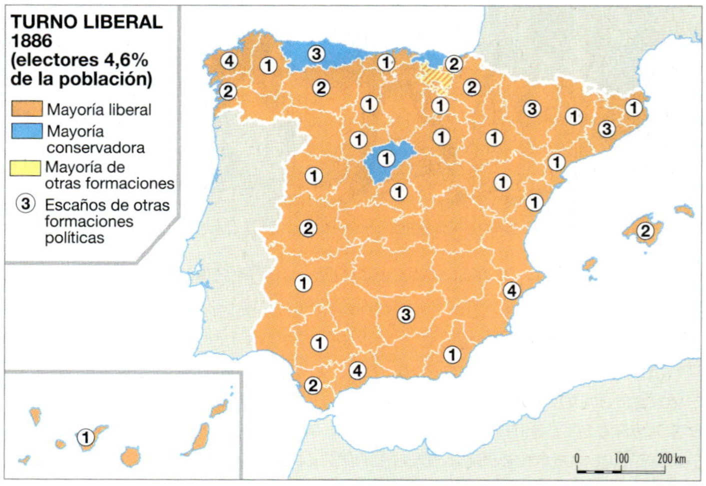

2.5. La evolución del régimen

En 1885 murió, a los veintiocho años, Alfonso XII, con lo que se creó una situación de riesgo para la continuidad del régimen.

Sagasta, que ya había formado Gobierno de 1881 a 1883, llegó a un acuerdo con Cánovas para garantizar la alternancia y el turno de partidos, que se plasmó en el **Pacto de El Pardo.**

Comenzó así el período de la **regencia** de **María Cristina de Habsburgo,** que duraría hasta 1902, fecha en que accedió al trono, con dieciséis años, el hijo póstumo de Alfonso XII.

A lo largo de estos años se mantuvo la alternancia entre los dos grandes partidos dinásticos: canovistas y sagastinos, conservadores y liberales, se turnaron pacíficamente en el Gobierno.

La reina regente mantuvo un claro equilibrio institucional, pero todos los testimonios señalan una especial confianza con Sagasta, cuyas reformas alentó y apoyó.

Sagasta formó Gobierno en cinco ocasiones, hasta su retirada en 1901, y bajo sus mandatos se aprobaron diversas leyes que aportaron una cierta democratización al régimen: ley de **libertad de reunión y expresión** en 1881 y la **ley de prensa** de 1883, de **libertad sindical** en 1887 y, la más importante, la introducción del **sufragio universal masculino,** en 1890.

Actividades

3. Explica, brevemente, en qué se fundamenta el sistema del turno de partidos.
4. ¿Cuál era la base social del partido liberal-conservador de Cánovas del Castillo?
5. Partiendo del análisis de los mapas y el gráfico de la página anterior explica el radical vuelco electoral que reflejan los mapas y la sucesión de los «turnos» de Gobierno que expresa el gráfico.
6. ¿Qué relación encuentras entre caciquismo y sufragio censitario?

Jura de la Constitución de la reina regente doña María Cristina, *de Francisco Jover y Joaquín Sorolla. María Cristina de Habsburgo (1858-1929) esposa de Alfonso XII fue reina regente de 1885 a 1902 en nombre de su hijo Alfonso.*

Más información en la web de recursos de **anayaeducacion.es**.

3

La oposición al sistema

Promulgada la Constitución de 1876, una de las primeras medidas que tomó el Gobierno de Cánovas fue establecer la distinción entre los partidos políticos que estaban dentro o fuera del sistema, en función de la aceptación o no de la monarquía restaurada y su dinastía. Esto condujo a la inacción a partidos que estaban en franco deterioro: los carlistas, que aceptaban el régimen de monarquía pero no la dinastía y estaban vencidos militarmente, y por otro, a los partidos republicanos. El Gobierno de **Sagasta** de 1881 **devolvió** la **legalidad** a los **partidos de la oposición carlista** y **republicana,** y permitió que volvieran a salir a la calle algunos de sus periódicos suprimidos.

3.1. Los republicanos

Podían distinguirse, por lo menos, tres grandes grupos republicanos:

- Los **posibilistas** o **republicanos históricos** seguían a Castelar y se mostraban a favor de una democracia conservadora que no comprometiera ni la unidad nacional ni el orden social.
- Los **federales,** que estaban mejor organizados y más cercanos a las asociaciones obreras, buscaban un reformismo social que armonizara los intereses del capital y del trabajo; así, en 1883 quisieron mejorar las condiciones de los trabajadores favoreciendo la constitución de jurados mixtos y permitiendo las huelgas pacíficas como fórmula para atraer a los obreros al partido, lo que lograron en parte; sin embargo, al estar sus propuestas planteadas desde una actitud burguesa, se produjo una continua deserción de los trabajadores en favor del partido socialista, que se presentaba como exclusivamente obrero.
- Los republicanos **progresistas-demócratas,** dirigidos por Ruiz Zorrilla, pretendían el cambio del régimen establecido por medio de las acciones subversivas. Fueron precisamente estas prácticas las que moverían a Cánovas a revocar en 1884 las propuestas liberalizadoras de Sagasta.

También las **organizaciones obreras** de la Federación Regional Española de la AIT aspiraban a una organización federal de la sociedad.

Entre 1875 y 1890 fueron elegidos algunos diputados republicanos para hablar en el Congreso en nombre propio, sin mencionar partido alguno. El ejemplo de líder de estas convocatorias entre silenciosos fue Castelar. La representación republicana en las Cortes durante todo el período fue escasa. El máximo número de diputados que llegaron a obtener fue de treinta y dos en las elecciones de 1881 y cuarenta y siete en las de 1893, sobre un total de unos cuatrocientos. Pero sus intervenciones en la Cámara hicieron que los liberales de Sagasta se vieran obligados a intentar hacer democrático el sistema canovista.

Actividades

7 Cita algunas diferencias entre las medidas políticas adoptadas por los gobiernos presididos por Cánovas y Sagasta.

8 Explica la estrategia política seguida por el anarquismo español hasta 1881 y a partir de esa fecha.

Emilio Castelar (1832-1899), último jefe de Gobierno de la Primera República. Fue la figura más destacada del republicanismo en la Restauración. Considerado un orador admirable, fue diputado por Barcelona ya en las primeras Cortes de Alfonso XII. Luchó por establecer el sufragio universal y la libertad religiosa, y representó un republicanismo reformista y unitario. Con las reformas de los gobiernos de Sagasta, pensó que se habían logrado los objetivos por los que había luchado y propuso en 1893 la disolución del Partido Republicano Posibilista, aconsejando a sus correligionarios el ingreso en el Partido Liberal Fusionista de Sagasta. Revista satírica El Motín.

Ideario anarquista

«El asalariado, de hecho, reduce al hombre política y económicamente a la esclavitud (...) queremos los anarquistas (...) igualdad de condiciones económicas para todos los hombres (...) poniendo a disposición de las colectividades la tierra y los instrumentos del trabajo industrial (...). Una sociedad basada en la igualdad de condiciones y la libertad más completa, hará hermanos a todos los hombres y la generosidad y los sentimientos de solidaridad se producirán esplendorosamente (...)».

«La Cuestión Social», Valencia, 28-5-1892, en J. Paniagua (1989): *Anarquistas y socialistas*. Madrid, Historia 16, p. 221.

Congreso obrero de Barcelona en 1870.

3.2. El movimiento obrero

Mientras que el **republicanismo** ejerció una **oposición** exclusivamente **política** al régimen de la Restauración, el **movimiento obrero** –entendido como la actividad política y social de los obreros y los campesinos para mejorar su situación y defender sus derechos dentro de una sociedad regida por la propiedad– **se opuso frontalmente** a todo el sistema.

El movimiento obrero adquirió madurez **a partir del Sexenio Democrático,** encontrando eco en España las **dos líneas** de la Internacional: la **anarquista,** que adquirió mayor predicamento después de la visita de Giuseppe Fanelli, discípulo de Bakunin y creó en Madrid y en Barcelona la sección española de la AIT (Federación Regional Española), en 1870; y la **marxista** se aglutinó en torno a un núcleo madrileño que entró en contacto con Paul Lafargue, yerno de Marx, en 1871.

3.2.1. Los anarquistas

En el **congreso** de las organizaciones afiliadas a la **Internacional** celebrado en **Zaragoza** en **1872,** la mayor parte de los congresistas había optado por el anarquismo. En esta opción, que significaba la separación del mundo obrero de la política oficial, influyó la deslealtad de los políticos para cumplir las promesas de mejora social hechas en la Revolución de 1868, y en especial, la esperada abolición de las quintas, lo que contribuyó a empujar al obrerismo a un odio contra el Estado, sin importar el signo del Gobierno, y a la desconfianza hacia todo tipo de acción política reformista.

Su **área geográfica** coincidía, en general, con la del **movimiento cantonal** de **1873;** el tercio mediterráneo de la Península, desde los Pirineos al Guadalquivir, y en especial, Barcelona, Zaragoza y las provincias de la baja Andalucía. A los pocos días del golpe del general Pavía, enero de **1874,** un decreto disolvía las asociaciones dependientes de la Asociación Internacional de Trabajadores y las obligó a entrar en la **clandestinidad.**

En **1881,** Sagasta hizo que el anarquismo retornara a la **legalidad.** Las nuevas circunstancias condujeron a una recomposición de las dispersas organizaciones para afrontar la nueva realidad, y el resultado fue la **Federación de Trabajadores de la Región Española** y la incorporación en masa de nuevos afiliados, que ya podían inscribirse en una organización legal. Los componentes de la comisión nacional de esta Federación, cinco miembros catalanes urbanos e industriales, optaron por abandonar la idea de la destrucción del Estado y organizar una resistencia solidaria y pacífica, por lo que se vieron enfrentados al sector andaluz, mayoritariamente campesino, partidario de la violencia como única vía eficaz de cambio.

El método llevó a la ruptura de ambos grupos, porque el recurso de la huelga general y solidaria, defendida por los sectores industriales de Barcelona y Madrid, resultaba ineficaz en el campo andaluz a causa de la dispersión campesina y de la imposibilidad de sostener una organización.

Los anarquistas andaluces se agruparon en sociedades secretas y decidieron actuar como grupos subversivos. Así surgió la mítica **Mano Negra,** de la que se decía que era una especie de organización secreta y a la que se atribuyó algunos asesinatos –aunque no hubo pruebas que respaldaran esta acusación–, lo que sirvió al poder conservador para acentuar la **dura represión** sobre los **sindicatos agrarios,** con el encarcelamiento de cientos de personas en Jerez, Cádiz y Sevilla.

3.2.2. Los socialistas

Sus orígenes

La otra tendencia del movimiento obrero, la socialista, se limitaba en 1874 a unos reducidos núcleos de seguidores de las ideas de Marx, para quienes la **Asociación del Arte de Imprimir,** convertida en sociedad de resistencia al entrar en la clandestinidad, servía de refugio.

En mayo de 1874, **Pablo Iglesias** fue llamado a presidir la Asociación, que contaba con cerca de 250 miembros. El hecho de que uno de ellos, José Mesa, amigo de Iglesias y tipógrafo como él, fuera a París a buscar un trabajo que aquí se le negaba por revoltoso, iba a influir decisivamente en la organización de un futuro partido. Allí trabó amistad con Jules Guesde, dirigente socialista francés, y en sus cartas a Iglesias le fue narrando las tácticas y actuaciones de este último; por esta vía fue entrando en la asociación madrileña el talante de rigidez ideológica y de disciplina táctica que caracterizaba al grupo francés.

Pablo Iglesias convenció a sus compañeros de la necesidad de pasar a la acción y formar un partido. En mayo de **1879,** con ocasión de un banquete de fraternidad universal, decidieron constituir el **Partido Socialista Obrero Español (PSOE)** y crear una comisión encargada de redactar el programa y el reglamento. En julio se celebró una asamblea para aprobar ese trabajo, que estaba directamente inspirado en los acuerdos de la Internacional. Su aire era netamente marxista y resaltaba la necesidad de la participación política de la clase trabajadora, de la formación de un partido obrero capaz de enfrentarse con el régimen político y con el sistema económico vigente.

Los objetivos del PSOE

El PSOE proponía **tres bases** como condiciones imprescindibles para el triunfo del proletariado.

- La primera, introductoria, reunía lo esencial de la **teoría de clases marxista:** la posesión del poder político por la clase trabajadora, la transformación de la propiedad privada o corporativa de los instrumentos de trabajo en propiedad colectiva, social o común (se consideraban instrumentos de trabajo la tierra, las minas, las fábricas, las máquinas, el capital-moneda, etc.), la constitución de una sociedad sobre la base del usufructo de los instrumentos de trabajo por las colectividades obreras, y la enseñanza general científica y especial de cada profesión a hombres y mujeres, sin distinción.
- La segunda contenía lo que más tarde se llamó el **«Programa máximo o aspiraciones finales del Partido»:** la abolición de todas las clases sociales y su conversión en una sola de trabajadores dueños del fruto de su trabajo, «libres, iguales, honrados e inteligentes».
- Por último, la tercera base se refería a las **medidas políticas** y **económicas** de inmediata realización para alcanzar el fin propuesto: la pugna por los derechos de asociación y de reunión, libertad de prensa, sufragio universal, jornada de ocho horas de trabajo, salario igual para los trabajadores de uno y otro sexo, etc., y, en general, «cuantas conduzcan al término de la esclavitud obrera».

3.2.3. La implantación del PSOE

El socialismo tuvo mayor **implantación** en **Extremadura** y **Castilla la Nueva,** y especialmente en **Madrid.** Desde aquí se extendió a los núcleos mineros e industriales de la **periferia asturiana, vizcaína** y **valenciana.**

Desde sus inicios quedó confirmado como un **partido de clase,** un partido exclusivamente obrero, que pretendía enfrentarse a los partidos burgueses en la lucha por el poder a través de las elecciones.

La salida de la clandestinidad de las asociaciones obreras en 1881 fue aprovechada para difundir ampliamente el programa.

1884 fue un año muy interesante porque en él se publicó el valioso *Informe* de Jaime Vera, médico y amigo de Pablo Iglesias, en respuesta a la consulta realizada por la Comisión de Reformas Sociales, que acababa de ser creada por el Gobierno, a todas las organizaciones proletarias existentes para que expusieran su programa y objetivos.

La salida a la calle en 1886 de *El Socialista* como periódico oficial del partido fue de enorme importancia, porque durante muchos años sería el único instrumento de interrelación de los diversos grupos socialistas del país. Este periódico pasó muchas dificultades en su inicio debido a la oposición de la prensa de los partidos oficiales y al desprecio de la fuerte prensa anarquista.

La crisis económica de 1887, que trajo consigo el cierre de fábricas, el incremento del paro, etc., llevó al Partido Socialista a crear una organización capaz de proceder de forma coordinada contra el capital. Y el resultado fue la **fundación,** en agosto de **1888** y en **Barcelona,** de la **Unión General de Trabajadores (UGT),** que fue seguida del **I Congreso del PSOE** en la misma ciudad, cuyo objetivo era perfilar la organización del partido.

La UGT quedó constituida como un organismo que reunía las diversas sociedades y federaciones de oficios, las cuales gozarían de autonomía en sus peculiares materias. Su fin era puramente económico: la mejora de las condiciones de vida y de trabajo de los obreros, y los medios para obtener las reivindicaciones precisas serían la negociación, las demandas al poder político y la huelga.

El PSOE y el movimiento obrero

Pablo Iglesias (1850-1925) fue la figura indiscutible del socialismo español a lo largo de la Restauración. Tenía una gran capacidad organizativa y luchó por abrir un espacio de integridad en el marco corrupto del sistema. Consiguió ser elegido concejal en Madrid en 1905, y en 1910 fue el primer diputado socialista en el Parlamento nacional.

Programa del PSOE

«Considerando que la sociedad actual tiene tan solo por fundamento el antagonismo de clases; que este ha alcanzado en nuestros días su mayor grado de desarrollo, como bien claro lo revela el cada vez más reducido número de los inmensamente ricos y el siempre creciente de los inmensamente pobres; que la explotación que ejercen aquellos sobre estos es debida únicamente a la posesión de los primeros de la tierra, máquinas y demás instrumentos de trabajo; que dicha posesión está garantizada por el poder político, hoy en manos de la clase explotadora; es decir, de la clase media (...).

Por todas estas razones, el Partido Socialista Obrero Español declara que su aspiración es: abolición de clases, o sea, emancipación completa de los trabajadores; transformación de la propiedad individual en propiedad social o de la sociedad entera; posesión del poder político por la clase trabajadora.

Y como medios inmediatos para acercarnos a la realización de este ideal los siguientes: Libertades políticas. Derecho de coalición o legalidad de las huelgas. Reducción de las horas. Prohibición del trabajo de los niños menores de nueve años (...). Leyes protectoras de la vida y la salud de los trabajadores (...). Creación de comisiones de vigilancia, elegidas por los obreros, que visitarán las habitaciones en que estos vivan, las minas, las fábricas y los talleres (...). Creación de escuelas gratuitas para la primera y segunda enseñanza y de escuelas profesionales (...). Servicio de las armas obligatorio y universal y milicia popular (...). Adquisición por el Estado de todos los medios de transporte y de circulación así como de las minas, bosques, etc. (...)».

Madrid, 9 de julio de 1879.

Las demandas de los trabajadores

En el año 1890 comienza una seria depresión económica de alcance internacional que tiene importantes repercusiones en España. Justamente ese año tendrá lugar la primera gran movilización obrera, en la que tuvo un papel protagonista la recién creada UGT.

«(...) El negocio de las empresas de Bilbao florecía a ojos vista, pero las condiciones de trabajo seguían siendo tan penosas como quince años atrás (...).

La chispa que encendió la hoguera fue el despido de cinco obreros de "La Orconera" por su participación en la manifestación del 4 de mayo. Al día siguiente del despido, el 13 de mayo, la huelga comenzó en las minas "Orconera", "Lejona" y "Precavida". Los obreros fueron recorriendo en manifestación todo el distrito minero para incitar a la huelga a los gritos de "¡Vivan las ocho horas de trabajo!, ¡Viva la unión de los trabajadores! ¡Vivan los socialistas!". (...) A la mañana siguiente estaban en huelga cerca de nueve mil mineros (...).

La huelga se extendía como mancha de aceite y en aquel atardecer había 21000 trabajadores en huelga, es decir, el 99% del censo obrero de Bilbao (...).

Los objetivos de la huelga fueron (...):

1. Que la jornada de trabajo no exceda de diez horas.
2. Que se supriman por completo las "tareas".
3. Supresión absoluta de los cuarteles o barracones, dejando, por tanto, en completa libertad a los trabajadores para que se administren comestibles donde lo crean conveniente.
4. Admisión de los individuos que han sido despedidos de sus trabajos.

Estas son las resoluciones adoptadas por los mineros en huelga, los cuales se hallan decididos a mantenerla.

La Arboleda, 15 de mayo de 1890 (...)».

Núñez de Arenas, M. y Tuñón de Lara, M.: *Historia del movimiento obrero español.* Barcelona, Novaterra, 1970, pp. 137-138.

LAS CIGARRERAS DE «LA PALLOZA»

«La Palloza», en la ciudad de A Coruña, fue una de las diez fábricas de tabacos existentes en el siglo XIX en España. Las «cigarreras», trabajadoras a destajo, recibían muy bajas retribuciones según la cantidad de producto elaborado. Hacia el año 1850, eran más de tres mil operarias en una ciudad que no llegaba a 40 000 habitantes.

En el año 1857, las obreras iniciaron una masiva protesta por la introducción de maquinaria y la consiguiente pérdida de empleos. En la huelga destruyeron las máquinas y se enfrentaron a los directivos de la fábrica. La revuelta, aplastada por el Ejército, fue una muestra de ludismo en el movimiento obrero gallego, carente aún de organizaciones sindicales.

Fachada de la fábrica La Palloza.

A partir de 1891, el PSOE concentró sus esfuerzos en la política electoral y no admitió ninguna alianza con los partidos burgueses.

Tras obtener escasos resultados, a principios del siglo XX se inició la colaboración con los republicanos. En **1910** se formó la conjunción **republicano-socialista,** que supuso un importante crecimiento numérico en sus filas y permitió conseguir el **primer diputado socialista: Pablo Iglesias.**

3.2.4. El movimiento obrero y las mujeres

La **integración** de las mujeres en el **trabajo industrial** fue muy **temprana.** A mediados de siglo, en la industria textil algodonera de Cataluña constituían el 40 % de la mano de obra en los talleres catalanes.

En conjunto, la tasa de actividad femenina era del 17 % en 1877. Sus salarios –que no superaban el **50 o el 60 % del salario de los varones**– eran fundamentales para la supervivencia de las familias.

Los sindicatos se mostraban recelosos ante el trabajo remunerado de las mujeres. Leemos en una revista anarcosindicalista de la época: «(...) es un hecho probado que en los trabajos en que la mujer puede hacerle la competencia, el hombre gana un jornal más reducido que en aquellos otros en que esta competencia no es posible; de modo que el obrero, aunque solo fuera por egoísmo, debería tratar de sacar a la mujer del taller o de la fábrica para que pudiera dedicarse única y exclusivamente a los quehaceres domésticos (...)» («El déficit del trabajador», en *Acracia,* 1887).

A pesar de ello, surgieron **dirigentes femeninas** en el movimiento obrero, como **Teresa Claramunt** (1862-1931), obrera textil de Sabadell, fundadora de la revista anarcosindicalista *El Productor* y de una Federación de Obreras. Fue líder destacada en la huelga general de Barcelona de 1902 y autora de *La mujer, consideraciones sobre su estado ante las prerrogativas del hombre* (1891).

Actividades

9 Elabora un esquema del programa político del PSOE. Compáralo con las demandas de los trabajadores en 1880 y explica las razones de las posibles coincidencias.

10 ¿Qué relación existía entre el PSOE y la UGT?

11 ¿Por qué tenían interés los empresarios, especialmente los textiles, en contratar mujeres y niños con preferencia frente a hombres adultos? Explica la actitud de los sindicatos ante esta situación.

4

Los nacionalismos

4.1. El centralismo del liberalismo español

En el surgiemiento de los regionalismos y de los nacionalismos en las últimas décadas del siglo XIX confluyeron diversos problemas que se venían arrastrando sin solución desde hacía tiempo.

El sistema político liberal había nacido en una coyuntura de ruptura nacional, la primera guerra civil carlista (1833-1840), que se había saldado con la victoria de unos sectores sociales y políticos sobre otros. Luego, para sustentarse, se dejó controlar por unas élites militares y políticas que representaban a los sectores más conservadores del liberalismo. Estas élites crearon en provecho propio un régimen político y un **modelo de Estado,** a imitación del francés, **uniformista,** que daba por supuesta la unidad nacional. La nueva organización **centralista** del Estado, con la división territorial basada en las provincias, pretendió desconocer las realidades comunitarias existentes y disolverlas en un proceso de integración común.

El uso patrimonial del Estado que hicieron las élites políticas liberales dio como resultado el desprestigio de aquellas como impulsoras de cualquier plan de cohesión nacional. Siguiendo las pautas de otros Estados europeos preocupados por lo mismo, se encargó a intelectuales que elaboraran «historias generales de España» que reflejaran la permanencia de esa cohesión a lo largo de los siglos. Todo quedó en un intento cultural desde arriba que acabó en las estanterías de la burguesía.

La acción del Estado liberal en favor de la modernización de la sociedad fue muy débil, dedicando escasos recursos a sectores tan básicos como las comunicaciones y obras públicas, o la enseñanza. En el siglo XIX España era «un país de centralismo legal, pero de localismo y comarcalismo real», una red de comarcas mal comunicadas y apenas integradas entre sí. En el Estado burgués no había una burguesía nacional, con un proyecto nacional, sino burguesías regionales distintas y separadas entre sí.

4.2. Bases de los nacionalismos periféricos

Siempre se ha afirmado que el movimiento regionalista y nacionalista inicialmente fue burgués. Sin embargo, es preciso puntualizar de qué burguesía se trataba. La **gran burguesía industrial** y **financiera** en la vida política de la Restauración, aunque de distintas regiones (Cataluña, Euskadi o Castilla), estuvo plenamente **vinculada** a los intereses de la **política oficial** y colaboró con su poder económico en hacer o deshacer gobiernos. Otorgó poder a Madrid, al dominar las redes clientelares en sus respectivos lugares, y Madrid devolvió el favor concediendo un proteccionismo especial a sus negocios. Los **regionalismos periféricos** fueron **originariamente manifestaciones** de las **medianas** y **pequeñas burguesías.** A medida que se fueron ampliando sus bases y haciéndose interclasista, es innegable que se adhirieron las burguesías dirigentes, y lo supieron esgrimir como arma política frente al Gobierno de Madrid para obtener ventajas, especialmente en el terreno económico.

Actividades

12 Comenta por escrito la afirmación de que la España de la Restauración era «un país de centralismo legal, pero de localismo y comarcalismo real».

La revolución liberal burguesa intentó generar una conciencia de identidad nacional entre la ciudadanía. Para ello, los planes de estudio incluían como materia fundamental la historia patria. La burguesía realizaba así una «nacionalización del pasado», que suponía la sucesión en el tiempo de grandes gestas, hombres ilustres y fechas memorables. Un ejemplo de ello es la monumental Historia General de España, *de 29 volúmenes escrita por Modesto Lafuente, representado en la ilustración.*

El catalanismo

Cataluña y España según Enric Prat de la Riba

«España no es cuestión de lengua ni de corazón, sino de vientre. Para los que viven de ella, España es una realidad providencial indiscutible; para los demás es una expresión geográfica o bien la denominación impropia de una sola de las nacionalidades españolas, la nacionalidad castellana (...)».

«Enclavada Cataluña en el área geográfica conocida con el nombre de España, somos españoles de la misma manera que somos europeos por estar comprendida España dentro del continente Europa. Gobernada España por el Estado español, los catalanes somos españoles como miembros de ese Estado, como ciudadanos de esa sociedad política. No somos, pues, enemigos de España, tomada en este sentido (que es el único real), ni al combatir al Estado español queremos otra cosa que rehacerlo con equidad y justicia, y con una organización más adecuada y perfecta, dentro de la cual Cataluña pueda encontrar una vida de libertad y progreso».

Prat de la Riba, E.: *Nacionalisme catalá y separatisme espanyol,* 10 de abril de 1900.

Las Bases de Manresa (1892)

«(...) Base 3.ª La lengua catalana será la única que podrá usarse con carácter oficial en Cataluña y en las relaciones de esta región con el poder central..

Base 4.ª Solo los catalanes, tanto los de nacimiento como los que lo sean por naturalización, podrán desempeñar cargos públicos en Cataluña, incluidos los gubernativos y administrativos que dependan del poder central. (...).

Base 6.ª Cataluña será la única soberana de su gobierno interior, por tanto dictará libremente sus leyes orgánicas; cuidará de su legislación civil, penal, mercantil, administrativa y procesal; establecimiento y percepción de impuestos; acuñación de moneda y tendrá todas las demás atribuciones inherentes a la soberanía y que no correspondan al poder central (...).

Base 7.ª El poder legislativo regional radicará en las Cortes catalanas que deberán reunirse cada año en época determinada y en lugar distinto. (...)

Base 8.ª El poder judicial se organizará restableciendo la antigua Audiencia de Cataluña (...)».

4.3. El catalanismo

4.3.1. Bases sociales e ideológicas

En Cataluña, a partir de un tímido e inicial provincialismo, fue surgiendo, en contraste con la Restauración, un **movimiento cultural: la Renaixença,** que abarcaba los más diversos campos de la actividad intelectual que tuvieran relación con Cataluña, y empleó como instrumento, cada vez más, la lengua vernácula. En este movimiento se fueron reuniendo los diversos intereses de la burguesía: industriales, forales, descentralizadores, románticos o incluso religiosos.

A la vez, la exclusión del federalismo republicano, tras la caída de la República, y la derrota del carlismo, en 1876, obligaron a ambas fuerzas a abandonar sus dogmatismos doctrinales y a optar por un **regionalismo prenacionalista.** El federalismo primó sobre el republicanismo, y los fueros históricos, sobre la cuestión dinástica carlista, de modo que ambas corrientes confluyeron en un catalanismo político.

Estas contaban, respectivamente, con las guías de *Lo catalanisme,* publicado por Valentí Almirall en 1886, y de *La tradició catalana,* obra de 1892 del que luego sería obispo, Torras i Bages. De la síntesis de ambas obras surgiría en 1896 el *Compendi de la doctrina nacionalista,* de Enric Prat de la Riba, como la forma catalana del regeneracionismo de fin de siglo.

Almirall abanderó la línea del catalanismo moderno, centrando la cuestión en el hecho del **federalismo** como fórmula idónea para superar y unificar las distintas posiciones antagónicas de las burguesías particularistas. En *Lo catalanisme* defendía la necesidad de respetar y fomentar la «manera de ser y las costumbres tradicionales» de las comarcas forales y reivindicaba las divisiones «naturales» frente a las provincias «artificiales», surgidas del unitarismo liberal. Asimismo, daba el paso decisivo al señalar: «Nuestro objetivo es que Cataluña recobre su personalidad por el camino del particularismo».

Su planteamiento era **regenerador autonomista** y no independentista, de modo que la unidad de los pueblos dentro del Estado no habría de ser impuesta desde el centro, sino que debía ser consecuencia del desarrollo industrial y comercial.

La propuesta, más idealista que real, era una Cataluña capitalista y europea, que debía estar dirigida por una burguesía urbana e industrial dispuesta a derrocar el burocratismo centralista y agrario, y a transformar el Estado español a su modo y semejanza.

Actividades

13 Lee atentamente el doc. de «Cataluña y España según Enric Prat de la Riba» y resume su pensamiento sobre el nacionalismo catalán y la idea de España.

4.3.2. Las organizaciones catalanistas

Cuando Almirall fundó, en **1882,** el **Centre Catalá,** pensado como una entidad patriótica que estuviera por encima de los partidos existentes y que sirviera de nexo entre la burguesía federal y la conservadora, se encontró con la resistencia de esta última, que, en cuanto pudo, procedió a formar su propia asociación.

En 1885, los temores a un convenio comercial con Gran Bretaña y a la supresión de particularidades del derecho civil catalán llevaron al Centre a convocar a varias instituciones económicas y sociales. Almirall redactó la *Memoria en defensa de los intereses materiales y morales de Cataluña,* el llamado *Memorial de Greuges,* dirigido al rey Alfonso XII. Denunciaba el centralismo y reclamaba proteccionismo económico, y el mantenimiento del derecho civil catalán y de la lengua. Considerado como la primera movilización unitaria del catalanismo, el *Memorial* causó fuerte impacto en Madrid y dio carta de naturaleza al catalanismo político.

En **1887,** los conservadores fundaron la **Lliga de Catalunya** y, con motivo de los Juegos Florales celebrados por la Exposición Universal de Barcelona, presentaron a la reina regente María Cristina de Habsburgo –Alfonso XII había muerto en noviembre de 1885– un programa regionalista que mantenía, al mismo tiempo, la fidelidad a la monarquía y la búsqueda de una amplia autonomía, en la línea de la aceptada por el emperador de Austria con respecto a Hungría en 1867.

En **1891** volvieron a encontrarse el Centre y la Lliga gracias al esfuerzo conciliador de Prat de la Riba y el resultado fue una nueva organización: la **Unió Catalanista.** En su primera asamblea, celebrada en Manresa en 1892, se suscribieron las bases para una Constitución Regional Catalana, una síntesis de la concepción federal de integración del Estado catalán en el Estado español y de las ideas del catalanismo conservador.

4.4. El nacionalismo vasco

4.4.1. Bases sociales e ideológicas

El nacionalismo del País Vasco, aunque surgió en un clima compartido de defensa de los fueros, tuvo peculiaridades distintas del catalán y, desde luego, no se formó desde una burguesía supuestamente moderna. En **1876,** la **ley que derogaba** sus **fueros históricos** aportó dos tipos de reacciones que iban a entrar en el siglo XX: la de los que, transigiendo, supieron rentabilizar perfectamente la situación para transformar la pérdida en conciertos económicos con Madrid en provecho propio, y la de los que, apelando al tradicionalismo, defendieron la recuperación íntegra de los fueros.

Estos últimos no eran los burgueses industriales transigentes, sino los perdedores de la guerra carlista. Eran los que se aferraban a un País Vasco tradicionalmente agrario, contrario al fenómeno urbano y su industria, y para quienes la defensa de los fueros totales equivalía a defender la esencia de «lo vasco», de forma que la ley

El árbol de Gernika y la tribuna de la Casa de Juntas, donde se reunía la representación de los notables del señorío de Bizkaia en el medievo, fueron parte esencial del imaginario simbólico que el nacionalismo vasco comenzó a construir desde sus primeros pasos. Heredaba así referentes y mitos cultivados por el fuerismo carlista que afirmaban la identidad y soberanía ancestral del pueblo vasco, la hidalguía universal y su especificidad racial y lingüística.

Más información en la web de recursos de **anayaeducacion.es**.

Raíces del nacionalismo vasco

«En el origen del nacionalismo vasco confluyen dos procesos: por un lado, la radicalización antiliberal de sectores tradicionalistas marginados por la sociedad industrial; por otro, la marginación económica y política de sectores burgueses antimonopolistas. La obra de Sabino Arana se inscribe en el primer proceso, pero, en plazo relativamente breve, su partido iba a convertirse en la expresión política de la burguesía no monopolista (...).

En síntesis, el nacionalismo vasco es, como todos los del siglo XIX, obra de la burguesía, aunque el hecho de su definición tradicionalista y la convivencia en el mismo partido, y bajo la dirección del fundador, de sectores tradicionalistas y burgueses impida una ruptura ideológica y consagre importantes elementos preindustriales en la ideología oficial del partido (...)».

Corcuera, J.: *La burguesía no monopolista en el origen del nacionalismo vasco*. Madrid, Siglo XXI, Coloquios de Pau (VIII), 1978, p. 152.

En la imagen, Sabino Arana, al que se le considera padre del nacionalismo vasco y creador del PNV.
Puedes consultar la web de recursos de **anayaeducacion.es**.

abolitoria se convirtió en el agravio por antonomasia por parte del Gobierno central. Historiadores e ideólogos afines llevaron a cabo una idealización del pasado y añoraban la pérdida de la «edad dorada». La industrialización y la masiva llegada de inmigrantes eran señaladas como enemigas de la sociedad tradicional vasca, junto con el Gobierno liberal español que había abolido sus fueros.

4.4.2. El PNV

El propulsor del nacionalismo vasco, **Sabino Arana,** desde una perspectiva fuerista tradicional, se limitó en los años noventa a recoger y dar coherencia a estas ideas que flotaban en la sociedad, y las depuró: para un pueblo «diferente» -de raza y, sobre todo, lengua distintas- recuperar los fueros totales era recuperar la **plena soberanía,** la cual significaba **independencia.** Alcanzarla no era sino volver a la libertad originaria, a la esencia histórica del pueblo vasco, a la Ley Vieja. El lema nacionalista vasco era «Dios y Ley Vieja», o sea, fueros y tradiciones.

El 31 de julio de **1895** se fundó el primer **Partido Nacionalista Vasco** con una solemne **declaración antiespañola** y con una voluntad de restaurar en el territorio el orden jurídico tradicional. Pero el partido no fue capaz de conseguir nada mientras se mantuvo en la órbita de los **primeros seguidores** de Arana -la **pequeña burguesía bilbaína tradicionalista**-, por lo que se vio **obligado** a **ampliar** sus **bases** hacia una **burguesía** más **moderna e industrial.** Fue entonces cuando apareció la **tensión interna** entre los defensores de la independencia y los que buscaban, como objetivo más viable y práctico, la autonomía dentro del Estado español.

Estos últimos, **urbanos, industriales** y con dinero imprescindible para el partido, se impusieron en el **control** del **PNV** -con el armador De la Sota a la cabeza- y entraron en una línea autonomista «catalana», copiando la idea de «rehacer España» desde, en este caso, el País Vasco. De este modo, y con la mezcla de ambas posturas -las ideas de los de la «primera hora» y las de «los de después»-, el partido encontró un relativo equilibrio, que iba a permanecer durante décadas, entre una dirección que presionaba a los gobiernos centrales, con el argumento de la radicalidad de las bases que lo sustentaban, y unas bases independentistas que aceptaban la política moderada de su dirección ante Madrid como una vía gradual que podía acabar en la independencia.

Actividades

14 Compara los principios del nacionalismo vasco con los del catalán de la misma época y valora las posibles similitudes y diferencias.

15 ¿Se puede establecer alguna relación entre los nacionalismos periféricos y el desarrollo de la burguesía? ¿Por qué? Debátelo en el aula.

4.5. Otras manifestaciones nacionalistas y regionalistas

4.5.1. El galleguismo

El nacionalismo gallego finisecular muestra unas diferencias específicas con respecto al catalán o al vasco. Por una parte, fracasó en su intento de construir una fuerza política galleguista homogénea, pero, por otra, **edificó** una **ideología diferencialista** que, superando los niveles políticos regionalistas, teorizó con radicalidad sobre la naturaleza nacional de Galicia -territorio, raza, lengua, historia y conciencia nacional-; de forma que los planteamientos de sus principales ideólogos -**Manuel Murguía, Alfredo Brañas** o **Aureliano Pereira**- serán recogidos sin alteraciones sustanciales por los pensadores nacionalistas del siglo XX. Con todo, este galleguismo no pretendía alcanzar un Estado independiente, ni siquiera un federalismo, sino un modelo **jurídico-político** de **descentralización** designado con el término de **autonomía.**

El nacionalismo gallego

La articulación de movimientos nacionalistas en Galicia se remonta a la etapa isabelina: ya en 1843 se celebró en Lugo una asamblea federal en la que Antolín Faraldo propuso la independencia del Reino de Galicia. En 1846 se produjo un levantamiento progresista y autonomista bajo la dirección de la Junta Superior de Galicia, que fue ahogado en sangre: los «mártires de Carral». En 1873 tuvo lugar una asamblea federal en Santiago, dentro de los movimientos federales republicanos. La Liga Regionalista Gallega fue creada en 1890 y dirigida por Alfredo Brañas. En 1916 se fundó la primera de las Irmandades da Fala, en cuyo programa se habla de «conquistar una amplia autonomía para Galicia.

4.5.2. El andalucismo

El regionalismo andaluz comenzó su andadura a partir de los movimientos cantonalistas de **1873.** Para **Blas Infante,** esta fecha fue fundamental para la **formación** de la **conciencia andaluza** en el marco de una República Federal.

El andalucismo ligaba las ideas de emancipación social del campesinado y de autogobierno.

El primer acto andalucista clave fue en Antequera, Malaga, en **1883** -décimo aniversario de la República-, donde se proclamó la **Constitución Federalista Andaluza** y se solicitó expresamente una «Andalucía soberana y autónoma».

Sin embargo, no se pudo alcanzar la consolidación de un partido andalucista burgués, posiblemente debido a la vinculación de la propia burguesía andaluza con el poder central o por la deriva del movimiento obrero andaluz hacia el anarquismo, contrario a todo pacto con la burguesía.

Constitución Federal Andaluza (1883)

«Art. 1. Andalucía es soberana y autónoma; (...) y no recibe su poder de ninguna autoridad exterior al de las autonomías cantonales (...).

Art. 10. Ni el pueblo soberano constituido en Municipio, ni los Municipios aliados en Cantón, ni los Cantones federados regionalmente podrán cohibir, mermar, o lesionar bajo pretexto alguno la Autonomía humana, luego a ninguno de ellos se le tolera: (...) Dedicar fondos directa o indirectamente al sostenimiento de los ministros o del culto de cualquier religión. Conceder títulos de nobleza, condecoraciones o tratamientos, ni tolerar su uso (...). Mantener género alguno de relaciones entre la Iglesia y el Estado.

Art. 13. La Región andaluza rechaza el derecho al celo y a la ignorancia, por lo tanto se prohíbe toda suerte de comunidades religiosas, (...) y se establece la instrucción gratuita y obligatoria hasta los doce años para ambos sexos.

Art. 14. Se reconoce la independencia civil y social de la mujer. Toda subordinación que para ella establezcan las leyes, queda derogada desde la mayoría de edad.

Art. 85. La designación de los jefes, oficiales y clases (del ejército) corresponde a los subordinados respectivos (...).

Art. 95. Las alianzas constitutivas requieren ser efectuadas con pueblos que para su vida interior tengan planteadas las instituciones democrático-republicanas».

5 No entra (poner muy poquito)

La economía y la sociedad

El sistema económico y social español en la época de la Restauración presentaba una **sociedad dual** en la que convivían dos mundos muy diferenciados: unas **pocas áreas industrializadas** y un **inmenso interior agrario,** con formas de vida y subsistencia muy atrasadas, con una escasa interrelación de una y otra.

Las bajísimas rentas de la mayor parte de la población no permitían ni el consumo ni el ahorro, lo que dificultó el desarrollo industrial. Además, la política económica, centrada en dar una buena imagen al exterior, olvidó atender las necesidades de la mayor parte de la población.

5.1. Las áreas de la economía española

Un análisis detallado nos permite identificar tres grandes áreas económicas en la España de fin de siglo:

- Áreas **agrarias** del **interior,** dedicadas a cultivos extensivos de productos de gran consumo, principalmente cereales, con muy bajos rendimientos; resistían a la competencia extranjera gracias a un rígido proteccionismo.
- Áreas **periféricas industriales** (Cataluña, País Vasco y zonas del Cantábrico), que producían principalmente para el mercado nacional, puesto que sus altos costes y baja productividad les impedían competir en los mercados internacionales; por tanto, necesitaban también una importante y progresiva protección.
- Áreas **periféricas mediterráneas,** que consumían del interior, a precios altos, productos protegidos y, en cambio, vendían parte de sus productos al exterior (productos hortofrutícolas, aceite, vinos, fundamentalmente), posibilitando así importaciones de materias primas y bienes de equipo necesarios para la producción industrial.

El **bloque de poder** estaba constituido por una **oligarquía burguesa** que formaba el triángulo de siderúrgicos vascos, textiles catalanes y cerealistas castellanos, que regía la vida política y económica del país (el llamado eje Bilbao-Barcelona-Valladolid). El régimen no hizo nada para romper el contraste entre la España interior, campesina y profunda, y la moderna y capitalista de la periferia.

La cuestión social

La miseria del campesinado jornalero

«En 1901, el trabajador agrícola andaluz (...), gana por término medio un jornal de 1,75 pta. cuando trabaja. Cantidad que, en sí misma, es insuficiente para atender las más perentorias necesidades de la vida (...).

Gastos diarios en general para una familia obrera campesina de cuatro miembros	
Alimentación (pan y aceite)	1,32 pta
Cuarto-habitación	0,11 pta
Botica y médico	0,04 pta
Vestido	0,20 pta
Suma total del gasto diario	1,67 pta

Suponiendo, además, que tuviera trabajo todos los días del año y ganase un jornal de 1,75 pta., le quedarían 0,08 céntimos diarios, que hacen una suma total de 29,20 pta., con las cuales tendría que hacer frente a otra serie de gastos, como son: otros alimentos indispensables, provisión de leña, lavado de ropas, composturas, compra de herramientas de labranza, etc.

Este pequeño superávit, tan exiguo, se obtiene suponiendo que trabajara durante 365 días y que cobrara siempre 1,75 pta. diarias, cosas ambas que no se daban en realidad, con lo que se hacía imposible la satisfacción del escaso número de necesidades que enuncio (...)».

La pobreza expresada en reales

«Las condiciones de vida de las clases trabajadoras en la España de fin de siglo son conocidas a través de los Informes de la Comisión de Reformas Sociales –creada por Real Decreto de 5 de diciembre de 1883– y de testimonios de numerosos autores.

Salarios en Barcelona (año 1900, en reales diarios)	
Albañiles	16
Carpinteros	16,75
Mecánicos	17
Peones	10

El presupuesto de alimentación de primera necesidad –bacalao, pan, patatas, judías, huevos, aceite y vino– de una familia de cuatro personas se eleva a 14,50 reales (...).

"Quedaban pocos cuartos para atender las necesidades de indumentaria y habitación. No comer carne más que en las fiestas señaladas, ayudarse con el trabajo de la mujer y los hijos, malvivir en un rincón de un piso realquilado, tales parecen ser las condiciones en que se cierra el ochocientos para el obrero en Cataluña. Y si los negocios van mal, entonces sobreviene el paro forzoso y la miseria" (V. Vives)».

En Romeu, F.: *Las clases trabajadoras en España.* Madrid, Taurus, 1970, pp. 51 y 79.

En las extensas regiones del interior eran escasos los focos industriales o mineros. Una de estas excepciones fue desde mediados de siglo el norte de Palencia donde se desarrollaron explotaciones de hulla y antracita, que inicialmente iban hacia Valladolid por el Canal de Castilla y, más tarde, tendrían como destino la industria vizcaína, gracias a que, en 1894, un ferrocarril desde La Robla (León) a Balmaseda (Bizkaia) proporcionó salida al carbón de las minas de Guardo, Velilla o Barruelo.

Más información en la web de recursos de **anayaeducacion.es**.

5.2. Proteccionismo y librecambio

La economía española se encontraba ante el gran dilema del proteccionismo o el librecambismo.

- El **proteccionismo** promovía la defensa de la producción nacional frente al mercado exterior, mediante la implantación de altos impuestos aduaneros a las mercancías importadas, que eran más competitivas. Así la producción nacional, de menor calidad y más cara, podría soportar la competencia exterior.
- El **librecambismo** defendía la libertad en los intercambios con bajos aranceles. El Estado debe garantizar la libre transacción de capitales y mercancías, con impuestos ordinarios.

Durante el siglo XIX España tuvo una economía con un nivel de protección arancelaria más alto que el entorno europeo. La tradición mercantilista del siglo XVIII se mantuvo durante las primeras décadas del siglo XIX. Resulta llamativo que en **1820** liberales progresistas lograran establecer un **arancel muy restrictivo** que seguía prohibiendo taxativamente la importación de 675 tipos de mercancías.

Posteriormente, las Cortes progresistas de 1841 redujeron las prohibiciones. En 1849 una nueva ley rebajó aún más los aranceles. La polémica entre los dirigentes liberales fue continua y surgieron asociaciones defensoras de ambas posturas, como la Comisión de Fábricas o el Instituto Industrial de Cataluña (1848), enfrentados a la Asociación para la Reforma de los Aranceles de Aduanas (1859).

Mientras la burguesía moderada del textil catalán y los cultivadores de trigo del interior abogaban por un mercado reservado a la producción nacional, los progresistas y demócratas eran partidarios del librecambismo como forma de obtener inversiones y tecnología, y de poder acceder a capitales y bienes de equipo del extranjero. Solamente en breves períodos, como durante el Bienio Progresista, y limitado a sectores muy concretos, como fue el ferrocarril, se adoptaron criterios librecambistas.

Tras la Revolución de 1868, el ministro **Laureano Figuerola** estableció un nuevo **arancel (1869)** que pretendía abrir la economía española al exterior como forma de promover el desarrollo económico. Este arancel establecía una **desprotección selectiva,** manteniendo de momento una amplia protección para los productos agrarios y rebajando la de los productos industriales. De este modo se pretendía promover la expansión industrial, con la importación de bienes de equipo y materias primas, para más tarde liberalizar también el sector agrario.

Actividades

16 Explica el significado de la expresión «sociedad dual», referida a la España de fin del siglo XIX.

17 ¿En qué consistía y cuál era la finalidad de la política arancelaria impuesta en 1869 por el ministro Laureano Figuerola?

El proteccionismo

Defensa del proteccinismo

«Nunca las fábricas catalanas han sido tan acreedoras como ahora a la protección del Gobierno y de las Cortes por medio del sistema prohibitivo, porque nunca como ahora se han empleado tantos capitales ni hecho tantos sacrificios para elevarlas al nivel de las extranjeras y asegurar a la España su independencia fabril.

Llega a haber [ahora] un entusiasmo, por no decir furor, en la creación de grandes establecimientos industriales; y si no se comprime este movimiento con la introducción de manufacturas extranjeras, puede V. S. estar sobreseguro de que muy en breve la abundancia, la perfección y la baratura reinarán en nuestro mercado».

Oficio de la Comisión de Fábricas de Barcelona a Pascual Madoz, en Vilar, J. B.: *El despegue de la revolución industrial española.* Madrid, Istmo, 1990, p. 144.

Reducción del proteccionismo aduanero

«Un sistema de protección bien entendido debe principiar por estimular el consumo, dejando entrar (...) productos extranjeros que no produce el país en abundancia (...):

1.° La legislación debe favorecer ante todo la producción de los ramos que no necesitan de derechos protectores ni de primas para su fomento.

2.° Conceder una protección especial, limitada y temporal a determinadas industrias (...).

3.° No imponer derechos protectores a favor de la generalidad de las industrias (...).

4.° Combinar los derechos con las primas en términos de gravar el consumo lo menos posible y de favorecer el ensanche del comercio exterior».

Andrés Borrego: *Principios de economía política con aplicación a la reforma de aranceles de Aduana...* Madrid, Imp. De las Soc. de Operarios del Mismo Arte, 1844. Cit en Vilar, J. B.: *Op. cit.,* p. 149.

Una ley de 1875 paralizó la implantación del arancel Figuerola debido a la resistencia de los grupos industriales catalanes y vascos, y de los harineros castellanos. En la década de 1880, se produjo una **crisis agraria** en toda Europa occidental, con una grave caída de los precios. Los países nuevos (Estados Unidos, Argentina, etc.), con el abaratamiento y la mejora del transporte, generaban un **mercado mundial** de **productos agrarios** y abastecían a los mercados europeos de alimentos y materias primas a bajos precios. La depresión condujo a un retorno al proteccionismo, excepto en Gran Bretaña. Hubo un descenso de rentas agrarias y de demanda interna. En España, la crisis fue especialmente grave al coincidir la llegada de la filoxera con la recuperación del viñedo francés y la consiguiente pérdida de ese mercado. Un **arancel** muy **proteccionista** de **Cánovas** de **1891** fue la respuesta y así la economía española entró en una década de muy bajo crecimiento de la renta (0,8 % anual) y un gran debilitamiento del sector exterior.

5.3. La agricultura

España se debatía entre una agricultura **moderna** que satisfacía la demanda interior y exterior de cereales, aceites y vinos, y una agricultura **tradicional** al servicio de la primera, a la que prestaba mano de obra abundante y barata. La agricultura, seguía condicionada por la desigual calidad de las tierras y la climatología, por formas de cultivo plurales, mayoritariamente rutinarias, y por una **desequilibrada distribución de la propiedad** que iba desde la excesiva concentración **(latifundismo),** hasta la excesiva atomización y dispersión **(minifundismo).**

En el último cuarto de siglo, el sector agrario ofrecía una reducida y muy pudiente **oligarquía agraria,** de grandes terratenientes, predominante en Castilla occidental, La Mancha, Extremadura y Salamanca; unas **clases medias bajas,** de propietarios medianos, arrendatarios, aparceros, etc., expandidas por la Península, y un **proletariado jornalero** sometido a salarios de temporada, al que se unía numerosos propietarios muy pequeños, **semiproletarios** o empobrecidos de todas las regiones que tenían que trabajar por cuenta ajena por no ser autosuficientes. El resultado era una alimentación deficiente, carencias higiénicas y sanitarias, de miseria y falta de una cultura elemental.

Los problemas no resueltos, la mala distribución de la propiedad y su ilusión de conseguir una justicia simple –la del reparto de las tierras– o el hambre condujeron en determinados momentos a cohesionadas reacciones violentas, que atemorizaban a los terratenientes y a las autoridades. Esta realidad se acentuó con la crisis agrícola y pecuaria de fin de siglo por la disminución de las rentas de la tierra, el descenso de los jornales y el paro, explica el aumento de la **emigración,** para salir de la pobreza, hacia Argelia o hacia las Antillas y el sur de América, y el proceso de **concentración urbana,** iniciado en 1880 y bien perceptible entre 1900 y 1920.

Actividades

18 Describe las consecuencias demográficas y sociales que tuvo la injusta distribución de la tierra en la España de fines del siglo XIX.

La emigración

La emigración ultramarina en las décadas del cambio de siglo fue un fenómeno generalizado en el medio rural, como salida a un excedente demográfico que el lento desarrollo industrial no absorbía. Según las estadísticas oficiales, en la primera década del siglo XX emigran 1305711 personas, de las que un 80% es población campesina. El pueblo de Boada (Salamanca) solicita colectivamente su admisión en la República Argentina en un conocido documento:

«Presidente de La República. Boada, 13 de octubre de 1905. Excmo. y honorable señor: Sabiendo que a ese su Gobierno le conviene el aumento de la población con el objeto de colonizar el mucho terreno virgen que posee y cultivar y hacer producir sus llanos y extensos parques y conociendo el grande interés que tiene en favorecer la inmigración en su hermoso y productivo país, los que suscriben, médico y secretario del Ayuntamiento y Juzgado Municipal de este pueblo de España, madre común de los habitantes de ambas naciones, tienen el atrevimiento y la honra de dirigirse a V.E. rogándole indique a ese Gobierno si puede admitir un pueblo entero o la mayor parte de él, con todas sus clases sociales, como son: labradores, carpinteros, herreros, albañiles, médico, boticario, zapatero, etc., y en caso afirmativo nos conteste con las condiciones y ventajas que puede proporcionarnos.

Quede V.E. con la mayor consideración y respeto afectísimo seguro servidor, secretario del Ayuntamiento, regidor, médico, Carlos de Sena, secretario de Juzgado, Juan Rodríguez.

Nota: La mayor parte de los antedichos irían si se les facilita el pasaje gratuito».

En *El Adelanto*, 9 de diciembre de 1905.
Reproducido por R. Robledo en *Anales de Economía*, 1974.

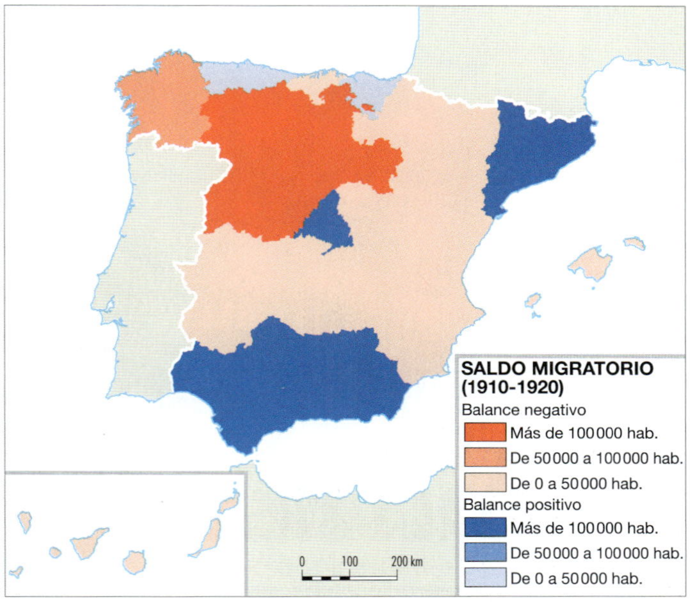

España tuvo un importante saldo migratorio en la segunda mitad del siglo XIX. No conocemos datos estadísticos fiables hasta después de 1882. Desde ese año hasta 1900 llegó a un millón el número de emigrados, unos 60000 anuales aproximadamente. Al igual que en otros países europeos, la gran crisis agraria de fin de siglo, con la importación masiva de alimentos a bajo precio, sobre todo desde América, supuso un mayor empobrecimiento del campesinado. Hubo entonces un giro proteccionista general que se concretó en el arancel Cánovas (1891), muy restrictivo de importaciones, pero no muy efectivo en cuanto a la producción agropecuaria.

La minería en Andalucía

El auge de la minería andaluza responde al aumento de la demanda mundial de metales como el cobre, o subproductos minerales de interés industrial. Diversos factores impidieron que se promoviese el desarrollo industrial del entorno: ausencia de proyectos industriales españoles y escasa demanda interna.

Consorcios británicos arrendaron las minas de Tharsis y de Rio Tinto (1873) e invirtieron grandes capitales en su explotación y vías de salida del mineral a Inglaterra.

En 1888 tuvieron lugar fuertes movilizaciones sociales (el año de los tiros) a causa de las penosas condiciones ambientales de las industrias a pie de mina. La represión militar de las manifestaciones produjo unos 200 muertos.

El muelle del embarcadero de Rio Tinto, en la desembocadura del río Odiel, es una gran obra de ingeniería industrial (1876) en la que finalizaba el ferrocarril del mineral para su embarque hacia Inglaterra.

Grabado del muelle embarcadero de Rio Tinto

5.4. La minería

Pero, en contraste con esta España agraria, que lentamente intentaba romper su ritmo secular, la minería y la industria crecieron con rapidez entre 1875 y 1900. La clave para el aumento en la extracción de minerales estuvo en la **Ley de Minas** de **1869,** que concedía minas a perpetuidad a cambio de una modesta tributación pública. Tal ley despertó una notable especulación registradora y la consiguiente expansión de las explotaciones de todo género de minerales, más o menos abundantes. **Compañías internacionales** ya formadas, expresamente constituidas para este fin o impulsadas por capitales mixtos, del exterior y del interior, aprovecharon la cobertura que les proporcionaba la liberal legislación para **explotar minas** y **exportar minerales** en bruto a los países industrializados con costes bajos y muy altos beneficios.

Hasta principios del siglo XX se exportó hierro, plomo, cobre y cinc en torno al 90 % de lo extraído. Por este procedimiento, la Compañía Franco-Belga de Somorrostro (Bizkaia) explotó y exportó buena parte del hierro vasco hacia Reino Unido, Alemania, Francia o Bélgica. La casa Rothschild adquirió la concesión de la comercialización del mercurio de las minas de Almadén (Ciudad Real). La presencia del capital extranjero –particularmente el británico– en el desarrollo de la **minería andaluza** aumentó en la segunda mitad del siglo XIX. Mercurio, plomo y cobre experimentaron un sensible incremento de la **demanda mundial** durante la **Segunda Revolución Industrial.** El mineral andaluz llegó a constituir a finales de siglo prácticamente la mitad del total de las exportaciones españolas; pero esto no se tradujo en inversiones industriales. Caso diferente fue lo ocurrido en el País Vasco

Sin embargo, el **carbón** (hulla, antracita, lignito), de mala calidad y de cara explotación, quedó casi por completo en manos españolas.

Los hábitos introducidos en el consumidor español, acostumbrado a encontrar en el mercado británico carbones con todas las características deseadas; la negativa, durante décadas, de la Marina española a sustituir por hullas asturianas el carbón británico, y el bajo coste de las «operaciones retorno», por las cuales los barcos que exportaban mineral de hierro vizcaíno volvían cargados con carbón de Reino Unido, operaron en contra de un mineral nacional que no podía competir ni en precios ni en calidad con el foráneo. De ahí que la única salida para los carbones asturianos estuviera en la protección arancelaria del Estado (completada con exenciones fiscales y otros privilegios).

5.5. La industria vizcaína

5.5.1. La base minera

La hegemonía de Bizkaia -y, por proximidad de localización y de sus efectos económicos, de toda Euskadi, de Santander y Asturias, que constituían una zona de preponderancia industrial siderúrgica- se explica por la concentración de la riqueza de los **yacimientos mineros** orientados a la exportación, lo que permitió una importante capitalización. Es decir, la inyección monetaria que constituyó la **venta** del mineral de **hierro** al extranjero fue la **base del capitalismo vasco** y, por extensión, de todo el capitalismo industrial de España.

Con la recesión de la demanda extranjera en el decenio de 1880 a causa de la crisis económica europea, los capitales autóctonos tuvieron ocasión de acceder a la explotación de las minas, especialmente en Bizkaia, donde se inició el despegue definitivo del sector siderúrgico.

La producción de mineral de hierro vizcaíno había aumentado con rapidez en la década de los años sesenta, aunque luego quedó paralizada con la guerra carlista. La **ley** librecambista de **Figuerola favoreció** la **explotación** de la cuenca de forma regular y creciente, de modo que, en 1876, con el fin de la guerra y la supresión de las leyes forales por parte de la Restauración, se inició una etapa nueva con una rapidísima expansión de la producción de mineral destinado a la exportación.

Se fundaron compañías extranjeras y vascas para explotar el subsuelo, y el mineral vizcaíno, de elevada ley metálica y de bajo precio, comenzó a ser el más demandado por las siderurgias de Europa occidental. A raíz de ello, entre 1880 y 1900, se exportó cerca del 90 % de su producción.

Así, por ejemplo, a partir de 1883 empezó a disminuir la extracción de mineral de hierro en Reino Unido, por resultar caro y de baja calidad, y, sin embargo, siguió aumentando la producción de lingotes de hierro y acero, que se proveía básicamente de mineral de hierro vizcaíno.

5.5.2. Desarrollo industrial y empresarial

La **reinversión** del **capital** obtenido por la venta del mineral en la **construcción** de **altos hornos** supuso un salto cuantitativo y cualitativo de enorme importancia para el despegue de la siderurgia vizcaína. Este despegue, tras el exitoso inicio, en 1879, de la Fábrica del Desierto, de Francisco de las Rivas Ubieta, en Sestao, lo protagonizaron dos sociedades, ambas constituidas en 1882: la de Altos Hornos y Fábricas de Hierro y Acero de Bilbao, con una aportación esencial de Ybarra y Compañía -familia que había participado ventajosamente en compañías mineras del hierro-, y Metalurgia y Construcciones de Vizcaya, conocida como La Vizcaya.

Puede decirse, de hecho, que la obtención del primer acero Bessemer en Altos Hornos de Bilbao, en 1886, y por el procedimiento Siemens-Martin, en 1888, señala la entrada de Bizkaia en la edad del acero. En 1902, ambas sociedades -a la que se añadió la Sociedad Anónima Iberia, que había sido creada en 1888- se fusionaron para dar origen a Altos Hornos de Vizcaya, que iba a ser, durante décadas, la empresa emblemática de la siderurgia vasca, dominante en el protegido mercado interno.

De la actividad minera salió el capital necesario para el desarrollo siderúrgico y para todo el **desarrollo industrial vizcaíno:** compañías navieras (Astilleros del Nervión o la Sociedad Euskalduna), empresas auxiliares metalúrgicas, cementeras y de instalaciones de infraestructura para las explotaciones mineras, como cargaderos, embarcaderos, ferrocarriles para el transporte, etc. Puede calcularse que del total de los beneficios obtenidos por la exportación del

El País Vasco mira hacia Reino Unido

La exportación de mineral de hierro a Reino Unido fue una importante fuente de acumulación de capital que derivó hacia una industria autóctona.

«El propio *The Economist* expresaba la preocupación por la dependencia británica del mineral español en los siguientes términos: "No pudiendo encontrar fuentes alternativas de abastecimiento, los acereros ingleses y galeses han invertido enormes sumas en el desarrollo de los excepcionales recursos minerales del norte de España, quizá el país europeo más revolucionario e inestable y, por lo tanto, el país en el que sus inversiones habían de correr un mayor riesgo". España obtuvo de esta relación comercial resultados, por el contrario, claramente positivos. La gran oportunidad de vender a altos precios recursos mineros que iban siendo progresivamente desplazados por nuevos procedimientos tecnológicos posibilitó una fuerte acumulación de capital vasco. Pero, además, el País Vasco se benefició de la transferencia de tecnología avanzada a un coste mínimo (...)».

Fraile, P.: «El País Vasco y el mercado mundial, 1900-1930», en Sánchez-Albornoz, N. (comp.): *La modernización económica de España, 1830-1930*. Madrid, Alianza, 1991, p. 236.

Actividades

19 ¿Qué motivos hicieron tan atractiva al capital exterior, en la segunda mitad del siglo XIX, la inversión en intereses mineros españoles?

20 ¿Qué consecuencias tuvo para la industria del País Vasco su estrecha relación con Reino Unido?

La vida en los Altos Hornos de Vizcaya, *de Vicente Cutanda Toraya. La imagen es una muestra del llamado «realismo social», corriente pictórica y literaria que trata temas de las condiciones de vida de los trabajadores. La denuncia de la miseria obrera, bajos salarios, jornadas agotadoras y restricciones y obligaciones establecidas por los patronos motivó la creación en 1883 de la Comisión de Reformas Sociales a iniciativa del ministro liberal Segismundo Moret, que elaboró hasta 1903 informes y propuestas relacionadas con la «cuestión social».*

hierro hasta 1900, el 45 % fue a parar a compañías extranjeras y el 55 % restante fue reinvertido en la financiación de la industria vizcaína, y dio lugar a una **burguesía pujante** que, como apoyo, contaba con la banca más próspera del país.

5.6. La industria en Cataluña

La industria textil catalana, hacia 1860, dominaba el **mercado nacional.** Sus textiles de algodón representaban cerca del 90 % de la oferta española, que abastecía, a su vez, casi por completo (en más de un 90 %) la demanda interior. Para entonces, la región reunía una cuarta parte de la producción industrial total del país, lo cual representaba, en relación con su población, un nivel de industrialización casi dos veces y media superior al de la media general. Sin embargo, carecía de las dos materias primas esenciales para esta industria: algodón y carbón mineral.

Las razones del **éxito catalán,** además del empuje de su **burguesía comercial,** dinámica y emprendedora, deben buscarse en la conquista, auxiliada desde los gobiernos, del **mercado español,** tal y como le sucedió a la siderurgia vasca. Por ello, a pesar de los altos costes de producción, pudo crecer notablemente, al sentirse protegida por una sólida barrera arancelaria y preferente ante los mercados añadidos de Cuba y Puerto Rico.

Durante la primera etapa de la Restauración, la industria textil catalana conoció la culminación de su proceso de **mecanización,** y sus importaciones de algodón se triplicaron entre 1876 y 1900. Las poblaciones del Vallés, en especial Sabadell y Tarrasa, monopolizaron el mercado español lanero, desbancando a regiones que habían mantenido una tradición preferentemente artesanal.

Al absorber Cataluña la inmensa mayoría de la producción textil, el desequilibrio económico con respecto a las demás regiones fue considerable en ese período. Sin embargo, el beneficio obtenido de su monopolio textil no se tradujo en la creación de un capital financiero nacional (banca), al modo del capital vasco, sino en la **reinversión** en otras **actividades industriales** catalanas, de manera que la región se encontró mucho mejor preparada para hacer frente a la Segunda Revolución Industrial.

Así pudo abordar con gran antelación, con respecto a otras regiones, el plan de fuentes de energía eléctrica y aprovechamientos hidráulicos en la cuenca pirenaica; el de las industrias transformadoras de las zonas próximas a las márgenes de los ríos descendentes de los Pirineos; las comunicaciones, la construcción y edificación, y todo género de factores de progreso, que hicieron, por ejemplo, de Barcelona y sus alrededores la zona más próspera y mejor desarrollada de todo el país.

5.7. Balance de la industrialización

Desde el punto de vista industrial, la época de la Restauración ofrece, pues, la consagración definitiva del **País Vasco** y **Cataluña** como los núcleos fundamentales de la industrialización española; mientras que las demás regiones, a excepción de Madrid –capital sobre todo administrativa y bancaria, y líder en el sector de los servicios–, quedarían irremisiblemente retrasadas hasta la segunda mitad del siglo XX.

En definitiva, en la **franja mediterránea,** desde Girona a Murcia, se acabaron agrupando prácticamente todas las industrias textiles (algodonera, lanera, sedera y del esparto), fijando una verdadera frontera productiva entre el litoral y el resto del país.

Pero no hay que olvidarse de la **industrialización parcial** de la **cornisa cantábrica,** o de las conserveras de otras regiones. En **Castilla** se localizaban las fábricas más importantes harineras y en **Andalucía** y **Levante** otras alimentarias, como la de vinos, aceites o conservas. La industria lanera de paños mantenía sus enclaves en Béjar, y menores instalaciones en Zamora, Ávila, Segovia, etc.

Actividades

21 ¿Por qué Cataluña presenta un sector secundario y terciario mucho más desarrollados que el resto de España? Puedes consultar la web de recursos de **anayaeducacion.es**.

Cataluña, una sociedad industrial

Como indicador de la «madurez» de la industria catalana a finales de siglo, la distribución de la población activa por sectores señala la similitud con los países industrializados y el contraste con el conjunto de España.

España			
Año	Sector primario	Sector secundario	Sector terciario
1860	63,5	17,3	19,2
1877	61,4	15,3	20,6
1887	64,7	17,1	18,1
1890	64,8	17,4	17,8
1910	66,0	15,8	18,2

Cataluña			
Año	Sector primario	Sector secundario	Sector terciario
1860	37,5	41,4	21,1

Provincia de Barcelona			
Año	Sector primario	Sector secundario	Sector terciario
1870	34,3	37,2	28,5
1880	30,1	47,5	22,5
1890	38,6	35,4	25,9
1900	27,5	46,0	26,5

Tomado de Pérez Moreda, V.: *La modernización demográfica,* 1800-1930.

Estructura de la producción industrial en España, participación sectorial (%)

Año	Alimentación	Textiles	Metalurgia	Minería	Química	Cuero	Papel
1856	56,20	23,04	3,76	5,14	5,46	3,78	2,62
1900	41,40	26,48	9,58	9,67	4,17	2,95	5,75

«(...) la industrialización española en el siglo XIX no se estancó, pero procedió a ritmo tan lento que, al acabar el período, en 1910, los niveles de industrialización españoles estaban entre los más bajos de Europa. En la Europa industrial del siglo XIX, como en el país de *A través del espejo,* había que correr a toda velocidad para seguir en el mismo sitio: España, evidentemente, no corrió lo bastante».

Tortella, G.: *El desarrollo de la España contemporánea.* Madrid, Alianza, 1995, pp. 80 y 98.

5.8. El desarrollo financiero

5.8.1. Moneda y banca

A lo largo del siglo XIX la presencia de **inversores extranjeros** –sobre todo franceses– fue determinante en la creación de un **sistema bancario español.** Conviene destacar dos aspectos: la creación de una nueva moneda nacional, la peseta, en 1868, y la fundación del Banco Hipotecario, en 1872:

- La **peseta,** como moneda nacional, tuvo una situación peculiar frente a las demás monedas europeas: mientras que estas se cotizaban en relación con el patrón oro, es decir, su valor estaba en función de las reservas de oro de los bancos emisores, la peseta se fundaba en las reservas y en el patrón plata. Sin embargo, su devaluación, desde el primer momento, la llevó a ser, de hecho, una moneda fiduciaria, cuyo valor intrínseco estaba por debajo de su valor nominal.
- Respecto al **Banco Hipotecario,** tras su creación surgieron otros de menor importancia. Con la Restauración comenzó un nuevo sistema bancario, de tipo mixto, en el que los bancos se especializaron poco y atendían con sus préstamos tanto la financiación de inversiones como la de consumo. Con el cambio de siglo aparecieron varios de los grandes bancos de la historia económica de España: Hispano-Americano en 1900; Vizcaya en 1901; Español de Crédito en 1902, etc.

5.8.2. La Hacienda Pública

En cuanto a la Hacienda Pública, después de la reforma de Alejandro Mon en 1845, España contaba con un **sistema fiscal** aquejado de dos problemas:

- Era absolutamente **insuficiente,** ya que no recaudaba para cubrir los gastos del Estado, por lo que el déficit era crónico y el 25 % del presupuesto se iba en deuda pública.
- Era un sistema tributario **injusto** y **desequilibrado,** ya que el 80 % de la recaudación provenía de impuestos indirectos, es decir, gravados sobre el consumo, y no existía impuesto sobre las rentas del capital y del trabajo.

España tenía, pues, un sistema fiscal afectado por el fraude, el ocultamiento y la exención de las grandes fortunas y propiedades.

En estas condiciones, el Estado solucionaba su déficit emitiendo deuda, que adquiría y distribuía el Banco de España, que era autorizado para emitir billetes en compensación.

Actividades

22 Señala las características del sistema fiscal de la Restauración.

La burguesía madrileña centraba gran parte de su actividad económica en la inversión y especulación en la banca y la bolsa, y en la compra y negociación de títulos de deuda pública.

En este grabado de la Ilustración Española y Americana *(1871) se representan los corrillos en la entrada del Ministerio de Hacienda, comentando las noticias sobre créditos obtenidos de la banca internacional, con la garantía hipotecaria de minas españolas.*

Puedes consultar la web de recursos de **anayaeducacion.es**.

La demografía: el crecimiento urbano

La población española creció en el último tercio del siglo XIX de dieciséis a dieciocho millones de habitantes. Un crecimiento lento, caracterizado por **altas tasas** de **natalidad** y **mortalidad** y por epidemias masivas, principalmente, de cólera. La **esperanza de vida** seguía siendo **muy baja,** y no sobrepasaba los 35 años de media en 1900. Estamos, pues, ante una **transición demográfica muy retrasada** en la que las tasas de natalidad y mortalidad irían descendiendo lentamente.

Los datos globales son los de un país escasamente poblado en relación con el entorno europeo, lo que es indicio de atraso económico que suponía además un **desequilibrio campo-ciudad** notable. A finales de siglo, el 51% de los españoles vivía en núcleos de menos de 5000 habitantes. El campo estaba demasiado poblado y abocado a la emigración de cerca de un millón de personas que salieron del país sobre todo a partir de los años ochenta. América fue el destino de la mayoría de emigrantes de Galicia, el País Vasco o Canarias. En este panorama, Cataluña es una excepción con una estructura poblacional más aproximada a los rasgos de los países europeos avanzados.

En el **último tercio** del siglo **XIX**, el proceso de **urbanización** en España **se aceleró** de manera notable, aunque **desigual.** Crecieron espectacularmente ciudades como Bilbao, Barcelona y Valencia, mientras que otras, como Madrid, Zaragoza o Cartagena, lo hicieron de manera más pausada.

La estructura de la ciudad se quedaba pequeña, y se hacía necesario un ensanche destinado a dar alojamiento a los nuevos pobladores llegados del campo.

Los **ensanches** de Barcelona y de Madrid, de Bilbao, de San Sebastián, de Valencia y de tantas otras poblaciones supusieron grandes desafíos urbanísticos, a los cuales hicieron frente los arquitectos españoles de la época con imaginación y con buen conocimiento de los problemas. Surgieron así el ensanche de Barcelona, de **Ildefonso Cerdá;** o la Ciudad Lineal, proyectada para Madrid a partir de 1892 por **Arturo Soria.**

Concretamente, el crecimiento de la ciudad de **Barcelona** se convirtió, a finales de siglo, en un modelo urbano europeo industrial porque, en primer lugar, se hizo con unos barrios salidos de un ensanche precipitado por la incesante llegada de **inmigrantes,** que tenían unos rasgos comunes y donde confluían viviendas, talleres y fábricas con vías y estaciones de ferrocarril.

Por otra parte, nos encontramos unos **barrios promocionados** por la **burguesía industrial,** trazados en manzanas cuadrangulares y con unos edificios en los que los arquitectos se esforzaron por plasmar el arte modernista catalán.

Crecimiento demográfico en varios países europeos. Población en millones

País	1800	1900	Crecimiento %
Gran Bretaña	10,9	37,0	239,4
Holanda	2,2	5,1	131,8
Austria-Hungría	23,3	47,0	101,7
Italia	17,2	32,5	88,4
Portugal	3,1	5,4	74,2
ESPAÑA	11,5	18,6	61,7
Francia	26,9	38,5	40,6

Tortella, G.: *Op. cit.*, p. 28.

Distribución regional de la población española (% sobre total)

Región (CC.AA.)	1787	1900
Andalucía	17,6	19,1
Aragón	6,0	4,9
Asturias	3,4	3,4
Baleares	1,7	1,7
Canarias	1,6	1,9
Cantabria	1,3	1,5
Castilla-La Mancha	9,0	7,5
Castilla-León	16,6 (+La Rioja)	12,4
Cataluña	7,8	10,6
Extremadura	4,0	4,7
Galicia	13,1	10,7
La Rioja		1,0
Madrid	2,0	4,2
Murcia	3,2	3,1
Navarra	2,2	1,7
País Vasco	3,0	3,2
Valencia	7,5	8,5

Tortella, G.: *Op. cit.*, p. 220.

A lo largo del siglo XVIII continuaron las tendencias demográficas centrífugas desde las mesetas hacia el litoral, con excepción de Madrid, que siguió beneficiándose de la capitalidad, y los casos particulares de Murcia y Galicia, debido a los efectos de la emigración por motivos económicos.

Actividades

23 ¿En qué se diferenciaban los ensanches urbanos dirigidos a las clases trabajadoras de los impulsados por la burguesía? Cita algún ejemplo significativo de estos últimos.

7

El desastre del 98

7.1. El imperio colonial ultramarino español

El imperio colonial español, tras la pérdida de la América continental a inicios del siglo XIX, estaba formado por las dos grandes islas del Caribe, Cuba y Puerto Rico, las islas Filipinas en el Pacífico occidental y un conjunto de islotes y pequeños archipiélagos dispersos por este océano.

A lo largo de la segunda mitad del siglo XIX comenzó el proceso de separación de estos territorios de la metrópoli, en un contexto internacional definido por las **rivalidades imperialistas.** Los nuevos repartos coloniales y la búsqueda competitiva de mercados por países industriales avanzados. Una política mundial que evidenciaba, asimismo, las limitadas capacidades exteriores de España.

La situación de **Cuba** y **Puerto Rico** presentaba unos rasgos coloniales muy peculiares; situadas en las cercanías de Estados Unidos, tenían una vida económica basada en la **agricultura de exportación,** con el **azúcar de caña** y el **tabaco** como principales productos. Aportaban a la economía española un flujo continuo de beneficios. Todo esto se debía a las duras **leyes arancelarias** que Madrid imponía a esas colonias. Constituían un **mercado cautivo,** obligadas a comprar las carísimas harinas castellanas y los textiles catalanes, e impedidas de exportar azúcar a Europa a partir de 1870, privadas además de toda capacidad de autogobierno.

La dependencia de España se mantuvo únicamente por el papel que cumplía la metrópoli, que aseguraba con sus tropas y su administración la **explotación esclavista** en beneficio de una reducidísima oligarquía.

En el archipiélago de **Filipinas,** en cambio, la población española era escasa y los capitales invertidos no eran relevantes. Durante tres siglos, la soberanía se había mantenido gracias a una fuerza militar, no muy grande, y a la presencia en las islas de varias órdenes religiosas.

7.2. Los factores de la insurrección

En 1868 comenzaron en **Cuba** los movimientos autonomistas, cuando se produjo una **sublevación popular** dirigida por **Manuel de Céspedes** (grito de Yara), que dio inicio a la lucha por la **abolición** de la **esclavitud** en las plantaciones e ingenios azucareros y por la autonomía política, similar a la que en aquellos momentos defendían los republicanos federales en la metrópoli. En la insurrec-

El negocio ultramarino

Los intereses de un sector de la burguesía española en los negocios coloniales de Cuba, Puerto Rico y Filipinas estuvieron largo tiempo representados por una Liga Nacional –creada en 1872 a partir de los Círculos Ultramarinos y el Casino Español de La Habana– a la que se adhirieron numerosas personalidades, asociaciones de comerciantes e industriales y lo más representativo de la burguesía barcelonesa. Este grupo de presión obstaculizó cuanto pudo en su momento los intentos de abolición de la esclavitud y animó constantemente la lucha contra los secesionistas.

No solamente importaban los jugosos beneficios del azúcar y del tabaco, sino la importante cuota que en las exportaciones tenía el sector ultramarino. Véanse los datos correspondientes a la exportación de tejidos a las colonias en los años anteriores a la independencia.

Año	Valor de las exportaciones	% en comercio colonial de las manufacturas de algodón
1885	5985000	8%
1890	22431000	19%
1892	38267000	25%
1894	50233000	29%
1896	56628000	27%

Estadísticas de Comercio Exterior de España.

Singular colonización de Filipinas por España

La colonización en Filipinas no había creado una base de mestizaje y aculturación de importancia. La relación entre la metrópoli y el archipiélago se había centrado, sobre todo, en la explotación de recursos agrarios monopolizados por la vieja Compañía de Tabacos de Filipinas y en la presencia de clérigos y misioneros. De esta relación da una idea el testimonio de un diplomático de mediados de siglo:

«La gente de color debe prestar voluntariamente respeto y obediencia a la blanca. Para conseguir este objetivo es preciso mantener a la primera en un estado intelectual y moral que haga de su mayoría numérica una fuerza política menor (...).

Los colegios para varones ahora existentes en Manila deben cerrarse (...).

En el servicio de las armas no deben de pasar de soldados rasos o, todo lo más, cabos. Más vale hacer sargento u oficial a un ranchero español aunque no sepa leer ni escribir que al indígena más capaz (...). Es preciso hacer de modo que en cada pueblo haya un cura español, siendo preferible dejarle sin ministro que el ponerle al cargo de un clérigo filipino (...)».

De Mas y Sanz, Sinibaldo: «Informe sobre el estado de las islas Filipinas en 1842». Cit. en Palanco Aguado, F.: «España en Filipinas. Doce textos históricos», en *Tiempo y Tierra,* revista de la APGH, n.° 5, 1997, pp. 92-93.

La esclavitud

«La mano de obra básica de la industria azucarera eran los esclavos (...). La burguesía criolla y la burguesía comercial española coincidieron, como mínimo hasta la década de los sesenta, en la defensa de la esclavitud. Fueron precisamente los ingenios que más se mecanizaron los que retuvieron más mano de obra esclava (...). (En la guerra de los diez años), la mortalidad en ambos ejércitos fue terrible (...).

Se calcula que la población de color, que constituía la base del ejército cubano, menguó en unas 120 000 personas».

Marimón, A. La crisis de 1898, Barcelona, Ariel, 1998, p. 9.

ción influyó el ejemplo y el estímulo de Estados Unidos, donde, tras la guerra de Secesión, había sido abolida la esclavitud. Asimismo, el **proyecto hegemónico** de **Estados Unidos sobre el Caribe** implicaba el desplazamiento de España del área como potencia de segundo orden.

La **guerra de los Diez Años** duró hasta 1878, y concluyó con la **Paz de Zanjón,** por la que el general Martínez Campos se comprometió a conceder a Cuba formas de autogobierno. Durante unos meses de 1879 se volvieron a dar algunos conatos de lucha en Oriente, en la llamada «guerra chiquita», que acabó desvaneciéndose por falta de recursos. Surgió, entonces, el **Partido Liberal Cubano,** que representaba a sectores de la **burguesía criolla.** Frente a él, otro sector, que agrupaba a los **latifundistas azucareros,** se oponía a todo tipo de reformas. En **Puerto Rico** se produjo un proceso similar.

Los resultados de la Paz de Zanjón fueron pobres: solamente se había conseguido la abolición formal de la esclavitud en 1873, con la Primera República.

En la década siguiente se frustraron las aspiraciones autonomistas por la reacción de la oligarquía azucarera y los Círculos Ultramarinos, agrupados en la Liga Nacional. El proyecto de autonomía que acabaría presentando Antonio Maura en 1893 llegó demasiado tarde y, además, fue rechazado por el Parlamento español.

7.3. La respuesta independentista

En 1892, **José Martí** fundó el **Partido Revolucionario Cubano,** partidario de la **independencia.** La propuesta de una nueva ley de autonomía para Cuba de 1895 llegó tarde y a partir de ese año la guerra se recrudeció, bajo la dirección de José Martí, Máximo Gómez y Antonio Maceo. El envío desde España del general **Weyler,** que puso en práctica una **política represiva** muy dura –campos de concentración–, no impidió el desarrollo de la lucha.

La insurrección en **Filipinas** comenzó por el descontento de ciertos grupos **indígenas** con la Administración española y con el excesivo poder de las **órdenes religiosas. José Rizal** fundó la **Liga Filipina** con un programa simple, basado en la **expulsión** de los **españoles,** de las órdenes religiosas y en la confiscación de sus latifundios para, así, lograr la independencia. El **general Polavieja** capturó y ejecutó a Rizal, pero un nuevo líder, **Emilio Aguinaldo,** mantuvo la insurrección, obligando al Gobierno español a enviar nuevos contingentes militares al mando del general Fernando Primo de Rivera.

En **1897** se produjeron **cambios** muy importantes: **desaparición** de **Cánovas,** cambio en la **presidencia** de **Estados Unidos** (Cleveland fue sustituido por McKinley). Los líderes independentistas de Cuba y de Filipinas se encontraban ya en estrecho contacto con los estadounidenses.

7.3.1. Guerra y derrota

El Gobierno de Sagasta llegó al convencimiento de que era necesario reconocer una amplia autonomía. Pero en esos momentos se produjo la implicación directa de **Estados Unidos** en el conflicto. Las campañas de prensa de Hearst y Pulitzer movilizaron a la opinión pública en contra del colonialismo español. En febrero de **1898,** la **voladura** del **acorazado Maine,** que estalló cuando estaba atracado en el puerto de La Habana, fue el **pretexto** para una **declaración de guerra,** que se desarrolló en el Caribe y en Filipinas.

Tras la declaración de guerra, la escuadra estadounidense al mando de Dewey partió de Hong Kong hacia Filipinas. Por su parte, el almirante español Montojo fortificó enclaves alejados en la bahía de Manila apartándose de la ciudad para evitar su bombardeo. Presentó batalla ante **Cavite** con una deteriorada escuadra y el día 1 de mayo fue destrozada totalmente. Manila cayó en manos de los estadounidenses tras una dura resistencia a mediados de agosto.

La escuadra española del Atlántico partió de Canarias al mando del almirante Cervera hacia Puerto Rico. Entró en el puerto de Santiago de Cuba para aprovisionarse de carbón y quedó bloqueada por la Armada estadounidense. Hubo combates en torno a Guantánamo, tras el desembarco de tropas estadounidenses. El día 3 de julio, siguiendo órdenes de Madrid, Cervera intentó salir a mar abierto para enfrentarse a la escuadra americana, pero la flota española fue aniquilada de inmediato en el combate de Santiago. Poco después fue ocupada Puerto Rico.

El mal estado de ambas escuadras, la superioridad de la artillería naval americana y, según la historiografía militar, la estrategia equivocada seguida fueron las principales causas de ambos desastres navales.

Intervención de Estados Unidos en la guerra

«Considerando que el aborrecible estado de cosas que ha existido en Cuba durante los últimos tres años (...) ha herido el sentimiento moral del pueblo de los Estados Unidos; (...) y ha llegado a un período crítico con la destrucción de un barco de guerra norteamericano y con la muerte de 266 de entre sus oficiales y tripulantes, cuando el buque visitaba amistosamente el puerto de La Habana (...).

El Senado y la Cámara de Representantes, reunidos en Congreso, acuerdan:

Primero: Que el pueblo de Cuba es y debe ser libre e independiente.

Segundo: Que es deber de los Estados Unidos exigir (...) que el Gobierno español renuncie inmediatamente a su autoridad (...) y retire sus fuerzas terrestres y navales de las tierras y mares de la isla.

Tercero: Que se autoriza al presidente de los Estados Unidos y se le encarga y ordena que utilice todas las fuerzas militares y navales de los Estados Unidos (...) para llevar a cabo estos acuerdos.

Cuarto: Que los Estados Unidos, por la presente, niegan que tengan ningún deseo ni intención de ejercer jurisdicción ni soberanía, ni intervenir en el gobierno de Cuba, si no es para su pacificación, y afirman su propósito de dejar el dominio y gobierno de la isla al pueblo de esta, una vez realizada dicha pacificación.

Resolución conjunta del Senado y la Cámara de Representantes de Estados Unidos (18-4-1898)».

7.3.2. La Paz de París (1898)

Las tres **derrotas** de Cavite y Manila, en **Filipinas,** y Santiago en **Cuba** llevaron a la Paz de París (10 de diciembre de 1898). En el tratado de paz, aparte de la **renuncia de España** a **Cuba** y de la cesión de **Filipinas, Puerto Rico** y **Guam,** se confirmaba la soberanía española en todos los territorios no mencionados en el acuerdo. Estos eran los tres archipiélagos del océano Pacífico: las islas Marianas –excepto la de Guam–, las Carolinas y las Palaos y, por no haber sido incluidas en el texto, quizá por error, las islas Sibutú y Cagayán.

Sin embargo, este patrimonio apenas duraría otros dos años en manos de España. La venta de estas islas fue el último acto, muchas veces olvidado, de la pérdida y liquidación completa del imperio ultramarino. Como consecuencia del desánimo que había traído tanta derrota y por iniciativa de Alemania, interesada en mantener su pugna con las otras potencias coloniales, España entabló negociaciones de **venta** de las **Marianas,** las **Carolinas** y las **Palaos,** transacciones que se acabaron concretando en el **tratado hispanoalemán** del 30 de junio de **1899.**

Un año y medio más tarde, en noviembre de 1900, un tratado hispano-estadounidense subsanó el error de 1898, y las islas Sibutú y Cagayán de Joló pasaron a la soberanía de Estados Unidos, mediante el pago de 100 000 dólares al Gobierno español.

7.4. Las consecuencias del desastre. La crisis del 98

La pérdida de los restos del imperio español desde la perspectiva económica no supuso un desastre; al contrario, la financiación de la guerra permitió al ministro Fernández Villaverde acometer algunas reformas en los tributos y en la emisión de deuda, que posibilitaron un saneamiento de la Hacienda y que, por primera vez, el Estado tuviera superávit a principios del siglo XX. Se produjo una **repatriación** importante de **capitales** y, por otro lado, no se perdieron los mercados latinoamericanos.

Pero, la **derrota** y la **pérdida** de unos 50 000 **combatientes** produjo una gran conmoción en la sociedad española. Tanto políticos, como Silvela (que hablaba de una «España sin pulso»), republicanos y socialistas, que habían criticado la política colonial canovista, como intelectuales de la talla de Joaquín Costa, promovieron una profunda revisión de la situación de España. En resumen, el **desastre del 98** provocó:

- Una **crisis** de la **conciencia nacional,** que se expresaría a través de la obra crítica de grandes escritores, como Unamuno, Baroja, Maeztu, etc., integrantes de la llamada **generación del 98.**
- Unas propuestas de reforma y modernización política, el llamado **regeneracionismo,** que tuvo dos vertientes: la de la reforma política y la de la reforma educativa.
- Finalmente, los **nacionalismos** periféricos en la Península adquirieron mayor empuje y protagonismo a raíz de estos hechos.

Se ponían en evidencia las limitaciones del régimen de la Restauración para afrontar los problemas de la modernización y el progreso de España, al tiempo que cobraban relieve las cuestiones y los problemas sociales que iban a marcar la historia del siglo XX.

Con el regeneracionismo surgido a raíz del 98, la renacida conciencia nacional centró sus críticas en las prácticas fraudulentas del régimen parlamentario, de manera que comenzó una discrepancia, que se convirtió en enfrentamiento, entre la «España real» y la «España legal». El pensamiento regeneracionista al respecto podría explicarse así: la **democracia** de las **clases medias** se había hecho inviable en España porque la voluntad popular había sido anulada por la **oligarquía económica** y **política** mediante el caciquismo. Para Joaquín Costa era fundamental acabar con el caciquismo como fórmula para recuperar la verdadera democracia.

El Tratado de Paz de París

«Art. 1. España renuncia a todo derecho de soberanía y propiedad sobre Cuba. (...)

Art. 2. España cede a los Estados Unidos la isla de Puerto Rico y las demás que están ahora bajo su soberanía en las Indias Occidentales, y la isla de Guam en el archipiélago de las Marianas o Ladrones.

Art. 3. España cede a los Estados Unidos el archipiélago conocido por las islas Filipinas (...). Los Estados Unidos pagarán a España la suma de veinte millones de dólares dentro de los tres meses después del canje de ratificaciones del presente tratado (...). [Hasta 17 artículos]».

Aprobado por el Senado estadounidense el 6 de febrero de 1899.

Actividades

24 Busca información en Internet y elabora un texto breve que explique las causas de la oposición de la burguesía de negocios a cualquier reforma en las colonias americanas, y valora sus consecuencias en las revueltas y posterior guerra con Estados Unidos, que acabó con la pérdida de aquellos territorios.

25 ¿Qué impacto causó en la sociedad española la pérdida del imperio colonial en 1898 y cuál fue su reacción?

8

La cultura: conservadurismo y regeneracionismo

8.1. El sistema educativo. La Institución Libre de Enseñanza (ILE)

El sistema educativo en esta época se encontraba en la precariedad y con una gran falta de recursos:

- Las **escuelas rurales,** dada la falta de presupuestos municipales, normalmente carecían de instalaciones dignas y sus maestros recibían salarios miserables.
- Los **institutos provinciales** se alojaban normalmente en destartalados edificios de antiguos conventos desamortizados. El analfabetismo era masivo sobre todo en la mitad sur de España.

Un rasgo clave era el **control ideológico** de la **Iglesia,** que contaba con centros propios y tenía plena potestad para autorizar o no libros de enseñanza en todos los niveles.

El **norte** de España avanzó en la **alfabetización** de la población, mientras el sur aún mantenía tasas inferiores al 50 % en la población adulta. El final del reinado de Isabel II conoció el desarrollo de círculos de intelectuales y profesores críticos con la cultura oficial, aún teñida de clericalismo y rechazo a la ciencia. **Julián Sanz del Río** (1814-1869) fue una figura clave en la introducción de la **filosofía krausista,** que preconizaba ante todo la **libertad de conciencia.**

Los primeros intelectuales influidos por la filosofía krausista (Emilio Castelar, Nicolás Salmerón, etc.) desempeñaron un papel fundamental en la caída de Isabel II y en la política del Sexenio Democrático. Sin embargo, la Restauración canovista volvió a perseguirles implacablemente.

Como respuesta a la represión cultural, fue creada en **1876** la **Institución Libre de Enseñanza (ILE).** A su frente figuraron, entre otros, Francisco Giner de los Ríos (1839-1915), Manuel Bartolomé Cossío y Fernando de Castro. Sus principios eran el espíritu crítico frente al dogmatismo, la libertad ideológica, el humanismo, el fomento de la cultura sin discriminación de sexos y un sistema de enseñanza basado en la investigación, la experimentación y la autonomía del alumnado.Todos eran principios alejados de la enseñanza clerical, acientífica y reaccionaria que promovían los gobernantes conservadores.

La influencia de la ILE se manifestó en numerosas propuestas, la más importante de las cuales fue la **creación**

Población alfabetizada mayor de diez años (%)

Año	Total	Hombres	Mujeres
1877	33	47	19
1887	38	52	25
1900	45	57	33

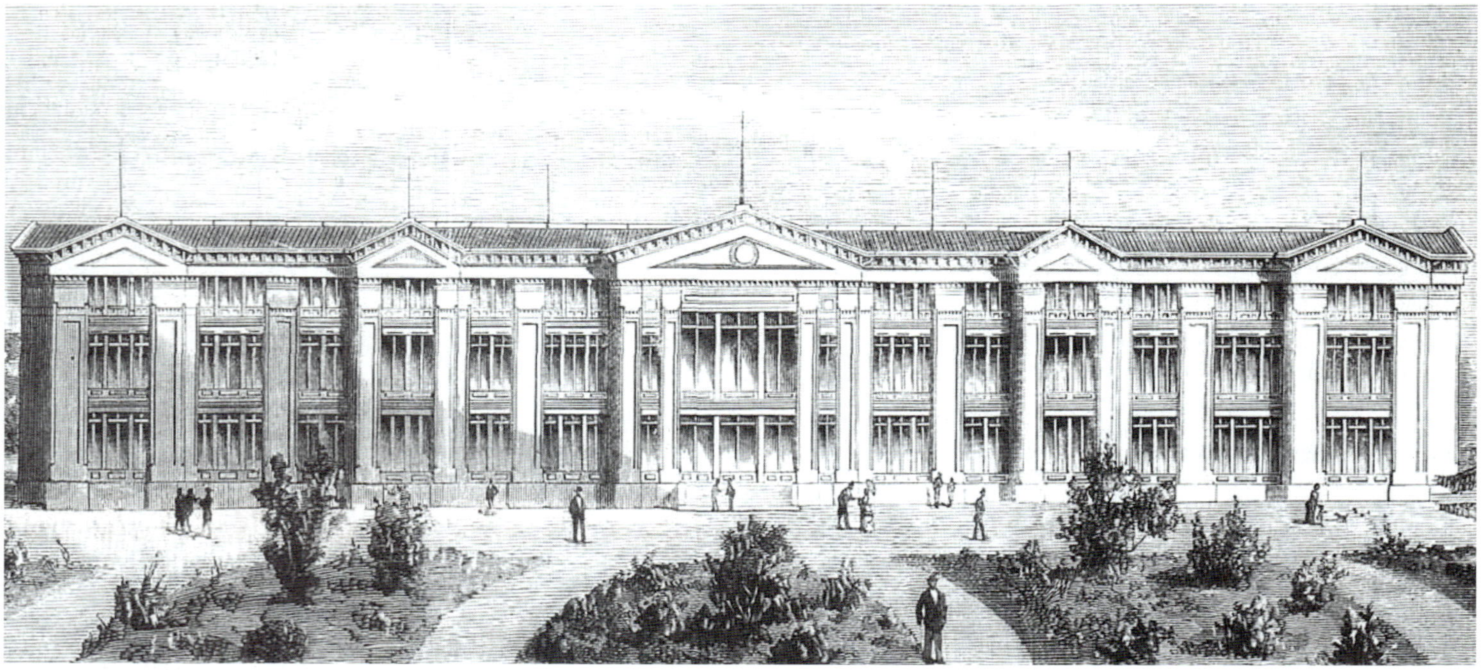

El ministro de Fomento Manuel Orovio, como ya había hecho en 1866, volvió en 1875 a represaliar a catedráticos progresistas como Giner de los Ríos, Salmerón o Azcárate, que fueron expulsados de sus cátedras. Un año después se fundó la ILE, en cuyos estatutos se afirma «Art. 15. La Institución Libre de Enseñanza es completamente ajena a todo espíritu e interés de comunión religiosa, escuela filosófica o partido político (...).

En la imagen, grabado del proyecto del edificio destinado a la ILE, en Madrid.

del **Ministerio de Instrucción Pública** en **1900.** Un objetivo de la Institución Libre de Enseñanza fue promover la **integración de las mujeres en todos los niveles educativos** en las mismas condiciones que los varones. Respondía a una demanda de las clases medias y de la burguesía democrática.

Ya en **1870** habían creado por iniciativa de Fernando de Castro la **Asociación para la Enseñanza de la Mujer,** en Madrid.

En la década de 1880, alrededor de mil alumnas asistían a clases impartidas por prestigiosos profesores universitarios.

Al cambio de siglo, medidas que mejoraron las condiciones sociales de las mujeres fueron la posibilidad de crear escuelas mixtas -coeducación- y la creación de la Escuela Mixta Superior de Magisterio en 1909. Igualmente decisiva fue la **orden** de **1910** que **permitió** a las **mujeres acceder** a **estudios universitarios** sin permiso expreso de la autoridad paterna o marital.

La cultura tradicionalista de la Restauración estuvo representada por el pensamiento conservador de Menéndez Pelayo.

Actividades

26 ¿En qué principios socioculturales se inspiraba la Institución Libre de Enseñanza?

8.2. La producción cultural

- La **producción literaria** denota una evolución desde el Romanticismo hacia el Realismo en la obra de Fernán Caballero, Bretón de los Herreros, Leopoldo Alas (Clarín) o Juan Valera.
- Las **artes plásticas** experimentaron, en el último tercio del siglo, un gran desarrollo asociado a la consolidación del capitalismo conservador. La pintura de Santiago Rusiñol supone una ruptura con la estética romántica y el acercamiento al realismo y protoimpresionismo.
- La **ingeniería** y la **arquitectura** usan nuevos materiales. Se hacen construcciones al servicio del ferrocarril. La arquitectura civil y oficial se inclina por un estilo que recupera las tradiciones medievales (neogótico, neomudéjar, neoplateresco, etc.). Antoni Gaudí y Lluís Domènech i Montaner crean interesantes obras modernistas.

Jardín de Aranjuez. Glorieta II. *Santiago Rusiñol fue un pintor muy creativo e innovador. Sus estancias en París, en Italia y el sur de España le dieron una visión cosmopolita del arte y de la sociedad. Busca la luz y el cromatismo, patente en las naturalezas artificiales de sus jardines, también presente en otras de sus obras relacionadas con el impresionismo y el prerrafaelismo.*

Antigua casa Figueras, decorada por Antoni Ros i Güell en la Rambla de Barcelona, es buena muestra de cómo el modernismo enaltece las antes llamadas «artes menores»: la forja, vidrieras, relieves o cerámicas se integran orgánicamente en la arquitectura. La estética modernista refleja el optimismo de la pujante burguesía del cambio de siglo.

8.3. Los intelectuales regeneracionistas

En el panorama cultural español irrumpieron con fuerza intelectuales que postulaban la necesidad de **regenerar** la **política** y la **sociedad** españolas:

- Valentín Almirall (1841-1904), con su *España, tal como es.*
- Ángel Ganivet (1865-1898), en su *Idearium español.*
- Ricardo Macías Picavea (1847-1899), en *El problema nacional.*
- Lucas Mallada (1841-1921), en *Los males de la Patria.*
- Joaquín Costa (1846-1911), con *Oligarquía y caciquismo como la actual forma de gobierno de España: memoria y resumen de la información.*

Estos escritores formaron parte de la primera oleada de intelectuales que analizaron con gran vehemencia y mordacidad el estado de postración del país y denunciaron la corrupción política y la inmoralidad reinante en el régimen oligárquico de la Restauración.

Eran viejos o jóvenes krausistas, republicanos o federalistas que proponían una regeneración de España, de ahí la denominación de regeneracionistas.

Incluso, hubo algunas muestras de despertar científico, representado por **Santiago Ramón y Cajal,** que obtendría el **Nobel de Medicina** en **1906** por sus trabajos sobre neurología, o **Leonardo Torres Quevedo,** que fue un notable matemático.

Las consecuencias del desastre. Reescribir la historia de España: Santiago Ramón y Cajal

También desde la ciencia se reivindicó el impulso de regeneración. Santiago Ramón y Cajal, médico militar en Cuba (1874-1875), escribiría algunas de las páginas más centradas y justas sobre el desastre:

«En las discusiones motivadas por los desastres de la guerra funesta e imposible sostenida por España con los Estados Unidos, se han involucrado tres cuestiones totalmente diversas: la lucha separatista, la intervención de la República americana, y la impericia política guerrera y administrativa de nuestras clases directoras, a las cuales atribuyen muchos nuestra decadencia. No hemos aprendido nada en las enseñanzas de las pasadas guerras. No hemos sabido evitar el choque con la gran República americana (...).

La mayoría del país, todo lo que en él había de sensato, no quiso nunca la guerra con los Estados Unidos. A ella fuimos arrastrados por los indoctos y por los delirantes (...).

Se necesita volver a escribir la Historia de España para limpiarla de todas esas exageraciones con que se agiganta a los ojos del niño el valor y la virtud de su raza. Mala manera de preparar la juventud al engrandecimiento de su patria es pintarle esta como una nación de héroes, de sabios y de artistas insuperables.

Renunciar para siempre al empleo de esos objetivos encomiásticos que, agotando la escala del encarecimiento, no dan lugar a distinguir entre lo mediado y lo bueno. En adelante llamemos ilustre estadista al que alcance éxitos internacionales positivos, y no al que solo contó fracasos en su carrera; sabio, al que descubre verdades o hechos nuevos, y no al erudito o cultivador del diletantismo científico o literario; ingeniero profundo, al que imagina nueva y útil máquina, o halla una aplicación industrial original de principios científicos desconocidos; general ilustre y valeroso, al que gane batallas dificultosas, y no al que pierde las que debiera ganar, so pretexto de que se pierden con honra (...).

Hemos caído ante los Estados Unidos por ignorantes y por débiles. Éramos tan ignorantes, que hasta negábamos su ciencia y su fuerza. Es preciso, pues, regenerarse por el trabajo, y por el estudio (...). Trabajemos (...).

Madrid, 26 de octubre de 1898».

Rodríguez Puértolas, J.: *El desastre en sus textos. La crisis del 98 vista por los escritores coetáneos.* Madrid, Akal, 1999, pp. 65 y 200-203.

ACTIVIDADES

1 Análisis y comentario de textos históricos

Debate sobre la industrialización española en el siglo XIX

«1. La carencia de capitales que la agricultura, salvo el viñedo, no permite constituir y tampoco podían lograrse en el comercio que, con la pérdida de las colonias, había sufrido un decisivo colapso en sus actividades. La dependencia del capitalismo europeo y de la ayuda estatal (...).

2. La limitación del crecimiento demográfico que, combinada con una explotación agrícola primitiva, mantuvo a la mayoría de la población -el 62,8 % en 1860- en el sector primario (...).

4. La insuficiencia de los recursos energéticos, debido a las dificultades de explotación y a la baja calidad del carbón asturiano, creó (...) una estrecha dependencia de la industria respecto a las fuentes de abastecimiento exteriores (...).

5. El bajo nivel cultural, que se refleja en un porcentaje del 80 % de analfabetos en 1860 (Francia, 32 % en 1861; Inglaterra, 30-33 % en 1850) (...)».

Artola, M.: *La burguesía revolucionaria, 1808-1869*. Madrid, 1973.

«Las causas de este atraso relativo han preocupado a los historiadores y economistas, que se han interrogado sobre "la decadencia económica de España". Se han ofrecido explicaciones que van desde una misteriosa incapacidad del hispano para la empresa económica (...) hasta la supuesta conjuración internacional contra España que se inicia en el siglo XVI, pasando por explicaciones geográficas, psicológicas, políticas y jurídicas (...).

(...) En el atraso relativo de la agricultura mediterránea tiene que verse una de las explicaciones fundamentales de la lentitud de su revolución industrial, y en este aspecto España no es ninguna excepción (...). Así, el estancamiento agrícola, estrechamente conectado con el anquilosamiento de las estructuras sociales y políticas, constituye la mayor diferencia entre la Europa mediterránea y la Europa del norte (...)».

Tortella Casares, G.: «La economía española, 1830-1900», en Tuñón de Lara, M. (dir.): *Historia de España*, vol. VIII. Barcelona, 1981.

- **Esquema.** Lee los textos, busca información sobre sus autores y redacta un comentario siguiendo estas pautas:

1. Haz una presentación de los documentos: naturaleza de las fuentes, autores, destinatarios, etc.
2. A través de un esquema compara el contenido de los textos resaltando los aspectos de coincidencia o de contraste.
3. Analiza el problema de la industrialización en España:
   - ¿Qué posturas mantiene la historiografía sobre este proceso en el siglo XIX?
   - ¿Qué otras razones explican su atraso y fracaso? ¿Cuál era realmente la situación de España en el contexto internacional de la época?

2 Geografía del movimiento obrero español en el siglo XIX

«Lo importante, más que el anarquismo de los años noventa (que es internacional) es esa *persistencia contemporánea* del movimiento. Explicarla por el temperamento es una solución fácil (...) Más valdría (lo que es menos simple) analizar el anarquismo español en relación con la *estructura* y la *historia* de los medios donde ha germinado.

1. Los vínculos del movimiento obrero con el problema agrario; los periódicos anarquistas se llaman *Tierra, Tierra y Libertad;* las rebeliones del campo andaluz pesan en la visión española de la revolución.
2. La dispersión orgánica de las industrias catalanas: patrono y obrero permanecieron próximos; la lucha conservó un carácter individual.
3. La miseria de las grandes ciudades: tanto como una miseria «obrera», era una miseria de inmigrados, de parados forzosos, de pequeños oficios, de barrios sórdidos (distrito quinto barcelonés) (...).
4. Las relaciones entre los obreros y la política: la del siglo XIX les decepcionó siempre, lo que explica su "apoliticismo". Pero, al mismo tiempo adquieren la pasión de la libertad y el odio hacia el Estado (...).
5. La tradición revolucionaria: Díaz del Moral ha mostrado el papel esencial de la *tradición* en las rebeliones andaluzas; el anarquismo barcelonés tiene también sus grandes antepasados (...)».

Vilar, P.: *Historia de España*. Barcelona. Crítica, 1978, p. 109.

- Con la ayuda de la unidad, de la web de recursos de **anayaeducacion.es** y de otras fuentes, localiza en un mapa mudo las áreas en las que se asientan organizaciones obreras de signo socialista o anarquistas. Redacta un informe con los acontecimientos, conflictos, personajes, etc., asociados a cada zona y explica la presencia de las distintas corrientes regionales. Considera la perspectiva de P. Vilar sobre la vigencia del anarquismo en España.

3 Análisis y comentario de ilustraciones satíricas

Las ilustraciones satíricas de contenido político y social surgen en el siglo XIX ligadas al desarrollo de la prensa y amparadas en la limitada libertad de expresión permitida por los gobiernos liberales.

La ilustración satírica refleja, a través de elementos representativos de la vida política y social o mediante símbolos fácilmente comprensibles, problemas o situaciones cotidianos, paradojas sociales, etc.

Para su comentario, se debe tener en cuenta:

a) La finalidad crítica que contiene la sátira respecto a la vida social y política de la sociedad en un momento determinado.

b) El carácter simplificador y simbólico del problema tratado.

c) La intención moralizante, en la mayoría de los casos.

- Redacta un comentario sobre la ilustración aparecida en la revista *La Flaca,* indicando:

1. ¿A qué problema social o político alude?
2. ¿Qué aspectos denuncia y critica la viñeta?
3. Con la ayuda de la viñeta y del documento, di cómo se manifestó en la España de la Restauración el problema del carlismo y qué incidencia tuvo en la vida política y social.

«En el Sexenio Revolucionario el carlismo presenta una nueva alternativa (...) Su imagen es, sin embargo, compleja. El carlismo que preside Carlos VII acusa dos mundos amalgamados. Desde 1868 sus filas se engrosan con el aporte de la derecha isabelina, la Iglesia del "Syllabus", los militares descontentos, la burguesía católica y acomodada y el sentimiento foralista vasconavarro (...). Muchas personalidades notables siguieron la nueva línea (...).

El grupo pasará a llamarse Comunión Católico-Monárquica. Tal fue la obra de los neos: neocatólicos y neocarlistas. Pero estos hombres se suman al viejo carlismo insurreccional y campesino y a ello les arrastra un único impulso: el miedo a la revolución, más supuesto que real (...) tras la derrota, el carlismo cambiará sus métodos (...) La época de las insurrecciones había pasado. Fue un carlista quien proclamó el fin del carlismo montaraz».

Aróstegui, J.: *Años de oro y sangre.* Madrid, Historia 16, 1985.

Identificación de los personajes de la viñeta:

1 Ruiz Zorrilla, jefe de Gobierno con Amadeo de Saboya, entrega subvenciones al clero (Ley de Dotación del Clero).

2 Monaguillo: simboliza a la prensa, que también recibe dinero. Las cabeceras de los periódicos aluden a principios religiosos y carlistas: la legitimidad, etc.

3 Clero: elemento clave; el cura de mayor rango -lleva capelo con borlas- recibe dinero del Estado y por detrás lo entrega a los carlistas. Hace ostentación de su ideología con vítores a Carlos VII bordados en las puntillas de su roquete.

4 Personaje carlista: parece vestido de sotana y porta armas. Recibe dinero del clero para combatir al Estado.

4 Análisis de materiales sobre un problema complejo

Las actitudes ante la guerra de Cuba

En sectores de la oposición al régimen de la Restauración se defendían posturas críticas ante la política seguida por el Gobierno español en el conflicto con los independentistas cubanos.

Principalmente dentro de la izquierda, y en el ámbito de los nacionalistas vascos, se manifestaron opiniones contrarias al colonialismo y a la guerra.

- **Comprobamos.** Describe y comenta los materiales adjuntos aportando explicaciones a:

1. El interés de Estados Unidos en la independencia de Cuba.
2. La oposición de la izquierda española a la guerra.
3. Los principales «errores» del Gobierno de Madrid ante el conflicto.

Producción cubana de azúcar y destinos principales de exportación (t)

Años	Producción	Exportación a EE. UU.	Exportación a España	Exportación a Gran Bretaña
1868	720 250	390 228	29 272	160 361
1878	553 364	449 217	16 785	43 586
1885	628 990	516 218	36 934	32 687
1892	1 000 797	885 952	53 410	617
1894	1 110 991	1 016 615	24 246	11 231
1898	259 331	235 352	1 785	415
1899	322 237	321 816	7 912	—

Moreno Fraginals, M.: *El Ingenio.* La Habana, 1978.

La posición socialista

«Tal como están las cosas, es muy difícil que la guerra entre los Estados Unidos y España no estalle. Los falsos patriotas, los mercaderes políticos y los que hacen de las desdichas de sus conciudadanos filón para sus negocios, aseguran con el mayor desenfado que los causantes de la guerra son los Estados Unidos. No es verdad. La República norteamericana procede con falsía, prepara sus fuerzas para satisfacer sus instintos codiciosos y muéstrase provocativa y soberbia con nuestro país, pero esto que es lo que han hecho siempre los débiles con los poderosos, no es fundamento bastante para culpar a los yankees de la situación gravísima en la que nos encontramos. Los verdaderos culpables de cuanto hoy nos ocurre están en casa, son de nuestro propio país (...).

Si cuando la isla de Cuba se mostró ansiosa de libertades, los gobiernos de la Metrópoli se las hubieran concedido, no habrían estallado allí formidables insurrecciones. Si al verificarse hace tres años el alzamiento que tan caro nos cuesta, Sagasta o Cánovas hubiesen otorgado la autonomía, la guerra habría cesado. Y si Sagasta, viendo que la autonomía dada por él era tardía para lograr la paz en Cuba, se hubiera decidido a ofrecer la independencia a los insurrectos, habríanse ahorrado a estas fechas muchas vidas y muchos millones de pesetas, y se vería libre España del tremendo trance en que hoy se halla...».

Iglesias, P.: *El Socialista,* 22 de abril de 1898.

La posición de los republicanos federales

«En el número inicial del Nuevo Régimen (17-1-1891), una vez más, expresaba Pi i Margall su posición. Después de justificar la abstención electoral de los autonomistas, fundada en la existencia de una ley electoral que discriminaba a los cubanos, se preguntaba cuándo se convencerían los gobiernos de que aquellas colonias eran ya mayores de edad y de que era injusto privarlas de los derechos y garantías disfrutados por los españoles de la Península: "¿No nos han enseñado nada las mal vencidas rebeliones de Cuba?" Y vaticinaba que retoñarían, de seguir la misma conducta. "Nosotros los federales estamos dispuestos a dar a todas la colonias, no solo asiento en nuestras cámaras, sino también a declararlas autónomas en todo lo relativo a sus especiales intereses».

Roldán de Montaud, I.: «El republicanismo español y el problema colonial del Sexenio al 98». En *Ayer,* n° 39, M. Pons, Madrid, 2000.

La carga, *de Ramón Casas.*

9

El reinado de Alfonso XIII (1902-1931)

En 1900, mientras los regeneracionistas se limitaban a hacer llamadas de atención sobre los problemas de España, seguían pendientes las causas de la debilidad interna de la nación, que la habían conducido al fracaso del 98.

España continuaba siendo un país predominantemente agrario, con una escasa base industrial amparada por el proteccionismo y que se resistía a aceptar la modernización triunfante en otros Estados europeos.

Pero, con el cambio de siglo, saltaron a un primer plano las contradicciones y las insuficiencias del sistema de la Restauración. Una fecha crucial, 1917, mostró la profundidad de la crisis y la evidencia de la descomposición del régimen.

QUÉ VAS A ENCONTRAR EN ESTA UNIDAD

DESAFÍOS QUE **DEJAN HUELLA**

Los contenidos y las actividades de esta unidad pueden resultar de utilidad para la realización del proyecto multidisciplinar «La España que no fue».

1

La estructura social en 1900

En un censo de principios de siglo XX se observa que **más** del **60%** de la **población activa** estaba dedicada a la **agricultura** y a la **ganadería;** de los trabajos **industriales apenas** se ocupaba el **16%,** y **cerca** del **19%** pertenecía al sector **servicios,** que admitía múltiples ocupaciones, puesto que recogía incluso al clero de ambos sexos.

Es significativo que, del sector servicios, el 6% continuara censándose como población empleada en el servicio doméstico, dato que resulta clave para explicar el contraste económico y social de una sociedad atrasada con respecto al entorno europeo, más avanzado.

La **estratificación social** continuaba respondiendo a las líneas de desigualdad de principios de la Restauración:

- La **clase alta,** que seguía formada básicamente por latifundistas, que se había ampliado con los miembros de la burguesía industrial, de los negocios, de la banca, de las altas élites políticas y del funcionariado.
- Las **clases medias** también habían incrementado su base con el aumento de las profesiones liberales, de funcionarios de la Administración, de los propietarios medios del campo y urbanos y de los comerciantes medios de las ciudades. A estos grupos podríamos añadir los oficiales del Ejército, el clero y las personas pertenecientes a escalas inferiores –la llamada «clase media-baja»–.
- Las **clases bajas** o pobres de la sociedad, alrededor del **65%,** integradas por obreros industriales y de servicios, por pequeños agricultores y jornaleros, y, en general, por la variedad de las clases populares. Todavía mantenían unas condiciones y unos modos de vida excesivamente precarios como para poder constituirse en un movimiento con fuerza.

  En las industrias textiles catalanas y en la minería vasca, las jornadas de trabajo eran de doce horas, y los salarios no llegaban a las tres pesetas diarias.

  Pero las condiciones eran aún peores entre los jornaleros andaluces o extremeños, o en las regiones minifundistas de ambas Castillas: el salario en 1905 de un jornalero andaluz con mujer y tres hijos no llegaba a 1,75 pesetas diarias. Estas dificultades se agravaban más si cabe por la climatología, la pobreza del suelo y el bajo número de días de trabajo anual.

  Con estos ingredientes hay que aceptar la existencia de una escasez crónica de alimentos y de educación, y de una pasividad que, por un lado, favorecía la permanencia del clientelismo político y, por otro, impedía una rebelión social.

El conjunto de **las clases medias,** sustento de la propaganda liberal, representaba entre el **25** y el **30% de la población total.**

El ciclo demográfico desde mediados del siglo XIX

El pobre crecimiento de la población española en el siglo XIX es un reflejo más de la debilidad de las transformaciones económicas.

En 1918 llegó la llamada «gripe española», que produjo la mayor mortandad en la historia de la humanidad y, al menos, cincuenta millones de muertos. En España supuso entre 1918 y 1920 unas 300 000 víctimas, dato reflejado en la curva de mortalidad adjunta.

Año	Habitantes
1860	15 645 000
1877	16 622 000
1887	17 750 000
1897	18 109 000
1900	18 597 000
1910	19 927 000
1920	21 303 000
1930	23 564 000

EVOLUCIÓN DE LA NATALIDAD Y LA MORTALIDAD (1860-1980)

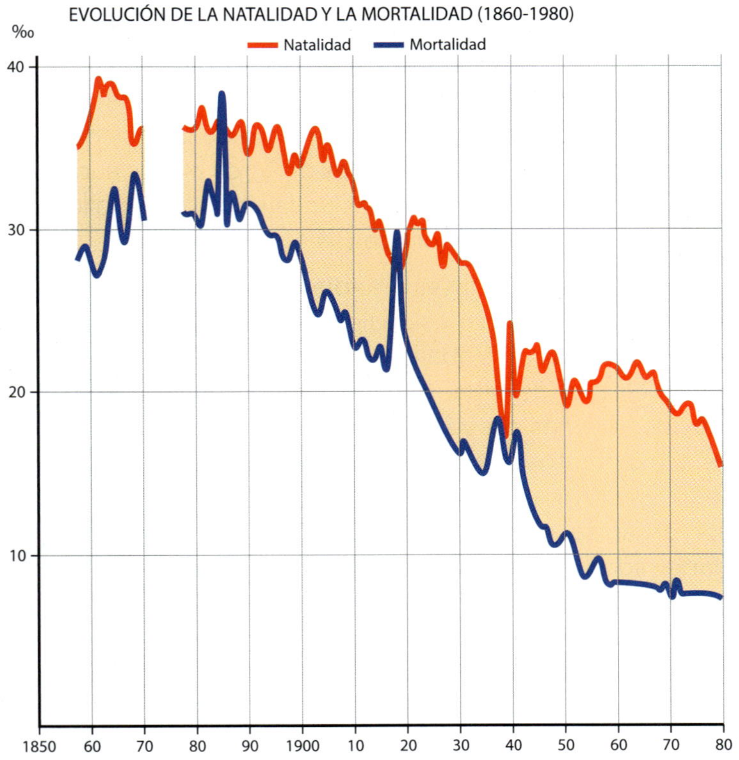

Arango, J.: «Modernización demográfica de la sociedad española», en Nadal, J. et al. (comp.): La economía española en el siglo XX. Barcelona, Ariel, 1987.

① La estructura social en 1900

El mayor dinamismo de estos sectores, que se vinculaba con el avance de la urbanización y el aumento de la población favoreció –junto con otras variables– la irrupción de una modernidad que alteraría –a lo largo del primer tercio del siglo XX– las coordenadas sociales, políticas y culturales.

En los años veinte la electricidad, el teléfono, el automóvil, el cinematógrafo, la prensa, la radio, el deporte, la moda y la publicidad fueron expresión visible de la gran transformación experimentada por la sociedad urbana.

En 1900 el 20,87 % de la población residía en ciudades de más de 20 000 habitantes (3 890 902 habitantes sobre 18 642 007), en 1930, la cifra alcanzaba el 30,85 % (7 303 554 habitantes sobre 23 677 794), destacando el intenso crecimiento de Madrid, Barcelona o Bilbao.

Distribución de la población en 1900 (hab/km²)

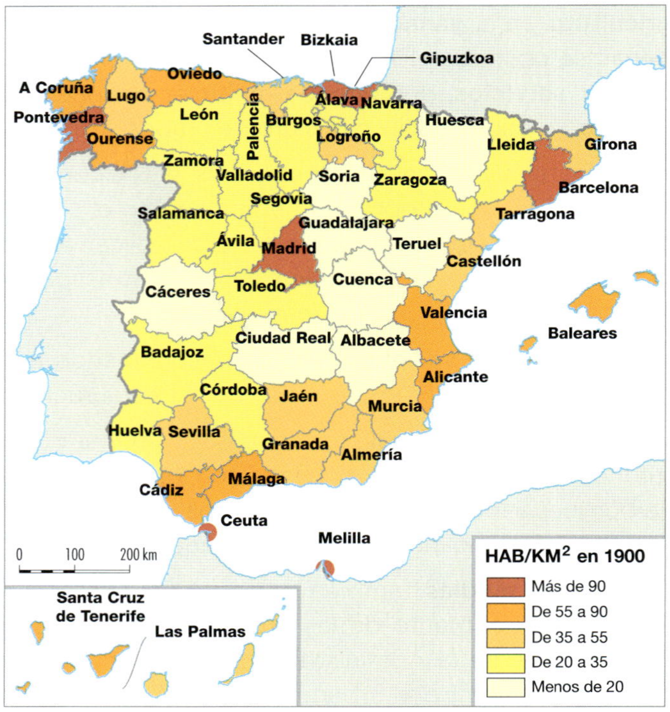

Actividades

1 Investiga y explica la relación entre el desarrollo económico y el crecimiento de la población a finales del siglo XIX. Puedes consultar la web de recursos de **anayaeducacion.es**.

Cambio social y sociedad urbana en el primer tercio del siglo XX

«Nuevos estudios insisten en situar –en el primer tercio del siglo XX– la irrupción de la modernidad en España, asociada a las transformaciones de las ciudades y núcleos urbanos, y sus importantes derivadas sociales y económicas.

Desde la Gran Guerra hasta el estallido de la Guerra Civil, España aceleró el proceso de transformación bajo el liderazgo y creciente dinamismo de la sociedad urbana, acercándose a los niveles de otros países europeos, a pesar de las debilidades de la Hacienda Pública y de su estructura económica (...).

(...) Las nuevas clases medias urbanas, compuestas por profesionales, comerciantes, empleados y trabajadores cualificados, cuyos niveles de vida, hábitos de consumo y ocio, sistemas de valores, prácticas sociales y expectativas sociales y culturales eran, junto al movimiento obrero y el avance de sus organizaciones, portaestandartes de la Modernidad, protagonistas de los profundos cambios sociales, económicos, culturales y políticos que estaba experimentando de manera acelerada el mundo urbano de la España del primer tercio del siglo XX.

Una nueva sociedad de clases medias urbanas estaba surgiendo (...) Esos factores, favorecieron un rápido avance de la modernización económica y social del país, no así de su sistema político, atravesado por las dificultades asociadas a la crisis del sistema de partidos canovista y al difícil encaje de la expresión política de la naciente democracia de masas (...)».

Otero Carvajal, L. E.: *La sociedad urbana y la irrupción de la Modernidad en España (1900-1936)*. Cuadernos de Historia Contemporánea n.º 38, 2016, pp. 255-283.

La Rambla de Barcelona a principio del siglo XX.

La evolución del régimen

2.1. Los grandes problemas políticos

El 17 de mayo de **1902, Alfonso XIII,** el heredero de la Corona, fue **nombrado rey** con 16 años, previo juramento de la Constitución de 1876. En esa época, el sistema de Restauración dependía para su continuidad de que se diese solución a estos urgentes problemas:

- La necesidad de dar **autenticidad** al **sistema político,** revitalizando los partidos de turno y logrando la participación política de la masa neutra –las clases medias– de la ciudad y del campo, ayudándola a emanciparse de las viejas oligarquías dominantes, lo cual resultaría poco menos que imposible porque el mismo rey contaba con el apoyo, precisamente, de esas oligarquías.
- La atención simultánea a las **reivindicaciones** prácticas de las **clases populares.** En este contexto deben encuadrarse una serie de disposiciones que pretendían ofrecer una perspectiva nueva con respecto a la cuestión social; tales eran la orden que creaba el Instituto de Reformas Sociales (1903); el Reglamento de Inspección del Trabajo (1906), para regular la cuestión de los accidentes de trabajo; la Ley de Emigración (1907); la ley que creaba el Instituto Nacional de Previsión (1908) para atender a las pensiones, o incluso la Ley de Huelga (1909).
- La lucha por la integración en el sistema de Restauración de **nuevas fuerzas políticas** en ascenso: el **PSOE,** que obtuvo en 1910 su primer diputado (Pablo Iglesias); las **fuerzas regionalistas,** especialmente el catalanismo, que en 1901 (Lliga Regionalista) y en 1906 (Solidaritat Catalana) obtuvo éxitos electorales y que tenía un nuevo líder, Francesc Cambó; y, por último, el **republicanismo,** que también crecía en importancia política con la fundación del Partido Republicano Radical (1908), de Alejandro Lerroux, y del Partido Republicano Reformista (1912), de Melquíades Álvarez.

2.2. El relevo generacional

Coincidiendo con el cambio de siglo se produjo la necesidad de relevar a los primeros hombres de la Restauración. Cánovas había sido asesinado en 1897, y su sucesor, Silvela, moriría en los primeros años del siglo XX (1905); y lo mismo sucedería en el campo liberal al desaparecer Sagasta (1903). En cada uno de los **partidos** entraron nuevos hombres y se inició la **lucha por la jefatura.**

Hasta 1917 se mantuvo el turno bipartidista y en el Congreso predominó la mayoría monárquica, representada por los conservadores y liberales; pero fue haciéndose patente un aumento de diputados que representaban a nuevas corrientes del país, en especial, al **republicanismo** y al **catalanismo.**

Alfonso XIII

Alfonso XIII, retratado en 1902.

Hijo póstumo de Alfonso XII y de María Cristina de Habsburgo, en 1902, tras la regencia de su madre, asumió la Corona. Educado por sus preceptores en un ambiente clerical, militar y muy conservador, mostró, sin embargo, un talante liberal en las formas, que le procuró el afecto popular en los inicios de su reinado.

La crisis de los partidos dinásticos y el desprestigio de los políticos profesionales propiciaron su intervención directa en la política. Las sucesivas dificultades minaron su prestigio. Aceptó y alentó la dictadura de Primo de Rivera en 1923 y, tras su fracaso, intentó restaurar el orden constitucional, sin éxito.

En 1931 abandonó el país, pronunciando una de sus más célebres frases: «Espero que no habré de volver, pues ello solo significaría que el pueblo español no es próspero ni feliz». Durante la Guerra Civil (1936-1939) dio su apoyo al bando sublevado. Fijó su residencia en Roma hasta su muerte en 1941.

Actividades

2 ¿Qué consecuencias tuvo para los partidos del turno –conservador y liberal– la muerte de los líderes tradicionales Cánovas y Sagasta?

3 ¿Cuál era el sentido político del principio de la revolución desde arriba? ¿Quién fue el promotor?

El lustro inicial del reinado de Alfonso XIII, de 1902 a 1907, supuso una toma de contacto del rey adolescente con la complejidad interna de los partidos. Se produjeron numerosas **crisis ministeriales** y **cambios de Gobierno.** Fueron los tiempos de las llamadas «crisis orientales», por alusión al Palacio de Oriente de Madrid, residencia del monarca, donde aquellas se fraguaban y producían.

Entre 1902 y 1905 se sucedieron en el Gobierno cinco presidentes conservadores, y entre 1905 y 1907, otros cinco liberales. En esos años volvieron a resurgir los problemas no resueltos, especialmente la **cuestión social,** los **regionalismos** y el auge del **anticlericalismo.**

El Gobierno **conservador** de **Maura** (1907-1909) y el **liberal** de **Canalejas** (1910-1912) constituyen la etapa central de la monarquía alfonsina. Son años que han sido llamados de renovación interna.

2.2.1. El Partido Conservador

A la muerte de Cánovas del Castillo, su sucesor, Silvela, crítico del canovismo desde 1892, intentó en 1899 un Gobierno de concentración con el fin de integrar las corrientes regeneracionistas que había suscitado el desastre; sin embargo, lo único que logró fue poner de manifiesto la dificultad de acuerdo entre sus componentes.

Las primeras **contradicciones internas** del partido se polarizaron en torno a dos figuras: el propio **Silvela** y **Fernández Villaverde,** ministro de Hacienda en ese Gobierno de 1899. Para el primero, la expresión «regeneracionismo» significaba renovar la vida política en todos los órdenes y dotarla de la vitalidad social de que carecía; para el segundo, la única preocupación básica era superar el déficit económico creado por la guerra y la liquidación de las colonias.

Pero, el político más representativo del partido fue **Antonio Maura,** un antiguo liberal que se convirtió en el jefe conservador de la mano de Silvela. Católico practicante, estaba convencido de la coincidencia entre la moral pública y la privada, era enemigo del caciquismo y estaba comprometido con la revolución desde arriba para lograr la pureza efectiva en las votaciones. Ocupó la presidencia del Gobierno entre 1903 y 1904, y de nuevo, en el bienio 1907-1909.

Antonio Maura (1853-1925). Ministro en varias ocasiones con Sagasta, a partir de 1898 elaboró un programa reformista con medidas regeneracionistas. Tuvo que dimitir a causa de la dura represión de la Semana Trágica, volvió a presidir el Gobierno tras la crisis de 1917.

José Canalejas (1854-1912), discípulo de Castelar, comenzó su actividad como seguidor de Ruiz Zorrilla, del que luego se apartó. Ocupó diversos cargos políticos, hasta llegar a jefe del Gobierno, en 1910, hasta su asesinato en 1912. Promovió diversas medidas reformistas de diferente signo.

2.2.2. El Partido Liberal

El Partido Liberal sufrió también el problema de la jefatura provocado por la muerte de Sagasta, en 1903. Este problema se salvó en un primer momento gracias a **Montero Ríos,** vinculado a la Institución Libre de Enseñanza, enseguida le disputó el liderazgo Segismundo **Moret.**

Luego, José **Canalejas** sería el jefe de los liberales. De él dice el historiador Pabón que, durante su tiempo de presidente del Gobierno -febrero de 1910 a noviembre de 1912-, salieron a relucir todos los problemas de la España de entonces, a todos los cuales dio solución: el llamado **religioso,** el de **Marruecos,** el **catalán,** el **social,** con las rebeldías obreras, y el **político,** con la sublevación republicana (motín de la fragata Numancia) o la división de los partidos.

2.3. El auge del catalanismo y la Ley de Jurisdicciones

El turno liberal (1905-1907) se encontró con dos problemas: el viraje del catalanismo y la aprobación de la Ley de Jurisdicciones.

- El **catalanismo.** En noviembre de **1905,** las elecciones municipales dieron el **triunfo** a la **Lliga,** lo cual hizo que en determinados órganos de opinión se desatara la euforia secesionista, destacando en ella la revista satírica *Cu-cut* y el periódico *La Veu de Catalunya,* que lanzaron ataques a la unidad de la nación española, al rey y al Ejército. La reacción de los oficiales de la guarnición de Barcelona fue contundente, con el **destrozo** de los **locales de ambas** publicaciones.

Agitación entre los militares

«Barcelona, 25 (5 tarde). Anoche, a primera hora, gran número de oficiales del ejército, molestados por las caricaturas y artículos que publicaba la prensa catalana, se reunieron en número de más de 200 en la Plaza Real; comenzaron a dar vivas a España y desde allí marcharon a la imprenta del semanario catalanista *Cu-Cut.* (...)

Desde allí marcharon a la calle del cardenal Casañas, donde se encuentra la redacción del mismo periódico y renovaron la escena sacando los muebles y prendiéndoles fuego, apaleando a los que encontraban dentro y obligándoles a gritar "¡Viva España!".

Los oficiales marcharon después a las Ramblas de las Flores, donde se encuentra el periódico de *La Veu.* Entraron también en la redacción, sacaron gran cantidad de muebles y de prensa, prendiéndoles fuego igualmente. En la redacción dieron varios sablazos, obligando a los que allí estaban a gritar "¡Viva España!". Todo lo destrozaron respetando solo el escudo de Cataluña, diciendo que Cataluña era una provincia española.

De resultas de los sablazos que repartieron hay varios heridos. Uno de ellos, grave. El gobernador militar, capitán general interino, acudió ante la redacción de *La Veu,* dirigiose a los oficiales y les obligó a que se retirasen al gobierno militar.

Se ha mandado instruir sumario, habiéndose nombrado juez especial al comandante señor Gotarredona Mencheta».

El Imparcial, 27 de noviembre de 1905.

Asalto y destrucción del local y de la redacción de la revista Cu-cut *y del diario* La Veu de Catalunya, *por oficiales del Ejército, en noviembre de 1905.*

Puedes consultar la web de recursos de **anayaeducacion.es**.

El presidente **Montero Ríos suspendió** las **garantías constitucionales,** se pidió que los hechos pasaran a ser juzgados por tribunales militares y los regionalistas de la Lliga se apresuraron a pedir que el Congreso no cayera en la tentación de confundir el separatismo con un regionalismo que era la fuente de vida para España.

- La **Ley de Jurisdicciones.** El otro problema, vinculado con el anterior, fue la aprobación de la Ley de Jurisdicciones en marzo de **1906.** En ella se establecía que en el Código de Justicia Militar quedarían incluidos, en adelante, los delitos de injuria y calumnia al Ejército.

2.4. El Gobierno de Maura

Tras estos hechos, el nuevo Gobierno conservador de Maura, consciente de que el sistema político no tenía el apoyo popular, se propuso atraer a la masa neutra de españoles que vivían al margen de todo; en función de ello presentó un **programa revisionista** que pretendía sanear la Administración local, dar más autonomía a los municipios, acabar con el caciquismo y eliminar el centralismo absorbente que impedía el entendimiento con los regionalismos. Pero su forma de concebir la «masa neutra» le llevaría al fracaso político. Para Maura, siguiendo la tradicional doctrina liberal, esta masa estaba compuesta exclusivamente por las clases medias, por lo que dejaba fuera al proletariado. Los sucesos de la Semana Trágica de Barcelona (julio de 1909) pusieron de relieve el error político de esa posición.

2.4.1. La Semana Trágica

El chispazo inicial de la protesta fue la decisión de Maura de **enviar** a **Melilla,** desde Barcelona, unidades de **refuerzo** de Barcelona y Madrid formadas por **soldados** que habían pasado a la **reserva** seis años antes para responder a una agresión de los marroquíes a los trabajadores españoles empleados en la construcción del ferrocarril de la Compañía de Minas del Rif.

Cuando el 18 de julio los primeros reservistas salieron del puerto de Barcelona, la campaña socialista en contra se radicalizó y comenzaron los incidentes. En los días siguientes, el **agravamiento** de la situación de **Marruecos,** de donde llegaban noticias sobre centenares de muertos, condujo a que las fuerzas obreras -socialistas y anarquistas- proclamasen la **huelga general.**

Fue **declarado** el **estado de guerra** en **Barcelona** y entre el 25 de julio y el 1 de agosto se vivieron jornadas de lucha, hasta que pudo restablecerse el orden.

La **represión** que se produjo a continuación, y los **procesos sumarísimos** llevados a cabo por los tribunales militares contra los líderes de la subversión, se tradujeron en una oleada de oposición nacional a la gestión de Maura, mientras que en Cataluña quedaba definitivamente borrada la buena impresión que había dejado el rey en su visita de 1904.

De forma particular y como principal consecuencia, el **fusilamiento** en Montjuïc de **Francesc Ferrer Guardia** pola-

La Semana Trágica fue una auténtica insurrección popular contra la política social y colonial del Gobierno.

Con las movilizaciones sindicales del verano de 1909 se inició una serie de conflictos laborales y sociales que abarcarían toda la década siguiente.

Tras la represión gubernamental, se propagó el lema «Maura no», que acabó por provocar su caída.

En la imagen, barricadas en las calles de Barcelona, julio de 1909.

Más información en la web de recursos de **anayaeducacion.es**.

Ley de Mancomunidades

«A propuesta del ministro de la Gobernación, y de acuerdo con mi Consejo de Ministros.

Vengo a decretar lo siguiente:

Art. 1°. Para fines exclusivamente administrativos que sean de la competencia de las provincias, podrán estas mancomunarse. (...) Las mancomunidades serán siempre y constantemente voluntarias, pudiendo concretarse a plazo fijo o por tiempo indefinido. (...) El Gobierno, por real decreto acordado en Consejo de Ministros (...), podrá ordenar la disolución de la mancomunidad, siempre que en sus acuerdos y propuestas resulte infringida alguna ley del Reino, cuando de aquellos pueda inferirse algún peligro para el orden público o los altos intereses de la Nación. (...). Las mancomunidades, una vez constituidas, podrán solicitar delegación de servicios determinados y facultades propias de la Administración Central. (...)

Dado en Palacio a dieciocho de diciembre de mil novecientos trece. Alfonso XIII, El ministro de la Gobernación, José Sánchez Guerra».

Gaceta de Madrid, 19 de diciembre de 1913.

Ya Maura propuso una Ley en 1907 como modo de abordar «el problema catalán». Diputados de la Lliga la replantearon en 1911. Inicialmente solo fue asumida por Cataluña, que formó su Mancomunidad en 1914, presidida por Prat de la Riba. Pese a que las atribuciones reales de la ley eran muy pocas –el Estado central no traspasó ninguna competencia–, era percibida desde Cataluña como el primer paso para la autonomía y en 1918 se intentó reforzar la institución con la redacción del primer Estatuto de Cataluña (Estatuto de Núria). En 1925, la Ley de Mancomunidades fue derogada por el Gobierno de la dictadura de Primo de Rivera.

rizó un movimiento que sensibilizó a extensas capas de la población y llegaría a convertirse en escándalo internacional. Se denunciaba a Maura como el símbolo de la **«España negra»,** opuesta a la libertad y al progreso, que, a su vez, aparecían simbolizados en la **Escuela Moderna,** uno de cuyos promotores era Ferrer.

La pretensión de los jóvenes intelectuales que en los años siguientes sacarían adelante dicha Escuela era extender, dentro de una corriente socialista o socializante, la educación y la cultura al mundo del trabajo.

2.5. José Canalejas

Maura dimitió y, tras un breve Gobierno de Moret, **Canalejas,** como jefe de Gobierno, pretendió llevar a cabo:

- Una **reforma social** –propiciando el diálogo con el movimiento obrero–.
- La **separación** real entre la **Iglesia y el Estado** –con la Ley del Candado (1910), que le aportó muchas críticas y la ruptura de relaciones con el Vaticano–.
- Un **programa educativo** y la **modificación del servicio militar,** que se hizo obligatorio para todos en tiempo de guerra, circunstancia en la que quedaba eliminada la categoría de «soldado de cuota».

La labor modernizadora de José Canalejas quedó truncada trágicamente cuando fue **asesinado** en noviembre de 1912. En ese instante, finalizaron a la vez la etapa de regeneracionismo interno desde los gobiernos y los mejores momentos del reinado de Alfonso XIII. Fue el tiempo del **«fulanismo»** de los partidos, llamado así porque la división interna propició la aparición de tendencias y de líderes muy diversos cuya personalidad se limitaba a agrupar adictos.

2.6. El fin del regeneracionismo (1913-1917)

En los años siguientes, el personaje más representativo de la **tendencia conservadora** fue **Eduardo Dato.** Gobernó **entre 1913 y 1915** con un gabinete en el que se hallaban representadas todas las tendencias del Partido Conservador, a excepción de la maurista. La medida más importante del período fue la **Ley de Mancomunidades** (1913), por la que se permitía cierta autonomía a las regiones.

La **tendencia liberal** estuvo encabezada por Álvaro de Figueroa, **conde de Romanones.** En su Gobierno, de **1915 a 1917,** siguió una política todavía más práctica que Dato.

Lo más notable en este período fueron las propuestas de reforma económica del **ministro de Hacienda, Santiago Alba:**

- **Reforma fiscal,** con nuevos tributos sobre los beneficios empresariales.
- **Proyectos de inversiones públicas** en escuelas, carreteras y regadíos, etc. Por una parte, Romanones intentó atraerse a las izquierdas moderadas para romper en el Congreso la alianza republicano-socialista, y, por otra, asegurarse la jefatura del partido provocando la descomposición interna y utilizando en las elecciones las prácticas caciquiles.

Actividades

4 Los hechos de la Semana Trágica, ¿respondieron solo al envío de reservistas catalanes a Marruecos en 1909? Razona tu respuesta. Puedes consultar la web de recursos de **anayaeducacion.es**.

5 ¿Qué problemas fundamentales trataron de solucionar las reformas de Canalejas entre 1910 y 1912?

3

España y la Primera Guerra Mundial

Los años de la Gran Guerra (1914-1918) son decisivos para entender la España del siglo XX. Y ello, por dos causas: por su neutralidad ante el conflicto, y porque **1917** se convirtió en un año esencial para la **descomposición** del **sistema** político de la **Restauración.**

La Primera Guerra Mundial se declaró el 28 de julio de 1914, y a los dos días se publicó el **Decreto de neutralidad** y de **no-intervención.** Cuando el rey Alfonso XIII vio que la guerra era inevitable, decidió que España se mantuviera apartada del conflicto; que permaneciera absolutamente imparcial; que mientras durasen las hostilidades extremara su celo para paliar los horrores de la guerra, y que el país se beneficiara en lo posible de esa condición neutral.

3.1. La polémica sobre la neutralidad

Contra esta postura neutral reaccionó casi de forma inmediata el liberal **Romanones, propuso participación activa** a favor de algún bando, puesto que vivir al margen no solo no podía aportar nada, sino que sería negativo para la política internacional de España.

Para el historiador Pabón, pese a la neutralidad, la guerra generó en España un triple trastorno: **dividió** y **enfrentó** a los españoles en **dos bandos** espiritualmente **beligerantes;** produjo una gran **alteración económica,** que traería muchas secuelas sociales, y dio lugar a una profunda **transformación moral.** La guerra alteró ideológicamente al país, de forma general:

- Las **izquierdas** demócratas se manifestaron **aliadófilas** si bien debe tenerse en cuenta que un amplio sector de la gran burguesía industrial catalana y vasca fue aliadófilo, por tener en la importación y exportación a esos países la fuente de su negocio.
- Las **derechas germanófilas** estaban conformadas por una gran mayoría de los oficiales del Ejército –especialmente de la Marina, feudo de la aristocracia–, alto clero y la gran burguesía agrícola y de los negocios; a los que hay que añadir, en general, las clases medias defensoras del orden y de la paz.

Era generalizado, dentro y fuera de España, el convencimiento de que el país no podía hacer frente a una guerra moderna con nuevas tácticas y novedosos instrumentos bélicos (submarinos, acorazados, aviación, ametralladoras, armas químicas...), entre países industriales, fuera del alcance y la preparación del decimonónico ejército español. La neutralidad parecía lo obligado para España y lo más conveniente, pues poco podía aportar un aliado en tal situación a cualquiera de los bloques enfrentados.

Actividades

6 ¿Qué intereses políticos y económicos motivaron la división de la sociedad en aliadófilos o germanófilos?

7 ¿Qué tesis defendía Azaña sobre la neutralidad en la Primera Guerra Mundial? ¿En qué la fundamentaba?

8 Observa la tabla de precios y salarios, traslada ambas series a un gráfico y redacta un breve texto explicando las causas de la evolución dispar de ambas, qué indican los datos sobre las condiciones de vida de las diferentes clases sociales y qué consecuencias sociopolíticas se derivan de estos datos.

La neutralidad española

«Lo primero que debe tenerse presente en esta cuestión es que la neutralidad de España no ha sido ni es una neutralidad libre, declarada por el Gobierno y aceptada por la opinión después de maduro examen de todas las conveniencias nacionales, sino neutralidad forzosa, impuesta por nuestra indefensión, por nuestra carencia absoluta de medios militares capaces de medirse con los ejércitos europeos (...). De manera que, aunque la independencia de España, la integridad de su suelo, el porvenir de la Patria hubiesen estado pendientes de nuestra intervención armada, nosotros hubiéramos tenido que renunciar a nuestra independencia, a nuestra integridad, a nuestro porvenir, por falta de elementos para ponerlo a salvo».

Azaña, Manuel: «Los motivos de la germanofilia», conferencia en el Ateneo de Madrid, 25 de mayo de 1917.

Precios y salarios en España entre 1913 y 1920

Año	Precios	Salarios
1913	100	100
1914	101	97,2
1915	104,9	102,4
1916	117,5	91,8
1917	122,7	90,2
1918	137,2	91,6
1919	162,8	90,3
1920	171,7	104,5

3.2. Consecuencias sociales y económicas

La sociedad española entró en un estado de inquietud y de desorden moral ante los negocios que influiría decisivamente en la crisis de 1917. Los negocios derivados de la neutralidad enriquecieron desmesuradamente a unos y hundieron en la miseria a la mayoría.

Frente a la euforia burguesa, continuó la **carestía de la vida,** que afectó de modo especial a las clases obreras; de manera que puede decirse que con el transcurso de la guerra fue empeorando la situación del país precisamente porque fueron **aumentando** las **diferencias entre las clases.**

El rapidísimo enriquecimiento de unos pocos trajo la indignación de las clases trabajadoras –que acabaron por aceptar que hubiera un sindicalismo violento– a consecuencia de la subida de los precios de productos básicos, de la enriquecedora especulación industrial y comercial y de una exagerada exportación siempre con precios altos.

Con tal panorama, la población comenzó a exigir una participación más activa en la vida social y política, que rompía el esquema de los partidos de turno, y provocó una **radicalización,** tanto en el medio rural como en el urbano.

3.3. La crisis de 1917

La crisis del verano de 1917 puso sobre la mesa todas las cuestiones grandes y pequeñas que se habían manifestado a lo largo de unos años de esfuerzos por conseguir la aproximación entre la España «oficial» y la «real».

En realidad, fueron **tres revoluciones** las que coincidieron de forma consecutiva entre los meses de junio y agosto, aunque no conectaron entre sí. Todo comenzó con una revolución de los **militares,** siguió con otra de la **burguesía,** y acabó con la del **proletariado.**

Tras la crisis de 1917 la monarquía quedó en pie, pero quebrantada; la opinión pública despertó y el proletariado agudizó su conciencia de clase, y su fracaso táctico en ese año se convertiría en el preludio de una unión de izquierdas que culminó en 1931.

3.3.1. Las Juntas de Defensa

La oficialidad se estaba organizando para reforzar su presencia en el Estado y mejorar sus ingresos. Por eso, en el **origen** de las Juntas de Defensa existió una **mentalidad sindicalista** de unidad para ejercer presión.

Lo que influyó de forma directa en su organización, aparte de la cuestión de los sueldos, fue la reintroducción en **1910** de los **ascensos** por **méritos** de **guerra,** que habían sido suprimidos después de la guerra de Filipinas y de Cuba por los grandes abusos a que habían dado lugar.

Ahora, las posibilidades de ascenso estaban en Marruecos; una preparada marcha al Rif por unos meses daba pie al rey para favorecer a sus amigos y, beneficiaba sobre todo a oficiales jóvenes y solteros –sin problemas de familia, por tanto–, que, además de cobrar allí sueldos más altos, a la vuelta se veían rápidamente ascendidos en el escalafón.

Desde la entronización de Alfonso XIII crecía el papel del Ejército. La crisis de 1917 le dio carácter de fuerza política dada la ambigüedad del rey frente a las Juntas de Defensa (surgidas como instrumentos de reivindicación económica, social y política), que desafiaron al Gobierno y le obligaron a aceptar sus peticiones. La presión corporativa de los militares fue un importante factor de descomposición del poder político y del parlamentarismo, que desembocaría en la dictadura militar de 1923.

En la imagen, maniobras del Ejército en Retamares (Pozuelo de Alarcón, Madrid).

En enero de 1917 se habían formado **Juntas de oficiales de Infantería y de Caballería** en la mayor parte de las guarniciones del país. Sus **objetivos** eran: **oponerse** al **ascenso** por **méritos** de **guerra;** solicitar una **subida** de los **sueldos** –máxime cuando eran evidentes las diferencias con los de Marruecos–, enfrentándose a los políticos parlamentarios, quienes aparecían como responsables de las medidas; exigir que los **gobiernos** y el **pueblo** tuvieran **más respeto** al Ejército, cuya misión era ser la columna vertebral del país.

A la vista de tantos frentes, la **solución** desde el poder fue intentar atraerse al Ejército como fórmula para sostener la monarquía. Y dio como resultado la **Ley del Ejército** de junio de **1918,** que trajo la subida de los sueldos y la regulación de los ascensos por una Junta de Clasificación, que, evidentemente, frenaba los ascensos espectaculares.

Lograda la pretensión, el Ejército volvió a convertirse en pilar de la monarquía y del Gobierno frente al problema social; pero con una matización: ahora dominaba al Gobierno porque este lo necesitaba.

Actividades

9 Resume los motivos que permiten definir la situación de España en 1917 como una crisis política y social del Estado.

Las Juntas Militares

«Las Juntas de Defensa fueron el punto de arranque de la agitación revolucionaria; un político conservador, Sánchez de Toca, las consideró tan importantes que pensó que la Restauración se dividía definitivamente en dos períodos: antes de las Juntas y después de las Juntas. Ellas significaron la revolución de la clase media de uniforme; su protesta no era más que un síntoma del profundo malestar que reinaba en el país, exponente claro de la crisis del sistema de gobierno y, su acción, lo único que hizo fue precipitar el desvelamiento de la falla estructural del Estado. En realidad, las Juntas actuaron como clase que era víctima del sistema de gobierno imperante y que, como otras que luego irrumpirán en la vida pública, deseaba un cambio radical en el país, una, a su manera, revolución (...). El Ejército había roto su disciplina "cansado de esperar las disposiciones que, reorganizándole, le convirtieran en un Ejército verdadero; cansado de la miseria dosificada de sus sueldos; cansado de soportar el favoritismo de familias y clientelas"».

Lacomba, J. A.: *La crisis de 1917.* Madrid, Guadiana, 1970, p. 175.

3.3.2. La Asamblea de Parlamentarios

El segundo acto de la crisis de 1917 fue la Asamblea de Parlamentarios. Básicamente, resultó un intento por parte de la **burguesía** de hacer su **revolución contra** el **sistema político.** Esta acabó en un **fracaso** porque puso de manifiesto el doble **temor** burgués a un **proletariado** al que quiso utilizar y a que el movimiento se le fuera de las manos.

Desde febrero de **1917,** las **Cortes** estaban **cerradas,** no por incompetencia, sino por miedo a que se plantearan los problemas. Y había tantas cuestiones que solucionar que **Cambó,** jefe de la Lliga y de la burguesía política catalana, **decidió intervenir.**

La insurrección de las Juntas de Defensa daba suficientes motivos para abrir las Cortes; en caso de recibir respuesta negativa del Gobierno de Dato, había que proceder a convocar una Asamblea de Parlamentarios para imponer un Gobierno de concentración con las fuerzas más representativas, y así salvar al país. No cabía duda de que la oportunidad de Cambó para imponer su idea de un **régimen federativo** para el Estado era única.

El Gobierno no atendió a la petición de que se abrieran las Cortes, y el 5 de julio se reunieron en Barcelona 59 diputados y senadores catalanes para señalar que la situación no podía continuar así. Cambó proponía que,

Francesc Cambó fue el político más influyente de la derecha catalanista en la segunda etapa de la Restauración.

a la vista del desorden, era voluntad de Cataluña la obtención de un régimen de amplia autonomía, y que era de gran conveniencia para España transformar la organización del Estado, sustentándola en un régimen de autonomías más de acuerdo con la realidad de la vida española, de forma que la cohesión general trajera una mayor aportación de las energías que, en ese momento, estaban ocultas.

En definitiva, era la **rebelión** de las clases y los grupos **progresistas contra** la **oligarquía** que ejercía el poder, buscando un Gobierno de amplio consenso representativo de las fuerzas del país.

Pese a todas las dificultades, la **Asamblea de Parlamentarios,** en acción abierta contra el Gobierno, se celebró en **Barcelona** el **19** de **julio.** Y de nuevo el contraataque del Gobierno, que disolvió la Asamblea –aunque, como en el caso de las Juntas Militares, había sido muy bien aceptada por la opinión pública–, tachándola de separatista.

En los meses siguientes, la fuerza de la Asamblea de Parlamentarios se fue diluyendo. Sin duda, influyó mucho el **miedo** a la **revolución social** intentada con la huelga general de agosto.

3.3.3. La huelga general

Desde el principio, esta huelga, más que beneficiarse, se resintió de los dos movimientos anteriores. Para cuando empezó, los militares ya estaban dispuestos a impedir toda subversión social o política, y los catalanes ya no pretendían llegar más allá de donde habían llegado.

En mayo de 1916, el Congreso de la UGT propuso una huelga general, que sería fundamentalmente política, para lograr, con la unión de los partidos republicanos, la salida del rey y la formación de un Gobierno provisional.

En ese mes, UGT y CNT –Confederación Nacional del Trabajo, anarquista– iniciaron sus contactos para pedir al Gobierno asuntos concretos, entre los cuales el principal era el abaratamiento de las subsistencias.

El momento de toma de conciencia de la fortaleza de la coalición de las izquierdas fue la **huelga general** de **24 horas** en diciembre, que resultó un éxito.

Romanones prometió resolver el problema de las subsistencias y las demás peticiones obreras, pero dejó de ser presidente del Gobierno, y cuando Dato llegó al poder, en junio de 1917, no se consideró en la obligación de cumplir las promesas de su predecesor. Fue entonces cuando se formalizó la decisión de las izquierdas de llevar a cabo

La huelga de 1917 no fue sino una más de las huelgas generales promovidas por los sindicatos en estos años: huelgas generales de 1910 y 1911, ferroviaria de 1912 y 1916, etc. Lo que le otorga relevancia histórica es el hecho de haber constituido un factor capital en la crisis general de 1917.

En la imagen, intervención de fuerzas del Ejército contra los huelguistas en Madrid.

una huelga general que sería pacífica, extendida por todo el país, y que se prolongaría lo que fuera necesario.

El momento parecía propicio porque entonces los militares y la burguesía catalana estaban en contra del Gobierno; sin embargo, aparecieron divergencias entre los organizadores: el PSOE y la UGT preferían esperar hasta que se pudiera tener la seguridad de éxito, mientras que la CNT quería entrar en acción cuanto antes.

El mismo día en que se reunió la Asamblea de Parlamentarios, el 19 de julio, se produjo en Valencia una **huelga de ferroviarios y tranviarios** que acabó en despidos sin posibilidad de readmisión por parte de la Compañía del Norte.

A partir de ese momento, empezaron las consecuencias en cadena. Desde entonces, y durante agosto, hubo **huelgas** en las principales **poblaciones industriales;** los huelguistas se enfrentaron al Ejército y hubo muertos y heridos en Madrid, Barcelona y en las regiones industriales de Bizkaia y Asturias.

Pese a la durísima actitud del Ejército, la huelga tardó en ser dominada; en Barcelona, por ejemplo, duró diecisiete días. El factor esencial para el fracaso de la huelga fue la intervención militar.

Los organizadores de la huelga pensaron, en un primer momento, que el Ejército llegaría a inhibirse, pero este actuó al lado del Gobierno, y lo hizo para demostrar a todo el país dónde estaba la verdadera fuerza de orden, así como para dar testimonio de fidelidad a la monarquía frente a los políticos. Esta intervención le valió al Ejército la pérdida del reconocimiento popular y lo determinó a intervenir en la vida política.

Actividades

10 ¿Cuáles eran las peticiones políticas más importantes de las organizaciones sindicales obreras en la huelga de 1917?

La huelga de 1917

«(…) Se provoca un conflicto ferroviario por el despido de algunos trabajadores, y el Gobierno ofrece su mediación, y el director de la Compañía se aviene a parlamentar con el personal, pero a condición de que no se trate de la cuestión que ha sido precisamente objeto del conflicto. Estos recursos vergonzosos, disfrazados en el lenguaje de la decadencia nacional con el nombre de habilidades, los rechaza de una vez para siempre el proletario español, en nombre de la moralidad y del decoro nacionales.

Los ferroviarios españoles no están solos en la lucha. Los acompaña todo el proletariado, organizado en huelga desde el día 13. Y esta magna movilización del proletariado no cesará hasta no haber obtenido las garantías suficientes de iniciación del cambio del Régimen, necesario para la salvación de la dignidad y del decoro nacionales.

Pedimos la constitución de un Gobierno provisional que asuma los poderes ejecutivos y moderador y prepare, previas las modificaciones imprescindibles en una legislación viciada, la celebración de elecciones sinceras de unas Cortes constituyentes que aborden, en plena libertad, los problemas fundamentales de la constitución política del país. Mientras no se haya conseguido este objetivo, la organización obrera española se halla absolutamente decidida a mantenerse en su actitud de huelga.

Ciudadanos, no somos instrumentos de desorden, como en su impudicia nos llaman con frecuencia los gobernantes que padecemos. Aceptamos una misión de sacrificio por el bien de todos, por la salvación del pueblo español, y solicitamos vuestro concurso. ¡Viva España!».

Francisco Largo Caballero, Daniel Anguiano, Julián Besteiro y Andrés Saborit. 12 de agosto de 1917.

La agonía del régimen de la Restauración (1918-1923)

A partir de la crisis de 1917, España entró en una fase de agudización de los problemas. La inestabilidad política, el auge del movimiento obrero y la lucha sindical, y, nuevamente, los fracasos coloniales en Marruecos hicieron inviable el sistema.

4.1. La inestabilidad y los gobiernos de concentración

En este período y en un intento desesperado de salvar el tradicional turno de los partidos y, sobre todo, de impedir que los partidos no monárquicos adquirieran más poder, se formaron gobiernos de concentración, integrados por políticos muy influyentes al margen de su filiación partidista. Estos **gobiernos** fueron, como en la etapa anterior, **efímeros,** y se mostraron incapaces de lograr suficiente consenso y autoridad ante el país.

En noviembre de 1917, el liberal García Prieto formó un Gobierno que integró a personalidades conservadoras, como De la Cierva. Duró poco, ya que en marzo de 1918 una nueva crisis ministerial llevó al poder a Maura, quien contó con un representante destacado del catalanismo conservador, Francesc Cambó. Pero la inestabilidad política volvió a manifestarse cuando a finales de año retornó García Prieto, y poco más tarde, Romanones, a la jefatura de Gobierno. En ese año, el problema más agudo fue la **reivindicación catalana** de un **estatuto de autonomía** plena, lo que provocó la división entre los gobernantes de Madrid.

Entre 1919 y 1923 se sucedieron nuevos gobiernos de concentración, cada vez más inestables e incapaces: Maura y Sánchez de Toca en 1919, Dato, nuevamente Maura, García Prieto, etc.

En resumen, tras **veintitrés crisis de Gobierno** entre 1917 y 1923, resultaba ya imposible mantener los dos supuestos que sustentaban el régimen de la Restauración: la alternancia en el poder de dos partidos homogéneos y la manipulación electoral para que se produjera la rotación.

4.2. La conflictividad social y el movimiento obrero

Tras la Gran Guerra, en España, como en todo Occidente, se vivió una **crisis económica** generalizada, que provocó un aumento de la conflictividad social y una subida del sindicalismo. Además, la Revolución Soviética había creado grandes expectativas para los movimientos revolucionarios en todo el mundo. El **anarcosindicalismo** aumentó con fuerza en estos años, alcanzando los 700 000 afiliados. La CNT se reorganizó en el Congreso de Sans (1918), y surgieron nuevos líderes, como Salvador Seguí *(El noi del Sucre).*

Lucha sindical en el «trienio bolchevique»

El movimiento obrero experimentó importantes avances en los años posteriores a 1917. La subida de la afiliación sindical y las luchas obreras llevaron a la patronal, bajo el Gobierno de Dato (1920) y con el nombramiento como gobernador de Barcelona del general Martínez Anido, a organizar bandas de pistoleros, que, con el nombre de Sindicato Libre, asesinaron a varios dirigentes anarquistas extraordinariamente populares (Layret, Salvador Seguí, etc.).

NÚMERO DE HUELGAS EN ESPAÑA DESDE 1905 A 1923 SEGÚN EL INSTITUTO DE REFORMAS SOCIALES

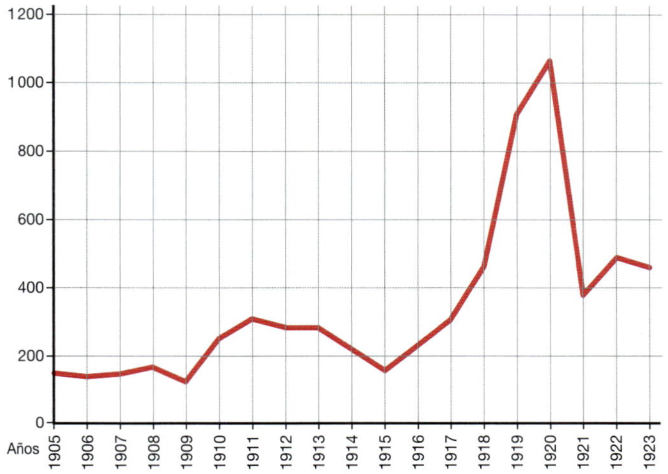

AFILIACIÓN SINDICAL

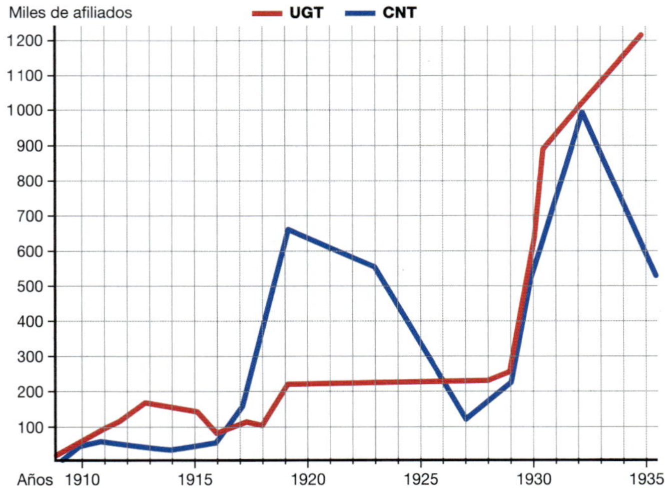

Ruiz, D.: «España, 1902-1923: Vida social, política y cultural», en *Revolución burguesa, oligarquía y constitucionalismo, Historia de España*. Barcelona, 1981.

Actividades

11 Describe la evolución de los gráficos y a partir de la información del texto –y de la posible ampliación en otras fuentes–, explica el diferente comportamiento de las curvas de afiliación sindical. ¿Qué factores explican el auge huelguístico en el período 1918-1921?

Los conflictos laborales fueron creciendo en extensión, tanto en el campo –especialmente en Andalucía– como en la industria, sobre todo entre 1918 y 1920, período que la derecha denominaría el «trienio bolchevique».

Destacó por su eco social la **huelga** en **1919** de la empresa eléctrica **La Canadiense** de Barcelona (llamada así porque su principal accionista era el Canadian Bank of Commerce de Toronto), que duró 44 días, contó con un gran apoyo popular y paralizó la industria catalana. Esta huelga puede considerarse el **primer gran éxito** del **movimiento obrero** en España: se obtuvieron mejoras salariales, la readmisión de obreros despedidos y, por primera vez, la implantación de la jornada laboral de ocho horas.

Por otra parte, también se reavivaron las luchas de los **jornaleros andaluces,** con gran contenido político, cuyo objetivo era lograr una **reforma agraria.**

La **respuesta** de la **burguesía** fue muy dura, creando **grupos armados** («sindicatos libres»), que actuaban contra los líderes sindicales y que llegaron a asesinar a algunos muy populares.

En el campo socialista, la UGT no llegó a adquirir tanta extensión y fuerza, aunque amplió su presencia en zonas como Andalucía. Dentro del **PSOE,** el debate sobre la Revolución Rusa y la creación de la **III Internacional** (Internacional Comunista) provocó la **escisión** de un grupo minoritario, pero muy activo, que en **1921** creó el **Partido Comunista de España**.

Actividades

12 ¿Qué circunstancias hicieron posible la aparición de los partidos comunistas, incluido el español?

El nacimiento del Partido Comunista

El impacto de la Revolución Rusa en el movimiento obrero español fue muy importante. Tanto el PSOE como los anarquistas enviaron sendas delegaciones para conocer de cerca los hechos revolucionarios. Después de diversos debates en el seno del PSOE, algunos grupos decidieron escindirse para constituir un nuevo partido integrado en la III Internacional.

«Los abajo firmantes, reunidos en Madrid durante los días 7 al 14 de noviembre de 1921, en representación y con plenos poderes del Comité Ejecutivo de la Internacional Comunista y de los Partidos Comunistas Español y Comunista Obrero, respectivamente, para realizar, según las decisiones del Comité Ejecutivo de la III Internacional la fusión de los dos partidos, han acordado constituir un solo partido que se regirá por los principios y las disposiciones siguientes:

Los representantes de los dos partidos declaran, ante todo, que los principios teóricos y la acción práctica del nuevo partido unificado no podrán ser otros que los que la III Internacional ha adoptado en Congresos y que la separan netamente tanto del reformismo como del anarquismo (...).

a. El Partido unificado tendrá la denominación de Partido Comunista de España (sección española de la Internacional Comunista) (...).

g. Toda la prensa del partido estará sometida a la dirección política del Comité Nacional. El órgano central del Partido estará bajo la dirección inmediata del Comité Nacional (...).

Por el Partido Comunista Español, con plenos poderes: Gonzalo Sanz. Por el Partido Comunista Obrero, con plenos poderes: Manuel Núñez de Arenas. Por el Comité Ejecutivo de la III Internacional, con plenos poderes: Antonio Graziadei».

García Nieto, M. C. y Donézar, J. M.: *Bases documentales de la España contemporánea*, vol. 6. Madrid, Guadiana, 1972.

La Antorcha
Órgano del Partido Comunista
Sección Española de la III Internacional
Precio 15 céntimos
Año II — Madrid, 24 de Marzo de 1922 — Núm. 17
A PESAR DE TODO
El Partido Comunista Español celebra su primer Congreso
Al proletariado en general.
Camaradas:
Atraviesa España uno de los momentos más angustiosos de su accidentada historia: una guerra, la de Marruecos, en que está aniquilando a la juventud y arruinando la economía nacional; un Gobierno que, prolongando la actuación del anterior, tiene en suspenso las garantías constitucionales y lanza estúpidamente a la clandestinidad a los elementos revolucionarios, que de este modo han de desenvolver sus más impor-
EL PARTIDO COMUNISTA Y LOS SINDICATOS
Declaramos abiertamente que nuestra máxima preocupación está en los Sindicatos, a los cuales queremos llevar nuestro espíritu revolucionario para apartarles del colaboracionismo que corroe a muchos de ellos y entorpece los movimientos de conjunto. Son los Sindicatos, en ligazón estrecha de afinidad espiritual con nuestro Partido, los que han de derrumbar el edificio capitalista y los que han de regir después las fun-
que después de la guerra continúan colaborando con la burguesía para impedir el avance del Comunismo, han sido los causantes de que el ritmo revolucionario se haya debilitado. Desorientadas las masas por las tortuosas maniobras de esos hombres que sacrifican los ideales a sus comodidades personales y a sus ambiciones políticas, preciso es desenmascararlos. ¿Cómo? Yendo directamente a las masas que ellos tienen secuestradas, elevando ante ellas nuestra voz, penetrando

Ocupación española de Marruecos

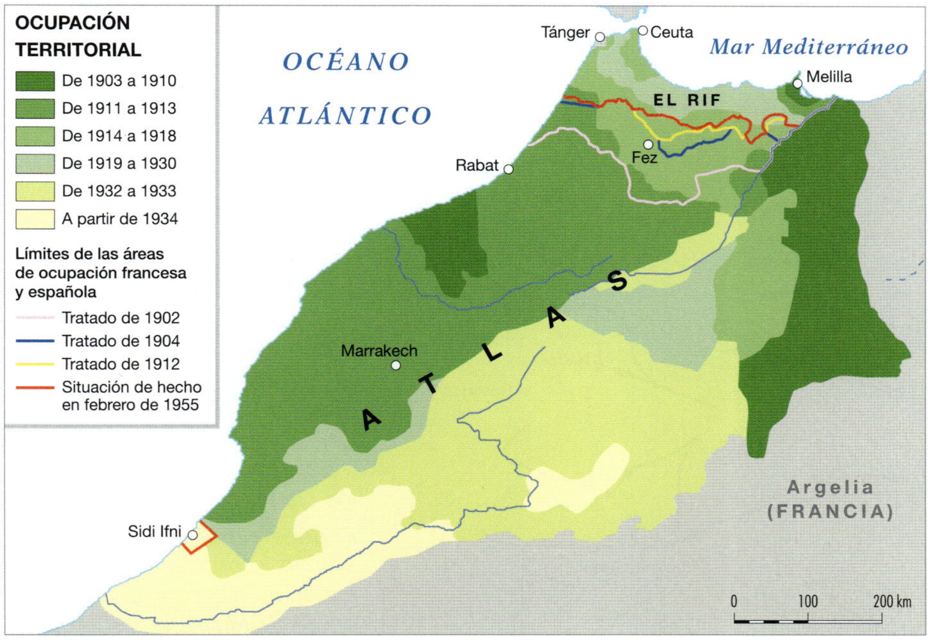

España intentó, tras el fracaso del 98, recuperar la condición de potencia colonial en la Conferencia de Algeciras de 1906, con la colaboración de Francia.

Tras difíciles circunstancias en la ocupación y control del territorio –Semana Trágica de 1909– y controversias con los intereses de Francia, potencia hegemónica en el área, se llegó a un tratado que establecía el Protectorado español y francés en 1912. Ello implicaba una presencia militar compleja e inversiones económicas, que excedían la capacidad española. Al finalizar la Primera Guerra Mundial, en 1918 se reanudaron las operaciones coloniales, nuevamente impulsadas por Francia.

4.3. La cuestión de Marruecos

La política africanista emprendida por España a principios de siglo quedaba encuadrada en tres coordenadas: el peso del 98, la tradición histórica española en el norte de África y la rivalidad colonial anglofrancesa.

La depresión moral motivada por el desastre del 98 había provocado dos tendencias divergentes:

- La corriente **anticolonialista** y **antimilitarista:** sostenida desde frentes marginales dentro del sistema político de la Restauración –los partidos republicanos y obreros– e impulsada desde el regeneracionismo de Costa.
- La corriente **colonialista:** el empeño, también regeneracionista, de volver a introducir a España en el círculo de las potencias europeas, en un momento en que el mayor o menor prestigio de las naciones era calibrado en función de su poder colonial.

4.3.1. La política africanista española

En el siglo XIX, España había participado en acciones bélicas en África: la **«guerra de África»** de 1859-1860 giró en torno a Ceuta, con el general Prim como principal protagonista, y la de 1893, en torno a Melilla, y acabó en un tratado hispanomarroquí firmado en Sevilla en 1894.

Cuando el **colonialismo francés** se fijó en Marruecos, para redondear su dominio sobre Túnez y Argelia, tuvo que tener en cuenta la realidad histórica de que España estaba asentada en unas «plazas de soberanía».

A su vez, otras potencias, como el Reino Unido o Alemania, entraron en juego para evitar el dominio francés del Mediterráneo desde las costas de África.

A **Francia,** por tanto, le interesaba llegar a un acuerdo con **España** para un **«reparto marroquí».** España necesitaba, por un lado, asegurar sus plazas de Ceuta y Melilla, y para ello debía prolongar su dominio tierra adentro; pero, por otro, era consciente de que la aventura conllevaría muchos gastos y riesgos.

Fueron, por tanto, la presencia francesa y la amenaza de participación de Alemania las que llevaron a España a las campañas de Marruecos en las siguientes décadas.

Escribe el historiador Jover que, al final, España optó, con una opinión pública mayoritariamente en contra, por embarcarse en la aventura de Marruecos para renovar su prestigio en Europa. Además, intervenían muchos **intereses económicos,** entre los cuales la minería y la construcción de ferrocarriles eran los incentivos más poderosos para la oligarquía financiera de la Restauración.

En efecto, en el norte de Marruecos el capitalismo financiero español había obtenido la explotación de un mineral de hierro de una calidad muy estimable y que fue dedicado a la exportación prácticamente en su totalidad.

Desde 1904, la penetración española en Marruecos había sido «pacífica», sustentada en pactos individuales con las cabilas.

A partir de **1909** fracasaron los pactos con las cabilas y, a partir de entonces, se entró casi por obligación en lo que en los círculos diplomáticos europeos se denominaba «el **avispero marroquí».** Lo que en ese año se llamó guerra de Melilla –y que provocó la Semana Trágica de Barcelona– fue la **respuesta militar** del Gobierno para proteger los intereses económicos españoles ante los ataques de las **cabilas insumisas.**

El desastre de Annual

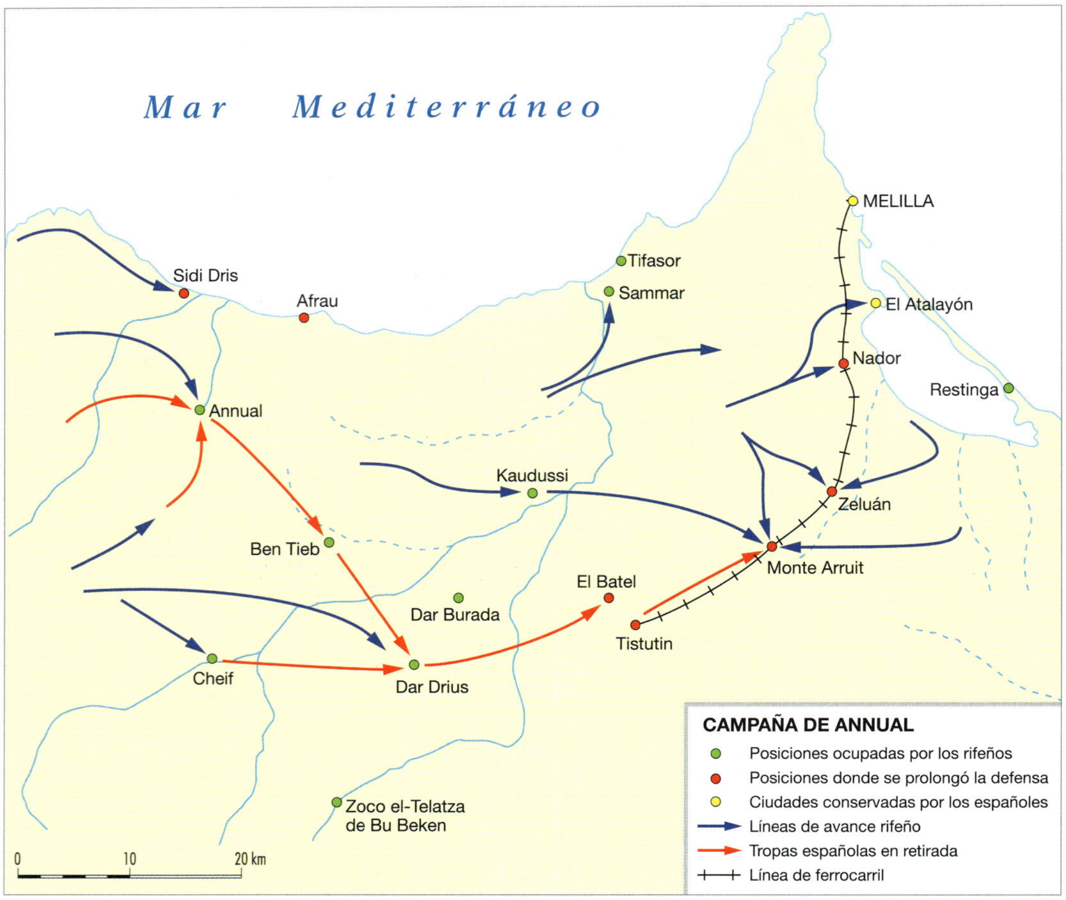

La estrategia de ocupación militar del territorio oriental del protectorado desde Melilla encontró enormes dificultades por lo intrincado del terreno y por la falta de acuerdos con los clanes rifeños.

El general Fernández Silvestre amplió imprudentemente el espacio bajo control militar al oeste de Melilla de tal modo que, ante la ofensiva de Abd el-Krim desde Alhucemas, se vio obligado a una retirada desordenada hacia Annual, donde la resistencia fue imposible y comenzó una matanza masiva de soldados españoles en desbandada.

Ramón J. Sender que, a los 21 años, participó en la guerra de Marruecos, escribió la novela *Imán* en la que hace referencia al desastre de Annual:

«(...) ¿Has venido de Annual? Desde más allá de las montañas todo está *sembrao* de hombres con las cabezas rotas, las tripas al aire.

(...) Si vas hacia allá, de aquí a Drius *pués* contar los muertos por docenas, y de Drius abajo, por centenares. Tú y yo seremos pronto dos más, no te hagas ilusiones; (...).

Tengo veintitrés años. ¿Está bien morir como un perro a los veintitrés años, abandonado de toda esa gentuza? (...)».

Por otro lado, el Informe-expediente Picasso sobre los acontecimientos de Annual puso de manifiesto la corrupción entre la oficialidad de las tropas de África:

«Sensible es confesar que se derivan graves cargos contra la oficialidad y que, en general, su conducta no ha respondido a lo que de ella debía esperarse en la crisis suprema de aquellas circunstancias (...)».

Campaña de Marruecos. desastre de Annual. Oficiales de las tropas españolas ante los cuerpos de soldados caídos en combate, durante julio de 1921.

4.3.2. El desastre de Annual

La Gran Guerra de 1914-1918 había supuesto para España un forzoso paréntesis en su acción en Marruecos por la misma neutralidad que se había impuesto; pero en 1919, terminado el conflicto, Francia intensificó su acción, apuntando la amenaza de instalarse en toda la región sin respetar sus pactos anteriores con España. En respuesta a esto, en 1919, el Gobierno español inició una especie de carrera de toma de posiciones desde las bases de Ceuta y Melilla.

También entre los **marroquíes** repercutió el fin de la Gran Guerra porque apareció un **nacionalismo revolucionario,** que se iba a enfrentar simultáneamente con la autoridad «oficial» del sultán y con la Administración española.

La **guerra** llegó en **1921,** y con ella, el **desastre de Annual.** Fue el resultado trágico de un esfuerzo por establecer un protectorado que había venido incidiendo negativamente en la economía, en la sociedad y en la política española desde 1904.

El general **Dámaso Berenguer,** alto comisario de España en Marruecos, fue el encargado de ocupar la zona occidental, y al general **Fernández Silvestre,** inclinado a tomar iniciativas por cuenta propia y más antiguo en el escalafón que Berenguer, se le confiaron las operaciones de la zona oriental.

Fue una **guerra impopular** en España, sin apoyo ministerial, con el único estímulo que el rey, jefe supremo del Ejército, otorgó a sus generales. Aunque no hubo una acción coordinada entre ambos generales, entre 1920 y 1921 se ocuparon importantes posiciones: Xauen, Annual, Sidi Dris, Abarrán, etc.

Mientras tanto, un caudillo rifeño, **Abd el-Krim,** había ido organizando la **resistencia rifeña,** y finalmente desencadenaría la ofensiva desde Alhucemas sobre Igueriben, que fue ocupada, y Annual.

Sin la esperanza de refuerzos, el general Silvestre ordenó la retirada de esta plaza. Esta retirada se convirtió en una carnicería en la que **murieron alrededor de 14 000 hombres** (junio de 1921). A Silvestre le mataron o se suicidó en el parapeto de Annual.

Actividades

13 El Gobierno español y la oligarquía de negocios eran favorables a la intervención en Marruecos, mientras que la postura popular era contraria. Explica ambas posiciones. ¿Por qué posición te enclinarías? Defiende tu postura en el aula.

14 Describe, brevemente, los factores que incidieron en la derrota del ejército colonial español en Annual (1921).

En la imagen, Abd el-Krim, líder de la resistencia a la ocupación del Rif y fundador de la República Confederada de las tribus del Rif, nombre dado al territorio liberado del poder colonial durante el conflicto con dichas potencias.

4.3.3. Consecuencias de Annual

Restablecida la iniciativa española en Melilla, se planteó una **doble ofensiva política,** que se convirtió en bandera del socialismo, **contra** los **mandos** del **Ejército** vencido –contra toda la administración de las fuerzas que actuaban en África– y contra el **rey.** Se especulaba sobre mensajes de aliento que habría enviado Alfonso XIII a Silvestre incitándole a actuar en contra de lo convenido con Berenguer.

En agosto de 1921 se eligió al general Picasso para que abriese un expediente gubernativo sobre la responsabilidad de los mandos en la derrota de Annual. No arroja demasiada luz, pero sí deja constancia de que la acción de Silvestre sobre Alhucemas contó con la aquiescencia del Gobierno y con el asentimiento del general Berenguer.

Un efecto de la guerra y de Annual fue el **descrédito** final de las **Juntas militares de Defensa.** Si en principio habían contado con la simpatía popular, en los años siguientes la fueron perdiendo cuando empezó a comprobarse que el movimiento era uno más para controlar los mandos y adquirir prebendas. El juicio sobre los acontecimientos de Annual permitió conocer el nivel de corrupción entre la oficialidad de las tropas de África. Precisamente, a esto atribuía la opinión pública la degradación del espíritu de la oficialidad combatiente y la disminución de las inversiones en material. Por eso, la **crudeza** de las operaciones del **Rif** y el **sacrificio** de los **soldados** que allí lucharon y murieron se volvieron en contra de las Juntas de Defensa, que desaparecieron en 1922.

5

La dictadura de Primo de Rivera (1923-1930)

5.1. El intervencionismo militar en 1923

Durante la primavera de 1923 ya se estaba conspirando desde dos movimientos distintos y diferenciables, pero convergentes en la necesidad de **derrocar** al **Gobierno liberal.** El primero estaba vinculado a las desaparecidas Juntas de Defensa de Barcelona, de las que luego se valdría Primo de Rivera, y buscaba mediante el golpe de fuerza disolver las Cortes y quitar el papel político a la oligarquía para dárselo a las clases medias. El segundo, centrado en Madrid, tenía como objetivo recoger las aspiraciones del ejército de África sobre el futuro marroquí. Pretendía la instauración de un Gobierno fuerte y dispuesto a resolver los problemas generales del Ejército y del orden público manteniendo la Constitución y la monarquía.

El capitán general de Cataluña, Miguel Primo de Rivera, se puso en contacto con este segundo grupo cuando viajó a Madrid en junio, llamado por el Gobierno. En el encuentro pidió plenos poderes para luchar contra el terrorismo en Barcelona y, como no llegó a un acuerdo, se convirtió en enlace entre ambos grupos, y, más tarde, en jefe de la sublevación.

5.2. Los factores del golpe de Estado

Primo de Rivera dio su **golpe de Estado** en Barcelona el 13 de septiembre de **1923.** De la noche a la mañana, casi sin ningún rumor previo en la prensa y sin derramamiento de sangre, dominó la situación de la capital catalana, punto clave en la política española en esos años. El Gobierno no fue capaz de reaccionar, y acudió al monarca para que tomara cartas en el asunto. Pero **Alfonso XIII** dejó pasar lentamente las horas y, transcurridos los primeros momentos, **apoyó** abiertamente al **general sublevado,** a quien confió la tarea de formar Gobierno. En tres días, España dejó de ser una monarquía parlamentaria y se convirtió en un régimen autoritario. El régimen de Cánovas había desaparecido.

Primo de Rivera no pretendió establecer un régimen definitivo; su cometido era abrir un paréntesis transitorio. Y precisamente esta sería la contradicción evidente que vivió el dictador durante su gobierno y que se volvería contra él: entre la liquidación sistemática de las reservas políticas de la Restauración y la provisionalidad del sistema dictatorial.

Proclama de Primo de Rivera

«Al país y al Ejército. Españoles: Ha llegado para nosotros el momento más temido que esperado (porque hubiéramos querido vivir siempre en la legalidad y que ella rigiera sin interrupción la vida española) de recoger las ansias, de atender el clamoroso requerimiento de cuantos, amando la patria, no ven para ella otra salvación que libertarla de los profesionales de la política, de los hombres que, por una u otra razón, nos ofrecen el cuadro de desdichas e inmoralidades que empezaron el año 98 y amenazan a España con un próximo fin trágico y deshonroso (...).

Este movimiento es de hombres: el que no sienta la masculinidad completamente caracterizada, que espere en un rincón, sin perturbar, los días buenos que para la patria preparamos.

Españoles: ¡Viva España y Viva el rey! (...).

No tenemos que justificar nuestro acto, que el pueblo sano demanda e impone. Asesinatos de prelados, exgobernadores, agentes de la autoridad, patronos, capataces y obreros; audaces e impunes atracos; depreciación de moneda; francachela de millones de gastos reservados (...).

Por último, seamos justos, un solo tanto a favor del gobierno de cuya savia vive hace nueve meses merced a la inagotable bondad del pueblo español, una débil e incompleta persecución al vicio del juego (...)».

Miguel Primo de Rivera (1870-1930), retratado por José Ribera. Capitán general de Cataluña, hijo de una ilustre familia de militares, se consideró el «cirujano de hierro» que los regeneracionistas pedían para modernizar España. Bajo su mandato, que contó con la complacencia de Alfonso XIII, se resolvió el tema marroquí, se fomentó un plan de obras públicas y se tomaron medidas que garantizaban el orden público. Sin embargo, todo ello se hizo con un profundo recorte de las libertades.

5.3. Los apoyos sociales

La implantación del Directorio militar fue aceptada con satisfacción por la gran masa neutra del país, que presentía un seguro restablecimiento del orden, y esto le era suficiente; si bien, y en pura lógica, los partidos políticos recibieron el golpe de Estado con recelo y vacilación. Pero, fue posible, sobre todo, por la actitud de dos fuerzas:

- La **burguesía** se puso sin disimulos del lado de la dictadura; la que marcó la pauta fue la catalana; la burguesía moderna, con esta postura, alcanzaba lo que había intentado desde 1875: frenar a la clase obrera y a los políticos de los antiguos partidos, defensores en su gran mayoría de la España retrasada y terrateniente. También fue saludada la dictadura por algunos como la llegada del «cirujano de hierro»» que debería regenerar España, en expresión de Joaquín Costa.
- El **movimiento obrero** facilitó el establecimiento de la dictadura porque carecía de una firme conciencia política y no hubo lugar a protestas. Los obreros, que iban a sufrir con creces el peso del régimen, se mantuvieron tranquilos. Anarcosindicalistas y comunistas, considerando la instauración de la dictadura como un movimiento de profunda reacción social que amenazaba a los grupos de vanguardia del proletariado español y a la propia vida de los sindicatos, se prepararon para defender su existencia. En cambio, el PSOE y la UGT pasaron de una actitud expectante, que era ya asentimiento, a la aceptación y la colaboración a lo largo de los casi siete años del Gobierno de Primo de Rivera.

5.4. El Directorio Militar (1923-1925)

Entre septiembre de 1923 y diciembre de 1925, Primo de Rivera siguió una política de «acabar con lo anterior». El Real Decreto de 15 de septiembre fijaba la organización de un Directorio, presidido por **Primo de Rivera,** que reunía en su persona todas las facultades, iniciativas y responsabilidades del Gobierno. En la práctica, **ministro único** asesorado por un Directorio, compuesto por generales de brigada y un contraalmirante, sometía al rey –o, mejor, a su firma– todas las resoluciones adoptadas. Por tanto, el funcionamiento de toda la **Administración** quedó, de hecho, en manos del **Ejército** en ese tiempo.

El Directorio tomó otras medidas urgentes: suspendió las garantías constitucionales, destituyó a los gobernadores civiles de las provincias, disolvió las Cortes y, sin suprimirla, «suspendió» la Constitución como medio previo para destruir los partidos políticos, base del sistema parlamentario. Decretó que los ayuntamientos y las diputaciones provinciales fuesen intervenidos y, en un deseo de retar a las antiguas castas políticas y para separar el poder político del económico, publicó el **Decreto de Incompatibilidades,** por el cual nadie que hubiese sido ministro o alto funcionario podía intervenir en los consejos de administración de las compañías que contrataban con el Estado.

Aparecieron dos estructuras nuevas con carácter regeneracionista que tomaban a los municipios como pilares fundamentales del régimen: la figura de los delegados gubernativos y el Estatuto Municipal de marzo de 1924.

Causas del golpe de Estado de Primo de Rivera

1. El fracaso y degeneración del sistema político del turnismo bipartidista dominado por una oligarquía caciquil, que había mostrado una clara incapacidad de democratización.
2. La insostenible situación económica y social y el aumento de los conflictos desde 1917, con incremento del paro y la inflación.
3. El creciente protagonismo del Ejército en la vida política del país, que ya se había manifestado en la crisis de 1917 con la formación de las Juntas de Defensa, y agravado por el desastre de Annual, que incrementó el descrédito de políticos y militares, salpicando incluso a la Corona.
4. El auge de los movimientos nacionalistas periféricos que hacían temer, sobre todo a las clases más conservadoras, una posible desmembración de España.
5. El contexto político internacional, caracterizado por la crisis de los sistemas democráticos y la emergencia de ideologías totalitarias de derecha en Portugal, Grecia, o Hungría, y **especialmente el fascismo de Mussolini en Italia.**

Portada de The Sphere con Benito Mussolini tras ganar las elecciones de 1924.

El golpe de Primo de Rivera supuso la presencia de militares en toda la estructura del Estado.

Su Gobierno iba a tener, en palabras del dictador, un carácter provisional y limitado en el tiempo. Pero, no fue así y mantuvo su régimen hasta 1930. Se rigió, hasta 1925, por un Directorio compuesto por militares, pero sin categoría ni función de ministros. Él se reservaba todas las decisiones y concentraba todas las atribuciones.
El rey Alfonso XIII avaló sus políticas y llegó a referirse al dictador como «mi Mussolini».

En la imagen, Primo de Rivera, en el centro, saliendo de palacio con sus vocales, después de jurar como presidente del Directorio Militar del nuevo Gobierno ante el rey Alfonso XIII, el 19 de septiembre de 1923.

5.4.1. La Unión Patriótica

Para redondear el control gubernamental sobre los municipios, nació la Unión Patriótica (UP), que serviría para respaldar dichas elecciones. No era un partido político ni quería serlo, y eso lo recalcó muchas veces el dictador, pero no cabe duda de que esta organización tenía mucho de «partido único» gubernamental. En ella, Primo de Rivera pretendió aglutinar a todos los «patriotas de buena voluntad» y enemigos del desorden, aunque carentes de ideario y sin vinculación política definida, en la empresa de sostener el nuevo quehacer.

La UP recogía las **ansias populistas** y el **autoritarismo** del **dictador.** Era el pulmón democrático para el régimen, traducido en el plebiscito diario de un pueblo que, aprobando su acción, consolidaba su permanencia. En cierto modo, sustituía al voto democrático. Sin embargo, en su sistema organizativo, los gobernadores civiles y los delegados gubernamentales serían los encargados de crear los comités de la nueva organización, lo cual se asemejaba mucho a los procedimientos de la vieja política desterrada y contrastaba con el proclamado regeneracionismo de Primo de Rivera.

La Unión Patriótica, el Estado y el Gobierno no se confundían. Teóricamente, los miembros del Directorio y los gobernadores civiles no tenían por qué pertenecer a ella, pero sí los miembros de los ayuntamientos y las diputaciones provinciales. En su formación reunió una amalgama de gentes procedentes del carlismo, del conservador maurismo, propietarios de la tierra o burgueses industriales –ávidos de gozar del apoyo del Gobierno– y del incipiente catolicismo político. Por eso, quizá, nació muerta y su intento de reunir hombres «nuevos y apolíticos» fue vano.

5.4.2. Solución a la cuestión de Marruecos

Todavía le quedaba a Primo de Rivera una cuestión importante que solucionar antes de dar paso a una modificación interna del régimen, y era Marruecos. Su resolución fue el éxito más evidente de la dictadura.

Tras haber pasado por una postura inicial abandonista y luego semiabandonista, los nuevos **ataques rifeños** a las **posiciones españolas** en **1924** y una conversación con el jefe de la Legión, Franco, y con el general Sanjurjo, le empujaron a proporcionar todos los recursos para acabar con el conflicto. Pero no hay que olvidar que en la decisión también influyeron el compromiso contraído con Francia en 1912 con respecto al protectorado y el conglomerado de intereses económicos concentrados en la zona.

Se preparó un ejército potente y modernizado que, unido al también potente ejército francés, desembarcó en la bahía de **Alhucemas** en septiembre de **1925,** en la primera operación conjunta conocida en la historia de la estrategia militar que reunió fuerzas de mar, aire y tierra. Tras varias semanas de duras batallas, durante las cuales la aviación del ejército colonial empleó gases tóxicos en sus bombardeos sobre la población rifeña, **Abd el-Krim se entregó** a las autoridades francesas.

El gran éxito conseguido por Primo de Rivera fue, ante todo, político y popular; lo reconcilió con los ciudadanos cansados de guerras, con todo el Ejército, porque había salvado su honor, con los empresarios inversores en Marruecos y con la propia Hacienda, que pudo empezar a pensar en la reducción del déficit presupuestario.

5.5. El Directorio Civil (1925-1930)

En diciembre de 1925 se constituyó el Directorio Civil. En el nuevo Gobierno colaboraban ahora viejos amigos, como el militar Martínez Anido, y nuevos políticos, como Calvo Sotelo, sin que faltara un representante de la oligarquía tradicional, como el conde de Guadalhorce. El **Gobierno** mantuvo en suspenso los preceptos constitucionales y siguió **legislando por decreto.**

La **exitosa campaña** de **Marruecos** en **1925** llevó al dictador a su máximo grado de popularidad y estimuló sus aspiraciones de perpetuarse en el poder. Para ello se creó

Actividades

15 ¿Existe alguna relación entre el desastre de Annual y el golpe de Estado de Primo de Rivera de 1923? Razona la respuesta.

16 Lee detenidamente la «Proclama de Primo de Rivera» y, en una breve redacción, explica:

- El tipo de documento y la naturaleza de la información que aporta.
- Qué justificación y qué objetivos declara en el texto.
- Qué consecuencias políticas inmediatas provocó.

17 ¿Qué organizaciones políticas y sociales del movimiento obrero español apoyaron la dictadura de Primo de Rivera? ¿Cuáles la rechazaron? Explica las razones de ambas actitudes.

18 Realiza un esquema con las semejanzas y diferencias entre el partido Unión Patriótica y los partidos tradicionales de la Restauración. ¿Qué pretendía Primo de Rivera al promover su creación?

Desembarco de Alhucemas, *de José Moreno Carbonero. Las tropas españolas y francesas durante el desembarco de Alhucemas, el 8 de septiembre de 1925, importante maniobra militar que puso fin a la guerra de Marruecos.*

en 1927 una **Asamblea Consultiva Nacional,** cuyos miembros (400) fueron elegidos directa o indirectamente por el Gobierno. Entre sus cometidos principales estaba el de elaborar un **proyecto de Constitución,** que se presentaría en julio de 1929: no reconocía la soberanía nacional ni la separación de poderes, y definía una cámara única, al tiempo que se atribuía al monarca una amplia capacidad para la intervención política y legislativa. Ambas iniciativas fracasaron en su intento de integrar a la oposición y fueron abandonadas por el propio Gobierno.

Fueron, por otro lado, tiempos en los que el país gozó de una **economía** en alza porque la de Europa lo estaba.

El régimen no aportó modelos económicos ni nuevos esquemas de acción, sino que se limitó a proceder con los tradicionales y, concretamente, a propiciar la industrialización desde un intervencionismo estatal, a mejorar la agricultura participando en la introducción de nuevas técnicas y a incrementar el comercio exterior. La base práctica de estas tres políticas fue un gran **desarrollo** de las **obras** y los **servicios públicos** y, con el apoyo del Partido Socialista –a través de la UGT–, pudo crear una estructura corporativa para las relaciones capital-trabajo, e intentó aplicar una importante **reforma fiscal** que, por primera vez, introducía el impuesto sobre la renta.

Actividades

19 ¿Qué factores resultaron decisivos para explicar la dimisión de Miguel Primo de Rivera en enero de 1930?

La economía durante la dictadura

«La política económica a la defensiva de la dictadura manifiesta en sus actuaciones un nacionalismo tan voluntarista como contradictorio. Intentará obstaculizar el dominio de empresas extranjeras sobre sectores económicos importantes españoles y al mismo tiempo cederá el control de actividades fundamentales. Y se embarcará con tanta ambición como pobres resultados en proyectos de nacionalización y de creación de monopolios públicos. La constitución de monopolios de petróleos en junio de 1927 (...), la concesión en agosto de 1924 del monopolio de explotación del Servicio de Comunicaciones Telefónicas a la poderosa International Telephone and Telegraph Co (...)».

García Delgado, J. L.: «Nacionalismo económico e intervención estatal, 1900-1930», en Sánchez Albornoz, N. (comp.): *La modernización económica de España 1830-1930.* Madrid, Alianza, 1991, p. 193.

5.6. La oposición en sus distintos frentes y la caída de la dictadura

5.6.1. La cuestión del catalanismo

Sin embargo, Primo de Rivera no pudo, o no quiso, solucionar otros problemas. La cuestión catalana fue uno de los principales, y ello por tres motivos:

- La persecución de la **lengua** catalana.
- La intervención gubernamental en la elección de la **Junta del Colegio de Abogados de Cataluña,** con la obligación, además, de publicar su guía oficial en castellano.
- La intromisión en la **esfera eclesiástica** –prohibiendo, otra vez, la utilización del catalán en los actos litúrgicos–, lo que llevó a una reacción de los obispos.

5.6.2. El movimiento obrero

Tampoco supo frenar a un movimiento obrero que, a medida que pasaba el tiempo, iba tomando posiciones cada vez más activas.

A partir de 1928 el **Partido Socialista Obrero Español** empezó a pensar que, puesto que no había un auténtico régimen parlamentario, la única salida debería ser la **república;** y lo mismo propusieron el **Partido Comunista** y los anarquistas de la **CNT.**

La **ilegalización** y sistemática persecución de la **CNT** debilitó su posición frente a la UGT y dificultó gravemente su acción política y sindical. Eso provocó una crisis entre la militancia y un profundo debate interno que concluyó con la creación en **1927** de la **Federación Anarquista Ibérica (FAI)** y la consiguiente radicalización del anarcosindicalismo en su oposición a la dictadura.

5.6.3. Los intelectuales

Hubo dos fuerzas que contribuyeron directamente a la caída de Primo de Rivera: los intelectuales y el ejército de la Península. Los intelectuales, que no habían aceptado el régimen desde el principio, se vieron atacados con:

- La **destitución** de **Unamuno** como rector de la Universidad de Salamanca y con su posterior destierro.
- La **clausura** del **Ateneo de Madrid** porque, se decía, estaba inclinándose hacia el republicanismo.
- Con el **Proyecto de Reforma Universitaria,** en el que se otorgaba la expedición de títulos con valor universitario a los jesuitas de Deusto y a los agustinos de El Escorial.

Las revueltas de los universitarios en el curso 1928-1929 acabaron con represiones y con el cierre de la Universidad.

Unamuno a los jóvenes españoles

«(...) el mezquino y profano negocio de la industria pedagógica de los frailes de El Escorial y de Deusto no es nada junto a nuestro gran negocio, el de la salvación de la inteligencia, de la verdad, de la libertad, de la justicia, nuestra religión. ¿Que hacemos política? Es nuestro deber, juventud estudiosa. Nuestra política es hacer justicia, moralidad, verdad. La injusticia, la inmoralidad, la mentira son policía tiránica. (...) Estáis amaestrando a vuestros profesores, enseñándoles a ser maestros y ciudadanos. Despreciad a esos (...) siervos del destino y del escalafón (...). Profesan la servilidad. Algunos se dicen profesores de Humanidades. Necesitan de un maestro de humanidad. Un poder, (...) de odiadores de la inteligencia y de la libertad, de ladrones, sobre todo, ladrones, quiere robarnos lo más precioso, vuestro porvenir de ciudadanos españoles, libres (...)».

Carta de Miguel de Unamuno, exiliado en Francia, de abril de 1929, a los jóvenes de España.

5.6.4. El descontento militar

Los militares destinados en la Península se encontraron con un Primo de Rivera favorable a los militares destacados en Marruecos y poco proclive hacia los convencionalismos que protegían la carrera militar en el territorio peninsular.

Además, el ataque frontal contra el cerrado cuerpo de artillería rompió la armonía de la familia militar y precipitó la caída del régimen dictatorial. Fracasó una importante **conspiración** prevista para junio de **1926,** la famosa **«Sanjuanada».**

En los últimos meses de 1929, y a la vista de la utilización por parte de la dictadura de nuevos procedimientos caciquiles para sostenerse en el poder, arreciaron las protestas y se precipitaron todos los acontecimientos.

El 30 de enero de **1930, Alfonso XIII** aceptó la dimisión del general Miguel Primo de Rivera y **encargó** al viejo militar **Dámaso Berenguer** la **formación** de un **nuevo Gobierno.**

Gobierno de Dámaso Berenguer, formado tras la dimisión de Primo de Rivera, en enero de 1930. Militar de larga carrera y hombre muy próximo al rey Alfonso XIII, su nombramiento tenía como objetivo declarado el retorno a la «normalidad constitucional» interrumpida por la dictadura. Sin embargo, como se puso enseguida de relieve, ese regreso ya no era posible. Además, la lentitud con que el nuevo Gobierno afrontaba las necesarias reformas para recuperar las libertades perdidas hizo que en la prensa se generalizara la expresión «dictablanda» para designar el nuevo estado de cosas.

6

El Pacto de San Sebastián y el fin de la monarquía

El Pacto de San Sebastián, en agosto de 1930, reunió a **tres fuerzas principales** para tratar un futuro cambio hacia la república –a las que se añadieron los regionalistas, para aprovechar el progresivo aislamiento tanto social como político del Gobierno y el de la institución monárquica–:

- Los **constitucionalistas,** que reunían a algunos políticos monárquicos reticentes con el monarca y dispuestos a deslizarse hacia un aún indefinido republicanismo.
- Los **republicanos históricos.**
- El **Partido Socialista.**

De este pacto se derivaron **dos líneas** de acción complementarias:

- La **revolucionaria,** que llevó al fracasado pronunciamiento militar de Jaca de diciembre de 1930.
- La **política,** que, con una gran campaña de prensa y mítines, lograría arruinar el prestigio de la monarquía.

El acuerdo político del **Pacto de San Sebastián** implicó la creación de un **comité revolucionario** compuesto por Niceto Alcalá-Zamora, Miguel Maura, Marcelino Domingo, Indalecio Prieto, Manuel Azaña, Albornoz, Casares Quiroga y Fernando de los Ríos. De esta alianza estuvieron ausentes la CNT y otras fuerzas obreras, que solamente estuvieron representadas por el PSOE.

En diciembre de 1930 se difundió masivamente un manifiesto, firmado por los principales dirigentes, en el que explícitamente se llamaba a la población a derribar la monarquía.

Mientras, para los **gobiernos** de **Berenguer** y luego de **Aznar,** el **objetivo** prioritario era organizar un **escalonado proceso electoral,** a fin de recuperar el tiempo perdido con la dictadura, que culminase en unas Cortes constituyentes y que, a la vez, permitiera otorgar el necesitado consenso al régimen monárquico.

Según el procedimiento establecido, había que empezar por las **elecciones municipales** que sustituyeran a los ayuntamientos de la dictadura, para luego llegar a las elecciones a Cortes.

Las primeras se celebraron el 12 de abril de 1931 en un clima de incertidumbre y limpieza por parte del Gobierno, con una excesiva confianza de las facciones monárquicas. Sin embargo, se convirtieron en un **plebiscito sobre la monarquía.**

Aunque salieron elegidos más concejales monárquicos que republicanos, la suerte estaba echada para Alfonso XIII en el momento en que estos triunfaron en una España progresivamente urbana. El día 13, tras conocerse los resultados electorales, miles de personas salieron a la calle para manifestarse a favor de la **república.**

Hacia el fin de la monarquía

La sublevación de Jaca y Cuatro Vientos

Algunos militares destacados como Fermín Galán, capitán que había participado ya en la intentona militar de 1926 y había sido procesado, encarcelado y luego amnistiado en 1930, fueron muy activos en la preparación de la sublevación, al parecer sin suficiente coordinación con el comité militar creado en el Pacto de San Sebastián. El día 12 de diciembre, los capitanes Galán, García Hernández y sus compañeros iniciaron en la guarnición de Jaca la sublevación al grito de «¡Viva la República española!». Esta sublevación fue precipitada y paralizó la que se había previsto con carácter general para el día 15. Fueron derrotados por una columna que salió desde Zaragoza al mando del general Dolla. Inmediatamente fueron juzgados siete oficiales y condenados a muerte y fusilados los capitanes Fermín Galán y Ángel García Hernández. Otros sesenta y tres militares fueron juzgados más tarde y corrieron mejor suerte al verse inminente el cambio político en el país.

Al igual que esta sublevación de Jaca, fracasó otro intento protagonizado en Cuatro Vientos (Madrid) por el aviador Ramón Franco.

Acuerdo para derribar la monarquía

«¡Españoles! Surge de las entrañas sociales un profundo clamor popular que demanda justicia y un impulso que nos mueve a procurarla. Puestas sus esperanzas en la república, el pueblo está ya en medio de la calle (...).

Venimos a derribar la fortaleza en que se ha encastillado el poder personal, a meter la monarquía en los archivos de la historia y a establecer la república sobre la base de la soberanía nacional representada en una asamblea constituyente. De ella saldrá la España del porvenir y un nuevo Estatuto inspirado en la conciencia universal que pide para todos los pueblos un Derecho nuevo ungido de aspiraciones a la igualdad económica y a la justicia social. Entre tanto, nosotros, conscientes de nuestra misión y de nuestra responsabilidad, asumimos las funciones del Poder público con carácter de Gobierno provisional.

¡Viva España con honra! ¡Viva la república!»

Niceto Alcalá-Zamora, Alejandro Lerroux García, Fernando de los Ríos, Manuel Azaña, Santiago Casares Quiroga, Indalecio Prieto, Miguel Maura Gamazo, Marcelino Domingo, Álvaro de Albornoz, Francisco Largo Caballero, Luis Nicolau D'Olwer, Diego Martínez Barrios».

ACTIVIDADES

1 Análisis y comentario de prensa satírica: El *Cu-Cut*

Tras la creación de *La Veu de Catalunya,* para algunos historiadores «Cataluña tenía un régimen de opinión pública como no existía en el resto de España» (J. Tusell).

El *Cu-Cut* (semanario catalanista radical) tiraba 30 000 ejemplares cuando Barcelona tenía medio millón de habitantes. Es una buena muestra de la importancia de la prensa satírica en la vida política española de entonces. En la portada que se reproduce aquí se aprecia muy bien el tono mordaz de la revista (*), de crítica demoledora a la política oficial conservadora del Gobierno central.

El 25 de noviembre de 1905 estalló la tensión con el asalto por un grupo de militares a la redacción del *Cu-Cut* y a la de *La Veu.* La conmoción política fue grande.

- Busca información sobre el ejemplar del 23 de noviembre de 1905 que desencadenó los sucesos del día 25 y describe su contenido. Comenta el hecho y los sucesos posteriores.

1. ¿Por qué se sintieron ofendidos los militares? ¿Qué reacciones se dieron?
2. ¿Qué consecuencias acarreó la algarada militar para España en 1906? ¿Cuál fue su significado histórico?

(*) En este número de 1902, un grupo de políticos aplica al «enfermo incurable» (¿Barcelona?, ¿Cataluña?...) los remedios de siempre: quintas, consumos..., es decir, «un montón de impuestos y jarabe de palo».

2 Explicación y elaboración de un esquema conceptual

Para comentar un esquema conceptual, conviene seguir estos pasos:

1. Identificar el contenido: tema, período cronológico y ámbito geográfico, momento histórico y rasgos que lo caracterizan.
2. Explicar los conceptos que refleja. Sería precisa una breve definición de cada concepto.
3. Interpretar la información y relacionar las ideas de cada campo, explicando su importancia histórica.

Este esquema conceptual plantea la expresión sintética de los problemas que llevan a la crisis del sistema de la Restauración.

- Generar - Clasificar - Relacionar - Desarrollar Utilizando la información de la unidad y sus documentos:

1. Completa este mapa conceptual.
2. Define la naturaleza de los problemas.
3. Explica las posibles relaciones causa-efecto existentes entre ellos.

La desintegración del sistema de la Restauración

Factores

- Movimiento obrero
- Militarismo
- Partidos y movimientos no dinásticos
- Cuestión colonial
- Nacionalismos periféricos

3 Análisis y comentario de mapas

- Comprobamos. Observa el mapa sobre la huelga general de 1917 que hay en la unidad y explica:

1. El origen de esta movilización y las organizaciones que intervinieron.
2. Las causas de su distribución espacial.
3. Sus consecuencias sociales y políticas.

- Observa el mapa de la ocupación de Marruecos desde 1903 y explica la política africanista española en relación con los intereses coloniales de otras potencias europeas en el norte de África.

4 Análisis y comentario de gráficos

La utilización de información estadística procedente de fuentes diversas, sobre cuestiones económicas o sociales, permite obtener explicaciones más completas sobre el fenómeno que se analiza. Es preciso proceder de forma sistemática para extraer la mayor cantidad de información posible.

Índice de beneficios de las principales sociedades en términos reales (1913-1921)

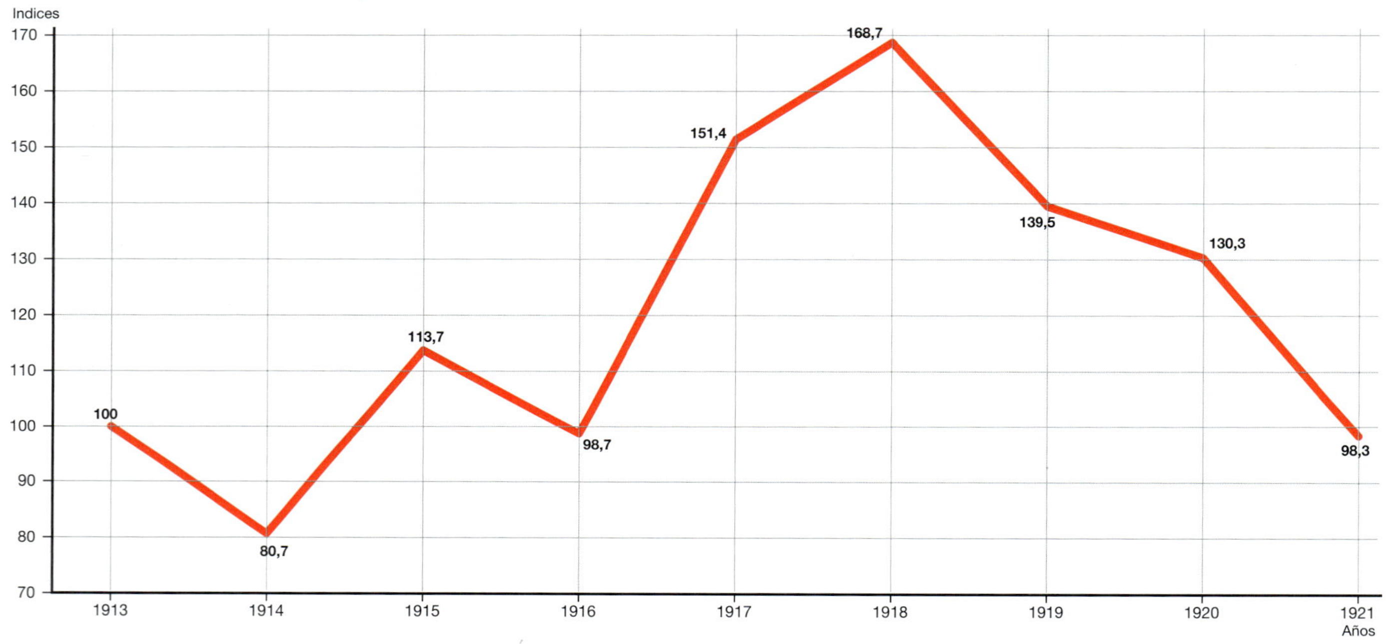

Maluquer de Motes, J.: «De la crisis colonial a la guerra europea», en Nadal, J. *et al* (comp.): *Op. cit.*, p. 97.

- Analiza la curva teniendo en cuenta el siguiente guion de trabajo:

1. Describe el gráfico lineal, la tabla sobre la Primera Guerra Mundial y la economía española, epígrafe 3, y la afiliación sindical en el «trienio bolchevique» y el epígrafe 4.
2. Relaciona los contenidos de los tres materiales: beneficios empresariales, tablas de precios-salarios y afiliación sindical.
3. Relaciona la evolución cronológica de los datos con los acontecimientos más significativos del período: protestas sociales, conflictividad laboral, etc.
4. Valora las consecuencias sociales, económicas y políticas que se derivan de estos datos.

Ten en cuenta el texto siguiente en tu valoración:

«La especulación desenfrenada en los mercados por empresas y negociantes españoles que se aprovechaban de la neutralidad de su país, la afluencia de capitales extranjeros a España, el desarrollo del contrabando y de toda clase de negocios limpios o sucios, fue la tónica general de aquellos años (...) se agudizó en proporciones difícilmente imaginables la desproporción entre los salarios y la loca carrera emprendida por los precios (...) la exacerbación de ese antagonismo no solo produjo la indignación popular, sino que ayudó al maduramiento de la conciencia de clase y fomentó en amplitud y vigor la lucha sindical y política».

Núñez de Arenas, M. y Tuñón de Lara, M.: *Historia del movimiento obrero español*, Barcelona, Nova Terra, 1970, p. 18

5 Análisis y comentario de artículos periodísticos

La prensa periodística ha tenido en la Edad Contemporánea una importante función como medio de divulgación de ideologías y posturas políticas. Determinados periódicos y algunos artículos tuvieron en su momento una gran influencia en la opinión pública y en las actitudes políticas de las masas. Por otra parte, la prensa es una importantísima fuente historiográfica para el historiador.

Buenos ejemplos de esto son los artículos siguientes de *El Sol,* diario liberal de estos años.

El error Berenguer

«El Estado tradicional, es decir, la Monarquía, se ha ido formando un surtido de ideas sobre el modo de ser de los españoles. Piensa, por ejemplo, que moralmente pertenecen a la familia de los óvidos, que en política son gente mansurrona y lanar, que lo aguantan y lo sufren todo sin rechistar, que no tienen sentido de los deberes civiles, que son informales, que a las cuestiones de derecho y, en general, públicas, presentan una epidermis córnea. (...)

He aquí los motivos por los cuales el Régimen ha creído posible también en esta ocasión superlativa responder, no más que decretando esta ficción: Aquí no ha pasado nada. Esta ficción es el Gobierno Berenguer. (...)

Pero esta vez se ha equivocado. Este es el error Berenguer. Al cabo de diez meses, la opinión pública está menos resuelta que nunca a olvidar la gran *viltá* (la gran vileza) que fue la Dictadura. El Régimen sigue solitario, acordonado como leproso en lazareto. No hay un hombre hábil que quiera acercarse a él. (...)

Y no vale oponer a lo dicho que el advenimiento de la Dictadura fue inevitable y, en consecuencia, irresponsable. (...) Supongamos un instante que el advenimiento de la Dictadura fue inevitable. (...) Por tanto, si el Régimen lo aceptó obligado, razón de más para que al terminar se hubiese, con leal entereza, con nacional efusión, abrazado al pueblo y le hubiese dicho: Hemos padecido una incalculable desdicha. La normalidad que constituía la unión civil de los españoles se ha roto. La continuidad de la historia legal se ha quebrado. No existe el Estado español. ¡Españoles, reconstruid vuestro Estado!

Pero no ha hecho esto, que era lo congruente con la desastrosa situación, sino todo lo contrario. (...) Busca a alguien que se encargue de la ficción, que realice la política del "aquí no ha pasado nada". Encuentra solo un general amnistiado. Este es el error Berenguer de que la historia hablará.

Y como es irremediablemente un error, somos nosotros, y no el Régimen mismo; nosotros, gente de la calle, de tres al cuarto y nada revolucionarios, quienes tenemos que decir a nuestros conciudadanos: ¡Españoles, vuestro estado no existe! ¡Reconstruidlo!».

Ortega y Gasset, J.: «Delenda est Monarchia», *El Sol,* 15 de noviembre de 1930.

- Después de leer el texto y obtener información en otros medios, redacta un breve comentario señalando:

1. Personalidad del autor, periódico, fecha de publicación.
2. Identificación y breve relato de los principales hechos históricos a los que se refiere.
3. Ideas que expone y temas con que se relacionan.
4. Análisis del pensamiento del autor, del contexto histórico a que se refiere, propuestas que hace...

- Realiza una tarea similar sobre este otro artículo:

El sufragio de la mujer

«M. Louis Martin, ha presenado (...) un proyecto de ley para que le sea concedido a la mujer francesa mayor de veinticinco años el derecho a votar (...), como ya lo hacen las de otros grandes países civilizados. (...)

Cada vez que en la historia la mujer ha procurado igualarse cívicamente al hombre, se han depurado las costumbres de los pueblos (...). En cuanto al valor moral, es cosa sabida que en muchas ocasiones ha demostrado la mujer tener tanta bravura como el varón y preferir la muerte a una deslealtad o una cobardía (...). Su patriotismo ha sido siempre tan acendrado como el del sexo fuerte; ahí están las mujeres de la Revolución para demostrarlo. Respecto a su potencia intelectual, pasaron los tiempos en que se creía que intelectualmente era inferior al hombre; varias son ya las que se han destacado en los campos del saber, en el terreno científico, en su amor y comprensión de las artes. La única objeción que se puede hacer a la petición que hoy formula la mujer en todos los países (...) es la de que no hay costumbre de verlas votar; y tan nimio pretexto desaparecerá con la práctica. Tampoco antes se la veía trabajar en las fábricas, los talleres y los campos, como lo hacen hoy, por fortuna para la patria. (...) Es indudable que, al paso que vamos, para cuando termine la guerra habrán logrado el derecho a votar las mujeres en casi todos los países de alguna importancia. El ejemplo de la República vecina precipitará la resolución en las naciones más reaccionarias...

Es de esperar que nuestra España, impulsada también por este deseo de renovación mundial, acoja con entusiasmo y simpatía una mejora que tanto ha de significar para la felicidad y el bienestar de la raza.

Beatriz Galindo (Isabel Oyarzábal) en *El Sol,* Madrid, 9-IX- 1918.

10

Manifestantes republicanos celebrando la proclamación de la Segunda República.

La Segunda República (1931-1936)

Los años que pudo mantenerse la dictadura, ayudada por una situación económica excepcional, solo sirvieron para estancar más aún la sociedad española. Las agitaciones sociales y las convulsiones políticas eran una clara señal de alarma que, sin embargo, muy pocos llegaron a entender. Solo un grupo minoritario de intelectuales y políticos se atrevió a abordar los viejos problemas de España cuando ya las ideologías totalitarias hacían presa en el corazón de Europa. Ellos intentaron el sueño republicano de 1931.

Lo que otras naciones europeas habían tardado largos años en conseguir, los republicanos españoles acariciaban alcanzarlo en poco tiempo: cambiar el rumbo de la historia y, desde la plataforma del Estado, construir una sociedad moderna y democrática. Ni la impaciencia de las masas ni los representantes del viejo orden, ansiosos de recuperar su tranquilidad, habrían de permitírselo.

QUÉ VAS A ENCONTRAR EN ESTA UNIDAD

DESAFÍOS QUE **DEJAN HUELLA**

Los contenidos y las actividades de esta unidad pueden resultar de utilidad para la realización del proyecto multidisciplinar «La España que no fue».

1

El cambio de régimen

La victoria electoral de los republicanos en las ciudades trajo consigo la **caída** de la **monarquía.** El cambio de régimen se realizó sin derramamiento de sangre el 14 de abril de 1931, tras la proclamación de la República en Madrid, Barcelona y otras capitales españolas. El **conde de Romanones,** ministro de Estado, convencido de que las elecciones municipales habían sido una manifestación nacional contra la monarquía, **recomendó al rey abandonar España** y negoció con el comité revolucionario el traspaso del Gobierno. Cuando el general Sanjurjo, jefe de la Guardia Civil, hizo saber que sus hombres no lucharían por la monarquía, Alfonso XIII tomó el camino del exilio.

El fervor republicano había salido de su marginación y había conquistado amplios sectores moderados de las clases medias urbanas, que eran las que venían contando en política hasta entonces. En la mayoría de las capitales, el resultado electoral fue celebrado con jubilosas manifestaciones pacíficas.

1.1. El Gobierno provisional y sus tareas

En plena euforia popular, un Gobierno provisional, que fue **presidido** por el conservador **Niceto Alcalá-Zamora,** con representantes de las diversas tendencias de la coalición republicano-socialista, asumió pacíficamente el poder y se puso manos a la obra para la transformación del Estado.

El primer problema serio para las nuevas autoridades se originó en Barcelona, cuando el líder catalanista **Francesc Macià** proclamó la **República Catalana** o ***Estat Català,*** dentro de una federación de repúblicas ibéricas.

Actividades

1 ¿Qué actitud adoptó Alfonso XIII ante la derrota electoral en las elecciones municipales del 12 de abril de 1931? ¿En qué se basó su determinación? ¿Cuáles fueron los primeros problemas que tuvo que afrontar el Gobierno provisional?

Agitación entre los militares

Manifiesto de Alfonso XIII a la nación

«Las elecciones celebradas el domingo me revelan claramente que no tengo hoy el amor de mi pueblo (...) Un rey puede equivocarse, y sin duda erré yo alguna vez (...) Soy el rey de todos los españoles (...) Hallaría medios sobrados para mantener mis regias prerrogativas (...) quiero apartarme de cuanto sea lanzar a un compatriota contra otro, en fratricida guerra civil. No renuncio a ninguno de mis derechos (...) depósitos acumulados por la Historia (...) Espero a conocer la auténtica y adecuada expresión de la conciencia colectiva, y mientras habla la nación, suspendo deliberadamente el ejercicio del Poder Real y me aparto de España (...) Alfonso, rey».

ABC, 17 de abril de 1931

El Gobierno provisional

«Presidente: Niceto Alcalá-Zamora, Derecha Liberal Republicana; Estado: Alejandro Lerroux, radical; Gobernación: Miguel Maura, D.L.R.; Hacienda: Indalecio Prieto, socialista; Justicia: Fernando de los Ríos, socialista; Guerra: Manuel Azaña, Acción Republicana (...) Trabajo: Francisco Largo Caballero, socialista (...)

En apariencia, la dosificación de grupos y partidos era perfecta (...) Dos de los tres representantes socialistas habían estado vinculados siempre a los grupos republicanos (...) Por su origen regional estaban equilibrados: cuatro andaluces, tres de Madrid; dos asturianos, un gallego y dos catalanes. Ocho tenían títulos universitarios, otro de maestro, tres carecían de ellos (M. Barrio, Prieto y L. Caballero), aunque tenían una amplia formación de autodidactas. Que siete procedieran de la Facultad de Derecho testimoniaba una tradición todavía no extinta. ¿Y socialmente? (...) solo Alcalá-Zamora y Maura tenían propiedades importantes (el primero, sobre todo de carácter agrario)».

Tuñón de Lara, M.: *La Segunda República*. Madrid, Siglo XXI, 1976, vol. I, p. 49.

Más información en la web de recursos de **anayaeducacion.es**.

HERALDO DE ARAGON

PERIÓDICO INDEPENDIENTE.-VARIAS EDICIONES DIARIAS.-EL DE MAYOR TIRADA EN LA REGIÓN

COMIENZA UNA ETAPA NUEVA EN LA HISTORIA NACIONAL

Don Alfonso abdica, y se hace cargo del Poder el Comité revolucionario convertido en Gobierno provisional de la República Española

Los nuevos concejales de Zaragoza toman posesión de su cargo, eligen alcalde y proclaman la República

Incesantes manifestaciones de júbilo en toda España.—La bandera tricolor ondea en todos los edificios oficiales.—Amnistía para los presos políticos.—Hoy continuará la huelga general para que los obreros puedan festejar el advenimiento del nuevo régimen

LOS HECHOS CONSUMADOS

Distintos representantes del nuevo Gobierno provisional consiguieron convencer al dirigente de Esquerra Republicana de Catalunya de que depusiese su actitud mediante el compromiso de establecer la Generalitat y la elaboración de un estatuto de autonomía, que sería sometido a la aprobación de las Cortes. El acuerdo se ratificó en una aclamada visita de Alcalá-Zamora a Barcelona.

Muchos españoles compartían la idea de que era necesario cambiar; por ello recibieron con esperanza un régimen que estaba llamado, en apariencia, a enterrar la vieja España caciquil de la Restauración.

Atentos a la oportunidad que se les brindaba, los anarquistas saludaron la República, aunque la consideraran burguesa, y se aprestaban a luchar por la instauración de un régimen libertario.

Lluis Companys y Francesc Macià, presidente de la Generalitat de Cataluña. Entre ellos está Niceto Alcalá-Zamora. En los años de la dictadura, el catalanismo de izquierda, con bases populares entre las clases medias e incluso el proletariado, se convertía en un gran movimiento de masas, desplazando al catalanismo conservador de Cambó. En febrero de 1931 surgió Esquerra Republicana de Catalunya a partir del Partit Republicá Catalá de Companys y Estat Catalá, dirigido por Macià. Esquerra obtuvo mayoría absoluta en Catalunya en las elecciones municipales y en las constituyentes de 1931.

Más información en la web de recursos de **anayaeducacion.es**.

Actividades

2 Tras la lectura de la circular, redacta un breve esquema explicativo de las actitudes en 1931 del sector de la Iglesia representado por el cardenal Segura. Ten en cuenta las relaciones Iglesia-Estado desde mediados del siglo XIX.

Circular II del cardenal Segura

La jerarquía de la Iglesia católica recibió la República en actitud expectante; pero ya desde mayo, el sector más integrista, representado por el cardenal Segura, tomó partido por grupos políticos confesionales.

«Confidencial y reservadísima. 4 de mayo de 1931.

Mi venerado Hermano y querido amigo: Acabo de recibir en este momento las instrucciones de la Santa Sede, que me apresuro a comunicarle (...).

Las instrucciones concretas son cuatro: 1) Necesidad de intensificar las oraciones públicas. 2) Con relación a la nueva situación, ha juzgado la Santa Sede necesario el respeto y obediencia a los poderes constituidos para el mantenimiento del orden y para el bien común. 3) Dadas las circunstancias, la Santa Sede no cree conveniente tomar resoluciones desde ahora acerca del Concordato. Es, por lo tanto, necesario usar a este respecto una prudente reserva y limitarse por ahora a la provisión de los beneficios de libre colación de los Obispos, o reservados a la Santa Sede, prescindiendo de aquella acerca de los cuales el rey gozaba del derecho de presentación, y proveyendo a las parroquias que eran del Patronato Regio por medio de ecónomos parroquiales. 4) Pero lo que importa especialmente es la preparación para las Cortes Constituyentes. Debe lograrse a todo trance la unión seria y eficaz de todos los católicos, prescindiendo de sus personales tendencias políticas, con el fin de lograr que para las mencionadas Cortes Constituyentes sean elegidos candidatos que den plena garantía de que defenderán los derechos de la Iglesia y del orden social. Así lo hicieron con extraordinario éxito los católicos de Baviera después de la revolución de noviembre de 1918: los católicos unidos y concordes trabajaron con gran actividad para preparar las primeras elecciones (...) de manera que, constituyendo el grupo parlamentario más fuerte, pudieron (...) salvar al país del bolchevismo, (...) y defender los intereses de la Religión con la conclusión de un Concordato muy favorable a la libertad de la Iglesia y a las escuelas confesionales.

Con esta misma orientación, que debemos poner sobre nuestras cabezas por venir de lo Alto, está organizada ya bajo las bases indicadas la unión de los católicos en la coalición denominada Acción Nacional, que es preciso apoyar decididamente (...)».

Tuñón de Lara, M.: *Op. cit.*, vol. II, pp. 211-212. Tuñón de Lara, M.: *La Segunda República*. Madrid, Siglo XXI, 1976, vol. I, p. 49.

1.2. La reacción eclesiástica

Los obispos, cautelosos, recordaron a sus fieles el respeto que debía guardarse a los nuevos gobernantes, mientras el **nuncio del Vaticano** en Madrid, buen conocedor de las simpatías monárquicas del episcopado, **animaba** a la Iglesia española a **colaborar con la República.**

Poco duró la calma. El anticlericalismo gubernamental excitó al anticlericalismo popular, muy arraigado en la sociedad española, cuyas manifestaciones se escaparon de las manos de las autoridades de la República, causando un daño enorme.

No había cumplido el Gobierno provisional su primer mes de vida cuando, caldeados los ánimos con una pastoral del **arzobispo de Toledo** –el intransigente **cardenal Segura**– y la apertura de un centro monárquico, un centenar de edificios eclesiásticos fueron incendiados por provocadores anónimos.

Esta quema de conventos de mayo de 1931, nunca reivindicada, proporciono argumentos a los enemigos de la República, responsabilizándose al católico Miguel Maura, ministro de Gobernación, de la pasividad de la fuerza pública. Los incidentes fueron de escasa gravedad –cesaron con el despliegue de la Guardia Civil–, pero causaron tensiones en el Gobierno provisional, con la amenaza de dimisión de Maura.

Varios decretos sobre la voluntariedad de la enseñanza religiosa, la obligación de título de maestro para impartir clase y la libertad de conciencia en la escuela provocaron la protesta de obispos apelando al Concordato de 1851. El Gobierno pidió al Vaticano el cese de Segura como primado; fue **expulsado de España** un mes más tarde, lo que dio a los católicos nuevas razones contra la República.

El cardenal Pedro Segura sale de Guadalajara para ser conducido a la frontera de Irun, por orden del Gobierno provisional de la República.

1.3. Las Cortes Constituyentes

Las elecciones para Cortes Constituyentes se celebraron el 28 de junio, con una participación (70,14%) no conocida hasta entonces en la historia de España y una campaña previa que despertó más apasionamiento que ninguna otra. La conjunción republicano-socialista obtuvo una aplastante mayoría en casi todas las provincias, con excepción del País Vasco y Navarra, donde los nacionalistas y los tradicionalistas le privaron del triunfo. El **Congreso** estaba, pues, **muy inclinado a la izquierda,** e incluía a numerosos diputados sin experiencia política; pero estaban presentes los líderes de los principales partidos y un grupo de intelectuales, como Unamuno, Ortega y Gasset y Marañón.

Las elecciones de 1931

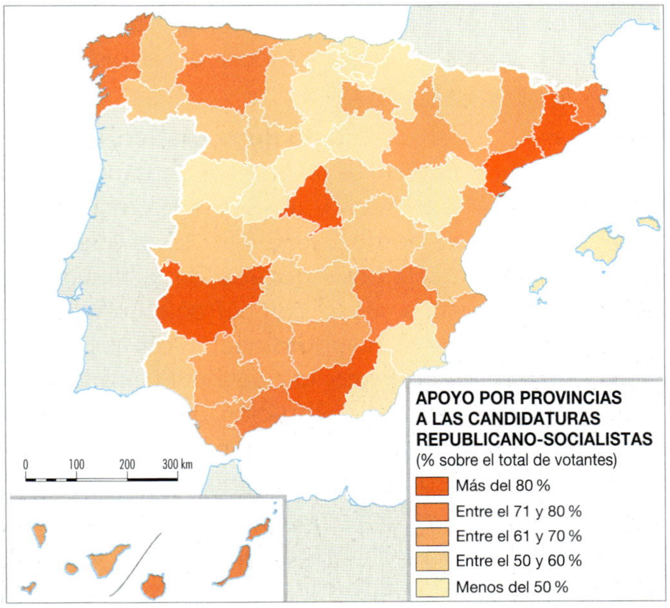

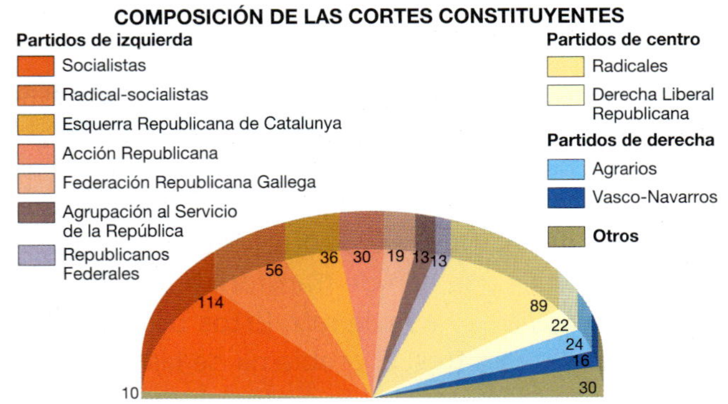

Resultados de las elecciones de 1931. Las primeras elecciones constituyentes proporcionaron una amplia mayoría parlamentaria a los partidos de izquierda republicana y socialista, lo que otorgó el perfil ideológico a la Constitución. Por el contrario, las derechas sufrieron un gran desastre y quedaron reducidas a dos minorías marginales: la agraria y la vasconavarra.

1.4. La Constitución republicana de 1931

La redacción de la Constitución fue la primera tarea que se impusieron los diputados, una vez reunidos el 14 de julio y tras haber elegido presidente de la cámara a Julián Besteiro, socialista moderado y catedrático de Filosofía. El ardor en los debates alcanzó las cotas más altas al **afrontar** las **relaciones** de la **Iglesia** con el **Estado,** provocando la primera crisis de Gobierno. Inspirada en el modelo francés, la nueva legalidad impuso la **disolución** de aquellas **órdenes religiosas** consideradas un peligro para la seguridad del Estado y el **fin del presupuesto del clero,** todo ello en el escenario de la **separación** entre el **poder civil** y el **eclesiástico.** En protesta por estas disposiciones, los diputados de la derecha abandonaron el Congreso, y Alcalá-Zamora y Maura dimitieron de sus cargos en el Gobierno. La vacante en la jefatura del Gabinete la ocupó el ministro de la Guerra, Manuel Azaña, intelectual burgués, el mejor símbolo del espíritu reformista de la Segunda República.

España pasó a ser en un **Estado democrático, laico,** con la aprobación de la Constitución, el 9 de diciembre de 1931; con una única cámara y un Gobierno responsable ante ella; con un presidente de la República que durante su mandato de seis años gozaba de la facultad de disolver la cámara dos veces; con sufragio universal, incluidas las mujeres; y con subordinación del derecho de propiedad al interés público, lo que justificaba las posibles expropiaciones. La Constitución definía un Estado central fuerte, capaz de aplicar las reformas democráticas necesarias; y con la promulgación de estatutos de autonomía, ofrecía un cauce para resolver los problemas regionales. Al día siguiente de la aprobación del texto, **Alcalá-Zamora** fue elegido por el Congreso **presidente de la República** y confirmaba a **Azaña** al frente de la **jefatura del Gobierno.**

Manuel Azaña

Manuel Azaña (1880-1940) perteneció al grupo de intelectuales que en la segunda década del siglo compaginaban su dedicación a la creación literaria con intervenciones en la vida política. Su posición era de un liberalismo radical que le llevó en la etapa de la dictadura a pronunciarse claramente por la República. Fundó Acción Republicana en 1925 y ya en 1930, siendo presidente del Ateneo de Madrid, fue uno de los líderes republicanos reconocidos y firmante del Pacto de San Sebastián. Su modelo de Estado y las reformas que propuso desde el Gobierno pretendían resolver con apoyo popular los problemas históricos de España y llevarla a los estadios de progreso social, político y cultural de las sociedades avanzadas de Occidente.

La República como estado laico. Discurso de Manuel Azaña en las Cortes Constituyentes

«(...) La revolución política, (...), ha resuelto un problema específico de importancia capital, ¡quién lo duda!, pero no ha hecho más que plantear y enunciar aquellos otros problemas que han de transformar el Estado y la sociedad españoles hasta la raíz. Estos problemas, (...), son principalmente tres: el problema de las autonomías locales, el problema social en su forma más urgente y aguda, que es la reforma de la propiedad, y este que llaman problema religioso, y que es en rigor la implantación del laicismo del Estado con todas sus inevitables y rigurosas consecuencias. Ninguno de estos problemas los ha inventado la República (...). Cada una de estas cuestiones, (...), tiene una premisa inexcusable, imborrable en la conciencia pública, y al venir aquí, al tomar hechura y contextura parlamentaria es cuando surge el problema político. Yo no me refiero a las dos primeras, me refiero a eso que llaman problema religioso. La premisa de este problema, hoy político, la formulo yo de esta manera: España ha dejado de ser católica; el problema político consiguiente es organizar el Estado en forma tal que quede adecuado a esta fase nueva e histórica el pueblo español. Yo no puedo admitir, señores diputados, que a esto se le llame problema religioso. El auténtico problema religioso no puede exceder de los límites de la conciencia personal, porque es en la conciencia personal donde se formula y se responde la pregunta sobre el misterio de nuestro destino (...)».

Diario de sesiones de las Cortes, 13 de octubre de 1931.

La Constitución de 1931

«(...) Art. 1. España es una República democrática de trabajadores de toda clase que se organiza en régimen de Libertad y Justicia. Los poderes de todos sus órganos emanan del pueblo. La República constituye un Estado integral compatible con la autonomía de los Municipios y las Regiones. La bandera de la República española es roja, amarilla y morada.

Art. 2. Todos los españoles son iguales ante la ley.

Art. 3. El Estado español no tiene religión oficial.

Art. 4. El castellano es el idioma oficial de la República. Todo español tiene obligación de saberlo y derecho de usarlo sin perjuicio de los derechos que las leyes del Estado reconozcan a las lenguas de las provincias o regiones. Salvo lo que se disponga en ley especial a nadie se le podrá exigir el conocimiento ni el uso de ninguna lengua regional (...).

Art. 6. España renuncia a la guerra como instrumento de política nacional (...).

Art. 9. Los Alcaldes serán designados siempre por elección directa del pueblo o por el Ayuntamiento.

Art. 11. Si una o varias provincias limítrofes con características históricas culturales y económicas comunes acordaran organizarse en región autónoma para formar un núcleo político-administrativo dentro del Estado español, presentarán su Estatuto con arreglo a lo establecido en el artículo 12 (...).

Art. 27. La libertad de conciencia y el derecho de profesar y practicar libremente cualquier religión quedan garantizados en el territorio español, salvo el respeto debido a las exigencias de la moral pública (...).

Art. 34. Toda persona tiene derecho a emitir libremente sus ideas y opiniones valiéndose de cualquier medio de difusión, sin sujetarse a la previa censura. En ningún caso podrá recogerse la edición de libros y periódicos sino en virtud del mandamiento del juez competente. No podrá decretarse la suspensión de ningún periódico sino por sentencia firme (...).

Art. 38. Queda reconocido el derecho de reunirse pacíficamente y sin armas. Una ley especial regulará el derecho de reunión al aire libre y el de manifestación.

Art. 39. Los españoles podrán asociarse o sindicarse libremente para los distintos fines de la vida humana, conforme a las leyes del Estado. Los Sindicatos y Asociaciones están obligados a inscribirse en el Registro público correspondiente, con arreglo a la ley (...).

Art. 51. La potestad legislativa reside en el pueblo, que la ejerce por medio de las Cortes o Congreso de los Diputados».

La utopía republicana de Azaña

«La utopía consiste en haber creído que en España era posible una república que, manteniendo la propiedad privada, diese entrada permanente o regular en el Gobierno al proletariado. Y nadie creyó esto con más fuerza y lo defendió con más lealtad que Azaña, entre los republicanos. Su fe excedió probablemente a la de los propios socialistas (...). Ese fue el noble error de Azaña, su bella utopía republicana: pensar que era posible construir y regir un Estado que no fuera un Estado de Clases, y transformar una nación en que la idea de comunidad en las mejores tradiciones, como en el presente y en la proyección de un mismo destino, superase en todos los pechos la lucha de clases y el instinto de la guerra social».

Araquistáin, L.: «La utopía de Azaña», en *Leviatán*, n.º 5, sept. de 1934, p. 23.

El presidente de la República, Niceto Alcalá-Zamora (en el centro), y el presidente de las Cortes, Julián Besteiro (a su izquierda), con los miembros del primer Gobierno presidido por Manuel Azaña a la derecha del presidente. Los ministros de Estado, Alejandro Lerroux (i) y Fomento, Álvaro de Albornoz (d). Detrás (i-d), los titulares de las carteras de Hacienda, Indalecio Prieto; Instrucción Pública y Bellas Artes, Marcelino Domingo; Gobernación, Santiago Casares Quiroga; Justicia, Fernando de los Ríos; Economía, Luis Nicolau d'Olwer; Trabajo, Francisco Largo Caballero; Marina, José Giral y Comunicaciones, Diego Martínez Barrio.

Actividades

3 Resume la opinión de Azaña sobre los principales problemas que debía afrontar la Segunda República.

4 Reflexiona y anota los principales rasgos políticos que aparecen en la Constitución. Explica cómo se regulaba en ella la estructura territorial del Estado.

2

El Bienio Reformista (1931-1933)

2.1. Las grandes reformas del Bienio

Durante el Bienio Reformista, y aun antes de que se aprobara la nueva Constitución, se llevaron a cabo un conjunto de reformas estructurales que pretendían la modernización social y política de España.

Estas reformas, limitaban y reducían los privilegios históricos de las élites y respondían a las expectativas generalizadas de cambio democrático de las clases medias y el movimiento obrero.

2.2. La reforma educativa

Convencido de que el atraso español podía superarse mediante un buen sistema educativo, el Gobierno de Azaña se entregó a la difícil tarea de sustituir los métodos y los profesores religiosos por otros, partidarios de una **enseñanza progresista.**

Muchas de las **medidas secularizadoras** aprobadas en el Bienio componían el repertorio legislativo de los países más avanzados.

Sin embargo, otras, como la disolución de la Compañía de Jesús o la prohibición de la enseñanza a las congregaciones religiosas, eran excesivamente agresivas y entrañaban un grave riesgo de enfrentamiento entre la opinión católica y el régimen republicano.

En los primeros decretos de abril de 1931 ya había quedado reflejada la inquietud pedagógica de los dirigentes republicanos, formados algunos de ellos en las aulas de la Institución Libre de Enseñanza.

A pesar de la decidida voluntad de la República, ni el tiempo ni el dinero permitieron eliminar el monopolio docente de la Iglesia; pero a principios de 1933, cerca de **diez mil nuevas escuelas primarias** evidenciaban la apuesta del Gobierno por la mejora de la educación.

Se aumentó el sueldo a los maestros y, con la reforma de sus planes de estudio, se pretendió dotarlos de una mejor preparación, acorde con la función transformadora que se atribuía a la escuela en una España con un 44 % de población analfabeta.

Actividades

5 ¿Cuáles fueron las principales medidas adoptadas por la Segunda República respecto a la mejora de la educación pública?

La cuestión religiosa y la enseñanza

Decreto de 23 de enero de 1932 sobre disolución de la Compañía de Jesús:

«(...) Los religiosos y novicios de la Compañía de Jesús cesarán en la vida común dentro del territorio nacional en el término de diez días.

Los miembros de la disuelta Compañía no podrán en lo sucesivo convivir en un mismo domicilio en forma manifiesta ni encubierta, ni reunirse ni asociarse para continuar la extinguida personalidad de aquella (...)».

La cuestión religiosa en este Bienio estuvo muy asociada al proyecto educativo republicano, que llevó a cabo esfuerzos sin precedentes que continuarían en los años siguientes, como se puede observar en este cuadro:

Año	Presupuesto Ministerio de Instrucción Pública (millones de ptas.)	Salarios (% presup.)
1931	209,8	5,69
1932	268,8	5,92
1933	310,7	6,57
1934	335,6	7,08
1935	336,9	6,60
1936	338,5	6,54

Pérez Galán, M.: *La enseñanza en la II República Española.* Madrid, Edicusa, 1975

La apuesta por la educación fue una de las principales preocupaciones del Gobierno republicano y se tradujo en un considerable aumento de los centros de enseñanza pública.

2.3. La reforma militar

A la vez que intentaba dar un giro fundamental a la enseñanza, el Gobierno abordó la espinosa tarea de **modernizar** el **Ejército,** cuya abundancia de mandos (cerca de 22 000 oficiales), escasa formación de los soldados y anticuado material le habían hecho perder capacidad técnica.

Una de las primeras decisiones de Azaña, ministro de la Guerra en el Gobierno provisional, fue la de **ofrecer** a un buen número de oficiales (se calculaba un exceso de 7 000 oficiales) la **jubilación anticipada** con el sueldo íntegro. La mitad de los afectados eligieron esta ventajosa reconversión, que redujo drásticamente la oficialidad.

Fueron revisados y anulados algunos ascensos concedidos por «méritos de guerra» en la dictadura de Primo de Rivera. Otras medidas importantes tendieron a la **disminución** de la amplitud de la **jurisdicción militar** en beneficio de la jurisdición civil (se suprimió la Ley de Jurisdicciones de 1906), así como el cierre de la Academia General de Zaragoza, dirigida por el general Francisco Franco. También, se limitó la primacía de los militares africanistas y se prestigiaron las armas de Artillería e Ingenieros, especialmente «maltratadas» en los años anteriores.

Las **reformas** de Azaña **irritaron** a **amplios sectores** del **Ejército,** que vieron en ellas un propósito encubierto de minar el poder y el prestigio de los militares.

El descontento estalló el 10 de agosto de **1932,** cuando el último director de la Guardia Civil de la monarquía, el **general Sanjurjo, se sublevó** en Sevilla contra la República. La intentona fue un fracaso tanto por su deficiente preparación como porque, excepto sus subordinados directos, ni el ejército ni la policía apoyaron el levantamiento.

Las **consecuencias** fueron **importantes:** centenares de militares destituidos –algunos deportados al Sahara–, destacados monárquicos detenidos y varios periódicos conservadores cerrados temporalmente. Un tribunal militar condenó a muerte a Sanjurjo, pero la pena fue conmutada por cadena perpetua, y posteriormente fue amnistiado.

La República no se atrevió a disolver la Guardia Civil, pero sí procuró acabar con su dominio en cuestiones de orden público. Prefirió crear la Guardia de Asalto, una fuerza leal, entrenada como policía urbana.

La reforma del Ejército

«(...) Art. 1. Se concede el pase a la situación de segunda reserva, con el mismo sueldo que disfruten en su empleo de la escala activa, a todos los oficiales generales del Estado Mayor General, a los de la Guardia Civil y Carabineros y a los de los Cuerpos de Alabarderos, Jurídico Militar, Intendencia, Intervención y Sanidad, en sus dos secciones de Medicina y Farmacia, que lo soliciten del Ministerio de la Guerra dentro de los treinta días siguientes al de la publicación de este Decreto.

Art. 2. Se concede el pase a la situación de retirado, con el mismo sueldo que disfruten actualmente en su empleo y cualesquiera que sean sus años de servicios, a todos los Jefes, Oficiales y asimilados, así en situación de actividad como en la de reserva retribuida de las distintas Armas y Cuerpos del Ejército (...)».

Gaceta de Madrid, 27 de abril de 1931.

«El Ejército es nacional, así como la Nación no es patrimonio de una familia. La República es la nación que se gobierna a sí misma. El Ejército es la Nación organizada para su propia defensa».

Estas palabras de Azaña –en el decreto que establece la obligación de prometer adhesión y fidelidad de los militares a la República– definen la doctrina republicana sobre el papel del Ejército.

En la imagen, el inspector general del Ejército Manuel Goded, a la izda., acompañado de varios oficiales durante unas maniobras.

2.4. La reforma agraria

La esperanza republicana lleva sobre todo el nombre de reforma agraria, grave problema social y técnico que se arrastraba desde hacía dos siglos. Extensos latifundios en Extremadura y Andalucía, campesinos hambrientos y arrendatarios explotados esperaban un remedio.

En el ánimo de muchos, el régimen de Azaña estaba llamado a acabar con todas las lacras del campo español mediante una **distribución** más justa de la **propiedad** y una mayor atención a sus rendimientos, para lo que urgía aprobar una ley que expropiara grandes fincas y las repartiera entre campesinos sin tierras. Con un fondo de agitación creciente en el campo, el proyecto de reforma agraria chocaba con la resistencia de los latifundistas y de los partidos de derecha y centro, que la hacían estancar en las discusiones del Congreso.

En agosto de 1932, el fracaso del levantamiento monárquico del general Sanjurjo contra la República fortaleció a Azaña, que aprovechó este momento para quebrantar la oposición y hacer aprobar la **Ley de Bases de la Reforma Agraria** (9 de septiembre de 1932), que culminaba una serie de decretos que habían modificado diversos aspectos de la realidad agraria.

La Ley, que comenzó a aplicar el **Instituto de Reforma Agraria** en catorce provincias, autorizaba la expropiación con indemnización, aunque no podía dar respuesta a la demanda de cientos de miles de campesinos, prestos a cualquier movimiento insurreccional. La burocracia, los elevados costes de la expropiación y las resistencias de los propietarios afectados por la reforma no permitirían recibir tierras más que a unas doce mil familias en los dos años siguientes.

Actividades

6 Explica las causas que hacían necesaria una reforma agraria en opinión de los republicanos progresistas.

2.5. Las leyes laborales

Con la misma urgencia, el Gobierno estableció su política laboral bajo la dirección del ministro socialista **Francisco Largo Caballero** llevando a cabo distintas reformas, entre el rechazo de los empresarios y la esperanza de los trabajadores.

La gravedad de los enfrentamientos sociales en la España rural empujó a conceder satisfacciones inmediatas: extensión al **campo** de la **jornada de ocho horas, prolongación** de los **contratos de arrendamiento** de tierras. El **Decreto de Términos Municipales** obligaba a emplear preferentemente a los braceros del municipio en que las labores agrícolas hayan de realizarse, y laboreo forzoso de tierras allí donde existiesen braceros en paro.

El instrumento más eficaz y discutido de intervención laboral fue el de los **jurados mixtos** de empresarios y obreros, dotados de amplias competencias en materia de trabajo, que impulsarían un alza notable de los salarios agrarios.

Gracias a la confianza que la UGT depositaba en Largo Caballero descendió el nivel de conflictividad crónica en el sector, buscando el sindicato socialista el consenso con la patronal y su fortalecimiento como interlocutor, frente al radicalismo de anarquistas y comunistas. Todo ello supuso un incremento de las rentas del trabajo y nivel de los salarios que suavizó el impacto de la crisis general y la gran depresión en las clases trabajadoras.

Manifestación de trabajadores en pro de la unión de las organizaciones proletarias, Madrid 1932.

Los cambios en el mundo rural durante la Segunda República

Los primeros decretos de la reforma agraria

En las primeras semanas del Gobierno provisional, el Ministerio de Trabajo promulgó varios decretos para regular y mejorar las condiciones de trabajo de los jornaleros, sobre todo en Andalucía y Extremadura. Los más importantes fueron:

- De términos municipales (28 de abril): Obligaba a los propietarios a emplear jornaleros locales con preferencia sobre los forasteros.
- De prórroga de arrendamientos o de «desahucios» (30 de abril): Impedía cambios en la titularidad de fincas antes de la reforma, así como la expulsión de arrendatarios.
- De laboreo forzoso (7 de mayo): Obligaba a trabajos de mantenimiento y limpieza del montes, para aumentar productividad y el empleo.
- De arrendamientos colectivos (19 de mayo): Permitía a los sindicatos campesinos ocupar las fincas abandonadas con preferencia sobre personas individuales y combatía el subarriendo.
- De implantación en el campo del Seguro de Accidentes de Trabajo (17 de junio).
- De jornada de ocho horas para los jornaleros (1 de julio), con incremento de salario en horas extraordinarias.
- De revisión de las rentas (11 de julio), con referencia en la renta catastral.

Además, se introdujeron (7 de mayo) los Jurados Mixtos de Trabajo Rural, como organismos de mediación laboral y de negociación entre propietarios y trabajadores. Estos decretos fueron validados como leyes de las Cortes Constituyentes el 9 de septiembre de 1931.

Denuncia del latifundismo

Pascual Carrión, vocal del Instituto para la Reforma Agraria, intervino en la planificación y el desarrollo de la reforma. Su obra *Los latifundios en España,* publicada en 1932, es fundamental en el estudio del medio agrario español.

«(...) el problema de los latifundios en España no es una entelequia inventada por unos cuantos descontentos o idealistas, sino una cuestión grave de enorme trascendencia económica y social para nuestra patria. No se trata solo del hecho de que unos 7 000 propietarios posean más de seis millones de hectáreas en las regiones manchega, extremeña y andaluza, sino también de que disfrutan la mayor parte de la riqueza que en ellas se produce, dejando al resto de sus habitantes en situación precaria (...). Consecuencia de ellos son: la despoblación de los campos, el deficiente cultivo, los jornales bajos, los arrendamientos caros, la escasa y raquítica ganadería, y, en general, la situación precaria en que se encuentra la tercera parte del territorio nacional (...). Es suicida y criminal cerrar los ojos (...) y dejar que pasen los años y aun siglos, como hasta ahora ha ocurrido, sin ponerles remedio (...)».

Carrión, P.: *Op. cit.,* pp. 373-374.

Puedes encontrar más información en la web de recursos **anayaeducacion.es**.

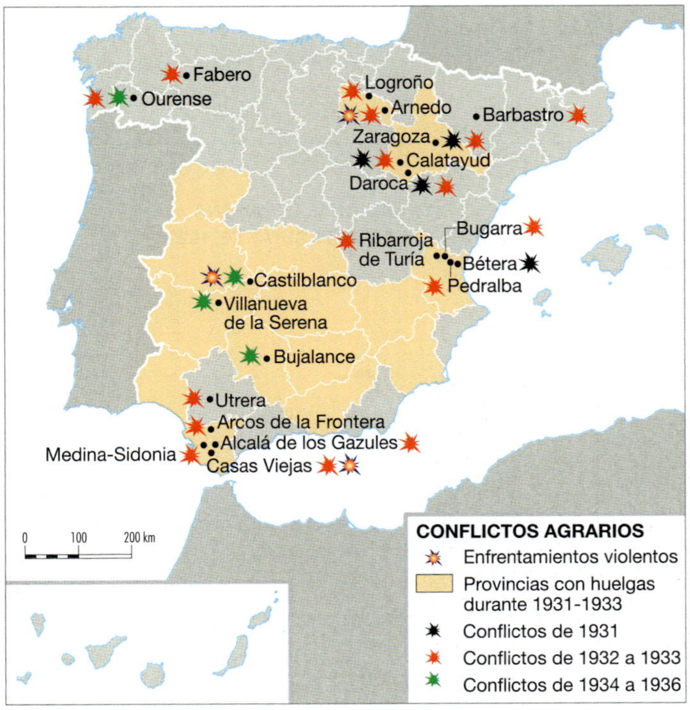

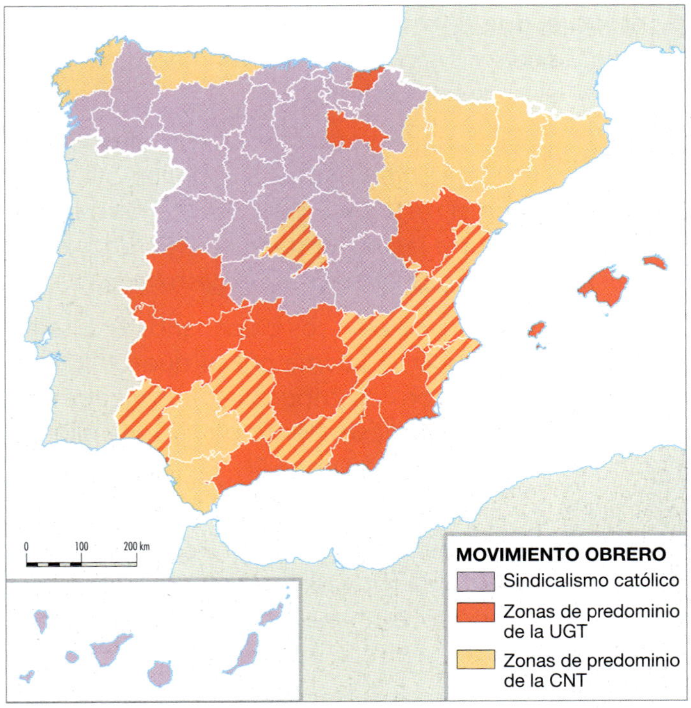

2.6. Los estatutos de autonomía

La Constitución definía a España como Estado «integral» con opción a la autonomía para una o varias provincias limítrofes cuyos electores o ayuntamientos así lo decidiesen por mayoría de dos tercios, siempre con la aprobación ulterior del Parlamento.

2.6.1. El estatuto catalán

El 9 de septiembre de **1932,** Manuel Azaña forzó la aprobación del **Estatuto de Cataluña,** que naufragaba en el Congreso por las acometidas de la derecha o del centro y el poco entusiasmo de la coalición gubernamental. En defensa de la autonomía catalana pronunció uno de sus más brillantes discursos, que consiguió arrancar de los diputados el voto favorable al Estatuto.

El intelectual madrileño tocaba el punto más alto de su carrera política; era el jefe de un Gobierno que construía escuelas, sujetaba a los militares y reforzaba los vínculos de Cataluña con la República democrática mediante la renovada Generalitat.

Estatuto de Autonomía de Cataluña

Manifestación a favor del Estatuto de Autonomía de Cataluña.

«Art. 1.° Cataluña se constituye en región autónoma dentro del Estado español con arreglo a la Constitución de la República y el presente Estatuto. Su organismo representativo es la Generalidad y su territorio el que forman las provincias de Barcelona, Gerona, Lérida y Tarragona en el momento de promulgarse el presente Estatuto.

Art. 2.° El idioma catalán es, como el castellano, lengua oficial en Cataluña. Para las relaciones oficiales de Cataluña con el resto de España, así como para la comunicación entre las Autoridades del Estado y las de Cataluña, la lengua oficial será el castellano (...).

Dentro del territorio catalán, los ciudadanos, (...), tendrán derecho a elegir el idioma oficial que prefieran en sus relaciones con los tribunales, autoridades y funcionarios de todas clases, tanto de la Generalidad como de la República (...).

Art. 14.° (...) El Presidente de la Generalidad asume la representación de Cataluña. Asimismo representa a la región en sus relaciones con la República, y al Estado en las funciones cuya ejecución directa le esté reservada al poder central (...)».

Gaceta de Madrid, 21 de septiembre de 1932.

Indicadores de recesión económica

Año	Índice de producción industrial	Índice de industrias básicas
1929	100,0	100,0
1930	105,3	93,4
1931	94,3	83,1
1932	93,6	72,9
1933	92,6	69,1
1934	94,7	68,4
1935	97,9	74,2

RENTA POR HABITANTE (EN PESETAS DE 1929)

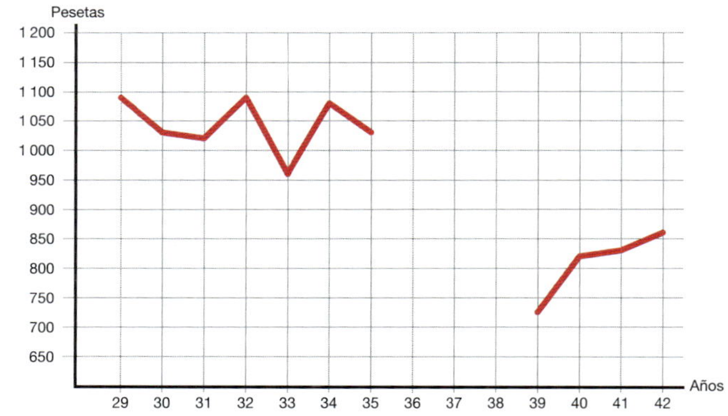

RENTA NACIONAL DE ESPAÑA (EN MILLONES DE PESETAS DE 1929)

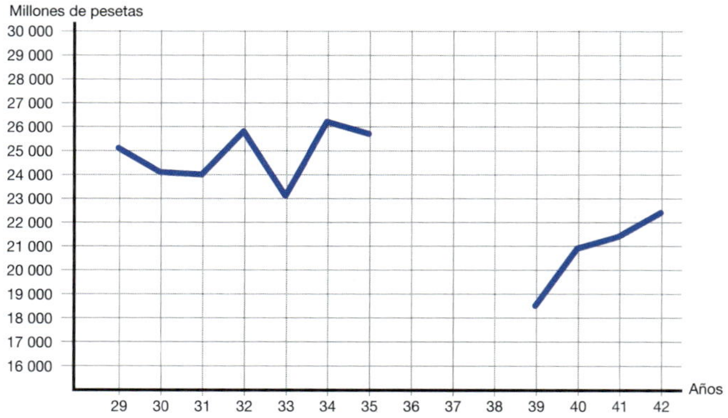

Benavides, L.: *La política económica en la II República.* Madrid,1972, apéndice. Las fuentes estadísticas proceden del Servicio de Estudios del Banco de España, que no ofreció datos de los años 1936 a 1938

2.6.2. El estatuto vasco

En el País Vasco, la división de los ciudadanos respecto a su autonomía regional ofrecía un panorama político muy distinto del de Cataluña. Solo existía en las filas del nacionalismo vasco verdadero espíritu autonomista; para los socialistas y republicanos, el Estatuto era un asunto menor, supeditado a la consolidación de la República. Nacionalistas y tradicionalistas redactaron en **1931** un proyecto, el **Estatuto de Estella,** aprobado mayoritariamente por los ayuntamientos vasconavarros, pero rechazado por su carácter confesional por los demás partidos y por el Gobierno central. Por su parte, la derecha vasca desdeñaba el proyecto autonómico, aunque lo utilizó, en algún momento, con ánimo de sabotear el régimen.

2.6.3. El estatuto gallego

Tras un intento de proyecto federalista en junio de 1931, se reiniciaron los trabajos en 1932 con un anteproyecto de la ORGA de Casares Quiroga, apoyado por el Partido Galleguista de Alexandre Bóveda, que culminó en un texto definitivo aprobado en asamblea de municipios en Santiago a finales de 1933. El proceso apenas avanzó hasta que fue relanzado y **aprobado** en referéndum en **1936.**

2.6.4. El estatuto andaluz

Blas Infante continuó en la República como figura más destacada del andalucismo. Un primer borrador de Estatuto fue esbozado en reunión de las Diputaciones en julio de 1931. Posteriormente y a pesar de su fracaso político y electoral, los grupos andalucistas promovieron una Asamblea en Córdoba que en enero de **1933** aprobó el **Anteproyecto de Bases para el Estatuto** de Andalucía. El proceso se paralizó y no llegó a someterse a referéndum.

2.7. La coyuntura económica

El atraso económico español, en relación con otros países europeos, le llevo a acusar la crisis de 1929 más tarde. Su reducido grado de integración en la economía mundial le ahorró la primera acometida, pero no las posteriores. Sus vínculos con los países europeos se limitaban a la **exportación** de **minerales** y **productos agrícolas.**

De sus compras dependían en gran parte la entrada de divisas con las que poder pagar luego las importaciones. La **depresión económica mundial,** que afectó fundamentalmente a las clases medias europeas, originó una brutal **caída** de las **exportaciones** y disminución de las compras, que **frenarían el ritmo de mecanización del país.**

Con el cambio de régimen, el pánico se adueñó de las finanzas españolas, amainando después. La República debía soportar una constante evasión de capitales y los trastornos de la devaluación de la peseta. El **paro creció,** hasta alcanzar la cota de los 650 000 desocupados en 1933. Empujados por la crisis, los **emigrantes retornaron** en masa, al perder su empleo en los países de acogida y engrosaron el descontento y el enfrentamiento social.

El **Gobierno** planteó un programa económico evitando los excesos y manteniendo una **actuación austera** en la emisión de deuda pública y en el control del déficit presupuestario. Los ministros de Obras Públicas continuaron el plan de carreteras de Primo de Rivera, mientras el socialista Indalecio Prieto, en Hacienda, se esforzó por atender los compromisos económicos internacionales adquiridos por la dictadura, llevándose a cabo por fin una **reforma fiscal** que introducía el impuesto sobre la renta. Al mismo tiempo, la **reforma del Banco de España,** que suponía un mayor control del Estado sobre la política monetaria desplazando a la gran banca, le ocasionó a este ministro la hostilidad de los poderes financieros.

2.8. La conflictividad social

La República solo aspiraba a una modificación sustancial de los fundamentos del Estado en sus parcelas administrativa, política y de participación social; su problema más grave fue tener que contar con la **exigencia revolucionaria** frente a su **disposición meramente reformista.** De ahí que la conflictividad fuera en aumento, manifestando la tensión acumulada por los acontecimientos políticos, el desengaño de los proletarios y la intransigencia de los patronos, reacios a cualquier reforma.

Firmes partidarios de la **acción directa** y la **revolución social,** los **sindicatos anarquistas** comprendieron desde el primer momento que sus aspiraciones no podían triunfar dentro de la legalidad de una República burguesa. Numerosas huelgas y ocupaciones de tierras llevaban el sello de la CNT, que, con su millón de afiliados, provocaba continuamente a la República y la obligaba a responder con duras medidas policiales.

Los continuos desórdenes públicos no solo deterioraban la imagen de los gobiernos de Azaña, sino que debilitaban su autoridad y alimentaban la propaganda de los enemigos de la República. Uno de los enfrentamientos más graves con las fuerzas de orden público tuvo lugar

Actividades

7 ¿Por qué la autonomía catalana se instauró con anterioridad a la del País Vasco? Busca información en Internet y redacta una breve síntesis de la situación social y policía de ambos territorios.

8 ¿Cómo afectó la crisis de 1929 a la economía española en la primera fase de la Segunda República?

el 12 de enero de **1933** en **Casas Viejas** (Cádiz), donde jornaleros anarquistas proclamaron el comunismo libertario, sitiando el cuartel de la Guardia Civil. Intervino la Guardia de Asalto, que aplastó el levantamiento después de fusilar a catorce campesinos. La matanza causó estupor en la opinión pública, encolerizada por una de esas desgraciadas frases atribuidas a Azaña, al tiempo que la derecha lo culpaba de lo ocurrido e intentaba derribarlo en el Congreso.

La **izquierda proletaria** recelaba de una República definida constitucionalmente como «de trabajadores de toda clase», cuyas fuerzas de orden empleaban tal violencia contra labradores que vivían en la miseria. La CNT cayó en manos de su grupo más radical, la FAI, en tanto que la UGT socialista marginaba a los moderados en beneficio de las teorías revolucionarias de Largo Caballero.

Actividades

9 ¿En qué consistió y cuáles fueron las consecuencias de la revuelta anarquista de Casas Viejas?

10 Resume la ideología política de la CEDA y enumera los sectores sociales que la apoyaban.

2.9. La reacción de las derechas

Nadie conseguía frenar el desgaste del Gobierno republicano-socialista, que veía cómo la derecha católica explotaba el anticlericalismo de la República para organizar un poderoso movimiento de masas de muy diversa procedencia social.

La supresión de la Compañía de Jesús en enero de 1932 o la restrictiva Ley de Congregaciones Religiosas del año siguiente produjeron una enorme conmoción entre los católicos, que buscaron unir sus fuerzas para cambiar, desde la lucha legal, el rumbo del Gobierno de Manuel Azaña.

De la movilización católica nacía en 1933 la **Confederación Española de Derechas Autónomas (CEDA),** con la finalidad de reformar la Constitución republicana, sobre todo en las materias concernientes a la religión y a la enseñanza.

Bajo el indiscutido liderazgo de **José María Gil-Robles,** la CEDA era un grupo muy heterogéneo en el que, junto a verdaderos democristianos, imbuidos de la conciencia social de la Iglesia, convivían hombres de extrema derecha, que poco a poco se sentían atraídos por el fascismo.

Casas Viejas

La falta de fondos para indemnizar a los latifundistas paralizaba la aplicación de la reforma agraria, que pretendía dotar de tierras a los jornaleros. Este hecho provocó el alzamiento anarquista de Casas Viejas.

Durante la represión de dicho alzamiento, la Guardia de Asalto registró a tiros la aldea en busca del anciano Seisdedos, quien, en compañía de otros jornaleros, había cortado la carretera y el teléfono, depuesto al alcalde y sitiado el cuartel de la Guardia Civil para instaurar el comunismo libertario. El escritor Ramón J. Sender estuvo allí y narró lo sucedido: «Entraron por distintas calles. Toda la parte sur de la colina se cubrió de uniformes, que sobre la cal de los edificios resaltaban vivamente».

En la investigación parlamentaria para esclarecer los hechos varios jornaleros detenidos, manifestaron: «que son analfabetos, que durante todo el año llevan ocho y diez meses sin trabajo. (...) Que en el pueblo hay gente de la CNT y de la UGT. (...) Manifiestan haber recibido enormes palizas por un cabo de la guardia civil (...)». El médico forense certificó «que levantó por orden judicial un cadáver en un callejón a un kilómetro aproximadamente de la casa del Seisdedos, y a poca distancia de esta había en un montón informe catorce cadáveres».

Más información en la web de recursos **anayaeducacion.es**.

Guardias de Asalto y Guardia Civil en Casas Viejas, poco antes de la matanza indiscriminada de vecinos.

2.10. La extrema derecha

Más a la derecha de la Confederación Española de Derechas Autónomas (CEDA) había otros grupos. Tras el fracaso del levantamiento del general Sanjurjo, en agosto de 1932, los monárquicos confiaban en la preparación de un golpe de Estado más eficaz, para lo que era imprescindible hacer propaganda dentro del Ejército.

Desde **1933,** los **ultramonárquicos** se habían separado de José María Gil-Robles y habían fundado **Renovación Española,** cuyos promotores, **Antonio Goicoechea** y **José Calvo Sotelo,** sostenían que el problema de España solo podía resolverse fuera de las vías legales y con el apoyo de los movimientos autoritarios que triunfaban en Europa. Gil-Robles fue el líder indiscutido de la derecha agraria, accidentalista en cuanto a la forma de gobierno, y partidario de reconducir la legislación republicana en un sentido conservador.

El **carlismo** también se reorganizó tras superar sus viejas divisiones y, con ideólogos como Víctor Pradera, derivó en un movimiento nacionalista de ultraderecha, la **Comunión Tradicionalista,** dispuesto a desarrollar una estrategia conjunta con los monárquicos alfonsinos en su lucha contra la República.

2.10.1. El fascismo español

En el ambiente estudiantil de clase media surgieron los primeros grupos fascistas, similares a los movimientos autoritarios de Europa. El más exitoso fue **Falange Española,** fundada en octubre de **1933** por **José Antonio Primo de Rivera,** el hijo del dictador quien previamente había llegado a acuerdos de apoyo económico con la ultraderecha monárquica.

La Falange era contraria al liberalismo y al marxismo, doctrinas que consideraba caducas. Se manifestaba opuesta a la República democrática y defensora de un firme nacionalismo español, compatible con la «dialéctica de los puños y las pistolas», como dijera su líder.

Por su ideario nacionalista, apelación a cambios sociales y anticomunismo, atrajo a una parte importante de las Juventudes de Acción Popular, rama juvenil de la CEDA.

Si bien las **teorías del fascismo** fueron formuladas por personajes como **Ernesto Giménez Caballero, José M.ª Albiñana** y su Partido Nacionalista Español o el fundador de las **JONS, Ramiro Ledesma,** solo empezó a adquirir cierta consistencia y militancia a partir de 1933. Falange Española y las JONS se fusionaron en febrero de 1934.

Reorganización de la derecha

Acta de constitución de la CEDA

«(...) "Debemos felicitarnos de los trabajos, de la misma diversidad de tendencias manifestadas, porque solo han revelado la pugna de llevar a las conclusiones la interpretación más fiel y avanzada de la doctrina social y política cristiana (...). Me limito, pues, a darle las gracias y a declarar solemnemente que ha quedado constituida la CEDA, que ha de ser el núcleo derechista que salve a la Patria, hoy en peligro" (...).

Al discutirse (...) el Estatuto de la CEDA, se admitieron como coincidencias fundamentales de los partidos que la integran (...) las siguientes debidas a la iniciativa de la Derecha Regional Valenciana:

a) Afirmación y defensa de los principios fundamentales de la civilización cristiana.

b) Necesidad de una revisión constitucional de acuerdo con dichos principios.

c) Aceptación (...) de las normas dadas por el Episcopado a los católicos españoles en su Declaración colectiva de diciembre de 1931».

El Debate, 5 de marzo de 1933. Cit. en Díaz Plaja, F.: La España política del siglo XX en fotografías y documentos. Barcelona Plaza & 1975, vol 2, pp. 356-358.

Discurso de José Antonio Primo de Rivera

En octubre de 1933, José Antonio Primo de Rivera fundaba, solemnemente, Falange Española en el teatro de la Comedia de Madrid y afirmaba en su discurso:

«(...) Cuando en marzo de 1762, un hombre nefasto que se llamaba Juan Jacobo Rousseau, publicó *El contrato social,* dejó de ser la verdad política una entidad permanente (...).

El movimiento de hoy, que no es de partido, sino que es un movimiento, casi podríamos decir de antipartido, sépase desde ahora, no es de derechas ni de izquierdas. Porque en el fondo la derecha es la aspiración a mantener una organización económica, aunque sea injusta, y la izquierda es, en el fondo, el deseo de subvertir una organización económica, aunque al subvertirla se arrastren muchas cosas buenas. Luego, esto se decora en unos y otros con una serie de consideraciones espirituales (...).

Y queremos, por último, que si esto ha de lograrse en algún caso por la violencia, no nos detengamos ante la violencia (...).

Bien está, sí, la dialéctica como primer instrumento de comunicación. Pero no hay más dialéctica admisible que la de los puños y de las pistolas cuando se ofende a la justicia o a la Patria (...)».

3

El Bienio Radical Cedista (1933-1936)

Las movilizaciones de la derecha y las continuas alteraciones del orden público desgastaron gravemente a Azaña y sus gobiernos, que perdieron las elecciones municipales de abril de 1933. A los socialistas cada vez les resultaba más incómodo apoyar una política liberal, tan alejada de su ideal marxista, y, sobre todo, respaldar con su presencia en el Gobierno el endurecimiento de la **legislación represiva** que trataba de frenar las **revueltas campesinas.** Cuando en septiembre de **1933** las **divisiones** en la **coalición gubernamental** se manifestaban como irreversibles, el presidente de la República, en el uso de su autoridad constitucional, destituyó a Azaña, lo que hizo necesarias nuevas elecciones, que quedaron convocadas para noviembre.

3.1. Las elecciones de 1933: el vuelco electoral

Con abstención de los anarquistas y elevada participación católica, el 19 de noviembre de 1933, en su primera vuelta, los españoles –incluidas, por vez primera, las mujeres– acudieron a las elecciones, cuando la crisis económica alcanzaba su mayor intensidad.

La agitación social, la miseria, el desencanto del reformismo azañista y la división de las izquierdas, que concurrían por separado a las elecciones, dieron un giro a la República. Favorecida por el sistema de atribución de escaños, la **derecha** obtuvo un **triunfo** indiscutible, compartido con el centro representado por el Partido Republicano Radical de Alejandro Lerroux.

Los comicios abrieron el Parlamento a algunos hombres, dudosamente parlamentarios, colaboradores de la dictadura y de tendencias antidemocráticas. A pesar de ser la CEDA el grupo con mayor número de diputados, el presidente **Alcalá-Zamora,** en el ejercicio de su función moderadora, **llamó a Lerroux a formar Gobierno,** tratando de evitar un mayor desplazamiento hacia la derecha y la consiguiente reacción de las izquierdas.

Elecciones de 1933

COMPOSICIÓN DEL CONGRESO DE LOS DIPUTADOS TRAS LAS ELECCIONES DE NOVIEMBRE DE 1933

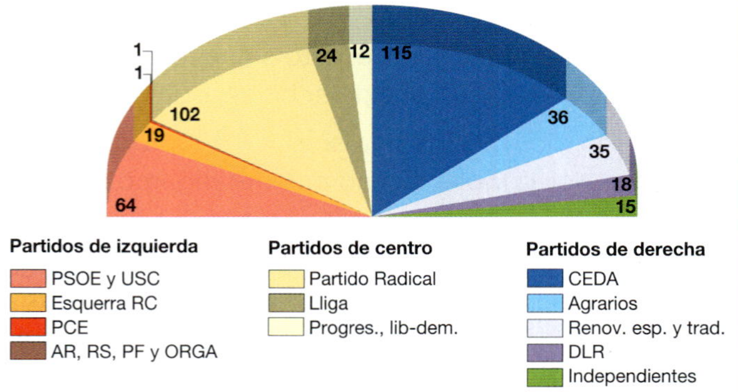

3.2. La política de la derecha

Los sucesivos gobiernos revisaron en sentido conservador las **reformas** de los Gabinetes de Azaña, las **suspendieron** o las **anularon,** al tiempo que los patronos, con las manos libres, rebajaban los salarios y reducían las mejoras logradas por los trabajadores en los dos años precedentes. Y las Cortes no tardaron en dar un respiro a la **Iglesia** con leyes que le aseguraban su actividad docente y el cobro de un dinero público. Los **militares** recuperaron su protagonismo y promocionaron a aquellos que estuvieron apartados de responsabilidades en el bienio anterior. No solo no se concedió ningún estatuto de autonomía, sino que las relaciones de Madrid con Cataluña pasaron por momentos de extrema gravedad.

Todo ello tenía su **respuesta violenta** en la calle, que se escapó no pocas veces del control del Gobierno. Más grave que la algarabía callejera, aun siendo a veces sangrienta, fue la **radicalización** de los **líderes** y **militantes** del **PSOE** y **UGT,** cuya disconformidad se acrecentó al compás del bascular derechista de la República y de la actitud de revancha de numerosos empresarios. En plena rebeldía contra el Gobierno, la **CNT** declaró la **huelga general** en Zaragoza y, más tarde, de acuerdo con la **UGT,** volvió a poner en jaque a las fuerzas del orden con multitudinarias **movilizaciones** en el **campo.**

La conflictividad se manifestó sobre todo en **Cataluña,** donde **Esquerra Republicana** se enfrentó a una República desvirtuada a la que se acusó de adulterar su primitiva vocación autonomista. En marzo de **1934,** el Parlamento catalán aprobó una ley que modificaba la legislación general, para hacerla más favorable a los campesinos arrendatarios ***(rabassaires).*** Apoyados por la Lliga de Cambó y por la CEDA, los terratenientes consiguieron, tres meses más tarde en Madrid, la declaración de inconstitucionalidad de tal ley, lo que equivalía a socavar desde la propia Cataluña los fundamentos de la autonomía.

En el **País Vasco,** cualquier oportunidad podía desatar el enfrentamiento; y este llegó en verano de **1934** por el estatuto del vino. En esta ocasión, el intento de desgravar su consumo para facilitar la salida de los productos españoles fue considerado como una injerencia de la Hacienda central y un **ataque al concierto económico** vigente. Los ayuntamientos vascos cerraron filas en torno al último resto foral con distintas manifestaciones de protesta, que se saldaron con encarcelamientos de concejales y desalojos. Los socialistas, alentados por **Indalecio Prieto,** y el **PNV,** quejoso con la República al no haber logrado el estatuto de autonomía, fueron los protagonistas de una accidentada asamblea convocada en Zumarraga (Gipuzkoa), a la que asistieron parlamentarios catalanes y vascos, bien arropados por sus electores.

El ministro de Obras Públicas, Indalecio Prieto, presenta el plan de Enlaces Ferroviarios de Madrid.

3.3. La radicalización sociopolítica: octubre de 1934

El ascenso del nazismo en Alemania y la política represiva de los socialcristianos en Austria hicieron aumentar los temores de quienes en España emparentaban estos movimientos con la CEDA, en la que, junto a verdaderos democristianos, convivían militantes de extrema derecha tentados por el fascismo. Desde la primavera de 1934, la dirección del PSOE, convencida de que Gil-Robles pretendía destruir la República, estaba decidida a tomar el poder por la fuerza, rompiendo con la legalidad republicana, y practicando una política abiertamente revolucionaria. El uno de octubre, la **CEDA** se negó a seguir apoyando a un Gobierno en el que no tenía participación y **exigió** colocar a **tres ministros** en el Gabinete que Alcalá-Zamora encargó formar a Lerroux. Las ejecutivas socialista y ugetista no esperaron más ante lo que consideraban una agresión contra la República, y cursaron a toda España la orden de **huelga general revolucionaria,** que adquirió carácter de insurrección popular en lugares como Asturias, Cataluña o el País Vasco.

El 6 de octubre, el presidente de la Generalitat de Cataluña, **Lluís Companys,** rompió con el Gobierno central, acusándolo de estar dominado por fuerzas de dudosa lealtad republicana, y proclamó el **Estado catalán dentro de la República federal española,** fórmula que no contentó a los nacionalistas radicales. Fiel a sus superiores republicanos, el **general Batet** declaró el **estado de guerra** y combatió en algunas calles de Barcelona. La Generalitat se rindió, y el Gobierno suspendió el Estatuto de Cataluña, al tiempo que ordenaba centenares de detenciones. Las diez horas de rebelión habían dejado 46 muertos.

3.4. La revolución en Asturias de 1934

Desde el inicio de la huelga general, todas las miradas de los españoles se habían dirigido hacia Asturias, el único lugar donde los trabajadores estaban unidos y preparados para la lucha armada.

Las organizaciones proletarias asaltaron las casas cuartel de la Guardia Civil, tomaron la cuenca minera, ocuparon las fábricas de armas, se apoderaron de Oviedo y crearon comunas obreras, repúblicas utópicas, con una administración básica. La **revuelta desbordó al Gobierno,** que llamó al general Franco para asesorar técnicamente desde Madrid a los responsables de las operaciones militares dirigidas a aplastar la rebelión. Siguiendo su consejo, refuerzos del ejército marroquí desembarcaron en Asturias y sofocarón la comuna asturiana en nueve días, arrojando un balance trágico de víctimas: mil muertos entre los paisanos y trescientos entre la fuerza pública, causados por los combates y por la represión espontánea y criminal realizada por miembros de uno y otro bando.

Las represalias se extendieron por toda España, una vez frenado el **movimiento revolucionario más grande de su historia.** Se encarcelaron 30 000 personas, acusadas de dirigir o participar en el levantamiento; se limitaron las actividades de los partidos de izquierda y se estableció la **censura.** Si la brutalidad de los sublevados había soliviantado a la derecha, la **represión gubernamental** provocó el mismo efecto en la izquierda, que intentó justificar los sucesos de octubre como una defensa del espíritu republicano puro. La brecha fue tan honda que los moderados de ambos lados se vieron rebasados, alejándose cada vez más la sociedad española del camino del entendimiento. Hasta el estallido de la Guerra Civil, la actividad política quedó marcada por la revolución de 1934, convertida en símbolo de la unidad de la izquierda, cuya campaña a favor de la amnistía de los represaliados ayudó a promover importantes sentimientos de solidaridad.

Actividades

11 ¿Qué reacciones se produjeron en Cataluña y en el País Vasco ante la política autonómica del Bienio Radical cedista?

12 Explica el contexto político en el que Lluís Companys proclamó el Estado catalán en 1934.

13 Con la información del texto, elabora un esquema con los motivos aducidos por las organizaciones obreras en su llamamiento revolucionario de 1934.

14 Con la ayuda del texto y del doc. de la página siguiente valora las consecuencias más importantes de la huelga revolucionaria de 1934 en Asturias.

Asturias, 1934

Llamada a la unidad de acción entre las organizaciones obreras de Asturias

«Al proletariado asturiano:

Ante la situación política y social por que atraviesa España y teniendo en cuenta las probables desviaciones del actual estado de cosas, las fuerzas obreras de la región de Asturias, que pertenecen a los dos sectores sindicales UGT y CNT, y la Federación Socialista Asturiana han formado una alianza cuyos objetivos son:

1.° Luchar abiertamente contra el fascismo, que intenta imponer sobre el pueblo su característico sistema de opresión acabando con las organizaciones de clase y con las escasas libertades y derechos establecidos en la nación.

2.° Realizar amplia labor de oposición a todo propósito de guerra en lo que se refiere al conjunto de los países del continente europeo como igualmente en lo que afecta al problema colonial en África (...).

Aquellas otras entidades obreras que de una forma seria estén dispuestas a colaborar por conseguir los propósitos indicados pueden tramitar su ingreso en la Alianza, mediante una representación provincial y no por fracciones (...).

Muy en breve, teniendo en cuenta el gran interés con que ha de ser acogida esta unificación de los trabajadores asturianos, el Comité de la Alianza dará a la publicidad un manifiesto exponiendo sus puntos de vista (...)».

Avance, 1 de abril de 1934.

Bando del Comité revolucionario de Oviedo

«Hacemos saber:

Que el Comité Revolucionario, como intérprete de la voluntad popular, y velando por los intereses de la Revolución, se dispone a tomar, con la energía necesaria, todas las medidas conducentes a encauzar el curso del movimiento. A tal efecto disponemos:

1.° El cese radical de todo acto de pillaje, previniendo que todo individuo que sea cogido en un acto de esta naturaleza será pasado por las armas.

2.° Todo individuo que posea armas debe presentarse inmediatamente ante el Comité e identificar su personalidad. A quien se coja con armas en su domicilio o en la calle, sin la correspondiente declaración, será juzgado severamente.

3.° Todo el que tenga en su domicilio artículos producto del pillaje o cantidades de los mismos que sean producto de ocultaciones se le conmina a hacer entrega de los mismos inmediatamente. El que así no lo haga, se atendrá a las consecuencias naturales, como enemigo de la Revolución.

4.° Todos los víveres existentes, así como artículos de vestir, quedan confiscados.

5.° Se ruega la presentación inmediata ante este Comité de todos los miembros pertenecientes a los Comités directivos de las organizaciones obreras de la localidad, para normalizar la distribución y consumo de víveres y artículos de vestir.

6.° Los miembros de los partidos y juventudes obreras de la localidad deben presentarse inmediatamente con su correspondiente carnet para constituir la guardia roja que ha de velar por el orden y la buena marcha de la Revolución.

En Oviedo, a 9 de octubre de 1934. El Comité Revolucionario».

De Llano Roza de Ampudia, A.: «Pequeños anales de quince días».
Cit. en Tuñón de Lara, M.: *Op. cit.* vol. II, Apéndice documental.

Más información en la web de recursos de **anayaeducacion.es**.

La Revolución asturiana de 1934 perduró en la memoria de la izquierda revolucionaria.

La hora de la izquierda: el Frente Popular (1936)

A lo largo de 1935, los sucesivos gobiernos radical-cedistas acentuaron su política moderada, lo que tranquilizó a Washington y a Londres. Con el fantasma de una inminente revolución marxista, la extrema derecha hostigó a la CEDA, acusándola de tibia, y **José Calvo Sotelo,** que se había exiliado al proclamarse la República, regresó para hacerse cargo del monárquico **Bloque Nacional,** con un programa totalitario. En contrapartida, **Largo Caballero** empujó a la **UGT** hacia **posiciones más radicales,** muy próximas a las de los comunistas, que desde la Revolución de Octubre iban ganando adeptos y prestigio.

En Europa continuaban creciendo los fascismos, sobre todo desde que Hitler compaginaba la jefatura del Gobierno con la del Estado y procedía al rearme de Alemania. La política de Berlín fascinaba a los movimientos autoritarios europeos, pero infundía temor a los demócratas. Por su parte, Mussolini confirmaba su ideario imperialista con la invasión de Abisinia.

Indicadores de recesión económica

«(...) España, pues, ante todo y sobre todo. Una España auténtica, fiel a su historia y a su propia imagen: una e indivisible. De aquí la primera línea de nuestro programa de acción: defensa a vida o muerte y exaltación frenética de la unidad española que la monarquía y el pueblo labraron juntos a lo largo de quince siglos (...) el hecho católico fue factor decisivo y determinante en la formación de nuestra nacionalidad.

Creemos caducado el sistema político que, nacido con la Revolución Francesa, sirve de soporte a las actuales instituciones y, como Cánovas predijera, nos arrastra al comunismo. El futuro Estado ha de fundarse sobre el deber tanto como sobre el derecho. Los derechos naturales inherentes a la personalidad humana han de ser reconocidos y garantizados por el Estado, de conformidad con su distinto rango, sin que ninguno de ellos quepa al absolutismo. Su mejor garantía será la organización de un Estado fuerte capaz de frenar el abuso con que pretenden ejercerlos o monopolizarlos núcleos o masas indisciplinadas.

Queremos un Estado integrador que, a diferencia del Estado anárquico actual, imponga su peculiar autoridad sobre todas las clases, sean sociales o económicas. La era ruinosa de la lucha de clases está tocando a su fin.

Os proponemos, por tanto, españoles, la constitución de un Bloque Nacional que tenga por objetivo la conquista del Estado (...) (8 de diciembre de 1934)».

Cit. en García-Nieto, M.C., y Donézar, J.M.: *Bases documentales de la España contemporánea.* Madrid, Guadiana, 1974, vol. 9, pp. 169-172.

4.1. Formación y programa del Frente Popular

Con este panorama, el comunismo internacional cambió de estrategia. La **disyuntiva** no estaría entre proletariado y burguesía, sino entre **fascismo** y **democracia.** La política a seguir debía pasar por el establecimiento de **Frentes Populares,** que implicaban la alianza del proletariado con las clases medias, de los partidos socialistas y comunistas con los burgueses antifascistas, frente al enemigo común. La tarea de los comunistas no sería, por el momento, hacer la revolución, sino frenar el fascismo.

4.2. Las elecciones de febrero de 1936

La teoría frentepopulista pronto pudo llevarse a la práctica en España, pues el desprestigio del Gobierno, comprometido en sobornos y escándalos financieros atribuidos a miembros del Partido Radical, provocaría la convocatoria de elecciones, para el día 16 de febrero de 1936, en su primera vuelta. Dejando de lado momentáneamente sus

Cartel electoral del PCE, partido que pasó de uno a quince diputados en estas elecciones, dotándose de una organización estable y decenas de miles de afiliados y una política centrada en consolidar las reformas.

diferencias, la antigua **conjunción republicano-socialista** se preparó para la consulta con la firma de una **alianza electoral,** o Frente Popular, en la que estarían representadas las izquierdas y gran parte de las fuerzas progresistas.

El programa del **Frente Popular** era, fundamentalmente, socialdemócrata reformista. Desbordaba la posición original de la izquierda republicana, pero se alejaba de la obsesión anticlerical. Estipulaba un acuerdo sobre un conjunto de principios mínimos para una coalición electoral, aunque no constituía un plan para un Gobierno de coalición. Aunque la **derecha** consiguió formalizar alianzas en muchas provincias, **careció** del sentimiento de **unidad** que le dio a la CEDA el triunfo en 1933. La experiencia de dos años de poder pasaba factura al centro-derecha, con discrepancias y divisiones semejantes a las sufridas por la izquierda antes de los últimos comicios.

Beneficiada ahora la izquierda por una ley electoral que estimulaba la formación de coaliciones, los candidatos del **Frente Popular** arrebataron al centro-derecha sus escaños y consiguieron la **mayoría absoluta** necesaria para gobernar. Esto no significaba que la derecha estuviera acabada, pues recibió más apoyos que en 1933; pero se había desmoronado el sueño del presidente de la República, Alcalá-Zamora, de constituir un centro fuerte.

Reanudación de las reformas sociales

Programa del Frente Popular

El Programa del Frente Popular hacía hincapié en el restablecimiento de la política de reformas del primer bienio y en la concesión de una amnistía para los encarcelados de la Revolución de Octubre, según aparecía en *El Socialista* (16 de enero de 1936) e incluía los siguientes puntos fundamentales:

- Amnistía total para los insurrectos de 1934 y para todos los acusados de atentados político-sociales desde 1933, y procesamiento de todos los culpables de actos de violencia al reprimir los atentados políticos.
- Reposición en sus puestos de todos los trabajadores y empleados públicos despedidos por causas políticas y compensación plena de todas las pérdidas sufridas por ellos.
- Reforma del Tribunal de Garantías Constitucionales para excluir la influencia conservadora; reforma del sistema judicial con el objeto de establecer su independencia, promulgar la justicia social y acelerar su rapidez y eficacia.
- Restauración de la autoridad de todos los apartados de la Constitución republicana; reforma de las Cortes (…), aprobación de la legislación orgánica que garantice el funcionamiento de los gobiernos provincial y municipal; reforma de la ley de orden público con el objeto de obtener mayores garantías para los derechos individuales.
- Continuación de la reforma agraria; arrendamientos menores y mayor seguridad para los pequeños propietarios; reducción de los impuestos (…), ayuda técnica acrecentada para los pequeños propietarios.
- Protección de los pequeños productores y los pequeños empresarios; reforma de los impuestos y las tarifas industriales; estímulo a la producción; ampliación de las obras públicas.
- Sujeción del funcionamiento del Banco de España al interés público; reglamentación y mejora del funcionamiento de los bancos y las instituciones de ahorro.
- Restauración de toda la legislación social de 1931-1933; aumento de salarios; amplio programa de viviendas sociales; extensión de la educación a todos los niveles.

Elecciones generales de febrero de 1936

La campaña electoral se desarrolló con apasionamiento pero sin violencia. Los resultados reflejaron una división política muy acentuada. Sin embargo, «en modo alguno constituyen una legitimación anticipada de la rebelión armada de julio del mismo año». (Tuñón de Lara).

COMPOSICIÓN DE LA CÁMARA ELECTIVA DE LAS CORTES TRAS LAS ELECCIONES DE FEBRERO DE 1936

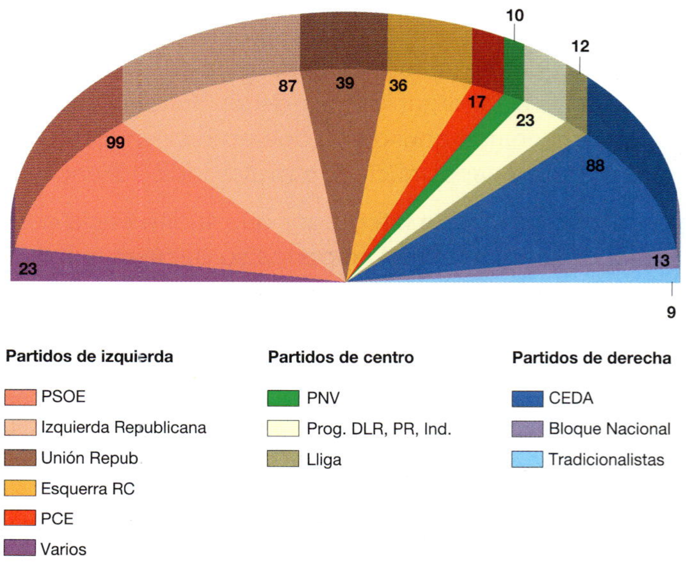

4.3. La conflictividad social

Los resultados electorales, con sus consiguientes manifestaciones de triunfo, provocaron, desde la misma noche de los comicios, los primeros conatos de fuerza entre los perdedores y distintas maniobras que no presagiaban nada bueno para la República.

A pesar de la buena voluntad de Manuel Azaña, llamado a formar Gobierno, la vida política no consiguió recuperar su pulso, asfixiada por el **radicalismo** del **proletariado** y la **degradación** del **orden público.** Ardieron de nuevo conventos e iglesias, mientras se agravaba la ola de pistolerismo callejero, y los miembros de las organizaciones legales de derechas las abandonaron en masa para militar en movimientos más extremistas.

La **Falange**, que había recibido ayuda en 1935 de los fascistas italianos multiplicó sus **actuaciones violentas** y **atentados**. Uno de los más señalados fue el intento de asesinato del catedrático de derecho, diputado del PSOE y vicepresidente de las Cortes Luis Jiménez de Asúa.

La situación se complicó más cuando el Congreso destituyó a Alcalá-Zamora de su cargo de presidente de la República y recurrió al artificio jurídico de declarar que la disolución de las anteriores Cortes ordenada por él no había sido necesaria, lo que comportaba su destitución inmediata. En mayo de **1936, Azaña** fue nombrado **presidente,** perdiendo notable capacidad de acción, ya que la presidencia carecía de funciones ejecutivas, asignadas por la Constitución a la jefatura del Gobierno.

Durante junio y julio, tanto el campo como las ciudades fueron testigos de la agitación revolucionaria. Campesinos famélicos ocuparon tierras en Salamanca, Extremadura y Andalucía sin que las fuerzas del orden consiguieran evitarlo. Como demostración de su fuerza, la **CNT** desencadenó una **huelga** de la **construcción** en Madrid y ensayó un comunismo libertario de consumo, expoliando las tiendas de comestibles. El 12 de julio, unos pistoleros desconocidos -falangistas, según todos los indicios- asesinaron al teniente Castillo, de la Guardia de Asalto; al día siguiente asesinaron a José Calvo Sotelo, líder de la derecha parlamentaria, a manos de un grupo de agentes del orden que trataba de vengar la muerte de su compañero. España entera se estremeció, sospechando que la conjura militar podía estar a punto de saltar a la luz.

Actividades

15 ¿Qué fuerzas políticas integraban el Frente Popular? ¿Qué motivó su formación?

16 Señala las causas fundamentales de la violencia social y política posterior a las elecciones de 1936.

Respuesta unitaria contra los asesinatos

El asesinato del teniente Castillo, que figuraba en una lista negra de la UME de militares que debían ser eliminados, y el asesinato en respuesta de José Calvo Sotelo sobrecogieron a la opinión pública. Las fuerzas republicanas manifestaron de diversas maneras su estupor y condena.

«La violencia nos ha producido las más cálidas protestas. El respeto a la vida humana tuvo en todo momento en estas columnas las más acuciosas demandas. Protestamos hoy de lo ocurrido al Sr. Calvo Sotelo de quien, no hay para qué decir, nos separaba un abismo en el mundo de las ideas, como protestamos de la muerte del bizarro oficial de Asalto, señor Castillo».

El Liberal, Bilbao, 13 de julio de 1936.

«Queda patente ante los nuevos atentados la posición moral de los socialistas: condenación terminante y sin reservas, categórica y absoluta de las violencias que se vienen produciendo estos días, con las que se quiere dar un sentido diferente al movimiento insurreccional que se viene gestando hace tiempo».

El Socialista.

«La minoría parlamentaria de Unión Republicana se reunió esta mañana y deliberó sobre los últimos acontecimientos políticos y los execrables asesinatos cometidos en las personas de los señores Castillo y Calvo Sotelo para cuyos crímenes tiene la máxima condenación».

Comunicado de prensa de la dirección de Unión Republicana.

Dos guardias de asalto atendiendo a una mujer herida en una manifestación en junio de 1936.

5

La Edad de Plata de la cultura española (1898-1936)

5.1. La generación del 98

Cuando, en 1913, José Martínez Ruiz, Azorín, acuñó el término «generación del 98» para referirse a la amplia nómina de escritores que publicaron su obra en los principios del siglo XX, estaba refiriéndose no solo a un grupo literario, sino más bien a un conjunto de intelectuales que tenían una actitud muy crítica ante los problemas sociales de la España de entonces.

Con ellos comienza la llamada Edad de Plata de la cultura española, que abarca hasta 1936, años en los que la vida intelectual española alcanzó un vigor extraordinario.

El grueso de los escritores que conformaron la generación del 98 –Miguel de Unamuno, Antonio Machado, Ramiro de Maeztu, Pío Baroja...– no solo reflejaron en su obra literaria la mediocridad y la corrupción existentes, sino que también se ocuparon de la llamada **cuestión social,** poniéndose en algunos casos del lado del pueblo trabajador y **denunciando** la **miseria** y la **explotación.**

Como hijos de la pequeña y media burguesía, se mostraban enfrentados a la cultura de la gran burguesía conservadora, enriquecida con el sistema caciquil de la Restauración.

Actividades

17 ¿En qué consistió la «actitud crítica» de los escritores de la generación del 98? ¿Cómo la manifestaron?

La generación del 98

«Su importancia reside en el hecho de que fue el primer grupo de la literatura moderna occidental que exploró sistemáticamente el fracaso de las creencias y la confianza existencial que a partir de entonces ha sido tema principal de pensadores y escritores.

En ningún otro lugar de España o América puede encontrarse a comienzos de siglo un grupo tan compacto de escritores cuya obra ilustre de manera tan consistente el momento crítico, de transición de la relativa estabilidad y optimismo del período precedente, al punto muerto filosófico y espiritual en que la mayor parte de nuestra cultura todavía se encuentra hoy.

En los escritores del 98 podemos distinguir con gran claridad muchas de las fuerzas intelectuales que conforman nuestro mundo actual (...)».

Shaw, D.: *La generación del 98.* Madrid, Cátedra, 1985, p. 266.

5.2. La acción social de los intelectuales

A los escritores del 98 se sumaron algunos jóvenes intelectuales, que, agrupados bajo la rúbrica de **generación** de **1914,** tuvieron una importante presencia en la vida pública española de la época como creadores de opinión. «No hay más remedio: es un deber. Hay que formar el partido de la cultura», clamaba José Ortega y Gasset en 1908. Las élites intelectuales de comienzos de siglo, de las que formaban parte personalidades como Gregorio Marañón, Américo Castro, Álvaro de Albornoz, Manuel Azaña y tantos otros, buscaban ante todo la modernización y europeización de España, que en su opinión debía salir de su aislamiento y ponerse a la altura de los problemas internacionales de aquellos años.

El compromiso de los intelectuales con la vida pública se manifestó en diversas formas de intervención:

- La **colaboración** en **periódicos** y **revistas:** las revistas *Vida Nueva, Prometeo, La Revista Nueva* y, especialmente, desde 1915, la revista *España* fueron órganos de expresión de la intelectualidad. El propio Ortega fundaría en 1914 el periódico *El Sol,* y en 1923, la influyente *Revista de Occidente.*
- **Celebración** de **aniversarios:** el centenario de Larra, en 1909; el de la Constitución de Cádiz, en 1912; el de Góngora, en 1927.
- **Homenajes:** a Blasco Ibáñez y a Galdós, en 1911; a Giner de los Ríos, en 1913; etc.
- **Participación en mítines y manifestaciones:** o incluso en la creación de asociaciones, como la Liga de la Educación Política, en 1913, o la Liga de los Derechos del Hombre, en 1922; o de partidos políticos, como fue el caso de Acción Republicana, en 1925.
- **La publicación de manifiestos:** Ortega y Gasset, Gregorio Marañón y Ramón Pérez de Ayala, fundadores de la Agrupación al Servicio de la República, se aglutinaron en torno a un manifiesto en febrero de 1931.

5.3. La Institución Libre de Enseñanza (ILE)

En este tercio de siglo, la ILE adquirió su máximo desarrollo e influencia, incluso en el Ministerio de Instrucción Pública, que dio rango oficial a algunos de sus proyectos. Entre estos, los más notables fueron:

- El **Museo Pedagógico** (1882), su director Manuel Bartolomé Cossío se dedicaba a la formación de profesores.
- **Asambleas de maestros** y **exposiciones escolares** (a partir de 1895) convocaban concursos y certámenes y otorgaban premios a la innovación educativa.

- La **Junta de ampliación de estudios** (1907), que concedió más de 1500 pensiones para viajar o residir en el extranjero a profesores de todos los niveles educativos, hasta 1937, fecha en que fue suprimida.
- El **Centro de Estudios Históricos** (1910), donde realizaron gran parte de su labor historiadores medievalistas como Ramón Menéndez Pidal, Eduardo Hinojosa o Claudio Sánchez Albornoz, entre otros.
- La **Residencia de Estudiantes** (1910) y la **Residencia de Señoritas** (1915), en Madrid.
- La **Fundación Giner de los Ríos** (1915), encargada de potenciar los trabajos de la propia ILE.
- El **Protectorado del Niño Delincuente** (1916), institución para la rehabilitación de niños marginados.
- El **Instituto-Escuela** (1918), centro en el que se cursaba un ciclo educativo de 8 a 16 años, precedente de la enseñanza secundaria general y básica.
- Las **Misiones Pedagógicas** (1931).
- Otras entidades, como el **Instituto de Reformas Sociales,** atendían cuestiones generales de desarrollo social.

Todas estas organizaciones generaron una enorme influencia en el país, junto a iniciativas parecidas, como la Escuela Horaciana de Pau Vila y la Institución de Cultura Popular, en Barcelona; la Institución Libre de Bilbao (1881); la de Sabadell; la Fundación Escolar Sierra Pambley, en León; etc.

5.4. Escuela y cultura popular

A principios del siglo XX, el panorama educativo español adolecía de los problemas seculares ya conocidos. Dentro del clima regeneracionista de esos años, se tomó una medida política trascendental: la creación del **Ministerio de Instrucción Pública,** en **1900,** y la asunción por el nuevo ministerio de la responsabilidad sobre el pago de los sueldos de los maestros y el control de la red de escuelas primarias.

Los gobiernos sucesivos integraron en su responsabilidad y presupuestos algunas de las propuestas de la Institución Libre de Enseñanza. Iniciativas como la **Escuela Moderna** (Ferrer Guardia) o la **Escuela Nueva** (fundada por Manuel Núñez de Arenas, en 1911) apuntan una nueva dimensión: proyectos de crear una **escuela popular** y **proletaria** ligada a las aspiraciones revolucionarias. No en vano consideraban el reformismo escolar de la Institución Libre de Enseñanza elitista y pequeño burgués. Aparecen también instituciones populares, como los **ateneos libertarios,** ligadas al sindicalismo anarquista y que organizaban sus propios cursos dirigidos a los trabajadores.

La alfabetización

«La transición hacia la alfabetización en España se produjo con notable retraso con respecto a los países de la Europa del norte, lo que apoya la tesis de la relación entre alfabetización, industrialización y urbanización.

En cuanto a la distribución en el territorio nacional, el proceso es desigual. Así podría hablarse de la existencia de dos Españas, la España dual de la que habla Sánchez Albornoz en lo que se refiere al comportamiento de las distintas regiones en cuanto a la formación de capital humano. Una España septentrional en que los niveles de alfabetización eran relativamente elevados a mediados y finales del siglo XIX, y una España meridional en la que, pese a las mejoras acaecidas, el analfabetismo seguía siendo elevado a comienzos de la Guerra Civil en 1936.

El problema para la España del sur era, y en cierta medida lo sigue siendo hoy en día, salir de la "trampa malthusiana" según la cual es más rentable la cantidad que la calidad de los hijos».

Núñez, C.E.: *La fuente de la riqueza. Educación y desarrollo económico en la España contemporánea.* Madrid, Alianza, 1992, p. 164.

Biblioteca pública Infantil patrocinada por la Asociación Auxiliar del niño.

5.5. Avances en la ciencia

En este período, la ciencia española produjo notables investigadores en diversos campos, al tiempo que se crearon nuevas instituciones científicas, ante el deterioro de la universidad oficial.

- En **medicina** siguen la estela de Jaume Ferrán, descubridor de la vacuna contra el cólera, los doctores Juan Rof Carballo, Ramón Turró y la escuela de fisiología ligada a Ramón y Cajal, en la que figuraba el doctor Juan Negrín, que llegaría a tener un papel político muy destacado en la Segunda República.
- Julio Rey Pastor y Puig Adam fueron **matemáticos** reconocidos internacionalmente, mientras que en el campo de la **física** y la **química** destacaron Blas Cabrera y Arturo Duperier.

En **1932** se crearon el **Instituto Nacional de Física y Química** y las **primeras cátedras de Bioquímica y Química Técnica.**

5.6. Cambios sociales y culturales

En la década de los años veinte se había producido una **fuerte radicalización entre los intelectuales** españoles que tomaron partido frente a la dictadura y al mismo tiempo se abrieron a las nuevas corrientes culturales europeas, adscribiéndose a las vanguardias artísticas del momento, los llamados «ismos». Nació así, en nuestro país, la **generación del 27**, otro grupo cultural y literario de gran influencia social.

Las **literaturas de las nacionalidades históricas** tuvieron también un pujante desarrollo, del que son muestras:

— En **Cataluña,** Pompeu Fabra, con su *Diccionari General* (1932), y Carles Riba.

— En **Galicia,** Vicente Risco y Ramón Otero Pedrayo, que fundaron la revista gallega *Nos,* y Alfonso Rodríguez Castelao.

— En el **País Vasco,** la novela en euskera tuvo un cultivador importante en Domingo Aguirre y la poesía brilló con José María de Aguirre, «Lizardi».

La Segunda República trajo unos años de enorme efervescencia cultural y los más amplios niveles de libertad creativa que nunca se habían conocido en España. Baste decir que, en el terreno educativo, el proyecto republicano supuso, bajo el **ministerio de Marcelino Domingo, reformas muy profundas.**

El **Consejo de Instrucción Pública,** presidido por Miguel de Unamuno, encargó al prestigioso pedagogo Lorenzo Luzuriaga, director de la *Revista de Pedagogía,* la elaboración de un **proyecto de reforma educativa** según el modelo de «escuela única», que habría de ser laica, gratuita, basada en la coeducación y respetuosa con el bilingüismo de las nacionalidades históricas, reconocidas por el artículo 50 de la Constitución de 1931.

Por otra parte, se reformaron las escuelas normales para la preparación de maestros y se aceleró la creación de nuevos institutos en ciudades de tamaño medio, mediante el Real Decreto de 7 de mayo de 1928.

En otros campos, hay que señalar la **proliferación de publicaciones** y el aumento espectacular de la lectura de prensa y libros en todos los medios sociales.

Aparecieron o se consolidaron **nuevas editoriales** (Biblioteca Nueva, Espasa-Calpe, Aguilar), se celebró la **primera Feria del Libro en 1934** y se difundió una **prensa ilustrada** de gran calidad y rigor.

5.7. El papel de la mujer en la Segunda República

La Segunda República reconoció un nuevo estatus social y político a las mujeres, posibilitando –aún con grandes limitaciones– una mayor participación de estas en la vida pública:

— El derecho al sufragio.

— La ley de divorcio (que reconocía la disolución por mutuo acuerdo).

— El derecho de la mujer a la patria potestad.

— La coeducación.

— La prohibición de contratar mujeres en trabajos peligrosos para su salud o futura maternidad.

— La prohibición de despedir de su trabajo a una mujer embarazada o por motivo de maternidad.

— La aceptación al acceso a empleos públicos de exclusividad masculina (posibilidad de opositar a notarías y registros).

— La abolición, en 1935, de la prostitución reglamentada, que convertía el cuerpo de la mujer en una mercancía.

En su momento estas medidas fueron muy revolucionarias. Por ejemplo, la implantación del sufragio femenino generó una seria controversia entre las únicas tres mujeres presentes en las Cortes Constituyentes suscitando un vivo debate.

Actividades

18 ¿Qué circunstancias favorecieron el florecimiento de las manifestaciones culturales en la Segunda República? Señala sus efectos más destacados.

La generación del 27

«Al hablar de generación del 27 o de grupo poético del 27 no nos referimos ya solo a un conjunto de poetas, sino a la más brillante promoción de la literatura española de nuestro siglo, que pudo conocer cómo en el espacio de unos pocos años, casi tan solo en el de unos meses, surgieron una serie de poetas que, asimilando la rica tradición literaria española e imbuidos en las nuevas corrientes de vanguardia, con espíritu selecto e innovador, habrían de configurar lo que no se ha dudado en comparar con la brillantez de nuestro Siglo de Oro».

Díaz de Revenga, F. J.: *Panorama crítico de la generación del 27.* Madrid, Castalia, 1988, p. 13.

El compromiso de los intelectuales de la generación del 27 con la izquierda fue generalizado. Lorca, Buñuel, Altolaguirre, Alberti o Sender colaboraron con el esfuerzo cultural de la República en diversos campos. Consecuencia de esta actitud fue el asesinato de algunos de ellos por los fascistas en 1936 –caso de Lorca e Hinojosa– y el exilio tras la derrota de la República en otros muchos casos.

Evolución del alumnado de segunda enseñanza

Año	Institutos	Col. privados	Libres	Total
1914	16 330	11 710	20 490	48 530
1915	15 038	11 136	22 235	48 409
1916	15 931	11 259	24 825	52 015
1927	19 926	12 708	30 732	63 366
1931	27 953	10 705	73 791	112 449
1933	56 030	12 005	76 972	145 007

Las nuevas clases medias consideraban al bachillerato vía para el ascenso social y profesional. Desde 1900, los «institutos generales y técnicos» provinciales mostraban su prestigio como institución educativa en nuevos y flamantes edificios. Una Real Orden de 1910, posibilitó el acceso de alumnas, que llegaron a ser un 21% del total en la enseñanza secundaria en la Segunda República. Los institutos, muchos de ellos «locales», eran 58 en 1909 y 120 en 1934.

La lucha política de las mujeres (1934)

«Los acontecimientos del verano y del otoño de 1934 son los determinantes: una huelga anarquista y socialista agita los medios rurales; las mujeres de Andalucía y Euskadi organizan manifestaciones específicas y se producen motines por la apropiación del pan, pues la crisis es terrible (...).

Las asturianas, mujeres e hijas de mineros o de obreros, participan en la lucha integrando comités o bien empuñando las armas; estos últimos casos, aunque aislados, se elevarán a la categoría de mitos. Así, por ejemplo, la joven comunista Aida Lafuente murió con la ametralladora en la mano. En el conjunto del territorio, la revolución reviste actitudes muy diferentes; los republicanos parecen escindirse. Todas las tendencias de izquierda se reúnen para denunciar la represión y la versión oficial, primer caso de intoxicación consciente de la opinión. Margarita Nelken, exiliada, organiza mítines en Francia; Victoria Kent, Clara Campoamor, Dolores Ibárruri... organizan Pro Infancia Obrera para salvar a los niños asturianos (...)».

Duby, G., y Perrot, M. (dir.): *Historia de las mujeres.* Barcelona, Círculo de Lectores, 1995, vol. V, p. 212.

- **Victoria Kent** del Partido Radical Socialista (PDR) y **Margarita Nelken** del Partido Socialista Español (PSOE), entendían que la influencia de sus maridos y de la Iglesia sobre las mujeres orientaría su voto hacia la derecha, lo que comprometería la consolidación de la República, opinión compartida por los partidos de la derecha que apoyaron el voto femenino pese a sus reticencias ideológicas respecto a la igualdad de género.
- **Clara Campoamor** del Partido Radical (PR) consideraba inaceptable marginar a la mujer por miedo a su comportamiento electoral.

La inclusión del voto femenino supuso ampliar el cuerpo electoral hasta el 55 % de la población, frente al 25 % anterior.

Esta participación se reflejó en la aparición de dirigentes femeninas en diversos ámbitos: **María de Maeztu** y la ya citada Clara Campoamor tuvieron un papel destacado en el seno de la ILE. Algunas de ellas ocuparían cargos políticos relevantes.

Especialmente significativa fue la **incorporación de las mujeres al mundo sindical,** donde destacaron como líderes en las luchas sociales y políticas: UGT y CNT pasaron a tener alrededor de 245 000 afiliadas, entre ambas organizaciones.

Mujeres y lucha política

Mujeres parlamentarias en las Cortes de la Segunda República

1931	Clara Campoamor (Radical, Madrid), Victoria Kent (Radical-socialista, Madrid), Margarita Nelken (PSOE, Badajoz).
1933	Margarita Nelken (PSOE, Badajoz), María Lejarraga (PSOE, Granada), Matilde de la Torre (PSOE, Oviedo), Veneranda García-Blanco (PSOE, Oviedo), Francisca Bohigas (Agraria, León).
1936	Margarita Nelken (PSOE, Badajoz), Matilde de la Torre (PSOE, Oviedo), Victoria Kent (Radical-socialista, Madrid), Dolores Ibárruri (Comunista, Oviedo), Julia Álvarez (PSOE, Madrid).

En la imagen, Clara Campoamor, sentada.

Grupo de mujeres en las elecciones generales de 1933.

Uno de los avances sociales de la República fue el reconocimiento de los derechos de la mujer, proceso que acabaría truncándose al producirse la Guerra Civil.

Más información en la web de recursos de **anayaeducacion.es**.

ACTIVIDADES

1 **Textos y personajes**

En la siguiente tabla aparecen personajes destacados de la vida pública, textos de contenido teórico y doctrinal y organizaciones políticas de la Segunda República.

- **Comprobamos.** Relaciona los elementos de cada columna entre sí, de modo que se establezca una asociación coherente desde el punto de vista histórico.

1 Clara Campoamor	**a.** «España ha dejado de ser católica (...). Yo no puedo admitir señores diputados que esto se le llame problema religioso. El auténtico problema religioso no puede exceder de los límites de la conciencia personal (...)».	**A** Partido Radical Socialista
2 José Antonio Primo de Rivera	**b.** «¿Cómo puede decirse que cuando las mujeres den señales de vida por la República se les concederá como premio el derecho a votar? ¿Es que no han luchado las mujeres por la República? (...). Yo, señores diputados, me siento ciudadano antes que mujer, y considero que sería un profundo error político dejar a la mujer al margen de ese derecho (...)».	**B** CEDA
3 José M.ª Gil-Robles	**c.** «Defensa a vida o muerte y exaltación frenética de la unidad española que la monarquía y el pueblo labraron juntos a lo largo de quince siglos (...). Creemos caducado el sistema político que, nacido con la Revolución Francesa, sirve de soporte a las actuales instituciones (...)».	**C** Partido Radical
4 Francisco Largo Caballero	**d.** «Nosotros pedimos una rectificación en la legislación sectaria (...) en todo lo que se refiere a la enseñanza, que es para nosotros una cuestión vital (...). Es necesario llevar a la práctica una reforma agraria, pero rectificando sustancialmente la orientación de la actual (...) para dar lugar al concepto cristiano del pequeño propietario vinculado constantemente a la defensa de su propiedad».	**D** Iglesia católica
5 José Calvo Sotelo	**e.** «Tenemos que unirnos contra la clase burguesa (...). Comunistas y socialistas, unidos a los republicanos, hemos firmado un pacto que no nos satisface, pero, a pesar de ello, hemos de cumplirlo todos, y el día 16 a votar, pase lo que pase en el acoplamiento de candidatos y vaya quien vaya en las candidaturas (...)».	**E** Partido Socialista Obrero Español
6 Victoria Kent	**f.** «Pero lo que importa especialmente es la preparación para las Cortes Constituyentes (...) está organizada ya, bajo las bases indicadas, la unión de los católicos en la coalición denominada Acción Nacional, que es preciso apoyar decididamente».	**F** Falange Española
7 Pedro Segura	**g.** «(...) Creo que no es el momento de otorgar el voto a la mujer española (...). Si aplazamos el voto femenino no se comete injusticia alguna, a mi juicio. Entiendo que la mujer, para encariñarse con un ideal, necesita algún tiempo de convivencia con la República; que vean las mujeres que la República ha traído a España lo que no trajo la monarquía: esas veinte mil escuelas de que nos hablaba esta mañana el ministro de Instrucción Pública».	**G** Bloque Nacional
8 Manuel Azaña	**h.** «(...) Si esto ha de lograrse en algún caso por la violencia, no nos detengamos ante la violencia (...) no hay más dialéctica admisible que la dialéctica de los puños y de las pistolas cuando se ofende a la justicia o a la patria (...)».	**H** Izquierda Republicana

2 Comentario de dos textos jurídicos contradictorios

Uno de los grandes problemas que afrontó la República fue la reforma agraria. Los diferentes partidos se presentaron con alternativas enfrentadas:

Ley de Bases de Reforma Agraria

«Los efectos de esta Ley se extienden a todo el territorio de la República. Su aplicación, en orden a los asentamientos de campesinos, tendrá lugar en los términos municipales de Andalucía, Extremadura, Ciudad Real, Toledo, Albacete y Salamanca. Las tierras del Estado y las que constituyeron antiguos señoríos, (...) podrán ser objeto de asentamientos, sea cualquiera la provincia donde radiquen (...). El Instituto de Reforma Agraria promoverá la formación de organismos de crédito a fin de facilitar a los campesinos asentados el capital necesario para los gastos de explotación (...). Serán susceptibles de explotación las tierras incluidas en los siguientes apartados:

1) Las ofrecidas voluntariamente por sus dueños siempre que su adquisición se considere de interés por el Instituto de Reforma Agraria (...).

5) Las que por las circunstancias de su adquisición, por no ser explotadas directamente por los adquirientes y por las condiciones personales de ellos, deba presumirse que fueran compradas con fines de especulación o con el único objeto de percibir su renta (...).

7) Las incultas o manifiestamente mal cultivadas (...) que, por su fertilidad y favorable situación permita un cultivo permanente, con rendimiento económico superior al actual (...).

Quedarán excluidas de la adjudicación temporal y de la expropiación las siguientes fincas:

a. Los bienes comunales pertenecientes a los pueblos, las vías pecuarias (...).

b. Los terrenos dedicados a explotaciones forestales (...).

c. Las fincas que por su ejemplar explotación o transformación puedan ser consideradas como tipo de buen cultivo técnico o económico (...)».

Gaceta de Madrid, 21 de septiembre de 1932.

Ley de Rectificación de la Reforma Agraria

Art. 2. Queda derogada la base octava de la Ley de Reforma Agraria en cuanto autoriza la expropiación sin indemnización de fincas rústicas, con anulación de los acuerdos de expropiación anteriores a la presente Ley, y en los demás extremos que se opongan a lo dispuesto en esta.

Las expropiaciones realizadas de hecho hasta la fecha quedan convertidas en ocupaciones temporales, que se regirán por los preceptos de la base novena de la referida Ley, satisfaciéndose a los propietarios la renta correspondiente desde el día de la incautación de las fincas, y caducando la ocupación a los nueve años, si antes no se hubiera efectuado la expropiación (...).

La expropiación de las fincas, cualquiera que sea su titular, se efectuará previo pago al contado de su valor, que se señalará en tasación pericial contradictoria, por técnicos agrícolas (...).

1 de agosto de 1935».

Cit. en Pérez Yruela, M.: «La reforma agraria en España», *Cuadernos de Historia 16,* n.° 239, Madrid, 1985.

Nuevas medidas tras la victoria del FP

«El Instituto de Reforma Agraria (...) podrá declarar de utilidad social aquellas fincas que radiquen en el término municipal o se extiendan a los de varios municipios en los que se den las siguientes características: gran concentración de la propiedad; censo campesino elevado en relación con el número de habitantes; reducida extensión del término en comparación con el censo campesino (...) Tales fincas serán expropiadas.

Queda facultado el Director del I.R.A. para disponer y ordenar que se proceda a las ocupaciones temporales (...) como medio de anticipar los asentamientos en aquellas fincas que hayan sido declaradas de utilidad social, sin perjuicio de incoar el oportuno expediente de expropiación (...) Dado en Madrid (...) Niceto Alcalá-Zamora...».

Decreto en *Gaceta de Madrid*, 28 de marzo de 1936.

- Redacta un breve informe según el siguiente guion de trabajo:

  1. Presentación de los textos: tipo de fuente y naturaleza de su contenido; autores, momento de su elaboración y promulgación, etc.

  2. Descripción del contenido de los textos: idea principal e ideas subordinadas.

  3. Comentario sobre la posición de las fuerzas de centro izquierda y las de derecha ante el problema y su plasmación en los textos.

  4. Valoración de la trascendencia histórica de la cuestión y consecuencias de las soluciones adoptadas por los gobiernos de la Segunda República española.

3 Elaboración de un mapa conceptual

- Generar - Clasificar - Relacionar - Desarrollar Lee este texto y realiza un mapa conceptual. Con la ayuda de la información de la unidad y, si es necesario, de información complementaria, señala los acontecimientos que ilustran cada concepto. Puedes consultar la web de recursos de **anayaeducacion.es**.

Balance del Bienio Reformador

«(...) Desde el 14 de abril de 1931 al 9 de octubre de 1933 se plantearon siete grandes problemas, que al no resolverse con suficiente rapidez e intensidad, se transformaron en otras tantas situaciones críticas, que recapitulamos como síntesis de la dinámica histórica en esta fase de la República:

1. Frecuentes alteraciones del orden público.
2. Conflictivas relaciones Estado-Iglesia.
3. Reforma inacabada del Ejército.
4. Tensiones regionalistas, especialmente con respecto a Cataluña.
5. Insuficiencia en la aplicación de la reforma agraria.
6. Falta de una política de pleno empleo y distanciamiento creciente de gran parte del proletariado (fundamentalmente, el aglutinado en torno a la CNT).
7. Amenaza latente de autoritarismos (...)».

Artola, M. (dir.): *Historia de España Alfaguara*, vol. 7. Madrid, Alianza Editorial, 1986.

- Compara el mapa conceptual que has elaborado con el que aparece en la actividad de evaluación 2 de la unidad 9, y comenta las afinidades encontradas.

4 Análisis y comentario de resultados electorales

La comparación de resultados electorales permite establecer la evolución de la tendencia del voto, reflejada, por un lado, en las grandes corrientes ideológicas (derecha, izquierda) y, por otro, en la evolución del apoyo a formaciones políticas concretas.

- Analiza y comenta los resultados electorales registrados en las elecciones legislativas de 1933, comparando los resultados con los de 1931. Explica las causas del «vuelco electoral» y sus consecuencias durante la Segunda República.

Para ello te será útil seguir este guion de trabajo:

1. Presentación de los datos:
   a) Tipo de elecciones (legislativas, municipales).
   b) Cuerpo electoral (edad, sexo, sufragio censitario, sufragio universal).
   c) Partidos y coaliciones que concurren. Breve desarrollo de sus posturas políticas y planteamientos sociales. Mención de los líderes más destacados.
2. Descripción de resultados: distribución por tendencias ideológicas, partidos políticos y coaliciones.
3. Análisis y comentario de los resultados: variaciones que se observan (de grandes tendencias, de hegemonía de partidos, aparición de nuevas fuerzas...). Consecuencias de los resultados en configuración de mayorías, coaliciones, etc.
4. Explicación y valoración de los cambios legislativos y políticos en España tras los resultados electorales.

Resultados electorales de 1931 y 1933

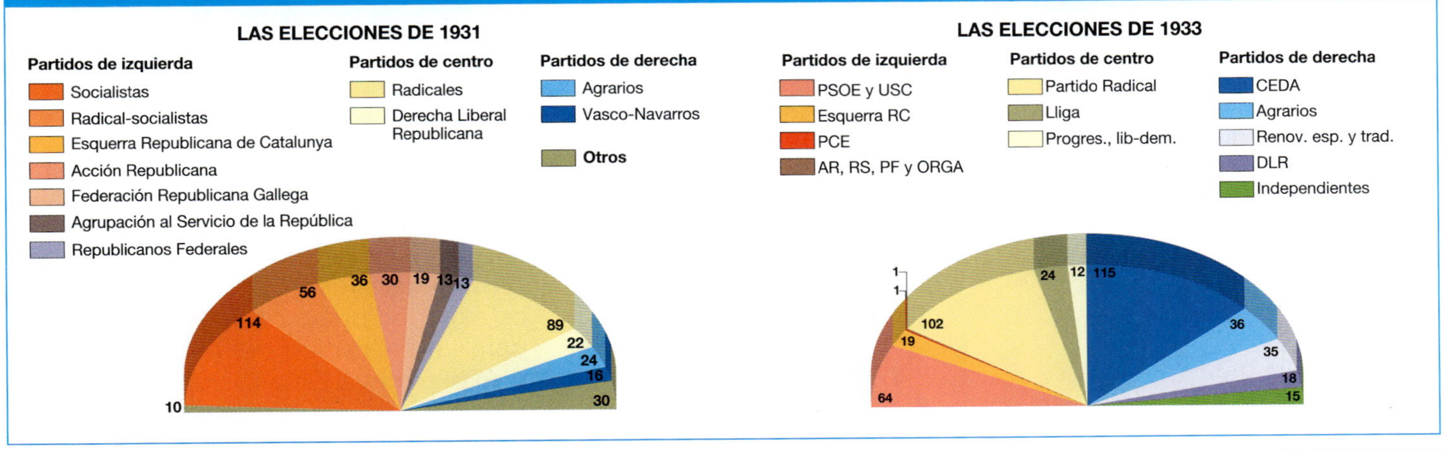

11

Captura de soldados republicanos por rebeldes en el frente de Somosierra.

La Guerra Civil (1936-1939)

En 1936, las profundas contradicciones de la sociedad española desembocaron en un enfrentamiento armado que constituye la mayor tragedia de la historia reciente de España. El proceso de reformas y de modernización de las formas de vida impulsado por la Segunda República quedó truncado por la reacción violenta de las clases y los grupos sociales que veían en peligro sus posiciones de privilegio.

La trascendencia histórica de la Guerra Civil ha sido enorme. Por una parte, fue la expresión del enfrentamiento entre dos concepciones del mundo: el autoritarismo fascista y la democracia. Su dimensión internacional fue extraordinaria, y todo el mundo se polarizó en torno a ella. Por otra, la victoria de los sectores más retrógrados y reaccionarios acarreó el establecimiento de una dictadura militar que mantuvo a España alejada de la libertad y el progreso social durante cuarenta años.

QUÉ VAS A ENCONTRAR EN ESTA UNIDAD

DESAFÍOS QUE
DEJAN HUELLA

Los contenidos y las actividades de esta unidad pueden resultar de utilidad para la realización del proyecto multidisciplinar «La España que no fue».

1

Golpe de Estado y respuesta popular

1.1. La conspiración contra el Gobierno del Frente Popular

Desde el momento en que se confirmó la amplia victoria del Frente Popular se pusieron en marcha diversas tramas conspirativas contra el nuevo Gobierno, básicamente organizadas en torno a la **Unión Militar Española (UME)** dirigida por el general José Sanjurjo desde su exilio en Portugal, y con apoyos muy diversos entre la oligarquía industrial, terrateniente y financiera. El Gobierno tenía conocimiento de la situación, pero su reacción fue lenta y tímida: algunas detenciones y la dispersión de los militares sospechosos lejos de Madrid.

La República cometió un error al destinar al **general Mola** a Pamplona; allí se ganó al requeté, el brazo armado del carlismo, y se erigió en director de la conspiración. También los **generales Franco** y **Goded,** en sus destinos de Canarias y Baleares, respectivamente, habían maquinado libremente. El **17** de **julio** de **1936,** la guarnición de **Melilla** se **sublevó** y **declaró el estado de guerra** en Marruecos, lo que disparó el mecanismo que llevaría a España a la guerra. Desde Canarias, Franco voló a Tetuán para ponerse al mando del combativo ejército africano, mientras el levantamiento se ponía en marcha en la Península ante el desconcierto del Gobierno de Casares Quiroga, que perdió unas horas decisivas sin tomar medida alguna. En pocos días, el enfrentamiento entre los sublevados y los leales al Gobierno se convirtió en una guerra civil.

1.2. Sublevación y geografía de la guerra en 1936

El **levantamiento militar** del **18** de **julio** de 1936, cuyo objetivo era apoderarse de toda España sin una resistencia seria, tuvo desigual fortuna y fracasó en las principales ciudades. En regiones donde la derecha era fuerte, como Castilla, León, Galicia, Baleares o Navarra, el golpe contra la República no supuso mayores inconvenientes para los sublevados. La decisión de los oficiales conjurados y el apoyo de activistas de derecha hicieron triunfar el alzamiento en Aragón, Sevilla, Oviedo, Toledo, Granada y Córdoba, aprovechándose de la sorpresa y la lenta respuesta de las fuerzas leales al Gobierno.

Una vez eliminados los focos de sublevados de Madrid, Barcelona y Donostia-San Sebastián, la **República** mantuvo el **control** de **gran parte** de **España** y la **fidelidad** de buena parte de la **Guardia Civil** y del **Ejército,** especialmente la Armada y la Aviación, donde su hegemonía era casi absoluta. La zona arrebatada al Gobierno republicano resultaba ser bastante inferior a las previsiones de los conspiradores, pero no tan insignificante como para hacer que estos abandonaran sus planes.

Actividades

1 ¿Por qué fracasó el golpe militar del 18 de julio en las grandes ciudades y en las zonas industriales?

El banquero mallorquín Joan March el 11 de julio hizo llegar desde Londres a Casablanca un avión alquilado para trasladar al general Franco desde Canarias a Marruecos cuando se produjera el alzamiento militar.

El 17 de julio, Franco, con el pretexto de asistir al funeral del general Balmes acudió a Las Palmas donde le esperaba el Dragon Rapide. Al día siguiente voló a Tetuán a ponerse al frente del golpe.

Más información en la web de recursos de **anayaeducacion.es**.

1.3. Los recursos de los combatientes

En las semanas posteriores al 18 de julio se estabilizó el frente de ambas zonas y los contendientes se prepararon para un largo enfrentamiento. Catorce millones de habitantes poblaban el territorio republicano y once millones vivían en las tierras sublevadas.

En los territorios leales a la República quedaron las reservas de oro del Banco de España, las siderometalurgias vasca, asturiana y de Sagunto, las industrias catalanas, la rica agricultura mediterránea, el plomo de Linares y el mercurio de Almadén. A su vez, en los territorios sublevados disponían de los trigales castellanos, el carbón leonés, el ganado gallego y los vinos de mesa.

También desde la perspectiva económica, las posibilidades de solucionar el conflicto se inclinaban del lado de la República.

1.4. Movilización popular y guerra de columnas

En el inicio de la Guerra Civil, los militares profesionales y los soldados solo constituían una pequeña parte de la enorme masa de ciudadanos que inmediatamente empuñaron las armas en ambos bandos.

El **Ejército** quedó **dividido** en dos partes muy semejantes. Con la República permanecieron una mayoría de generales (22 de 40, 13 de ellos con mando sobre tropas), la mitad del Ejército de Tierra y de la Guardia Civil, más dos terceras partes de la Marina, de los carabineros y de la Guardia de Asalto. Ambos bandos estaban igualados en número de oficiales y tropa. Pero, había una gran disparidad: los sublevados contaban con unos 120 000 hombres armados, y disponían de todo el ejército de África, con 1600 oficiales y 40 000 soldados incluyendo dos fuerzas con experiencia de combate: la Legión Extranjera y las fuerzas Regulares, formadas sobre todo por marroquíes.

La República tenía «carencia de oficiales superiores con experiencia en infantería de combate». Por contraste, «el ejército rebelde tenía a su servicio a la mayoría de los coroneles jóvenes, como Muñoz Grandes, Martín Alonso o García Escámez» (M. Alpert).

Actividades

2 Tras la lectura de la entrevista a Franco, anota y comenta brevemente cuál era su objetivo estratégico y en qué consistía su proyecto político.

La Guerra Civil en 1936

Julio 1936
17 de julio: La guarnición de Melilla se subleva y declara el estado de guerra en Marruecos.
18 de julio: Goded en Baleares y Franco en Canarias se unen al alzamiento.
19 de julio: Franco toma el mando del ejército en Marruecos.

Agosto 1936
6 de agosto: Franco en la Península.
14 de agosto: El general Yagüe ocupa Badajoz.
19 de agosto: Fusilamiento de Federico García Lorca.

Septiembre 1936
3 de septiembre: Los sublevados ocupan Talavera de la Reina.
4 de septiembre: Gobierno de Largo Caballero.
5 de septiembre: El general Mola toma Irun desde Navarra.
27 de septiembre: Las tropas sublevadas ocupan Toledo, rompiendo el sitio del Alcázar (Moscardó).
29 de septiembre: Franco, nombrado jefe del Gobierno y generalísimo de los ejércitos por la Junta de Defensa Nacional.

Octubre 1936
1 de octubre: Franco, jefe del nuevo Estado.
12 de octubre: Apoyo militar soviético al Gobierno republicano.

Noviembre 1936
4 de noviembre: Representantes de la CNT entran en el Gobierno de Largo Caballero.
6 de noviembre: Los sublevados llegan a la Ciudad Universitaria de Madrid.

- Zona sublevada
- Zona republicana
- Territorio perdido ante la ofensiva del ejército sublevado en verano-otoño de 1936
- Centros del alzamiento
- Centros republicanos destacados
- Resistencia nacionalista preeminente
- Ataques nacionales
- Ataques republicanos
- Consolidación del frente a finales de 1936

El triunfo de la sublevación mantuvo, con algunas excepciones, una clara coincidencia con las zonas en las que las elecciones del mes de febrero habían arrojado resultados favorables a las derechas.

La mujer en el bando republicano

«La guerra civil española se caracteriza, desde el punto de vista republicano, por la prosecución de los progresos culturales y legislativos, favorecidos por la necesidad: formación profesional y alfabetización (1936); legalización de las uniones libres de mujeres e incluso de las viudas de milicianos; incorporación a la industria de guerra (1937); instrucción en la aviación (1938). Pero también la anarquista Federica Montseny consigue que en octubre de 1936 se legalice el aborto, reparando así el olvido que se había cometido en tiempos de paz (...) las organizaciones son fundamentales: la Unión de Muchachas trabaja, en un Madrid sitiado durante tres años, en la defensa de la ciudad y por la emancipación de las mujeres; en Cataluña, Mujeres Libres, anarquista, organiza la retaguardia y milita contra la prostitución; por último, la Asociación de Mujeres Antifascistas, bajo la dirección de La Pasionaria, organiza en las fábricas tanto a comunistas como a no comunistas y anima la ayuda internacional: "los hombres en el combate, las mujeres en el trabajo", pero en todas partes las mujeres comprendieron que lo público y lo privado eran indisociables y, hasta el aplastamiento de la revolución, superaron muchas veces el antagonismo político para trabajar conjuntamente. En AMA se reúnen las diputadas de la Segunda República; y no solo las comunistas exaltaron el valor y la dignidad de Dolores Ibárruri».

Duby, G., y Perrot, M. (dir.): *Historia de las mujeres*, vol. V. Barcelona, Círculo de Lectores, 1995, p. 215.

Entrevista con el jefe rebelde español

«Acabo de llegar de Tetuán donde he tenido una entrevista sensacional con el general Francisco Franco, jefe de los rebeldes españoles. Salí de su caluroso cuartel general con dos convicciones: 1.ª Realmente cree que tiene todavía la posibilidad de dominar a la República. 2.ª Si considera posible el fracaso cercano, tendrá la tentación de provocar un incidente internacional de la mayor gravedad.

A mi pregunta: ¿Ahora que el golpe ha fracasado en sus objetivos, por cuánto tiempo seguirá la matanza? Contestó tranquilamente: "No habrá compromiso ni tregua, seguiré preparando mi avance hacia Madrid. Avanzaré –gritó–, tomaré la capital. Salvaré España del marxismo, cueste lo que cueste". Le pregunté si no había llegado el momento de las tablas. Me miró con lo que creo era auténtica sorpresa y dijo: "No, no ha llegado. He tenido dificultades, la deserción de la flota fue un duro golpe, pero seguiré avanzando. Pronto, muy pronto, mis tropas habrán pacificado el país y todo eso (...) será pronto algo como una pesadilla".

Pregunta: ¿Eso significa que tendrá que matar a la mitad de España? El general Franco sacudió la cabeza con sonrisa escéptica, pero dijo: "Repito, cueste lo que cueste (...)".

Pregunta: ¿Qué haría su Gobierno si venciera?

General Franco: Yo establecería una dictadura militar y más tarde convocaría un plebiscito nacional para ver lo que el país quiere (...).

Pregunta: ¿Cómo consiguió usted colaborar con la República con aparente lealtad durante tanto tiempo? (...).

General Franco: Colaboré realmente todo el tiempo en que pensé que la República representaba la voluntad popular.

Pregunta: Y las elecciones de febrero, ¿no representaron la voluntad popular?

General Franco: Las elecciones nunca la representan (...).

Pregunta: ¿Pero cómo va a pacificar España si la matanza sigue? ¿No teme que una guerra civil prolongada destruirá a la República, destruirá el Ejército y la Marina y dejará el camino abierto al comunismo?

General Franco: No. Los ejércitos se forjan en la guerra. Esta es la lucha entre la España verdadera y los marxistas (...)».

News Chronicle, 29 de julio de 1936.
Cit. en Díaz Plaja, F., en *Historia 16*.

En Madrid, las rebeliones de los cuarteles de la Montaña y Campamento fueron aplastadas el día 20 de julio por milicias y soldados leales. Desde ese momento la resistencia se centró en la sierra, por donde empezaban a llegar las columnas rebeldes desde Valladolid, Burgos y Navarra, quedando contenida la situación en agosto.

Las tropas franquistas atacaron a finales de octubre librándose ya combates en la Casa de Campo.

En el mes de noviembre tuvieron lugar los combates en la Ciudad Universitaria y los bombardeos de la aviación franquista sobre objetivos civiles.

Son los días del «No pasarán» como consigna de resistencia.

1.4.1. Las milicias de los sublevados

En aquel verano de 1936, con los cuarteles semivacíos, solamente los contingentes procedentes de África agrupaban unidades militares de envergadura, que llegarían a integrar a más de 40 000 combatientes marroquíes a lo largo de la guerra.

En el resto de España, tanto los sublevados como quienes les hicieron frente estaban organizados en agrupaciones de oficiales, soldados, guardias civiles y carabineros, guardias de asalto y, sobre todo, paisanos movilizados por sus organizaciones políticas y sindicales. Estos oficiales encuadraron a los grupos de civiles en columnas, que comenzaron sus movimientos hacia los puntos y las ciudades estratégicas.

Durante esta primera fase de la guerra, que se prolongó hasta finales de año, las milicias constituyeron el grueso de la masa en armas. En el **bando rebelde** encontramos tres grupos: las banderas **falangistas,** las más numerosas, que llegarían a encuadrar a unos 70 000 hombres en 116 unidades; los tercios de **requetés** (unos 35), combatientes carlistas que tuvieron un papel determinante en las operaciones sobre el País Vasco y sobre Madrid desde el norte, con 22 000 hombres; finalmente, los militantes de las **Juventudes de Acción Popular** o **Renovación Española,** que se sumaron al movimiento, supusieron un contingente menor (unos 10 000). De todos modos, en los primeros meses de la guerra, los voluntarios no llegaron a 60 000, de los cuales la mitad provenía de Castilla la Vieja y Navarra.

1.4.2. Las milicias leales al Gobierno

En el bando republicano, las milicias de voluntarios se agruparon según su **adscripción partidista** o **sindical** y desempeñaron un papel determinante en la derrota de la sublevación en Madrid, Barcelona, Valencia y otras grandes ciudades. Una vez aplastada la rebelión, se formaron abigarradas columnas como Mangada, Ascaso, Maciá-Companys, Los aguiluchos, etc., creándose unas **150 unidades** de **milicianos al servicio de la República,** llegando a estar encuadrados cerca de 200 000 combatientes.

1.5. La marcha hacia Madrid

El **Gobierno** no supo aprovechar su ventaja inicial, pues **perdió** el **control político y la calle** en favor de los comités obreros, que, sin pensar en la urgencia de preparar la guerra, se lanzaron a hacer su propia revolución. Víctimas de profundas divisiones, las **fuerzas militares republicanas se debilitaron** y desperdiciaron un tiempo precioso para frenar el **avance rebelde,** que dio un gran paso cuando el ejército de Marruecos, a las órdenes de Franco, atravesó el Estrecho con ayuda de aviones alemanes e italianos, debido a la torpeza de la marina gubernamental, carente de mandos adecuados.

Un puente aéreo, entre julio y agosto, transportó a la Península a más de 12 000 hombres y abundante material bélico. En su marcha hacia Madrid, por su mejor preparación y experiencia, el ejército de África sometió a los contingentes de milicianos que le hacían frente adueñándose de Andalucía occidental. En Badajoz se encontró

Represión en Badajoz

«*Le Populaire* del lunes 17 de agosto titulaba en primera plana: "Mil milicianos han sido fusilados en Badajoz por los fascistas". Ese mismo lunes 17, *Le Temps* publicaba una crónica de Jacques Berthet en la que este daba detalles de la lucha y de la represión en Badajoz: "En estos momentos –escribía el 15 de agosto a las 22,30– alrededor de mil doscientas personas han sido fusiladas (...). Hemos visto las aceras de la Comandancia Militar empapadas de sangre (...). Los arrestos y las ejecuciones en masa continúan en la Plaza de Toros. Las calles de la ciudad están acribilladas de balas, cubiertas de vidrios, de tejas y de cadáveres abandonados. Solo en la calle de San Juan hay trescientos cuerpos (...)".

Mario Neves, como su diario y su Gobierno, era favorable al alzamiento y el periódico estaba sometido a la censura del Gobierno portugués, que participaba activamente en la guerra civil española. El sábado 15 de agosto, Mario Neves escribía: "Escenas de horror y desolación en la ciudad conquistada por los rebeldes (...). Acabo de presenciar un espectáculo de desolación y de espanto que no se apagará de mis ojos (...). Junto a las paredes de la Comandancia Militar, la calle está salpicada de sangre (...). En las arenas se ven algunos cadáveres (...). En la nave central [de la catedral] dos cadáveres aguardan todavía la sepultura (...). Le preguntamos [a Yagüe] si había muchos prisioneros. Nos responde que sí (...).

Y fusilamientos (...) decimos nosotros. Parece ser que ha habido dos mil.

El comandante Yagüe (...), sorprendido con la pregunta, declara: No deben ser tantos (...).

Estas notas redactadas nerviosamente (...) no conseguirán dar una pálida idea del espectáculo de desolación y de horror que han visto mis ojos (...). Un gran silencio envuelve a toda la ciudad que acaba de despertarse de una pesadilla tremenda".

El domingo 16 de agosto, Mario Neves publicaba otro artículo en el *Diario de Lisboa:* "La justicia militar prosigue con inflexible rigor (...). Desde ayer centenares de personas han perdido la vida en la capital extremeña (...). Y no ha habido tiempo para darles sepultura (...). Pasamos luego por el foso de la ciudad, que está con montones de cadáveres: son los fusilados de esta mañana" (...)».

Cit. en Tenorio, R.: «Las matanzas de Badajoz», en *Tiempo de Historia,* n.° 56, 1979.

Desde el 20 de julio Franco comenzó a hacer llegar a Sevilla tropas marroquíes. Aviones enviados por Hitler y Mussolini actuaban ya en los primeros días, sorteando el bloqueo marino de la Armada, fiel al Gobierno. Los junkers alemanes –en la foto– y los savoia italianos trasladaron unos 13 000 regulares y legionarios en dos semanas. Estas fuerzas formaban la célebre «columna de la muerte» mandada por el comandante Yagüe que avanzaba hacia Extremadura.

Antonio Machado enjuicia la resistencia de Madrid (julio de 1937)

«Si Madrid no hubiera sido capital de España cuando estalló la rebelión militar, habría conquistado en este año de abnegación y heroísmo la capitalidad que más de tres siglos no han podido disputarle. Y la habría conquistado sin pretenderlo, como se conquistan las cosas grandes: aspirando a otras mucho mayores.

Madrid ha sabido ser España, España entera, que es la España leal al Gobierno del pueblo. Luchando sin tregua contra los traidores de dentro y los invasores de fuera, Madrid no tuvo un momento de vacilación, de desconfianza, ni de cobardía; ni siquiera tuvo un momento de jactancia en que gritase ¡Viva Madrid!, porque siempre ha gritado ¡Arriba el pueblo!

Madrid ha sabido ser más que capital de España y espejo de todos los buenos españoles; porque al defender la causa popular, vierte su sangre por todos los pueblos y defiende el porvenir del mundo».

con una tenaz resistencia, que reprimió con extremada crueldad. Reducida la ciudad, Franco consiguió el enlace con el ejército del norte, dirigido por el general Mola, cuyas tropas ocuparon, Navarra, Irun y San Sebastián en septiembre y ante la resistencia de las milicias vascas, se dirigieron hacia Madrid.

El Gobierno republicano intentó controlar sus organizaciones proletarias, muy enfrentadas entre sí por cuestiones ideológicas y de estrategia, al igual que lo estaban las clases medias por el problema autonómico.

1.5.1. La defensa de Madrid y la estabilización del frente

Las tropas franquistas, que venían llenas de entusiasmo tras la liberación del Alcázar de Toledo (27-9-1936), se encontraron frente a Madrid con una defensa organizada y combativa.

Bien defendida por el general Miaja, la capital de España venció el cerco con ayuda de las primeras **Brigadas Internacionales,** erigiéndose en el símbolo internacional de la resistencia al fascismo. El grito de «¡no pasarán!», recuperado por la comunista Dolores Ibárruri, *Pasionaria,* serviría de consigna propagandística de la República.

La esperanza de los rebeldes de un ataque por sorpresa se había roto en la capital de España y solo quedaba seguir el camino de una larga acción militar de desgaste.

La estabilización del frente llevó a los combatientes a buscar más ayuda extranjera para romper el punto muerto: los «nacionales» recibieron nuevos envíos de Hitler y Mussolini; la República tenía problemas con la llegada de armas de París, y comenzó a apoyarla la Unión Sovietica.

1.6. La formación de los nuevos ejércitos

En el **bando franquista** –los «nacionales»–, la dirección militar fue estricta y en noviembre todas las unidades estaban militarizadas, aunque siguieran con sus denominaciones, banderas y perfil ideológico. Un **decreto** de **militarización** de las **milicias** de diciembre de 1936 sometía a todas las unidades al **Código de Justicia Militar** y las ponía bajo la dirección del general Monasterio. Así concluía el esquema organizativo del ejército franquista.

En el **bando republicano,** el germen del nuevo ejército fue el **Quinto Regimiento,** formado tras la toma del Cuartel de la Montaña, en Madrid en julio de 1936, a iniciativa del Partido Comunista y dirigido por oficiales de la Unión Militar Republicana Antifascista (UMRA). Pretendía «recomponer la autoridad del Estado», llegó a tener unos 25 000 hombres y fue hasta su disolución, en febrero de 1937, el eje del nuevo ejército popular. En septiembre comenzó la **reorganización militar,** creándose un **Estado Mayor Central** y encuadrando las milicias populares; se llamó a los reemplazos de 1932 y 1933 y se estructuró el ejército en brigadas mixtas, cada una de ellas con unos 3 800 combatientes. Más tarde se crearon las divisiones como grandes unidades operativas. En las unidades existía un comisario político, para supervisar la moral y la fidelidad política de los combatientes. En el mando, junto a jefes y oficiales profesionales prestigiosos, como Sebastián Pozas, Francisco Llano de la Encomienda o el comandante Vicente Rojo, destacaron dirigentes políticos y sindicales, caso de Buenaventura Durruti, muerto al comienzo de la guerra, Enrique Líster, Manuel Tagüeña o Cipriano Mera, un modesto obrero de la construcción.

1.7. La represión y el exterminio del enemigo

Las ejecuciones sumarias en retaguardia fueron uno de los aspectos más atroces de la guerra. Tuvieron diferente carácter en cada zona: mientras en la **leal** a la **República** fueron **«selectivas»** –las víctimas eran fundamentalmente clérigos, patronos y políticos destacados de la derecha–. En el **bando rebelde** fueron **masivas,** como exigía la estrategia militar de avanzar dejando la retaguardia «limpia» de enemigos. Los asesinados por los sublevados se contaban por miles, incluso en provincias en las que triunfó la rebelión sin apenas oposición, caso de las castellanas y gallegas, Navarra, Servilla, etc. Hay grandes dificultades para fijar el número real de víctimas: mientras el historiador y militar franquista Ramón Salas Larrazábal estima en algo más de 50 000 los ejecutados en ambos bandos –más en la zona leal–, otros, como Gabriel Jackson calcula en unos 150 000 los ejecutados por el bando rebelde en la guerra e inmediata posguerra.

En el **clima** de **tensión** que vivía **Madrid** ante el asalto de las unidades del ejército de África, los bombardeos incesantes y la marcha del Gobierno a Valencia (6-11-1936), con la dispersión de la autoridad que suponía, tuvo lugar uno de los episodios más trágicos: las **matanzas de Paracuellos del Jarama** donde fueron sacados de la cárcel o de sus domicilios y asesinados militares, religiosos, aristócratas y militantes de derechas –probablemente más de 2 400–. Los sublevados buscaron una coartada ideológica con la que defender sus acciones y aumentar el número de partidarios. La persecución indiscrimada de eclesiásticos y militantes católicos en la zona republicana suministraría la sanción religiosa tan necesaria para los rebeldes. En los primeros momentos, el desconcierto de las autoridades republicanas permitió que grupos armados actuaran sin control con asesinatos indiscriminados. Se logró detener la violencia, pero el asesinato de 7 000 eclesiásticos deterioró la imagen de la República y sirvió a los sublevados para conseguir adhesiones a su causa.

Difícil cuantificación de la represión

«Más de tres décadas ha costado probar que todos no fueron iguales y que, según lo investigado hasta la fecha, por cada víctima de derechas (49 272) cayeron casi tres de izquierdas (130 199). No obstante, en lo que respecta a la represión fascista, estamos ante cifras mínimas (...) Nos consta que existieron ficheros exhaustivos (...) pero en cierto momento desparecieron y no se ha vuelto a saber de ellos».

Espinosa, F y Ledesma, J.L.: «La violencia y sus mitos». En Viñas, A. (Ed.): *El combate por la Historia*. Barcelona, Pasado y Presente, 2012.

Actividades

3 Valora la actitud del Gobierno republicano como respuesta al golpe militar. Razona tu respuesta.

4 ¿Qué diferencias de estructura y organización había entre el ejército de la República y el ejército sublevado?

5 ¿En qué consistían las acciones represivas sobre la población civil en ambos bandos? ¿Sobre qué grupos sociales incidieron en cada caso?

Las Brigadas Internacionales

Durante la guerra, unidades militares compuestas por voluntarios de más de cincuenta países acudieron en auxilio de la Segunda República y se integraron en el ejército republicano bajo la denominación de Brigadas Internacionales. Formaron parte de ellas de 40 000 a 50 000 hombres y mujeres en total, aunque no pasó de 20 000 el número de brigadistas sobre el terreno en cada período concreto.

Entre sus miembros, hubo conocidos intelectuales, pero la mayoría eran personas anónimas convencidas de la decisiva importancia de la guerra para detener el avance del fascismo. La llegada de los brigadistas no solo infundió ánimo a los combatientes republicanos, sino que les permitió contar con una fuerza de choque disciplinada y aguerrida en la primera línea de combate: participaron en acontecimientos bélicos decisivos de la contienda, como la defensa de Madrid, las batallas de Jarama, Guadalajara, Brunete, Belchite, Teruel, Ebro (...), entre otras acciones destacadas. Alrededor de 9 000 de estos combatientes murieron en España.

Puedes conseguir más información en la web de recursos de **anayaeducacion.es**.

2 Evolución militar de la guerra

2.1. La guerra en el frente norte

Malogrado su objetivo de tomar Madrid, los rebeldes ocuparon Málaga en febrero. Hubo nuevos intentos de cerco de la capital, pero el ejército republicano contuvo a los atacantes en la **batalla del Jarama** y derrotaron a los franquistas e italianos del CTV (Corpo di Truppe Volontarie) en la **batalla de Guadalajara.**

Franco decidió buscar una victoria en el frente norte, donde los **nacionalistas vascos,** que acababan de obtener el Estatuto de Autonomía, organizaron con otras fuerzas políticas su **propio ejército.** Fue un ejército improvisado, mal armado y en desventaja con respecto a las tropas franquistas, que se jugaban ante Bilbao no solo el prestigio internacional, sino una parte del resultado final de la guerra. En marzo de **1937,** el **general Mola** inició la **ofensiva** definitiva contra **Bizkaia,** concentrando 40 000 soldados, españoles y marroquíes en la vanguardia e italianos como reserva. Para acabar pronto con la resistencia vizcaína, aviones alemanes a las órdenes de Franco bombardearon **Gernika-Lumo** con tal ensañamiento que sus propios autores prefirieron mentir a asumir ante la opinión mundial la magnitud de las destrucciones. Con su área industrial intacta, el 19 de junio cayó Bilbao en manos de las brigadas navarras. Perdida Bizkaia, la gran mayoría de los batallones vascos se negaron a seguir luchando por la República.

En pocos días, **Cantabria** y las minas de **Asturias** quedaron bajo el dominio de los franquistas (octubre de 1937), que a partir de ese momento tendrían a su favor la evolución de la guerra.

Efectos del bombardeo de Gernika llevado a cabo por la Legión Cóndor el 26 de abril de 1937. El 70 % de los edificios de la ciudad fue destruido por las bombas y el posterior incendio. El 28 de abril las tropas rebeldes tomaron la villa y quemaron los archivos parroquiales, de modo que fue imposible establecer el número exacto de víctimas.

Los republicanos llevaron a cabo duras ofensivas destinadas, infructuosamente, a debilitar los avances franquistas en el norte, atrayendo su atención hacia el centro (Brunete en julio) y hacia Aragón (Belchite en agosto).

2.2. Las ofensivas en Aragón (1938)

Tras la caída del frente norte, el suministro bélico de los republicanos, bloqueado por la actitud de **Francia,** que había firmado un **pacto de no intervención** en la contienda, dependerá de los envíos intermitentes de la URSS.

En las primeras semanas de **1938,** Franco dirigió la **guerra hacia el Mediterráneo,** a través del valle del Ebro, y tras la **batalla de Teruel,** los franquistas llegaron a **Castellón** en abril. El **territorio republicano** quedó **dividido** en dos, quedando en evidencia la debilidad militar de su ejército.

Ni Franco se apresuró en concluir la guerra, para terminar de modelar a su gusto los territorios conquistados, ni el jefe de Gobierno, Juan Negrín, quería rendirse mientras consiguiera mantener un ejército en el campo de batalla, a la espera de que algún acontecimiento internacional se pusiese de su parte. El estallido de la Segunda Guerra Mundial llegó tarde para él.

La amenaza se cernía sobre Valencia, por lo que la República buscó elevar la moral de sus partidarios y sorprender al enemigo con una rápida ofensiva en el Ebro. A pesar de la inferioridad militar del ejército del **general Rojo,** la **batalla del Ebro** fue la más larga y sangrienta de la contienda, y durante cuatro meses las dos fuerzas se masacraron entre sí hasta quedar totalmente destrozadas las mejores tropas republicanas.

2.3. La caída de Cataluña y el fin de la guerra

A iniciativa de Negrín, en octubre de 1938 se retiraron las Brigadas Internacionales. A Franco, tras la victoria del Ebro, no le resultó difícil, en las primeras semanas de **1939,** avanzar sobre Cataluña, defendida por un ejército maltrecho y bajo de moral. Girona cayó en febrero, **desapareció** así el **frente de Cataluña.**

Una muchedumbre de españoles fieles al ideario republicano marcharon al **exilio.** Cualquier tentativa de negociación con el Gobierno de Burgos estaba condenada al fracaso. Tampoco se aceptaba la propuesta única de no emprender represalias contra el enemigo.

Perdida toda esperanza de una paz honrosa, el **coronel** Segismundo **Casado,** partidario de la rendición, encabezó un golpe de Estado contra su Gobierno y puso fin a la política de resistencia, ordenando la **rendición de Madrid,** donde entraron las tropas franquistas el día 28 de marzo. El día **1** de **abril** de **1939 terminó la guerra.**

La Guerra Civil entre 1937-1939

Año 1937
Febrero: Los italianos toman Málaga.
Abril: Bombardeo de Gernika.
Junio: Ocupación de Bilbao.
Julio: El ejército republicano inicia la ofensiva de Brunete.
Agosto: El ejército republicano inicia la ofensiva de Belchite. Santander es ocupada.
Octubre: Gijón es ocupada.
Diciembre: Comienza la batalla de Teruel.

Año 1938
Abril: Frente de Aragón. Penetración hasta el Mediterráneo y división en dos de la España republicana.
Junio: Se abre la ofensiva nacional en Levante. Las tropas franquistas entran en Castellón.
Julio-noviembre: Ofensiva del Ebro, llevada a cabo por el ejército republicano.
Octubre: Despedida de las Brigadas Internacionales en Barcelona.
Diciembre: El ejército nacional inicia la ofensiva de Cataluña. Cae Tarragona.

Año 1939
Enero: Cae Reus y Barcelona capitula.
Febrero: Rendición de Girona. Fin de la resistencia en Cataluña.
28 de marzo: Las tropas nacionales entran en Madrid. Ocupación del resto de las ciudades.
1 de abril: Último parte de guerra del general Franco. Finaliza la guerra.

- Línea del frente a finales de 1936
- Zona republicana
- Zona nacional
- Territorios ocupados por los sublevados en 1937-1938
- Ataques nacionales
- Ataques republicanos
- Líneas de repliegue republicanas
- Últimas ciudades ocupadas por los sublevados

Última reunión de las Cortes republicanas

Las Cortes republicanas celebraron su última sesión en territorio nacional en el castillo de Figueras, cerca de la frontera francesa, el 1 de febrero de 1939:

«Las Cortes de la Nación, elegidas y convocadas con sujeción a la Constitución del país, ratifican a su pueblo y ante la opinión universal, el derecho legítimo de España a conservar la integridad de su territorio y la libre soberanía de su destino político. Proclaman solemnemente que a esta obra de independencia y libertad nacional asiste unánime el concurso de los españoles, y que, sean cuales fueren las vicisitudes transitorias de la guerra, permanecen firmemente unidos en la defensa de sus derechos imprescriptibles. Saludan al Ejército de Mar, Tierra y Aire, y ratifican su confianza invariable en el porvenir glorioso y libre de la Patria española (...)».

Los planes de defensa de Negrín fracasaron totalmente y comenzó un exilio que llevó, en poco tiempo, a medio millón de españoles a Francia.

Madrileños congregados en la Puerta del Sol reciben a las tropas «nacionales». El 28 de marzo las tropas de Franco ya recorrían las calles de Madrid sin encontrar resistencia. La rebelión de parte de la Armada en Cartagena el 4 de marzo y la del coronel Segismundo Casado el día 6, en nombre de un Consejo de Defensa Nacional –en contacto desde hacía tiempo con el Gobierno de Franco– llevaron al colapso inmediato de los restos del ejército republicano.

Más información en la web de recursos de **anayaeducacion.es**.

Actividades

6 ¿Por qué a partir de 1937 se fue debilitando la situación militar y política de la República, a la vez que se reforzaba la del ejército sublevado?

3

El bando republicano: evolución política y social

La sublevación había provocado la inmediata dimisión del Gobierno, dirigido por Santiago Casares Quiroga, y el encargo del presidente Azaña a Diego Martínez Barrio para formar nuevo Gobierno. El fracaso de este en sus gestiones para paralizar el movimiento insurgente y sus recelos de entregar armas al pueblo lo llevaron a dimitir el mismo 19 de julio. De este modo –buscando un nuevo consenso político–, Azaña confió a José Giral, catedrático de Química de Salamanca y afiliado de Izquierda Republicana, la inmediata formación de un nuevo Gobierno, constituido por prohombres del republicanismo moderado, y comenzó entonces la entrega de armas al pueblo.

Hasta el fin de la guerra, las **instituciones republicanas siguieron funcionando** sobre la base de la pluralidad y con la Constitución en vigor, a pesar de las limitaciones que imponía la situación bélica. La dinámica de los partidos y las organizaciones republicanas, con posiciones diferentes acerca de la marcha de la guerra y las medidas políticas consiguientes, provocaron cambios de Gobierno y enfrentamientos, a veces sangrientos, en el propio bando republicano.

3.1. El Gobierno de Largo Caballero

El 5 de septiembre de 1936, Azaña encargó formar Gobierno a Francisco Largo Caballero, líder de la izquierda del PSOE. Formó un **Gabinete** de **amplísima coalición** constituido por nacionalistas vascos y catalanes, los partidos republicanos, el PSOE y el PCE. Unos días más tarde se añadieron cuatro ministros anarquistas.

En la Guerra Civil, coincidiendo con la ofensiva de los sublevados sobre Madrid, tuvo lugar un hecho excepcional en la historia del **movimiento anarquista:** su **participación** en un **Gobierno.** El día 5 de noviembre de 1936, la *Gaceta de la República* publicaba los nombramientos: Juan Peiró, ministro de Industria; Juan López, ministro de Comercio; García Oliver, ministro de Justicia, y Federica Montseny, ministra de Sanidad.

Una medida notable fue la aprobación, el 6 de octubre, del Estatuto de Autonomía de Euskadi. A **principios** de **noviembre,** el **Gobierno** abandonó Madrid, gravemente amenazada por las columnas del sur, y **se trasladó a Valencia. Madrid** quedó bajo la autoridad de una **Junta de Defensa dirigida** por el **general Miaja,** con la colaboración del general Pozas, que obtuvo una gran victoria moral al hacer fracasar los intentos del ejército franquista de tomar la capital. El Gobierno de Largo Caballero acometió las principales reformas políticas y militares en los meses siguientes. A pesar de algunos retrocesos, compensados con la victoria republicana en Guadalajara, la confianza en la victoria era grande. Sin embargo, nuevos factores vinieron a complicar la situación.

3.2. El ascenso del Partido Comunista

El Partido Comunista de España, que contaba con unos 10 000 afiliados nada más comenzar la guerra, vio aumentar su protagonismo por diversas causas: la disciplina interna; el control de los suministros rusos, que empezaron a ser esenciales, dado el bloqueo de los países occidentales, amparados en el Comité de No Intervención; y la división entre las demás fuerzas republicanas.

El **PCE** preconizaba ante todo la **unidad** para enfrentarse a un enemigo que actuaba unido; de hecho, en Cataluña había logrado aunar a todos los partidos socialistas y comunistas en un nuevo partido, el Partido Socialista Unificado de Cataluña. Asimismo, la política del PCE buscaba la **alianza** con los sectores de la **burguesía media,** pequeños empresarios y campesinos bajo el lema «primero ganar la guerra», mientras que otras fuerzas **–anarquistas, POUM–** entendían que había que tomar **medidas revolucionarias** y **colectivizadoras** para poder contar con el apoyo popular que llevase a la victoria.

Los **enfrentamientos** llegaron a su culminación en mayo de 1937, con combates en Barcelona entre partidarios de ambos grupos. En esa lucha fue detenido y asesinado el líder más prestigioso del POUM, Andreu Nin.

3.3. Medidas sociales e intentos revolucionarios

La movilización popular que provocó la sublevación demandaba cambios en la organización económica y social, que fueron llevados a cabo por el Gobierno republicano desde el inicio de la guerra.

Se redujeron los alquileres de viviendas; fueron incautadas y nacionalizadas industrias de los partidarios de la sublevación (2 de agosto de 1936); continuó la reforma agraria y la expropiación de fincas abandonadas, que fueron cedidas en usufructo perpetuo a sus cultivadores; se nacionalizaron industrias básicas, como Campsa y las compañías ferroviarias, y se estableció el control estatal sobre los bancos y las instituciones financieras.

Pero el aspecto más llamativo y transformador radicó en las **colectivizaciones** de **empresas** y, sobre todo, de **explotaciones agrarias,** que fueron llevadas a cabo por las organizaciones sindicales campesinas.

Las colectivizaciones afectaron a cerca de tres millones de hectáreas en extensas zonas de Aragón, la actual Comunidad Valenciana, Región de Murcia y Andalucía, y a un total de 156 822 familias. Mientras las organizaciones campesinas de la CNT y UGT apoyaban decididamente la colectivización, el PCE mantuvo sus reservas a estas medidas, en la idea de conseguir el apoyo del pequeño campesinado propietario.

¿Ganar la guerra o hacer la revolución?

Los anarquistas en el Gobierno

«(...) Se han entregado a la CNT unas carteras que ni en número ni en importancia están de acuerdo con lo que son y representan las masas libertarias de España en la batalla antifascista.

Solo un espíritu de transigencia, llevado al límite extremo, solo su afán de cooperar en todas las formas y terrenos al aplastamiento de la criminal intentona de los generales traidores, ha llevado a la CNT a dar su aceptación a cuanto se le proponía. Nadie, luego de esta última prueba, podrá poner en duda el sacrificio realizado por la Organización al poner por encima de sus conveniencias, e incluso de sus postulados ideológicos, el deseo revolucionario de aplastar al fascismo en armas».

En el periódico *Frente Libertario,* Madrid, 5 de noviembre de 1936.

Federica Montseny, ministra de Sanidad y Asistencia Social.

Anarquistas y comunistas enfrentados ante el problema de las colectivizaciones

«Lo que la CNT exige, como medida revolucionaria en el campo, es que las tierras de los grandes terratenientes no sean parceladas, sino que ahí, en esos feudos, se establezcan granjas colectivas que, por su productividad, por su técnica y por la racionalización del trabajo, sean un estímulo para el pequeño propietario (...)».

García Pradas, J.: «Ante la pequeña propiedad agraria», CNT, 8 de marzo de 1937.

«Para nosotros (...) el trabajo colectivo es superior al trabajo individual. Pero lo que nosotros no podemos hacer, en lo que no podemos ser siquiera cómplices, con nuestro silencio o nuestra actividad, es permitir o tolerar que se hagan colectivizaciones forzosas (...)».

Uribe, V. (ministro de Agricultura): «La nostra posició davant el problema de les collectivitats agràries», *Treball,* órgano del PSUC, 19-IX-1937.

En la imagen, agricultores en el frente de Aragón que apoyaron a la República.

En la zona republicana, las medidas revolucionarias de colectivización de las explotaciones agrarias y ganaderas fueron iniciativa de las organizaciones sindicales y de diferentes comités, sobre todo de la CNT y del POUM.

Tras los enfrentamientos de mayo de 1937, fueron suprimidas por la autoridad la mayoría de esas colectivizaciones, salvo algunas explotaciones agrarias en La Mancha y Aragón, que perduraron unos meses hasta la recogida de las cosechas.

Más información en la web de recursos de **anayaeducacion.es**.

3.4. El Gobierno del doctor Negrín

A partir de la **crisis** de mayo de **1937,** el Gobierno republicano pasó a estar dirigido por el doctor Juan Negrín, del PSOE, partidario de la máxima unidad de las fuerzas republicanas y apoyado en los comunistas.

En la zona republicana, las derrotas enturbiaron aún más las relaciones entre la Generalitat de Cataluña y el Gobierno central, que deseaba recuperar competencias con objeto de unificar el esfuerzo de la guerra. A tal efecto, Juan Negrín trasladó la **sede** del **Gobierno** de Valencia a **Barcelona** (31 de octubre de 1937), buscando el control de las industrias bélicas catalanas. Mientras, en la retaguardia, la unidad se afirmaba con la marginación, incluso violenta, de los anarquistas y los comunistas heterodoxos del POUM.

El apoyo del Frente Popular francés y de la Unión Soviética al bando republicano favoreció el crecimiento espectacular de los comunistas, erigidos en árbitros de la situación durante los dos últimos años de vida de la República.

Tras la caída del frente norte, en el mes octubre de 1937, y las derrotas de 1938, particularmente la sufrida en la batalla del Ebro, las esperanzas republicanas estaban en quiebra. Por otro lado, la política de concesiones y apaciguamiento mantenida por los británicos frente a Hitler se concretó en el Pacto de Múnich, en octubre de 1938, con la cesión de Checoslovaquia, gesto que hacía temer lo peor a los dirigentes republicanos.

En ese momento, la **consigna** del **Gobierno** de Negrín de **resistir** a ultranza hasta que se desencadenara el inminente conflicto europeo no fue igualmente comprendida por todos los combatientes republicanos. Un sector, en el que se integraban militares profesionales, como el coronel Segismundo Casado, pero también dirigentes socialistas, como Julián Besteiro, o combatientes anarquistas, como Cipriano Mera, había decidido ya la rendición a Franco, confiando quizá en un trato honorable al vencido. Esto llevó a combates internos en Madrid, una vez conocida la caída de Barcelona, y al hundimiento de la resistencia republicana en el centro.

Actividades

7 Redacta un breve texto indicando qué fuerzas políticas republicanas eran partidarias de dar prioridad a ganar la guerra y cuáles de llevar a cabo medidas revolucionarias. ¿En qué fundamentaba cada una su actitud?

8 ¿Por qué el Gobierno republicano, ante las derrotas militares y el avance de las tropas sublevadas, tenía depositada la esperanza de cambio de rumbo de la guerra en el estallido de un conflicto entre Alemania y los Aliados?

El doctor Juan Negrín, junto al presidente de la República Manuel Azaña y al general José Miaja, en Alcalá de Henares, a finales de 1937.

Negrín, catedrático de Fisiología en la Universidad de Madrid, pertenecía al sector moderado del PSOE. Era partidario del reforzamiento de las instituciones del Estado y de mantener las libertades constitucionales en vigor, a pesar de la guerra. Fue significativa la reposición de la libertad religiosa o la reunión de sesiones de Cortes.

En 1938 propuso los «trece puntos», base para negociar la paz con los franquistas, sin éxito alguno.

Apostaba por la resistencia a toda costa, pues veía segura, a corto plazo, una gran guerra europea.

El bando franquista: evolución política y social

4.1. El ascenso de Franco

Signo muy distinto tuvo la evolución política en el bando rebelde. La muerte del general José Sanjurjo en accidente de aviación, el día 20 de julio de 1936, cuando se dirigía a Burgos para encabezar la rebelión, puso en primer plano la figura de Francisco Franco, a quien solamente podían hacer sombra figuras como el general Emilio Mola, quien también fallecería en junio de 1937.

La **Junta de Defensa Nacional,** creada por los rebeldes en Burgos, bajo la dirección del general Miguel Cabanellas, funcionó como órgano de coordinación. En los meses siguientes, Franco -designado interlocutor privilegiado por Hitler y Mussolini y jefe incontestable de las tropas marroquíes- lograría hacerse con la jefatura política y militar del nuevo Estado (1 de octubre), cuando una reunión de generales en una finca de Salamanca lo nombró generalísimo y jefe de un nuevo Estado aún sin definir, auxiliado inicialmente por una Junta Técnica.

4.2. El protagonismo militar

La sublevación, que en el sur se había hecho al grito de «Viva la República», adquirió una nueva orientación cuando Franco adoptó, en agosto, la bandera roja y gualda y oficializó el grito de «Viva España», con lo que se ganaba la adhesión de monárquicos de distinto signo. La inexistencia de una dirección clara en la **Falange** -preso en Alicante su líder, José Antonio Primo de Rivera, y juzgado y fusilado en noviembre- le permitió, con la ayuda de Ramón Serrano Suñer y más tarde del líder falangista Raimundo Fernández Cuesta, ponerse a la cabeza de ese contingente cada vez más numeroso.

Con respecto a la **CEDA,** aunque Gil-Robles se adhirió con entusiasmo a la sublevación y se puso a las órdenes de Franco, este no permitió su presencia en España y, al igual que el dirigente del **carlismo** Fal Conde, permanecieron retirados en Portugal. Mola tampoco había permitido a don Juan, hijo de Alfonso XIII, permanecer en sus filas.

4.3. La unificación

En septiembre de 1936 se suspendieron todas las actividades políticas. A comienzos de 1937, toda la España sublevada estaba preparada para ser liderada por el general más prestigioso, y este era Franco.

En febrero estableció como himno nacional la Marcha Real, y en abril, mediante la promulgación de un decreto, tras algunas refriegas entre falangistas en Salamanca, el «generalísimo» se constituyó en **jefe nacional del partido único** que, con el nombre de **Falange Española Tradicionalista y de las JONS,** surgía para agrupar políticamente a toda la España rebelde a la República. Hedilla, que había sido jefe nacional de Falange, en ausencia de Primo de Rivera, fue enseguida condenado a muerte por Franco.

Miembros de la Junta de Defensa Nacional y otras jerarquías del ejército, presencian el desfile militar tras la proclamación de Francisco Franco como jefe de Estado el 1 de octubre de 1936.

4.4. El nuevo Estado totalitario

Aún seguiría funcionando unos meses más la Junta Técnica creada en Burgos, pero en enero de **1938** se constituyó el **primer Gobierno** del **nuevo Estado.** A partir de ese momento, el poder radicaría en el cuartel general de Franco. El primer Gobierno de Franco constituía un agregado de las fuerzas conservadoras, compuestas por tradicionalistas, falangistas y, sobre todo, militares.

Como remate del proceso de legitimación de la guerra, el **episcopado español** se dirigía en julio de **1937** a los católicos del mundo con una carta colectiva, escrita por el **cardenal Gomá,** en la que explicaba la **naturaleza religiosa** de la **guerra.** Quería desautorizar, a petición de Franco, a un sector de la intelectualidad católica extranjera que, sobrecogido por la represión ejercida por los nacionales sobre algunos grupos de militancia católica, se empeñaba en desvelar motivaciones menos confesables de la contienda. A pesar de su opción por el Movimiento Nacional, la pastoral no significaba un cheque en blanco; al contrario, permitía entrever los recelos de la Iglesia ante la estructuración totalitaria del nuevo Estado conforme al modelo de sus amigos, las potencias fascistas de Europa.

Decreto de unificación de FET y de las JONS

«(...) Llegada la guerra a punto muy avanzado, y próxima la hora victoriosa, urge acometer la gran tarea de la paz, cristalizando en el estado nuevo el pensamiento y el estilo de nuestra Revolución Nacional. Unidos por un pensamiento y una disciplina común, los españoles todos han de ocupar su puesto en la gran tarea. Esta unificación que exijo en el nombre de España (...) no quiere decir ni conglomerado de fuerzas, ni mera concentración gubernamental, ni unión pasajera (...).

Dispongo:

Art. 1.° Falange Española y Requetés, con sus actuales servicios y elementos, se integran, bajo mi jefatura, en una sola entidad política de carácter nacional, que de momento se denominará Falange Española Tradicionalista y de las JONS (...). Quedan disueltas las demás organizaciones y partidos políticos (...).

Art. 2.° Serán órganos rectores de la nueva entidad política nacional el Jefe del Estado, un Secretariado o Junta Política y el Consejo Nacional (...).

Art. 3.° Quedan fundidas en una sola Milicia Nacional las de Falange Española y de Requetés (...)».

Dado en Salamanca, a 19 de abril de 1937.
Francisco Franco (BOE, 20 de abril de 1937).

Línea del tiempo — Cronología

1936

- (18-VII) Alzamiento militar.
- (27/28-VII) Italia y Alemania inician su ayuda militar al bando rebelde.
- (4/5-VIII) Constitución del Comité de No Intervención.
- (27-VIII) Primer bombardeo de Madrid por aviones alemanes.
- (5-IX) Gobierno de Largo Caballero.
- (25-IX) La Unión Soviética empieza a ayudar a la República.
- (1-X) Franco es nombrado jefe de Estado y generalísimo.
- (7-XI) Se inicia la batalla de Madrid.
- (18-XI) Alemania e Italia reconocen al Gobierno de Burgos.

1937

- (5/25-II) Batalla del Jarama.
- (8/18-III) Batalla de Guadalajara.
- (26-IV) Bombardeo de Gernika-Lumo.
- (3/8-V) «Sucesos de mayo» en Barcelona.
- (18-V) Gobierno de Juan Negrín.
- (3-VI) Muerte de Mola en un accidente de aviación.
- (5/28-VII) Batalla de Brunete.
- (VIII) Batalla de Belchite.
- (X) Caída del frente norte.
- (1-XI) El Gobierno republicano se traslada a Barcelona.

1938

- (I) Ofensiva republicana en Teruel.
- (22-II) Los rebeldes recuperan Teruel.
- (15-IV) El bando franquista llega al Mediterráneo (Vinaroz).
- (VII-XI) Batalla del Ebro.
- (21-IX) Retirada de las Brigadas Internacionales.

1939

- (26-I) Toma de Barcelona.
- (9-II) Las tropas nacionales alcanzan la frontera francesa.
- (27-II) Reino Unido y Francia reconocen al Gobierno de Burgos.
- (28-II) Azaña dimite.
- (1-III) Martínez Barrio es presidente de la República.
- (28-III) Las tropas franquistas entran en Madrid.
- (1-IV) Fin de la guerra.
- (4-V) España se retira de la Sociedad de Naciones.

Actividades

9 ¿Cómo se consolidó el liderazgo del general Franco en el bando sublevado? ¿En qué fuerzas políticas y sociales se apoyaba?

10 ¿Qué actitud adoptó la Iglesia católica ante la Guerra Civil y la victoria de los sublevados?

Carta colectiva del episcopado español sobre la guerra, 1 de julio de 1937

«(...) Y si hoy, colectivamente formulamos nuestro veredicto en la cuestión complejísima de la guerra de España, es, primero, porque aun cuando la guerra fuese de carácter político o social, ha sido tan grave su repercusión de orden religioso, y ha aparecido tan claro desde sus comienzos que una de las partes beligerantes iba a la eliminación de la religión católica en España, que nosotros, obispos católicos, no podíamos inhibirnos (...).

Consecuencia de esta afirmación son las conclusiones siguientes:

Primera: Que la Iglesia, a pesar de su espíritu de paz, y de no haber querido la guerra ni haber colaborado a ella no podía ser indiferente en la lucha: se lo impedían su doctrina y su espíritu, el sentido de conservación y la experiencia de Rusia. De una parte se suprimía a Dios, cuya obra ha de realizar la Iglesia en el mundo y se causaba a la misma un daño inmenso, en personas, cosas y derechos, como tal vez no lo haya sufrido institución alguna en la Historia; de la otra, cualesquiera que fuesen los humanos defectos, estaba el esfuerzo por la conservación del viejo espíritu, español y cristiano.

Segunda: La Iglesia, con ello, no ha podido hacerse solidaria de conductas, tendencias o intenciones que, en el presente o en lo porvenir, pudiesen desnaturalizar la noble fisonomía del movimiento nacional, en su origen, manifestaciones y fines.

Tercera: Afirmamos que el levantamiento cívico-militar ha tenido en el fondo de la conciencia popular un doble arraigo: el del sentido patriótico, que ha visto en él la única manera de levantar a España y evitar su ruina definitiva, y el sentido religioso, que lo consideró como la fuerza que debía reducir a la impotencia a los enemigos de Dios, y como la garantía de la continuidad de su fe y de la práctica de su religión (...).

(Firman 48 obispos, encabezados por el Cardenal Isidro Gomá, arzobispo de Toledo)».

Cit. en García Nieto, M.C., y Donézar, J.M.: *Bases documentales de la España contemporánea*. 1974, pp. 295-298.

El cardenal Gomá, junto al general Millán Astray y jerarcas de FET y del Ejército, en la plaza mayor de Salamanca a finales de 1938. La foto ilustra muy bien la colaboración e identificación de los tres grandes poderes del régimen franquista en esta fase totalitaria: la Iglesia, como legitimadora del régimen, el Ejército y el Partido Único.

5

Sociedad y cultura en la guerra

5.1. El bando republicano

5.1.1. La educación

En la zona republicana continuó el afan educativo. En el frente, la superación del analfabetismo fue una preocupación constante: por decreto de 30 de enero de 1937 se creó **Cultura del Miliciano,** a instancias de la FETE-UGT, ligada a la Sección de Acción Social del Quinto Regimiento, para organizar clases, conferencias y publicaciones destinadas a los combatientes. A finales de año se habían creado 809 bibliotecas y 117 hogares (centros culturales) y trabajaban 1600 maestros en las 1330 escuelas del frente. María Moliner, del Consejo del Ministerio de Instrucción Pública, redactó a fines de 1937 un informe según el cual se habían adquirido cerca de medio millón de volúmenes para esas bibliotecas.

El Gobierno editó la *Cartilla escolar antifascista* y la *Cartilla aritmética,* con más de 150 000 ejemplares. Además de los centros educativos oficiales, funcionaron iniciativas de alfabetización de adultos como las «Milicias de la Cultura»; incluso se reforzó el movimiento de «Universidades Populares». Se siguieron publicando revistas tan prestigiosas como *Nueva Cultura, Estudios* y *Hora de España,* en las que colaboraban la mayoría de los intelectuales y escritores republicanos.

María Moliner (1900-1981). Fue una archivera y bibliotecaria, colaboradora muy importante de las Misiones Pedagógicas de la Segunda República y dirigió el programa de creación de bibliotecas en la Guerra Civil. Fue represaliada y degradada profesionalmente por los vencedores, redactó el Diccionario de uso del Español.

5.1.2. La cultura y el arte

De la vitalidad creativa, a pesar de la guerra, da cuenta el desarrollo de una importante **escuela** de **diseñadores gráficos** y **cartelistas,** entre los que figuran artistas de renombre mundial, como los valencianos Josep Renau y Eleuterio Bausset o el barcelonés Carles Fontseré.

La mayoría de la intelectualidad europea se solidarizó con la República en lucha contra el fascismo. Por ello, se celebró, en 1937, el II Congreso de Escritores para la Defensa de la Cultura, en Madrid y Valencia. En sus sesiones participaron Hemingway, Malraux, Dos Passos, Orwell, Tristan Tzara, etc., y, por parte española, Emilio Prados, Juan Gil Albert, José Bergamín, Miguel Hernández, etc.

La guerra provocó serios daños en el **patrimonio artístico.** En las primeras semanas se asaltaron templos y conventos en zona republicana. Pero, el mayor riesgo provino de los bombardeos de la aviación franquista sobre Madrid en noviembre de 1936. Nueve bombas cayeron sobre el Museo del Prado. En esta situación, el Gobierno decidió evacuar una parte importante del patrimonio mueble de este y otros museos madrileños. Las obras, entre las que se encontraban piezas fundamentales de la pintura española del Siglo de Oro, fueron trasladadas a Cataluña y a Ginebra, de donde retornarían tras la guerra.

Carles Fontseré (1916-2007). Fue uno de los cartelistas más activos en el bando republicano, muestra en este trabajo de los inicios de la guerra sus simpatías por el anarquismo. También, según algunos, emplea la figura del segador como evocación de las revueltas populares catalanistas.

Más información en la web de recursos de **anayaeducacion.es**.

5.2. El bando franquista

5.2.1. La derogación de la legislación republicana

En el bando franquista, ya en el verano de 1936, una serie de decretos militares devolvían la sociedad a épocas anteriores, con la **abolición de todas** las **medidas sociales** aprobadas en los años de la Segunda República: derogación de la reforma agraria y de la legislación laboral; depuración de funcionarios; restablecimiento de sus prebendas a la Iglesia; abolición de leyes laborales, educativas, de sufragio, de divorcio, etc.

5.2.2. La depuración de maestros e intelectuales

En la tarea de desmantelamiento de la obra republicana, se creó, en **1938,** el **Ministerio de Educación Nacional,** cuyas primeras medidas fueron: la depuración del profesorado y de los textos, la supresión de la coeducación y una una serie de medidas en apoyo de la enseñanza privada. Miles de maestros fueron depurados, encarcelados y, en numerosos casos, fusilados. A la cabeza de la comisión depuradora adscrita a la Junta Técnica de Burgos estaba el escritor monárquico José María Pemán.

Por órdenes de 21 de septiembre y de 9 de diciembre de 1936, se estableció la enseñanza obligatoria de la religión católica y, por otra de 13 de septiembre de 1937, se clausuraron treinta y ocho institutos de enseñanza media. De este modo, el bando franquista, dejaba en manos de las órdenes religiosas amplias parcelas de la enseñanza.

5.2.3. Censura y represión

Por lo demás, la vida social pasó a estar regida por una **férrea censura** y la prohibición de toda expresión de pensamiento contrario a los postulados del integrismo católico, con lo que la España franquista daba un salto hacia etapas anteriores al liberalismo. En cuanto a la creación literaria y artística, merece la pena destacar la colaboración con el franquismo de Ernesto Giménez Caballero, Agustín de Foxá, Eugenio d'Ors, etc.; la obra gráfica de un extraordinario cartelista, como fue Sáenz de Tejada, y la aparición de la revista falangista *Vértice*.

Actividades

11 ¿Por qué la actividad social y cultural fue más dinámica y compleja en la zona republicana que en la autodenominada nacional? ¿Fueron similares los apoyos de intelectuales y artistas recibidos por ambos bandos? Puedes consultar la web de recursos de **anayaeducacion.es**.

José María Pemán (1897-1981) afirmaba: «Los individuos que integran esas hordas revolucionarias, cuyos desmanes tanto espanto causan, son sencillamente los hijos espirituales de catedráticos y profesores que, a través de instituciones como la llamada "Libre de Enseñanza", forjaron generaciones incrédulas y anárquicas (...)» (BOE, 10 de diciembre de 1936)

Carlos Sáenz de Tejada (1897-1957). Fue un pintor e ilustrador muy valorado en los años veinte en el mundo de la moda. En la guerra apoyó resueltamente al bando franquista y fue reconocido como inspirador y modelo de la nueva estética fascista.

En la imagen, detalle del cartel propagandístico de Familia de falangista.

6

Dimensión exterior de la guerra

La dimensión internacional es uno de los aspectos más relevantes de la historiografía sobre la guerra civil española. Para muchos historiadores constituyó un capítulo precedente de la Segunda Guerra Mundial. Al principio de la contienda, en la **Sociedad de Naciones (SDN)** se creó un **Comité Internacional de No Intervención,** que resultó absolutamente ineficaz para evitar la presencia internacional en la guerra. En el aspecto militar, la participación en los dos bandos fue importante y en el sector franquista decisiva en los primeros días, por ejemplo, en el paso del Estrecho por parte de las tropas de África.

En ambos ejércitos, los combatientes extranjeros contribuyeron a reforzar su proceso de organización y consolidación. Con la importante diferencia de que, mientras en el bando republicano la masa de voluntarios se enroló individualmente o en pequeños grupos, con la excepción de los pilotos y tanquistas rusos, en el bando franquista los combatientes marroquíes, italianos y alemanes constituían unidades regulares de sus ejércitos.

6.1. Los apoyos de la República

La República contó con el apoyo de un voluntariado internacional que alcanzó cerca de 50 000 combatientes, las **Brigadas Internacionales.** Pero tuvo grandes **dificultades para adquirir suministros** y **pertrechos militares** debido a la política de no intervención de las democracias occidentales y al cierre de fronteras. Financió esos recursos mediante riguroso pago a Francia y Rusia con divisas y reservas de oro del Banco de España. En congruencia con su estrategia político-militar, el Gobierno republicano propuso en la Sociedad de Naciones la retirada de combatientes extranjeros de ambos bandos en septiembre de 1938. En noviembre de ese año, las Brigadas Internacionales abandonaron España.

6.2. Los apoyos a Franco

Alemania, Italia y Portugal apoyaron con unidades militares, recursos y financiación al ejército franquista. Por parte de **Alemania,** la Legión Cóndor, formada por soldados y oficiales muy cualificados y con armamento de nuevo tipo, prestó una gran ayuda a Franco; su marina hostigó las zonas leales y colaboró en ataques como la «operación Ursula», frente a Málaga (noviembre de 1936) o el bombardeo de Almería en mayo de 1937. La **Italia** fascista apoyó desde el primer momento con el envío de aviones para facilitar el paso del estrecho de Gibraltar y envió el llamado Cuerpo de Tropas Voluntarias, que llegó a estar formado por más de 80 000 soldados regulares. Otras unidades menores fueron las remitidas por **Portugal** (Legión Viriato) y alguna unidad de voluntarios irlandeses.

Actividades

12 ¿Qué consecuencias tuvo para la República la política de no intervención propiciada por la SDN ? ¿Afectó en igual medida al bando rebelde?

13 ¿Qué eran y qué papel desempeñaron las Brigadas Internacionales?

Las carencias de la República

Testimonio de Orwell

«(...) Al unirme a la milicia, me informaron de que sería enviado al frente al día siguiente, (...) criaturas ansiosas que serían arrojadas a la línea del frente casi de inmediato no aprendían ni siquiera a disparar un fusil (...). En esa época ignoraba que el motivo de este absurdo era la total carencia de armas. (...)».

Orwell, G.: *Homenaje a Cataluña.*

Dificultades para la compra de armamento

«Y cuando el Gobierno de la República, desprovisto de sus fuerzas coactivas del ejército y de la policía, sin armas con que poder improvisar un ejército, se dirigió a los países con los cuales tenía firmados convenios y pactos de amistad y cuando acudió a la Sociedad de las Naciones con la misma demanda, en todas partes se le contestó: "La razón está contigo y te seguimos reconociendo el derecho como gobierno legítimo de España, pero no te damos elementos para sofocar esa rebelión". Con Francia nuestro dolor fue doble. Yo puedo hablar de ello con excepcional competencia porque siendo ministro de Industria y Comercio se inició con Francia la negociación de un nuevo Tratado de Comercio, y como hasta entonces la balanza nos era favorable, para ver el modo de enjugar su déficit en esa balanza comercial, Francia nos exigió una serie de compras de distintos elementos a lo que nosotros, después de mucho discutir, accedimos en gran parte, y una de las cláusulas que en el Tratado comercial firmado por el señor Samper, mi sucesor, figura es la compra de un número de aviones de guerra. Estaba en el poder un socialista, Léon Blum, cuando la guerra estalló, y el Gobierno español, con su Tratado en la mano, acudió a Francia a pedirle que le vendiera los aviones, y Francia no se los vendió, y no solamente no se los vendió sino que por motivo de esa reclamación del Gobierno español ideó el instrumento antijurídico más inmoral que ha existido jamás en la relación entre los pueblos, el Comité de No Intervención (...)».

Félix Gordón Ordás, 17 de julio de 1938.
Cit. en Viñas, A.: «Blum traicionó a la República», *Historia 16,* n.° 24.

Consecuencias de la guerra

7.1. La demografía

La guerra supuso una **fractura demográfica** importante. Por un lado, el impacto en pérdidas humanas fue muy considerable. Se estima que las víctimas de la contienda superaron el medio millón de personas, incluyendo muertos en combate y represaliados en retaguardia.

Además, habría que contabilizar los ejecutados por los vencedores tras la guerra, no menos de 50 000 personas. A estas hay que sumar, al menos, otras 300 000 personas exiliadas a Francia y a países latinoamericanos principalmente.

En cuanto al poblamiento, hay que señalar que en los años de la posguerra se produjo un estancamiento e incluso un **retroceso** de la **población urbana** debido al desmantelamiento de la economía industrial y de los servicios, y a la necesidad de buscar la subsistencia cerca de la tierra.

7.2. Consecuencias políticas

Fueron las más importantes desde el punto de vista histórico. Se estableció una dictadura militar que se prolongaría durante casi cuarenta años, con la pérdida de libertades políticas y la persecución de cualquier forma de disidencia.

La **Ley de Responsabilidades Políticas (1939)** envió a cárceles y campos de concentración a todos los combatientes del bando republicano que no se exiliaron, calculándose que todavía en 1945 permanecían encarcelados, a consecuencia de la guerra, unos 100 000 españoles. En muchos casos, sus condenas incluían trabajos forzados (construcción de vías férreas y de carreteras, reconstrucción de obras públicas, edificación del Valle de los Caídos, etc.). El régimen era, sobre todo, un estado policial.

En cuanto a la política exterior, el carácter dictatorial del régimen franquista llevó a España a una situación de **compromiso** con los **regímenes fascistas** hasta 1942. Después, a una fase de **aislamiento** que se recrudeció en 1946 por la condena de la ONU al régimen y la retirada de embajadores, que duró hasta los acuerdos con Estados Unidos de 1953 y la entrada en la ONU en 1955.

7.3. La economía

Los años cuarenta fueron los **«años del hambre».** La destrucción de recursos económicos e infraestructuras es de muy difícil cálculo. La cabaña ganadera se redujo en la guerra en un 60 %, mientras la producción agrícola bajó en un 25 %, aproximadamente. En todo caso, superó el 25 % del PIB.

Consecuencias demográficas de la guerra

«Tres años de enfrentamiento bélico no podían por menos de producir consecuencias sociales de primera importancia. Para empezar, la guerra provocó una considerable disminución de la población. Aunque no hay acuerdo en las cifras, parece demostrado que no se llegó al tan repetido "millón de muertos", por el contrario, las estimaciones más precisas se sitúan entre los 300 000 (R.S. Larrazábal) y los 550 000 o 600 000 a que se refieren otros autores (H. Thomas, G. Jackson, A. de Miguel). Pero a los muertos hay que añadir los encarcelados o recluidos en campos de concentración, y quienes marcharon a Francia, para pasar desde allí a otros países europeos y, sobre todo, latinoamericanos; en total, quizá llegaron a ser otro medio millón, con lo que a fin de cuentas se puede calcular que el país perdió en torno al millón de personas».

Pérez Ledesma, M.: *Estabilidad y conflicto social.* Madrid, Nerea, 1992, p. 223.

Grupo de mujeres y niños llegando al paso fronterizo de Le Perthus (Francia). Miles de personas dejaron España camino del exilio como consecuencia de la Guerra Civil.

La **Hacienda Pública** estaba **arruinada** y sin reservas financieras. La inflación multiplicó por diez el índice de precios en la década siguiente a la guerra. Se produjo un estancamiento económico durante toda la década; de manera que no se recuperó el nivel de renta de 1935 hasta ya entrados los años cincuenta.

El índice de producción industrial de 1929 se recuperó en 1950. Por otra parte, España no pudo beneficiarse de las ayudas estadounidenses para la reconstrucción del Plan Marshall de 1947 por el tipo de régimen dictatorial y el consiguiente aislamiento internacional que provocó la dictadura.

7.4. La cultura

El **aislamiento** cultural y científico de España fue otra consecuencia. La mayor parte de las fuerzas de la cultura, que habían apoyado a la República, fueron aniquiladas o marcharon al exilio. Un 90 % de los intelectuales se exiliaron, la generación del 27 casi al completo.

Actividades

14 Señala los principales problemas en la España de la inmediata posguerra, derivados de las pérdidas demográficas y del exilio político.

15 Busca información en Internet y realiza un informe documentado sobre el aislamiento político y económico del franquismo por los principales países del mundo.

El exilio exterior e interior

El triunfo militar en la Guerra Civil del bando nacional significó la destrucción del apenas iniciado sistema científico español relacionado con la llamada Edad de Plata. El exilio implicó la pérdida de una parte esencial de los representantes más cualificados de la cultura española, incluido el componente científico.

Quienes no pudieron exiliarse sufrieron la represión y la depuración: aquellos que se libraron del pelotón de fusilamiento fueron expulsados de sus cátedras, internados en campos de concentración y, una vez liberados, obligados a sobrevivir las más de las veces en ocupaciones alejadas de su formación profesional, convertidos de hecho en exiliados interiores.

Las depuraciones y el exilio degradaron el sistema educativo y científico al eliminar drásticamente a los maestros, profesores universitarios y científicos más destacados. Por ejemplo, al químico Enrique Moles, exiliado en Francia, inmediatamente le otorgaron un importante cargo y fue incorporado al sistema investigador del país. Pero, la invasión alemana durante la Segunda Guerra Mundial le obligó a regresar a España. A su vuelta fue sometido a un consejo de guerra y condenado a muerte, condonada por cadena perpetua; y aunque fue posteriormente puesto en libertad, nunca recuperó su cátedra ni pudo reanudar las investigaciones que le habían supuesto un reconocimiento mundial.

La guerra supuso una ingente destrucción de patrimonio cultural. Lo atestiguan hoy algunas localidades como Belchite, en Aragón, o Corbera d'Ébre, en Tarragona, donde los bombardeos y combates casa por casa llevaron a la destrucción del caserío, incluidos templos de alto valor artístico. Algunos de estos fueron incautados por milicias revolucionarias y dedicados a usos civiles o militares. Otros bienes, como pinturas del Museo del Prado fueron trasladados a Ginebra, para evitar su destrucción en los bombardeos de 1936. Fueron devueltos en 1939.

ACTIVIDADES

1 Análisis y comentario de un mapa de operaciones militares

Los mapas de esta clase describen los territorios y enclaves ocupados por las fuerzas contendientes en una guerra, los movimientos de tropas y las grandes líneas estratégicas de los diferentes ejércitos.

Su estudio permite interpretar la evolución de la contienda y los factores que explican el desarrollo y los resultados del conflicto. El análisis de un mapa requiere:

1. Identificación del mapa y su contenido: fecha, bandos, etc.
2. Descripción de su contenido: áreas geográficas ocupadas, frentes y líneas de avance, lugares de enfrentamientos decisivos y fechas.
3. Análisis y comentario: explicación de la importancia de determinadas zonas y de batallas decisivas. Valoración de las estrategias de los bandos (iniciativas y resistencia de unos y otros).
4. Juicio sobre la marcha de la guerra en el momento que describe el mapa, relacionándolo con otros aspectos: conflictos internos en los ejércitos, apoyos exteriores, etc.

- **Comprobamos.** Aplica los criterios señalados al análisis del mapa adjunto sobre la situación de los bandos en la Guerra Civil (1937-1939), con especial atención a los movimientos de ambos ejércitos.

La guerra civil española (1936-1938)

2 Análisis y comentario de la «primera» de un periódico

El análisis y comentario de la portada de un diario permite apreciar el significado histórico de los hechos a partir del modo como los percibe la opinión pública en el momento en que acontecen.

Como fuentes directas y primarias, esenciales en la historia contemporánea, los periódicos ofrecen al historiador una información inestimable sobre las versiones que diferentes tendencias ideológicas presentan de los hechos.

El análisis de un periódico implica:

1. Identificación del periódico: fecha, tendencia ideológica, etc.
2. Descripción de los titulares y el contenido de la información que aparece, señalando el énfasis que se pone en ellos: columnas que ocupan las noticias, tamaño de los titulares, etc.
3. Análisis y comentario del contenido de la noticia, relacionándolo con el contexto histórico, las tendencias ideológicas más evidentes que pueden aparecer en la noticia, etc.
4. Valoración de los hechos descritos en el periódico a la luz del conocimiento actual que se tiene de ellos y el juicio actual de la historiografía.

- A partir de las pautas señaladas, analiza la cabecera del diario *Ahora* del 14 de julio de 1936.

AÑO VII NUM. 1.731

PRIMERA EDICION

Director propietario: LUIS MONTIEL

Subdirector: M. CHAVES NOGALES

Apartado 8.094

AHORA

PASEO DE SAN VICENTE, 26

Madrid, martes 14 de julio de 1936

Número suelto: 15 céntimos

Precios de suscripcion: Madrid, 3,50 pesetas al mes; Provincias, 12,00 pesetas trimestre; Extranjero, 30,00 pesetas trimestre

Teléfono 18340

DOS CRIMENES ABOMINABLES EN EL TRANSCURSO DE POCAS HORAS

UN TENIENTE DE ASALTO Y EL SEÑOR CALVO SOTELO FUERON ASESINADOS

EL TENIENTE CASTILLO FUE AGREDIDO A TIROS CUANDO SALIA DE SU CASA PARA TOMAR EL SERVICIO A LAS DIEZ DE LA NOCHE DEL DOMINGO

EL JEFE DE RENOVACION ESPAÑOLA FUE SECUESTRADO EN LAS PRIMERAS HORAS DE LA MADRUGADA, MUERTO DE UN BALAZO Y SU CADAVER DEPOSITADO, POR SUS MISMOS AGRESORES, EN EL CEMENTERIO MUNICIPAL

El Gobierno, reunido en Consejo, deliberó sobre ambos dolorosos acontecimientos y, entre otras medidas, acordó el nombramiento de jueces especiales

3 Estudio comparativo de dos textos propagandísticos

La lucha política y, mucho más, la guerra genera textos propagandísticos en los que la información aparece sesgada y orientada a favor del bando que los produce y emite. En la guerra civil española, desde el primer momento, se ofrecen dos versiones antagónicas de los mismos hechos. Su lectura y análisis nos permite comprender las actitudes y las expectativas de cada bando. El análisis de estos materiales debe seguir estas pautas:

1. Identificación de los autores y su posición. Descripción del contexto en el que se desarrolla el conflicto o el debate.
2. Descripción del contenido de los textos atendiendo a los aspectos que exponen, la información que omiten, los argumentos que utilizan, etc.
3. Análisis y comentario del contenido: momento de la confrontación, problemas y expectativas de ambas posturas, intenciones con que elaboran sus textos...
4. Valoración de los documentos en el contexto histórico general. Significado de las distintas posiciones y valoración del resultado final del enfrentamiento.

Dos visiones de la sublevación militar del 17 y 18 de julio de 1936

El alzamiento visto por el Gobierno: «Se ha frustrado un nuevo intento criminal contra la República. El Gobierno no ha querido dirigirse al país hasta conseguir conocimiento exacto de lo sucedido y poner en ejecución las medidas urgentes e inexorables para combatirlo.

Una parte del ejército que representa a España en Marruecos se ha levantado en armas contra la República, sublevándose contra la propia Patria y realizando un acto vergonzoso y criminal de rebeldía contra el poder legítimamente constituido.

El Gobierno declara que el movimiento está exclusivamente circunscrito a determinadas ciudades de la zona del Protectorado. Y que nadie, absolutamente nadie, se ha sumado en la Península a tan absurdo empeño. Por lo contrario, los españoles han reaccionado de un modo unánime y con la más profunda indignación contra la tentativa reprobable y frustrada ya en su nacimiento».

Comunicado emitido por radio, la mañana del 18 de julio de 1936.

El alzamiento visto por los sublevados: «Españoles: El ejército es dueño de toda España, menos de algunos puntos aislados donde luchamos con ventaja. Las columnas victoriosas que se dirigen a Madrid están en el Guadarrama a pocos kilómetros de la capital, que no tardará en caer en nuestras manos. El general Franco se encontraba ayer en Córdoba al frente de una fuerte columna de tropas procedentes de África. Es inútil oponerse al avance de la mayor parte del pueblo español sano, que solo desea una España libre de odios.

El intentar resistir solo conducirá a derramar sangre que el ejército quiere evitar, pues está convencido de que, libres de los errores y malas pasiones que en el pueblo han querido encender malos españoles, podemos, todos unidos, conseguir la grandeza de nuestra Patria».

General Mola, 19 de julio de 1936.

- Analiza y comenta, según lo apuntado, estos dos comunicados radiofónicos emitidos por el Gobierno republicano y por el general Mola en los primeros momentos de la Guerra Civil.

4 Interpretación de carteles propagandísticos

El cartel constituye un recurso comunicativo que ha tenido una gran difusión en el mundo durante el siglo XX. Como instrumento publicitario, tiene una función persuasiva, y pretende –según la fórmula clásica– «provocar interés, atención, deseo y acción». De ahí su valor artístico y su eficacia comunicativa. Durante la Guerra Civil se recurrió frecuentemente a este tipo de comunicación. Estos carteles tienen un enorme valor como exponentes de las posturas ideológicas y morales de ambos bandos y expresan, además, sus objetivos políticos, sus problemas y aspiraciones. Para interpretarlas y analizarlas, es necesario seguir estos puntos:

1. Identificación del bando, el partido o la organización que edita el cartel, así como el tema que aborda y el tipo de mensaje que contiene.
2. Descripción y análisis pormenorizado de los elementos iconográficos del cartel: lemas, objetos, escenas, alegorías, etc., así como la composición del cartel según la distribución de los elementos.
3. Comentario del contenido y la función social del cartel: qué pretenden sus autores, qué razones explican la urgencia del asunto que plantea, etc.
4. Valoración de las posturas ideológicas y el conjunto del programa social y político del bando autor del cartel.

- Analiza y comenta el cartel siguiendo los criterios apuntados.

Cartel del Partido Comunista durante la Guerra Civil, de Adelardo Parrilla.

12

Desfile de la Vitoria, en Madrid, el 19 de mayo de 1939.

La dictadura de Franco (1939-1975)

Desde su triunfo en la Guerra Civil, Franco gobernó España hasta su muerte, en 1975. Lo hizo de modo dictatorial, sobre un país arruinado por tres años de guerra, que poco a poco fue recuperándose hasta alcanzar un notable desarrollo económico a partir de la década de 1960.

Sin alterar su naturaleza autoritaria, el régimen franquista procuró adaptarse formalmente a los acontecimientos internacionales con el objetivo de conseguir el reconocimiento de las demás naciones y su propia estabilidad interior.

En un contexto de mayor bienestar social, promovido por el despegue económico, creció la movilización popular en demanda de libertades, mientras que el régimen no ofrecía otra respuesta que el endurecimiento de su política represiva. El franquismo se desmoronaba a medida que la vida de su fundador se extinguía.

QUÉ VAS A ENCONTRAR EN ESTA UNIDAD

DESAFÍOS QUE **DEJAN HUELLA**

Los contenidos y las actividades de esta unidad pueden resultar de utilidad para la realización del proyecto multidisciplinar «La España que no fue».

1

Las bases del régimen franquista

Franquismo es el nombre que recibe en la historia el régimen instaurado por el general Franco a raíz de su victoria en la Guerra Civil.

El **régimen franquista** fue una **dictadura** a la que, según el momento, se puede adjetivar de una u otra forma, pero sin olvidar que Franco siempre tuvo todos los poderes en sus manos y que los limitó cuando él quiso.

Ningún otro gobernante acumuló tanto poder en España, del que no tenía que responder más que «ante Dios y ante la Historia».

1.1. Los ingredientes ideológicos

1.1.1. Nacionalcatolicismo

Franco adoptó una **mentalidad nacionalcatólica radical,** lo que determinó su fundamentalismo religioso y su visión de sí mismo como hombre providencial elegido por Dios para la salvación de España. Según sus propias confesiones, durante la guerra había recibido «la ayuda escandalosa de la Providencia». Como una variante del nacionalismo español, pero de mayor arraigo y resistencia, el Estado y la Iglesia colaboraron en la afirmación del

Francisco Franco

Breve biografía de un dictador

«Cuando se sublevó, el 18 de julio de 1936, (...) tenía 43 años y era sin duda uno de los militares más prestigiosos del Ejército español (...) fue básicamente un militar, (...), convencido como tal de que el Ejército era la "columna vertebral" de la patria y la garantía de la unidad nacional; un militar que veía en los principios de orden, unidad y autoridad la encarnación del patriotismo, que pensaba que el liberalismo y la monarquía parlamentaria de 1876 habían sido responsables de la derrota del 98 y de la decadencia española (...). Con la unificación política (abril de 1937) quedó configurado el franquismo, una amalgama de ideas totalitarias y corporativistas (democracia orgánica, sindicatos verticales) y concepciones conservadoras y católicas; un régimen de poder personal que concentró toda la capacidad ejecutiva y la legislativa en Franco (...). La política de Franco se resumió en lo que Carrero Blanco le sugirió en 1945: orden, unidad y aguantar, propósito para el que le sirvieron idóneamente su habilidad y astucia (...).

No fumaba ni bebía, su conversación favorita eran los recuerdos de África y de la Guerra Civil, le gustaban la caza y la pesca, jugar con algunos compañeros de armas a las cartas y ver cine y fútbol en la televisión. Nunca presumió de lector. (...) desconfiaba de la vida intelectual, que asociaba con pesimismo y crítica, y tenía a los intelectuales por gentes envanecidas e irresponsables (...).

Tales eran el horizonte y talante intelectuales del hombre -el caudillo- que rigió la historia española entre 1939 y 1975 (...). El franquismo fue en buena medida la cristalización política de una España real, (...), la España de clase media urbana y rural y conciencia católica, la España del orden y la familia tradicional (...)».

Juan Pablo Fusi, *El País*,
20 de noviembre de 1995.

¿Un régimen fascista?

«El franquismo ha nacido en la guerra y ha crecido en la victoria, tan penosa y tan dolorosa, y aparece como un régimen de excepción, extremadamente personalizado y cuya duración se identifica con la vida misma de su jefe. Incluso en la Europa del fascismo no hay una dictadura más absoluta que la del general Franco. Es el elemento permanente de un sistema cuyas formas variarán considerablemente en el futuro (...) un régimen fascistizante apoyado en unas fuerzas conservadoras. El franquismo, tal como hemos visto, no es un fascismo. Pero en su forma inicial toma de él muchos aspectos, empezando por la existencia de un partido único (...)».

Témine, E., *et al.: Historia de la España contemporánea*.
Barcelona, Ariel, 1985, p. 289

En la imagen, Franco con su mujer, Carmen Polo, y su hija, Carmen.

Cruce de telegramas entre Pío XII y Franco

Telegrama del papa Pío XII al general Franco

«Levantando nuestro corazón al Señor, agradecemos sinceramente, con V.E., deseada victoria católica España. Hacemos votos para que este queridísimo país, alcanzada la paz, emprenda con nuevo vigor sus antiguas y cristianas tradiciones, que tan grande le hicieron. Largos sentimientos efusivamente enviamos a Vuestra Excelencia y a todo el noble pueblo español nuestra apostólica bendición. Papa Pío XII».

Respuesta de Franco a Pío XII

«Intensa emoción me ha producido paternal telegrama de Vuestra Santidad con motivo victoria total de nuestras armas que en heroica cruzada han luchado contra enemigos de la Religión, de la Patria y de la civilización cristiana. El pueblo español, que tanto ha sufrido, eleva también, con Vuestra Santidad, su corazón al Señor, que le dispensó su Gracia, y le pide protección para su gran obra del porvenir, y conmigo expresa a Vuestra Santidad inmensa gratitud por sus amorosas frases y por su apostólica bendición, que ha recibido con religioso fervor y con la mayor devoción hacia Vuestra Santidad. Francisco Franco, Jefe del Estado Español».

ABC, Madrid, 2 de abril de 1939.

La Iglesia católica fue la gran legitimadora de la dictadura franquista. A cambio, dominó la vida social y la educación, imponiendo una estricta moral dogmática tanto en lo público como en lo privado.

nacionalcatolicismo, una ideología que consideraba la fe católica consustancial al ser español.

La teoría del nacionalcatolicismo, con su sencillez intelectual –España equivale a tradición religiosa–, favoreció su asimilación por las masas y se convirtió en el mejor instrumento de integración de las derechas.

A falta de un ideal de movilización laico y democrático, el régimen franquista aprovechó las ventajas de un nacionalcatolicismo que no ponía en peligro su control del poder, conectaba con el pueblo sencillo y legitimaba religiosamente a Franco como «caudillo de España por la gracia de Dios».

1.1.2. Militarismo

Un elemento que nunca abandonó el régimen franquista fue su carácter de administrador de una victoria militar. La apelación a la victoria, como razón última de legitimidad del poder de Franco, fue empleada con insistencia hasta 1964, año en que se celebraba el 25 aniversario del régimen, que no se podía concebir sin el Ejército, a cuyos oficiales asignó un papel relevante y cuya impronta se reflejaba en el **autoritarismo** con que se ejercía el poder.

El **Ejército** prestó una fidelidad absoluta al Estado franquista y se identificó plenamente con el régimen. En opinión de Franco, era el núcleo de la esencia nacional y el legítimo interprete de la voluntad popular. A los militares se les confiaron numerosos gobiernos civiles y la responsabilidad del orden público, y llegaron a sumar un total de cuarenta ministros en los 114 gabinetes franquistas. A pesar de esta militarización del orden, Franco apenas recurrió a él para controlar la calle; le bastó con la **Policía Armada** y la **Guardia Civil**, cuyo exagerado número de efectivos hizo de España el país más policial de Europa.

La Guardia Civil tuvo un papel destacado en la represión de los movimientos antifranquistas. Su carácter militar hizo a este cuerpo especialmente idóneo para la función represiva, hasta convertirlo en la imagen del nuevo orden público del régimen.

Actividades

1. ¿Qué diferenciaba al régimen franquista de los fascismos europeos? ¿Influyó en ello la personalidad del general Franco?
2. ¿Qué papel desempeñaron la Iglesia católica y Falange Española en la elaboración de los principios ideológicos del franquismo?
3. ¿En qué grupos sociales encontró apoyo inmediato la dictadura franquista al finalizar la Guerra Civil? ¿Por qué?

1.1.3. Nacionalismo centralista

Si todo movimiento autoritario es centralizador, en el caso del franquismo tanto los militares vencedores como la Falange tenían una sensibilidad centralista muy acusada, por cuanto la República contra la que se alzaron había accedido a las exigencias autonomistas de catalanes y vascos. De ahí que el nacionalismo español constituyera una parte esencial del ideario del régimen franquista y fuera utilizado como fórmula popular movilizadora durante los años de aislamiento internacional.

El franquismo eliminó del concepto de nación el sentido romántico de comunidad espontáneamente vivida, sustituyéndolo por el falangista de **unidad histórica** a la que se atribuye una **unidad de destino.**

1.1.4. Corporativismo fascista

El régimen franquista planteó en el plano doctrinal una tercera vía, el **nacionalsindicalismo,** cuya formulación no pasó de la retórica de algunas leyes y discursos. En la práctica, el franquismo fue capitalista, si bien su ideario socioeconómico constituía una amalgama de los principios liberales sobre la propiedad y los controles sindicales, laborales y políticos del fascismo. Consecuente con su ideología antiliberal, el franquismo **rechazó** el **sistema de partidos** y estableció solo uno, Falange Española Tradicionalista y de las JONS, que llegó a tener más de un millón de afiliados en los años cuarenta, aunque de afiliación no obligatoria más que para los funcionarios del Estado.

El concepto de **democracia orgánica,** con el que el régimen se autodefinía, implicaba que la representación política no la constituían los individuos, sino las que se suponía que eran las unidades orgánicas de la sociedad **–la familia, el municipio, el sindicato–,** mediante la designación y elección indirecta de los candidatos.

1.2. Las bases sociales

El franquismo duró casi cuarenta años gracias a la obstinación política y a la resistencia física de su fundador. La **represión** y el ejercicio diario de la **propaganda** por todos los medios imaginables contribuyeron a la larga duración del régimen. Pero sin la existencia de importantes **apoyos institucionales** y **sociales,** Franco difícilmente hubiera podido sobrevivir a las presiones exteriores, la oposición política, las agitaciones estudiantiles o las protestas obreras y regionales.

El «Generalísimo» tuvo mucho mayor apoyo social del que le atribuían sus oponentes, aunque nunca contó con la adhesión activa de las minorías más preparadas. La **Falange,** la **Iglesia** y el **Ejército** fueron los tres pilares en los que el franquismo se apoyó, con diferente intensidad, durante sus años de vida.

El partido falangista resultó potenciado a raíz del Decreto de Unificación, decidido por Franco en 1937, con la creación de FET de las JONS, partido único, que imitaba en retórica y estética a los partidos fascistas italiano y alemán.

Hasta 1945 mantuvo cierta influencia en el Gobierno, pero la derrota del fascismo en la Segunda Guerra Mundial, el recelo hacia ellos del Ejército y de la Iglesia, así como los nuevos intereses estratégicos de Franco, lo llevaron primero a la irrelevancia y, finalmente, al ostracismo.

En la imagen, desfile de la Falange.

Más información en la web de recursos de **anayaeducacion.es**.

1.2.1. La Falange

Franco nunca fue un falangista convencido, pero la Falange le resultaría de gran utilidad. Gracias a la desaparición de su fundador, José Antonio Primo de Rivera, el caudillo pudo contar enseguida con servidores dóciles que le aplaudían en sus viajes por España y le facilitaban la retórica de su programa de reforma social.

La Falange tuvo, durante todo el régimen, algunos representantes entre los ministros de Franco, aunque, pasados los primeros años, sus miembros jamás accederían a las carteras de mayor influencia.

1.2.2. La Iglesia

Según el franquismo, Estado e Iglesia eran inseparables, y de esta recibió el régimen desde sus comienzos la legitimidad moral que necesitaba.

Al abrigo del nacionalcatolicismo y de la consiguiente **definición confesional** del **Estado,** la Iglesia española tuvo todo lo que cualquier otra institución hubiera podido desear: aceptable bienestar económico, poder social efectivo, estricto control de sus posibles enemigos, extraordinarias facilidades para la práctica religiosa y la difusión de la doctrina. Si el poder político actuó de protector de la Iglesia, esta a su vez se convirtió en un **instrumento legitimizador** del Estado y de los ideales patrióticos de Franco.

1.2.3. El Ejército

El poder de los militares dentro del Gobierno alcanzó su punto culminante entre 1939 y 1945, siendo a partir de entonces progresivamente reemplazados en la alta Administración del régimen por funcionarios adictos.

Con todo, la influencia del Ejército sobre el dictador nunca desapareció, pues Franco no dejó de tener al lado viejos compañeros de armas, como el general Alonso Vega o el almirante Luis Carrero Blanco, que, aparte de sus funciones en el Gobierno, le asesoraban en el nombramiento de ministros.

A pesar de que Franco no hizo nada por resolver los problemas de los militares -salarios bajos, lento sistema de promoción-, siempre pudo contar con la **fidelidad** del Ejército. Solo le causaron pequeños problemas algunos de sus compañeros de la Guerra Civil: los generales monárquicos, que en los primeros años de la posguerra pretendieron la restauración de la Corona.

Actividades

4 ¿Funcionó, durante el franquismo, el principio de la división de poderes? Razona tu respuesta.

Ley de Sucesión en la Jefatura del Estado

La oposición monárquica al general Franco tuvo sus valedores principales en círculos de la aristocracia y entre una serie de generales, como Antonio Aranda, José Moscardó o José Enrique Varela.

En 1945, derrotado el fascismo europeo, don Juan de Borbón emitió una declaración marcando distancia con el franquismo y reclamando la restauración de la monarquía.

Las maniobras de Franco, aplazando sus decisiones, desplazando a sus compañeros de armas a destinos irrelevantes y planteando la Ley de Sucesión en 1947, en la que España se constituía en monarquía (sin rey, de momento), le permitieron anular esta oposición, por lo demás complaciente con su autoritarismo.

«(...) De conformidad con la propuesta de las Cortes, y con la expresión auténtica y directa de la voluntad de la Nación. DISPONGO:

Artículo primero. España, como unidad política, es un Estado católico, social y representativo, que, de acuerdo con su tradición, se declara constituido en Reino.

Artículo segundo. La Jefatura del Estado corresponde al Caudillo de España y de la Cruzada, Generalísimo de los Ejércitos, don Francisco Franco Bahamonde.

Artículo tercero. Vacante la Jefatura del Estado, asumirá sus poderes un Consejo de Regencia; constituido por el Presidente de las Cortes, el Prelado de mayor jerarquía, un Consejero del Reino y el Capitán General del Ejército de Tierra, Mar o Aire o, en su defecto, el Teniente General en activo de mayor antigüedad y por este mismo orden. El Presidente de este Consejo será el de las Cortes, y para la validez de los acuerdos se requerirá la presencia, por lo menos, de dos de sus tres componentes y siempre la de su Presidente.

Artículo cuarto. Un "Consejo del Reino" asistirá al Jefe del Estado en todos aquellos asuntos y resoluciones trascendentales de su exclusiva competencia. Su Presidente será el de las Cortes (...).

Artículo quinto. El Jefe del Estado estará asistido preceptivamente por el Consejo del Reino en los casos en que la presente Ley u otra de carácter fundamental establezca este requisito.

Artículo sexto. En cualquier momento el Jefe del Estado podrá proponer a las Cortes la persona que estime deba ser llamada a sucederle, a título de Rey o de Regente, con las condiciones exigidas por esta Ley (...)».

BOE, 27 de julio de 1947.

1.2.4. La oligarquía, el campesinado y la pequeña burguesía

El estado franquista se sintió también respaldado durante su ejercicio por los grupos sociales que habían apoyado la sublevación militar: grandes **terratenientes, empresarios industriales, financieros, pequeñas burguesías** provincianas y el **campesinado** católico del norte y centro del país.

En los años sesenta, el crecimiento económico hizo surgir una clase media muy numerosa que admitía la falta de libertades políticas a cambio de un nivel aceptable de bienestar. A su vez, una nueva clase trabajadora identificó su progreso con la actuación económica del franquismo: eran los **obreros apolíticos,** a los que en el lenguaje de la oposición se llamaba «estómagos agradecidos».

Tampoco estuvieron descontentas con el franquismo las pequeñas burguesías enriquecidas por el proteccionismo oficial de la industria en Cataluña y en el País Vasco, las generaciones de empresarios jóvenes y todos los colectivos que consiguieron promocionarse en el escalafón de la Administración pública.

Nada, sin embargo, pudo ayudar más a la longevidad del régimen que la **falta** de **conciencia política** en la que régimen franquista mantuvo a los españoles mediante una sistemática represión de toda actitud crítica.

A través de un **control** absoluto de los mecanismos de **propaganda** y de la **educación,** solo debilitado en los últimos años de la dictadura, la generación de posguerra recibió un modelo de enseñanza autoritario y coactivo del que se liberó, más tarde, por sus propios medios.

1.3. Institucionalización del régimen: las leyes fundamentales del Estado

El «Generalísimo» era muy reacio a fijar en exceso y en detalle las atribuciones del poder y se opuso frontalmente a una constitución que recordase el período liberal. Cuando se decidió a institucionalizar su gobierno personal, fue en respuesta a acontecimientos externos y a presiones de quienes querían asegurarse la continuidad del régimen franquista en España. Ello obligó a promulgar un conjunto de leyes complejas, y a veces contradictorias, que aparecían según las necesidades políticas.

La censura

La prensa y los medios de comunicación fueron un instrumento férreamente controlado por el régimen franquista; primero, por el Ministerio de Gobernación y, a partir de 1951, por el Ministerio de Información y Turismo. Los periódicos eran voceros de una información seleccionada, depurada y censurada, que reproducía las consignas dictadas desde el poder.

«Estas "consignas" no solo eran de orientación general sobre un determinado asunto, sino que incluían muchas veces textos editoriales casi totalmente elaborados. En otros casos entraban en pormenores casi ridículos sobre el número de fotografías que debían publicarse, su tamaño, su situación en la página, etc. Por ejemplo, ante la muerte de Ortega y Gasset se permitieron solo tres artículos a cada periódico, una biografía y dos de comentario, que debían señalar sus errores en materia religiosa. No podía publicarse una fotografía de Ortega vivo, sino de la capilla ardiente o de la máscara funeraria. O la proporción que debía guardarse de publicar cinco fotografías del jefe del Estado por cada una del príncipe Juan Carlos, etcétera, etcétera (...)».

Timoteo Álvarez, J., *et al.*: *Historia de los medios de comunicación en España.* Barcelona, Ariel, 1989, p. 241.

Cartel promocional de la película en Estados Unidos.

Cartel promocional de la misma película, en España, después de la censura.

1.3.1. El Fuero del Trabajo

Promulgado en 1938, en plena Guerra Civil, este Fuero estaba inspirado en la *Carta del Lavoro* italiana; articulaba las relaciones laborales en sus diferentes aspectos y establecía los fundamentos sobre los que se organizaría la economía del nuevo Estado.

1.3.2. La Ley Constitutiva de las Cortes

Promulgada en 1942, respondía al **concepto totalitario de representación,** repudiaba el sufragio universal e instauraba la representación corporativa y por causas naturales: la familia, el municipio y el sindicato. Sus funciones eran meramente consultivas, sin mención a la soberanía nacional, mientras que el jefe del Estado disponía de la plena capacidad de legislar.

1.3.3. Las leyes de «apariencia» liberal

Finalizada la Segunda Guerra Mundial, Franco publicó en 1945 el **Fuero de los Españoles,** como operación de maquillaje del régimen ante las exigencias democráticas de los vencedores. En apariencia era una declaración de derechos: el texto proponía un **sistema político autoritario de carácter confesional,** con derechos limitados y solo aprovechables por los afines al régimen. El mismo año, se promulgó **Ley del Referéndum,** que pretendía mostrar que en España estaba reconocido el sufragio universal. Así, esta ley establecía que los españoles podían ser consultados individualmente en forma de plebiscito nacional, siempre por decisión de Franco y para preguntarles sobre cuestiones de Estado.

Tras diez años de vida del régimen, la **Ley de Sucesión en la Jefatura del Estado** fue sometida a referéndum y aprobada en uno de los «pucherazos» de la historia del régimen por más del 93% de los votantes, con solo una abstención del 18%. La ley declaraba a España «reino» de acuerdo con su tradición monárquica. A Franco se le confirmaba como jefe vitalicio del Estado y se le reservaba el derecho de nombrar sucesor.

1.3.4. Las leyes de la consolidación de la dictadura

En 1958, sin deliberación previa en las Cortes, Franco promulgó la **Ley de Principios del Movimiento Nacional**, que suponía la incorporación institucional de la doctrina falangista y el reconocimiento de Falange Española Tradicionalista (FET) como único partido.

Publicada y sometida a referéndum en diciembre de 1966, la **Ley Orgánica del Estado** introdujo algunas novedades funcionales, como la separación de los cargos de jefe del Estado y presidente del Gobierno, aunque este no se cubriría hasta 1973.

Actividades

5 Explica el significado político de la expresión «España es una unidad de destino en lo universal», contenida en la Ley de Principios del Movimiento Nacional.

6 ¿Qué diferenciaba a las llamadas Leyes Fundamentales franquistas de una Constitución? ¿Por qué el franquismo no elaboró un texto constitucional?

La Ley de Referéndum, tenía como objetivo revestir de legalidad las decisiones políticas de Franco y tratar de homologar al régimen con las democracias occidentales.

La convocatoria del referéndum solo dependía de la voluntad de Franco y carecía de las mínimas garantías democráticas; el voto era obligatorio, con la imposición de sanciones económicas a quienes se abstuvieran, y la exclusión de las personas condenadas judicialmente, descartando de este modo al enorme número de represaliados políticos.

En la imagen, referéndum sobre la Ley Orgánica del Estado.

El Fuero del Trabajo

«Renovando la Tradición Católica, de justicia social y alto sentido humano que informó nuestra legislación del Imperio, el Estado, Nacional en cuanto es instrumento totalitario al servicio de la integridad patria, y Sindicalista (...) emprende la tarea de realizar –con aire militar, constructivo y gravemente religioso– la Revolución que España tiene pendiente y que ha de devolver a los españoles, de una vez para siempre, la Patria, el Pan y la Justicia (...).

I. 3. El derecho de trabajar es consecuencia del deber impuesto al hombre por Dios, para el cumplimiento de sus fines individuales y la prosperidad y grandeza de la Patria (...).

II. 1. El Estado se compromete a ejercer una acción constante y eficaz en defensa del trabajador, su vida y su trabajo (...).

II. 4. Declarado fiesta nacional el 18 de julio, iniciación del Glorioso Alzamiento, será considerado, además, como "Fiesta de exaltación del trabajo" (...).

III. 1. La retribución del trabajo será, como mínimo, suficiente para proporcionar al trabajador y su familia una vida moral y digna (...).

III. 4. El Estado fijará bases para la regulación del trabajo, con sujeción a las cuales se establecerán las relaciones entre los trabajadores y las Empresas. El contenido primordial de dichas relaciones será tanto la prestación del trabajo y su remuneración como el recíproco deber de lealtad, la asistencia y protección en los empresarios y la fidelidad y subordinación en el personal (...).

IV. 6. El Estado asegurará a los arrendatarios la estabilidad en el cultivo de la tierra (...) contra el desahucio injustificado (...). Es aspiración del Estado arbitrar los medios conducentes para que la tierra, en condiciones justas, pase a ser de quienes directamente la explotan. (...)

VIII. 3. El jefe de Empresa asumirá por sí la dirección de la misma, siendo responsable de ella ante el Estado (...).

XIII. 2. Todos los factores de la economía serán encuadrados por ramas de la producción o servicios en sindicatos verticales (...).

XIII. 4. Las jerarquías del sindicato recaerán necesariamente en militantes de FET y de las JONS (...)».

BOE, 10 de marzo de 1938.

Principios del Movimiento Nacional

«Yo, Francisco Franco Bahamonde, Caudillo de España, consciente de mi responsabilidad ante Dios y ante la Historia, en presencia de las Cortes del Reino, promulgo como Principios del Movimiento Nacional, entendido como comunión de los españoles en los ideales que dieron vida a la Cruzada, los siguientes:

I. España es una unidad de destino en lo universal. El servicio a la unidad, grandeza y libertad de la Patria es deber sagrado y tarea colectiva de todos los españoles.

II. La Nación española considera como timbre de honor el acatamiento a la Ley de Dios, según la doctrina de la Santa Iglesia Católica, Apostólica y Romana, única verdadera y fe inseparable de la conciencia nacional, que inspirará su legislación.

III. España, raíz de una gran familia de pueblos, con los que se siente indisolublemente hermanada, aspira a la instauración de la justicia y de la paz entre las naciones. (...)

VII. El pueblo español, unido en un orden de Derecho, informado por los postulados de autoridad, libertad y servicio, constituye el Estado Nacional. Su forma política es, dentro de los principios inmutables del Movimiento Nacional y de cuanto determinan la Ley de Sucesión y demás Leyes fundamentales, la Monarquía tradicional, católica, social y representativa.

VIII. El carácter representativo del orden político es principio básico de nuestras instituciones públicas. La participación del pueblo en las tareas legislativas y en las demás funciones de interés general se llevará a cabo a través de la familia, el municipio, el sindicato y demás entidades con representación orgánica que a este fin reconozcan las leyes. Toda organización política de cualquier índole al margen de este sistema representativo será considerada ilegal. Todos los españoles tendrán acceso a los cargos y funciones públicas según su mérito y capacidad (...)».

BOE, 19 de mayo de 1958.

2

La posguerra: los años cuarenta

Una guerra civil nunca termina el día en que se firma el último parte de la contienda. Por ello, el final de la guerra no trajo la paz a los españoles, sino que fue la aplicación, a lo largo de treinta y seis años, de lo que el propio régimen llamaba la «victoria».

2.1. La represión política

Millones de personas se vieron obligadas a cambiar bruscamente su comportamiento e ideas conforme a las exigencias políticas y sociales del nuevo Estado. Otras –quizás unas 60 000 entre 1939 y 1945– no tuvieron ni siquiera esa oportunidad: fueron ejecutadas. Los **exiliados** tuvieron que adaptarse a los países de acogida en situaciones especialmente dramáticas y con la Segunda Guerra Mundial a punto de estallar, mientras que los miembros de los partidos políticos derrotados que optaron por quedarse en España sufrieron duras penas de cárcel y una continua marginación social. Fueron internadas más de 700 000 personas en unos 300 campos de concentración creados por los vencedores, que persistieron hasta 1947. Muchos prisioneros fueron empleados en trabajos forzados, en condiciones de esclavitud.

La jerarquía eclesiástica, que estuvo al tanto de la represión ejercida por los ganadores, eligió muchas veces el silencio o la justificación de los excesos pretextando un bien mayor.

La **represión política** y social fue, con el hambre, la primera en aparecer en la escena de la posguerra. Una gran parte de las clases medias y obreras de filiación republicana fue depurada por el régimen, que la sustituyó en sus trabajos por otras personas, la mayor parte sin cualificación para la tarea encomendada. El temor a la represión y la necesidad de trabajar crearon una adhesión interesada al régimen franquista y que se apoyó en un **sistema policial** de **delaciones, denuncias** y **venganzas.**Las peticiones de delación aparecían en órdenes municipales, requisitorias de juzgados, en bandos militares..., y las penas por no delatar provocaban dramáticos casos.

La represión se hacía al amparo de la **Ley de Responsabilidades Políticas** (1939), por la que fueron encausados muchos de quienes habían permanecido en la zona republicana.

La creación de tribunales de excepción, de las jurisdicciones especiales, rompía el principio de igualdad ante la ley y negaba el Estado de derecho. Una de las libertades más perseguidas por los tribunales militares y, desde 1963, por el **Tribunal de Orden Público** (TOP), fue la de reunión, que, junto con la de expresión, eran consideradas peligrosas y atentatorias contra la seguridad del Estado.

Actividades

7 ¿Cuáles eran las razones con que la dictadura justificaba la persecución política de los vencidos y de los no claramente adeptos al nuevo régimen?

Las leyes de la represión

La Ley de Responsabilidades Políticas, de febrero de 1939, fue la base jurídica en la que se apoyó la actuación de los tribunales para el exterminio de oponentes políticos al régimen. La ambigüedad de su texto permitía la cárcel y ejecución de cualquier español comprometido con organizaciones democráticas anteriores a la guerra y presentaba la paradoja de considerar «rebelión militar» la no adhesión a la sublevación de 1936.

Pero aún se dictó otra ley en 1940 –Ley sobre Represión de la Masonería y del Comunismo– que parecía responder a la obsesión particular del general por esas entidades, que aparecían extrañamente amalgamadas, a pesar de ser corrientes de pensamiento y políticas antagónicas en muchos aspectos.

«(...) DISPONGO:

Artículo primero. Constituye figura de delito, castigado conforme a las disposiciones de la presente ley, el pertenecer a la masonería, al comunismo y demás sociedades clandestinas a que se refieren los artículos siguientes. El Gobierno podrá añadir a dichas organizaciones las ramas o núcleos auxiliares que juzgue necesario y aplicarles entonces las mismas disposiciones de esta ley debidamente adaptadas.

Artículo segundo. Disueltas las indicadas organizaciones, que quedan prohibidas y fuera de la ley, sus bienes se declaran confiscados y se entienden puestos a disposición de la jurisdicción de responsabilidades políticas.

Artículo tercero. Toda propaganda que exalte los principios o los pretendidos beneficios de la masonería o del comunismo o siembre ideas disolventes contra la Religión, la Patria y sus instituciones fundamentales y contra la armonía social, será castigada con la supresión de los periódicos o entidades que la patrocinasen e incautación de sus bienes, y con pena de reclusión mayor para el principal o principales culpables, y de reclusión menor para los cooperadores (...)».

BOE, 2 de marzo de 1940.

Condiciones de la represión

Ejecuciones

«(...) La primera evaluación del número de ejecutados después de la Guerra Civil la realizó Ramón Salas y computó 25 000, que luego fue ascendiendo hasta unos 30 000. Pero esta cifra debe considerarse como mínima, porque el procedimiento para llegar a ella ha sido sometido a controversia. Los más recientes estudiosos –Solé, por ejemplo– han elevado el total a unas 50 000 ejecuciones. Sin tener en cuenta que la población española era algo más de la mitad de la francesa, resulta correcto decir que, en el más benevolente de los casos, Franco mandó matar a veinte veces más españoles que el número de franceses ejecutados tras la liberación.

Pero, además, la represión fue realizada sin garantías judiciales mínimas, resultó muy duradera y solapó procedimientos persecutorios, uno tras otro. Todos los juicios fueron militares y en ellos fueron admitidos como prueba, a título de ejemplo, informes policiales en los que sin prueba se atribuía al acusado que vivía de una mujer que prostituía a sus hijas (así le sucedió a Companys).

Eran habituales los juicios de quince personas a la vez en la misma causa o despachar a un número semejante en tan solo una hora (...)».

Tusell, J.: «Los muertos de Franco», en *El País*, 22 de diciembre de 1997.

Testimonio de un prisionero de un batallón de trabajo

«"Éramos esclavos". Así se refiere José Barajas (Huelma, Jaén, 1916) a los batallones de trabajadores del franquismo, donde penó durante tres años al acabar la Guerra Civil junto a miles de represaliados y exsoldados de la República. Con 95 años, recuerda el hambre y la muerte de compañeros por inanición, suicidio o enfermedades, después de sufrir vejaciones de todo tipo. Con el paso del tiempo asegura que no guarda rencor –"solo a veces", admite–, pero pide que no se olvide esta historia. "Que la juventud sepa qué pasó" (...).

Tras la contienda y al comenzar la II Guerra Mundial, Barajas fue enviado como esclavo a Punta Paloma, en Tarifa (Cádiz), donde construyó los fortines para las ametralladoras y los cañones; entre ellos, el considerado más grande del Ejército, traído desde Mahón y que fue arrastrado por los presos por zonas donde no había ni carreteras. En Facinas (Cádiz), construyó una carretera y un campamento militar. Las bellotas del campo y la comida que traían mujeres de la zona aliviaron el hambre de los batallones. "Comíamos hierbas, naranjas con piel y los arenques con la cabeza, la espina y todo lo que llevase; todo lo comíamos". También construyó una carretera en Conil (Cádiz), donde un alférez sintió lástima de la situación y aumentó las raciones de comida».

El País, 25 de septiembre de 2011.

La Guerra Civil no terminó para todos en 1939. En los primeros años de la posguerra se instaló el terror y el miedo como forma de sometimiento de los desafectos. Durante años siguieron las ejecuciones sumarias, las detenciones en cárceles y campos de concentración; los trabajos forzados y la depuración social y profesional de los vencidos. Entre 1938 y 1945, se produjeron cerca de 30 000 ejecuciones. En 1945 todavía se contaban 50 000 presos políticos.

En la imagen, Cárcel Modelo de Barcelona en los años cuarenta.

2.2. El control social e ideológico: censura, educación y propaganda

«Franco manda y España obedece», pregonaba una consigna propagandística del nuevo régimen. Universidades, institutos y, en particular, el cuerpo de maestros nacionales fueron víctimas de duros **procesos de depuración.**

Se perdieron científicos, juristas, historiadores, poetas, escultores, pintores, que encontraron, en muchos casos, reconocimiento y acogida en América Latina. Cerca del 90 % de los intelectuales abandonó el país, dejando sin maestros a los españoles. Casi al completo, la «generación del 27», con Pedro Salinas, Rafael Alberti y Jorge Guillén al frente, salió de España, donde permanecieron Vicente Aleixandre, Dámaso Alonso y Gerardo Diego. También muchas mujeres tuvieron que exiliarse, como las «sin sombrero»: Margarita Manso, Maruja Mallo, Concha Méndez, María Zambrano, María Teresa León. Su reconocimiento no llegó hasta finales del siglo xx.

Juan Ramón Jiménez obtuvo el **premio Nobel** en 1956, y el mundo literario internacional manifestó su reconocimiento hacia la poesía española del exilio. Tres años más tarde, **Severo Ochoa** recibió el Nobel de **Medicina,** con el que se rendía homenaje a toda una generación de científicos que tuvieron que exiliarse.

2.3. Las relaciones exteriores

2.3.1. La vinculación al Eje

España salió de la Guerra Civil comprometida con las potencias fascistas. Abandonó la Sociedad de Naciones y firmó con Hitler el **Tratado de Amistad Germano-Español** (31 de marzo de 1939). Esta colaboración se concretó en el **envío** de la **División Azul** al frente ruso y la aportación de suministros y apoyo logístico a Alemania. Pero permaneció al margen de la guerra mundial por su situación de ruina y debilidad, y también por la lentitud con que Franco tomaba decisiones. Sin embargo, fueron bastantes los momentos en los que el dictador pareció resuelto a intervenir.

Declarada la guerra, el régimen proclamó su neutralidad; luego, ante el rápido avance de Hitler, cambió su posición por la de no beligerancia, para volver finalmente a su primera declaración, pero siempre manifestándose amigo de Alemania e Italia.

En la frontera de Hendaya, **Franco** se entrevistó con **Hitler,** pero no llegaron a un acuerdo sobre las contrapartidas exigidas por España para participar en la guerra. Otro encuentro significativo fue el celebrado en Bordighera (Italia) con **Mussolini,** en febrero de 1941. La alianza con las potencias del Eje perduró hasta octubre de 1942, fecha en que se cambió el estatuto de **no beligerancia** por el de **neutralidad** en la guerra mundial.

Entrevista de Franco con Hitler

El 23 de octubre de 1940, Hitler se entrevistó con Franco en Hendaya. Su encuentro ha sido objeto de controversia historiográfica. Los panegiristas de Franco han afirmado hasta la saciedad que este «se resistió» a las presiones de Hitler para entrar en la guerra a su lado. A partir de las memorias de diversos testigos y colaboradores, hoy sabemos que ni entraba en los planes de Alemania el contar con España como aliado militar, por el coste de abrir un nuevo frente en la Península, ni Franco veía clara la entrada en la guerra sin contrapartidas territoriales a costa del imperio francés en África.

«Esta gente es intolerable. Quieren que entremos en la guerra a cambio de nada. No podemos fiarnos de ellos si no se comprometen formalmente ahora, en lo que firmemos, a darnos los territorios que nos pertenecen, como les he explicado. De otro modo, no entraremos en guerra. Este nuevo sacrificio por nuestra parte solo se justificaría si nos dan lo que será la base de nuestro Imperio. Si no se comprometen formalmente ahora, después de la victoria, a pesar de lo que digan, no nos darán nada (...)» (Franco a Serrano Suñer).

«Con estos latinos charlatanes es seguro que los franceses se enterarían de ello tarde o temprano. En mi entrevista con Pétain quiero inducir a los franceses a que empiecen la lucha activa contra los ingleses, así que no puedo insinuarles ahora que hagan esas cesiones de territorio. Además, si tal acuerdo con los españoles se hiciera público, el imperio colonial francés pasaría íntegro al campo de De Gaulle (...)» (Hitler a sus colaboradores).

Más información en la web de recursos de **anayaeducacion.es**.

Franco y Hitler en la frontera de Hendaya (octubre de 1940).

Desde agosto de 1939, **Ramón Serrano Suñer** (cuñado de Franco), ministro de Asuntos Exteriores, fue clave en la vida política, dentro de un Gabinete, que, como los venideros, procuró contar con representantes de las distintas familias del régimen. La supeditación de España al ideario del Eje se manifestó en la hegemonía absoluta de la Falange y en la extensión de los símbolos y las formas fascistas en la vida cotidiana de los españoles.

2.3.2. La «neutralidad»

Serrano Suñer fue sustituido en el verano de 1942, cuando los estadounidenses ya habían entrado en la guerra y Franco buscaba mejorar sus relaciones con los aliados, de modo que asignó la **cartera de Exteriores** al anglófilo **Gómez Jordana.**

Los empresarios estadounidenses instalados en España antes de la guerra, a quienes se habían garantizado sus propiedades, fueron los mejores mediadores del franquismo, sustituyendo muchas veces las labores de la diplomacia. El Gobierno español no fue invitado a la conferencia americana de Bretton Woods, que en 1944 definió la política económica y monetaria de Occidente, pero sí lo fueron las cámaras de comercio, que ejercieron de representantes oficiosos del régimen, ya que venían colaborando con él desde la Guerra Civil. Sin embargo, las medidas liberalizadoras decididas en la reunión no serían adoptadas por las autoridades económicas franquistas hasta los años sesenta.

2.3.3. El aislamiento internacional (1945-1950)

En 1942 se produjo un acercamiento entre organismos militares estadounidenses y el régimen franquista, debido al interés de los primeros por contar con apoyos estratégicos en Canarias para sus operaciones en el Mediterráneo y el norte de África. En los acuerdos firmados el día 2 de diciembre de 1944 entre España y EE. UU. se concedían a este último ciertos derechos comerciales y de navegación aérea en España, Marruecos e Ifni.

Las derrotas de Alemania e Italia obligaron al franquismo a maquillar su imagen con la eliminación de sus rasgos más fascistas y la incorporación de personalidades del mundo católico oficial. En julio de 1945, Franco formó un nuevo Gobierno, en el que el titular de **Asuntos Exteriores, Alberto Martín Artajo,** tenía como objetivo mejorar la imagen internacional poniendo el énfasis en la naturaleza católica del régimen.

Después de la guerra, el nuevo orden internacional consideró enemigo al franquismo, que vivió sus peores momentos tras el cierre de la frontera francesa y la resolución condenatoria de la ONU a finales de 1946, con la posterior retirada de embajadores de casi todos los países.

La **ONU** le impuso un **bloqueo diplomático** y **económico** atenuado, puesto que los suministros de petróleo y productos básicos nunca se interrumpieron, al tiempo que desde la Argentina de Perón llegaban envíos de alimentos. Por otro lado, los grupos empresariales estadounidenses, franceses y británicos con intereses en España, junto con la labor de algunos congresistas republicanos estadounidenses en favor de Franco, impidieron que la acción internacional fuera más allá de la retirada formal de embajadores, que además fueron sustituidos por encargados de negocios.

A pesar de que Franco se decantó a favor de Estados Unidos, cuyo Gobierno consideraba sobre todo las ventajas que podía reportarles el territorio español en sus planes militares frente a la Unión Soviética, el aislamiento internacional del régimen fue abrumador en los años cuarenta y parte de la década siguiente: ausencia de la ONU, retirada de embajadores e imposibilidad de acceder a los fondos del Plan Marshall fueron las notas definitorias de aquella situación. Solamente ciertos acuerdos con algunos países árabes y de América Latina mantuvieron a España ligada a la diplomacia internacional. Pero, a finales de 1947 comenzaron a advertirse cambios en la actitud de las Naciones Unidas respecto de España.

Actividades

8 ¿Qué consecuencias tuvo para España la situación de aislamiento internacional a la que fue sometida tras el fin de la guerra mundial en 1945?

El precedente de Potsdam

El rechazo de las potencias aliadas al franquismo y la retirada de embajadores aprobada en la ONU tuvieron como precedente el propio acuerdo de Potsdam (julio de 1945), en el que se estudió el caso de España.

«IX. En cuanto les concierne, los tres Gobiernos (URSS, USA y Reino Unido) apoyarán las peticiones de admisión de los Estados que permanecieron neutrales durante la guerra y que cumplan las condiciones expuestas más arriba.

Los tres Gobiernos se consideran, sin embargo, obligados a declarar claramente que, por su parte, no apoyarán la candidatura del Gobierno actual español. Este Gobierno, establecido con el apoyo de las potencias del Eje, no posee, vistos sus orígenes, su naturaleza, su pasado y su asociación estrecha con los países opresores, las calificaciones requeridas para justificar esta admisión (...)».

2.4. La política económica: la autarquía

2.4.1. Los efectos de la guerra

Al acabar la guerra, España era un país arruinado, en el que a la pérdida de vidas humanas se añadía la destrucción enorme de bienes materiales. Murieron 300 000 personas en el frente o en las retaguardias de ambas zonas y otras 300 000 tuvieron que protegerse de la represión marchando al exilio. Las **destrucciones** eran **importantes** en las **áreas urbanas** bombardeadas, contabilizándose 183 ciudades devastadas y centenares de pueblos arrasados. Las carreteras, construidas durante la dictadura de Primo de Rivera y en los primeros años de la Segunda República, quedaron inservibles en numerosos y largos tramos. El tendido del ferrocarril, el parque ferroviario y las centrales eléctricas, dado su carácter estratégico, sufrieron daños muy graves por los numerosos sabotajes de uno y otro bando.

Sin embargo, los **sectores agrícola** y **ganadero** fueron los **más perjudicados,** a causa de la duración de la contienda y de la necesidad de abastecimiento de los frentes. La cabaña ganadera quedó reducida a la tercera parte, al tiempo que la producción agrícola disminuía en casi un 25 % en relación con los años anteriores a la guerra. Además, el obligado abandono de los mercados exteriores hizo que se perdieran en parte, aprovisionados por otros países, los antiguos clientes de las frutas y vinos españoles.

Mucho **menor deterioro** tuvo el **sector industrial,** al lograr mantener casi intactas sus principales estructuras. Apenas si sufrieron daños las fábricas textiles catalanas, ni tampoco la industria pesada, cuyos desperfectos de ningún modo impidieron sus suministros al ejército franquista, primero, y a la labor de reconstrucción del país, después. Durante la guerra, las **navieras** fueron requisadas por ambos contendientes. Algunos de los barcos de las más importantes de todas, la Sota y Aznar bilbaína, se refugiaron en puertos extranjeros, pero luego serían entregados a la empresa constituida al término de la contienda, de tal forma que en 1940 la casi totalidad de sus efectivos estaba ya en pleno funcionamiento. Al final de la guerra, el producto nacional había descendido más del 25%.

La política económica del primer franquismo se artículo sobre tres elementos:

- El intervencionismo.
- La autarquía, que pretendía abastecer el mercado nacional con producción propia.
- La fuerte inflación, que estrangulaba a una economía basada en la miseria y la corrupción.

2.4.2. Los «años del hambre»

La renta per cápita no alcanzó el nivel de 1936 hasta dieciocho años después. La financiación de la guerra supuso la auténtica **ruina** de la **Hacienda Pública,** ya que las reservas de oro del Banco de España republicano se habían empleado en el pago de los suministros soviéticos, y el bando franquista, al carecer de ellas, se había endeudado con Italia y Alemania por una suma superior a los novecientos millones de dólares.

A causa del desmedido aumento del gasto público y del caos de la producción, la cotización de la peseta se redujo en un 50% respecto a 1936. Los precios registrados oficialmente –esto es, prescindiendo del mercado negro– con base 100 en 1930 se situaron en 234 en 1941, una **inflación** tan gigantesca que hizo habitual hablar del «coste de la vida» antes y después de la guerra.

Un **lento proceso** de **recuperación demográfica** se puso en marcha al término de la contienda: aumentaron los matrimonios, subió la natalidad y decreció la mortalidad a medida que los combatientes se reincorporaban a sus trabajos o a los nuevos que se crearon. Los años 1939-1942 fueron de **hambre generalizada,** que provocó un movimiento de ruralización, impulsado por las condiciones de inhabitabilidad de muchas ciudades. En estrecha relación con las carencias alimentarias se produjeron ciclos epidémicos graves de tuberculosis, tifus o disentería.

2.4.3. El racionamiento

La decisión de repartir equitativamente los escasos alimentos disponibles de primera necesidad –mediante la **cartilla de racionamiento**– a precios razonables generó un **mercado negro** de tal envergadura que obligó al Gobierno a amenazar con la pena de muerte a «aquellos cuyas maniobras especulativas pudieran ser calificadas de rebelión». Fruto de la **corrupción** generalizada se propagó una red comercial paralela que negociaba a precios de mercado negro e imponía el **estraperlo** como forma de comprar, vender y subsistir.

A pesar de su voluntad de autosuficiencia, el régimen no practicó en ningún momento una autarquía radical, que hubiera sido imposible por causa de la rígida dependencia económica respecto de otros países. Pero sí procuró, en cuanto pudo, llevar a todos los sectores económicos su ideario autárquico, que generó una gigantesca **burocracia** y entorpeció la gestión de los escasos recursos existentes, al tiempo que multiplicó las corruptelas de los organismos interventores, sobre todo, del comercio interior. Los principales beneficiarios de la corrupción fueron los grupos adictos al régimen, los únicos que manejaban fondos públicos y tenían competencias mercantiles e industriales.

Crisis y autarquía

La España de posguerra era una sociedad de vencedores y vencidos; los segundos sufrieron represión política y marginación social. A ello se unía la penuria económica generalizada que afectaba, dramáticamente, a amplios sectores de población. Los escasos bienes básicos de subsistencia se distribuían mediante cartillas de racionamiento, con precio y cantidad fijados por el Gobierno, pero la corrupción del sistema (estraperlo), con la complicidad de las autoridades franquistas, creó un mercado negro que elevó los precios, enriqueció a los especuladores y agravó la desnutrición en la población más vulnerable.

En la imagen, niños jugando al lado de unas casas de autoconstrucción, en los años cuarenta.

Más información en la web de recursos de **anayaeducacion.es**.

El intervencionismo estatal en la economía

«Por razones ideológicas, el régimen de Franco hizo de la autarquía el objetivo fundamental de su política económica (...).

Creó un fuerte sector público tras la constitución en septiembre de 1941 del Instituto Nacional de Industria –según el modelo fascista del IRI– para promover la industrialización del país (y, en efecto, el INI fue creando fábricas de aluminio y nitratos, industrias químicas y farmacéuticas, astilleros, empresas del metal, refinerías de petróleo –Puertollano–, fábricas de camiones –Pegaso–, etc.).

Estatalizó numerosos sectores: los ferrocarriles (Renfe, 1941), la minería, el suministro de gasolina (Campsa), las comunicaciones telefónicas (1945), el transporte aéreo (Iberia, 1940). Como la dictadura de Primo de Rivera, el régimen de Franco impulsó las obras públicas: saltos de agua, embalses (cerca de treinta), centrales eléctricas (unas cuarenta).

Restringió las importaciones, fijó cupos de producción de ciertos productos (trigo), estableció rígidos controles sobre salarios y precios de consumo en todo el Estado e inició tímidamente políticas sectoriales agrarias de colonización y repoblación forestal».

Fusi, J.P., y Palafox, J.: «España 1808-1996», en *El desafío de la modernidad*. Madrid, Espasa-Calpe, 1997, p. 301.

Una década perdida por la economía

«Lo que ya parece más difícil de explicar es la lentitud de la recuperación tras 1940 (...). Con un equipo industrial que había salido casi intacto de la Guerra Civil (...) y con una notable dotación de recursos minerales y energéticos (...), España hubiera podido tratar de aprovechar una situación dolorosa pero inevitable (...). Sin embargo, no fue así (...), las autoridades franquistas llevaron a cabo una política que favoreció poco la producción industrial (...). Aunque ellos lo achacaron a las destrucciones de la Guerra Civil y a las circunstancias de la mundial, lo cierto es que el estancamiento se debió mucho más a una política errada que a estas circunstancias (...). El alineamiento de la España franquista con las potencias del Eje colocaba al país en el campo más escaso de materias primas y de productos energéticos (...). En relación con esto, la Guerra Civil se pagó cara en endeudamiento: las autoridades franquistas increparon repetidamente a los Gobiernos republicanos por haber enviado a Rusia el oro del Banco de España, pero se guardaron bien de dar a conocer las enormes partidas de exportación sin contrapartida que llevaron a cabo en favor de Alemania e Italia durante los años de la guerra en pago de las deudas contraídas anteriormente (...)».

Tortella, G.: *El desarrollo económico de la España contemporánea*. Madrid, Alianza Editorial, 1995.

2.4.4. La autarquía y el sector público de la economía

Para promover la industrialización de España, el Gobierno creó un fuerte sector público mediante la constitución en 1941 del **Instituto Nacional de Industria (INI),** que pondría en marcha fábricas de aluminio y nitratos, astilleros, siderurgias y refinerías de petróleo, al tiempo que se **nacionalizaban** las **comunicaciones telefónicas,** el **transporte aéreo** (Iberia) y muchas **explotaciones mineras.** A impulsos de la industria creció notablemente la producción de **energía eléctrica,** pero quedaron todavía muchas necesidades sin poder ser atendidas, por la escasa capacidad del sector.

Como en los años de Primo de Rivera, el Estado impulsó las **obras públicas,** construyendo pantanos, saltos de agua o ferrocarriles que tuvieron efectos reactivadores en distintos sectores de la industria.

La apuesta del régimen por la industria la pagó la agricultura, sector en el que el Estado neutralizó los intentos de reforma de la República y donde, hasta 1952, no se abordó ningún plan para resolver los problemas de parcelación irracional del campo. Asimismo, el intervencionismo estatal resultó aún más perjudicial que en la industria, cuyos precios, bajo las presiones directas de los empresarios, crecieron a un ritmo mucho mayor que los del campo. La **España agrícola** que había ganado la guerra perdió, sin duda, la posguerra.

Como consecuencia de la política económica intervencionista y autárquica, **casi no existió crecimiento** en España durante toda la década de los años cuarenta. Al mismo tiempo, la larga duración de esta política dejó su huella negativa en el sistema productivo español, caracterizado por sus altos costes, una gran especulación y una escasa competitividad.

El **problema** de la **vivienda,** muy grave en las zonas industrializadas, no fue afrontado por el Gobierno franquista hasta 1957, cuando puso en marcha un ministerio con tal fin. Por ello, el **chabolismo** formó parte durante largos años del paisaje urbano de los cinturones industriales descritos en *Tiempo de silencio,* de Luis Martín Santos, una de las mejores novelas españolas del realismo social.

La depresión de los años cuarenta

«(...) Mientras Italia, Grecia y Yugoslavia duplican o casi duplican sus respectivos índices de producción industrial entre 1946 y 1950 (...), España apenas consigue multiplicarlo por 1,1. (...), no se trata de un estancamiento, sino de una verdadera depresión; y no solo en términos de producción industrial: también en términos de renta real por habitante, pudiéndose subrayar el hecho de que, (...), los decenios de 1930 y 1940 constituyen en España la única fase en que se produjo un retroceso de los niveles de bienestar de la población a largo plazo (...). La primera etapa del franquismo (...) supone el final del proceso de crecimiento moderado pero mantenido que se prolonga en España durante el último tercio del siglo XIX y el primero del XX (...) que sobre todo desde el inicio del siglo XX implica ya notorios cambios estructurales demográficos, productivos e institucionales. Por otra parte, implica el ensanchamiento de la brecha que separa la trayectoria de España respecto a la de otros países europeos; una diferencia que, (...), se amplía enormemente durante esos años (...). Como concluye Carreras, "el período 1935-1950 resulta ser el único que puede explicar satisfactoriamente el atraso industrial de España, al menos en los tramos más recientes de la historia económica: es ahí, en suma, donde cabe situar la noche de la industrialización española"».

García Delgado, J. L.: «Industrialización y desarrollo durante el franquismo», en Nadal, J., *et al.: Op. cit.,* p. 167.

Creación del Instituto Nacional de la Vivienda

El Instituto Nacional de la Vivienda, precedente del ministerio del mismo nombre, fue creado en los primeros años de la posguerra, pero las viviendas construidas fueron muy escasas.

«(...) Artículo primero. "Régimen de protección".

(...) Bajo la dependencia del Ministerio de Organización y Acción Sindical se crea un Organismo que se denominará "Instituto Nacional de la Vivienda", que tendrá por misión fomentar la construcción de viviendas protegidas y asegurar su mejor aprovechamiento.

Artículo segundo. "Viviendas protegidas".

Se entenderá por "viviendas protegidas" las que, estando incluidas en los planes generales formulados por el Instituto Nacional de la Vivienda, se construyan con arreglo a proyectos que hubiesen sido oficialmente aprobados por este, por reunir las condiciones higiénicas, técnicas y económicas determinadas en las ordenanzas comarcales que se dictarán al efecto.

La protección de la ley alcanzará, en todo caso, al taller familiar, en las viviendas para artesanos, y al granero y establo, en las casas para labradores. También se extenderá a los edificios destinados a capillas y escuelas que se constituyan formando parte de los proyectos de grupos o barriadas (...)».

BOE, 20 de abril de 1939.

2.5. La oposición política al franquismo

La situación internacional tuvo su reflejo en la política interior, cuyas graves tensiones contribuyeron a consolidar el liderazgo de Franco. Fueron **depurados** o abandonaron los falangistas más estrictos. Los **monárquicos** vieron fracasar las aspiraciones del heredero de la Corona, don Juan de Borbón, que en su **Manifiesto de Lausana** (1945) había ofrecido a los españoles la restauración de la monarquía «reconciliadora, justiciera y tolerante», tras constatar que «la política exterior seguida por el régimen compromete también el porvenir de la Nación. Corre España el riesgo de verse arrastrada a una nueva lucha fratricida y de encontrarse totalmente aislada del mundo». El **PSOE** vacilaba entre mantener la reivindicación de restaurar la República o colaborar con los monárquicos. En todo caso, el Gobierno republicano en el exilio seguía teniendo cierta influencia en las cancillerías de Occidente. Pero ya en 1948 los monárquicos habían desfallecido, y don Juan se había entrevistado con el dictador a fin de preparar la estancia y educación de su hijo Juan Carlos en España.

El régimen pudo controlar, con facilidad, los ataques de la oposición, tanto la ofensiva diplomática del exilio republicano como las acciones del ejército guerrillero, combatido con dureza por la Guardia Civil en los Pirineos.

En su deseo de aprovechar la situación de arrinconamiento internacional del régimen franquista, la **oposición** del **exilio** sacó fuerzas para lanzar a la **huelga** a 30 000 trabajadores de las industrias vizcaínas en mayo de 1947, punto de partida del movimiento obrero de resistencia a Franco. Allí se estrenó la primera generación antifranquista: los jóvenes recién incorporados al trabajo o los hijos de los vencidos de la guerra, pero también los desengañados en las propias filas del régimen, del que ya habían sido marginados los falangistas más radicales, los monárquicos y algunos católicos.

Actividades

9 ¿En qué consistía la autarquía económica? ¿Esta política fue una necesidad o una opción económica?

10 ¿Por qué se produjo el estraperlo? ¿Qué consecuencias sociales y económicas tuvo?

11 Explica brevemente las causas de la crisis de los años cuarenta. ¿A quiénes perjudicó principalmente?

12 ¿En qué acciones políticas y militares se concretó la oposición al franquismo en la inmediata posguerra? ¿Quiénes participaron y con qué resultado?

La guerrilla antifranquista

En agosto de 1944 entraron en París las tropas aliadas. A su cabeza desfilaban excombatientes republicanos españoles enrolados en el ejército francés de liberación. Varios miles de ellos murieron en la lucha contra el nazismo en la Francia ocupada.

En el otoño de ese año -y confiando en la ayuda de los Gobiernos aliados- se produjo la entrada por el valle de Arán de un grueso contingente de guerrilleros para comenzar la liberación del país. En pocas semanas fueron aplastados y dispersados por el ejército franquista.

Sin embargo, durante cuatro años, en la mayoría de los sistemas montañosos actuaron unidades de guerrilleros -que importan la denominación francesa de «maquis»-, alentadas sobre todo por el PCE y la CNT-FAI.

En 1950, perdida la esperanza de un respaldo de los países democráticos, el PCE decidió acabar con esta forma de oposición al régimen. Algunos guerrilleros, como Bedoya, en Cantabria, o Quico Sabaté, en Cataluña, prolongarían una lucha desesperada algunos años más hasta ser abatidos.

Más información en la web de **anayaeducacion.es**.

3 Los años cincuenta: apertura y reconocimiento exterior

3.1. El contexto de la Guerra Fría

El comienzo de la Guerra Fría, entre los vencedores de la guerra mundial, abrió nuevas espectativas para el **régimen franquista,** facilitando su **reconocimiento** por la **comunidad internacional.** Desde la doctrina Truman (1947), pasando por el golpe de Praga (1948), y el triunfo de la Revolución China (1949), hasta el estallido de la guerra de Corea (1950-1953), todos los principales acontecimientos internacionales sirvieron para que el franquismo, dado su fervor **anticomunista,** consiguiera ser aceptado como amigo por Estados Unidos y sus aliados, y como una **pieza clave** en la estrategia de **defensa occidental.** A partir de 1948, con la reapertura de la frontera francesa, seguida de la firma de tratados comerciales con Francia y Reino Unido, se manifestó ya un mejor clima internacional para el franquismo.

En **1956,** Francia reconoció la independencia de Marruecos, cogiendo por sorpresa al Gobierno de Franco, que precipitadamente concedió la **soberanía** al **Marruecos español.** Al año siguiente, España tuvo que soportar una pequeña guerra en Ifni y sus guarniciones, allí establecidas, fueron atacadas por tropas irregulares marroquíes.

Aunque la comunidad de naciones democráticas siguió sin aceptar la naturaleza autoritaria del régimen, lo acogió en sus organismos internacionales, donde existía bastante flexibilidad respecto al carácter de los socios. Pero, para lograr este apoyo, Franco necesitaba la colaboración de los dos poderes fundamentales en sus ámbitos: Estados Unidos y el Vaticano. Así, el franquismo resultó afortunado al coincidir su propia trayectoria política y las convicciones personales de Franco con los intereses del mundo occidental, en el que estaba integrado geopolíticamente. Dos acontecimientos simbolizaron la aceptación internacional del régimen después de los años de aislamiento formal: los acuerdos con Estados Unidos y el Concordato con el Vaticano.

Actividades

13 ¿Por qué el antagonismo entre Estados Unidos y la URSS –Guerra Fría– propició el paulatino fin del aislamiento internacional de la España franquista?

14 Con la ayuda del «Convenio de mutua defensa y Ayuda Económica entre Estados Unidos y España» y de la información del texto, haz un cuadro sinóptico de las contrapartidas obtenidas por los firmantes del convenio de «ayuda mutua» en 1953.

15 Explica las mutuas ventajas para la Iglesia católica y el Estado franquista que se derivaban de la firma del Concordato de 1953.

3.1.1. Los acuerdos con Estados Unidos (1953)

Los acuerdos con Estados Unidos, firmados en septiembre de 1953, fueron el final de un proceso de conversaciones, relaciones comerciales discretas y visitas de técnicos y militares. De alguna manera, Franco inauguraba una política insólita de España con respecto a Estados Unidos, que había sido un enemigo desde el siglo anterior y que en el ideario nacionalista y anticapitalista de la Falange aparecía tan denostado como la Unión Soviética. Este acercamiento histórico con los estadounidenses no llegó a tiempo para que España entrara de lleno en el Plan Marshall y hubo de conformarse con algunas migajas.

A través de los acuerdos, España y Estados Unidos establecieron una **política** de **defensa** y ayuda económica en la que lo fundamental era la autorización concedida a este país para instalar sus bases en Rota, Zaragoza, Morón y Torrejón, que podrían utilizarse en caso de ataque a Occidente por la URSS sin necesidad de permiso del Gobierno. La **ayuda económica,** aunque resultó muy importante dada la precariedad de la economía española, fue mucho menos cuantiosa que la ofrecida a otros países europeos. Con todo, la llegada de leche en polvo, queso, aceite de soja o mantequilla sirvió para suprimir el racionamiento, empezar a desmontar el mercado negro y estabilizar los precios por primera vez desde la guerra. Pero la mayor rentabilidad de los acuerdos la obtuvo Franco al utilizarlos como prueba del reconocimiento internacional de su régimen, sin necesidad de renunciar a sus particularidades políticas, sindicales o religiosas.

3.1.2. El Concordato con el Vaticano (1953)

Viviendo ya a todos los efectos en un régimen concordatario, la Iglesia española recibió un nuevo impulso cuando en 1953 España y el Vaticano suscribían un concordato. El **régimen** hacía **numerosas concesiones a la Iglesia** y a su vez, recibía el espaldarazo definitivo del mundo católico. Por el Concordato, el Estado favorecía a la Santa Sede con la confirmación de la **confesionalidad católica** del régimen y con el **fuero eclesiástico,** según el cual los clérigos gozaban de jurisdicción propia, se dotaba económicamente a la Iglesia mediante el pago de un salario a los sacerdotes y se le reconocían amplios derechos en el terreno de la enseñanza.

El Gobierno se reservaba la facultad de intervenir en el nombramiento de los obispos mediante un complicado procedimiento que daba suficientes garantías al Vaticano de la idoneidad de los candidatos. Tras la firma del Concordato, obispos y gobernantes se intercambiaron alabanzas y adjudicaban a Franco calificativos desmesurados –«espada del Altísimo», «enviado de Dios hecho Caudillo»– que reforzaban su vocación de salvador de la patria.

Las relaciones de España con Estados Unidos

Convenio de mutua defensa y ayuda económica entre Estados Unidos y España

«Frente al peligro que amenaza al Mundo Occidental, los Gobiernos de los Estados Unidos y de España, deseosos de contribuir al mantenimiento de la Paz y de la Seguridad Internacional con medidas de previsión que aumenten su capacidad y la de las demás naciones que dedican sus esfuerzos a los mismos altos fines, para poder participar eficazmente en acuerdos sobre la propia defensa.

Han convenido lo siguiente:

2.° (...) el Gobierno de España autoriza al Gobierno de los Estados Unidos (...) a desarrollar, mantener y utilizar para Bases militares, juntamente con el Gobierno de España, aquellas zonas e instalaciones en territorio bajo jurisdicción española que se convenga por las Autoridades competentes de ambos Gobiernos como necesarias para los fines de este Convenio.

3.° (...) el Gobierno de los Estados Unidos satisfará (...) las necesidades mínimas de material requeridas para la defensa del territorio español (...).

Asistencia

(...) El Gobierno de los Estados Unidos de América facilitará al Gobierno español o a cualquier persona, entidad u organización que este último designe, la asistencia técnica y económica que se pida por el Gobierno español y se apruebe por el de los Estados Unidos de América (...)».

26 de septiembre de 1953.

La base de Rota se inauguró en octubre de 1956. En la imagen un avión de transporte Douglas DC-4 de la Marina estadounidense.

Las relaciones de España con el Vaticano

Concordato entre España y la Santa Sede

«En el nombre de la Santísima Trinidad. La Santa Sede Apostólica y el Estado español (...) han determinado estipular un Concordato que (...) ha de regular las recíprocas relaciones de las altas partes contratantes, en conformidad con la Ley de Dios y la tradición católica de la nación española (...).

Art. I. La religión católica, apostólica, romana sigue siendo la única de la nación española, y gozará de los derechos y de las prerrogativas que le corresponden en conformidad con la Ley divina y el Derecho canónico (...).

Art. II. El Estado español reconoce a la Iglesia católica el carácter de sociedad perfecta, y le garantiza el libre y pleno ejercicio de su poder espiritual y de su jurisdicción, así como el libre y público ejercicio del culto (...).

Art. VI. Conforme a las concesiones de los Sumos Pontífices San Pío V y Gregorio XIII, los sacerdotes españoles diariamente elevarán preces por España y por el jefe del Estado, según la fórmula tradicional y las prescripciones de la Sagrada Liturgia.

Art. VII. (...). El Estado español se compromete a proveer a las necesidades económicas de las diócesis que en el futuro se erijan, aumentando adecuadamente la dotación establecida en el artículo diecinueve.

El Estado, además, por sí o por medio de las Corporaciones locales interesadas, contribuirá a los gastos iniciales de organización de las nuevas diócesis; (...) subvencionará la construcción de las nuevas catedrales y de los edificios destinados a residencia del prelado, oficinas de la Curia y Seminarios diocesanos. (...)

Art. XV. Los clérigos y religiosos, ya sean estos profesos o novicios, están exentos del servicio militar, conforme a los cánones 121 y 614 del Código de Derecho Canónico. (...).

Art. XXVI. En todos los centros docentes de cualquier orden y grado, (...), la enseñanza se ajustará a los principios del Dogma y la Moral de la Iglesia Católica.

Art. XXVII. 1. El Estado español garantiza la enseñanza de la Religión Católica como materia ordinaria y obligatoria en todos los centros docentes, sean estatales o no estatales de cualquier orden o grado. (...)

Ciudad del Vaticano, 27 de agosto de 1953.

Firman: Domenico Tardini, Alberto Martín Artajo y Fernando María Castiella y Maíz».

ABC, Madrid, 28 de agosto de 1953.

El control ideológico de la iglesia

El franquismo entregó el control ideológico de la enseñanza a la Iglesia católica a cambio del apoyo político y la legitimación internacional. El Concordato, firmado entre la dictadura y el Vatica no en 1953, en su artículo 26.° establece:

«En todos los centros docentes de cualquier orden y grado, sean estatales o no estatales, la enseñanza se ajustará a los principios del Dogma y de la Moral de la Iglesia Católica. Los Ordinarios [obispos] ejercerán libremente su misión de vigilancia sobre dichos centros docentes en lo que concierne a la pureza de la Fe, las buenas costumbres y la educación religiosa. Los Ordinarios podrán exigir que no sean permitidos o que sean retirados los libros, publicaciones y material de enseñanza contrarios al Dogma y a la Moral católica».

Pérez Ledesma, M.: *Estabilidad y conflicto social.* Madrid, Nerea, 1992, p. 232

Más información en la web de recursos de **anayaeducacion.es**.

Casi todos los instrumentos de los que estuvo dotada la Iglesia del franquismo se crearon o fortalecieron antes de 1960. Fue en el terreno de la enseñanza media donde la Iglesia, con sus numerosos y variados establecimientos, pudo desplegar una gran actividad de notable impacto social. El rechazo a las doctrinas pedagógicas extranjeras, los recelos ante la libertad de pensamiento, una percepción obsesiva y negativa de la sexualidad, el sometimiento de la mujer al varón o la exaltación de la disciplina constituían los pilares de la educación católica.

De acuerdo con la **Ley de Cortes,** cerca de **veinte prelados se sentaron en la Cámara por designación de Franco** desde 1942 hasta el final del franquismo, si bien, a partir de 1969, la mayoría de ellos renunciaron a sus escaños.

Para sufragar su expansión, la Iglesia se benefició de la **ayuda económica del Estado,** creando en ella un sentimiento de gratitud y dependencia hacia el franquismo.

3.2. La oposición y los movimientos sociales

Paralelamente al reconocimiento internacional, culminado en **1955** con el **ingreso de España** en la **ONU,** el régimen consiguió en esta década una relativa estabilidad interna. El enfrentamiento con el régimen revistió cuatro formas principales de actuación: las huelgas obreras, la agitación universitaria, el renacimiento de los nacionalismos y la actividad de los exiliados, que cada vez tenía menor incidencia en la política interior de España. A finales de los años cincuenta, la oposición presentaría una imagen de efervescencia a la que el régimen respondió con una legislación represiva y unos efectivos policiales numerosos, aunque torpes.

3.2.1. El movimiento obrero

Desde 1951, el movimiento obrero ensayó su estrategia de reivindicaciones, implicando en ella a sectores de la población. La huelga de tranvías en Barcelona, de cafés en Bilbao o de periódicos en Madrid no pasaron de ser boicots blandos, realizados por grupos de ciudadanos. Los cinco primeros años de la década fueron el período de mayor tranquilidad para el franquismo.

A partir de 1956, la economía española, ahogada por el modelo autárquico del franquismo, contribuía a crear dificultades al régimen, que no podía detener la inflación ni el descontento de los obreros por la pérdida del poder adquisitivo. Se organizaron huelgas en el País Vasco, Asturias y Cataluña, donde las reivindicaciones económicas prevalecían sobre las consignas –«Contra la dictadura, por la República»– meramente políticas. La respuesta del régimen sería doble: por un lado, aumento de la represión; por otro, mayor flexibilidad respecto de los salarios.

El Partido Comunista emergió en estos años como la principal fuerza de la oposición en el interior y, a partir de las huelgas asturianas de 1957-1958, ejerció su influencia en el mundo sindical a través de las **Comisiones Obreras (CCOO),** fundadas poco antes por trabajadores de distinta ideología.

Actividades

16 ¿Qué aspectos de la evolución interna del franquismo hicieron posible la reaparición de las reivindicaciones obreras en España? ¿En qué organizaciones se sustentaban estas protestas?

El resurgir del movimiento obrero

«(...) Si dividimos en varias etapas la historia de la conflictividad social en el período franquista, en la primera habrá que incluir la década de 1940 y los primeros años de la siguiente. En ese período, los conflictos fueron escasos, como corresponde a una situación en la que la derrota, el exilio o la cárcel, y la prohibición de las organizaciones sindicales clásicas, habían dejado a la clase obrera sin capacidad para responder a la caída del nivel de vida o al establecimiento de las nuevas relaciones laborales (...).

A partir de 1945, y en especial en Cataluña, las reclamaciones de aumento salarial se reflejaron en algunas huelgas, impulsadas por las centrales sindicales históricas, y cuya extensión al País Vasco desembocó en 1947 en el primer movimiento de masas de la posguerra. Siguiendo una convocatoria de la Junta de Resistencia del País Vasco, apoyada por UGT, CNT y el Sindicato de Trabajadores Vascos (STV), el primero de mayo de ese año se celebraron paros y actos de protesta en los que los objetivos económicos y políticos aparecían unidos: "se ha de vincular –decía el llamamiento– la exigencia trabajadora por un reconocimiento de justicia social merecida, con la gallardía de una total opinión que exteriorice sus sueños de libertad". Tras varios días de huelga, que se extendió por casi todas las fábricas de Vizcaya y Guipúzcoa, las detenciones y el despido por el gobernador civil de unos catorce mil huelguistas acabaron con este primer y significativo movimiento. Con él desaparecía la esperanza en que una acción de masas de carácter político pudiera poner fin al régimen franquista.

Años más tarde, el boicot a los tranvías en Barcelona el 1 de marzo de 1951 como protesta por la subida de los billetes, y que fue seguido durante cuatro días por la mayor parte de los usuarios, dio origen a una nueva serie de huelgas (...). Entre los promotores (...) se encontraban los comunistas, que ya en aquellas fechas habían abandonado la lucha guerrillera y se orientaban hacia la agitación de masas. Al mismo tiempo tenía lugar en el País Vasco una huelga generalizada, en protesta contra "los míseros jornales, la falta de alimentación, vestido, etc.", situación que las octavillas difundidas por las Hermandades Obreras de Acción Católica (HOAC) y las centrales sindicales clásicas definieron como "una injusticia e inmoralidad que afecta a toda la economía".

Pero fue en los años 1956-1958 cuando las huelgas provocadas por causas exclusivamente económicas se extendieron por las zonas industrializadas del país, poniendo de manifiesto la incipiente conflictividad de una nueva clase obrera, desligada en gran medida de las organizaciones tradicionales. La protesta comenzó en Pamplona, con una reclamación salarial de los obreros del calzado; desde allí se extendió a Barcelona y el País Vasco, y un año después a la cuenca minera del Nalón, donde las acciones contra los bajos salarios y la elevación de la jornada estuvieron protagonizadas por una nueva generación de mineros, buena parte de los cuales procedían del campo andaluz o extremeño (J.A. Sacaluga). Precisamente en las huelgas de la minería asturiana de 1957 y 1958 fue donde se forjó una forma de organización –las comisiones de los trabajadores– destinada a desempeñar un papel decisivo en las luchas sociales de las dos décadas siguientes (...)».

Pérez Ledesma, M.: *Estabilidad y conflicto social.* Madrid, Nerea, 1992, p. 232.

El régimen franquista encuadró, obligatoriamente, a los trabajadores en sindicatos verticales y entregó su control a Falange. En su concepción paternalista de las relaciones laborales, la figura del empresario aparecía como protector del trabajador y este le correspondía con lealtad y abnegación: en esto consistía el nacionalsindicalismo. Las fuertes medidas represivas lograron evitar los conflictos abiertos hasta el inicio de los años cincuenta.

En marzo de 1951 se inicia un boicot al transporte en Barcelona que tuvo un seguimiento masivo. Las protestas se trasladaron al País Vasco y Madrid en los meses siguientes. Estos hechos significaron un nuevo planteamiento y objetivos en el movimiento obrero, y están en el origen de la posterior creación de Comisiones Obreras.

En la imagen, un policía patrullando las calles de Barcelona durante la huelga general de 1951.

Nacen las Comisiones Obreras

«A caballo entre 1956 y 1957 surgió y desapareció, en un plazo breve, una comisión en la mina asturiana La Camocha, para defender una asignación de carbón a los mineros. De esta comisión formaron parte obreros sin afiliación, comunistas, socialistas, el cura y el alcalde falangista del barrio obrero de La Camocha.

Otras funcionaron en diversos lugares de Euskadi, Cataluña, Valencia, Andalucía, etc., siempre de forma fugaz y variada composición (...). Los militantes comunistas de Comisiones Obreras tuvieron varias reuniones dentro y fuera de España en las que constatamos que las CCOO eran la nueva forma que tomaba el movimiento obrero democrático y de clase en las condiciones de la dictadura y que había que hacer todo lo posible por consolidarlas (...)».

Pérez Ledesma, M.: *Estabilidad y conflicto social.* Madrid, Nerea, 1992, p. 232.

Mineros de La Camocha.

Un nuevo movimiento estudiantil

«Los estudiantes antifranquistas han sido dueños ese día de las calles céntricas de la capital durante cerca de una hora. El tráfico fue paralizado por completo en la calle de Alcalá.

Mientras tanto, las bandas falangistas se movían. Desde por la mañana se apreciaba por las calles la circulación de camiones con la matrícula FET, cargados con falangistas de paisano, con abrigo, aunque debajo llevaban el uniforme. A eso de las 12 de la mañana, cuando la cabeza de la manifestación estudiantil llegaba a la altura del Ministerio de Educación Nacional, surgieron grupos de falangistas uniformados y bien armados con porras de plomo, cachiporras de madera con clavos, y saquetes de arena, que atacaron brutalmente a la hasta entonces pacífica manifestación. Se produjeron los primeros heridos entre los estudiantes, el público se solidarizó con los estudiantes, haciendo patente su indignación por la conducta de los falangistas. Estos golpearon a algunas personas que intentaron oponerse a sus designios (...)».

Mundo Obrero, órgano clandestino de expresión del PCE, año XXV, n.º 3, febrero de 1956.

Una nueva generación de estudiantes universitarios, hijos de los vencedores y que no habían vivido directamente la Guerra Civil, fueron los protagonistas de la primera gran manifestación de contenido fuertemente crítico, política e ideológicamente, con el franquismo.

En febrero de 1956, después de varios días de disturbios y enfrentamientos violentos, con el asalto por grupos falangistas a la Facultad de Derecho; se produjo una manifestación masiva de estudiantes, respondida, con inusitada violencia, por miembros del SEU (Sindicato Español Universitario), de filiación falangista.

El movimiento obrero generó una nueva forma de organización y lucha que, de manera abierta y asamblearia, planteaba reivindicaciones. Estas «comisiones» se fueron consolidando como alternativa a las **centrales clásicas, UGT** y **CNT,** y adquirieron, con el apoyo del PCE, una gran difusión entre los trabajadores de la minería, la industria y de los servicios. Combinaban la actuación clandestina con el «entrismo» (la penetración) en los sindicatos verticales.

Las Comisiones Obreras, sobre todo a partir de la **Ley de Convenios Colectivos** de **1958,** presentaban candidatos a las elecciones de representantes de los trabajadores dentro del Sindicato Vertical. De este modo, muchos «enlaces sindicales» y miembros del Consejo Nacional de Trabajadores eran clandestinamente miembros de la oposición sindical y política al régimen. Junto a dirigentes como Nicolás Sartorius, el sacerdote Francisco García Salve y otros muchos, el líder indiscutible de este nuevo sindicalismo fue Marcelino Camacho, obrero de la fábrica Perkins de Madrid.

3.2.2. El movimiento universitario

En el Ministerio de Educación, el católico Joaquín Ruiz-Giménez intentó llevar a cabo una cierta apertura en los medios intelectuales y universitarios y promovió una reforma en la enseñanza secundaria que fue rechazada por los falangistas, que se enfrentaron con los estudiantes provocando diversos disturbios. Con ocasión del entierro del filósofo Ortega y Gasset, en 1955, grupos de estudiantes se manifestaron contra el régimen.

Pero fue en **1956** cuando, después de una serie de desórdenes en la calle y en la Universidad de Madrid, se produjo la **primera gran crisis universitaria,** reflejo de las tensiones entre Falange y los sectores católicos aperturistas, que Franco zanjó, como era su estilo, cesando a Ruiz-Giménez y al ministro del Movimiento, Raimundo Fernández Cuesta.

Sin embargo, los sucesos de 1956 revelaron una mayor profundidad en la crisis, que ponía en evidencia el **desgaste político** de la **Falange.** Era la larga agonía del modelo falangista, que a duras penas conseguirá mantener su influencia en el Estado.

Por otro lado, los **estudiantes universitarios,** una de las parcelas más mimadas de la sociedad, se convirtieron a partir de entonces en **brazo activo del rechazo de la política franquista.** Como fruto de la labor de infiltración del Partido Comunista en las universidades, se multiplicaron las protestas contra el Sindicato Único Universitario (SEU), en las que participaron numerosos estudiantes recién estrenados en el antifranquismo y demócratas de diversa procedencia.

Actividades

17 ¿Por qué, ante los primeros disturbios serios en el ámbito universitario, Franco reaccionó destituyendo a los ministros de Educación y del Movimiento?

3.2.3. Los nacionalismos

Los nacionalismos renacieron en **Cataluña** y en el **País Vasco** con los hijos de los combatientes de la guerra.

Mientras sus padres conjugaban las protestas domésticas contra el régimen con sus buenos negocios y su progreso social, ellos se asfixiaban en una sociedad privada de los derechos más elementales.

Un grupo de jóvenes universitarios bilbaínos separado de las juventudes del Partido Nacionalista Vasco (PNV) fundó, en **1959,** la organización **Euskadi ta Askatasuna** (Euskadi y Libertad), **ETA.**

En parecidas circunstancias a las del grito independentista de Sabino Arana, la protesta de ETA tendría como horizonte el progreso económico del País Vasco y el notable aumento de la inmigración.

Los jóvenes militantes de ETA redescubrieron el nacionalismo sabiniano y reaccionaron contra la pérdida de identidad impuesta por la dictadura franquista y agudizada, según algunos sectores nacionalistas, por la masiva llegada de trabajadores foráneos. Sus miembros sentían admiración por los movimientos revolucionarios de liberación nacional en el denominado tercer mundo y rechazaban el marxismo, cuyos principios asumirían a partir de 1965.

3.3. La apertura económica. El «decenio bisagra»

Desde el comienzo de la década de los años cincuenta, la autarquía económica implantada por el el franquismo se hizo cada vez más insostenible y manifiestaba graves signos de descomposición.

En 1951, el nuevo ministro de Comercio, Manuel Arburúa, con la colaboración de Rafael Cabestany en Agricultura, emprendió una tarea de revisión moderada del rígido intervencionismo comercial.

La **supresión del racionamiento** vino acompañada de un decreto que establecía la libertad de precios, comercio y circulación de los productos alimenticios, lo cual suponía una cierta normalización de la vida cotidiana. Los salarios seguían congelados, pero el aumento de la demanda industrial favorecía los ingresos adicionales por horas extras, jornadas festivas trabajadas o vacaciones no disfrutadas.

3.3.1. Los factores del cambio

La **ayuda económica estadounidense** pronto dejó huella en el sector industrial, que comenzaba a disponer de las materias primas y los suministros imprescindibles para mejorar la capacidad productiva del país. A partir de 1950 se abrió un período de **crecimiento industrial** muy intenso y regular, que no cesaría hasta 1974, con el ocaso del franquismo.

A pesar de todo, España no había dejado de ser un país predominantemente agrario. A principios de los años cincuenta, la mayor parte de su población trabajaba en el campo o vivía del producto de la tierra, mientras que los artículos agropecuarios seguían siendo fundamentales en la nómina exportadora, especialmente el aceite, los agrios y el vino, aunque cada vez con más duros competidores en los otros países mediterráneos.

El **desarrollo turístico** fue el fenómeno social y económico de mayor impacto y de repercusiones más favorables para el conjunto del país. A la extensión de las vacaciones laborales pagadas y el aumento del nivel de vida de los trabajadores europeos se unieron al deseo de viajar y conocer otros lugares, del que se beneficiarían fundamentalmente los países del Mediterráneo. El fin del aislamiento político del régimen y su acercamiento progresivo a los países occidentales contribuyeron a incrementar el flujo turístico tradicional, de tal forma que el medio millón de visitantes de 1950 se había convertido en más de seis millones en 1960.

Los ingresos obtenidos por gastos de estancia y consumo de esta gran masa de turistas, que llego a España, fueron decisivos para lograr el equilibrio de la balanza de pagos.

3.3.2. El Plan de Estabilización

En torno a **1957,** el **Estado español** estaba al **borde** de la **bancarrota.** La semiautarquía y la sindicación vertical asfixiaban la economía, y Franco comprendió la necesidad de introducir cambios. Para ello, eligió a ministros formados en economía y derecho administrativo, algunos de los cuales pertenecían al instituto secular católico Opus Dei. El Gobierno constituido por Franco en 1957 representó la liquidación de los ideales económicos de la Falange y el nacimiento de un grupo político, los **tecnócratas,** modernos en lo económico y conservadores en lo político, cuya gestión inauguró una era de desarrollo en la historia del franquismo.

La política económica autárquica había llevado a la economía en los años finales de los cincuenta al borde de la suspensión de pagos: elevado déficit comercial, deuda pública disparada, inflación incontrolada, aparato productivo colapsado. Ante la crítica situación, los ministros Alberto Ullastres (Comercio) y Mariano Navarro (Hacien-

Turistas e ingresos por turismo

Año	Turistas (miles)	Ingresos por turismo (millones de $)
1960	6133	297,0
1961	7445	384,6
1962	8668	512,6
1963	10931	679,3
1964	14102	918,6
1965	14250	1156,9
1966	17251	1292,0
1967	17858	1209,8
1968	19183	1212,7
1969	21682	1310,7
1970	24105	1680,8
1971	26758	2054,4
1972	32506	2486,3
1973	34559	3091,2
1974	30343	3187,9
1975	30122	3404,3

El turismo resultó determinante para el equilibrio de la balanza de pagos en los años del desarrollismo, y tuvo especial importancia histórica como fenómeno que propició cambios ideológicos y culturales en la sociedad española.

Más información en la web de recursos de **anayaeducacion.es**.

da) plantearon a Franco un cambio radical en la orientación económica que permitiese su liberalización e integración en el mercado internacional mediante un Plan de Estabilización.

La oposición del aparato político falangista fue rotunda, pero resultó más decisiva la **presión** del **Fondo Monetario Internacional (FMI),** que condicionó la concesión de la necesaria ayuda exterior a la aplicación de duras medidas de control económico. Finalmente, el dictador dio su consentimiento a la redacción del proyecto. El **Plan de Estabilización** se pondría en marcha en julio de **1959.**

Después de unos años de gasto imprudente y galopante inflación, el Plan de Estabilización llevó a España a una forzada **austeridad,** pues recortó el gasto público, restringió el crédito, congeló los salarios, limitó las horas extras y devaluó la peseta, estableciendo el cambio en 60 pesetas por dólar, lo que provocó de inmediato mayores entradas de divisas y turistas.

Asimismo, el plan ponía **fin** a muchos **controles comerciales** e **industriales** internos y **favorecía** las **inversiones extranjeras,** siendo en su conjunto la operación económica de mayor alcance realizada por el Estado en el período 1939-1959.

También se abordó la siempre aplazada **reforma fiscal,** con nuevas estimaciones tributarias y persecución del fraude, lo que aumentó los ingresos ordinarios del Estado, pero no alteró apenas el anacrónico sistema impositivo vigente hasta la transición democrática.

3.3.3. Consecuencias sociales

Al no querer embarcarse en una verdadera reforma fiscal que afectaría a su principal clientela, las clases medias, el Estado franquista se vio condenado a la pobreza y a mantener unos presupuestos austeros que impidieron modernizar las Fuerzas Armadas, el sistema educativo o las infraestructuras.

Los **efectos** del **programa de estabilización** fueron inmediatos, pero tuvieron un **alto coste,** sobre todo en la **clase asalariada,** a la que se privaba de las horas extraordinarias, mientras que la restricción de crédito a los negocios llegó a casi duplicar el desempleo. En el campo, una cosecha desastrosa aumentó el paro rural y empujó a los labradores a abandonar la tierra.

La consecuencia fue que **muchos españoles emigraron** a las regiones industriales de la periferia (Cataluña, País Vasco) y otros buscaron trabajo en el extranjero.

Para suavizar los efectos negativos de la política estabilizadora, Estados Unidos, el Fondo Monetario Internacional y la banca privada concedieron a España importantes ayudas.

El crecimiento industrial

«Tan innegable como el carácter singular de este avance en la perspectiva de la industrialización (...) es su condición no especial. Considerando otra vez el conjunto del período 1950-1973, la tasa española de crecimiento anual del producto por habitante (5,9 %) no está excepcionalmente alejada de la alemana (5,0 %), ni de la italiana (4,8 %), ni de la francesa (4,1 %).

(...); si la comparación se efectúa exclusivamente con los países mediterráneos y en términos de crecimiento de la producción industrial, el ritmo de avance español, con ser muy fuerte, resulta similar al de Italia, Grecia y Yugoslavia, y tanto en la década de 1950, ya se vio antes, como en la de 1960: de 1958 a 1969 el Índice de Producción Industrial (IPI) español se multiplica por 2,5 exactamente igual que el de Grecia, dos décimas superior al italiano y una por debajo del de Yugoslavia, situándose estos cuatro países mediterráneos a la cabeza de toda Europa en cuanto a ritmo de crecimiento de los IPI respectivos.

Todo lo cual matiza, insisto, la supuesta excepcionalidad del "milagro económico" español. Lo que resulta excepcional históricamente es el largo ciclo de expansión del conjunto de la economía occidental; y el crecimiento solo ligeramente superior de la economía española con relación a la media de los países de la OCDE durante los años sesenta se enmarca, además, en la tendencia general observable en los últimos decenios al recorte de las distancias de los países de la Europa meridional y de desarrollo más reciente respecto de los del norte y de los países de desarrollo más maduro en la Europa de la OCDE. Los mayores progresos corresponden a las industrias químicas, metalúrgicas y de bienes de equipo (...)».

García Delgado, J. L., en Nadal, J.; Carreras, A.; Sudriá, C. (compiladores): *La economía española en el siglo xx.* Barcelona, Ariel, 1987, p. 181.

Actividades

18 ¿Qué factores contribuyeron a la lenta transformación de la economía española en los años cincuenta? ¿Por qué se opusieron a ella algunos sectores del régimen? ¿Cuáles?

19 Señala la finalidad fundamental del Plan de Estabilización de 1959. ¿Por qué se consideraba política y económicamente necesario?

20 ¿Existe alguna relación entre la aplicación del Plan de Estabilización de 1959 y el incremento de la emigración a los países europeos? ¿Por qué?

4

La España del desarrollo (1959-1973)

Superada la recesión consiguiente al Plan de Estabilización, se inauguró una etapa de ideología desarrollista en la que la subida de la renta per cápita era propuesta como el gran objetivo nacional. «La libertad empieza en el momento en que los ingresos mínimos de cada ciudadano llegan a los 800 dólares anuales», escribió un ministro augurando que las reformas de los tecnócratas serían beneficiosas para el franquismo en su conjunto, porque garantizaban la supervivencia de un régimen que parecía condenado por los desastres de su economía.

Entre 1962 y 1975, tres planes de desarrollo, de duración cuatrienal, señalaban el camino que España debía seguir para abandonar su reducto de subdesarrollo e ingresar en el club de los privilegiados como décima potencia industrial del mundo. El cerebro de los planes fue el catedrático de Derecho Administrativo, y miembro del Opus Dei, Laureano López Rodó, quien en 1962 estaba ya al frente de la Comisaría del Plan de Desarrollo.

4.1. Los planes de desarrollo: cambios en la estructura económica

Inspirados en la planificación indicativa francesa, los tecnócratas del Gobierno –Ullastres, López Rodó, Navarro Rubio, López Bravo– buscaron el crecimiento del producto nacional, el pleno empleo, un mejor reparto de la renta y una progresiva integración española en la economía mundial. Esta política económica intentó atraer capitales a determinados sectores y lugares, además de aportar **financiación pública.**

Los planes de desarrollo señalaron las direcciones de inversión preferentes y asignaron recursos ajustados a ellas. También **estimularon** la **iniciativa privada** con ventajas fiscales y crediticias, y previeron la creación de **polos de desarrollo** en siete ciudades: Burgos, Huelva, Vigo, A Coruña, Valladolid, Zaragoza y Sevilla. No se alcanzaron todos los objetivos, pero España tuvo, en los **años sesenta,** una de las **tasas de crecimiento más altas del mundo.**

4.1.1. Los principales sectores

La producción industrial aumentó entre 1960 y 1973 con una tasa anual del 10 %. El sector de desarrollo más visible fue el del **automóvil,** a cuyo consumo masivo accedieron los españoles. Había cinco grandes fabricantes de coches, entre los que destacaban Seat y Renault, y se encontraban entre las mayores industrias del país. El bienestar creciente se reflejaba, asimismo, en la amplitud del sector de **electrodomésticos** destinados a aliviar las labores del hogar y a facilitar el ocio. La rápida industrialización de España exigió, por tanto, una cuantiosa **importación de bienes de equipo** y **tecnología.**

4.1.2. La financiación del desarrollo

Las inversiones y las importaciones pudieron realizarse gracias al continuo **flujo de divisas** procedentes del **turismo** y de los **ahorros** enviados por los **emigrantes.**

Entre 1960 y 1970, un millón de trabajadores españoles emigraron a través de los conductos legales, sobre todo a Francia y Alemania; pero los que salieron sin sus documentos en regla casi alcanzaron ese número.

La **inversión** de **capital extranjero,** especialmente alemán y estadounidense, facilitó la compra de las materias primas necesarias, a la vez que el aumento de las **exportaciones** ofrecía buenas partidas de divisas, destinadas inmediatamente al desarrollo industrial.

4.1.3. Los beneficiarios del gran capital

Los principales beneficiarios del «milagro económico» fueron los grandes grupos industriales y la banca.

- Los **grandes grupos industriales** alcanzaron una indudable hegemonía sobre los demás y consiguieron el apoyo decidido del Estado mediante exenciones fiscales o formas privilegiadas de financiación.
- El aumento del poder de la **bancos** fue denunciado por algunos economistas, apoyados en el ideario antimonopolista de la Falange. Como la banca extranjera seguía sin un nivel alto de implantación en España, el avance de la propia resultó imparable.

4.1.4. Los planes de desarrollo: un balance

El crecimiento de la economía entre 1961 y 1973 fue muy notable, sobre todo hasta 1966, si bien se partía de un nivel muy bajo: mayor que el de los países más desarrollados, que habían conseguido altas tasas en la década anterior, pero más cercano al de los países mediterráneos europeos. Pero, los planes de desarrollo no consiguieron reducir los **desequilibrios económicos,** sino que, en muchos casos, los agudizaron, e introdujeron un nuevo factor de desigualdad: el **desequilibrio demográfico,** por la falta de una política de planificación territorial. Sin olvidar que buena parte de sus previsiones no se cumplieron.

Actividades

21 ¿En qué factores radicó el éxito de los planes de desarrollo entre 1962 y 1975? ¿Qué sectores socioeconómicos se vieron especialmente favorecidos?

22 Con la ayuda de los docs. y con la información del texto, elabora un esquema conceptual sobre los factores, el proceso y las consecuencias del desarrollismo en la España de los años sesenta.

Áreas industriales y polos de desarrollo

TASA ANUAL DE CRECIMIENTO DEL PNB (%)

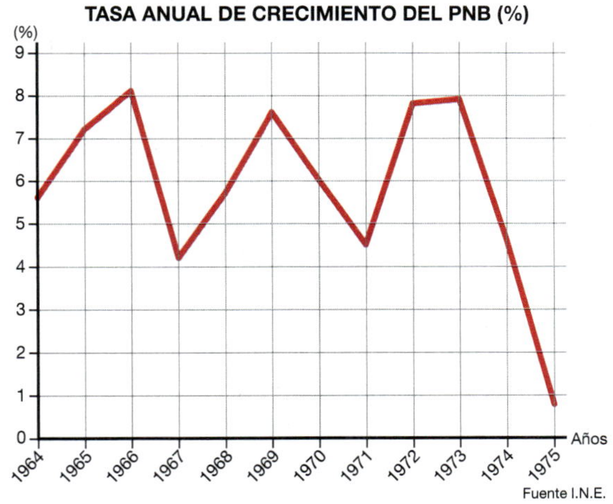

La planificación de los años sesenta buscó una nueva ordenación y especialización económica del territorio. En esos años, la industria española comenzó a transformarse y, con ella, la propia red urbana del país. Además de los ya existentes, surgieron enclaves industriales en Valladolid, Vigo, Zaragoza y Burgos.

Población activa por sectores

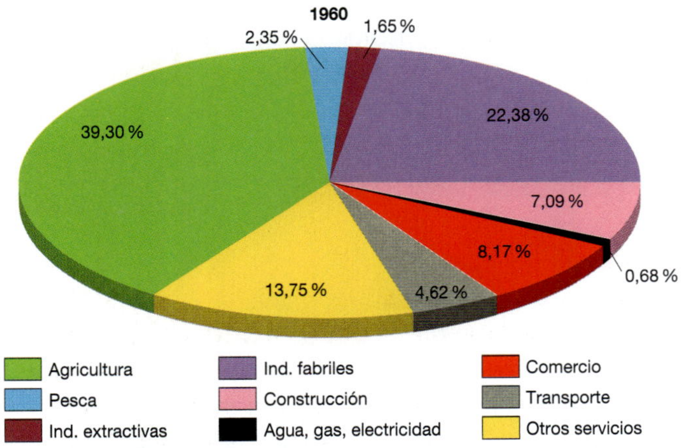

Tamames, R.: *Introducción a la economía española*. Madrid, Alianza, 1972, p. 33.

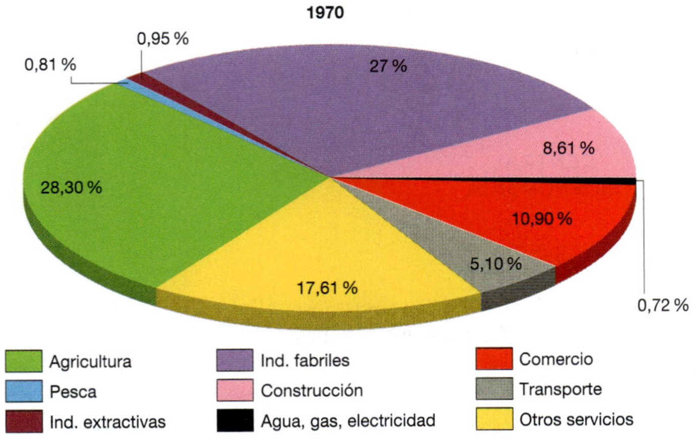

Tamames, R.: *Introducción a la economía española*. Madrid, Alianza, 1972, p. 33.

En la década de los años sesenta, España dejó de ser un país agrario y se convirtió en un país industrial.

Los sectores que más crecieron fueron el automóvil y los electrodomésticos; en segundo lugar, la industria química: fibras sintéticas, plásticos y detergentes; en tercer lugar, la siderurgia y la alimentación.

El entramado financiero e industrial

Las clases y grupos que ejercían en el franquismo la hegemonía social y la propiedad de las principales fuentes de beneficios eran la gran banca, las principales empresas monopolísticas y, en un segundo plano, los grandes propietarios latifundistas. Esta «oligarquía financiera y terrateniente» formaba un entramado con numerosas vinculaciones personales –las «100 familias»– en los consejos de administración de bancos y empresas.

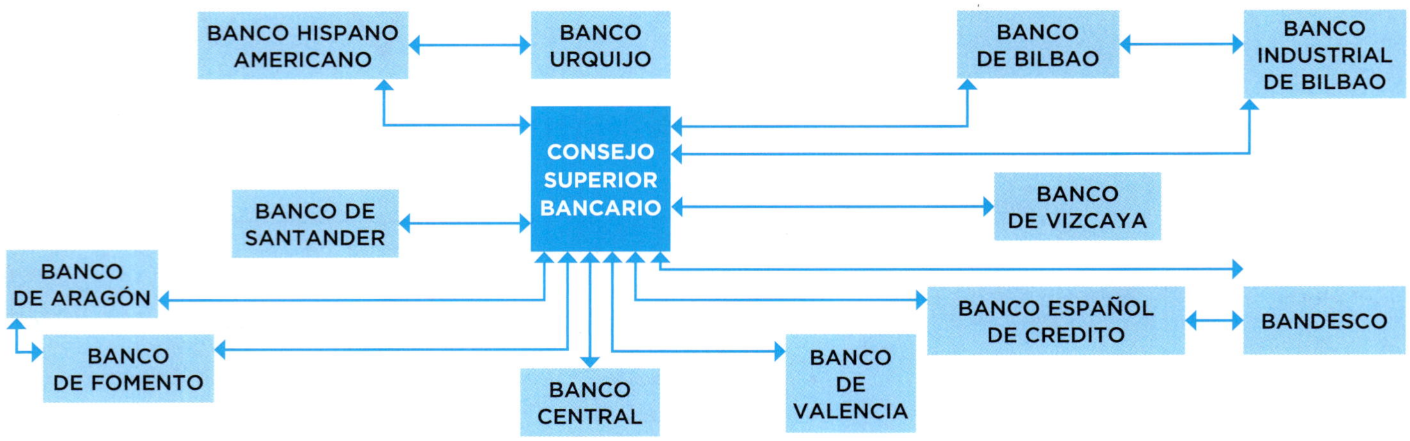

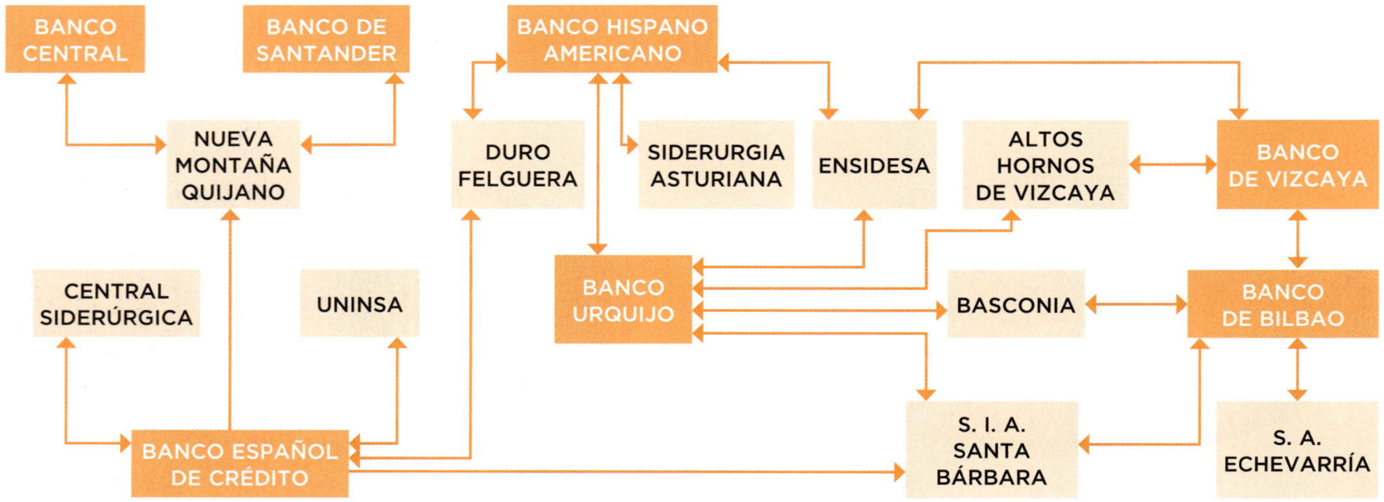

Ingresos per cápita en 1977 y posición relativa en 1960 y 1971

Provincias	Pesetas	Índice (medida = 100)	Posición relativa	
			1960	1971
1. Madrid	294 480	136,80	4	4
2. Álava	281 174	130,62	1	13
3. Barcelona	277 226	128,79	3	5
4. Bizkaia	271 688	126,21	2	1
5. Gipuzkoa	269 704	125,29	1	2
6. Girona	267 098	124,08	10	7
7. Baleares	250 996	116,60	16	6
8. Navarra	240 105	111,54	8	8
9. Tarragona	237 275	110,23	7	1

Provincias	Pesetas	Índice (medida = 100)	Posición relativa	
			1960	1971
42. Ávila	152 355	70,77	44	40
43. Albacete	148 131	68,81	45	39
44. Córdoba	141 365	65,67	28	38
45. Cáceres	136 220	63,28	47	49
46. Lugo	135 367	62,88	43	46
47. Ourense	132 956	61,76	50	50
48. Granada	128 523	59,70	48	47
49. Badajoz	126 263	58,65	39	44
50. Jaén	122 291	56,85	327	48

4.2. Los cambios sociales y culturales

4.2.1. Los desequilibrios

La otra cara del desarrollo español la constituían no solo el mantenimiento de las **desigualdades personales** en la distribución de la renta, sino también el mal reparto regional de los logros de la economía. A comienzos de los años setenta España era un país desarrollado, pero con desequilibrios que reflejaban el fracaso de la política de descentralización industrial planificada por el Gobierno.

Entre 1960 y 1973, la parte del PIB correspondiente al País Vasco, Madrid, Cataluña, Baleares y Canarias creció hasta representar el 46%, mientras que las demás regiones se repartían el resto. Ninguna variación experimentó la tabla de clasificación provincial según los ingresos por persona.

4.2.2. El éxodo rural

A impulsos del «milagro económico», la sociedad española comenzó a cambiar rápidamente. Desde 1962, en que España contaba con 31 millones de habitantes, hasta 1973, cuatro millones de personas abandonaron sus pueblos de origen para dirigirse a las regiones del país más prósperas o a las capitales de provincia, a Europa, y en menor medida a América.

Si las ciudades se superpoblaban con rapidez, el **campo se despoblaba** a igual velocidad, lo que contribuía a reforzar la distribución cada vez más irregular de la población española. Por otro lado, el desarrollo urbano de los núcleos industriales se hizo sin ningún respeto por la ecología. Un **urbanismo incontrolado** y **especulativo** invadió el hábitat ciudadano, creando graves problemas en el medioambiente que tendrían repercusiones sociales en los años setenta.

Con la **explotación turística,** el litoral mediterráneo quedó irreconocible. La ley de costas, aprobada en los años ochenta, que prohibía levantar edificios al borde del mar, llegó tarde. No existía ninguna legislación protectora de los recursos naturales, costas, aguas, etc.

La mejora de las carreteras, realizada por el «Estado de obras» –así lo llamaban sus aduladores–, facilitó los vínculos entre las tierras de España, pero dejaría como asignatura pendiente la modernización definitiva de las comunicaciones.

La emigración

Saldos migratorios internos por regiones (en miles de personas)

Regiones	1951-1960	1961-1970	1971-1975
Galicia	-227,3	-229,2	10,8
Cantábrica	-24,1	-45,8	16,1
Vasconavarra	131,7	274,3	62,8
Castilla	-104,5	-103,5	-35,1
León	-30,0	-276	-96,9
Aragón	-67,6	-34,6	-13,7
Cataluña	469,8	720,4	229,7
Central	307,4	544,3	143,3
Extremadura	-174,6	-378,2	-116,1
La Mancha	28,1	—	—
Levante	5,1	201,3	167,9
Andalucía	-577,5	-843,8	-225,6
Baleares	2,4	73,9	45,4
Canarias	6,2	19,4	119,2

La emigración por motivos laborales fue un fenómeno masivo en la España de la década de 1960. Entre 1962 y 1975 se registraron más de un millón de salidas, aunque se supone que al menos otro medio millón quedó al margen del control del Instituto Español de Emigración. En el 95% de los casos, los destinos fueron Suiza, Alemania y Francia. El perfil básico del emigrante era el de un hombre joven, de entre 25 y 30 años. Las mujeres solo representaron el 15% del total.

Más información en la web de recursos de **anayaeducacion.es**.

4.2.3. Las mejoras en el nivel de vida

El turismo, la emigración y el establecimiento de multinacionales pusieron en contacto a los españoles con otras formas de vida y **nuevos modos de comportamiento político y social.** La concepción cristiana y tradicional de la existencia fue gradualmente reemplazada por una idea más materialista basada en el placer, la permisividad y el consumismo. Las condiciones de empleo total y la mejora de la educación, así como el aumento de los salarios, dieron origen a una nueva sociedad más instalada en la **cultura del bienestar** y la tolerancia, en sintonía con las naciones socialdemócratas del mundo occidental.

En diciembre de **1963,** la **Ley de Bases de la Seguridad Social** reemplazaba los seguros sociales por un régimen de previsión total, en línea con el Estado del bienestar de la Europa rica después de la Segunda Guerra Mundial. A partir de la nueva **Seguridad Social,** un número creciente de españoles accedió a pensiones de jubilación, al tiempo que se extendió la **cobertura sanitaria,** aunque no se completaría hasta los inicios de los años noventa.

El fenómeno social más característico de las décadas de 1960 y 1970 fue la irrupción de una **nueva clase media,** asociada al desarrollo urbano y a las actividades terciarias, muy variada y dinámica: profesionales, técnicos, asalariados de la Administración, etc. Su número era limitado pero con una influencia social y cultural muy notable.

La **situación de la mujer** había sufrido un profundo retroceso en la posguerra, tanto en el ámbito social como profesional, relegada por la ideología oficial a un papel reproductor y hogareño, inducido desde las primeras etapas de la formación por la separación de sexos en la enseñanza. En los años sesenta, las mujeres iniciaron un tímido **proceso de «visibilidad».** El desarrollo industrial necesitaba ampliar la base laboral y era imprescindible el trabajo de las mujeres, pero, la gran mayoría trabajaba en el servicio doméstico o en oficios de baja cualificación. Se normalizó el concepto de «mujer trabajadora», pero manteniendo una firme discriminación: en 1970 solo el 20 % de los trabajadores públicos eran mujeres.

4.2.4. Cambios culturales y educativos

A pesar de la rígida censura o la manipulación sistemática de las pantallas y los periódicos, el Gobierno no pudo impedir cierta **apertura intelectual,** que se manifestó en el nacimiento de importantes revistas, como *Cuadernos para el Diálogo,* publicación de carácter político dirigida por el democristiano Joaquín Ruiz-Giménez.

Incluso las necesidades de la economía obligaron a reformar los planes de enseñanza para acercarla a toda la sociedad, lo que contribuyó a un aumento significativo de la población alfabetizada y universitaria. Desde la **Ley General de Educación de 1970,** impulsada por Villar Palasí, el presupuesto educativo superó al dedicado a las Fuerzas Armadas, reflejando el alcance del cambio social.

Todos los esfuerzos renovadores de los intelectuales y artistas se hallaban divorciados de las preocupaciones inmediatas de una gran mayoría de la sociedad española. Esta se encontraba inmersa en la llamada **cultura de evasión,** acorde con un régimen que desde 1959 no tenía más filosofía que la tecnocracia y el desarrollo económico. Televisión Española fue el principal instrumento de la cultura de evasión de los años del crecimiento industrial.

La mujer en el franquismo

El franquismo redujo a la mujer al espacio doméstico: el Fuero del Trabajo establecía la necesidad de «liberar a la mujer casada del taller y de la fábrica».

Hasta 1961, con la aprobación de la Ley sobre derechos de la Mujer, no desapareció la norma que exigía a la mujer una licencia de su marido para poder trabajar.

El desarrollo económico de los años sesenta y un tímido cambio de mentalidad, permitió una lenta y restringida incorporación de la mujer al mundo del trabajo extradoméstico. No obstante, un decreto de 1970 todavía planteaba «armonizar el trabajo por cuenta ajena de la mujer con el cumplimiento de sus deberes familiares, singularmente como esposa y madre».

Puedes conseguir más información en la web de recursos de **anayaeducacion.es**.

4.3. Las relaciones exteriores: el franquismo ante la Europa del Mercado Común

Los años sesenta supusieron la legitimación definitiva del régimen franquista en el exterior. Nuevos pactos con **Estados Unidos** robustecieron las buenas relaciones con el «amigo americano» y, a pesar del problema del **Sahara,** se suavizaron las tensiones con **Marruecos.**

La diplomacia española ratificó su amistad con los **países árabes** y obtuvo un gran éxito internacional cuando en 1967 Naciones Unidas dio la razón a sus argumentos descolonizadores sobre **Gibraltar,** que la enfrentaban a **Reino Unido.**

Ante la negativa británica a facilitar la soberanía española sobre el peñón, el ministro Castiella impuso restricciones fronterizas y presiones económicas, que no harían sino reforzar los sentimientos probritánicos de los gibraltareños.

La internacionalización del asunto de Gibraltar exigió abordar los restos del colonialismo español en África; y así, en **1968,** de manera precipitada, el régimen concedió la **independencia** a **Guinea Ecuatorial.**

4.3.1. Las primeras conversaciones con la CEE

Cuando en **1957** el **nacimiento** de la **Comunidad Económica Europea** (CEE) puso en marcha un modelo de unión en Europa, el régimen reaccionó con desprecio público e interés privado.

Al mismo tiempo que Franco y sus ministros más conservadores mostraban su desdén hacia el Mercado Común, los tecnócratas del Opus Dei estaban muy atentos a las oportunidades que la integración europea podía ofrecer para el desarrollo de la economía española. El franquismo, desde 1959, pidió a la CEE el establecimiento de conversaciones para entrar en el grupo, algo que no le sería concedido a causa de las características políticas del régimen.

El 9 de febrero de 1962, el Gobierno español, por medio del ministro Castiella, solicitó formalmente a la CEE iniciar conversaciones para la adhesión. Esta petición fue rechazada por el Parlamento Europeo, para quien «solamente los Estados que garanticen en sus territorios prácticas auténticamente democráticas, así como el respeto a los derechos y libertades fundamentales, pueden convertirse en miembros de la Comunidad». Ni siquiera hubo respuesta oficial al Gobierno español.

Dos años más tarde fue reiterada la solicitud y, en esta ocasión, sí hubo una respuesta del Consejo de Ministros de la CEE, que afirmaba estar dispuesto a «autorizar a la Comisión a entablar conversaciones» con el Gobierno español.

4.3.2. El Acuerdo Preferencial

En 1964 la CEE autorizó la apertura de conversaciones con el Gobierno español. El resultado sería la **firma** de un Acuerdo Preferencial en **1970,** por el cual se facilitaban los intercambios entre los seis y España, sobre todo con rebajas arancelarias importantes de la CEE a España en productos industriales, no así en producción agrícola. Se considera que el acuerdo fue favorable para España, por cuanto contribuyó a reducir el déficit comercial con la CEE, que a partir de 1971 comenzó a descender.

En esos años, los riesgos para la economía española de quedar descolgada y ver reducida su participación en los intercambios europeos fueron grandes; urgía la incorporación a Europa, pero España era aún un régimen políticamente inaceptable para las democracias occidentales.

España y la CEE

La integración de España en las Comunidades Europeas –y particularmente en la CEE o Mercado Común– chocaba con un obstáculo insuperable: la naturaleza no democrática de su régimen político. En febrero de 1962, el Gobierno español solicitó la apertura de negociaciones con este fin. La respuesta del Consejo de Ministros de la CEE fue aceptar rápidamente la posibilidad de abrir conversaciones, pero las reacciones del Parlamento Europeo fueron muy contundentes...

«Resulta, pues, increíble que la CEE llegue a tomar en consideración la posibilidad de una estrecha unión con el régimen de Madrid, ya sea en forma de asociación o en forma de pleno miembro (...). Quien –como alguno de nosotros– pueda tener experiencia de lo que son las dictaduras, sabe que un tráfico comercial más libre en las fronteras, que una cierta liberalización económica, de la población, de los hombres de España no aportaría ninguna libertad. La admisión de España en varias organizaciones internacionales no ha conducido a suavizar en lo más mínimo la maquinaria de la opresión (...)».

Intervención de W. Birkelback, presidente del grupo parlamentario socialista, 29 de marzo de 1962. En Moreno Juste, A.: *España y el proceso de construcción europea*. Barcelona, Ariel, 1998.

Actividades

23 ¿En qué elementos se constata el cambio de mentalidad social operado en España en las décadas de 1960 y 1970? ¿Cuáles son los nuevos referentes socioculturales?

24 ¿Por qué fue rechazada, en 1962, la petición de ingreso en la CEE hecha por el Gobierno de Franco?

4.4. Los nuevos movimientos sociales y la oposición al régimen

Desde los años sesenta, al compás del desarrollo económico y cultural, crecieron los deseos de cambio, manifestados en un despliegue más amplio de la oposición, que redoblaba sus acciones de protesta, implicando en ellas a nuevos sectores de la población.

4.4.1. La oposición «moderada»

Tras un largo período de enfrentamientos en el exilio, los partidos republicanos comenzaron a agruparse en torno al proyecto de unidad europea y establecieron contactos con fuerzas monárquicas y democristianas.

En **1962,** un centenar de delegados procedentes del interior y del exilio **denunciaron** en **Múnich** la **naturaleza antidemocrática del régimen,** en un momento en que este acababa de tramitar el ingreso de España en la Comunidad Económica Europea.

El Partido Comunista de España había sido excluido de la reunión muniquesa por su obediencia soviética; pero ello no impidió que las autoridades franquistas, muy alborotadas por la repercusión internacional de la condena, buscaran contrarrestarla con las habituales acusaciones de «manipulación marxista» o «contubernio comunista».

4.4.2. El protagonismo del PCE

Por su mayor implantación relativa, el Partido Comunista de España (PCE) fue en los años sesenta el mejor «cliente» de las comisarías policiales de la dictadura, logrando a duras penas mantener sus células del interior, que una y otra vez caían en manos de la temible **brigada politico-social.** El acoso a los comunistas alcanzó resonancia internacional con la **ejecución** en Madrid del dirigente **Julián Grimau** en **1963.**

La **organización, dirigida** desde el exilio por **Dolores Ibárruri** y **Santiago Carrillo,** inició el abandono del estalinismo a partir de 1956 y se orientó hacia el eurocomunismo que entonces se abría paso en diversos países.

Aunque el régimen siguió contando con el consenso pasivo de una mayoría de ciudadanos, los niveles de **conflictividad** fueron importantes a lo largo de los años sesenta en cuatro sectores de la sociedad española: **laboral, estudiantil, regional** y **eclesiástico.**

4.4.3. El nuevo movimiento obrero

Los conflictos en el mundo del trabajo aumentaban de año en año por cuestiones fundamentalmente laborales, si bien **desde 1967** se observa una **progresiva politización** del **movimiento obrero,** que emprendió acciones a favor de la libertad de huelga o la creación de sindicatos. Barcelona, Madrid, País Vasco y Asturias fueron las zonas más conflictivas de España.

La negociación colectiva de los convenios laborales, estipulada por una ley de 1958, favoreció el crecimiento de los **sindicatos clandestinos,** como **Comisiones Obreras (CCOO),** que se convirtió en interlocutor en numerosas empresas. Esta organización consideraba que se obtenían mejores resultados prácticos negociando con los verdaderos representantes de los trabajadores que confiando exclusivamente en la fuerza pública o en el sindicalismo vertical.

El régimen intentó modernizar su sindicato; pero la nueva Ley Sindical de 1971 defraudó a los trabajadores, porque mantenía la ilegalidad de las huelgas y de otras representaciones que no fueran las oficiales establecidas por el viejo sindicalismo falangista.

Actividades

25 Explica la oposición política y sindical al franquismo en relación con la coyuntura económica y social de la década de 1960.

La conflictividad laboral en los años sesenta

Año	N.° de huelgas	Por mejoras salariales	Por razones politicosociales
1963	1140	216	16
1964	529	209	8
1965	237	62	9
1966	181	61	10
1967	598	56	230
1968	365	67	54
1969	558	73	132
1970	534	122	687

Datos del Ministerio de Trabajo.

El análisis de las motivaciones de las huelgas en esta década permite destacar la importancia que van adquiriendo las reivindicaciones politicosociales y la solidaridad entre empresas y sectores laborales, poniendo, por primera vez, en cuestión las bases del sistema de control social de la dictadura. En la estrategia de las fuerzas sindicales ilegales se trabajaba para provocar la caída del régimen por medio de una huelga general política.

El Congreso del Movimiento Europeo (Múnich, 1962)

A la reunión celebrada en Múnich asistieron 118 personas destacadas de todo el espectro político, salvo los comunistas.

Salvador de Madariaga, por el exilio, y José M.ª Gil-Robles, por el interior, dirigieron el trabajo de sendas comisiones que elaboraron el comunicado final. A pesar de la suavidad de los acuerdos, la prensa del régimen tildó la reunión de contubernio masónico-comunista.

«El Congreso del Movimiento Europeo reunido en Múnich los días 7 y 8 de junio de 1962 estima que la integración, ya en forma de adhesión ya de asociación de todos los países de Europa, exige de cada uno de ellos instituciones democráticas. Lo que significa en el caso de España, de acuerdo con la Convención Europea, lo siguiente:

1.° La instauración de instituciones auténticamente representativas y democráticas que garanticen que el Gobierno se basa en el consentimiento de los gobernados.

2.° La efectiva garantía de todos los derechos de la persona, en especial los de libertad personal y de expresión, con supresión de censura gubernativa.

3.° El reconocimiento de la personalidad de las distintas comunidades naturales.

4.° El ejercicio de las libertades sindicales sobre bases democráticas y de la defensa por los trabajadores de sus derechos fundamentales, entre otros medios por el de huelga.

5.° La posibilidad de organización de corrientes de opinión y de partidos políticos con el reconocimiento de los derechos de la oposición.

El Congreso tiene la fundada esperanza de que la evolución con arreglo a las anteriores bases permitirá la incorporación de España a Europa, de la que es un elemento esencial, y toma nota de que todos los delegados españoles presentes en el Congreso expresan su firme convencimiento de que la inmensa mayoría de los españoles desean que esa evolución se lleve a cabo de acuerdo con las normas de la prudencia política, con el ritmo más rápido que las circunstancias permitan, con sinceridad por parte de todos y con el compromiso de renunciar a toda violencia activa o pasiva antes, durante y después del proceso evolutivo (...)».

Julián Grimau

Julián Grimau, político español que militó en su juventud en partidos republicanos, ingresó en el PCE al estallar la Guerra Civil. Al finalizar esta, se exilió en Francia y en América Latina. En 1954 fue elegido miembro del Comité Central del PCE en el Congreso de Praga. En 1959 regresó a España y vivió en la clandestinidad. Fue detenido en 1962 y sometido a un consejo de guerra en donde se le imputaron delitos cometidos presuntamente en la Guerra Civil.

Su fusilamiento tuvo todo el aspecto de un signo de endurecimiento del régimen en un momento crítico (huelgas, reunión de Múnich, movimiento universitario, etc.). Recientes investigaciones demuestran que Franco paralizó durante un mes deliberadamente la publicación del decreto de creación del Tribunal de Orden Público (TOP), que hubiera supuesto un juicio civil en lugar del juicio militar celebrado sin las debidas garantías.

El asesinato, tras torturas, provocó una movilización muy amplia contra el régimen en todo Occidente. En esos momentos, el PCE mantenía una política basada en el concepto de «reconciliación nacional», que pretendía derribar la dictadura mediante una huelga general política. Para esta estrategia se contaba con crear una amplia alianza de las fuerzas del trabajo y de la cultura que acordasen un «Pacto por la Libertad» para España.

4.4.4. La oposición universitaria

Debido, entre otras razones, a la incorporación a las aulas de un creciente número de profesores por méritos intelectuales y no políticos, el régimen perdió poco a poco el control de la universidad, cuya agitación no decreció hasta la muerte de Franco.

A partir de 1964, casi ningún distrito universitario reconocía al SEU (Sindicato Español Universitario), que fue sustituido por **asambleas libres de alumnos,** lo que redundó en una notable radicalización de los conflictos. La actitud crítica de amplios sectores universitarios hacia el régimen llegó al momento de **mayor tensión** en **1965,** cuando el **Gobierno destituyó** a varios prestigiosos **catedráticos universitarios** (Aranguren, Aguilar Navarro, Tierno Galván, García Calvo y Montero Díaz) por apoyar las manifestaciones estudiantiles.

Bajo la influencia del Mayo del 68 francés, los estudiantes diversificaron sus acciones de protesta, provocando continuas intervenciones de la policía, que ocupaba permanentemente algunos campus. En esos años, la «subversión estudiantil» –en la terminología del régimen– era un fenómeno endémico de las universidades españolas. El movimiento estudiantil se basaba en una dinámica de asambleas y manifestaciones ilegales pero continuas. Puesto que no había cauces de expresión política, la universidad sirvió para canalizar y pregonar el descontento de muchos españoles, pero el precio pagado fue muy alto.

4.4.5. Los movimientos nacionalistas

Con el mismo telón de fondo del desarrollo económico, mucho más visible en la periferia industrial, se reavivaron los movimientos nacionalistas **catalanes** y **vascos.** Asimismo, frente a la torpe política unificadora del franquismo surgieron manifestaciones culturales de afirmación regional o nacional en **Galicia, Valencia, Canarias** y **Andalucía.**

La izquierda, en general, hizo suya la causa nacionalista como una forma de lucha contra el centralismo agresivo de Franco. En Cataluña, la oposición democrática alcanzó un grado de unidad y colaboración mucho más alto que en el resto de España, y llegó a constituir en 1971 un organismo unitario, la **Asamblea de Cataluña**, de gran actividad y presencia en todos los movimientos de carácter cívico, cultural y político.

Sin embargo, desde finales de los años sesenta, fue la **organización independentista** vasca **ETA** la que se convirtió en el principal problema del régimen y de España, al optar por la lucha armada y demostrar su notable capacidad de resistencia frente a las disensiones internas y la represión. Por su parte, el franquismo, con su represión indiscriminada sobre la población vasca, realizó muchas veces la política que más favoreció los fines de ETA. En **1970** logró un notable éxito publicitario alrededor del **Proceso de Burgos,** que condenó a pena de muerte a seis de sus militantes, acusados de asesinar a un policía.

El 3 de diciembre de 1970 se inició en Burgos un consejo de guerra contra militantes de ETA, acusados del asesinato, en 1968, del comisario Manzanas, jefe de la policía política en San Sebastián. Para seis de los procesados, dos de ellos sacerdotes, la fiscalía pedía la pena de muerte.

Las protestas fueron generalizadas tanto en España como en buena parte de países europeos. El gobierno declaró el estado de excepción en toda España. Las peticiones de clemencia llegaron desde Alemania, Noruega, Suecia, Italia (...) la mayoría de la jerarquía eclesiástica española y el papa Pablo VI. Los seis condenados a muerte fueron indultados.

Sin embargo, Franco se vio obligado a indultarlos ante las multitudinarias movilizaciones populares que tuvieron lugar durante las semanas del juicio. La protesta contra el régimen incluía las jerarquías de la Iglesia, los intelectuales, la universidad, el mundo del trabajo, las clases medias y un sector de la burguesía que empezaba a creer que con Franco resultaba completamente imposible la modernización del Estado.

4.4.6. El alejamiento del nuevo clero

Como en la sociedad civil, los conflictos generacionales erosionaban la Iglesia española, que desde la clausura del **Concilio Vaticano II** en **1965** experimentó una rápida evolución. Con la autoridad de los textos conciliares, el **clero joven** y los **católicos progresistas** se enfrentaron a la jerarquía eclesiástica, a la que acusaban de franquista, y **reclamaban** el derecho de la Iglesia a **tomar partido contra la dictadura.**

El cristianismo popular –comunidades de base, grupos de Acción Católica– empezaba a ser considerado como uno de los más influyentes sectores en la reivindicación del cambio político. Su evidente carga subversiva provocaría, casi de inmediato, las denuncias procedentes de los despachos de la Administración franquista contra **obispos «rojos»** y **«curas comunistas».**

En **1968,** la policía no tenía duda de la presencia de eclesiásticos al frente de movimientos de oposición al régimen ni de la utilización de diversas dependencias de la Iglesia como infraestructura de acciones subversivas. Ese año se inauguró en Zamora una **cárcel «concordataria»** especial para sacerdotes previo acuerdo entre el Gobierno español y el Vaticano. Por allí pasarían, a lo largo de ocho años, un centenar de sacerdotes, en su mayoría vascos, acusados muchos de ellos de colaborar con ETA. Era una de las paradojas de aquel régimen autotitulado católico: en España había más curas encarcelados que en todas las prisiones de Europa, incluidas las de los países comunistas.

Avivado por la rebeldía del clero y de la izquierda católica, el **desgaste** de las **relaciones Iglesia-Estado** desembocó en una desavenencia continua.

El papa Pablo VI pidió a Franco que renunciase al privilegio de presentación de obispos y, ante la negativa del general, endureció su actitud contraria al régimen, que no pudo hacer nada para evitar que, en **1971,** la Santa Sede colocase en la diócesis de Madrid al **cardenal Tarancón,** el hombre elegido para dirigir la reorientación política de la Iglesia española. Pocos meses más tarde, la Asamblea Conjunta de Obispos y Sacerdotes pedía perdón a la sociedad española por no haber sabido ser instrumento de reconciliación tras la Guerra Civil.

Actividades

26 ¿Qué circunstancias contribuyeron a reactivar las reivindicaciones nacionalistas en la década de 1960? ¿Cuál fue la reacción de la dictadura franquista?

27 Explica por qué fue tan contundente la condena interior y exterior al proceso de Burgos, con la participación de grupos sociales hasta entonces poco beligerantes con el franquismo. ¿Qué grupos eran estos? ¿Cómo reaccionó el régimen?

28 ¿Qué motivó el progresivo deterioro de las relaciones de la Iglesia con el franquismo, especialmente evidente en los últimos años del régimen?

El clero vasco ante el franquismo

Un factor decisivo de la pérdida de consenso en torno al régimen franquista fue el alejamiento de él por parte de sectores eclesiásticos. Algunas fechas significativas fueron el año 1960, cuando se produjo la primera declaración pública de clérigos vascos contra la dictadura, y 1971, fecha en que la Asamblea Conjunta de Sacerdotes y Obispos se propuso redactar una carta pidiendo perdón a la sociedad española por la complicidad entre la Iglesia católica y la dictadura.

«Nosotros, curas vascos, creemos que entra en nuestras atribuciones tener una opinión y un sentimiento sobre los intereses temporales de nuestro pueblo (...). Sabemos que el hecho de que estemos consagrados a Dios y a la Iglesia nos impone, entre otras obligaciones, renunciar a intervenir en los asuntos temporales. Pero, considerando que pertenecemos a la Iglesia enseñante, mantenemos el derecho –que es también una obligación– de denunciar los atentados cometidos por error o por mala voluntad contra los derechos naturales de nuestro pueblo (...).

Continuamente vemos que han sido detenidas personas por sus actividades temporales, no coincidentes con el pensamiento político impuesto por el Estado. Se detiene por manifestar pública e incluso privadamente opiniones políticas contrarias a las del Gobierno en materia de suyo opinable. Y al faltar los medios normales de expresión de la verdad, se convierte en delito lo que no es más que el ejercicio de un derecho (...)».

(Documento presentado a los obispos de Vitoria, San Sebastián, Bilbao y Pamplona por 339 curas de sus diócesis el 30 de mayo de 1960).

Batasuna: *La repression au Pays Basque.*
París, Maspero, 1970, p. 28.

4.5. El inmovilismo del régimen en los años sesenta

Aparte de endurecer la represión, el franquismo trataría de neutralizar la agitación social mediante una descomunal **manipulación** de los **medios de comunicación.**

Con el argumento de sus éxitos económicos y el respaldo internacional facilitado por Estados Unidos, el régimen no admitía el menor cambio en su estrategia fundamental. Las modificaciones introducidas eran aparentes y no suponían ninguna alteración de la naturaleza dictatorial del franquismo.

Desde 1962 funcionaba además el Tribunal de Orden Público (TOP), que juzgaría a obreros, profesionales y estudiantes por sus opiniones políticas, mediante procesos arbitrarios que darían popularidad a la oposición.

4.5.1. La Ley de Prensa

Así debe interpretarse el trabajo del ministro de Información y Turismo, Manuel Fraga Iribarne, que en 1962 anunciaba una liberalización cultural e informativa, para arremeter al año siguiente contra los intelectuales que denunciaban torturas de la policía.

En 1966, una nueva Ley de Prensa impulsada por Fraga suprimía la censura previa, pero la mantenía a posteriori, provocando, a partir de entonces, abundantes expedientes sancionadores, multas y hasta encarcelamientos de periodistas.

Actividades

29 ¿Se produjo alguna liberalización de los medios de comunicación coincidiendo con la evolución política e ideológica del régimen? ¿Con qué resultado?

Sentencias del TOP (1964-1976)

Año	Absoluciones	Condenas	Total
1964	30	98	128
1965	39	74	113
1966	37	108	145
1967	42	114	156
1968	53	168	221
1969	108	247	355
1970	80	236	316
1971	78	254	332
1972	77	248	325
1973	119	387	506
1974	126	441	567
1975	164	363	527
1976	31	170	201

Miguel Cid, «Historia del franquismo», *Diario 16*, p. 16.

La Ley de Prensa de Manuel Fraga (1966)

«(...) Capítulo 1.° De la libertad de prensa e imprenta.

Art. 1.° Libertad de expresión por medio de impresos.

1. El derecho a la libertad de expresión de las ideas, reconocido a los españoles en el artículo doce de su Fuero, se ejercitará, cuando aquellas se difundan a través de impresos, conforme a lo dispuesto en dicho Fuero y en la presente ley.

2. Asimismo se ajustará a lo establecido en esta ley el ejercicio del derecho a la difusión de cualesquiera informaciones por medio de impresos.

Art. 2.° Extensión del derecho.

La libertad de expresión y el derecho a la difusión de informaciones, reconocidos en el artículo primero, no tendrán más limitaciones que las impuestas por las leyes.

Son limitaciones: el respeto a la verdad y a la moral, el acatamiento a la Ley de Principios del Movimiento Nacional y demás Leyes Fundamentales; las exigencias de la defensa nacional, de la seguridad del Estado y del mantenimiento del orden público interior y la paz exterior; el debido respeto a las instituciones y a las personas en la crítica de la acción política y administrativa; la independencia de los tribunales y la salvaguardia de la intimidad y del honor personal y familiar.

Art. 3.° De la censura.

La Administración no podrá aplicar la censura previa ni exigir la consulta obligatoria salvo en los estados de excepción y de guerra expresamente vistos en las leyes.

Art. 4.° Consulta voluntaria.

La Administración podrá ser consultada sobre el contenido de toda clase de impresos por cualquier persona que pudiera resultar responsable de su difusión.

La respuesta aprobatoria o el silencio de la Administración eximirán de responsabilidad ante la misma por la difusión del impreso sometido a consulta».

Ley de Prensa, publicada en *La Codorniz* en diciembre de 1965.

5 El ocaso del franquismo (1969-1975)

La escalada de huelgas y conflictos manifestaba la **progresiva inestabilidad** del **régimen,** que se veía acentuada por el declive físico de Franco, con 77 años en 1969 y la enfermedad de párkinson destruyendo su organismo.

Alarmados por las manifestaciones contra el Gobierno y los enfrentamientos de los universitarios con la policía, los sectores más duros del régimen consiguieron de Franco la declaración del **estado de excepción** en toda España, que se levantó al cabo de dos meses. De ahora en adelante, las situaciones de excepcionalidad declaradas por el Gobierno fueron continuos, sobre todo en el País Vasco, donde ETA imponía, con su actividad terrorista, la espiral acción-represión-acción.

El franquismo no tenía ninguna respuesta política que ofrecer ante el aumento imparable de la conflictividad y reaccionó endureciendo la represión y deteniendo cualquier intento de apertura dentro del régimen.

5.1. El nombramiento de Juan Carlos como sucesor

En julio de 1969, Franco hizo que las Cortes nombrasen al príncipe Juan Carlos de Borbón su sucesor en la jefatura del Estado, una vez que se hubo asegurado de su compromiso en el mantenimiento del régimen.

No se trataba, como subrayó el dictador, de la restauración de la monarquía liberal, sino de la instauración de una nueva monarquía del Movimiento.

Actividades

30 Redacta una síntesis de las ideas que se exponen en «La proclamación del príncipe Juan Carlos como sucesor al la jefatura del Estado» y explica por qué el franquismo declaraba que su acceso al trono sería una instauración y no una restauración monárquica.

Proclamación del príncipe Juan Carlos como sucesor en la jefatura del Estado. 23 de julio de 1969

«El VII de los Principios del Movimiento Nacional establece que la forma política del Estado español es (...) la Monarquía tradicional, católica, social y representativa.

La Ley de Sucesión en la Jefatura del Estado de veintiséis de julio de mil novecientos cuarenta y siete (...) modificada en algunos de sus aspectos por la Ley Orgánica del Estado, de diez de enero de mil novecientos sesenta y siete (...) establece en su artículo sexto un procedimiento directo e inmediato de proveer a la sucesión en la Jefatura del Estado, confiriendo al Caudillo de España y Generalísimo de los Ejércitos la prerrogativa de proponer a las Cortes la persona que estime deba ser llamada en su día a sucederle, a título de Rey o de Regente (...).

Por todo ello, estimo llegado el momento de proponer a las Cortes Españolas como persona llamada en su día a sucederme, a título de Rey, al Príncipe Don Juan Carlos de Borbón y Borbón, quien, tras haber recibido la adecuada formación para su alta misión y formar parte de los tres Ejércitos, ha dado pruebas fehacientes de su acendrado patriotismo y de su total identificación con los Principios del Movimiento y Leyes Fundamentales del Reino, y en el que concurren las demás condiciones establecidas en el artículo noveno de la Ley de Sucesión.

En su virtud, y de conformidad con la Ley aprobada por las Cortes Españolas, vengo en sancionar:

Artículo primero. Al producirse la vacante en la Jefatura del Estado, se instaurará la Corona en la persona del Príncipe Don Juan Carlos de Borbón y Borbón, que la transmitirá según el orden regular de sucesión establecido en el artículo once de la Ley Fundamental de veintiséis de julio de mil novecientos cuarenta y siete, modificada por la Ley Orgánica del Estado de diez de enero de mil novecientos sesenta y siete».

BOE, 23 de julio de 1969.

Jura del príncipe Juan Carlos como sucesor en la jefatura del Estado.

5.2. Las contradicciones internas del régimen. El fin del desarrollismo

Pese a la oposición ideológica de la Falange a la monarquía, sus representantes en las Cortes no se aventuraron a contravenir la elección de Franco, que había sido trabajada afanosamente por los ministros tecnócratas en colaboración con viejos servidores del jefe del Estado. Esta victoria de los hombres del Opus Dei vino acompañada por un escándalo, explotado con habilidad por sus adversarios falangistas: el **caso Matesa.**

Matesa era una empresa dedicada a la exportación de maquinaria textil que se había beneficiado de créditos y subvenciones del Estado concedidos por ministros del Opus por operaciones no realizadas. Los ministros independientes y falangistas airearon el fraude, utilizándolo contra sus adversarios tecnócratas desde sus periódicos y emisoras y haciéndolo llegar hasta las Cortes.

La reacción de Franco no pudo ser más desfavorable para los adversarios del Opus Dei, ya que en octubre de 1969 constituyó un nuevo Gobierno con una gran mayoría de ministros afines a la línea tecnocrática, acusada de la malversación de fondos. El Gabinete «monocolor» del Opus pudo beneficiarse de una coyuntura económica excepcional hasta 1973, pero la situación política no hizo sino deteriorarse.

5.2.1. La pugna entre aperturistas e inmovilistas

A partir de la constitución de este Gobierno, con **Carrero Blanco,** que repetía de **vicepresidente**, se produjo un progresivo alejamiento de Franco de las decisiones políticas debido a su estado de salud, mientras el régimen se debatía entre el aperturismo y el inmovilismo.

La **generación** nacida en torno a los **años treinta,** y con ella personalidades como Joaquín Ruiz-Giménez o José María de Areilza, que habían roto con el franquismo, exigían su evolución hacia formas políticas liberales.

Por otro lado, la **ultraderecha** del régimen, compuesta de militares, tradicionalistas, católicos conservadores o viejos falangistas, se atrincheró en el inmovilismo («el búnker»), considerando que un proceso de cambio acabaría por destruir el franquismo. El grupo procuraba mantener vivo el recuerdo de la Guerra Civil y su fuerza radicaba en su proximidad a Franco.

A Carrero le obsesionaba la idea de que existía una conspiración desatada por los filoliberales con el objetivo de infiltrarse en el régimen y destruirlo. Todavía en estos años setenta, el almirante seguía pensando que España se encontraba amenazada por el comunismo y la masonería, y su discurso en nada se diferenciaba del mantenido por Franco desde el nacimiento del régimen.

5.2.2. Carrero Blanco, presidente

Un paso importante en la preparación del franquismo sin Franco se produjo en junio de 1973, cuando el **dictador renunció** por vez primera a sus funciones de **jefe del Gobierno** y las traspasó a su fiel Carrero Blanco. Su mandato debía ser, como mínimo, de cinco años y, por tanto, su presencia podía serle impuesta al futuro rey, en el caso de que se produjera antes el fallecimiento de Franco. El nuevo **Gobierno** de Carrero Blanco tenía como **objetivo sofocar** las **reformas** y **aplastar** la **oposición,** estrechando filas en torno al franquismo más rígido.

La política represiva del Gobierno tuvo ocasión de manifestarse, una vez más, en la preparación del Proceso 1001 contra diez miembros de Comisiones Obreras, acusados de asociación ilícita. El juicio estaba destinado a demostrar la decidida voluntad del régimen de acabar con los sindicatos clandestinos. Poco antes de abrirse la sesión en el Tribunal de Orden Público (TOP), el 20 de diciembre de **1973, Carrero Blanco** caía **asesinado,** víctima de un atentado de ETA.

El control policial ejercido sobre la sociedad española, y fundamento del orden público ensalzado por el régimen, fallaba en el centro de Madrid por obra de una organización terrorista que contaba con solo unos centenares de miembros y que ese año había hostigado permanentemente a las fuerzas armadas.

Carrero Blanco prestó juramento como presidente de Gobierno ante Franco en el palacio de El Pardo el 9 de junio de 1973. El dictador renunciaba por primera vez a sus funciones de jefe de Gobierno.

5.3. Los movimientos de oposición

El régimen consiguió salir airosamente de la crisis inmediata a la muerte de Carrero gracias a la habilidad del presidente del Gobierno en funciones, Fernández Miranda, y a la ausencia de disturbios graves. Dentro de la oposición, los dirigentes del Partido Comunista fueron los más resueltos en evitar los incidentes en aquellos momentos de confusión. La elección del sucesor de Carrero Blanco constituyó la última decisión política importante de Franco, en la que influyó notablemente su entorno familiar. Una vez decidido por Carlos Arias Navarro, dio instrucciones al Consejo del Reino para que se incluyera su nombre en la terna que debía presentársele.

5.3.1. Carlos Arias Navarro, presidente

Constituido en enero de 1974, el Gobierno de Carlos Arias Navarro fue el primero que tuvo mayor influencia civil que militar en la historia del régimen (solo había tres ministros militares). También incluía la novedad de la desaparición de los miembros del Opus Dei y sus simpatizantes.

Enfermo Franco y desaparecido Carrero, su «cerebro gris», se manifestaban abiertamente las contradicciones del régimen y las rivalidades entre las familias políticas, que hasta entonces la autoridad del caudillo había conseguido amortiguar.

En sus comienzos, el Gobierno de Arias parecía orientarse a la apertura, sorprendiendo a la clase política con numerosas promesas –el «espíritu del 12 de febrero»– de reforma gradual del régimen. La liberalización de la prensa, fomentada por una política tolerante del nuevo ministro de Información, provocó abundantes artículos sobre el futuro democrático de España en diarios como *Ya* e *Informaciones* y en revistas como *Cambio 16, Triunfo* o *Cuadernos para el Diálogo,* que aumentaron notablemente sus tiradas.

No obstante, de inmediato se manifestó la otra cara del aperturismo prometido, cuando fueron ejecutados un anarquista y un delincuente común y tropezó Arias Navarro con la Iglesia, a la que se enfrentó sin contemplaciones después de que el obispo de Bilbao, el navarro Añoveros, se responsabilizara de una homilía leída en las parroquias de su diócesis, en la que se exigía del Gobierno el reconocimiento de la lengua y la identidad vascas. Toda la oposición antifranquista, creyente o no, vibró con el documento por lo que tenía de denuncia del régimen; pero mucho más se entusiasmó con la entereza del prelado bilbaíno al negarse a abandonar su sede como pretendía el Gobierno, al tiempo que amenazaba con la excomunión a quien utilizara la fuerza contra un obispo. Nunca en la historia del franquismo, la Iglesia y el Estado habían protagonizado una confrontación tan dura.

Actividades

31 ¿Cuál fue la actitud de Carrero Blanco, ante las peticiones de reforma de la oposición?

32 ¿Qué caracterizó al Gobierno de Arias Navarro?

La prensa y la lucha por la libertad

En los años setenta proliferaron nuevas publicaciones de talante democrático, vitales en la difusión de los valores y la cultura democrática. La «ley Fraga», no había establecido nada parecido a la «libertad de prensa»; de ahí los continuos sobresaltos en el mundo del periodismo.

«La Ley de Prensa e Imprenta de abril de 1966 (...) acabó con la censura y supuso una tímida apertura en el engranaje del franquismo (...) afloraron nuevas empresas periodísticas y nuevos títulos llenaron los expositores de los quioscos. Pudo entonces intentarse la distinción entre prensa estatal y no estatal o privada: esta empezó de inmediato a aprovechar el cauce abierto por la ley y a exponerse, en consecuencia, a las fuertes sanciones que se establecían para quienes traspasaran los imprecisos límites con que se acotó el campo de la libertad.

En los dos primeros años de vigencia de la "ley Fraga" (...) ciento veintinueve publicaciones habían nacido (...) y el mercado presentaba una animación desconocida hasta entonces. Pero la contrapartida (...) era impresionante. En el mismo período, y según los datos del propio Ministerio de Información, la Administración había incoado 339 expedientes sancionadores, 180 de los cuales concluyeron en multas o suspensiones. De esta actividad persecutoria de la Administración no pudieron librarse 82 publicaciones. Todo ello significa que cada dos días la Administración franquista (el director general de Prensa, el ministro de Información o el Consejo de Ministros, según los casos) abría un expediente a una publicación y que cada cuatro días imponía una sanción (...)».

Sinova, J.: «La difícil evolución de la prensa no estatal», en Timoteo, J., *et al.: Op. cit.,* p. 267.

5.3.2. La crisis económica y el malestar social

Para complicar aún más la situación, empezaban a acusarse los primeros síntomas de la crisis mundial provocada por el **alza** del **coste** del **petróleo,** y el índice de precios al consumo se disparó hasta suponer un 17 % de incremento sobre el año precedente, reduciendo el salario real. Las huelgas y protestas obreras dejaron de ser noticia por su asiduidad en todos los sectores de la economía y en todas las provincias españolas. En un contexto general de crisis económica, la **conflictividad laboral,** muy intensa en **1974,** y la **incertidumbre política** eran factores de riesgo que amenazaban las inversiones extranjeras que habían empujado el desarrollo español desde finales de los años cincuenta.

5.3.3. La UMD y la influencia de la revolución portuguesa

La revolución protagonizada por los militares insatisfechos con la solución continuista dada al régimen portugués por el sucesor de Salazar sustituía, en abril de 1974, el sistema político del país vecino e introducía un proceso de libertades que despertaría expectativas de cambio en España. Influidos por el ejemplo de los militares portugueses de la Revolución de los Claveles, ochenta oficiales del ejército español se constituyeron en asamblea y crearon en diciembre de **1974** la **Unión Militar Democrática** (UMD), con el objetivo del progreso hacia la democracia.

5.3.4. Alianzas contra la dictadura

Como consecuencia de la enfermedad de Franco en el verano se multiplicó la actividad política. El PC llevó a cabo, en los últimos meses del franquismo, una movilización muy intensa. En julio de 1974 celebró en Ginebra un acto con la emigración española, al que acudieron más de 20 000 españoles del exilio y la emigración, y en el que reiteró su voluntad de ir hacia la ruptura democrática mediante una gran alianza de fuerzas políticas y sociales.

El hecho más impactante fue la constitución, el día 29 de junio, de la **Junta Democrática,** en la que coincidían fuerzas políticas que iban desde Calvo Serer (monárquico), pasando por algunos grupos socialistas, hasta el propio PCE. Su programa, de 12 puntos, preconizaba el establecimiento de un régimen democrático similar a los de Europa occidental. En las semanas siguientes se constituyeron juntas democráticas en numerosas localidades

La influencia de la Revolución de los Claveles en España

«(...) se evidenciaban ya [en el Estado español] los deseos de cambio político del propio bloque de poder que gobernaba desde la Guerra Civil, antes por tanto del 25 de abril (...) el golpe de Estado aumentó las contradicciones políticas del Gobierno, potenciando a los sectores liberales y a la propia sociedad civil a través de los medios de comunicación social, que la política aperturista del ministro de Información y Turismo, Pío Cabanillas, alimentaba. Por otro lado, los sectores más conservadores del aparato del Estado temieron el contagio, por eso las primeras medidas fueron el refuerzo del control de la frontera portuguesa, (...), y una actitud ambigua del régimen ante las demandas democratizadoras de la sociedad civil.

(...) Un velo denso cubre este pedazo reciente de nuestra historia, quizá por el profundo desconocimiento que en España se tiene de Portugal y de todo lo portugués y, quizá, por algún rancio orgullo que aún asalta a los españoles en relación al "pobre y atrasado" vecino.

(...) Pueden señalarse dos etapas diferenciadas de la influencia portuguesa en España. La primera positiva, que va desde el 25 de abril hasta la caída del general Spinola el 30 de septiembre de 1974, y en la que Portugal es una ventana abierta por la que discurre un placentero viento atlántico que rejuvenece y agita el enmohecido árbol franquista; y la segunda, negativa, desde el 30 de septiembre de 1974 hasta finales de 1975, cuando la política portuguesa está dominada por la izquierda, en especial por el PCP, lo que provoca una gran inquietud en el régimen, pues teme el contagio portugués y la instalación del comunismo en la frontera terrestre más extensa de España (...)».

Sánchez Cervelló, J.: *La revolución portuguesa y su influencia en la transición española (1961-1976)*. Madrid, Nerea, 1995, p. 264.

y sectores sociales y profesionales de todo el país. Pero no se logró la participación del PSOE, que aunque en la **Plataforma de Convergencia Democrática,** creada en junio de 1975, tenía menos base militante, contaba con importantes apoyos exteriores; renovó su cúpula dirigente en el Congreso de Suresnes (Francia), en 1974, y no tenía más de tres mil militantes y escasa implantación sindical y social. Su prestigio histórico y sus relaciones internacionales –al compartir asiento en la II Internacional con partidos gobernantes en poderosos países occidentales– lo convertían en una fuerza política decisiva.

5.4. El fracaso del aperturismo (1974)

Fortalecido por el fracaso del Gobierno en restablecer el orden público –ETA mató a doce personas en una cafetería de Madrid–, el sector más inmovilista del régimen obligó a Arias Navarro, en octubre de 1974, a anular sus promesas de apertura y a cesar al ministro de Información, Pío Cabanillas, con quien se solidarizaba el de Hacienda, Barrera de Irimo, que presentaba la dimisión. Era la primera, reconocida como tal, durante todo el franquismo.

Actividades

33 ¿Quiénes crearon, y con qué objetivos, la Junta Democrática (1974) y la Plataforma de Convergencia Democrática (1975)?

Algunos puntos del programa de la Junta Democrática

«1.° Formación de un Gobierno provisional.

2.° Amnistía.

3.° Legalización de partidos políticos sin exclusión.

4.° Libertad sindical.

5.° Derechos de huelga, de reunión y de manifestación pacífica.

10.° Separación de la Iglesia y del Estado.

11.° Consulta popular para "elegir la forma definitiva del Estado".

12.° Integración de España en las Comunidades Europeas (...)».

Manifiesto de la Unión Militar Democrática (UDM), septiembre de 1974

«Gravemente preocupados por la situación que vive nuestra Patria en el momento presente, caracterizado por la liquidación de una etapa histórica y el inicio de otra nueva, creemos debe superarse un sistema político que nació en una guerra civil.

Al objeto de posibilitar una nueva España en la que todos podamos convivir en paz, sin que nadie pueda arrogarse el monopolio de la verdad ni del patriotismo, y siendo conscientes de que las Fuerzas Armadas deben colaborar en esta patriótica y positiva labor, un grupo de militares, pertenecientes a las distintas Armas y Cuerpos de los tres Ejércitos, hemos constituido la Unión Militar Democrática y lanzamos este manifiesto a nuestros compañeros de Armas, con la esperanza de que todos unidos ayudemos a edificar una España en paz, justicia y libertad (...).

España, como cualquier país del mundo occidental, tiene una economía capitalista; pero a diferencia de los restantes países de Occidente, no disfruta de un régimen político liberal-demócrata (...).

El completo divorcio existente entre la España real y el sistema totalitario que la gobierna, preocupado únicamente por su permanencia, están haciendo jugar a las Fuerzas Armadas el papel de guardián de los intereses del actual Régimen, y no del pueblo español. La UMD (Unión Militar Democrática), consciente de esta situación, aspira a que las Fuerzas Armadas se pongan exclusivamente al servicio del pueblo, recobrando su prestigio y dignidad. En resumen, en el mundo occidental hay Libertad y Democracia Política, pero no hay Justicia Social. En el comunista hay Justicia Social pero no hay Libertad Política. En España no hay ni Libertad ni Justicia. Ni hay partidos políticos, elecciones libres, oposición legal, sindicatos obreros, etc. (...)

La UMD está constituida por todos los cuadros profesionales de las Fuerzas Armadas que estén dispuestos a lograr sus objetivos nacionales y profesionales, apoyándose precisamente en la fuerza del compañerismo militar; y en ella no tienen cabida los que estén al servicio de partidos políticos (lo mismo del Gobierno que de la oposición) y de los servicios de información política (...). El pertenecer a la UMD implica una exigencia profesional y otra nacional. A nivel profesional, los miembros de la UMD se esforzarán en ser militares ejemplares, huyendo de los destinos cómodos, prefiriéndolos en Unidades, y dentro de estas con mando de tropas.

A nivel nacional, asumirán la obligación de adquirir una profunda formación política, conscientes de los riesgos que actualmente esto implica. Los miembros de la UMD repudian todo protagonismo y se comprometen formal y categóricamente a no aceptar ningún tipo de recompensa ni prebendas por su actuación patriótica».

5.4.1. La crisis final

Los síntomas de descomposición y desbandada eran alarmantes en las filas del régimen. En diciembre se aprobó un nuevo Estatuto de Asociaciones Políticas, a pesar de encontrar una dura oposición entre los más acérrimos defensores del modelo de partido único, era insuficiente para una sociedad que ya reclamaba su equiparación política con Europa occidental. A medida que el régimen entraba en su recta final, toda la oposición antifranquista, incluidos amplios sectores de la Iglesia, redoblaban sus manifestaciones a favor del reconocimiento de los derechos de la persona y la singularidad histórica y cultural de algunas regiones, y exigía la amnistía de los presos políticos.

El desmoronamiento del orden franquista acompañó los últimos meses de vida del dictador. La primacía de la **acción terrorista** la seguía manteniendo **ETA,** pero también se mostraba activo el **Frente Revolucionario Antifascista y Patriota (FRAP),** grupo escindido del movimiento comunista, y afloraban distintas agrupaciones de **extrema derecha** decididas a implantar el terror.

Como respuesta, el **Gobierno** endureció la **represión** con un decreto-ley que establecía la pena de muerte para los implicados en delitos de terrorismo. El 27 de septiembre de 1975 no hubo indulto para dos activistas de ETA y tres del FRAP, que fueron ejecutados, en medio de una gran **protesta internacional,** tras responsabilizarlos del asesinato de varios policías. Trece países retiraron momentáneamente sus embajadores de Madrid, colocando al franquismo en una situación de aislamiento político y moral como no había vivido desde finales de los años cuarenta.

Los seguidores del régimen volvieron a llenar la Plaza de Oriente para manifestar su adhesión al caudillo, que en su última aparición pública no hizo sino repetir sus viejos mensajes y obsesiones sobre la responsabilidad de la masonería y el marxismo en las desgracias de España.

5.4.2. La muerte del dictador

En octubre se agravó la enfermedad de Franco. La debilidad del régimen y dicha enfermedad fueron aprovechadas por Hassan II de Marruecos para dirigir la marcha verde: cientos de miles de marroquíes desarmados se presentaron ante la frontera del Sahara, el último reducto español por descolonizar, con el objeto de forzar su anexión. El Gobierno de Arias Navarro, eludiendo sus compromisos favorables a la autodeterminación del territorio, lo abandonó atropelladamente y permitió su partición entre Marruecos y Mauritania.

Franco murió el 20 de noviembre de 1975. Dejaba un país renovado, industrial y con grandes posibilidades de futuro, pero con las mismas limitaciones políticas que había padecido durante su mandato. Y en los primeros pasos de una nueva crisis económica que sufrirían, con mayor rigor que la mayoría de los países europeos, los treinta y cinco millones y medio de españoles de 1975.

Actividades

34 ¿Por qué abandonó España precipitadamente el territorio colonial del Sahara? ¿Qué consecuencias tuvo esa decisión?

La muerte del «generalísimo»

Después del endurecimiento represivo del régimen en los últimos meses, la desaparición de Franco no provocó de inmediato ningún colapso en la vida social española. La verdad es que se comenzaron a cumplir las denominadas «previsiones sucesorias» con aparente normalidad. Según sus palabras, Franco dejaba todo «atado y bien atado», y tendrían que pasar varios meses para que se pasase de una situación expectante a una dinámica de cambios profundos.

«Para España, políticamente, cuando Franco murió, el dilema no era ya, como en 1969, inmovilismo o aperturismo. El dilema era o reforma o ruptura. Ese era el gran problema que tendría que resolver de inmediato la monarquía de don Juan Carlos de Borbón» (Juan Pablo Fusi).

ACTIVIDADES

1 Análisis y comentario de materiales sobre política económica

Como hemos visto en la unidad, un aspecto esencial para conocer la vida de los españoles bajo el régimen franquista fue la evolución de la economía.

- **Comprobamos.** Los materiales siguientes muestran información jurídica y estadística sobre la industria en el franquismo. Redacta una breve memoria a partir de ellos, teniendo en cuenta este guion de trabajo:

1. Presentación de las fuentes: naturaleza de la información que facilitan, autores, destinatarios a las que van dirigidas, etc.
2. Descripción del contenido señalando las ideas principales y secundarias (Documento A) y la evolución de los índices (Documento B).
3. Análisis del significado del contenido:
   - ¿Qué tipo de organismo era el INI y cuáles fueron sus principales acciones?
   - ¿A qué objetivos atendía?
   - ¿Qué razones explican el estancamiento industrial en los años cuarenta?
4. Valoración del significado histórico de la política económica del franquismo, en relación con el desarrollo industrial.
   - ¿Qué modelo seguía?
   - ¿Cuáles eran sus principales incoherencias y efectos?
   - ¿Cómo se superó este modelo?

Documento A:

Creación del Instituto Nacional de Industria (INI)

Ley de 25 de septiembre de 1941 (*)

«La necesidad de vigorizar nuestra economía, fuertemente afectada por una balanza de pagos tradicionalmente adversa, inspiró la política del Estado de fomento de las industrias de interés nacional. Sin embargo, es tan grande la cuantía de las inversiones que la fabricación de determinados productos requiere, que muchas veces rebasa el marco en que las iniciativas particulares se desenvuelven, y para otras el margen de beneficios resulta tan moderado que no ofrece incentivo a los organismos financieros, con perjuicio de los intereses de la Patria.

Los imperativos de la defensa nacional exigen, por otra parte, la creación de nuevas industrias y la multiplicación de las existentes, que permitan respaldar nuestros valores raciales con el apoyo indispensable de una potente industria (...).

Surge, pues, la necesidad de un organismo que, dotado de capacidad económica y personalidad jurídica, pueda dar forma y realización a los grandes programas de resurgimiento industrial de nuestra Nación, que, estimulando a la industria particular, propulsen la creación de nuevas fuentes de producción y la ampliación de las existentes, creando por sí las que el interés de la defensa nacional o los imperativos de nuestra economía exijan.

Art. 1. Se crea el Instituto Nacional de Industria (INI), que tiene por finalidad propulsar y financiar, en servicio de la Nación, la creación y resurgimiento de nuestra industria, en especial de las que se propongan como fin principal la resolución de los problemas impuestos por las exigencias de la defensa del país o que se dirijan al desenvolvimiento de nuestra autarquía económica, ofreciendo al ahorro español una inversión segura y atractiva.

Art. 2. El Instituto Nacional de Industria utilizará los métodos de las Sociedades Anónimas privadas para sus fines estatales, pero conservando siempre en la gestión y administración el control del Gobierno. (...). Mantendrá el control absoluto de los negocios en que por razones militares o autárquicas esté interesado, y, especialmente, ejercerá el de las grandes industrias de armamento y, en general, de las que reciben la mayor parte de los pedidos estatales. Proveerá con criterio unitario a la eficiente gestión de las participaciones y actividades a él confiadas y podrá liquidar gradualmente las participaciones y actividades que el Estado no tenga interés en conservar. (...)

Art. 8. Cuando a los intereses de la nación conviniese la posesión total por el Instituto de las acciones de una empresa privada, y con arreglo al artículo anterior deban ser expropiada, podrá dársele opción al capital privado a transformar sus acciones en obligaciones preferentes de la empresa, con un interés mínimo fijo y una participación en los beneficios hasta una cuota de interés marcado.».

(*) Fue suprimido por el Real Decreto-Ley 5/1995, de 16 de junio. En sustitución del INI fueron creadas la Agencia Industrial del Estado (AIE) y la Sociedad Estatal de Participaciones Industriales (SEPI).

Documento B:

Índice de producción industrial (base 100:1929)									
1935	**1940**	**1941**	**1942**	**1945**	**1949**	**1950**	**1959**	**1963**	**1973**
97,9	83,9	78,5	83,7	86,9	97,7	106,8	207,1	280,7	697,8

Albert Carreras: «La industrialización. Una perspectiva a largo plazo», en *Papeles de Economía Española,* n.º 73, 1997.

2 Análisis y comentario de mapas: el cartograma

El cartograma expresa la intensidad con la que incide un fenómeno demográfico o social sobre cada parte del espacio considerado y, en proporción a esa intensidad, el área geográfica real se muestra deformada. Es decir, el cartograma proporciona una visualización inmediata y evidente de las dimensiones del fenómeno representado, facilitando la comparación de cada parte del conjunto estudiado.

Distribución de la renta en 1970

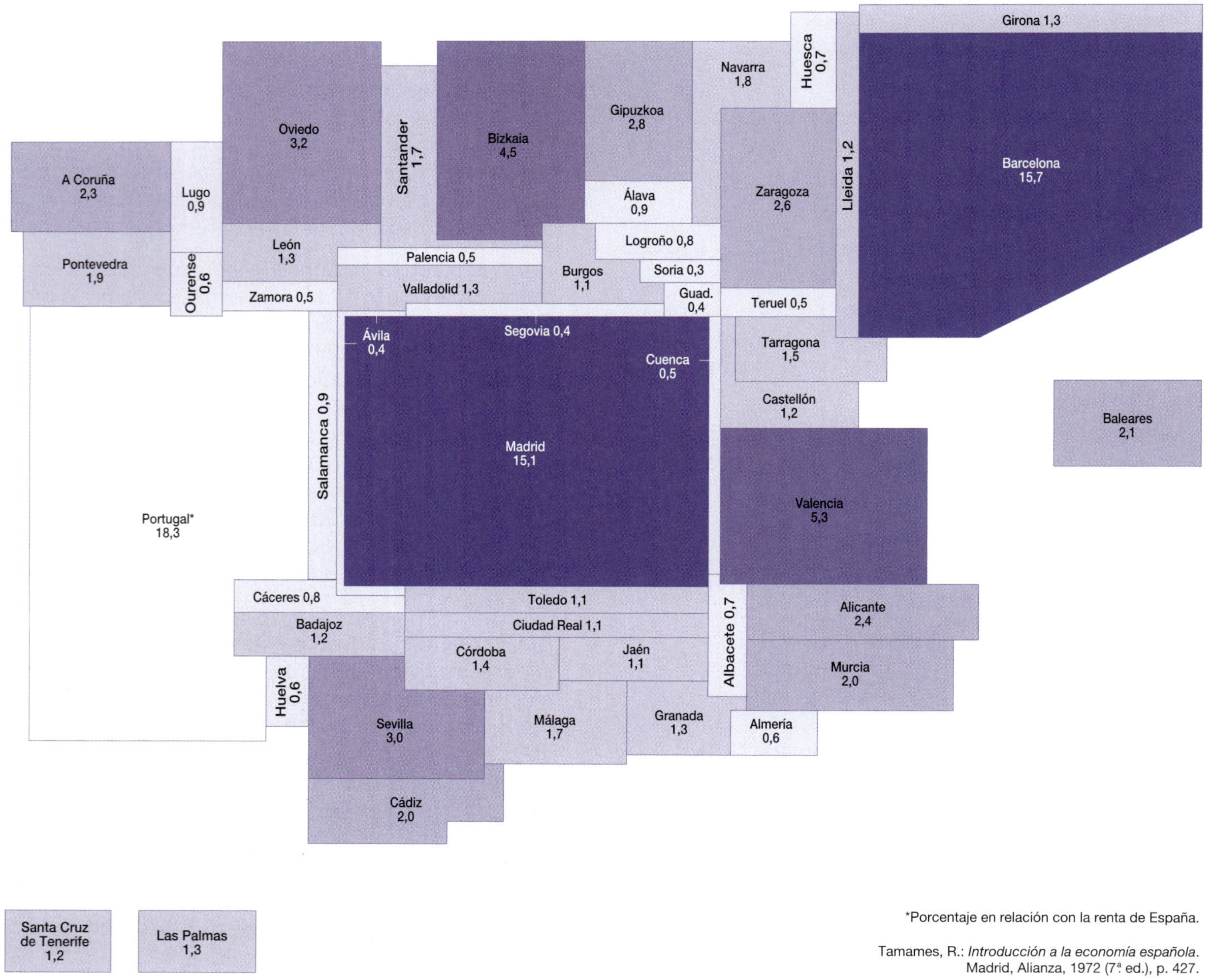

*Porcentaje en relación con la renta de España.

Tamames, R.: *Introducción a la economía española*. Madrid, Alianza, 1972 (7.ª ed.), p. 427.

- A partir del cartograma, que representa la distribución de la renta en España en 1970, realiza una evaluación de las desigualdades regionales considerando la superficie de cada territorio (busca datos en un atlas geográfico). Relaciona la renta provincial con la distribución de la población y la migración interior. Indica si se advierte en el cartograma la influencia de los planes de desarrollo de los años sesenta. Para responder, consulta en la unidad, en el epígrafe 4, «La España del desarrollo (1959-1973)» el mapa «Áreas industriales y polos de desarrollo y los docs. «Ingresos per cápita en 1977 y posición relativa en 1960 y 1971» y «Saldos migratorios internos por regiones (en miles de personas)».

3 Construcción de un organigrama

El organigrama es un esquema organizativo que permite conocer la estructura de una entidad u organismo. Su expresión gráfica es similar a la de un mapa conceptual, puesto que los elementos que integran el organigrama establecen relaciones de dependencia entre ellos. Su explicación sigue las mismas pautas que el esquema conceptual.

- **Análisis asociativo.** Realiza un organigrama que refleje los aspectos institucionales del franquismo, considerando los siguientes conceptos: dictadura, democracia orgánica, sindicatos verticales, Movimiento Nacional, tribunales de excepción, Fuero de los Españoles, Principios del Movimiento Nacional, Cortes orgánicas, control de prensa, INI, Concordato.

4 Comentario de documentos: textos e iconografía

Documento A:

Texto del general Franco

«Señor presidente: Con profunda satisfacción he estrechado vuestra mano por vez primera y os doy la bienvenida en el momento en que pisáis el suelo de mi patria. Esta base de Torrejón, construida con el formidable apoyo de los Estados Unidos y albergando en estrecha camaradería las alas españolas y norteamericanas, es un símbolo de nuestra amistad y está erigida bajo un lema que, sin duda, os es muy querido: "Paz es nuestra profesión". Vos también, señor Presidente, como nuestros aviadores alertas, estáis haciendo en vuestro largo viaje una esforzada y conmovedora profesión de paz (...)».

Documento B:

Texto del presidente Dwight David Eisenhower

«Generalísimo Franco, señoras, señores: Antes que nada, permitidme que os exprese mi satisfacción porque al fin he realizado mi ambición de casi toda mi vida de venir a España, a Madrid, para ver al pueblo español (...). En esta misión le digo a España y les digo a los españoles: trabajemos juntos para que en nuestros días podamos ver un gran progreso hacia un mundo libre de agresiones, de hambre y de enfermedad (...), legar a nuestros hijos la promesa dorada de que la humanidad conseguirá la paz con justicia y la amistad con libertad (...)».

Tomados de la prensa, 22 de diciembre de 1959.

Documento C:

Cartel de bienvenida al presidente Eisenhower, 1959

- Comenta los documentos adjuntos. Para ello, puedes seguir los siguientes pasos:
  1. Identifica y localiza los textos y el cartel, la autoría, caracterización...
  2. Describe y analiza el contenido, considerando las alusiones a hechos, lugares, fin del encuentro...
  3. Analiza y comenta el contexto histórico y la significación histórica del encuentro:
     - Aspectos de política exterior e interior de ambos países.
     - Estrategia de Estados Unidos en ese momento, precedentes del hecho.
     - Consecuencias que va a generar, etc.
  4. Evalúa y extrae conclusiones sobre el acontecimiento:
     - ¿Qué significó para la consolidación y evolución del régimen franquista?
     - ¿Qué otras dimensiones de las relaciones entre ambos países no aparecen explícitas en el texto ni en la imagen?, etc.

13

Manifestación unitaria contra el 23-F, en Madrid el 27 de febrero de 1981.

La Transición (1975-1982)

La transición española comenzó en 1975, con la muerte de Franco. Fue un cambio de régimen político gradual –de la dictadura a la democracia–, no violento y basado en el acuerdo de las principales fuerzas políticas.

Supuso la llegada de las libertades y el reconocimiento del pluralismo y la convivencia pacífica como valores fundamentales, luego recogidos en la Constitución de 1978. La Transición se realizó desde dentro de la sociedad española con el apoyo del rey y de la mayoría de los ciudadanos.

A lo largo de esos años de cambio, España conoció tres presidentes de Gobierno: Carlos Arias Navarro, Adolfo Suárez –artífice de las reformas– y Leopoldo Calvo Sotelo, y un intento de golpe de Estado. Este delicado proceso de restauración de la democracia culminó en los años ochenta, con el acceso del PSOE al Gobierno en 1982.

QUÉ VAS A ENCONTRAR EN ESTA UNIDAD

1. La sociedad española en 1975
2. Las fuerzas políticas tras la muerte del dictador
3. Un año clave: 1977
4. El primer Gobierno de UCD avalado por las urnas
5. La Constitución de 1978
6. El segundo Gobierno de UCD
7. Los cambios sociales. La integración en Europa
   - Trabaja los contenidos

DESAFÍOS QUE **DEJAN HUELLA**

Los contenidos y las actividades de esta unidad pueden resultar de utilidad para la realización del proyecto multidisciplinar «Legislando nuestro futuro».

1

La sociedad española en 1975

El 20 de noviembre de 1975, Carlos Arias Navarro, jefe del Gobierno, comparecía ante los medios de comunicación para informar a la nación sobre la noticia de la muerte de Franco. A raíz de este acontecimiento, España se convertía en protagonista de un fenómeno poco habitual en la historia del mundo: una **transición pacífica** de la **dictadura** a la **democracia.**

Una gran parte de los españoles deseaba un cambio sin riesgos, una reforma política que no hiciese peligrar su estatus socioeconómico: bien puede decirse que el consenso estaba en el ambiente aun antes de que quedara reflejado en la legislación. Los deseos de integrar a España en las economías europeas a través del Mercado Común y la necesidad de mantener una sociedad dinámica y en expansión eran incompatibles con la pervivencia de un sistema político atrasado.

Dos días después de la muerte de Franco, **Juan Carlos I** fue proclamado **rey.** Su primer discurso como jefe de Estado ante las Cortes estuvo presidido por una prudente cautela. Si bien expresaba su intención de atenerse a los principios vigentes, con lo que tranquilizaba los ánimos inquietos de los adictos al caudillo, al mismo tiempo dejaba entrever un espíritu nuevo. Ninguna referencia a la Guerra Civil ni al Movimiento, y muchas, por el contrario, a la reconciliación, a la tolerancia, a la libertad y al reconocimiento de las peculiaridades regionales, al margen por completo del discurso político manejado hasta la fecha.

Esta declaración establecía el tono fundamental del proceso recién iniciado: en el futuro sería necesario que los grupos implicados en la tarea de gobernar España se esforzaran por lograr un gran acuerdo.

La aspiración democrática

Una sociedad madura para la democracia

«La única cuestión que puede considerarse aquí respecto a tal Estado es la de cómo a partir de él [el Estado franquista], pudo iniciarse un proceso de transición hacia una democracia nacional, o sea, hacia una democracia sostenida en un amplio consenso popular. (...).

En resumen, a la vez que se daban las condiciones que hacían posible la desaparición del régimen y la continuidad del Estado, se produjeron dos procesos políticos de la mayor importancia: la disensión en el seno de las familias políticas del franquismo y la extensión en las fuerzas de la oposición de una cultura política democrática.

En el conjunto de estos fenómenos radica probablemente la razón del posterior consenso democrático nacional sin que se produjese ni una ruptura revolucionaria de la legalidad ni una continuidad de las instituciones franquistas.

Ante todo, había Estado, esto es, un sector público muy crecido y que integraba a un amplio volumen de toda la fuerza de trabajo, especialmente de las clases medias; además, esas mismas clases y la clase obrera habían sido protagonistas y beneficiarias de un espectacular desarrollo económico que las había integrado objetivamente en la empresa capitalista y en los mecanismos de institucionalización de los conflictos sociales. En fin, existía difusa en la sociedad, pero muy perceptible y poderosa, una cultura democrática (...)».

Juliá, S.: «Las transiciones a la democracia en la España del siglo XX», en *Sistema,* n.° 84, mayo de 1988.

Juan Carlos I ante las Cortes

«Hoy comienza una nueva etapa en la historia de España. Esta etapa que hemos de recorrer juntos se inicia en la paz, el trabajo y la prosperidad, fruto del esfuerzo común y de la decidida voluntad colectiva. La monarquía será fiel guardián de esa herencia y procurará en todo momento mantener la más estrecha relación con el pueblo. La institución que personifico integra a todos los españoles y hoy, en esta hora trascendental, os convoco porque a todos nos incumbe por igual el deber de servir a España (...). Un orden justo, igual para todos, permite reconocer dentro de la unidad del reino y del Estado las peculiaridades regionales, como expresión de la diversidad de los pueblos que constituyen la sagrada realidad de España. El rey quiere serlo de todos a un tiempo y de cada uno en su cultura, en su historia y en su tradición (...).

La Corona entiende también como deber fundamental el reconocimiento de los derechos sociales y económicos, cuyo fin es asegurar a todos los españoles las condiciones de carácter material que les permitan el ejercicio efectivo de todas sus libertades (...). Una sociedad libre y moderna requiere la aparición de todos los foros de decisión en los medios de comunicación, en los diversos niveles educativos y en el control de la riqueza nacional (...). No sería fiel a la tradición de mi sangre si ahora no recordase que durante generaciones los españoles hemos luchado por restaurar la integridad del solar patrio. El rey asume este objetivo con la más plena de las convicciones (...)».

1.1. La demanda social de amnistía y libertad

La movilización ciudadana tras la muerte de Franco fue tan grande que el poder político acabó desbordado por la iniciativa popular, que se acostumbró a usar palabras como libertad, amnistía y autonomía. Entre el júbilo y la expectación, la sociedad española, empujada por la oposición democrática, se apoderó de la calle con sus manifestaciones y huelgas, reprimidas con dureza por las fuerzas de orden público.

Los acontecimientos se sucedían a una velocidad pasmosa. La proclamación de Juan Carlos I trajo consigo un **indulto** para los **presos políticos** que no estuvieran afectados por delitos de sangre. El primer decreto de amnistía, de los cuatro parciales que liberarían paulatinamente a los encarcelados por razones políticas, afectó sobre todo a sindicalistas y personas condenadas por delitos de opinión o propaganda ilegal. Esta primera amnistía dejaba en la cárcel a algunos de los presos más conocidos y veteranos, como Simón Sánchez Montero, Horacio Fernández Inguanzo o Luis Lucio Lobato, que acumulaban condenas de docenas de años.

También **comenzaron** a **retornar** los **exiliados,** como Claudio Sánchez Albornoz, que fue presidente de la República en el exilio.

1.1.1. La conflictividad social

Desde **finales** de **1975** y **durante 1976** se vivió una época de **mucha conflictividad,** con numerosas huelgas que afectaron a fábricas, servicios públicos y comunicaciones. Solo en el primer trimestre se contabilizaron 17 371 huelgas, lo que demostraba la impaciencia de los ciudadanos ante la lentitud de las reformas.

Las primeras **manifestaciones feministas** se produjeron en enero de **1976,** como símbolo de un proceso liberador que contribuiría a cambiar el papel de la mujer en la sociedad española.

La crispación se apoderaba de la calle, donde multitudinarias manifestaciones exigían **amnistía,** al tiempo que en Cataluña y en el País Vasco cientos de miles de ciudadanos se movilizaban a favor de la **autonomía.**

En marzo de 1976 aún permanecían en las cárceles seiscientos presos políticos. Los atentados de ETA golpeaban a las fuerzas de orden público y provocaban reacciones de la ultraderecha, que exigía mano dura al Gobierno.

1.1.2. La represión

Al no estar regulados los derechos de reunión y manifestación, se produjeron continuos enfrentamientos de la policía con los manifestantes. Uno de los más graves tuvo lugar el 3 de mayo de 1976 en **Vitoria-Gasteiz,** con la muerte a balazos de cinco trabajadores por disparos de la policía durante una manifestación; y otro fue el choque en el monte navarro de **Montejurra** entre carlistas liberales y reaccionarios, que se saldó con otros dos muertos a manos de la ultraderecha. Los sucesos de Vitoria-Gasteiz manifestaron el descontrol de las fuerzas de orden público y empujaron a la oposición a presentar un frente común ante los continuadores del franquismo.

PRIMERAS MANIFESTACIONES FEMINISTAS (1976)

En los últimos años del franquismo se crearon organizaciones como el Movimiento Democrático de Mujeres que luchaba por los derechos de la mujer, reconocidos por la Segunda República y abolidos después por la dictadura.

La ONU había designado como Año Internacional de la Mujer 1975. En España incluso el franquismo organizó una celebración oficial pública. Los incipientes movimientos feministas extendieron sus ideas y reivindicaciones con fuerza en este tiempo. Fueron un hito las Primeras Jornadas de Liberación de la Mujer, en Madrid pocos días después de la muerte de Franco.

Se organizaron jornadas en Barcelona (1976), Valencia (1977) y Granada (1979). El feminismo español promovió campañas con diversas reivindicaciones: la celebración del 8 de marzo, como Día Internacional de la Mujer Trabajadora (1978); Ley de Divorcio (1981); creación del Instituto de la Mujer (1983); primera despenalización del aborto (1985), etc.

En la imagen manifestación de grupos de feministas, en noviembre de 1976, ante la Audiencia Provincial de Madrid reclamando la supresión del adulterio como delito en el Código Penal, aprobada en 1977 por la Comisión de Justicia del Congreso de los Diputados.

1.2. Los «poderes fácticos»

Fueron denominados así los aparatos de Estado del franquismo -Ejército, policía, burocracia...- que constituyeron, durante largos años, un obstáculo para el proceso de democratización del país. Tiene especial interés el comportamiento de los militares y el de la Iglesia.

1.2.1. El Ejército

Desde la misma hora de la muerte del dictador, las miradas de los españoles se volvieron hacia los militares, a los que no se sabía muy bien qué trato dar, pero a los que se suponía poco entusiastas de la democracia.

Durante los primeros momentos de la Transición, los **militares** de **extrema derecha** de alta graduación fueron protagonistas de **numerosos incidentes** por su manifiesta voluntad de oponerse a toda política de cambio.

Dentro de los cuarteles, en vida de Franco había imperado un control estricto de la ideología por parte de los oficiales ultras, que en ocasiones castigaban con penas de arresto a los militares sospechosos de simpatizar con la **causa democrática,** como en el caso de la **Unión Militar Democrática (UMD).** Diez de sus miembros fueron condenados en 1976 por conspiración para la rebelión, en gran medida para acallar el descontento de los elementos conservadores del Ejército.

1.2.2. La Iglesia

Un sector de la jerarquía eclesiástica recibió con simpatía el proyecto de **convivencia política** que poco a poco se iba diseñando. A su cabeza estaba el **cardenal Vicente Enrique Tarancón,** que apoyó al sector reformista del franquismo, animó a la oposición liberal y contribuyó a atenuar la agresividad de la derecha conservadora contra el cambio.

Pero también hay que destacar la persistencia de notables **sectores inmovilistas** entre la jerarquía eclesiástica, **partidarios de perpetuar la dictadura.** José Guerra Campos, obispo de Cuenca, y Marcelo González Martín, arzobispo de Toledo, lideraban al sector de la Iglesia católica fiel al régimen franquista.

En conjunto, los obispos descartaron apoyar la creación de un partido católico democristiano al estilo del que había, por ejemplo, en Italia. Había sido tan intensa la revolución sociorreligiosa de los últimos años de la dictadura franquista que, entre 1975 y 1977, España aparecía como un país más laico que la propia Italia.

El anticlericalismo, históricamente presente en el campo de la izquierda, ahora era poco menos que patrimonio de la derecha franquista, que consideraba las propuestas de Tarancón una traición de la Iglesia a Franco.

1.2.3. Los poderes económicos

Los poderes económicos mostraron su inquietud por las consecuencias que podría comportar una incierta orientación económica emanada de unas elecciones democráticas. Su aspiración era remover las prácticas intervencionistas mediante una **reforma liberal.**

La presión para instalar a **Enrique Fuentes Quintana** en el **Ministerio de Economía** dio frutos y tranquilizó a los poderes económicos, que vieron garantizado el carácter liberal de las medidas que serían pactadas entre el equipo económico de Fuentes Quintana y la gran banca. Las restricciones a la entrada en España de competencia exterior en el sector financiero consolidó el carácter oligopolístico de los siete grandes bancos españoles.

Palabras del cardenal Tarancón

«Pido para Vos, señor, un amor entrañable y apasionado a España. Pido que seáis el rey de todos los españoles, de todos los que se sienten hijos de la Madre Patria, de todos cuantos desean convivir sin privilegios ni distinciones, en el mutuo respeto y amor (...).

Pido para Vos acierto y discreción para abrir caminos del futuro de la Patria para que, de acuerdo con la naturaleza humana y la voluntad de Dios, las estructuras jurídico-políticas ofrezcan a todos los ciudadanos la posibilidad de participar libre y activamente en la vida del país, en las medidas concretas de gobierno que nos conduzcan, a través de un proceso de madurez creciente, hacia una Patria plenamente justa en lo social y equilibrada en lo económico (...)».

Homilía en la misa de coronación del rey. 27 de noviembre de 1975.

Actividades

1. Señala las novedades del discurso de proclamación de Juan Carlos I con respecto a los principios del franquismo.
2. Resume y explica los cambios en la actitud de la jerarquía eclesiástica ante la Transición

2 Las fuerzas políticas tras la muerte del dictador

2.1. El Gobierno de Arias Navarro

A la muerte de Franco, el jefe de su Gabinete, Carlos Arias Navarro, había puesto su cargo a disposición del rey Juan Carlos, que prefirió retenerlo en su puesto para no alarmar a los fieles seguidores del dictador. Al mismo tiempo, el monarca colocó a **Torcuato Fernández-Miranda,** su antiguo profesor de Derecho, en la **presidencia** de las **Cortes** y del **Consejo del Reino,** confiándole la tarea de transformar la dictadura nacionalcatólica que había recibido en un régimen parlamentario. Sin embargo, el primer Gobierno de la monarquía, con Arias Navarro al frente, parecía un Gabinete más de la última etapa de Franco, aunque también se encontraban en él algunos ministros considerados aperturistas.

2.1.1. El fin del continuismo

A pesar de su firme ideología franquista, **Arias Navarro** diseñó un programa de **reformas limitadas** –la «apertura»–, que incluía la libertad de prensa, el reconocimiento del derecho de reunión y asociación, y la reforma de las Cortes. Pero nunca pensó en una verdadera democracia, sino más bien en una «democracia otorgada» que se articulara mediante un régimen de partidos, del que quedarían excluidas las agrupaciones consideradas de ideologías separatista o comunista.

El **rey,** por su parte, **comenzaba a manejar** abiertamente las **riendas de la situación.** Viajaba por España y, a comienzos de junio de 1976, al pisar Santo Domingo, se convirtió en el primer monarca español que visitaba América. Casi al mismo tiempo comunicaba al papa Pablo VI que la Corona renunciaba unilateralmente al privilegio de presentación de obispos, vigente desde hacía quinientos años, a la espera de la revisión del concordato. En esos días, el rey solo pensaba en la forma de desprenderse del cada vez más incómodo Arias Navarro, quien presentó su dimisión en julio de 1976, demostrando así la imposibilidad de un franquismo sin Franco.

2.2. La oposición política: la lucha por la ruptura democrática

A finales de marzo de 1976 quedó constituida **Coordinación Democrática,** una gran alianza de prácticamente todas las fuerzas políticas democráticas, que unía las anteriores Junta Democrática y Plataforma de Convergencia Democrática. Su programa postulaba la ruptura democrática y el cambio político mediante la presión y la movilización social, y un proceso de negociación con los sectores reformistas del régimen.

Sus portavoces más cualificados representaban las tendencias políticas vigentes en Europa occidental: desde la derecha liberal y democristiana hasta el Partido Comunista. El prestigio popular de líderes como Joaquín Ruiz-Giménez, Enrique Tierno Galván, Simón Sánchez Montero, Felipe González, etc., era incuestionable. Su programa insistía en la petición de una amnistía general para los presos políticos del régimen, la legalización de los partidos y sindicatos prohibidos por la dictadura, la defensa de las libertades y la celebración de elecciones libres.

2.3. El Gobierno de Adolfo Suárez

Un burócrata franquista, Suárez, fue nombrado **presidente de Gobierno** el 5 de julio de **1976.** Don Juan Carlos, asesorado por Torcuato Fernández-Miranda, conocía bien al personaje, y su nombramiento constituyó un gran acierto de la Corona.

Adolfo Suárez tenía un pasado falangista aparentemente poco tranquilizador para la oposición. Sin embargo, el rey se fijó en él porque era un hombre de su generación, con experiencia tanto en el Estado y en el partido único como en los círculos católicos y los medios de comunicación.

Actividades

3 El Gobierno de Arias Navarro, ¿fue un freno o un revulsivo para el proceso de transición democrática? ¿Por qué?

4 ¿Qué fuerzas constituyeron y cuál fue la importancia política de la alianza conocida como Coordinación Democrática? ¿Cómo influyó en la transición democrática?

La «apertura»

En los comienzos de 1974, Arias Navarro había formulado un programa de gobierno que contemplaba la posibilidad de configurar «asociaciones políticas» dentro del Movimiento, ante la perspectiva de la desaparición del «hombre excepcional». Una vez muerto Franco, nadie recordaba ya el fenecido «espíritu del 12 de febrero». La oposición nunca había confiado en tales intenciones de «apertura» y algunos sectores evolucionistas del franquismo comprobaron pronto la imposibilidad de que los mismos franquistas aceptasen una democracia homologable a las europeas.

Programa de Coordinación Democrática

Coordinación Democrática, conocida como «Platajunta», fue un organismo que podía negociar con el Gobierno representando a toda la oposición. Su programa sintetizaba las aspiraciones de cambio democrático.

«(...) 2. Legalización simultánea de partidos políticos y organizaciones sindicales sin exclusiones.

3. Reconocimiento inmediato del pleno ejercicio de las libertades de expresión, reunión, asociación, manifestación y huelga.

4. (...) Unidad jurisdiccional y organización y funcionamiento de un poder judicial independiente (...).

5. Completa amnistía para los presos políticos, libre retorno de los exiliados y amnistía laboral.

6. Reconocimiento de las aspiraciones a estatutos de autonomía de las nacionalidades y regiones que los reivindiquen (...) restableciéndose provisionalmente para los casos más específicos de Cataluña, Euskadi y Galicia (...).

7. Aplicación de un programa económico concertado contra la inflación y el paro (...).

8. (...) La soberanía popular determinará libremente la nueva constitución del Estado.

9. Derogación de todas las leyes e instituciones que se oponen a estos principios de liberación política.

La consecución de este gran objetivo solo es posible combinando la negociación y la movilización ciudadana. Negociación pública, unitaria y colectiva de la oposición con los poderes del Estado (...). 23 de octubre de 1976».

El contexto internacional de la transición española

«(...) Dada la pertenencia de España al bloque occidental y su relación especial con los EE. UU. derivada del acuerdo de 1953, las actitudes norteamericanas tuvieron especial trascendencia. Para los EE. UU. el objetivo prioritario en relación con España consistía en evitar que la muerte de Franco se tradujera en una alteración sustancial del equilibrio de fuerzas en favor de la URSS (...).

Kissinger atribuye el éxito de la política norteamericana hacia España al hecho de haber sabido cultivar a los “elementos moderados del Gobierno y de la sociedad española” (...).

Fiel a esta filosofía, en noviembre de 1975 el vicepresidente de los EE. UU. Nelson Rockefeller estaría presente tanto en el funeral de Franco como en la proclamación del rey (...).

Se ha especulado mucho sobre la injerencia de los EE. UU. en la política interior española durante la Transición y en especial su postura ante la legalización del Partido Comunista. Es evidente que Kissinger veía en los comunistas de la Europa occidental una grave amenaza para los intereses norteamericanos (...).

En vista de ello, no debe sorprendernos que en junio de 1976 le comentase a Areilza, con su franqueza habitual, “no vamos a decir nada si ustedes se empeñan en legalizar al PCE. Pero tampoco les vamos a poner mala cara si lo dejan ustedes sin legalizar unos años más” (...).

[Con las elecciones norteamericanas de 1976] y la llegada de Jimmy Carter a la Casa Blanca, la nueva Administración demócrata adoptó una postura más abierta y pragmática frente a la supuesta amenaza comunista en Europa occidental, lo cual posiblemente facilitase la aceptación de la legalización del PCE (...).

“Los icebergs (...) es mejor verlos. Si están sumergidos son más peligrosos” (...).

A principios de los años setenta, y en contraste con la postura norteamericana, los Gobiernos europeos comenzaron a intervenir de forma sistemática en apoyo de los dirigentes de la oposición democrática, amenazando al régimen con el escándalo internacional (...). Tras la muerte de Franco, la libertad de maniobra de los Gobiernos europeos y sus posibilidades de influir en el proceso español aumentaron notablemente (...)».

Powell, Ch.T.: «La dimensión exterior de la transición española», en *Afers Internacionals*, n.° 26, 1993, pp. 37-64.

Todas estas circunstancias hacían suponer su aceptación sin demasiadas reservas por parte de los sectores más conservadores del franquismo, pero no le incapacitaban para la nueva misión, dada su actitud reformista y su apertura al diálogo. Por otra parte, la postura de los Gobiernos democráticos de occidente era expectante y de apoyo a una salida democrática a la situación.

Con Suárez en la presidencia del Gobierno, los **cambios democráticos,** frenados durante la jefatura anterior, alcanzaron un **ritmo acelerado.** El Consejo de Ministros adelantó el calendario de la democratización de España: amnistía para los presos políticos, reforma constitucional y elecciones generales libres en un año. Dentro de una tolerancia no regulada, pudieron mostrarse en público distintos partidos políticos, llegando la permisividad también a la prensa, que se rejuveneció con nuevas empresas periodísticas. Hubo una liberalización en algunas leyes represivas y aumentaron las garantías judiciales y personales para los casos de detención política.

2.4. Los primeros pasos de Suárez en 1976

2.4.1. El diálogo con la oposición democrática

Suárez avanzaba en el camino de la reforma y estableció contactos con **Felipe González,** el líder del todavía ilegal PSOE, e incluso con **Santiago Carrillo,** el principal dirigente del PCE, tan aborrecido por la derecha. La actitud dialogante de Suárez respecto a la oposición, y especialmente sus conversaciones con **CCOO** para preparar la reforma sindical, provocaron la **dimisión** del vicepresidente del Gobierno, el **ultraconservador general Fernando de Santiago.** Suárez incorporó a su Gobierno al **general Manuel Gutiérrez Mellado,** un militar **liberal** que desempeñaría un **papel fundamental** en la **reforma** de las **Fuerzas Armadas.**

2.4.2. La Ley de Reforma Política

El paso más decisivo en el camino de la democracia lo dio Suárez cuando, en **septiembre** de **1976,** presentó al país por televisión el **Proyecto de Ley para la Reforma Política,** ideado por Fernández-Miranda, que debía modificar el sistema político vigente y regular la convocatoria de las deseadas elecciones. Tanto Suárez como Fernández-Miranda, en su condición de presidente de las Cortes, se vieron obligados a maniobrar con astucia para conseguir que estas respaldasen una ley que tendría como consecuencia inmediata su disolución definitiva. Una amplia mayoría la aprobó el 18 de noviembre de 1976. El 15 de diciembre, la **ley** fue **aprobada por el pueblo** en un referéndum que contó con una participación del 77,7 %, siendo un 94,1% los votos afirmativos y tan solo un 2,6 % –el franquismo puro y duro– los negativos.

La oposición hizo campaña a favor de la abstención, pese a que sus tesis de ruptura, frente a las de reforma política, apenas si encontraban seguidores entre los españoles.

Tras días de camuflaje en Madrid, Santiago Carrillo se hacía detener por la policía, cuyo alborozo se desinfló al conocer que Suárez llevaba tiempo negociando secretamente con él. También el PCE, inventor en buena medida de la tesis de la ruptura, aceptaba la reforma política.

2.5. Los movimientos nacionalistas

El camino hacia el régimen parlamentario estuvo plagado de obstáculos, y graves factores de desestabilización amenazaron el todavía inestable orden político. El terrorismo de ETA sembraba de cadáveres el frágil sistema predemocrático, mientras el País Vasco era el escenario de grandes concentraciones en **demanda** de la **amnistía** y **duros enfrentamientos de la policía** con los manifestantes. Sin violencia, un millón de personas exigían el **restablecimiento** de la **autonomía de Cataluña** en los actos de la Diada, que el Gobierno autorizó después de casi cuarenta años de prohibición.

Valoración del referéndum

A pesar de que la oposición política propugnaba la abstención, resultaría difícil calificar el referéndum como un plebiscito franquista más. De ahí que muchos analistas consideren un error el planteamiento abstencionista de la oposición. El apoyo mayoritario a la propuesta del Gobierno supuso un serio revés para la oposición, que comenzó a hablar entonces de «ruptura pactada» como vía de cambio.

En %	Participación	Votos positivos
España	**77,7**	**97,1**
Andalucía	81,9	95,7
Cataluña	74,1	93,5
Galicia	69,8	95,5
País Vasco	53,9	91,2

Actividades

5 ¿Por qué le resultó más difícil a Suárez que las Cortes aprobaran su Proyecto de Ley para la Reforma Política que su aprobación popular mediante referéndum?

6 ¿Por qué se afirma que el lema de las fuerzas democráticas «libertad, amnistía, estatuto de autonomía», recoge el espíritu de la Transición?

7 ¿Qué significado tuvo, para el proceso democrático, la legalización del Partido Comunista en 1977?

Movilizaciones ciudadanas y represión durante 1976

La movilización ciudadana durante 1976 fue constante. La respuesta gubernamental osciló entre la represión y algunas muestras de tolerancia. Como ejemplo, este es el resumen de incidentes entre el 1 al 7 de febrero:

«1. Incidentes frente a la cárcel Modelo de Barcelona, donde el padre Xirinachs, (...) activista político, mantiene una huelga de hambre en demanda de amnistía.

2. Declaración en la Dirección General de Seguridad y multa a varios ciudadanos por manifestación ilegal.

3. Amenazas de muerte a un librero de Oviedo por parte de un grupo de ultraderecha.

4. Suspensión gubernativa de una conferencia en Málaga.

5. Detenciones y multas por reunión ilegal en Madrid.

6. Suspensión de una mesa redonda en la Asociación de Ingenieros Industriales de Barcelona.

7. Suspensión de una conferencia de A. Tarabini en Ibiza.

8. Sentencia de dos años de prisión por el Tribunal de Orden Público (TOP) al periodista F. Villagrán por propaganda ilegal.

9. Denegación de pasaporte a Ángela Grimau.

10. Multas policiales a diez trabajadores reunidos en un local de la HOAC de Madrid.

11. Multas a tres personas en Madrid por manifestación ilegal.

12. Denegación de permiso para manifestación en Sevilla.

13. El Tribunal Supremo confirma tres penas de cárcel impuestas por el TOP por manifestación ilegal.

14. Denegación de permiso para manifestación en Barcelona.

15. Tres años de prisión y multa de 10 000 ptas. al periodista Eliseo Bayo por propaganda ilegal.

16. Atentado de la ultraderecha contra la casa del cantante Víctor Manuel en Galapagar.

17. Secuestro por el Ministerio de Información y Turismo del n.° 22 de la revista *Play Lady*.

Reelaborado de «Hemeroteca 76», de la revista *Triunfo*, n.° 680, 7 de febrero de 1976.

Real Decreto de Referéndum sobre la Ley para la Reforma Política

El artículo décimo de la Ley de Sucesión enumera las leyes fundamentales y dispone que «para derogarlas o modificarlas será necesario, además del acuerdo de las Cortes, el Referéndum de la Nación» (...).

«Art. 1. Se somete a Referéndum de la Nación el Proyecto de Ley para la Reforma Política, de rango fundamental, aprobado por las Cortes españolas en su sesión plenaria del día 18 del presente mes y cuyo texto literal es el siguiente:

Art. 1.° 1. La democracia en el Estado español se basa en la supremacía de la Ley, expresión de la voluntad soberana del pueblo. Los derechos de la persona son inviolables y vinculan a todos los órganos del Estado. 2. La potestad de elaborar y aprobar las leyes reside en las Cortes. El rey sanciona y promulga las leyes.

Art. 2.° 1. Las Cortes se componen del Congreso de los Diputados y el Senado. 2. Los diputados del Congreso serán elegidos por sufragio universal, directo y secreto de los españoles mayores de edad. 3. Los senadores serán elegidos en representación de las entidades territoriales. El rey podrá designar para cada legislatura senadores en número no superior a la quinta parte del de los elegidos. 4. La duración del mandato de diputados y senadores será de cuatro años (...).

Art. 5.° El rey podrá someter directamente al pueblo una opción política de interés nacional, sea o no de carácter constitucional, para que decida mediante referéndum, cuyos resultados se impondrán a todos los órganos del Estado (...).

Disposición final. La presente Ley tendrá rango de Ley Fundamental.

Art. 2.° El referéndum se efectuará con sujeción al procedimiento que establece en el Real Decreto de la Presidencia de Gobierno 2636/1976, de 19/XI, y tendrá lugar el quince de diciembre del año actual.

Art. 3.° La consulta se llevará a cabo formulando la siguiente pregunta: ¿Aprueba el Proyecto de Ley para la Reforma Política?».

Dado en Madrid a 24 de noviembre de 1976.
El presidente de Gobierno, Adolfo Suárez González.

3

Un año clave: 1977

3.1. Los enemigos del cambio

3.1.1. El «búnker»

En los meses siguientes a la celebración del referéndum, los españoles vivieron los momentos más difíciles de la Transición, sucediéndose sangrientos atentados de distinto signo, orientados a provocar un golpe de los militares contra el Estado y la liquidación del proceso democrático.

España tuvo que soportar un **terrorismo de extrema derecha** activado por fuerzas ligadas al aparato represivo del franquismo y por ciertas organizaciones paramilitares de ideario nazi, que la prensa más liberal denominaba el «búnker» por su resistencia al cambio.

Los **Guerrilleros de Cristo Rey,** bandas fascistas financiadas y organizadas por burócratas del franquismo y alentadas por publicaciones como *Fuerza Nueva* y el periódico *El Alcázar,* camparon libremente con el beneplácito de la policía, que no fue depurada a lo largo de la Transición. Las librerías y publicaciones democráticas fueron sus objetivos predilectos –más de cien librerías fueron atacadas en 1976–, e incluso realizaron atentados con bomba contra algunos periódicos y revistas.

3.1.2. El terrorismo de ETA y del GRAPO

Pero el país también sufrió las acciones terroristas de **grupos** de **extrema izquierda** y de **ETA.** Tanto unos como otros desplegaron una estrategia dirigida a incrementar la tensión mediante el recurso a la violencia como forma de parar el avance democrático y conseguir sus objetivos.

Un grupúsculo de extrema izquierda, los autodenominados, **Grupos de Resistencia Antifascista Primero de Octubre (GRAPO),** secuestró en diciembre de 1976 al presidente del Consejo de Estado; unas semanas más tarde, al presidente del Consejo Supremo de Justicia Militar, y, al cabo de unos pocos días, asesinó a tres policías, lo que llevó al Gobierno a decretar el estado de excepción. Con la idea de incorporar a los militares al nuevo sistema político, Adolfo Suárez había improvisado una reforma del cuerpo, buscando su mayor profesionalidad y vinculación al rey. Los atentados de ETA y del GRAPO contra altos oficiales crearon malestar en el Ejército.

3.1.3. La «matanza de Atocha»

En **enero** de **1977,** y con un objetivo claramente desestabilizador, **pistoleros** de la **ultraderecha asesinaron** en la madrileña calle de Atocha a **cinco** miembros de un despacho de **abogados laboralistas** vinculado a Comisiones Obreras y al PCE. Más de un millón de huelguistas manifestaron con su paro el dolor y la indignación del mundo laboral ante la barbarie, lo que contribuiría al pronto reconocimiento del Partido Comunista.

3.2. La legalización del Partido Comunista

A pesar de la tensión generada por las acciones terroristas, el **desguace del régimen franquista** continuaba a buen ritmo, y **desaparecían los símbolos falangistas** y la propia Secretaría General del Movimiento. Su derribo coincidió con el reconocimiento del derecho de los españoles a sindicarse y con el visto bueno, por fin, para el Partido Comunista. Por mucho que se hubieran legalizado más de cien agrupaciones políticas en febrero de 1977, la reforma democrática carecería de credibilidad mientras no se admitiese, en el sistema de partidos, al PCE, el gran símbolo del antifranquismo.

Ante el rechazo del Tribunal Supremo, **Suárez legalizó audazmente el PCE,** por medio de un decreto ley, aprovechando la fiesta del Sábado Santo y la voluntad conciliadora de los comunistas, que aceptaron la monarquía y hasta renunciaron a la bandera de la República.

La legalización del PCE pudo haber colmado el vaso del descontento militar de no mediar la autoridad del rey y la habilidad de Suárez, que se apuntó uno de los grandes éxitos de su labor democratizadora. Se produjeron nuevas **manifestaciones exigiendo la amnistía total;** Juan Carlos I recibió de forma oficial la renuncia de su padre, don Juan, a la Corona, conservando este el título soberano de conde de Barcelona, y una nueva amnistía fue arrancada al Gobierno en vísperas de las elecciones del 15 de junio de 1977.

Legalización del Partido Comunista de España

El secretario general del PCE, Santiago Carrillo, desplegó una actividad incesante en los meses anteriores a la legalización de su partido –cuestión clave para la democratización del sistema–: entró clandestinamente en España, celebró encuentros con periodistas, burlando la vigilancia policial, y, efectivamente, su propia detención puso al Gobierno en el dilema de aplicarle la vieja legislación franquista para mantenerlo detenido, o bien, como así sucedió, ponerlo en libertad y reconocerle los derechos ciudadanos básicos.

«El presidente del Gobierno respiró muy profundo. Santiago Carrillo podía pensar, desde su punto de vista con lógica, que había ganado casi cuarenta años después una batalla decisiva de su guerra. Pero él, Adolfo Suárez, también la había ganado. La democracia en muy breve plazo sería un hecho. Y tenía en su mano algo de suma importancia: no había sido un necio, como muchos creían por haber legalizado a los comunistas. Desde su óptica había triunfado: había recompuesto la convivencia de los españoles con solo el apoyo del rey (...)».

Bardavío, J.: *Sábado Santo rojo.* Madrid, Ed. UVE, 1980, p. 202.

3.3. Las elecciones democráticas

Después de una campaña electoral muy concurrida y animada, los españoles eligieron en **junio** de **1977** a sus representantes en las Cortes, en medio de grandes manifestaciones de apoyo internacional.

Eran las primeras elecciones democráticas desde 1936. Votó el 77,35% del electorado. La coalición gubernamental **Unión de Centro Democrático (UCD),** formada por una amalgama de personalidades y partidos de centro, socialdemócratas, liberales y democristianos, en torno a Adolfo Suárez, **obtuvo el triunfo; seguida del PSOE,** encabezado por Felipe González.

El resultado de las elecciones no hacía sino confirmar el apoyo de los españoles a la política de centro, a la reforma democrática gradual, puesta en marcha al poco tiempo de la muerte de Franco, y a los políticos de nuevo cuño.

Rozando la mayoría absoluta con sus 165 escaños, UCD revalidó su poder, pero quedaba a merced de sucesivos acuerdos con distintas fuerzas parlamentarias, que darían un tono de consenso a los años de la Transición.

Si el centro fue el ganador el 15 de junio de 1977, el **hundimiento** del **PCE** de Santiago Carrillo superó todas las previsiones, máxime si se tiene en cuenta el prestigio de los comunistas como luchadores a favor de la democracia y que, de sus veinte escaños, seis los aportó Cataluña.

La **extrema derecha** fue **barrida** y el franquismo solo se quedó en un recuerdo con los dieciséis diputados de Alianza Popular de Manuel Fraga. Otro **gran fracaso** lo tuvo **Democracia Cristiana** de Ruiz-Giménez y Gil-Robles, que no logró representación, pues no había espacio suficiente en el centro con la presencia de UCD.

La consulta electoral manifestó otra realidad política, vinculada en los años del franquismo a la reivindicación democrática: la existencia de una conciencia nacionalista en Euskadi y Cataluña, donde el **PNV** de **Arzalluz** y la **coalición encabezaba por Pujol,** respectivamente, **consiguieron** una **representación parlamentaria** importante.

Actividades

8 ¿Quiénes fueron los líderes políticos más destacados en las primeras elecciones democráticas en 1977?

9 Tras la lectura de «Elecciones al Congreso (15-6-1977)», señala los casos en que el sistema electoral supone mayor distorsión entre porcentaje de votos y escaños obtenidos. ¿Por qué no sufren las mismas consecuencias todos los partidos minoritarios?

Elecciones al Congreso (15-6-1977)

Las primeras elecciones legislativas con garantías democráticas desde la Segunda República arrojaron los siguientes resultados para el Congreso:

Partido	Votos	Votos (en%)	Escaños	Escaños (en%)
UCD	6310391	34,4	165	47,1
PSOE	5371866	29,3	118	33,7
PCE	1709890	9,3	20	5,7
AP	1504771	8,2	16	4,6
PSP	816582	4,5	6	1,7
CiU*	687438	3,7	13	3,7
PNV	296193	1,6	8	2,3
Otros	1646643	9,0	4	1,1

La participación fue del 77,35% del censo electoral. Fuente: Ministerio del Interior.

(*) Los grupos integrados después en esta coalición se presentaron entonces dentro del Pacte Democràtic per Catalunya (PDC) y de la Unió del Centre i de la Democràcia Cristiana de Catalunya (UCDCC).

Los resultados deben ser analizados considerando la ley electoral, que establecía para la Cámara Baja un sistema proporcional corregido, la ley d'Hondt, y para el Senado, un sistema mayoritario que favorecía claramente a las mayorías.

Según la ley d'Hont, se ordenan de mayor a menor los votos obtenidos por cada partido. No computan los que no alcancen el 3% de las votaciones. Se dividen los votos de cada candidatura entre 1, 2, 3... hasta llegar al número x de escaños de la circunscripción (en nuestro caso, la provincia). Después se eligen los x cocientes mayores; si dos cocientes coinciden, el escaño se otorga a la candidatura más votada.

Es un sistema proporcional «corregido» que favorece a los partidos que obtienen mayoría: cuantos más votos obtiene un partido, normalmente el «coste» en votos de cada diputado es menor.

Veamos una simulación de una hipotética provincia poco poblada: votos válidos (97000); escaños a repartir (3); votos de otras cadidaturas que obtuvieron en cada caso menos del 3% de los votos (7000).

Partido A: 48000	[:1=] 48000	[:2=] 24000	[:3=] 16000	2 escaños
Partido B: 31000	[:1=] 31000	[:2=] 15500	[:3=] 10666	1 escaños
Partido C: 11000	[:1=] 11000	[:2=] 5500	[:3=] 3333	0 escaños

4

El primer Gobierno de UCD avalado por las urnas

En julio de 1977 se constituyó el segundo Gobierno de Suárez, el primero avalado por las urnas, compuesto por los jefes de las distintas familias de UCD. **Desaparecieron los tres ministerios militares,** y el catedrático Enrique Fuentes Quintana, junto con el socialdemócrata Francisco Fernández Ordóñez, recibieron el encargo de reactivar la economía.

Las principales líneas del nuevo Gobierno adelantaban el itinerario de la Transición: institucionalización de las regiones en regímenes autonómicos; reanudación de negociaciones con la Comunidad Económica Europea; lucha contra la inflación y el déficit exterior; afrontar el paro; reforma fiscal, y búsqueda de un acuerdo entre las distintas fuerzas político-sociales para dotar al régimen de una Constitución ampliamente apoyada.

4.1. La coyuntura económica

En los últimos diez años del franquismo, la prosperidad económica hizo que los grupos sociales menos favorecidos tuvieran una compensación por la falta de libertad mediante el disfrute de un mejor nivel de vida y la integración en la sociedad de consumo.

Por el contrario, la Transición coincidió con la llegada a España de los efectos de la **crisis económica mundial** de los **años setenta,** una depresión que presentaba todos los elementos formales de los ciclos negativos del sistema: recesión de mercados, acumulación de *stocks,* cierres de empresas, destrucción de empleo, etc., pero también algunos hechos inesperados respecto a quiebras anteriores. El peor de todos fue el encarecimiento súbito y desmesurado del precio del petróleo y otras materias primas, sobre cuya obtención barata estaban basadas las economías de los países desarrollados. Junto al aumento de los costes de producción, una inflación desorbitada, favorecida por el incremento del déficit del Estado, se convertió en la amenaza cotidiana de fábricas, empresarios y trabajadores.

Desde 1975, las condiciones económicas se agravaron y los **enfrentamientos sociales** se recrudecieron. Las estructuras políticas del franquismo, en plena desintegración, no estaban en condiciones de soportar ni la crisis económica ni la acometida social. La necesidad de cambios políticos se reflejó en el **desconcierto empresarial,** en unos años de imparable avance de las reivindicaciones salariales. Parte del empresariado, política y psicológicamente afectado por la muerte del franquismo, inició una retirada a tiempo, con cierre de fábricas y negocios, liquidación de *stocks* y desinterés inversor. La renta se redujo, mientras las confrontaciones sociales alcanzaban sus límites más alarmantes desde el final de la Guerra Civil.

En **1977,** el índice de **inflación** se situó en un **26 % anual,** un nivel tercermundista, desconocido en la historia económica del país desde los años de posguerra y que sobrepasó con mucho las tasas de todas las naciones industrializadas. El **paro** afectó oficialmente **al 6 % de la población activa,** mientras la productividad se deterioró de modo inquietante.

Con este panorama, no sorprende que los primeros años de la Transición resultaran cruciales para fijar los contenidos de una estrategia de contención social y de reparto de los costes de la crisis.

4.2. Los Pactos de la Moncloa

Entre los más grandes aciertos de Suárez y de la oposición están los Pactos de la Moncloa, firmados el 25 de octubre de 1977 por el Gobierno y representantes de los partidos políticos, precedidos de una fuerte devaluación de la peseta. Estos **acuerdos** entre **Gobierno, empresariado, partidos y sindicatos** tuvieron como objetivo fundamental la convalidación por la clase obrera del modelo económico y social, establecido enseguida en la Constitución.

Los Pactos preveían reducir la inflación y acometer la reforma fiscal, de la Seguridad Social y de las empresas públicas. Asimismo, los firmantes se comprometían a apoyar un nuevo marco de relaciones laborales cuyo elemento central consistía en el acuerdo de establecer los aumentos salariales conforme a la inflación prevista más un incremento.

Fernández Ordóñez, un ministro reformador

Francisco Fernández Ordóñez fue una personalidad muy representativa de la generación de técnicos formados en la Universidad y en la Administración del franquismo, del que se distanciaron muy pronto, asumiendo posiciones democráticas. De pensamiento socialdemócrata, con UCD fue impulsor de la reforma fiscal y de la Ley de Divorcio, y acabó ingresando en el PSOE.

En 1975 declaraba, un año después de dimitir de su cargo en el Ministerio de Hacienda:

«P.: ¿No podría concretar cómo ve usted la salida a la situación presente? R.: En mi opinión debe cumplir tres requisitos: ser estable, ser pacífica y debe conducir a una presencia efectiva de España en la comunidad de países a la que geográfica, histórica y culturalmente pertenece (...) no hay más camino para cumplir los tres requisitos anteriores que el establecimiento en España cuanto antes –el riesgo es el aplazamiento– de un verdadero sistema democrático que restablezca las libertades públicas, devuelva la soberanía política al pueblo español y ordene unas elecciones generales para disponer de unos poderes asentados en el sufragio popular (...)».

Triunfo, n.º 673, 26 de agosto de 1975.

Los Pactos de la Moncloa

«Entre los días 8 y 21 de octubre de 1977 se han reunido en el Palacio de la Moncloa, de Madrid, el presidente y miembros del Gobierno con los representantes de los grupos parlamentarios del Congreso.

El consenso alcanzado en el curso de las sesiones de trabajo ha dado lugar a un amplio acuerdo sobre los temas contenidos en el presente documento (...). Un primer aspecto en el que se ha alcanzado una base de entendimiento ha sido en el diagnóstico de la situación económica del país, calificada como grave debido a la confluencia de diversas crisis (...). La economía española atraviesa en estos momentos por una grave situación, caracterizada por tres desequilibrios fundamentales:

1. Una persistente y aguda tasa de inflación.
2. Un desarrollo insatisfactorio de la producción con una caída importante de las inversiones (...).
3. Un fuerte desequilibrio en los intercambios con el extranjero (...).

Medidas de política económica

Limitación y ejemplaridad de los gastos consuntivos del Estado y de la Seguridad Social. Durante 1978 dichos gastos no podrán crecer en más de un 21,4 %, tasa de crecimiento prevista del PIB en términos monetarios (...).

A este respecto se incrementarán los gastos estatales de inversión en un 30 % (...). La emisión de deuda pública (40 000 millones) se destinará específicamente a la financiación de un plan de construcciones escolares públicas.

El déficit total del Estado será como máximo de 73 000 millones de ptas. en 1978 (...). Se moderarán los incrementos de los costes de trabajo mediante un menor crecimiento de las cuotas de la Seguridad Social, las cuales no podrán aumentar durante 1978 en más de un 18 % respecto a 1977 (...).

Las recaudaciones por imposición directa y por imposición indirecta en el Presupuesto del Estado para 1978 resultarán paritarias (...).

Medidas de actuación política y jurídica

Competencia judicial exclusiva para la suspensión o disolución de asociaciones (...).

Limitar la competencia de la jurisdicción militar a los actos cometidos en centros o establecimientos o lugares estrictamente militares (...). Sometimiento a los tribunales ordinarios de las Fuerzas de Orden Público, cuando actúen en su mantenimiento (...). Se fortalecerán los medios de prevención y defensa frente al terrorismo. Reorganización de los cuerpos y fuerzas de orden público (...)».

Acuerdos aprobados por resolución del Congreso de los Diputados el 27 de octubre de 1997.

La Transición se llevó a cabo en un contexto de crisis económica que se afrontó con un pacto social, los Pactos de la Moncloa, suscritos por prácticamente todas las fuerzas políticas democráticas.

De izquierda a derecha, Enrique Tierno Galván, Santiago Carrillo, Josep María Triginer, Joan Raventós, Felipe González, Juan Ajuriaguerra, Adolfo Suárez, Manuel Fraga, Miquel Roca y Leopoldo Cavo Sotelo.

Más información en la web de recursos de **anayaeducacion.es**.

Los **efectos** de los Pactos de la Moncloa, aparte de permitir a los políticos concentrarse en la tarea de elaborar la Constitución, se dejaron ver pronto en la mejora del clima de paz social, que se tradujo en el **descenso** de la **conflictividad** y la **normalización** de las **relaciones laborales.**

Objetivos tan ambiciosos como el propuesto por los Pactos de la Moncloa no podía realizarse a corto plazo. Sí se emprendió, enseguida, la **reforma** de la **Hacienda,** que trató de resolver uno de los graves problemas de la historia de España: la falta de recursos del Estado provocada por la ausencia de una política fiscal moderna.

Con el lema «Hacienda somos todos», los ministros **Fernández Ordóñez y Fuentes Quintana,** en 1977, diseñaron una **reforma fiscal** basada en la implantación de tres grandes contribuciones: las relacionadas con la renta –de las personas físicas y sociedades–, los impuestos sobre el gasto, y los gravámenes del patrimonio y las transmisiones. En 1981, los impuestos directos superaban a los indirectos y, por vez primera en su historia, la fiscalidad española era progresiva.

Actividades

10 Lee el doc. de «Los Pactos de la Moncloa» y el texto informativo y elabora un esquema sobre las circunstancias que llevaron a estos pactos.

11 Establece diferencias entre las reivindicaciones nacionalistas catalanas y vascas al inicio de la Transición.

Panorama socioeconómico en la Transición

«En los períodos de mayor crecimiento, España ha crecido más que la Europa Comunitaria, lo que permite explicar que en algo más de 30 años hayamos convergido en más de un 20 % de nivel de vida. La inversa también se produjo: en los escasos años en que los países europeos crecen poco, nosotros crecemos menos (...) hay solamente dos excepciones y que precisamente afectan a la transición española:

En el período 1975-1978, la economía europea, que había caído más que la española, se recupera con una aceleración que (...) no es capaz de seguir nuestra economía.

En el período 1978-1980, la economía europea crece mientras que la nuestra se va convirtiendo en una senda inane (...)».

Lluch, E.: «Transición económica y transición política: la anomalía 1978-1980», en Tusell, J., y Soto, A. (eds.): *Historia de la transición 1975-1986*. Madrid, Alianza Editorial, 1996, p. 258.

4.3. El reconocimiento de las autonomías

En los últimos meses de la dictadura y los primeros años de la Transición, una acusada sensibilidad autonomista se apoderó de la clase política: todas las regiones querían tener un gobierno propio. El franquismo, con su centralismo agresivo, había facilitado el rebrote de las corrientes centrífugas, nunca encaradas con auténtico talante de cuestión de Estado. Después de cuarenta años de régimen centralizador, la ciudadanía acabó asociando regionalismo o nacionalismo con libertad, por un lado, y unidad nacional con represión, por otro. En muchos lugares de España, el **sentimiento anticentralista** se manifestó con tanta intensidad que obligó al Gobierno a imponerse como tarea inaplazable la **reforma administrativa y territorial** del país. Pero la aprobación de la Constitución aún estaba lejana, y la exigencia insatisfecha de autogobierno, sobre todo en Cataluña y en el País Vasco, ofrecía argumentos para la agitación callejera y los enfrentamientos con las fuerzas policiales. Por ello, Suárez tuvo que afrontar rápidamente lo que ya era la cuestión fundamental de la democracia: la reivindicación autonómica.

Nunca dejó de existir un Gobierno vasco en el exilio. Como delegación de este, el Consejo General Vasco, que aglutinaba un amplio espectro de fuerzas políticas, fue reconocido también como interlocutor por el Gobierno central en el período constituyente y hasta la redacción y aprobación del estatuto de autonomía correspondiente en 1979.

Organización territorial del Estado español: provincias y comunidades

4.3.1. Cataluña

Poco después de las elecciones generales de 1977, Suárez, previa mediación del rey, estableció contactos con **Josep Tarradellas,** un exiliado republicano que desde 1954 era **president de la Generalitat** en el exilio, y que se había negado a volver a su tierra natal mientras no se restaurase el Gobierno autonómico de Cataluña. En este septuagenario encontró Suárez el interlocutor ideal, alejado de los jóvenes nacionalistas elegidos por las urnas; y por ello, en un golpe de mano, lo acomodó en Barcelona para que se pusiera al frente de una Generalitat provisional establecida por decreto el 29 de septiembre de 1977.

4.3.2. País Vasco

En el País Vasco, la sociedad aparecía mucho más dividida que la catalana y había más motivos para la polémica, desde el himno o la bandera hasta el idioma o los límites geográficos de la comunidad. A pesar de las diversas medidas del Gobierno de Suárez –legalización de la ikurriña, repetidas amnistías, expatriación de los presos más duros–, no se había conseguido la normalidad. Un proyecto de régimen provisional de autonomía fue elaborado por los diputados y senadores vascos, elegidos en los comicios de junio de 1977, que luego utilizaría el Gobierno para crear por decreto el **Consejo General Vasco.** Durante los meses previos a la entrada en vigor de la Constitución se aprobaron otros regímenes preautonómicos, con lo que **empezaba a vislumbrarse** ya el **estado de las autonomías.**

4.3.3. Los recelos militares

Los proyectos de reforma territorial del país producían bastante **desconcierto** en **amplios sectores** del **Ejército,** y muchos oficiales se debatían entre la fidelidad a los postulados del franquismo –sobre todo, en lo tocante a la defensa de la unidad de España, que consideraban lesionada por el inminente estado de las autonomías– y la lealtad al rey y a las instituciones democráticas. Como muestra de la preocupación gubernamental por controlar el Ejército **nacía** el **Ministerio de Defensa,** confiado a un civil con el encargo de desactivar a la extrema derecha militar y extender en la milicia el espíritu democrático.

4.4. El consenso constituyente

En un ambiente de riesgo continuo para la democracia a causa del terrorismo, las fuerzas políticas se pusieron manos a la obra para elaborar una constitución que creara un **nuevo tipo de Estado.** Por vez primera, la redacción del texto constitucional no iba a responder a la imposición unilateral de un partido, sino al acuerdo entre los más importantes. Una comisión de siete personas, representantes de las distintas fuerzas políticas –tres de centro, un socialista, un comunista, un miembro de Alianza Popular y un nacionalista catalán–, había sido nombrada en agosto de 1977 para elaborar el borrador. La comisión logró llegar a un acuerdo, y el texto pasó a debatirse en el Congreso y en el Senado, que acabaron aprobándolo por mayoría, después de 3200 enmiendas.

5

La Constitución de 1978

El **6** de **diciembre** de **1978** fue **aprobada** la Constitución en un referéndum en el que participó el 67% del censo, y en él los votos favorables sumaron el 88%. La Constitución reconocía algunas de las reivindicaciones históricas vascas y derogaba la legislación antiforal, pero la afirmación de la indivisibilidad de la soberanía española determinó la abstención del PNV, que en su fiesta anual ya había manifestado que «nuestros Fueros son nuestra Constitución».

5.1. Rasgos de la Constitución

Más avanzada que muchas de las de su entorno europeo, la Constitución de 1978 define a España como un **«Estado social y democrático de Derecho»,** cuya forma es la monarquía parlamentaria. La izquierda española tenía una viva tradición republicana, pero ahora, con sentido práctico, reconocía en la fórmula monárquica la mejor solución para el Estado nacido tras la liquidación del régimen franquista. La Constitución aprobada limitaba drásticamente las facultades de la Corona y **garantizaba a las Cortes el ejercicio del poder.**

El texto constitucional define un **Estado no confesional,** aunque urge a los poderes públicos a tener en cuenta la religiosidad de los españoles y mantener relaciones de cooperación con la Iglesia católica. Enumera minuciosamente los **derechos individuales** de los españoles, cuya mayoría de edad se fijaba en los dieciocho años, se abole la pena de muerte y abre la puerta al divorcio. El Estado debe promover el bienestar dentro de una economía mixta, que reconoce la propiedad privada y el mercado libre, pero también la posibilidad de intervención estatal en la vida económica, hasta con expropiaciones en caso necesario.

También restituyó el poder a las regiones y nacionalidades, atendiendo a la reivindicación histórica de autonomía, representada desde comienzos del siglo XX por las demandas de nacionalistas catalanes y vascos. No solo las «nacionalidades históricas» reconocidas por la Segunda República –Cataluña, País Vasco y Galicia– podrían tener Gobierno propio, sino todas las regiones que lo solicitasen, de acuerdo con el procedimiento constitucional.

Actividades

12 ¿Cuáles crees que fueron las cuestiones de más difícil consenso entre las fuerzas políticas en la Constitución de 1978? ¿Por qué?

13 Compara la Constitución de 1978 con los Principios del Movimiento Nacional y otras leyes franquistas expuestas en la unidad 12. Señala las diferencias fundamentales y exponlas en el aula.

El rey Juan Carlos firma la sanción de la Constitución el 27 de diciembre de 1978 en sesión solemne del Parlamento. En su discurso afirmaba: «expreso ante el pueblo español, titular de la soberanía nacional, mi decidida voluntad de acatarla y servirla (...) conseguiremos desterrar para siempre las divergencias irreconciliables, el rencor, el odio y la violencia».

La Constitución española de 1978

Firma del informe del proyecto de Constitución, ante numerosos periodistas y reporteros gráficos.

En la imagen, de izq. a dcha.: Manuel Fraga, Miquel Roca, Gregorio Peces Barba, Gabriel Cisneros, José Pedro Pérez Llorca, Miguel Herrero de Miñón y Jordi Solé Tura.

«Art. 1. 1. España se constituye en un Estado social y democrático de derecho, que propugna como valores superiores de su ordenamiento jurídico la libertad, la justicia, la igualdad y el pluralismo político. 2. La soberanía nacional reside en el pueblo español, del que emanan los poderes del Estado. 3. La forma política del Estado español es la monarquía parlamentaria.

Art. 2. La Constitución se fundamenta en la indisoluble unidad de la Nación española, patria común e indivisible de todos los españoles, y reconoce y garantiza el derecho a la autonomía de las nacionalidades y regiones que la integran y la solidaridad entre todas ellas (...).

Art. 14. Los españoles son iguales ante la ley (...).

Art. 16. 1. Se garantiza la libertad ideológica, religiosa y de culto (...).

Art. 38. Se reconoce la libertad de empresa en el marco de la economía de mercado. Los poderes públicos garantizan y protegen su ejercicio y la defensa de la productividad, de acuerdo con las exigencias de la economía general y, en su caso, de la planificación (...).

Art. 56. 1. El rey es el jefe del Estado, símbolo de su unidad y permanencia, arbitra y modera el funcionamiento regular de las instituciones, asume la más alta representación del Estado español en las relaciones internacionales (...).

Art. 66. 1. Las Cortes Generales representan al pueblo español y están formadas por el Congreso de los Diputados y el Senado. 2. Las Cortes Generales ejercen la potestad legislativa del Estado, aprueban sus Presupuestos, controlan la acción del Gobierno y tienen las demás competencias que les atribuya la Constitución (...).

Art. 68. 1. El Congreso se compone de un mínimo de 300 y un máximo de 400 diputados, elegidos por sufragio universal, libre, igual, directo y secreto, en los términos que establezca la ley. 2. La circunscripción electoral es la provincia. Las poblaciones de Ceuta y Melilla estarán representadas cada una de ellas por un diputado. La ley distribuirá el número total de diputados, asignando una representación mínima inicial a cada circunscripción y distribuyendo los demás en proporción a la población (...).

Art. 69. 1. El Senado es la Cámara de representación territorial. 2. En cada provincia se elegirán cuatro senadores por sufragio universal, libre, igual, directo y secreto por los votantes de cada una de ellas, en los términos que señale una ley orgánica (...).

Art. 143. 1. En el ejercicio del derecho a la autonomía reconocido en el artículo 2 de la Constitución, las provincias limítrofes con características históricas, culturales y económicas comunes, los territorios insulares y las provincias con entidad regional histórica podrán acceder a su autogobierno y constituirse en comunidades autónomas con arreglo a lo previsto en este Título y en los respectivos Estatutos (...).

Art. 149. El Estado tiene competencia exclusiva sobre las siguientes materias: 1.ª La regulación de las condiciones básicas que garanticen la igualdad de todos los españoles en el ejercicio de los derechos y en el cumplimiento de los deberes constitucionales. 2.ª Nacionalidad, inmigración, emigración, extranjería y derecho de asilo. 3.ª Relaciones internacionales. 4.ª Defensa y Fuerzas Armadas. 5.ª Administración de Justicia. 6.ª Legislación mercantil, penal y penitenciaria; legislación procesal (...)».

6

El segundo Gobierno de UCD

Al aprobarse la Constitución, Suárez convocó **elecciones** para **marzo** de **1979,** fundamentando su campaña en los logros del Gobierno de UCD y en la difusión de su mensaje electoral a través de los medios de comunicación. La oferta política fue menor que en la consulta anterior, en la que concurrieron numerosos partidos, pronto disueltos.

Aumentó la **abstención,** que llegó a un 32 %, siendo interpretada como una muestra del desencanto ciudadano, fruto de la crisis económica y del clima de tensión generado por el terrorismo.

La incapacidad del Gobierno y de las demás fuerzas políticas para resolver los problemas del país había desilusionado a los españoles, que, sin embargo, volvieron a repetir casi los mismos resultados de las elecciones de 1977, dando la victoria a UCD.

6.1. Las elecciones municipales y el triunfo de la izquierda

El primer reto del Gobierno formado por Suárez consistió en afrontar las elecciones municipales, que habían sido aplazadas para que no obstaculizasen el proceso de ratificación de la Constitución, pero que se hacían urgentes, al estar los ayuntamientos en manos de autoridades no elegidas democráticamente desde 1935.

El 3 de abril de 1979, **UCD** volvió a ser el **partido más votado;** pero el **PSOE** ascendió de modo tan notable que después de un **pacto** con el **PCE,** aireado por los ultras como un nuevo Frente Popular, **consiguió** las **alcaldías** de las **ciudades más importantes,** entre ellas, Madrid y Barcelona.

6.2. Los primeros estatutos de autonomía

6.2.1. País Vasco

Suárez dedicó muchos esfuerzos para llegar a un acuerdo con los nacionalistas vascos respecto a su estatuto. El PNV, que se había abstenido en el referéndum constitucional, decidió en esta ocasión negociar el ansiado estatuto de autonomía. Después de duras conversaciones, en julio de 1979 Adolfo Suárez acordó el texto con **Carlos Garaikoetxea,** presidente del **Consejo General Vasco** y del **PNV.**

Los resultados electorales de marzo habían ratificado la hegemonía del nacionalismo moderado y apuntaban un **ascenso** importante de **Herri Batasuna.**

Por otra parte, ETA continuaba con sus acciones violentas y todo ello aportaba la evidencia de que sin el concurso de sectores del nacionalismo era imposible una solución política para el País Vasco; y, sin esta, todas las medidas policiales estaban condenadas al fracaso.

El acuerdo político alcanzado significó un **acoplamiento** más riguroso **del estatuto a la Constitución.** De esta forma, la realidad nacional vasca, que aparecía en el proyecto, se convirtió en nacionalidad, constituida en comunidad autónoma dentro del Estado español.

Elecciones de 1979: la subida de la izquierda

Partido	Votos	Votos (en%)	Escaños	Escaños (en%)
UCD	6 268 593	34,8	168	48,0
PSOE	5 469 813	30,4	121	34,6
PCE	1 938 487	10,8	23	6,6
AP*	1 060 330	5,9	9	2,6
PNV	296 597	1,6	7	2
HB	172 110	1,0	3	0,9
UN	378 964	2,1	1	0,2
EE	85 677	0,5	1	0,2
UPC	58 953	0,3	1	0,2
Otros	1 394 929	8,1	3	1,1

*AP se presentó como Coalición Democrática.

Fuente: Ministerio del Interior.

Cartel electoral del candidato a la alcaldía de Madrid, Enrique Tierno Galván, llamado cariñosamente «el viejo profesor». Había sido fundador del Partido Socialista Popular y de la Junta Democrática. En 1978 el PSP se integró en el PSOE y Tierno ocupó su presidencia de honor. En 1979 consiguió la alcaldía madrileña y fue reelegido en 1983.

Más información en la web de recursos de **anayaeducacion.es**.

Quedaron recogidas las grandes cuestiones en litigio: la posible integración de Navarra, las competencias sobre orden público y enseñanza, la Hacienda autónoma, regulada por medio de los Conciertos Económicos, etc.

Fue uno de los momentos de mayor euforia de la Transición. El PNV había conseguido plasmar en el estatuto unos niveles de autogobierno no contemplados hasta entonces en otros textos legales, en cuanto al reconocimiento de los derechos individuales y colectivos del País Vasco. El **Estatuto de Autonomía** fue **aprobado** en referéndum el **25 de octubre de 1979,** pero la abstención superó el 40 %.

6.2.2. Cataluña

El Gobierno de Suárez apenas encontró problemas en Cataluña, donde la voluntad dialogante y pactista de sus parlamentarios allanó el camino de la aprobación del estatuto, cuyo proyecto no presentaba incompatibilidad alguna con la Constitución. El **Estatuto de Autonomía** también fue **aprobado** en referéndum el **25 de octubre de 1979** y, al igual que en el vasco, la abstención superó el 40 %.

6.2.3. Galicia

A pesar de su condición de nacionalidad histórica, Galicia, que refrendó su **Estatuto de Autonomía** a finales de **1980,** no consiguió movilizar más que a una cuarta parte de sus electores en el referéndum de ratificación.

6.2.4. Andalucía

El 28 de febrero de 1980, UCD sufrió un duro revés, al quedar bloqueado el referéndum de autonomía para Andalucía. La desautorización del Gobierno fue tan grande que se vio obligado a rectificar y aceptar la **vía** del artículo **151** para la **aprobación** de la **autonomía andaluza.**

6.3. El sentimiento autonomista

Como el sentimiento autonomista casi se reducía a Cataluña, Euskadi y Galicia, la clase política puso su esfuerzo en impulsar una conciencia regional que sirviera de base a la extensión del régimen autonómico. A imitación, la mayoría de las veces, de los nacionalistas catalanes y vascos, los líderes regionales de los partidos ahondaron en la historia particular de cada territorio en busca de raíces y argumentos que legitimasen las pretendidas aspiraciones de autogobierno de sus regiones.

Hostigada por la oposición, UCD anunció que daría salida a todos los **procesos autonómicos** por el **artículo 143** de la Constitución, en lugar de hacerlo por la **vía rápida** del **151,** que había encauzado las **autonomías históricas** catalana, vasca y gallega.

La discusión se enquistó también en la propia UCD, que vio cómo en su interior se levantaban dos frentes, el de los partidarios de restringir las transferencias autonómicas y el de los defensores del «café para todos», que exigían la generalización del proceso iniciado en Cataluña

Manifestación favorable al Estatuto de Autonomía de Galicia días antes del referéndum celebrado el 21-12-1980 con la participación de solo un 28 % del censo.

Se justificó la alta abstención por el desinterés social en la cuestión y el poco esfuerzo de los partidos mayoritarios (UCD y PSOE).

Votaron en contra un 20 %, secundando la postura del Bloque Nacional Popular Galego y el PSG.

y el País Vasco a todo el Estado. A Suárez tampoco le faltaron las críticas de nacionalistas vascos y catalanes, temerosos de que se pretendiese utilizar la concesión de autonomía a regiones donde no tenía arraigo la demanda para rebajar las suyas.

Un nuevo **Ministerio de Administración Territorial** se encargaría a partir de las elecciones de 1979 de supervisar las transferencias de poder del Estado a las regiones y nacionalidades.

6.4. Otros problemas: crisis económica y terrorismo

A causa de la crisis económica, la política de **pactos** se hizo cada vez más necesaria y, a comienzos de **1979,** los **sindicatos firmaban** con la **patronal** un **acuerdo marco** que pretendía mejorar la estabilidad social. Pero la crisis económica empeoró notablemente las condiciones de vida de amplias capas populares (despidos, congelación salarial, inflación elevada, etc.).

Por su parte, **ETA** no aceptaba ni consideraba suficientes los cambios democráticos introducidos por la Constitución (1978) y el Estatuto de Autonomía (1979), y a lo largo de 1978 perpetró un gran número de atentados, con 65 víctimas mortales, muchas más que durante toda la dictadura. Sectores minoritarios, pero influyentes en el entramado social, alimentaban la lucha armada en Euskadi y daban cobertura a los atentados de ETA, a los que se sumaban las acciones ejecutadas por los **GRAPO** (asesinatos, secuestros, extorsiones...).

También la **ultraderecha** cometía atentados, algunos con gran repercusión y alarma social, como la ya citada matanza de Atocha (1977), y otros con un claro sentido de «ajuste de cuentas», como el asesinato del máximo dirigente de ETA, José Miguel Beñarán, Argala, en su refugio de Francia, cometido por el autodenominado **Batallón Vasco Español** en 1978, en el quinto aniversario del atentado contra Carrero Blanco.

Entre tanto, los **aparatos policiales** del **Estado franquista se mantenían** sin ser sometidos a ninguna reforma y controlados por los mismos dirigentes del pasado.

A comienzos de 1981, los rumores sobre insoportables **presiones militares** para destituir a Suárez adquirieron gran intensidad, mientras en los cuarteles se le acusaba de romper España con su política autonómica y de no atajar el terrorismo.

Durante el año anterior, ETA había asesinado a 96 personas, muchas de ellas miembros de las fuerzas de orden público.

Estadística de atentados y víctimas

Año	ETA		GRAPO		Extr. derecha		Otros	
	Atentados	Víctimas	Atentados	Víctimas	Atentados	Víctimas	Atentados	Víctimas
1968	2	2	–	–	–	–	–	–
1969	1	1	–	–	–	–	–	–
1971	–	–	–	–	–	–	1	1
1972	1	1	–	–	–	–	1	1
1973	2	6	–	–	–	–	2	2
1974	6	17	–	–	–	–	–	–
1975	16	16	5	5	–	–	5	5
1976	11	17	1	1	3	3	–	–
1977	10	12	5	7	4	8	1	1
1978	58	65	6	6	1	1	6	13
1979	63	78	23	31	5	6	3	3
1980	72	96	4	6	13	20	2	2
1981	27	30	4	5	1	1	2	2
1982	31	40	2	2	–	–	2	2

Reinares, F.: «Sociogénesis y evolución del terrorismo en España», en Giner, S. (dir): *España. Sociedad y política*, vol. I. Madrid, Espasa-Calpe, 1990.

Más información en la web de recursos de **anayaeducacion.es**.

En 1980, el año con más víctimas por actos terroristas, fueron condenados a 193 años de cárcel dos asesinos de los abogados de CCOO de la calle Atocha. Otro había huido merced a un extraño permiso judicial.

En la imagen, el multitudinario cortejo fúnebre, en absoluto silencio, celebrado tres años antes en Madrid.

6.5. Las disensiones en UCD: la dimisión de Adolfo Suárez

El amplio consenso logrado por Suárez en torno a las grandes cuestiones de la sustitución del régimen se deshizo cuando llegó el momento de llevar la democracia a la vida diaria de los ciudadanos.

Sin mayoría parlamentaria y con los **principales ayuntamientos, desde 1979, en manos de la izquierda,** los Gobiernos de UCD tuvieron que afrontar no solo la reforma del Estado y sus aparatos, sino también el desarrollo de la Constitución en asuntos tan comprometidos como el divorcio, la enseñanza o el empleo.

A lo largo de 1980, Suárez no tuvo más remedio que cambiar tres veces su Gobierno para intentar aplacar las desavenencias de los «barones» de la UCD. El hombre que había demostrado dotes excepcionales para la negociación con sus opositores parecía naufragar como líder de su partido. En mayo, la **estrategia socialista** de **acoso** a **UCD,** aunque no consiguió hacer triunfar en las Cortes su moción de censura, **erosionó gravemente la imagen de Suárez** en la opinión pública.

Después del verano, el proyecto del Gobierno de **legalización** del **divorcio** reavivó la crisis de UCD, donde el sector democristiano se opuso al socialdemócrata para impedir su aprobación y reorientar en su provecho el partido.

Cansado de las tensiones internas, distanciado de la patronal y también de la Iglesia, por discrepancias en materia educativa, el **29 de enero de 1981 Suárez** hacía pública su **renuncia a la presidencia del Gobierno** a través de la televisión. «Mi marcha es más beneficiosa para España que mi permanencia (...) y yo no quiero que el sistema democrático de convivencia sea una vez más un paréntesis en la historia de España», dijo como queriendo dar a entender que la democracia podía estar en peligro.

6.6. El Gobierno de Calvo Sotelo y el 23-F

Para evitar el riesgo de un vacío de poder, el comité ejecutivo de UCD se reunió urgentemente y nombró candidato a la presidencia del Gobierno a Leopoldo Calvo Sotelo, ministro en todos los Gabinetes de Suárez, inteligente y culto, pero sin el magnetismo personal del dimisionario.

En una situación de provisionalidad del Gobierno, a la espera de la confirmación de Calvo Sotelo por el Congreso de los Diputados, se iban a hacer realidad los presentimientos de los españoles, temerosos de un golpe militar.

29 de enero de 1981, Adolfo Suárez hace pública su dimisión a través de la televisión.

6.6.1. El golpe de Estado

El **23 de febrero de 1981,** se produjo la ocupación del Congreso de los Diputados por un destacamento de guardias civiles, a las órdenes del teniente coronel **Tejero,** y con la toma de Valencia por los tanques del capitán general **Milans del Bosch.** Con el Gobierno secuestrado en el Congreso, se produjeron momentos de desconcierto y vacío de poder.

La **posición** de la **Corona,** como única institución de autoridad en condiciones de actuar, aparecía como **decisiva,** pero el rey no se dirigió al país hasta la 1:14 de la madrugada, después de mantener conversaciones con los jefes militares, mediante una breve intervención en televisión en la que desautorizaba rotundamente la intentona golpista. Aunque se celebró un juicio sobre estos hechos y fueron condenados los protagonistas, nunca se emprendió una investigación en profundidad sobre las conexiones últimas de la trama.

Tras el fracaso del golpe, se produjeron en España multitudinarias manifestaciones en las que varios millones de ciudadanos respaldaron cívicamente la democracia.

6.6.2. La «armonización» autonómica

En los meses siguientes, ya bajo la presidencia de Leopoldo Calvo Sotelo, la política del Gobierno estuvo marcada por los efectos del 23-F, sobre todo en la cuestión autonómica y la lucha antiterrorista, en la que participaría el Ejército.

Con el telón de fondo de la investigación de la trama conspirativa y el castigo a los militares golpistas, los Gabinetes de Calvo Sotelo procuraron recuperar la normalidad democrática. A la vista de las tensiones que originaban las trasferencias estatutarias, UCD y PSOE pactaron, con un sentido restrictivo, el desarrollo autonómico, lo que irritó a los nacionalistas vascos y catalanes, que no dudaron en calificar la nueva situación política de «democracia vigilada».

Después de una áspera batalla parlamentaria, las Cortes aprobarían en junio de **1982** la **Ley Orgánica de Armonización del Proceso Autonómico (LOAPA),** que fue recurrida por los nacionalistas (el Gobierno Vasco, el PNV, la Generalitat de Cataluña y CiU) y rectificada en parte por el Tribunal Constitucional.

Los diputados y el Gobierno en pleno quedaron secuestrados, el 23 de febrero de 1981, por la toma del Congreso a cargo del destacamento dirigido por el teniente coronel ultraderechista Antonio Tejero, en el momento en que se votaba la investidura de Leopoldo Calvo Sotelo como nuevo presidente de Gobierno.

Más información en la web de recursos de **anayaeducacion.es**.

Pervivencia del franquismo

«La derecha española -la sociológica y la vivencial- no había padecido el franquismo sino en los aspectos de represión cultural y de animalismo en que la dictadura había sumido a los ciudadanos. Salvo excepciones que honran a los individuos pero no exculpan a su clase, no sufrió cárcel ni discriminaciones, participó del poder en todas sus manifestaciones posibles y construyó una burguesía próspera y acomodada (...).

Con la monarquía, la derecha hizo una finta de acomodaciones para instalarse en la fe y en el compromiso democráticos, alquilándose un apellido de prestado que era el centro (...), era la verdadera depositaria del poder de Franco, su heredera y su beneficiaria inmediata. Agrupada por puro pragmatismo en torno a la UCD, no era quizás del todo demócrata-cristiana, pero mucho menos liberal o socialdemocrática (...).

La policía franquista no solo no fue depurada sino que, en algunos casos, fue potenciada pasada la primera confusión de la transición democrática (...).

De hecho, el convencimiento de que detrás de su creación y mantenimiento [se refiere al GRAPO] existe algún tipo de servicio de seguridad interno o exterior, se halla más que extendido no solo entre la clase dirigente española, sino en sectores de la propia policía (...).

La Iglesia, que colaboró eficazmente al desmontaje de la dictadura, después de haber sido una de las instituciones ancilares en las causas del desencadenamiento de la Guerra Civil y en la construcción del franquismo, parece ya más que satisfecha con las reformas de la nueva etapa política y preocupada ahora en la tarea de acomodar la nueva situación a sus viejos dictados (...) las actitudes más recientes, en la enseñanza, en el divorcio y el derecho de familia, demuestran que cuanto decimos responde a hechos probados (...).

Mantenemos así desde los comienzos mismos de la Transición una permanente cantinela sobre los peligros del golpe militar, pero no aplica el Gobierno la disciplina adecuada a su tiempo y en su forma ni se empeña en un proceso de acercamiento real, de información y comprensión entre los ciudadanos y el ejército (...)».

Cebrián, J. L.: *La España que bosteza. Apuntes para una historia crítica de la transición.* Madrid, Taurus, 1980.

6.6.3. El desgaste del Gobierno y la crisis de UCD

El descrédito perseguía al Gobierno, que en mayo de 1981 vio cómo los hospitales se llenaban de pacientes con unos síntomas hasta entonces desconocidos. Al cabo de un tiempo, el **«síndrome tóxico»,** como finalmente fue bautizado, causaría al menos mil muertos y los supervivientes arrastrarían dolorosas secuelas de la ingestión de **aceite de colza adulterado.** El escándalo de la colza, torpemente gestionado por las autoridades, se convirtió en la mayor intoxicación alimentaria de la reciente historia de España y supuso un gran coste político para el Gobierno.

Asimismo, el frágil Gobierno de UCD tuvo que afrontar su responsabilidad en la **muerte de tres jóvenes en Almería,** tras ser detenidos por la Guardia Civil al confundirlos con miembros de ETA.

En plena batalla por el control ideológico de UCD, el Congreso de los Diputados aprobó una **ley de divorcio,** que consiguió sacar adelante el socialdemócrata Francisco Fernández Ordóñez, provocando la indisciplina parlamentaria del ala democristiana de su partido y la indignación de la jerarquía de la Iglesia.

Cada vez que, con el objetivo de apaciguar una facción rebelde, Calvo Sotelo definía el programa del partido, orientándolo a la izquierda o a la derecha, invariablemente ocasionaba fisuras en la otra camarilla.

De esta forma, UCD perdió en un año la tercera parte de sus diputados y dio paso a cuatro formaciones distintas. Hasta su mismo fundador, Suárez, la abandonó, para crear el Centro Democrático y Social (CDS).

En medio de la desbandada de diputados centristas, y a pesar del rechazo de la izquierda, Calvo Sotelo consiguió el **ingreso** de España en la **OTAN,** perfilando una nueva política exterior de mayor proyección en el mundo occidental, aunque su predecesor, Suárez, no había escatimado sus gestos de simpatía hacia los países no alineados y el tercer mundo.

La decisión de entrar en la OTAN aumentó la impopularidad del Gobierno ante la opinión pública, que, entregada al PSOE, pedía a gritos un cambio de política. Cansado de las escisiones de su partido, **Calvo Sotelo** no esperó a agotar la legislatura y **adelantó las elecciones** a octubre de 1982.

Actividades

14 ¿En qué clima social se desarrollaron las elecciones legislativas de 1979?

15 Señala los principales problemas políticos, sociales y económicos que tuvo que abordar el segundo Gobierno de Adolfo Suárez tras las elecciones de enero de 1979. ¿Hubo relación entre esta problemática y la dimisión de Suárez en enero de 1981?

16 Explica las causas de la fragilidad interna de la UCD, siendo el partido mayoritario en el Parlamento español.

7

Los cambios sociales. La integración en Europa

7.1. Transformaciones sociales y culturales

7.1.1. Una sociedad urbana

Con los nuevos aires de la transición política se consolidaron las transformaciones sociales que ya se habían manifestado en España a raíz del desarrollo industrial de los años finales del franquismo.

Las **ciudades** redoblaron su **atracción** sobre las **masas campesinas,** impulsando una aceleración en los cambios de actitud de la sociedad española; pero también originaron nuevos problemas relacionados con la delincuencia y el paro. Fue en los años de la Transición cuando la opinión pública empezó a hablar y a preocuparse de la **inseguridad ciudadana** y en los que la ciudad logró una mayor atención hacia sus centros históricos.

7.1.2. La modernización social

El mundo laboral también acusó el cambio. La **llegada** de las **mujeres** a las **profesiones liberales** o a **cargos directivos,** en una forma relativamente apreciable, manifestaba, sin duda alguna, el alcance de la transformación.

El vuelco de la sociedad resultaba aún más espectacular por lo que respecta a la **pérdida** de **valores tradicionales** y la incorporación de **nuevos modos de vida,** bien distintos de los pregonados por el nacionalcatolicismo del régimen anterior. Bastaron unos pocos años para que el franquismo, como cultura autoritaria, se disolviera en la vorágine del cambio, sin que los sucesos adversos consiguieran recrear una cultura antidemocrática. En un clima de olvido de las experiencias políticas recientemente sufridas, se abrió camino un inusual espíritu de tolerancia respecto a actitudes y opiniones, una especie de pragmatismo desideologizado que impregnó todo el ámbito social.

7.1.3. La secularización

Quedaban muchos rasgos de un pueblo de tradiciones y costumbres católicas; perduraban abundantes símbolos religiosos. Sin embargo, la **Iglesia estaba perdiendo** de modo acelerado su antigua **influencia** en la vida pública y privada de los españoles. La discrepancia de los católicos respecto a la doctrina de la Iglesia en cuestiones de moral sexual y familiar crecía día a día, mientras que el clero, cada vez menos numeroso, no conseguía detener la caída de la práctica religiosa. En 1990, solo el 27 % de la población se consideraba católica practicante.

7.1.4. Los cambios culturales y educativos

La democracia trajo para los españoles numerosos descubrimientos. El sexo dejó de ser un tabú, y la tentación de describirlo o comercializarlo fomentó la exhibición generosa de la pornografía en las publicaciones periódicas, el teatro o el cine, tras la **supresión** de la **censura de espectáculos en 1977.** Esta situación anormal de explotación del sexo no duró más allá de tres años, suficientes para que los españoles buscaran otros rumbos a las manifestaciones libres de su cultura.

A partir de 1975 se pudo comprobar cómo la evolución de una sociedad hacia formas democráticas de convi-

La Transición vio renacer la demanda de libertades y derechos sociales que el franquismo había perseguido con especial dureza.

La Ley de Peligrosidad Social promulgada en 1970 incluía como «delitos» la homosexualidad, la mendicidad, el consumo de drogas, la inmigración ilegal, etc. Multas, cárcel o internamiento en manicomios eran castigos habituales. La lucha social fue dura y larga hasta que esa ley fue abolida en 1995.

vencia exigía no solo un cambio en la práctica política, sino también una verdadera revolución cultural que repercutiese positivamente en la inmensa mayoría.

Gracias al **progreso educativo** y a los **medios de comunicación de masas,** la inquietud intelectual ganó terreno, al tiempo que el Estado intensificaba su acción al servicio de la difusión social de la cultura. **En 1977 nació el Ministerio de Cultura,** con el propósito de procurar financiación estatal a empresas culturales a las que no llegaba la iniciativa privada. A pesar de las suspicacias que suscitó su puesta en marcha, por la amenaza de dirigismo gubernamental, el nuevo ministerio consiguió renovar el clima cultural del país, entre otras acciones, mediante un conjunto de exposiciones con éxito espectacular de público.

En 1981 se conseguía además un gran triunfo popular, al recuperar el *Guernica* de **Picasso,** cumpliendo así la voluntad del pintor, que había ordenado que el cuadro fuera devuelto a España cuando se restaurase la democracia.

Un espaldarazo internacional a la cultura española que había recuperado su libertad, el poeta **Vicente Aleixandre** recibía en **1977** el **Premio Nobel de Literatura.**

7.1.5. Los medios de comunicación

El **contraste de ideas,** característico de las sociedades democráticas, tuvo su reflejo inmediato en los medios de comunicación, cuyo horizonte informativo y cultural se amplió de forma notable. Fue una época de gran **protagonismo político** e **influencia social** de la prensa, que, en plena euforia por la recuperación de las libertades, aumentó sus tiradas y se diversificó en nuevos proyectos. Ninguno tuvo tanto éxito como *El País,* nacido en Madrid en mayo de 1976, que desde el primer día se hizo de lectura imprescindible para los interesados en la evolución política. Su factura moderna revolucionó el mundo periodístico, en tanto que sus editoriales, las más de las veces críticas con los gobiernos de UCD, sirvieron a muchos españoles para entender los conceptos y entresijos de la democracia.

7.1.6. La pluralidad de culturas

La nueva idea de España, fundamentada en el reconocimiento de su pluralidad, también repercutió en la política cultural llevada a cabo por el Estado en los años de la Transición. Numerosas iniciativas se orientaron al **resurgimiento** de las **culturas locales,** de las regiones y nacionalidades, multiplicándose las ediciones de libros en catalán, euskera y gallego.

Al mismo tiempo se empezó a corregir el grave desequilibrio geográfico de los recursos culturales de España, concentrados casi exclusivamente en Madrid y Barcelona, mediante la construcción de auditorios y museos, y la organización de festivales en distintas provincias.

Desde la recuperación de la democracia, **España** apareció en el **itinerario cultural** del mundo, mientras se iba desvaneciendo aquella imagen de país exótico, de toreo y pandereta, marcado por el estereotipo romántico y, también, por el folclorismo franquista, a cambio del incesante flujo de turistas.

En 1981, el Guernica *venía a España desde el MOMA de Nueva York, donde estaba en custodia desde 1940, según los deseos de Pablo Picasso.*

La obra fue realizada en 1937 como homenaje a la ciudad de Gernika, bombardeada por los aviones nazis al servicio de Franco.

El Gobierno de la República le encargó el cuadro a través de Josep Renau para el pabellón español de la Exposición Internacional de París de ese año.

7.2. La adhesión a la CEE

La muerte de Franco abrió las puertas al proceso de integración en Europa. El presidente Adolfo Suárez presentó una nueva **solicitud** de **adhesión** en julio de **1977.** El Consejo de Ministros manifestó su acuerdo y, unos meses más tarde (noviembre de 1978), la Comisión aprobó un dictamen favorable a la candidatura española.

7.2.1. Las negociaciones

Las negociaciones se abrieron oficialmente el día 5 de febrero de 1979. En los años de la Transición, las negociaciones avanzarían, a pesar de que habían surgido graves **dificultades** relacionadas con la **política agraria común (PAC)** y la posible incorporación de regiones desfavorecidas.

En efecto, los problemas de la agricultura se plantearon en dos áreas: el daño que podían recibir en sus rentas los agricultores franceses e italianos ante la competencia de los países solicitantes (España, Portugal y Grecia) y, en segundo término, las reticencias británicas a seguir subvencionando con los presupuestos de la Comunidad la protección de la agricultura europea, que recibía a la sazón casi el 80 % del presupuesto comunitario. Por otra parte, la incorporación de estos países comportaría elevados gastos por vía de los **fondos estructurales** hacia las numerosas regiones desfavorecidas del arco mediterráneo.

7.2.2. El apoyo de Europa a la democracia española

A pesar de todo, la voluntad de Francia y de Alemania facilitó los progresos en el proceso de integración. No podemos dejar de lado que, precisamente, la CEE se pronunció rotundamente en apoyo de la democracia española con motivo del golpe de Estado frustrado de 1981, mediante una declaración del Parlamento Europeo que condenaba «la tentativa de golpe de Estado que pretendía una interrupción del proceso democrático en España y cuyo éxito habría tenido consecuencias nefastas no solo para dicho país, sino también para el conjunto del proceso de unificación democrática de Europa» (Declaración de 8 de marzo de 1981).

En ese año, Grecia había conseguido la adhesión a la CEE, y, mientras continuaban a paso acelerado las negociaciones de los términos de la adhesión de España, en **1982,** el movimiento europeo concedía al **rey Juan Carlos** el **Premio Carlomagno,** un galardón que también había recibido en su momento Salvador de Madariaga, con lo que se establecía un reconocimiento simbólico del esfuerzo de España por salir de su aislamiento y buscar la modernización a través de la integración en Europa. Por fin, por acuerdo de 12 de junio de 1985, **España** ingresó junto con **Portugal** en las comunidades europeas, incorporándose como **miembros de pleno derecho en 1986.**

Actividades

17 Busca información y realiza un trabajo sobre las consecuencias políticas y sociales que se derivaron del fracasado golpe de Estado del 23-F de 1981.

18 ¿Cómo influyó el proceso de transición democrática en los hábitos socioculturales de los españoles?

19 ¿Qué consecuencias crees que hubiera tenido para España el triunfo del golpe militar del 23-F en el proceso de su incorporación a la CEE?

Desde los años sesenta se iniciaron las protestas de agricultores franceses del Midi por las importaciones de productos agrícolas españoles concretos como el melocotón, el tomate, etc.

Las campañas arreciaron en los años de la Transición contra la política agraria del Mercado Común.

Los bloqueos a los camiones españoles en el sur de Francia han sido noticia frecuente en los veranos hasta el presente, con reacciones similares del lado español, como en este caso de 1984 en Irún.

ACTIVIDADES

1 **Análisis y comentario de una encuesta**

Las encuestas son un instrumento de conocimiento de las tendencias, opiniones, creencias y actitudes de las sociedades contemporáneas. Para la historia reciente constituyen una fuente de valor historiográfico siempre que sean representativas. Es el caso de las realizadas por organismos oficiales como el CIS, dependiente del Ministerio de Presidencia, organismo público que realiza de forma continua variados tipos de estudios. A continuación, se presentan los resultados de una encuesta del Centro de Investigaciones Sociológicas (CIS): *La opinión pública española ante la integración europea. Estudio 1084* (enero de 1976). Seleccionamos dos de las cuestiones y las respuestas agrupadas correspondientes a grupos de edad según criterios demoscópicos de entonces y nivel de formación (los porcentajes están redondeados):

LOS ESPAÑOLES ANTE EUROPA A LA MUERTE DE FRANCO

1. ¿Es Ud. partidario de que España ingrese en el Mercado Común Europeo?

Grupo	Total (2432)	Sí 73%	No 4%	No contesta 23%
Edad				
15-24 años	537	84	4	12
25-44 años	871	79	2	19
45-64 años	710	66	6	28
65 o más años	314	52	5	43
Nivel de estudios				
Primarios o menos	1652	67	3	30
Secundarios (FP o Bachillerato)	498	91	4	5
Universitarios (Grado Medio y Superior)	282	87	7	6

2. Como Ud. sabe, aparte de las dificultades económicas, las razones por las que España no forma parte del Mercado Común son fundamentalmente políticas. ¿Le gustaría a Ud. que se hicieran las reformas políticas necesarias para que España fuera admitida en el Mercado Común?

Grupo	Total (2432)	Sí 73%	No 4%	No contesta 23%
Edad				
15-24 años	537	77	5	18
25-44 años	871	72	4	24
45-64 años	710	57	8	36
65 o más años	314	41	7	52
Nivel de estudios				
Primarios o menos	1652	57	5	38
Secundarios (FP o Bachillerato)	498	84	6	10
Universitarios (Grado Medio y Superior)	282	77	11	12

- Redacta un breve informe sobre la opinión de los españoles acerca de la integración en el Mercado Común a la muerte de Franco, teniendo en cuenta las siguientes pautas de trabajo:

  1. Presenta la tabla, describiendo con conceptos claros qué pretenden saber los encuestadores sobre la opinión pública.
  2. Agrupa las respuestas de manera significativa señalando qué actitudes mantienen los diferentes grupos de edad y de formación. Toma nota de datos particulares que puedan ser destacados.
  3. Formula una hipótesis explicativa sobre esas actitudes. ¿Por qué razón mantienen posturas diversas los diferentes grupos? ¿Por qué se dan, en algunos casos, elevados porcentajes de encuestados que no contestan?, etc.
  4. Redacta alguna conclusión provisional sobre la que podría ser la actitud mayoritaria de los españoles en la Transición. Relaciona los grupos de edad con los grupos de nivel de estudios y redacta alguna hipótesis explicativa sobre las diferentes actitudes ante una supuesta necesidad de cambio político.

2 Análisis y comentario de un mapa con resultados electorales

- Interpreta el mapa adjunto sobre la distribución regional del voto en las elecciones legislativas de 1979; para ello, se puede seguir este guion:

  1. Presenta los datos: tipo de fuente, origen y fiabilidad de los datos, caracterización de los principales partidos (mayorías y partidos nacionalistas).
  2. Indica de forma ordenada las fuerzas que obtienen la mayoría en determinadas regiones.
  3. Interpreta los datos: por ejemplo, hipótesis sobre las razones sociales del éxito de Unión de Centro Democrático (UCD) en la España interior o la del Partido Socialista Obrero Español (PSOE) en las circunscripciones mediterráneas, etc., y con mayoría en Asturias, Cataluña...
  4. Valora los resultados: formación de Gobierno, problemas urgentes y sus consecuencias en la evolución de España en estos años.

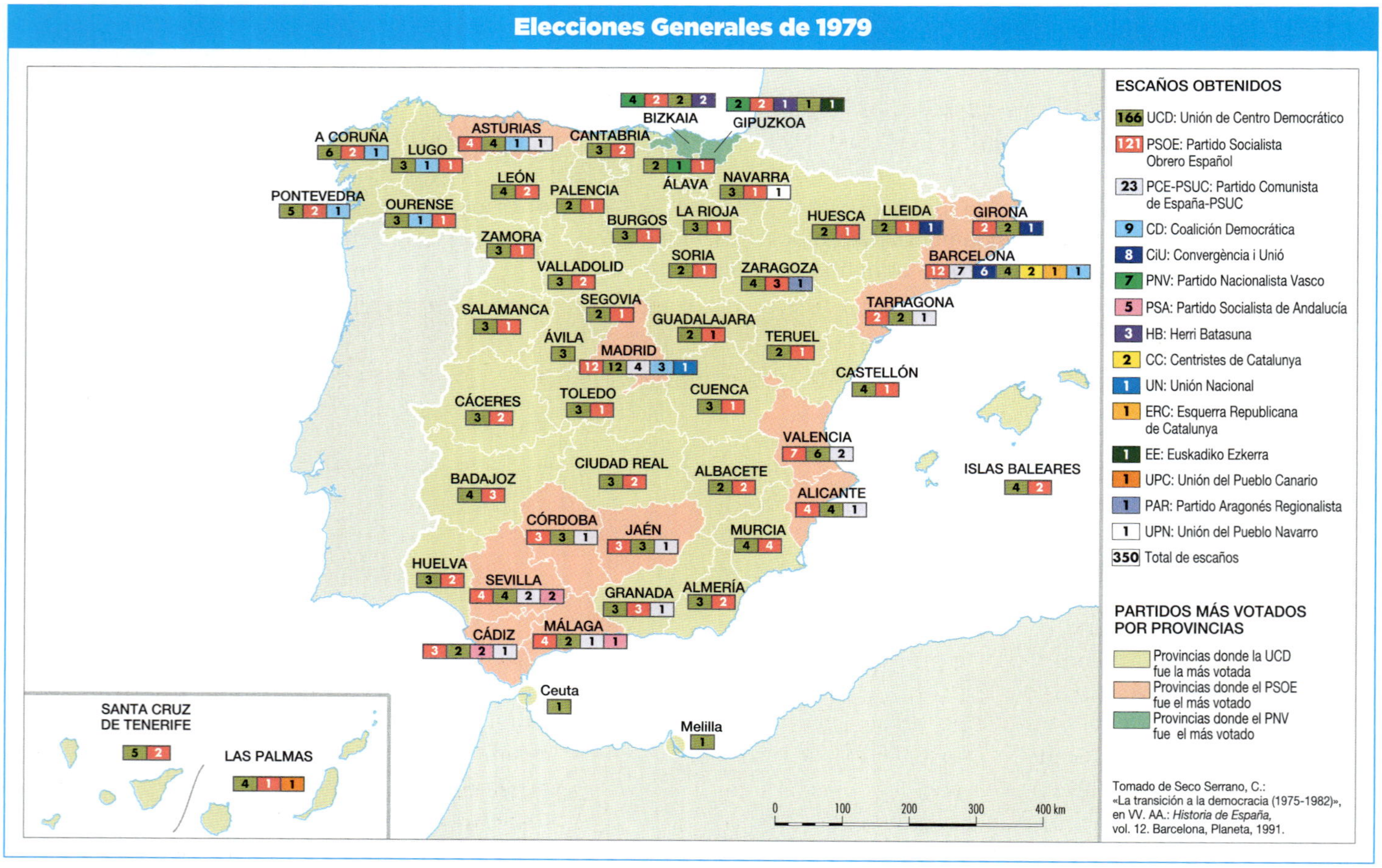

Tomado de Seco Serrano, C.: «La transición a la democracia (1975-1982)», en VV. AA.: *Historia de España*, vol. 12. Barcelona, Planeta, 1991.

3 Elaboración de un esquema conceptual a partir de un documento

- **Esquema.** Lee el documento sobre la economía española al iniciarse la Transición; anota los hechos significativos y elabora un esquema que enuncie y relacione los conceptos fundamentales.

El período de la crisis y el ajuste, 1975-1984. El decenio más difícil

1. Mediados los años setenta, la coincidente descomposición del franquismo con los difundidos efectos de la crisis económica internacional confieren a la realidad española un sello de particular complejidad. Ya desde finales de 1973, dos hechos casi simultáneos dibujan ese nuevo escenario. Por un lado, el inesperado zarpazo que supone para el régimen la muerte de Carrero Blanco, agravado por la forma en que se produce. Por otro, la meteórica alza de los precios del crudo que se inicia a raíz de la guerra del Yom Kippur (...). Coyuntura crítica que en España se ve amplificada por los condicionantes de una delicada transición política y por las fragilidades de la estructura productiva formada en los decenios anteriores. Una estructura caracterizada, en el ámbito industrial, por la preeminencia de sectores con escaso dinamismo en su demanda y poco refinamiento tecnológico, y, en general, muy consumidores de energía (...), presa fácil, por tanto, de la crisis internacional.
2. El impacto del aumento de los precios del petróleo, aunque aquí las autoridades trataran de saltar sobre la crisis con la pértiga de las abundantes reservas de divisas acumuladas en los años previos (...) alteró el equilibrio externo de la economía española, al forzar un déficit comercial de gran magnitud».

García Delgado, J. L., y Jiménez, J. C.: *Un siglo de España. La economía*. Madrid, Marcial Pons, 1999, pp. 174-175.

4 Análisis y comentario de texto

- **Comprobamos.** Comenta el documento siguiendo este guion de trabajo:
  1. Tipo y naturaleza del texto considerado como fuente historiográfica: autor, destinatario, etc.
  2. Descripción del contenido: ideas principales y secundarias.
  3. Interpretación sobre los factores que, según el autor, explican el éxito de la Transición a pesar de la difícil situación económica. ¿Se podrían añadir otros factores?

«Al igual que en 1868 y en 1931, la transición a la democracia en 1976 se hizo en plena crisis económica. Los problemas de la transición política se vieron muy agravados con los de una inaplazable transición económica en medio de una seria crisis mundial (...).

Cuestiones ideológicas aparte, la reforma económica era indispensable por varias razones. En primer lugar, la reforma política estableciendo la tradicional división de poderes y reconociendo la autonomía de las comunidades regionales tenía que llevar consigo una descentralización y fragmentación de los órganos de decisión económica. En segundo lugar, la liberalización había demostrado ser el más eficaz mecanismo de crecimiento económico y en esto había amplio consenso entre los especialistas y los políticos. Y en tercer lugar, era un deseo repetidamente expresado por la gran mayoría el que España se integrase en la Comunidad Europea (...).

El desmantelamiento de los sistemas de intervención económica estaba tan en el aire en la segunda mitad de los setenta como la demolición del aparato político dictatorial (...) Una gran parte de la industria pesada española (una de las hijas mimadas del franquismo) no era competitiva y subsistía tan solo gracias a la protección estatal. Este era el caso en muchos otros países europeos con las mismas ramas industriales (construcción naval, siderurgia), pero en España la situación era aún más grave porque el precio relativo del trabajo había aumentado más y porque la protección estatal, más acentuada, había colocado a estas industrias más lejos de los precios y los costes internacionales. Se requería la reducción de ayudas estatales a muchas empresas, el cierre de muchas plantas (...) lo que se ha dado en llamar "planes de reconversión industrial" (...) lo cual requería la reducción de costes (...) Los efectos sobre el empleo fueron devastadores.

Ante este cúmulo de dificultades, los gobiernos de la transición y primera etapa democrática (...) esquivaron las reformas a fondo, en especial la temida reconversión industrial.

Absortos en los problemas políticos, en materia económica dieron prioridad a las medidas coyunturales, algunas de ellas con gran éxito, como los llamados "Pactos de la Moncloa", en que, gracias a un acuerdo del Gobierno con las organizaciones sindicales y patronales en 1977, se logró una moderación en las alzas de precios y salarios que permitió reducir las tasas de inflación (...).

El único y decisivo factor a su favor era estructural, o más bien, secular: el nivel de renta por habitante, con todo lo que esto conlleva de cultura y capacidad para la convivencia, era mucho más alto que en transiciones anteriores (...)».

Tortella, G.: *Op. cit.*, pp. 388-389.

Movimiento 15-M. Los indignados ocupan la Puerta del Sol de Madrid, en mayo de 2011.

14

La consolidación democrática

Con la llegada al Gobierno del PSOE, en 1982, finalizó la Transición, se inició el período de consolidación democrática. Su líder, Felipe González, confirmado en el poder en las elecciones de 1986, 1989 y 1993, realizó la «modernización» del país; adaptó las instituciones y el Código Penal a una nueva sociedad y estableció una política exterior europeísta.

El PP, con José M.ª Aznar, ganó las elecciones en 1996 y en 2000. El 11 de marzo de 2004, un terrible atentado perpetrado en Madrid por un grupo radical islamista conmocionó la vida ciudadana y política en vísperas de las elecciones generales. El PSOE ganó los comicios, con José Luis Rodríguez Zapatero y mayoría relativa, revalidando su victoria sin mayoría absoluta en 2008. El PP volvió al poder, con Mariano Rajoy, en 2011, y nuevamente, en 2016 formó Gobierno en minoría. En junio de 2018, le sustituyó el socialista Pedro Sánchez con una moción de censura y tras unas nuevas elecciones, en 2019, Sánchez gobierna con el apoyo de Juntas Podemos.

QUÉ VAS A ENCONTRAR EN ESTA UNIDAD

DESAFÍOS QUE **DEJAN HUELLA**

Los contenidos y las actividades de esta unidad pueden resultar de utilidad para la realización del proyecto multidisciplinar «Legislando nuestro futuro».

1

Las elecciones del cambio

1.1. El triunfo del PSOE

Mientras UCD se resquebrajaba, el PSOE se preparaba para hacerse cargo del Gobierno. Empeñado en modernizar ideológicamente su partido, **Felipe González** había salido, en 1979, vencedor del pulso con el sector más «dogmático» del PSOE, consiguiendo que este abandonara el marxismo ortodoxo y presentara así una imagen socialdemócrata. El lenguaje socialista cambió, tras arrinconar conceptos como «sociedad sin clases» y dar paso a otros alusivos a la «modernización y vertebración» de España. Otro factor que lo benefició fue la crisis interna del PCE, a raíz de las elecciones de 1979, especialmente en Cataluña y el País Vasco.

La propuesta socialista de cambio y modernización, con el objetivo de alcanzar el desarrollo económico y los servicios públicos europeos, conectaba con las aspiraciones de la mayoría de españoles. El PSOE, que ya había vencido en las elecciones andaluzas de 1982, logró ilusionar al electorado con un programa en el que prometía sanear la Administración, una política socialdemócrata, un referéndum sobre la permanencia en la OTAN y la creación de 800 000 puestos de trabajo. Todo lo demás lo hizo la popularidad de Felipe González.

Las elecciones se celebraron el 28 de octubre en 1982, en medio de un entusiasmo general que se manifestó en el nivel de participación, el más alto de los registrados hasta entonces: el 80 % del censo. El **PSOE** recibió el apoyo del 48 % de los votantes, alcanzando una holgada **mayoría absoluta** que le otorgaba **202 diputados** en un Congreso que contaba con 350. Nunca en España un partido político había conseguido tan abultada victoria, lo que le confería un margen de maniobra parlamentaria sin precedentes.

Tras los ganadores, y favorecido por el hundimiento de UCD, Manuel Fraga, al frente de AP, se convertía con sus 106 escaños en el líder de la derecha. Por su parte, UCD no lograba más que doce diputados. El PCE solamente obtuvo cuatro diputados. El CDS de Suárez solo pudo conseguir dos actas de diputados, mientras que CiU y el PNV se reafirmaban como las principales fuerzas nacionalistas de Cataluña y el País Vasco, respectivamente.

El 3 de diciembre de 1982, con Felipe González en la presidencia y Alfonso Guerra de vicepresidente, se formó el primer Gobierno socialista de la historia de España. La edad media de los integrantes del Gabinete era de 41 años. Llegaba al poder la «generación del 68», que no estaba comprometida con la herencia histórica de la Guerra Civil, sino que se había formado en el antifranquismo estudiantil de los años sesenta.

Nueva lectura del marxismo

«(...) A mí en este partido me introdujeron razones fundamentalmente éticas. Y, por supuesto, un conocimiento del marxismo que creo, modestamente, que es superior a alguna de las exposiciones, poco rigurosas y poco marxistas, que yo, en silencio, con respeto y sin querer intervenir, he venido oyendo a lo largo de los debates. Yo ruego a cada compañero que se acerque al marxismo, que se acerque, de verdad con un espíritu de libertad (...). Lo dije el primer día, que no tome a Marx como la línea divisoria entre lo bueno y lo malo, lo justo y lo injusto, porque están volviendo a enterrarlo mucho más profundamente que lo entierra la clase burguesa o reaccionaria de este país y de todos los países del mundo. No se puede tomar a Marx como un todo absoluto, compañeros. No se puede. Hay que hacerlo críticamente. Hay que ser socialistas antes que marxistas (...)».

Discurso de Felipe González.
Congreso Extraordinario del PSOE. Octubre de 1979.

Elecciones al Congreso (28 de octubre de 1982)

Partido	Votos	Votos (en %)	Escaños	Escaños (en %)
PSOE/PSC	10 127 392	48,1	202	57,7
CP (AP-PDP-UL...)	5 548 107	26,4	107	30,6
UCD	1 425 093	6,8	11	3,1
PCE/PSUC	846 515	4,0	4	1,1
CiU	772 726	3,7	12	3,4
CDS	604 309	2,9	2	0,6
PNV	395 656	1,9	8	2,3
HB	210 601	1,0	2	0,6
ERC	138 118	0,7	1	0,3
EE	100 326	0,5	1	0,3
Otros	880 995	4,0	0	0,0

Fuente: Ministerio del Interior.

Actividades

1 ¿En qué consistió el viraje político del PSOE a partir de 1979? ¿Qué finalidad pretendía este cambio de estrategia?

2 ¿Qué consecuencias tuvo el fracaso electoral del PCE, en 1982, en su estructura interna y como fuerza social? Investiga por tu cuenta y cita algunas de las posibles causas de esta derrota.

2

Los problemas de los años ochenta

2.1. El reajuste económico

La grave situación económica heredada –inflación, déficit público, deuda exterior– había llegado a un punto en el que era imperioso tomar medidas drásticas que ningún otro Gabinete se había atrevido a decidir. Al equipo económico del primer Gobierno socialista, en el que dominaban técnicos liberales –Boyer, en Hacienda; Solchaga, en Industria– fue al que correspondió realizar una **dura política de ajuste,** prolongada hasta 1985, tras devaluar la peseta nada más llegar al poder.

Como consecuencia del escaso crecimiento de la economía, el Gobierno, que había heredado una tasa de paro del 16 % de la población activa, no pudo evitar su subida al 20 % en 1984, para tocar fondo, con un 22 %, al año siguiente. Ningún otro país de la Comunidad Económica Europea presentaba una tasa tan negativa, algo aliviada por una importante economía sumergida. La acción del Gobierno se centró en aplicar programas de **promoción** de **empleo,** en reducir plantillas mediante planes de **jubilación anticipada** y en hacer **más flexible** el **mercado de trabajo.** A pesar del esfuerzo, no se consiguió un retroceso inmediato del paro, entre otras razones, por la llegada a la actividad laboral de una muy nutrida generación de jóvenes, fruto del *boom* de la natalidad de los años sesenta, y por la incorporación masiva de las mujeres al trabajo remunerado.

2.1.1. La reconversión industrial

La reconversión industrial exigió el cierre de muchas fábricas, enormes y obsoletas, sobre todo, textil, electrodomésticos, siderurgia, naval, etc., aparte de jubilaciones anticipadas y reducción de plantillas. Las regiones industriales del norte de España –País Vasco, Cantabria, Asturias– y algunas ciudades portuarias –El Ferrol, Sagunto, Cartagena– fueron las más afectadas por el programa de reconversión, que provocó una etapa de violentas huelgas y disturbios, en la que se acusó al Gobierno del PSOE de traicionar a su electorado.

En contra de lo que muchos esperaban, el PSOE solo nacionalizó la red eléctrica de alta tensión y, en su segundo mandato, en 1986, con la venta de SEAT, la empresa automovilística más popular entre los españoles, a la multinacional alemana Volkswagen, comenzó la **privatización** de **empresas** del **INI.**

El contexto internacional en la crisis de 1973

El coste social de la crisis

«Desde el comienzo de la crisis en 1973, el número de desempleados ha pasado en España de 200 000 a los 2 000 000 de personas sin que los cierres de empresas, los despidos masivos y las congelaciones salariales hayan resuelto nada.

El plan de reconversión industrial puesto en marcha actualmente incluye el despido aproximadamente de cerca de 100 000 trabajadores más en los sectores más importantes».

Gómez Parra, R.: «Un sacrificio inútil», en *El Viejo Topo,* abril de 1981.

Causas internacionales de la crisis española

«La economía española muestra una notable sincronía en relación con el conjunto de las economías europeas; es (...) una economía europea periférica. Así que nuestras dificultades del período 1973-1985 son inseparables de las vividas (...) por el conjunto de las economías europeas como consecuencia de una serie de perturbaciones de ámbito mundial así como de las resistencias mostradas por los países europeos (...) primero, el fuerte encarecimiento de numerosos alimentos y materias primas en 1973-1974 y, sobre todo, la reiterada elevación de los precios del petróleo en 1973-1974 y en 1979-1980 (...). Estos problemas de rentabilidad y estructura productiva se vieron, además, reforzados por un segundo grupo de perturbaciones cuyo origen estaba en una rápida modificación del esquema de ventajas comparativas internacionales en favor de un grupo de países de nueva industrialización, del Extremo Oriente, pero que incluía también a otros como India, México o Brasil. La competencia de estos países se mostraba dura y creciente en ramas tradicionales de la industria europea y de relevancia considerable en el empleo industrial.

Finalmente, el ajuste europeo a estos problemas se ha visto condicionado por perturbaciones exteriores de un tercer origen: las procedentes de la política económica estadounidense que, desde mediados de la década de 1960, ha tendido a reflejar una política general que en sus dimensiones interior y exterior, ha impuesto requerimientos excesivos al sistema económico estadounidense. La inflación mundial de 1972-1973, el desmoronamiento del orden monetario internacional de Bretton Woods, las intensas fluctuaciones del dólar desde 1973 y el alto nivel de los tipos de interés en los mercados financieros internacionales desde han generado, sin duda, perturbaciones importantes en las economías europeas».

Rojo, L. A.: «La crisis de la economía española, 1973-1984», en J. Nadal (ed.): *Op. cit.,* pp.190-191.

2.1.2. Otras intervenciones del Estado

El hecho más controvertido fue la expropiación, para prevenir su quiebra financiera, del holding **Rumasa,** un laberinto de veinte bancos y quinientas empresas industriales y agrícolas, propiedad de José María Ruiz-Mateos, cuyas operaciones no se ajustaban a la ortodoxia bancaria y empresarial. Meses antes, el Gobierno se había hecho cargo de Banca Catalana, que tenía un agujero de 130 000 millones de pts. y, tras apuntalarla, la entregó al Banco de Vizcaya.

Mejoró la **gestión fiscal:** aumentó el cuerpo de inspectores de Hacienda; elevó los impuestos e impulsó una campaña de recaudación, que acrecentó el número de contribuyentes. También obligó a los bancos a facilitar información de sus clientes para perseguir el fraude.

Las medidas de **saneamiento económico** tuvieron efectos positivos, como la bajada de la inflación, que pasó del 14 % anual, en 1982, al 5,3 %, en 1995, y comenzaba a parecerse a la de los demás países europeos. Coincidió con el descenso en el precio del petróleo y la caída del dólar, que permitieron una cierta recuperación de la desequilibrada balanza comercial, y el control de la inflación.

Durante distintos ejercicios, la pérdida en varios puntos del salario real amenazó gravemente las condiciones de vida de los trabajadores, e hizo cundir la alarma entre los sindicatos, que habían respaldado la moderación salarial en los pactos con la patronal y el Gobierno. Cuando en 1986 la economía reanudó su crecimiento, la **UGT,** promotora del entendimiento con el Gobierno, juzgó que había llegado la hora de exigir una **mayor equidad** en el **reparto** de los **beneficios** entre todos los agentes sociales.

El mayor problema de subsistencia en estaba en Extremadura y Andalucía, donde pendía la amenaza de una rebelión campesina. Para mejorar la situación de los jornaleros, el Gobierno estableció en 1984 el Plan de Empleo Rural (PER), que facilitaba a sus ayuntamientos fondos para contratar trabajadores en sus municipios, y el Subsidio de Desempleo Agrario.

Actividades

3 Explica por qué se planteaba como necesaria la reconversión industrial abordada por el Gobierno socialista en su primera etapa, 1982-1986.

4 Enumera las principales causas que contribuyeron al aumento de la tasa de paro durante la primera etapa del Gobierno socialista.

5 ¿Qué efectos tuvo, para la economía española, el descenso de la inflación durante el Gobierno del PSOE?

Capital y trabajo en los ochenta

La tasa de beneficios del capital creció a lo largo de la década a un ritmo muy superior a las retribuciones del trabajo.

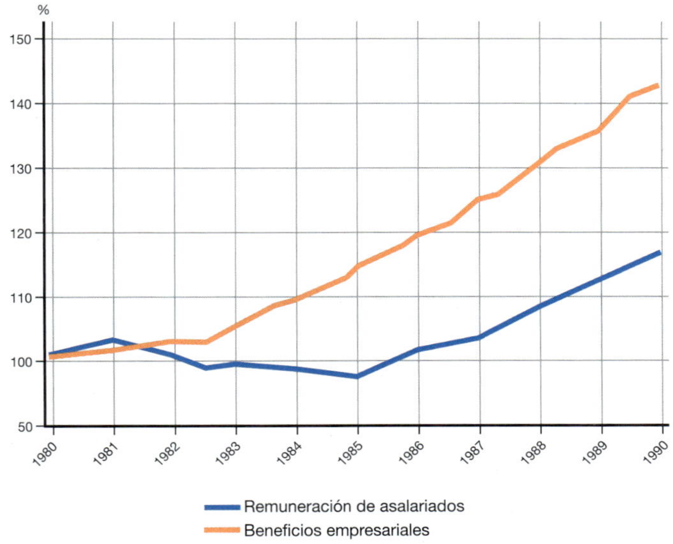

García Laso, A.: «La dinámica salarial en los años ochenta. De la política de rentas al pacto de competitividad», en *Información Comercial Española*, n.º 705, 1992, pp. 181-199.

La industria española estaba afectada por una profunda crisis estructural, a causa de la debilidad del tejido industrial construido en la época del desarrollismo: entre 1975 y 1985 perdió un millón de empleos. Tecnológicamente obsoleta y sin posibilidades de competencia con el exterior, su reconversión era inevitable y urgente.

2.2. La reforma educativa y las relaciones con la Iglesia

2.2.1. La reforma educativa

Nada más hacerse cargo del Ministerio de Educación, José María Maravall emprendió una reforma destinada a equiparar el sistema educativo español al de los países de la Comunidad Europea y adaptarlo a las autonomías. Tanto en los niveles de la enseñanza universitaria **–Ley de Reforma Universitaria–** como en los demás ámbitos de la educación, llegó el impulso renovador de los socialistas.

La **Ley Orgánica del Derecho a la Educación (LODE),** aprobada en **1984,** impuso el control público de los centros privados «concertados» mediante consejos escolares con amplias atribuciones.

Para entorpecer la aplicación de la ley, hubo numerosas manifestaciones callejeras apoyadas por la Iglesia, propietaria de una extensa red de centros de enseñanza afectados por la normativa, y solo entró en vigor después de su confirmación por el Tribunal Constitucional.

A partir de la LODE, el Ministerio de Educación trató de progresar en la reforma, hasta la aprobación en **1990** de la **Ley Orgánica General del Sistema Educativo (LOGSE),** que ampliaba a los 16 años la edad de escolarización obligatoria.

La reforma de la enseñanza

«La reforma de la enseñanza tiene, por consiguiente, una razón de ser doble: conseguir un sistema educativo de mayor calidad y más equitativo. De la educación recibida dependen, en muy buena medida, las oportunidades de vida de que dispondrá una persona; del nivel educativo de un país depende también, en un grado elevado, su futuro. Sin embargo, en la enseñanza como en tantos otros campos, el retraso que España debe recuperar frente a las democracias avanzadas es considerable: la historia de la educación en nuestro país ha sido en buena parte la historia de una frustración de las aspiraciones de progreso. Con esas aspiraciones enlaza la reforma educativa emprendida por el primer Gobierno socialista.

Ahora bien, resulta evidente que la sociedad española actual tiene poco que ver con la de hace medio siglo. Ni respecto de los recursos económicos ni respecto de la estructura social se pueden comparar una y otra. Las transformaciones han afectado también al sistema educativo.

Por ello resultaría hoy día incomprensible defender la reforma educativa desde los supuestos en que lo hicieron los reformadores españoles a lo largo de un amplio período de nuestra historia, desde los términos "redentoristas" en que tal reforma se concebía. No cabe mantener así esa concepción taumatúrgica de la educación como instrumento central para superar los "males de España" que se resumía en el artículo de Costa, "Escuela y despensa", y en su frase de que "la redención de España está en ella"; una concepción que inspira toda la corriente reformadora y progresista española desde los orígenes del Regeneracionismo hasta el final de la Segunda República.

Los términos en que hoy se plantea la reforma educativa no son así los mismos que hace medio siglo (...).

La educación básica y gratuita que otros países generalizaron hace décadas a todos los ciudadanos no se ha extendido en España de forma satisfactoria, el servicio público de la educación no ha llegado a cuajar. En las democracias avanzadas, el Estado, representante de la soberanía popular, asume la formación del ciudadano como forma de asegurar precisamente la ciudadanía social y política. En España, por el contrario, el Estado ha visto su responsabilidad limitada a un papel subsidiario, por la actuación de intereses conservadores fuertemente implantados en el terreno de la enseñanza –intereses tanto ideológicos como económicos– (...)».

Maravall, J. M.ª: *La reforma de la Enseñanza.* Madrid, Laia-Cuadernos de Pedagogía, 1984, pp. 7-8.

José M.ª Maraval intentó una profunda reforma educativa basada en el protagonismo del Estado y en una inspiración laicista. Se pretendía regular la enseñanza pública y privada y su financiación, lo que supuso un serio conflicto con la Iglesia católica.

Actividades

6 ¿Por qué la reforma educativa se convirtió en el principal problema entre la Iglesia católica y el Gobierno del PSOE?

2.2.2. Las relaciones con la Iglesia

El debate de la despenalización del aborto, la prohibición del uso de catecismos en las escuelas sin autorización oficial, la forma de tratar los temas religiosos por los medios de comunicación del Estado o la legislación educativa desencadenaron auténticas batallas entre el Gobierno y la Iglesia.

Algunas otras fueron de ámbito exclusivamente regional, con motivo de determinadas pastorales de los obispos vascos sobre el autogobierno o ETA. Sin embargo, se impuso el arreglo, temerosos los contendientes de que pudieran resucitar los viejos sentimientos del clericalismo y anticlericalismo, tan arraigados en la historia de España.

2.3. La democratización del Ejército

Uno de los grandes éxitos de los Gobiernos socialistas y, en particular, de Narcís Serra –nueve años al frente del Ministerio de Defensa–, fue canalizar el patriotismo del Ejército en la defensa de los valores democráticos y ponerlo al servicio de la nación, no la homogénea del XIX, sino la descentralizada y plural, definida por la Constitución de 1978. Esto exigió una profunda **reorganización política y militar de los tres ejércitos,** bajo la dirección del Gobierno, que fue restringiendo cada año la partida asignada a las Fuerzas Armadas en el presupuesto nacional.

El PSOE fortaleció el **Ministerio de Defensa** con numerosos cargos de designación política y funcionarios civiles, que liquidaron la autonomía militar reclamada por oficiales conservadores. De esta forma, el ministerio estableció un **nuevo régimen disciplinario** y **suprimió el Consejo de Justicia Militar,** sustituido por una sala específica del Tribunal Supremo. La **supremacía del poder civil** quedó de manifiesto en distintas ocasiones con la destitución de altos jefes militares por realizar declaraciones públicas de contenido político.

Al apaciguamiento de los cuarteles contribuyeron los aumentos salariales, las generosas jubilaciones anticipadas y la modernización del equipamiento, que compensó la reducción de plantillas. Por su condición militar, el **rey Juan Carlos** conectaba bien con los medios castrenses, siendo un **factor moderador,** cuya mano se reflejó en el viraje democrático y la profesionalización del Ejército. Tras unos pocos años de gestión socialista, la sombra del intervencionismo militar dejó de planear sobre la democracia española, y los nombres de los generales, por vez primera en casi doscientos años de historia, eran desconocidos para la opinión pública.

LA ENTRADA DE LA MUJER EN LAS FUERZAS ARMADAS

La política del PSOE con respecto al Ejército fue muy cautelosa. El voto de los militares parece que también fue mayoritariamente hacia el PSOE en 1982. Los ejes de la política militar fueron mejorar su cualificación profesional y sus retribuciones, al tiempo que se confiaba en el ineludible cambio generacional y en la integración en la OTAN, que llevaría a las Fuerzas Armadas a salir de su aislamiento y su fijación tradicional como gendarmes del orden interno.

Las mujeres accedieron a las Fuerzas Armadas en 1988, aunque con restricciones y reticencias en algunos sectores de la oficialidad. En 1999 se estableció la igualdad efectiva de mujeres y hombres, pero hasta 2019 no habrá una mujer general en nuestras Fuerzas Armadas.

Primera promoción femenina de la Guardia Civil en 1988.

2.4. Las relaciones exteriores

El programa socialista que había triunfado en 1982 definía España como «país occidental y europeo, con una amplia dimensión mediterránea y una clara vocación iberoamericana», y en estas direcciones se movió la política exterior de los Gabinetes de Felipe González.

Mejoraron las relaciones de España **con los países europeos,** suavizando sus tensiones tanto con Reino Unido, gracias a la apertura de la verja de Gibraltar, en 1985, como con Francia, que había empezado a colaborar con Madrid en materia de terrorismo. No obstante, el hecho más importante fue el ingreso de España en la Comunidad Económica Europea, culminación de un complicado proceso, iniciado por el Gobierno de Suárez, a pesar de que Francia, inquieta por su agricultura, no hizo más que poner obstáculos.

Además de las presiones de Estados Unidos, el apoyo de Alemania sería definitivo para la firma del acuerdo que permitía a España y Portugal entrar en la **Comunidad Europea** a partir de **enero** de **1986.** Desde el primer momento de su ingreso, España actuó con un europeísmo convencido, alineándose siempre con los países partidarios de fortalecer la Comunidad y lograr la máxima cohesión económica y social.

Actividades

7 ¿Cuáles fueron los principales objetivos del Gobierno del PSOE en política exterior? ¿Qué resultados obtuvo?

La integración en la CEE

«La firma del tratado de adhesión de España y Portugal a la CEE, el pasado 12 de junio, ha convertido a 1985 en el año de la ampliación europea. Será a partir de 1986 cuando comenzarán a dejarse sentir los beneficios y las dificultades que comporta pertenecer al Mercado Común. El 1 de enero, España se convierte en miembro de pleno derecho de la Comunidad, pero los efectos económicos, la reducción de aranceles no comenzará hasta marzo (...).

El período transitorio –de siete años para la industria y de diez para la agricultura– permitirá mantener mecanismos defensivos para adaptarse a la mayor competencia de los productos alemanes, franceses o italianos. Pero desde enero, una gran parte de las decisiones de gobierno vendrán dictadas desde Bruselas, la capital comunitaria (...)».

Extractado de la prensa.

2.4.1. El referéndum sobre la permanencia en la OTAN

«OTAN, de entrada no», había sido una de las consignas electorales del PSOE, ampliada con el compromiso de celebrar un referéndum para retirarse de la organización, una vez alcanzado el Gobierno. Sin embargo, al poco tiempo de tener la responsabilidad del poder, Felipe González se dio cuenta de que la **retirada** de la OTAN **no favorecía** los **objetivos** fundamentales de su **Gobierno,** como el ingreso de España en la Comunidad Europea.

La apuesta de González era arriesgada, pues la cultura política del PSOE, tanto entre muchos de sus dirigentes como de la mayoría de sus militantes y votantes, era tradicional y programáticamente contraria a la integración en alianzas militares. El líder socialista comprometió en la campaña su prestigio personal y capital político así como la posibilidad de generar una división interna en su propio partido, llegando a insinuar su dimisión ante una respuesta negativa.

El PSOE aplicó todo el peso de la disciplina del partido para hacer cambiar de criterio a sus miembros. Después de sustituir en el Ministerio de Exteriores a Fernando Morán por el más atlantista Francisco Fernández Ordóñez, Felipe González convocó para el 12 de marzo de 1986 el prometido referéndum, visto con alarma por las cancillerías occidentales, que temían una respuesta negativa a la proposición del Gobierno de permanecer en la OTAN.

El referéndum fue ganado por el Gobierno –de un 60 % de votantes, el 52,5 % votó sí–, gracias a la gran capacidad de persuasión de su presidente y al miedo al vacío que supo inculcar.

El resultado del **referéndum** sobre la OTAN puso de manifiesto la **victoria del pragmatismo** frente a la ideología, y despegaba al PSOE de su tradicional imagen de partido de izquierda, ya puesta en cuestión por su política económica neoliberal.

Un horizonte nuevo se abrió, asimismo, a los **militares españoles** con el ingreso en la OTAN y en otras organizaciones internacionales, al ser reclamados para **misiones en el extranjero,** bien distintas de las desempeñadas hasta entonces.

Sin embargo, el debate y la movilización social contra la entrada en la OTAN sirvieron para estrechar afinidades políticas, que llevaron a la **constitución de Izquierda Unida,** coalición liderada por el Partido Comunista en la que se integraron, junto a movimientos ciudadanos de variado signo, algunos disidentes socialistas y varios grupos de izquierda.

Con los triunfos de la entrada en la CEE y la OTAN en la mano, Felipe González no dudó de que había llegado la hora de disolver las Cortes y convocar nuevas elecciones.

La permanencia de España en la OTAN

El Gobierno de González defiende la permanencia en la OTAN:

«1. España, en cuanto Estado que forma parte del Tratado de Washington, pertenece a la Alianza Atlántica y participa en sus órganos. En mi opinión, este es un punto de partida inexcusable para nuestro diálogo político y, con probabilidad, el de mayor grado hipotético de consenso. Por tanto, estaría por la no denuncia del Tratado.

2. España no se ha incorporado en la estructura militar integrada de la OTAN. En mi opinión, no necesita hacerlo. España mantiene una relación bilateral con los Estados Unidos, que abarca aspectos defensivos junto a otros. Actualmente se basa en el Convenio de 1982 y el Protocolo de 1983. En mi opinión, es necesario proceder a un ajuste en la dirección de una progresiva menor presencia de fuerzas en nuestro territorio y de instalaciones de apoyo, de acuerdo con nuestros intereses nacionales (...)».

Discurso del presidente del Gobierno en el Congreso de los Diputados, 23 de octubre de 1984.

Preámbulo y pregunta presentada en el referéndum:

«El Gobierno considera conveniente para los intereses nacionales que España permanezca en la Alianza Atlántica y acuerda que dicha permanencia se establezca en los siguientes términos:

1.° La participación de España en la Alianza Atlántica no incluirá su incorporación a la estructura militar integrada.

2.° Se mantendrá la prohibición de instalar, almacenar o introducir armas nucleares en territorio español.

3.° Se procederá a la reducción progresiva de la presencia militar de los Estados Unidos en España.

¿Considera conveniente para España permanecer en la Alianza Atlántica, en los términos acordados por el Gobierno de la nación?».

Resultados de la votación sobre el ingreso en la OTAN

Votos	Total	En %
Afirmativos	9042951	52,5
Negativos	6859977	39,9
En blanco	1125976	6,5
Nulos	188386	1,1
Participación	17217290	59,4
Abstención	11604327	40,6

Voto negativo superior al 50 %

Canarias	50,5
Cataluña	50,6
Navarra	52,6
País Vasco	65,1

Más información en la web de recursos de **anayaeducacion.es**.

Manifestación contra la entrada en la OTAN y contra Reagan (Madrid, 5 de mayo de 1985).

3 La reactivación económica (1986-1989)

3.1. Las elecciones de 1986

Desde el momento en que la Europa comunitaria aceptó a España en su exclusivo mercado, la **inversión extranjera** empujó la economía, fomentó altas tasas de crecimiento y el desempleo empezó a disminuir unos pocos meses antes de las elecciones del 22 de junio de 1986.

La campaña electoral del PSOE no podía contar con mejores argumentos. No obstante, el debate sobre la OTAN, con su repercusión en la credibilidad del Gobierno, se tradujo para el PSOE en la pérdida de más de un millón de votos. El número de escaños socialistas en el Congreso cayó hasta 184, aunque mantuvo una cómoda mayoría absoluta.

La derecha de Manuel Fraga (AP, Alianza Popular), unida a otras fuerzas bajo el nombre de **Coalición Popular,** logró 105 diputados.

Las escisiones en el Partido Nacionalista Vasco (PNV) y la agitación en torno a la consulta sobre la OTAN favorecieron el **ascenso** de **Herri Batasuna,** que en estas elecciones generales alcanzó cinco escaños.

Tras una larga crisis, agrandada por su notable descenso en las elecciones de junio, el **PNV,** un partido disciplinado como pocos, hacía públicas sus peleas domésticas y expulsaba de sus filas al anterior lehendakari, **Carlos Garaikoetxea,** y a sus seguidores, que simultáneamente constituían otra organización nacionalista bajo el nombre de **Eusko Alkartasuna** (EA, Solidaridad Vasca), cuyo feudo estaría en Gipuzkoa.

Fue entonces cuando muchos vascos se enteraron de que las desavenencias entre Garaikoetxea y Xabier Arzalluz venían de antiguo, y que al dimitido lehendakari le gustaba proclamarse socialdemócrata, mientras que el jefe del PNV se manifestaba democristiano.

Consumada la escisión nacionalista, **José Antonio Ardanza,** que llevaba dos años al frente del Gobierno vasco, no tuvo más remedio que convocar **elecciones autonómicas** en noviembre de **1986,** las cuales aumentaron el protagonismo de los socialistas al obtener el mayor número de parlamentarios. A partir de la nueva distribución de escaños, surgió un **pacto** de gobierno **PNV-PSOE,** con un reparto de carteras, e iniciaba una larga y difícil cohabitación en un País Vasco cada vez más dividido.

Elecciones al Congreso (1986)

Partido	Votos	Votos (en %)	Escaños	Escaños (en %)
PSOE/PSC	8901718	44,3	184	52,6
CP	5247677	26,2	105	30,2
CDS	1861912	9,2	19	5,4
CiU	1014258	5,1	18	5,1
IU	935504	4,6	7	2,0
PNV	309610	1,5	6	1,7
HB	231722	1,1	5	1,4
EE	107053	0,5	2	0,6
Otros	1472279	7,5	4	1,0

Fuente: Ministerio del Interior.

3.1.1 La protesta en la enseñanza pública

En medio de la tranquilidad política propiciada por la mayoría absoluta, hubo **huelgas** en la **enseñanza media** y en la **universitaria** que pusieron en dificultades al Gobierno. De manera inesperada resurgió el **movimiento estudiantil.**

Las nuevas generaciones que crecieron bajo un régimen democrático se echaron a la calle exigiendo una nueva política educativa. Las primeras manifestaciones fueron contra los planes de estudio; pero, luego, las protestas se extendieron contra la masificación de las universidades y la degradación de la calidad de la enseñanza.

En febrero de 1987, Madrid, Barcelona, Valencia y otras ciudades acogieron manifestaciones multitudinarias, en las que hubo heridos y detenidos. El Gobierno, alarmado, aceptó negociar, y anunció la gratuidad de la enseñanza media y de la profesional, a la vez que ampliaba el presupuesto de becas universitarias.

El cambio escolar

En la década de los ochenta, con los Gobiernos del PSOE, se puso en marcha una reforma educativa que, sin alterar el equilibrio entre las posiciones de la enseñanza privada confesional y la pública, pretendió ampliar la escolarización obligatoria hasta los 16 años, al tiempo que modificaba los planes de estudio y establecía una nueva regulación y ampliación de la profesión docente. La LOGSE (1990) estableció el nuevo sistema educativo.

La nueva regulación profesional del profesorado provocó una huelga general en la enseñanza pública, que motivó la caída del ministro J.M.ª Maravall.

Profesorado	Curso 1982-1983	Curso 1987-1988	Curso 1995-1996
Maestros	166278	201143	212060
Prof. Enseñ. Secun.	55579	86396	142637

Fuente: MEC.

3.2. La inversión exterior y la mejora de la economía

A partir de 1985 y hasta finales de 1990, España vivió un período de notable prosperidad. Aumentaron los ingresos por el turismo, la actividad bancaria, la inversión y el ahorro, en tanto que las empresas ensancharon sus márgenes de beneficio.

Gracias a la mejora económica y a la reforma fiscal, con la introducción del impuesto sobre el valor añadido (IVA), **se redujo** el **déficit público,** en tanto que se incrementaron, de forma notable, el **poder adquisitivo** de los ciudadanos y su **capacidad de consumo.**

Sin embargo, los grandes **negocios inmobiliarios** y el aumento de la **especulación** amenazaban la economía y mostraban la incapacidad del Gobierno socialista para ofrecer una vivienda de bajo coste a los españoles, que aguantaban indefensos la subida disparatada de los inmuebles.

La estabilidad de la **peseta,** reforzada en **1989** con su **ingreso** en el **Sistema Monetario Europeo,** y los elevados tipos de interés atrajeron a España sumas tan grandes de dinero que, dos años más tarde, la situaron en el tercer puesto del *ranking* mundial de reservas de divisas. Los flujos de dinero no se orientaron, las más de las veces, hacia la industria, sino que hicieron de España el paraíso de las operaciones especulativas, en perjuicio de las prácticas productivas.

3.3. La concentración empresarial y el capitalismo financiero

El horizonte internacional constituía otro de los desafíos inevitables del desarrollo español, que exigía urgentemente acrecentar la competitividad de las empresas. De ahí los movimientos de concentración en el mundo empresarial y financiero, impulsados tanto por el crecimiento económico como por la necesidad de afrontar la competencia internacional.

Las instituciones financieras españolas comenzaron a hablar un lenguaje europeo desde que, en 1987, el Banco de Bilbao anunció su intento de fusión con Banesto. Al margen de su proceso de oferta y rechazo, lo sorprendente sería la reacción ansiosa de la opinión pública ante el acontecimiento.

Malograda la operación, el **Banco de Bilbao** no abandonó la idea y en pocas semanas (enero de 1988), llegó a un acuerdo con el **Banco de Vizcaya** para formar una sola empresa **BBV.** El ejemplo cundió, y Los bancos Central e Hispano hicieron lo mismo, mientras surgió un competidor con el nacimiento de **Argentaria** a partir de la **fusión** de distintas **entidades financieras públicas.**

3.3.1 «El dinero fácil»

A causa del auge económico de los años ochenta, las actitudes sociales hacia el dinero, en España, tuvieron una notable transformación, eclipsando un sistema de valores relacionado con la austeridad y el trabajo. La tradicional discreción y ocultación de la riqueza, característica de los empresarios y banqueros, fue sustituida por una exhibición aparatosa del dinero y por la búsqueda desenfrenada del reconocimiento social y político. Muchos ciudadanos percibieron, asimismo, que buena parte de esa riqueza exhibida, en mayor o menor grado, no se había logrado mediante el trabajo, sino gracias a la especulación.

En aquellos años de crecimiento económico abundaron los **aventureros financieros,** los hombres de negocios vinculados a **operaciones mercantiles rápidas,** cuyos éxitos no se debían a la ejecución de un proyecto productivo, sino al manejo de información privilegiada y a unas buenas relaciones con el poder. Por ello, el ministro de Economía, Carlos Solchaga, sabía lo que decía cuando en 1987 afirmaba que España era «uno de los países donde más y más rápido se podía ganar dinero».

Esta época expansiva y de grandes negocios no se trasladaba a la mejora de las condiciones laborales ni salariales de los trabajadores, lo que contribuyó, decisivamente, a la huelga general de 1988.

Actividades

8 ¿En qué transformaciones se apoyaba el auge económico del período 1986-1993? ¿Qué consecuencias sociales se derivaron de esta etapa de prosperidad?

La concentración financiera

El oligopolio bancario español se fue reduciendo, en los años ochenta, en el número de entidades que concentran la mayor parte de los recursos financieros. Los siete «grandes» de la década de los setenta se convirtieron en cinco grandes grupos, de los cuales uno, Argentaria, concluyó su privatización en 1998. Este número se reducirá en los noventa con nuevas fusiones.

Banco	Activo en 1995 (billones pts.)
Santander	15,7
BBV	13,4
Argentaria	11,7
BCH	10,2
Popular	3,2

Fuente: Banco de España.

3 La reactivación económica (1986-1989)

La coyuntura económica

Mientras se producía ese cambio sociológico ligado a la aparición de nuevas fortunas y grandes negocios basados en la especulación, la economía española experimentó profundas transformaciones. El crecimiento de la economía implicaba cambios cualitativos en la posición de España en los mercados mundiales.

España se integró cada vez más en el área económica de Europa occidental, acomodando sus sectores productivos a una nueva distribución del trabajo y la renta en ese marco. Los datos siguientes ilustran el nuevo papel de la economía española, así como la importancia primordial del sector exterior.

Exportaciones e importaciones en relación con el PIB. Apertura exterior de la economía española (millones de pts.)

Año	PIB	Importac.	Exportac.
1982	19 567 305	3 561 070	2 372 205
1983	22 234 671	4 300 432	3 066 840
1984	25 111 341	4 753 322	3 936 142
1985	27 888 830	5 205 184	4 296 159

Serrano Sanz, J. M.ª: *Op. cit.*

Evolución de la renta en España

Año	PIB por habitante (en dólares de 1990)	% en relación con la media de Francia, Alemania y Reino Unido
1975	8 808	69,3
1985	9 945	64,1
1994	12 515	70,3

Prados de la Escosura, L.: «Output and expenditure in Spain, 1850-1995. New GDP series», en *Política económica liberal y crecimiento en la España contemporánea*, Ibid. *Papeles de economía española.*

La balanza comercial española. Partidas más relevantes en el saldo comercial en dos fechas significativas

Saldo positivo		Saldo negativo	
1958	**1985**	**1958**	**1985**
Aceite	Aceite	Algodón en rama	Combustibles minerales
Bebidas alcohólicas	Automóviles	Automóviles	Industrias de precisión
Corcho	Calzado	Carbón	Maquinaria
Frutas	Conservas vegetales	Maquinaria	Material eléctrico
Minerales	Frutas	Material eléctrico	Plantas industriales y forraje
Productos alimenticios	Industria metálica y naval	Petróleo y prod. químicos	Química orgánica

Serrano Sanz, J. M.ª: «Sector exterior y desarrollo de la economía española contemporánea», en *Papeles de Economía Española*, n.° 73, 1977.

La construcción del centro comercial de La Vaguada, en Madrid, pese al decidido empeño de los vecinos del barrio del Pilar en impedirlo, fue un ejemplo del poder e influencia de los especuladores en esos años.

PIB al coste de los factores (millones de pts.)

Año	1982	1985	1988	1991	1994	1995	1996
PIB*	18 679 314	26 219 478	36 875 242	50 490 871	5 966 904	64 478 520	73 571 600

Fuente: Contabilidad Nacional.

3.4. El gasto social y el Estado del bienestar

La prosperidad permitió a los socialistas extender las prestaciones sociales y avanzar en la consolidación del Estado del bienestar. Una parte sustancial de los recursos aportados por la aplicación más rigurosa de la reforma fiscal fue destinada a prestaciones sociales. En 1985 recibían subsidio de paro un millón de personas; en 1992, millón y medio

Las **pensiones no contributivas** se introdujeron en 1990; estaban destinadas a quienes nada tenían y no habían cotizado, con lo que la cifra total de pensionistas rondaba los siete millones en 1994. Pero el Estado asistencial no conseguía llegar a toda la población, donde crecía un nuevo tipo de parados: los jóvenes que buscaban su primer empleo y vivían emancipados de sus padres.

A expensas del sector privado, los socialistas ampliaron la participación del Estado en la sanidad y en la educación, los dos bienes preferentes en las sociedades avanzadas. **La Ley General de Sanidad de 1986** estableció un nuevo marco, sucesivamente ampliado, para dar cobertura sanitaria a todos los ciudadanos. Otra de las grandes transformaciones afectó al ámbito de la enseñanza, con la **prolongación** de los años de **escolarización obligatoria** y la **mejora** de la **red educativa pública.**

Los gastos sociales

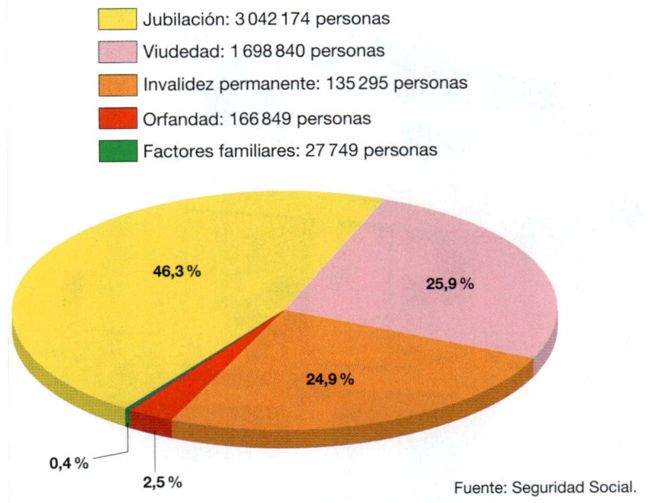

Fuente: Seguridad Social.

Actividades

9 Con los datos de balanza comercial explica las causas y efectos de los cambios que se producen.

10 Señala las principales aportaciones de la etapa socialista a la construcción del «Estado del bienestar».

11 ¿Cómo reaccionaron los sindicatos frente a la política económica del Gobierno?

3.5. La oposición sindical

El **rechazo** sindical a la **política económica** del Gobierno fue evidente en 1987, cuando Nicolás Redondo, principal dirigente de UGT, renunció a su escaño en el Congreso manifestando públicamente que el Gobierno no representaba un verdadero proyecto socialista. Al recelo de los obreros más radicales se unieron abundantes críticas de **UGT** y **CCOO** a los ministros de Economía, a los que acusaban de incumplir las promesas de inversión o a la creación de empleo. Para promover la **unidad de acción** en el futuro, **Nicolás Redondo** buscó, tras años de rivalidad, la colaboración de CCOO, liderada por **Antonio Gutiérrez.**

La intransigencia del Gobierno en materia de salarios y el Plan de Empleo Juvenil, que introducía los contratos temporales, llevó a las dos centrales sindicales a la convocatoria de una **huelga general,** la primera desde la instauración de la democracia. España se paralizó por completo el 14 de **diciembre** de **1988;** pero la huelga no impidió al PSOE, unos meses más tarde, ganar las elecciones generales. A partir de la «histórica» huelga, las posiciones del Gobierno y los sindicatos se alejaron, y entre los socialistas creció la preocupación por el deterioro de su imagen a los ojos de la clase obrera. Una nueva huelga

Insólita imagen de la calle Alcalá de Madrid, sin tráfico ni peatones, debido a la huega general del el 14 de diciembre de 1988. Esta huelga supuso la ruptura definitiva entre los sindicatos y el Gobierno. En su rotundo triunfo colaboró la creciente desilusión generada por el Gobierno socialista entre amplios sectores de la población.

Más información en la web de recursos de **anayaeducacion.es**.

general, promovida en **mayo de 1992** por UGT y CCOO contra la política económica del Gobierno, se saldó con una victoria de los convocantes, a pesar de que la afiliación sindical de los trabajadores era baja. UGT solo tenía 900 000 afiliados en 1990. Lo que sí quedó claro es que ni uno ni otro sindicato podían considerarse «correas de transmisión» del PSOE o del PCE y que, a medida que avanzaba la democracia, soportaban peor sus injerencias.

La reacción sindical

La política laboral del PSOE

Los Gobiernos del PSOE tuvieron que enfrentarse a sucesivas convocatorias de huelgas generales. La del 14 de diciembre de 1988, que exigía cambios en la política económica en un momento de crecimiento, consiguió algunos logros en materia de política de rentas y salarios; sin embargo, la del 27 de enero de 1994, contra la ley de reforma de los contratos de trabajo, que facilitaría el despido y diferentes formas de precariedad laboral, se saldó con escaso éxito. En todo caso, el seguimiento fue masivo en ambos casos. La conflictividad laboral ligada a la negociación de convenios colectivos experimentaría, en la década de los noventa, una intensidad menor que en años anteriores.

Año	Huelgas	Huelgistas
1987	1479	1881200
1988	1193	6692000
1989	1047	1382100
1990	1231	864000
1991	1552	1944000
1992	1296	5169000
1993	1131	997000

Fuente: Ministerio de Trabajo.

La afiliación sindical

La afiliación sindical en España se mantiene en niveles bajos respecto a los países de nuestro entorno. Las dos centrales con mayor número de miembros (CCOO y UGT) compiten en el País Vasco y Galicia con fuerzas sindicales nacionalistas (ELA-STV, en el primer caso, e INTG, en el segundo). Los españoles responden más al tipo de sindicatos de representación –es decir, su representatividad proviene de elecciones sindicales en las empresas– que al de afiliación.

Representación sindical en España (1980 y 1986) Porcentaje de delegados elegidos sobre el total nacional

CCOO	UGT	ELA-STV	INTG	USO
30,70	29,28	2,44	1,02	8,68
34,54	40,92	3,31	0,65	3,69

Ministerio de Trabajo. Cit. en Soto Carmona, A.: «Conflictividad social y transición sindical», en Tusell, J., y Soto, A. (eds.): *Historia de la transición 1975-1986*. Madrid, Alianza Editorial, 1996.

3.6. El problema del terrorismo

Desde 1985, el PSOE intentó crear fisuras dentro de ETA ofreciendo la reinserción social a algunos de sus miembros, en determinados supuestos penales. Esta vía quedó truncada cuando, en 1986, ETA asesinó a Dolores González Catarain, Yoyes, antigua dirigente de la organización que había abandonado las armas años antes.

En enero de **1988,** los **partidos contrarios** a la **acción** de **ETA** firmaron el **Pacto de Ajuria Enea,** en el que se establecían compromisos y medidas políticas para erradicarla. En **1989** el Gobierno inició las **conversaciones de Argel** con la dirección de ETA, al tiempo que continuaban las acciones policiales, con una mayor colaboración del Gobierno francés; el resultado fue la detención, en 1992, de la cúpula de ETA en Bidart (Francia). A partir de 1989, el Ministerio del Interior acentuó la dispersión de los presos de ETA entre distintas cárceles de España.

Actividades

12 ¿Qué estrategia diseñó el PSOE ante el problema terrorista?

Atentado de ETA, en Llodio (Álava).

4 La corrupción política y el cambio social

4.1. Las elecciones de octubre de 1989

En octubre de 1989, el carisma de Felipe González se impuso en el electorado y dio al **PSOE** la **mitad** de los escaños del Congreso, suficientes para **gobernar en solitario.** Pero proseguía el lento **desgaste** del voto **socialista.**

La **derecha,** reorganizada en el **PP (Partido Popular)** y con **José María Aznar** de líder, repitió el resultado obtenido tres años antes por Manuel Fraga, que abandonó la presidencia del partido en abril de 1990. El nuevo dirigente se dio prisa en **conquistar** el **centro-derecha,** único espacio político cuyo control podría disputarle al PSOE.

Aunque **Julio Anguita, líder** de **IU (Izquierda Unida), se** benefició del desgaste del PSOE y duplicó con holgura sus escaños, **quedó muy lejos** de los otros dos partidos.

4.1.1. Los primeros años noventa

Dos graves problemas atrajeron el interés de la opinión pública y centraron los debates parlamentarios:

- El **tráfico de influencias,** que socavaba el prestigio de los partidos políticos.
- La **Ley de Seguridad Ciudadana,** aprobada en 1992, con la que el Gobierno pretendía reforzar a la policía en su lucha contra el terrorismo y el narcotráfico, pero que fue considerada por la oposición como una amenaza a la libertades individuales.

La prensa comenzó a descubrir casos de **enriquecimiento rápido** de políticos o funcionarios que habían desviado fondos públicos a sus bolsillos o a las tesorerías de sus partidos. La **corrupción** afectó sobre todo al PSOE, a causa del poder que le habían dado las urnas, aunque no faltaron denuncias de graves irregularidades en comunidades autónomas o ayuntamientos gestionados por otros partidos:

En **1991** el vicepresidente del Gobierno, **Alfonso Guerra,** tuvo que presentar su **dimisión** tras conocerse el tráfico de influencias ejercido por su hermano, Juan Guerra. Meses más tarde, la prensa aireaba el asunto **Filesa,** una compañía tapadera de la **financiación fraudulenta** del **PSOE** que obtenía fondos facturando a grandes empresas unos servicios de consultoría inexistentes.

Estos descubrimientos amenazaron gravemente la imagen de los políticos profesionales y fundamentaron la imagen negativa que, según los sondeos, los españoles tenían de la función política. Solo el rey, Juan Carlos I, mantuvo intacta la simpatía de los ciudadanos.

Actividades

13 Cita las causas de la pérdida de apoyo electoral del Partido Socialista en 1989.

Resultado de las elecciones de 1989

Elecciones al Congreso (1989)

Partido	Votos	Votos (en %)	Escaños	Escaños (en %)
PSOE/PSC	8155568	39,6	175	50,0
PP*	5285972	25,8	107	30,6
IU/IC	1858588	9,1	17	4,9
CDS	1617716	7,9	14	4,0
CiU	1032243	5,0	18	5,1
EAJ-PNV	254681	1,2	5	1,4
HB	217278	1,1	4	1,1
EA	136955	0,7	2	0,6
EE	105238	0,5	2	0,6
Otros	1690610	9,1	6	1,7

(*) PP/UPN-Coalición PP/PP-Coalición Centristas de Galicia (PP-Coalición Galega).

Fuente: Ministerio de Interior.

Las elecciones de 1989 proporcionaron una mayoría justa pero suficiente al PSOE para gobernar con comodidad. Pero la legislatura resultó muy complicada a causa de los continuos casos de corrupción que implicaron a dirigentes destacados del partido y del Gobierno.

Los éxitos de organización de las Olimpiadas de Barcelona y la Exposición Universal de Sevilla, en 1992, no compensaron el deterioro de la imagen del Gobierno socialista.

Todo el país estuvo pendiente en enero-febrero de **1991** de la **guerra del Golfo,** en la que, por mandato de la ONU y Estados Unidos, participó España, de manera testimonial, rompiendo sus cien años de neutralidad.

El **movimiento pacifista se activó** nuevamente, mientras Izquierda Unida aprovechaba la ocasión para denunciar el sometimiento del Gobierno a la política estadounidense.

También adquirió mayor envergadura la **protesta juvenil contra** el **servicio militar obligatorio,** que vino acompañada de reivindicaciones de «insumisión» y «objeción de conciencia».

4.2. La nueva imagen de España

4.2.1. Los grandes eventos y el desarrollo de las infraestructuras

El esperado **1992** fue algo más que el **quinto centenario** del **descubrimiento de América,** fue el gran escaparate de la proyección internacional de España, la confirmación de la modernidad de un país plenamente europeo.

El empeño del Gobierno del PSOE se centró en asemejar, en cuanto a **infraestructura de comunicaciones,** España a Europa, de la que estaba tan alejada. Lo realizado en una década permitió, al menos, recuperar retrasos recientes.

La red de autopistas y de autovías, que en 1985 tenía 1970 km, alcanzaba los 5438 en 1992, año en que las enormes inversiones en infraestructuras con motivo de la **Exposición Universal de Sevilla** constituyeron un gran esfuerzo por empujar el desarrollo de Andalucía y mitigar las graves desigualdades entre las comunidades autónomas. La **primera línea** española de tren de **alta velocidad,** el **AVE,** comenzó a circular ese año entre Madrid y Sevilla.

Bajo la gestión del alcalde socialista, Pascual Maragall **Barcelona** quedó rediseñada como gran ciudad y modelo de urbe mediterránea aprovechando los **Juegos Olímpicos de 1992,** que fueron un gran éxito para la imagen de España en el exterior.

Madrid, elegida para ese año **Capital Europea de la Cultura,** multiplicó su oferta de exposiciones y conciertos dentro de un presupuesto sobrio.

Al concluirse las celebraciones, Felipe González manifestó que el fantasma de la ineficacia española se había desvanecido.

Objeción e insumisión

«Hoy en día la contestación a este servicio militar es muy grande entre los jóvenes españoles por razones de conciencia y pacifismo, que llegan al antimilitarismo y a la insumisión, y también por razones políticas *stricto sensu,* en cuanto que es una forma de rebelión contra el Estado (...)».

Encuesta	% de acuerdo
La insumisión es un derecho de las personas que debe estar recogido en la Constitución.	72
El servicio militar es una opción que tiene el joven de hacer algo por su país (y eventualmente por otro país también).	56
El servicio militar o, en su caso, la prestación social sustitutoria deben ser obligatorios.	34
Quien se niega a prestar este servicio a su país no merece recibir nada del Estado.	20

Elzo, J., *et al.*: *Jóvenes españoles 94.* Madrid, SM, Fundación Santa María, 1994.

4.2.2. La nueva crisis de 1993

Asombrar al mundo costó demasiado a un país que, al término de los grandes acontecimientos, tuvo que hacer frente a la crisis económica reactivada y con un conjunto de tres millones de parados que no encontraban alivio en sentirse más europeos.

La peseta se devaluó tres veces en poco tiempo, y la multinacional KIO, la gran inversora extranjera de los años de euforia económica, realizaba la mayor suspensión de pagos de la historia de España.

La situación tuvo su **origen** en la **crisis** del **Sistema Monetario Europeo** (SME), consecuencia de la fuerte caída en el crecimiento y el alza de los tipos de interés de los principales países europeos, que terminó de forma brusca con el «milagro económico» español de los años ochenta. El año 1993 finalizó en España con un crecimiento negativo de −1,2 %, la recesión era un hecho.

El **Tratado de Maastricht,** firmado en **1992,** exigía tantos sacrificios económicos que muchos españoles comenzaron a desconfiar de una Europa bajo la tiranía del Banco Central alemán.

El PP, sintiéndose cerca de la Moncloa, exigía elecciones, mientras acosaba al Gobierno con distintos escándalos de corrupción. Por fin, Felipe González, aun más debilitado por las disensiones de su partido, convocó los comicios para el 6 de junio de 1993.

Actividades

14 Señala las consecuencias positivas y negativas de los grandes acontecimientos internacionales celebrados en España en 1992: Exposición Universal de Sevilla y Juegos Olímpicos de Barcelona.

La «Expo» de Sevilla, espejo del cambio

«Sevilla va a marcar la resurrección de España, ese país que en el siglo XIX solo hizo a medias su Revolución Industrial, ese país desnutrido y magullado por su atroz Guerra Civil, que sirvió de preludio a la Segunda Guerra Mundial. Quien conoció la España de principios de los años cincuenta puede mesurar la amplitud de lo que han realizado en cuarenta años las dos generaciones de la posguerra. Un formidable crecimiento que ha permitido la eclosión de una sociedad equilibrada y de una vivaz democracia. Y así, hoy, (...), España, antes encerrada en su hispanidad, puede ahora abrirse al mundo y convertirse en uno de los pilares de la Comunidad Europea. De ahí la posibilidad de evocar en un único lugar, a orillas del Guadalquivir, a lo largo de las cuales atracaban los navíos de la Nueva España, esos dos momentos privilegiados de la historia ibérica y europea: el Siglo de Oro y el fin del siglo XX (...)».

Lesourne, J. (dir. de *Le Monde*): «De París a Sevilla (1937-1992)», en *Leonardo*. Madrid, *El País*, 1992.

Más información en la web de recursos de **anayaeducacion.es**.

Pabellón de la Unión Europea en la Expo de Sevilla.

Los Juegos Olímpicos de Barcelona

La organización de los Juegos Olímpicos en Barcelona fue todo un éxito. Además supuso la renovación urbanística de la ciudad, que se convirtió en un destino turístico internacional.

Madrid, capital cultural de Europa

Madrid fue seleccionada Capital Europea de la Cultura de 1992. Esto supuso una nueva forma de presentar la capital al resto del mundo. En la imagen, el Faro de Moncloa, inaugurado en 1992.

5

El giro conservador

5.1. La cuarta legislatura del PSOE

5.1.1. Las elecciones de 1993

La **campaña electoral** fue **muy agresiva,** en medio de sondeos que cada día adjudicaban el triunfo a uno u otro de los dos principales contendientes. Fueron las primeras elecciones generales en las que hubo **debates televisados** entre los candidatos a la presidencia del Gobierno, seguidos con enorme expectación. Al final de la campaña, el previsible empate entre el PSOE y el PP se deshizo cuando Felipe González apeló a la «responsabilidad de la izquierda» para impedir la victoria de la derecha.

Los socialistas se quedaron a diecisiete escaños de la mayoría absoluta, en tanto que la coalición Izquierda Unida disponía de dieciocho. En contra de sus mensajes electorales de unidad de la izquierda, la primera decisión de González fue llamar a las fuerzas conservadoras del nacionalismo catalán y vasco para solicitar su apoyo.

5.1.2. Las minorías nacionalistas, claves para la estabilidad

La necesidad de apoyos parlamentarios ampliaría sobremanera la dimensión política de Jordi Pujol, presidente de la Generalitat de Cataluña desde 1980, que llegó a un pacto con González considerado «antinatural» tanto por la izquierda no socialista como por el PP. Los votos nacionalistas aseguraron a González su cuarta reelección como presidente del Gobierno. Ni CiU ni el PNV quisieron entrar en el nuevo Ejecutivo, que siguió siendo monocolor.

Al poco tiempo de las elecciones, los **nacionalistas catalanes** mostraron sus cartas al Gobierno y, a cambio de su apoyo, **exigieron la cesión del 15 % del IRPF** (impuesto sobre la renta de las personas físicas) a las autonomías. La reclamación de Pujol fue protestada por otros presidentes autonómicos, al considerar que agravaría aún más los desequilibrios regionales.

Empujado por CiU, el Gobierno promovió una política de contratación temporal que pretendía aliviar el paro juvenil a cambio de empleos de aprendizaje mal retribuidos: los «contratos basura», así bautizados por CCOO.

5.1.3. El desprestigio del PSOE

En marzo de **1994,** el **PSOE** celebró su **XXXIII Congreso** e hizo un gran esfuerzo por integrar las diferencias y estrechar las filas en torno a González, ante lo que se avecinaba. En efecto, nada más terminar sus sesiones, saltaban a las páginas de los periódicos graves escándalos que afectaron seriamente al Gobierno socialista. Se-

Actividades

15 Con la ayuda de los datos electorales de 1989 y 1993, explica la evolución del voto de izquierdas.

Resultado de las elecciones de 1989

La igualdad en las encuestas de cara a las elecciones generales del 6 de junio de 1993 llevó a Felipe González y José María Aznar, a aceptar debatir cara a cara en televisión, un tipo de diálogo que se producía por primera vez en la política española.

La imagen corresponde al debate celebrado el 24 de mayo en Antena 3, con el periodista Manuel Campo Vidal como moderador.

Elecciones al Congreso (1993)

Partido	Votos	Votos (en %)	Escaños	Escaños (en %)
PSOE/PSC	9150083	38,8	159	45,4
PP/UPN-PP	8201463	34,8	141	40,3
IU/IC	2253722	9,6	18	5,1
CiU	1165783	4,9	17	4,9
EAJ-PNV	291448	1,2	5	1,4
CC	207077	0,9	4	1,1
HB	206876	0,9	2	0,6
EA-EUE	129293	0,6	1	0,3
Otros	1837472	8,3	3	0,9

Fuente: Ministerio del Interior.

gún revelaciones de diversos medios, el director general de la Guardia Civil, **Luis Roldán,** y otros **altos cargos** del **Ministerio del Interior se habían enriquecido** con dinero de los **«fondos reservados»** para la lucha antiterrorista.

Mayor gravedad aún que estos escándalos tuvo a partir de julio de 1994, la **reapertura** por el juez Garzón del **sumario de los GAL** (Grupos Antiterroristas de Liberación): el proceso por los asesinatos de 28 miembros de ETA o de su entorno cometidos entre 1983 y 1987. La opinión pública, alimentada por la prensa, y especialmente el diario *El Mundo,* vivió apasionadamente las detenciones y procesamientos de altos cargos de Interior, incluido el ministro, encargados de la lucha antiterrorista en los años ochenta, y el debate sobre la depuración de responsabilidades que afectaba incluso Felipe González.

Otros grandes **escándalos de corrupción,** en el mundo de las empresas, afectaron plenamente a dos de los máximos representantes del enriquecimiento rápido (la llamada «cultura del pelotazo»), presentados como modelos en el mundo de las **finanzas:** Mario Conde y Javier de la Rosa. Ante el riesgo de una grave crisis económica, **Banesto** fue **intervenido** por el **Banco de España** en los últimos días de 1994 y, un año después, su presidente, **Mario Conde,** entraba en prisión acusado de estafa. Poco antes había sido encarcelado el financiero catalán **Javier de la Rosa,** responsable del consorcio kuwaití KIO en España.

Elecciones al Parlamento Europeo (1994)

Al constituir todo el territorio español una sola circunscripción electoral, estas elecciones arrojan los resultados en escaños con mayor equivalencia proporcional al número de votos.

En las elecciones de junio de 1994 se advirtió un giro electoral en todo el país: el PP obtenía mayoría clara en votos y europarlamentarios y –lo que es más significativo– recogía sus mejores resultados en los núcleos urbanos y zonas de mayor dinamismo económico y social.

Partido	Votos	%	Escaños
PP	7453900	40,12	28
PSOE	5719707	30,79	22
IU	2497671	13,44	9
CiU	865913	4,66	3
Coalición Nacionalista	518532	2,79	2

Fuente: Ministerio del Interior.

5.1.4. Los primeros triunfos electorales del PP

Los triunfos del PP, en las **elecciones** de 1994 al **Parlamento Europeo** y en las **municipales** y **autonómicas** del año siguiente, recrudecieron la ofensiva contra el Gobierno socialista, pero también aumentaron la resistencia de Felipe González a convocar elecciones generales.

Nada más expresivo del cambio producido que la pérdida para el PSOE de tres de las cuatro principales ciudades del país: solo Barcelona mantuvo un alcalde socialista. Las encuestas reflejaban un continuo progreso del PP, que procuraba ganar el centro sin perder la derecha.

5.2. Giro electoral de 1996: el PP en el Gobierno

En marzo de 1996 se celebraron las elecciones generales, y su **campaña** estuvo **llena de crispación.** Contra todos los pronósticos, el **triunfo** del PP resultó **muy ajustado,** al faltarle veinte escaños para la mayoría absoluta, mientras que el PSOE tuvo una «dulce derrota», lo que le permitió considerarse el «perdedor victorioso».

Con los 156 escaños de su partido, **Aznar** no **tuvo** más remedio **que negociar.** Todo el centro-derecha sería invitado a las negociaciones. Pujol y Arzalluz vieron la ocasión de explotar la debilidad parlamentaria del PP en provecho de sus respectivas formaciones políticas y sus proyectos de autogobierno para Cataluña y el País Vasco.

Elecciones al Congreso (1996)

Partido	Votos	Votos (en %)	Escaños	Escaños (en %)
PP*	9716066	38,8	156	44,6
PSOE/PSC	9425678	37,6	141	40,3
IU/IC-EV	2639774	10,6	21	6,0
CiU	1151633	4,6	16	4,6
EAJ-PNV	318951	1,3	5	1,4
HB	181304	0,7	2	0,6
EA	115861	0,4	1	0,2
Otros	1253664	6,0	8	2,3

(*) PP/PP-PAR/UPN-PP

Fuente: Ministerio del Interior.

Actividades

16 ¿Qué motivos o circunstancias explicarían la exigua victoria del PP en las elecciones legislativas de 1996, cuando en las europeas de 1994 su ventaja era amplia, y teniendo en cuenta que el desgaste político del PSOE sería mayor en las legislativas?

Por su parte, el PSOE, agobiado por las inculpaciones penales de algunos de sus miembros, se mostraba errático y confuso en su labor de oposición. En junio de **1997, Felipe González renunció** al liderazgo del partido, después de ocupar durante 23 años su **Secretaría General.** Para desempeñar el cargo, los socialistas reunidos en su **XXXIV Congreso** eligieron a **Joaquín Almunia,** que había sido ministro en distintos gobiernos de González.

5.2.1. Los apoyos nacionalistas al PP

A principios del mes de mayo de **1996, Aznar** fue investido **presidente del Gobierno** con los 181 votos de PP, CiU, PNV y CC, y formó Gobierno.

Los **acuerdos** y **concesiones** del PP a los **nacionalistas** catalanes y vascos fueron percibidos por una parte de la opinión pública como entreguismo del Gobierno y tuvieron un efecto negativo en la valoración del Gabinete, como ya había ocurrido con el PSOE tres años antes.

- La **Generalitat** desplegó con mayor intensidad sus reivindicaciones en el ámbito económico, que pedían: la **privatización** de las **empresas públicas** y la creación de un nuevo modelo de financiación de las autonomías basado en la **cesión** del **30 %** del **IRPF** a las comunidades autónomas.
- Las **relaciones** del **PP** y del **PNV** fueron mucho más tensas y pasaron por momentos de extrema tirantez. El origen de muchos de sus enfrentamientos estaba en sus **discrepancias** respecto a la **lucha antiterrorista** y la **política penitenciaria,** que, a raíz del largo secuestro del funcionario Ortega Lara, en 1997, los nacionalistas vascos pretendían replantear. Frente a un tratamiento individualizado de los presos de ETA, auspiciado por el ministro del Interior, Jaime Mayor Oreja, el PNV exigía acabar con su dispersión, recluyéndolos a todos ellos en cárceles próximas al País Vasco. A pesar de todo, los hombres de Arzalluz consiguieron convencer al ministro de Economía, Rodrigo Rato, de la necesidad de aumentar la **autonomía fiscal** vasca mediante la cesión por parte del Estado de los impuestos especiales y la renovación del Concierto Económico Vasco.

5.3. El pacto social y las medidas económicas de Aznar

5.3.1. El pacto social

En octubre de 1996, el presidente del Gobierno, Aznar, firmó un **acuerdo** con los **sindicatos garantizando** hasta el año 2000 el **poder adquisitivo** de las **pensiones,** comprometiéndose también el Gobierno a estrechar su vigilancia sobre la contratación laboral para **mejorar** los **«contratos basura».** A partir de entonces, la opinión pública recogida por las encuestas concedieron al PP perspectivas más positivas.

5.3.2. Las medidas económicas

Después de distintas bajadas del precio del dinero, este se situaba en febrero de 1998 en el 4,5 %. El **descenso** de

Tanto el último Gobierno del PSOE como el primero del PP tuvieron que buscar acuerdos con los nacionalistas del País Vasco (PNV) y Cataluña (CiU).

Estos acuerdos eran obligados no solo para disponer de mayoría de escaños en el Parlamento, sino por la importancia política de estos partidos y por su peso decisivo para el gobierno de estas dos comunidades históricas.

En la imagen, a la izquierda, Jordi Pujol y, a la derecha, Xabier Arzalluz.

los **tipos de interés** también contribuyó a que los españoles buscasen inversiones con mejor rendimiento que las cuentas de ahorro, y, como consecuencia, la negociación de títulos en la bolsa alcanzó **máximos históricos,** impulsada también por las privatizaciones de empresas públicas.

El interés de las grandes instituciones financieras por alinearse entre los gigantes de la Europa unida intensificó la **concentración financiera** de los años ochenta. El Banco Santander, engordado tras la compra de Banesto, se adelantó en la carrera con la absorción del Banco Central Hispano. El Banco Bilbao Vizcaya y Argentaria se unían para disputar el liderazgo al Banco Santander Central Hispano

«España va bien», la frase repetida por Aznar durante su primer Gobierno, era una afirmación discutible referida al conjunto de la política nacional, pero menos cuestionable por lo que respecta a la economía, cuyo progreso se tuvo como el aspecto más positivo del Gobierno del PP.

5.3.3. Las privatizaciones de empresas públicas

La **venta** de **activos** del **Estado** había empezado con los Gobiernos del PSOE, pero se aceleró desde el acceso al poder del PP. No solo vendieron, con facilidad, Telefónica y la empresa petrolera Repsol en el mercado financiero, sino que consiguieron desprenderse de compañías menos atractivas, y reducir así el déficit público.

Actividades

17 ¿Cómo influyó en la política del PP su alianza con los nacionalistas vascos y catalanes tras las elecciones de 1996?

18 Señala algunas consecuencias de la privatización del sector público.

19 ¿Cómo influyó en las economías familiares la bajada de tipos de interes? ¿Afectó en igual medida a todos los sectores sociales? ¿Por qué?

Privatización del sector público

La venta del sector público por el Gobierno del PP, privatización que continúa y amplía la iniciada por Gobiernos del PSOE, supuso para las arcas del Estado una gran inyección de dinero. Estas privatizaciones contribuyeron a aminorar el déficit público, uno de los criterios de convergencia en la Unión Económica y Monetaria que con mayor celeridad cumplimentó el Gobierno en 1998.

Empresas	Porcentaje privado	Año	Importe aproximado (millones)*
Gas Natural	3,81	1996	37 000
Repsol	10,00	1997	175 000
Telefónica	20,90	1997	630 000
Tisa	23,20	1997	126 600
Aldeasa	100,00	1997	61 344
Retevisión	70,00	1997	116 000
Endesa	25,57	1997	692 000
Auxini	60,00	1997	60 000
Inespal	99,90	1997	61 500
Aceralia	100,00	1997	212 367
Argentaria	29,20	1998	368 000
Tabacalera	52,40	1998	275 000
Endesa	41,19	1998	1 500 000

Nota: *millones de pesetas. *El País*, 17 de mayo de 1998.

«Me gustaría que en el año 2000 o 2001 el sector público empresarial quedara totalmente transformado, privatizado y saneado. Para entonces solo debería ser pública la minería y quizás algo de Defensa». (José M.ª Aznar).

En la imagen, edificio Telefónica en los años noventa.

5.4. El terrorismo y la movilización social

5.4.1. La ofensiva etarra

La **estrategia** de la nueva dirección de ETA **no varió** en su objetivo de forzar al Gobierno a una negociación con la amenaza de atentados. En 1993, el secuestro del industrial guipuzcoano Julio Iglesias Zamora provocó un aumento de **movilizaciones** de **grupos pacifistas** que exigían, en silencio, su liberación; miles de personas en el País Vasco se sumaron a esta exigencia. A partir de entonces, aumentó la **presencia** en las calles de los **grupos juveniles vinculados** a **Herri Batasuna,** que en numerosos atentados callejeros atacaron instituciones, mobiliario urbano, establecimientos comerciales y bancarios.

En 1995, ETA asesinó al dirigente del PP donostiarra Gregorio Ordóñez, y colocó un coche bomba en el Puente de Vallecas de Madrid al paso de un vehículo de la Armada matando a cinco trabajadores civiles. En 1996, las víctimas más señaladas fueron el dirigente socialista donostiarra Fernando Múgica y el expresidente del Tribunal Constitucional, Francisco Tomás y Valiente.

En los dos primeros años de Gobierno del PP, se produjeron **éxitos policiales,** como el apresamiento de algunos comandos o la liberación, en 1997, del funcionario de prisiones Ortega Lara, después de 532 días de secuestro. Pero también continuaron los atentados mortales, con especial incidencia sobre concejales del PP. Enorme **conmoción** creó en la opinión pública el asesinato de **Miguel Ángel Blanco,** joven concejal del PP en el ayuntamiento de Ermua (Bizkaia), el 12 de julio de 1997, tras un ultimátum en el que ETA exigía el acercamiento de sus presos a cárceles vascas. Las **manifestaciones** de **repulsa** convocaron a varios **millones de ciudadanos** y se produjeron numerosas condenas de organizaciones internacionales.

5.4.2. El acoso a ETA y las treguas

La desarticulación en **1998** de tres comandos, el desmantelamiento de la estructura económica y mediática de ETA, junto con el encarcelamiento de la Mesa Nacional de HB, infligían un **durísimo golpe** a la **banda terrorista,** que encontró una salida en las **negociaciones secretas promovidas** por el **PNV** para conseguir el cese de la violencia y alcanzar una mayoría nacionalista en el País Vasco, que le compensase de la previsible pérdida de apoyo electoral y del divorcio del Partido Socialista.

Todo el abanico nacionalista, incluidas sus organizaciones sindicales e Izquierda Unida, suscribió la **Declaración de Estella (Lizarra).** El pacto exigía un proceso de diálogo y negociación con el Estado, sin exclusiones, que permitiese dar respuesta a todas aquellas cuestiones que, según los nacionalistas, conformaban el «conflicto vasco»: la integración del País Vasco, Navarra y las provincias vascofrancesas; el derecho de autodeterminación y la soberanía política.

Cuatro días después de firmada la declaración, la banda terrorista anunciaba una tregua. En noviembre de 1998, José M.ª Aznar autorizó el inicio del diálogo directo con ETA. Después de varios contactos, el intento fracasó.

La tregua solo duró catorce meses. ETA recrudeció después su ofensiva y hasta abril de 2003 asesinó a 44 personas, entre ellas a los socialistas Fernando Buesa y Ernest Lluch, además de concejales del PP y del PSOE, y miembros de las fuerzas de seguridad.

El **retorno** del **terrorismo** contaminó una vez más toda la vida política y agudizó el **enfrentamiento** entre **nacionalistas** y **constitucionalistas,** causante del adelanto de las elecciones en el País Vasco a mayo de 2001.

Manifestantes exigiendo a ETA el fin del terror. Miles de manos en alto condenaron el asesinato de Miguel Ángel Blanco.

6

El cambio de siglo

La falta de liderazgo en el PSOE, tras la retirada de Felipe González; la moderación de las medidas políticas, económicas y sociales del PP entre 1996-2000, fruto de la necesidad de pactos con otras fuerzas políticas; la mejoría de la situación económica interna y de la coyuntura económica internacional, fueron las claves del triunfo electoral de Aznar, con mayoría absoluta en marzo de 2000.

Elecciones al Congreso (2000)				
Partido	**Votos**	**Votos (en %)**	**Escaños**	**Escaños (en %)**
PP	10 321 178	45,2	183	52,3
PSOE/PSC	7 918 752	34,2	125	35,7
IU	1 263 043	5,5	8	2,3
CiU	970 421	4,2	15	4,2
EAJ-PNV	353 953	1,5	7	2,0
BNG	306 268	1,3	3	0,9
CC	248 261	1,1	4	1,1
Partido Andalucista	206 255	0,9	1	0,3
Esquerra Republic. de Catalunya	194 715	0,8	1	0,3
Iniciativa per Catalunya-Verdes	119 290	0,5	1	0,3
Eusko Alkartasuna	100 742	0,4	1	0,3
Chunta Aragonesista	75 356	0,3	1	0,3
Otros	736 233	4,1	0	0

Fuente: Ministerio del Interior.

6.1. La mayoría absoluta del Partido Popular

6.1.1. El PP renueva el poder

En marzo del año 2000, el PP ganó las elecciones, esta vez por mayoría absoluta.

El **PSOE** que no esperaba una derrota tan grande, en su **XXXV Congreso,** eligió a **José Luis Rodríguez Zapatero** como nuevo secretario general.

En **IU** la reflexión poselectoral y la mala salud de Julio Anguita, también provocaron el relevo, que llevó a la dirección de la coalición a **Gaspar Llamazares.**

El **Gobierno** de Aznar afirmó su compromiso con la **descentralización política** y **económica** del país.

Antes de terminar el año, el **PP** y el **PSOE firmaron** el **Pacto Antiterrorista,** cuyo preámbulo obligaba a los dos partidos a marginar al PNV en tanto no rompiese definitivamente con el Pacto de Estella. La política de firmeza del Gobierno, compartida por los socialistas, puso contra las cuerdas al entramado etarra, con la **ilegalización** de **Herri Batasuna,** y fortaleció la esperanza de acabar con el terrorismo mediante medidas policiales y judiciales.

Durante el cuatrienio, la **economía** se saldó con un **balance muy positivo,** dentro de un ciclo general de expansión de la economía mundial y favorecida por la privatización masiva del sector público, lo que permitió a España acortar distancias respecto de sus socios europeos e hizo albergar la esperanza de que, en pocos años, el país se convirtiera en uno de los grandes polos de atracción del continente.

El deseo de favorecer la modernización económica y recortar las tasas del desempleo llevaron al Ejecutivo a preparar una **profunda reforma** del **mercado laboral.** El rechazo de Comisiones Obreras y UGT se plasmó en la **huelga general** de 20 de junio de **2002,** que contó con el apoyo del PSOE.

Actividades

20 ¿Qué medidas adoptó el Gobierno de Aznar al conseguir la mayoría absoluta?

21 Compara los resultados de las elecciones legislativas del período 1996-2004 y señala los cambios más significativos en el panorama electoral.

6.1.2. Problemas y desgaste del Gobierno de Aznar

Con los ojos puestos en las elecciones autonómicas y municipales de 2003, las manifestaciones contra el Gobierno del PP adquirieron mayor envergadura.

El **hundimiento** del **petrolero Prestige,** frente a las costas gallegas con una carga de 70 000 toneladas de combustible en noviembre de 2002, provocó una impresionante marea negra que alcanzó las playas españolas y francesas del litoral atlántico y del cantábrico. La errática gestión de la crisis ambiental por parte del Gobierno suscitó duras críticas tanto de los grupos ecologistas como de los partidos de la oposición que acusó al Gabinete del PP de impericia y descoordinación, mientras una oleada de solidaridad se activaba por toda España para luchar junto a la población gallega en la limpieza de las costas.

Además, el posicionamiento del Gobierno en favor de las tesis de Estados Unidos en su largo conflicto con **Irak** generó un fuerte rechazo en la población. Finalmente, la **guerra** estalló en marzo de 2003.

6.1.3. Relevo en la dirección del PP y elecciones catalanas

A finales de agosto de **2003,** Aznar eligió a **Mariano Rajoy** para **dirigir** el **PP,** como secretario general y candidato a la presidencia del Gobierno. En las **elecciones autonómicas catalanas** de 2003, el dirigente de **CiU Artur Mas,** que sustituyó a Jordi Pujol ganó al candidato **socialista Pasqual Maragall** en tres de las cuatro provincias, lo que le permitió obtener mayor número de escaños, aunque Maragall, gracias a su triunfo en Barcelona, obtuvo más votos en el recuento global. En estas elecciones creció extraordinariamente **Esquerra Republicana de Cataluña,** liderada por **Carod Rovira.** Artur Mas no pudo formar Gobierno, pues debilitado el peso del PP e imposible el pacto con los socialistas, la alianza del PSC, ERC e ICV dio la presidencia de la Generalitat a Pascual Maragall.

El grave vertido de petróleo del Prestige, en las costas gallegas, provocó la indignación popular por la deficiente gestión política y técnica de la catástrofe por parte del Partido Popular.

Más información en la web de recursos de **anayaeducacion.es**.

6.2. La victoria socialista

El año **2004** quedó marcado en la historia de España por los trágicos **atentados** ocurridos en **Madrid** el **11 de marzo,** obra de un comando integrista islámico. El estallido de varias bombas colocadas en los trenes de cercanías de la capital produjo 192 muertos y más de mil heridos, y provocó una revolución en el panorama político español.

El atentado conmocionó a la sociedad española y desbarató la campaña de las elecciones generales, que tendrían lugar tres días más tarde. Las urnas dieron el poder al PSOE, que formó Gobierno en solitario, pero con el apoyo de Esquerra Republicana de Catalunya (ERC) y el de otros partidos nacionalistas y de izquierda.

Con el acceso de **Rodríguez Zapatero** a la **presidencia del Gobierno,** se modificaron las políticas de interior y exterior seguidas hasta entonces por el Ejecutivo de los populares.

Elecciones al Congreso (2004)

Partido	Votos	Votos (en %)	Escaños	Escaños (en %)
PSOE/PSC	11 026 163	42,59	164	46,86
PP/UPN	9 763 144	37,71	148	42,29
IU	1 284 081	4,96	5	1,43
CiU	835 471	3,23	10	2,86
ERC	652 196	2,52	8	2,29
EAJ-PNV	420 980	1,63	7	2,00
CC	235 221	0,91	3	0,86
BNG	208 688	0,81	2	0,57
Partido Andalucista	181 868	0,70	—	—
Nafarroa Bai	61 045	0,24	1	0,29
Eusko Alkartasuna	80 905	0,31	1	0,29
Chunta Aragonesista	94 252	0,36	1	0,29
Otros	601 618	4,03	—	—

Fuente: Ministerio del Interior.

6.2.1. Las medidas del Gobierno socialista

La primera medida tomada por el Gobierno de Zapatero fue la **retirada** de las **tropas** españolas de **Irak,** que, aunque contó con el aplauso de la opinión pública nacional y de aquellos socios europeos que se habían opuesto a la intervención, disgustó al Gobierno de Estados Unidos.

El tiempo de ajuste del nuevo Ejecutivo socialista sirvió para mostrar la difícil coexistencia entre las promesas realizadas durante la campaña electoral y la acción de gobierno.

El presidente supo ganar la batalla de la popularidad con medidas como la constitución de un **Gobierno paritario,** la **subida** del **salario mínimo interprofesional** o la aprobación de una **ley contra la violencia de género.** Los socialistas impulsaron, asimismo, una reforma de la **ley del divorcio** que agilizaba los trámites y favorecía la custodia compartida de los hijos, aprobaron los **matrimonios homosexuales** y dieron vía libre a la **investigación con células madre.** Todas estas medidas enturbiaron las relaciones del Gobierno con la jerarquía católica.

6.2.2. Las tensiones en la legislatura

A lo largo de cuatro años, el Gobierno promovió una serie de reformas que, en general, provocaron la oposición frontal del PP y la movilización de los sectores conservadores, provocando gran tensión política. También contribuyeron a ella ante la **regularización** masiva de **inmigrantes** integrados en el mercado laboral o la **supresión** de **trasvases** hacia Levante y Murcia previstos en el Plan Hidrológico Nacional y su sustitución por desaladoras.

José Luis Rodríguez Zapatero aparece públicamente con gesto triunfal, tras conocer los resultados de las elecciones generales del 14 de marzo de 2004 que dieron la victoria a su partido, el PSOE.

Más información en la web de recursos de **anayaeducacion.es**.

En el plano exterior, el presidente Zapatero firmó, en 2004, el texto de la fallida Constitución Europea, que fue aprobado en referéndum con un 42% de participación. Asimismo, lanzó una **propuesta** de **Alianza de Civilizaciones** en la **ONU,** muy criticada por la derecha.

En diciembre de 2004 se manifestó el **desafío soberanista** cuando el **Parlamento vasco** aprobó el controvertido **«Plan para la Convivencia»** del lehendakari Ibarretxe con los votos del tripartito de Vitoria (PNV, IU y EA) y parte de la ilegalizada HB. En febrero de 2005, con el acuerdo PSOE-PP de votar en contra, el pleno del Congreso de los Diputados rechazó el texto por amplia mayoría. Ibarretxe adelantó las elecciones autonómicas al mes de abril, pero no consiguió la mayoría suficiente para imponer su plan.

Uno de los grandes conflictos provino de la estrategia del **diálogo** con **ETA,** que inició el Gobierno en abril de 2005, con el apoyo del Parlamento, pero sin el concurso del PP, para establecer contactos con ETA con vistas al fin del terrorismo. El 22 de marzo de 2006, la organización terrorista anunció en un comunicado un «alto el fuego permanente» que entró en vigor el 24 de marzo. Pero, a finales de diciembre, un atentado en la Terminal 4 del aeropuerto de Madrid-Barajas, que provocó dos muertos y grandes pérdidas materiales, puso fin a la tregua.

6.2.3. El problema autonómico

El problema autonómico se manifestó en varios frentes. En julio de **2005,** las elecciones autonómicas permitieron al **PSOE** formar **Gobierno en Galicia con los nacionalistas** del Bloque Nacionalista Galego (BNG), desplazando al PP.

En septiembre se presentó un **nuevo texto del Estatut catalán** que, tras duras polémicas, fue aprobado en referéndum en Cataluña, en junio de 2006, con escasa participación y recurrido por el PP ante el Tribunal Constitucional posteriormente. Las **elecciones catalanas** de noviembre dieron, otra vez, mayoría a Convergència i Unió (CiU) pero permitieron nuevamente formar un Gobierno tripartito con PSC, ERC e Iniciativa per Catalunya Verds (ICV), dirigido por José Montilla.

Las elecciones autonómicas y municipales de 2007 mostraron un virtual empate entre las fuerzas mayoritarias: mientras el PP obtenía una ligera mayoría global en votos, el PSOE fortalecía y ampliaba su control de instituciones al poder firmar pactos de gobierno en comunidades y ayuntamientos: Cantabria, Baleares, etc.

Actividades

22 Elabora un esquema con las cinco principales medidas políticas tomadas por el Gobierno del PSOE a partir de 2004. Consulta las tablas de resultados electorales y anota con qué apoyos parlamentarios tuvo que contar para obtener mayoría en el Congreso.

6.2.4. Auge económico

El **Estado incrementó el gasto social** con la **Ley de Dependencia** y un **Plan de Infraestructuras** con la conclusión del tren AVE a Valladolid, Málaga y Barcelona. Durante la legislatura continuó el crecimiento económico, con reducción histórica de la tasa de paro y superávit público. Muchas compañías españolas obtuvieron beneficios récord y buscaron la internacionalización mediante la compra de entidades extranjeras, por ejemplo BSCH, Ferrovial, Iberdrola, BBVA, Telefónica, etc.

6.3. Elecciones de marzo de 2008: la segunda legislatura del PSOE

El PSOE ganó las elecciones generales en marzo de 2008 sin mayoría absoluta (169 diputados). Había crecido a costa de ERC e IU, perjudicados por su respaldo político al PSC y al PSOE.

Aunque el PP también incrementó sus escaños gracias al giro ideológico hacia el centro, su derrota le llevó a cuestionar el liderazgo de Mariano Rajoy y produjo la salida de la vieja guardia de la etapa de Aznar, abriéndose así un proceso de renovación de imagen y moderación del discurso en el partido.

La situación económica, que ya en **2007** había iniciado el **fin del ciclo expansivo** basado en la demanda interna y la construcción, puso de relieve las debilidades profundas del país: desequilibrio de la balanza de pagos y una productividad insuficiente, en un contexto de atonía de Francia y Alemania, debilidad del dólar frente al euro e imparable escalada de los precios del petróleo.

La **crisis económica** arrasó con el sector inmobiliario, mientras crecían la inflación, las dificultades crediticias y el paro, dejando en evidencia el anterior optimismo gubernamental.

La economía española a finales de 2008 entraba en una recesión que se prolongaría hasta 2010 y registraba la mayor subida del paro de toda la UE.

El **déficit** del Estado **se disparó** a partir de 2009, después de los años de superávit de la primera legislatura de Zapatero. El incremento de la deuda pública se acercaba entonces ya al 60 % del PIB, y los gastos del Estado central y de las comunidades autónomas sobrepasaban los límites establecidos en el Pacto de Estabilidad de la Unión Europea.

Elecciones al Congreso (2008)

Partido	Votos	Votos (en %)	Escaños	Escaños (en %)
PSOE/PSC	11 289 335	43,87	169	48,28
PP/UPN	10 278 010	39,94	154	44,0
IU	969 946	3,77	2	0,57
CiU	779 425	3,03	10	2,85
ERC	298 139	1,16	3	0,85
EAJ-PNV	306 128	1,19	6	1,71
CC-PNC	174 629	0,68	2	0,57
BNG	212 543	0,83	2	0,57
UPyD	306 079	1,19	1	0,28
Nafarroa Bai	62 398	0,24	1	0,28
Otros	772 049	4,10	0	—

Fuente: Ministerio del Interior.

A partir de mayo de **2010,** el Gobierno llevó a cabo un **plan de ajuste** para reducir el déficit: recorte del gasto en obras públicas, aumento de la edad de jubilación, congelación de las pensiones, reducción de los sueldos de los funcionarios, etc. Incluso, con el apoyo del PP, se reformó el artículo 135 de la Constitución, acordado en el Parlamento, que establecía la obligación del equilibrio presupuestario en todas las Administraciones públicas.

A finales del año **2011,** una **nueva recesión** amplió a cinco millones el número de parados, con un 45 % de tasa de paro juvenil.

6.3.1. La protesta social: los indignados del 15-M

Ante la prolongada crisis económica y el hundimiento de las expectativas de la izquierda, surgió en **mayo** de **2011** en toda España un amplio movimiento popular, **apartidista** y **pacífico,** que se expresaba mediante la ocupación de espacios públicos. Los «indignados» del 15-M tuvieron como referencia general la Puerta del Sol de Madrid y expresaban una crítica radical del sistema político.

De **carácter asambleario** y con las **redes sociales** como **medio de expresión** y **comunicación,** proponían un cambio de las leyes electorales, el control de los privilegios de los políticos, una democracia participativa y un profundo rechazo de la corrupción. Los ecos del 15-M y su modo de expresarse se extendieron por muchos países y fueron el comienzo de nuevos modos de intervención y protesta social. En parte, acabarían fraguando en un **nuevo partido** de izquierda: **Podemos.**

6.3.2. Los nacionalismos

En **2010,** el Tribunal Constitucional declaró inconstitucionales catorce artículos del **Estatut catalán.** Hubo una gran manifestación de protesta a la que se sumó el presidente de la Generalitat. El desgaste del PSC le llevó a perder las elecciones autonómicas de noviembre ante **CiU.** En **Euskadi,** Ibarretxe impulsó una **ley autonómica** que proponía la consulta popular para su plan soberanista.

El Gobierno la bloqueó ante el Tribunal Constitucional, mientras intensificaba la lucha contra ETA. Las elecciones autonómicas del año 2009 llevaron al PSOE, con el apoyo del PP, a desbancar del gobierno al PNV por primera vez.

Con la ayuda de Francia fueron capturados los miembros de la dirección de **ETA,** que había roto la tregua en 2007. La disolución judicial de Batasuna colapsó su influencia social. ETA, debilitada por el acoso policial, venía anunciando desde 2010 el progresivo abandono de la violencia y en octubre de **2011** declaraba el **cese definitivo de la «lucha armada».**

6.4. Elecciones de 2011: el retorno del PP

Tras sus victorias de 2009 en las elecciones autonómicas gallegas y al Parlamento Europeo, el PP logró las alcaldías de 34 capitales en las locales y autonómicas de mayo de 2011, imponiéndose rotundamente en trece parlamentos autonómicos. El PSOE conservaba apenas nueve capitales. El presidente Zapatero convocó **elecciones generales** para el 20 de **noviembre** de 2011, en las que él ya no figuraría como candidato. El **PP** ganó las elecciones con una clara **mayoría absoluta** en ambas cámaras. El PSOE perdió más de cuatro millones de votos. Rajoy formó gobierno a finales de 2011.

6.4.1. Las reformas del Gobierno del PP

La política de Rajoy se orientó a contener el déficit y a la recuperación económica, con fuerte reducción del gasto presupuestario y una drástica reforma laboral. Los **recortes** del **gasto público,** y las **privatizaciones,** en sanidad, educación, obras y servicios públicos, etc., seguían las directrices de la UE, que facilitó 40 000 millones de euros para reflotar cuatro grandes bancos en crisis (Bankia, Caixa Catalunya, Nova Caixa Galicia y Banco de Valencia). Al tiempo era noticia continua la **corrupción política** y el saqueo de empresas públicas y cajas de ahorros por sus gestores.

Elecciones al Congreso (2011)

Partido	Votos	Votos (en %)	Escaños	Escaños (en %)
PP/UPN	10 866 566	44,63	186	53,14
PSOE/PSC	7 003 511	28,76	110	31,43
IU-LV	1 686 040	6,92	11	3,14
UPyD	1 143 225	4,70	5	1,43
CiU	1 015 691	4,17	16	4,57
AMAIUR	334 498	1,37	7	2,03
EAJ-PNV	324 317	1,33	5	1,43
ERC	256393	1,05	3	0,85
EQUO	216 748	0,89	0	-
BNG	184 037	0,75	2	0,57
CC-NC-PNC	143 881	0,59	2	0,57
COMPROMÍS-Q	125306	0,51	1	0,28
FAC	99473	0,41	1	0,28
GBAI	42415	0,17	1	0,28
Otros	576809	3,75	0	-

Fuente: Ministerio del Interior.

Mariano Rajoy, ministro con José M.ª Aznar, después de las derrotas electorales de 2004 y 2008, obtuvo mayoría absoluta en las elecciones de 2011 y, tras las elecciones de 2016, pudo formar gobierno gracias al apoyo de Ciudadanos y a la abstención del PSOE.

Más información en la web de recursos de **anayaeducacion.es**.

6.4.2. El problema catalán

En la **Diada** de **2012** más de un millón de personas clamaban en pro del llamado **«derecho a decidir».** Por esos días el Parlament, tras la negativa de Madrid a negociar un «pacto fiscal», aprobó celebrar una consulta, que se efectuó el **9N** de **2014,** con la participación de un 33% del censo y un 80% de votos favorables a la independencia.

Las elecciones autonómicas de septiembre de **2015** se plantearon en clave plebiscitaria sobre la independencia y con **fuerte polarización social** y **política.** Resultó una ligera mayoría de votos no independentistas, pero el sistema electoral dio lugar a un Parlament con leve mayoría de escaños favorable a la «desconexión» de Cataluña del Estado español.

La Generalitat (Govern y Parlament) aprobó la realización de un **referéndum vinculante.** Comenzó una movilización social e institucional que llevó a su celebración el **1** de **octubre** de **2017,** después de que el Tribunal Constitucional hubiese declarado ilegal la convocatoria. El president **Puigdemont declaró** unilateralmente la **independencia,** aunque suspendía su aplicación. La reacción del Gobierno central fue la aplicación del art. 155 de la Constitución suspendiendo las instituciones y convocando nuevas elecciones al Parlament para el 21 de diciembre.

Mientras tanto, los jueces iniciaron la imputación y procesamiento de dirigentes soberanistas. Las nuevas elecciones mantuvieron la mayoría independentista, generándose una situación de bloqueo político. El art. 155 fue levantado tras siete meses de vigencia al haberse formado un nuevo Govern.

6.5. El fin del bipartidismo y del gobierno del PP

Tras las elecciones generales del 20 de diciembre de 2015, el PP no logró apoyos para formar Gobierno, lo que llevó a la disolución de las Cortes y nuevas elecciones en junio de 2016. El resultado estableció una nueva relación de fuerzas en el Congreso y el fin del bipartidismo imperante desde 1977.

La **crisis económica,** las **medidas sociales** de los últimos Gobiernos del PSOE y el PP y la **corrupción generalizada,** que afectó principalmente al PP, lastraron la confianza de muchos ciudadanos en los dirigentes, impulsando la aparición de nuevas opciones, unas liberalconservadoras (Ciudadanos) y otras de izquierda (Podemos, Compromís, En Marea). Su imagen de partidos regeneradores de la política les dio sólido respaldo electoral.

Por su parte, el Gobierno de Rajoy se hallaba sin apoyo parlamentario suficiente y cercado por una continua sucesión de escándalos. El Tribunal Supremo, en mayo de 2018, condenó a dirigentes, colaboradores y al propio **PP** en el caso de la red de **corrupción «Gürtel».** Esto propició una **moción de censura** del **PSOE,** que logró los apoyos suficientes para derrotar a Rajoy y llevar a **Pedro Sánchez** a la **presidencia** del **Gobierno.**

Felipe de Borbón y Grecia, nacido en Madrid en 1968, fue proclamado rey por las Cortes el 19 de junio de 2014 con el nombre de Felipe VI de España, tras la abdicación de su padre, Juan Carlos I. A su llegada al trono, la pérdida de prestigio de la Casa Real amenazaba con reactivar el debate monarquía-república, si bien la polémica se suavizó de forma notable en el primer año de su reinado.

Elecciones al Congreso (2016)				
Partido	Votos	Votos (en %)	Escaños	Escaños (en %)
PP	7 906 185	33,03	137	39,14
PSOE	5 424 709	22,66	85	24,29
UNIDOS PODEMOS[1]	5 049 734	21,10	71	20,29
CIUDADANOS	3 123 769	13,05	32	9,14
ERC-CATSI[2]	629 294	2,63	9	2,57
CDC	481 839	2,01	8	2,29
PNV	286 215	1,20	5	1,43
EH Bildu	184 092	0,77	2	0,57
CCa-PPC[3]	78 080	0,33	1	0,28
Otros	562 757	3,22	0	0

[1] Podemos, IU, Equo, En Comú Podem, Compromís, En Marea, Anova, EU.
[2] Esquerra Republicana de Catalunya-Catalunya Sí.
[3] CCa-PNC: Coalición Canaria-Partido Nacionalista Canario.
Fuente: Junta Electoral Central.

Elecciones al Congreso (2019)				
Partido	Votos	Votos (en %)	Escaños	Escaños (en %)
PSOE	6 792 199	28,00	120	34,28
PP	5 047 040	20,81	89	25,43
VOX	3 656 979	15,08	52	14,86
UNIDAS PODEMOS	3 119 364	13,00	35	10,00
CS	1 650 318	6,86	10	2,86
Más País	559 8110	2,30	3	0,86
ERC-SOBIRANISTES	874 859	3,64	13	3,71
JxCAT	286 215	2,19	8	2,29
PNV	184 092	1,57	6	1,71
EH Bildu	78 080	1,15	5	1,43
Otros*	1 321 524	5,40	9	2,57

*BNG, CUP-PR, PRC, CCA-PNC-NC, NA+, TERUEL EXISTE!
Fuente: Junta Electoral Central.

6.6. De la moción de censura al Gobierno de coalición

La moción de censura presentada por Pedro Sánchez contra el PP de Mariano Rajoy fue la primera que triunfó de las cuatro que se debatieron desde la aprobación de la Constitución de 1978 y la recuperación de la democracia en España.

El descrédito ante la opinión pública del Partido Popular, implicado en múltiples casos de corrupción llevados a los tribunales, y del Gobierno hizo del procedimiento parlamentario de censura una necesidad democrática, más que una opción política.

El **PSOE,** en la oposición desde las elecciones de 2011, solo contaba con el **apoyo** de **Unidas Podemos,** y afrontaba su arriesgada iniciativa con escasas posibilidades de éxito.

Durante el desarrollo del debate parlamentario se sumaron nuevos partidos, (PNV, ERC, PDEcat, EH Bildu, Compromís, Nueva Canarias) temerosos de aparecer ante sus electores como responsables de mantener a Rajoy y a un corrupto PP en el poder.

Tras la convocatoria de dos elecciones generales en seis meses, abril y noviembre de **2019,** se constituyó el **primer Gobierno de coalición** en España entre el PSOE y Unidas Podemos, nuevo partido creado a partir del 11-M, por un apretado escrutinio de 167 votos a favor y 165 en contra, con las abstenciones de ERC y EH Bildu.

En enero de 2020, después de meses de desencuentro entre los dos partidos, la moción de censura presentada por el PSOE contra el Gobierno del PP y apoyada por Unidas Podemos, hizo posible la constitución del primer Gobierno de coalición, a nivel nacional, desde la proclamación de la Constitución de 1978. El acuerdo de gobierno se plasmó en un documento programático de fuerte contenido social.

7

La construcción de la Unión Europea y España

La **integración** de **España** en la Comunidad Europea se produjo en **1986.** Su presencia en sus instituciones ha servido para sentar las bases de una auténtica ciudadanía europea, y para trasladar a la agenda comunitaria asuntos de interés nacional de primer orden. España ha sido una pieza clave en el reconocimiento europeo de la importancia de **Iberoamérica** y del **Mediterráneo,** sobre todo el norte de África, en el contexto de las relaciones de la Unión. Por otra parte, Felipe González impulsó la cohesión social y política entre los países y las regiones comunitarias que abanderaba Jacques Delors, presidente de la Comisión Europea de 1985 a 1995.

7.1. La Unión Europea

En **1992,** se firma el **Tratado de Maastricht,** que dará lugar al nacimiento de la UE. Sus **acuerdos** fueron **ratificados** por el **Parlamento español,** si bien no faltaron las voces críticas de quienes consideraban que se trataba de un acta que favorecía al gran capital y obligaba al Gobierno socialista a un **duro plan de convergencia,** con repercusiones negativas en las condiciones de vida y laborales de los trabajadores. El eslogan de «Más Europa», utilizado por Felipe González en muchos de sus discursos, parecía indicar que la solución a las debilidades económicas e institucionales de España pasaba por dar un nuevo impulso a la «europeización» de la política nacional, y esto suponía defender el modelo de Maastricht.

Pasada la euforia del ingreso en Europa, muchos españoles atribuían a la integración la responsabilidad de los cierres de empresas, las limitaciones a la pesca y a determinadas producciones agrarias o las perturbaciones monetarias que afectaban a la solidez de la peseta, aunque también percibían las ventajas de pertenecer a una comunidad que, desde sus orígenes, se fue dotando de fondos estructurales destinados a limitar las desigualdades regionales dentro de ella y que han supuesto una inyección financiera muy importante para el desarrollo español.

7.1.1. Nuevas ampliaciones de la Unión

En **1995,** con el ingreso de Suecia, Finlandia y Austria, nació la **Europa de los Quince.** Los esfuerzos de todos los Gobiernos en esos años se dirigieron al cumplimiento de los «criterios de convergencia» establecidos en Maastricht. En **1998,** once países de la UE firmaron el acuerdo de constitución del **Banco Central Europeo,** con lo que se creaba una autoridad monetaria común para la Unión.

Cuando el PP formó Gobierno en 1996, la entrada en la **primera fase del euro** fue una obsesión para sus dirigentes. En **1999 España cumplía** los **requisitos** exigidos por la **UE** y justificaba las enormes transferencias financieras procedentes de Bruselas, los **fondos de cohesión** –creados en Maastricht para ayudar a los países menos prósperos a cumplir los requisitos exigidos para su entrada en la **unión monetaria–,** que serían cuestionados una vez alcanzados los criterios de convergencia.

Fruto de este despertar, en el que colaboraban tanto el Gobierno como la iniciativa privada, las **grandes empresas españolas** se fueron transformando en **corporaciones internacionales,** capaces de competir con las mayores de Europa. En **2002,** las monedas y billetes de **euro** sustituyeron a la peseta. Con el objetivo de fortalecer la defensa europea, se impulsó la creación de un **espacio común de seguridad y justicia,** al tiempo que se estre-

Criterios de convergencia y su cumplimiento

Los criterios de convergencia establecidos en Maastricht, como condición para el ingreso en la moneda única, afectan sobre todo a la reducción del déficit público y la estabilidad monetaria con baja inflación. Para lograr estos objetivos, la política económica seguida implica: reducir el sector público (privatizaciones) y las prestaciones sociales, lo que redunda en un menor gasto público; forzar un aumento de la productividad y un abaratamiento del trabajo, y reducir el tipo de interés y la carga fiscal sobre el capital. Con estas medidas se garantizarían una inflación baja y altas tasas de beneficios del capital o, lo que es lo mismo, buenas condiciones para atraer inversiones y promover altas tasas de crecimiento del PIB.

El coste, pues, de la integración recaerá sobre las rentas del trabajo y sobre el sector público de la economía, que disminuirá notablemente.

«Salarios bajos, perdiendo terreno en términos reales; una de las jornadas más altas de la OCDE; productividad creciente, ganando terreno a los principales países, lo que determina unos costes laborales unitarios reales decrecientes que, como es natural, conviven con una rentabilidad del capital más elevada. Todo ello a lo largo de los últimos treinta años compone la verdadera situación de la economía española y pone de manifiesto que el problema económico de este país está en otro sitio distinto que en el del crecimiento de los salarios. Seguramente en la excesiva rentabilidad y en el escaso sentido estratégico del empresariado español, al que le va de maravilla pensando exclusivamente en sí mismo (...)».

Agüera Sirgo, J.M.: «Es el capital, no los trabajadores, el que produce poco y gana demasiado», en *Cuatro Semanas* y *Le Monde Diplomatique*, n.º 12, enero de 1994.

El proyecto europeo

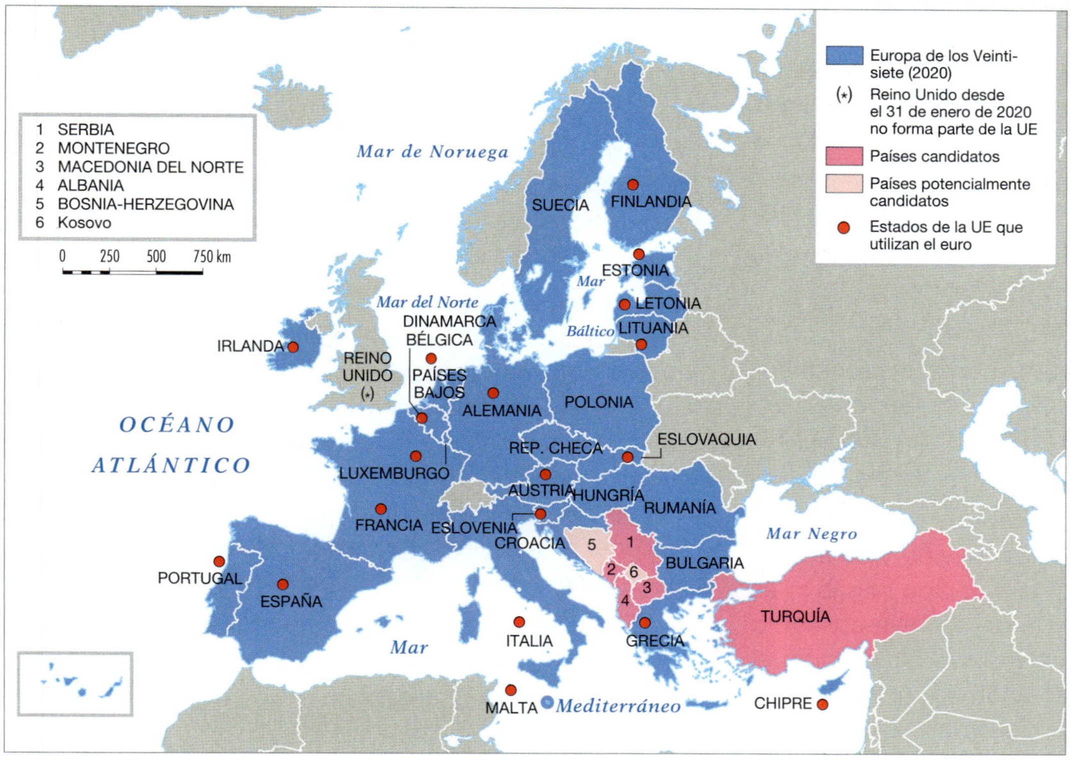

La creación de la CEE, en 1957, supuso el final del enfrentamiento secular de los países europeos. La integración de nuevos países, hasta los 27 actuales, ha convertido a la UE en una potencia económica, social y política de primer orden aunque con grandes dificultades, hasta el punto de que se habla de una Europa de dos velocidades: países del sur y la periferia –entre ellos España– con estancamiento y empobrecimiento, mientras Alemania y el norte, sede de los grandes centros financieros e industriales, se beneficiarían del cobro de sus inversiones en el sur y tendrían financiación barata para su economía, manteniendo las conquistas sociales y el nivel de renta.

chaba la colaboración entre las policías del Viejo Continente, sobre todo con la francesa.

A partir de **2008,** la Unión Europea inició una fase de **estancamiento** en materia de integración, pues los países más afectados por la crisis financiera, fundamentalmente la Europa del sur, no sintieron la solidaridad de sus socios. La falta de unidad fiscal alentó a la **especulación** de los **mercados financieros** sobre la deuda de los países, agravando más la crisis y poniendo en riesgo la supervivencia del euro. La intervención del Banco Central Europeo en 2012 frenó el deterioro, pero no actuó sobre el origen del problema: la **falta de convergencia fiscal** y **financiera.** La especulación cesó, pero las políticas de austeridad impidieron la recuperación económica, empobrecieron a los trabajadores y demostraron ser parte del problema y nunca su solución.

En el plano político institucional, para superar el fracaso que supuso el proyecto de Constitución Europea, rechazado por Francia y los Países Bajos, se firmó el **Tratado de Lisboa (2007),** que recogía parte de las propuestas del proyecto constitucional, pero evitaba cualquier referencia al término «constitución». La adhesión de Croacia en 2013 muestra el claro interés comunitario por la continua expansión oriental.

La **salida** del **Reino Unido** (Brexit) ha supuesto una dura prueba para la UE, que trata de superar la situación mediante un reforzamiento del eje Francia-Alemania para transmitir un mensaje de cohesión.

En la actualidad, los **grandes retos de la Unión** son: el Acuerdo Verde Europeo (enfrentando el cambio climático, clave de una nueva era); la cuestión digital (fundamento estratégico de futuro), en sus aspectos impositivos, regulatorios y de innovación; la reordenación del sistema migratorio y de asilo común (materia que afecta a principios éticos fundamentales de la identidad constitutiva de la UE); la integración de la defensa (clave de la autonomía geopolítica europea); y la resolución de múltiples conflictos comerciales (principal terreno de la lucha de potencias).

Pero la pandemia de la **COVID-19** ha vuelto a poner a prueba la solidaridad entre los miembros de la Unión y su capacidad para hacer frente a una crisis global: sanitaria, económica y social. La convergencia fiscal y financiera sigue sin plantearse y la posibilidad de emitir deuda común respaldada por todos los países de la UE (Eurobonos), insistentemente solicitada por los países más afectados económicamente por la COVID-19, se encuentra con la negativa de Países Bajos y Alemania, entre otros.

De la forma en que se aborde esta crisis, dependerá el futuro de la Unión y la necesaria afección de los ciudadanos a un proyecto común.

Actividades

23 ¿Qué esfuerzos económicos y sociales tuvo que hacer España para adaptarse a los criterios de convergencia que daban acceso a la moneda única (euro)?

8

Los cambios sociales y culturales en España

Los cambios sociales y culturales experimentados desde el comienzo de la Transición han hecho de España un país nuevo, cuya riqueza material ha aumentado notablemente a pesar de la crisis, a la vez que las **desigualdades sociales se han ido reduciendo.** Aunque estas todavía sean grandes e incluso se hayan incrementado en los años de crisis económica a partir de 2008, jamás en su historia España presentó un perfil más igualitario.

8.1. Los principales cambios

Con la consolidación democrática continúa el **crecimiento urbano** iniciado en el siglo anterior, y que adquirió especial relevancia por el desarrollo industrial de los últimos años de la dictadura y la etapa de la Transición.

La ciudad favorece la **pérdida** de **valores tradicionales** y la incorporación de nuevos modelos de vida y de actitudes, en general, más tolerantes. Pero su lado negativo es muy evidente en la concentración de problemas, como pueden ser: el paro, la delincuencia, la drogadicción, el narcotráfico o el sida. La **preocupación** por el **urbanismo** ha dado a conocer arquitectos relevantes, como Rafael Moneo o Ricardo Bofill.

La **presencia** de la **mujer** en el mundo de las **profesiones liberales** ha ido creciendo, e incluso se ha producido su incorporación a sectores tradicionalmente masculinos, como las Fuerzas Armadas.

La **creación,** en **1983,** del **Instituto de la Mujer** supuso un avance significativo, ya que se institucionalizaban los esfuerzos por defender la igualdad de sexos. Los **planes de igualdad** crearon una corriente de opinión favorable a la presencia femenina en todos los ámbitos de la vida social, y el principio de la **discriminación positiva** –cuotas de participación reservadas a las mujeres– tuvo su manifestación más explícita en los Gobiernos paritarios de Rodríguez Zapatero, constituidos en 2004 y en 2008.

8.2. La nueva población española

A causa del **descenso** drástico de la **natalidad,** España es un país con mucha población adulta, bastantes ancianos y pocos niños –en el año 2000 presentaba el índice de natalidad más bajo del mundo–, composición de la sociedad que determina algunas de sus preocupaciones fundamentales. Sin embargo, a partir de ese año, la situación comenzó a cambiar por efecto de la **importante inmigración** laboral recibida en la primera década del siglo XXI.

El **crecimiento** de la **población** en **edad de trabajar** exigió un mayor esfuerzo social para su incorporación al mercado laboral. A su vez, el número creciente de personas ancianas hizo necesaria una atención especial al sistema de pensiones para asegurar su mantenimiento.

El concepto y la función de la familia han cambiado, y una de las razones ha sido la incorporación masiva de las mujeres al mundo laboral.

Los españoles han aumentado su **preparación intelectual** en términos de alfabetización y de acceso a la educación: si en 1982 había 692 000 estudiantes matriculados en la Universidad, en 1999 la cifra ascendió a 1 575 000, generalizándose, asimismo, el aprendizaje de otros idiomas.

Con la única excepción de las protestas estudiantiles de los años ochenta contra la política educativa del Gobierno, los **centros de enseñanza,** y especialmente la Universidad, **han perdido** el **carácter reivindicativo** que tuvo en los años sesenta y setenta. La razón hay que buscarla en la desaparición de la dictadura, pero también en el hecho de haber aumentado la cualificación exigida para acceder a un puesto de trabajo, lo que exige multiplicar el esfuerzo para obtener un buen expediente académico.

El crecimiento económico sostenido ha producido, a partir de 1999, un fenómeno completamente nuevo en España: la llegada de inmigrantes hispanoamericanos, europeos y africanos.

La **inmigración** ha modificado, en menos de una década, el aspecto de las grandes ciudades españolas y, muy especialmente, de Madrid, convertida de hecho en la gran metrópoli hispana del siglo XXI. Gracias a estos refuerzos humanos, España alcanzó en 2008 los 46 millones de habitantes y el Gobierno se vio obligado a frenar el flujo migratorio y a controlar a aquellos extranjeros en situación irregular. Con la crisis económica, la llegada de inmigrantes se ha ralentizado.

8.3. Nuevas actitudes y valores

Aunque la afiliación a partidos políticos es escasa, sí se ha apreciado en los últimos tiempos un **crecimiento** del **asociacionismo,** sobre todo entre los jóvenes. Buena parte de su impulso se ha orientado hacia las **organizaciones no gubernamentales** (ONG), que movilizan numerosos voluntarios volcados en tareas humanitarias que ennoblecen la imagen internacional de España.

También se ha extendido entre los ciudadanos una mayor inquietud por la **defensa** del **medio ambiente:** España, que es el noveno consumidor mundial de energía, se encuentra entre los diez países más contaminantes del mundo. Esta preocupación no solo se refleja en la actividad de distintas asociaciones de defensa del medio ambiente, sino también en una progresiva concienciación ciudadana respecto a la necesidad de utilizar productos y materiales ecológicos y de colaborar en el ahorro de energía y en la práctica del reciclaje.

El envejecimiento y la inmigración

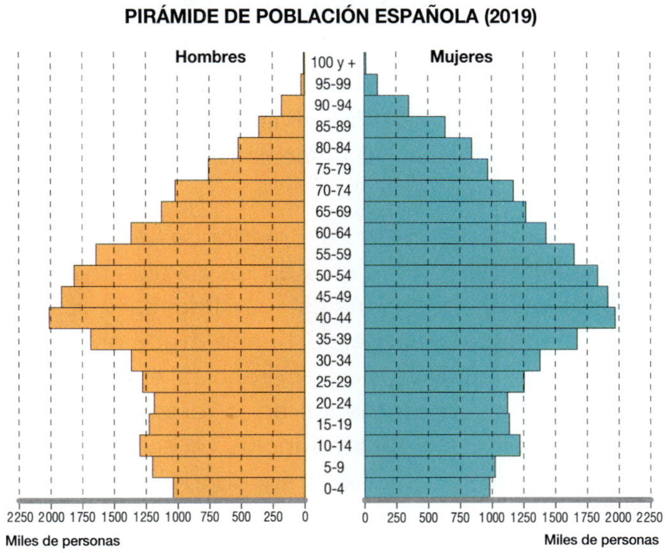

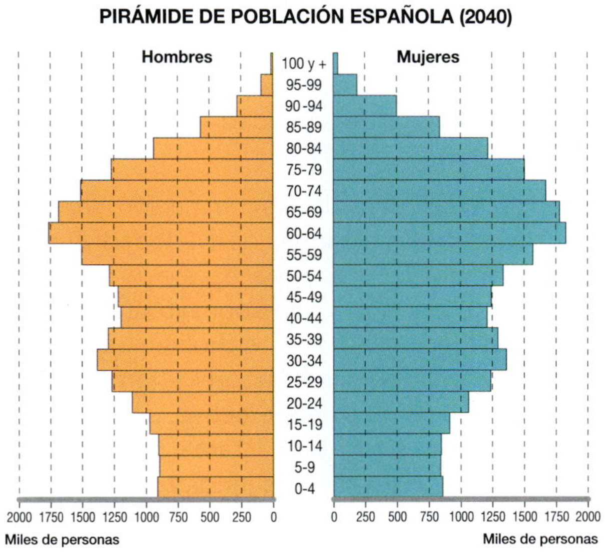

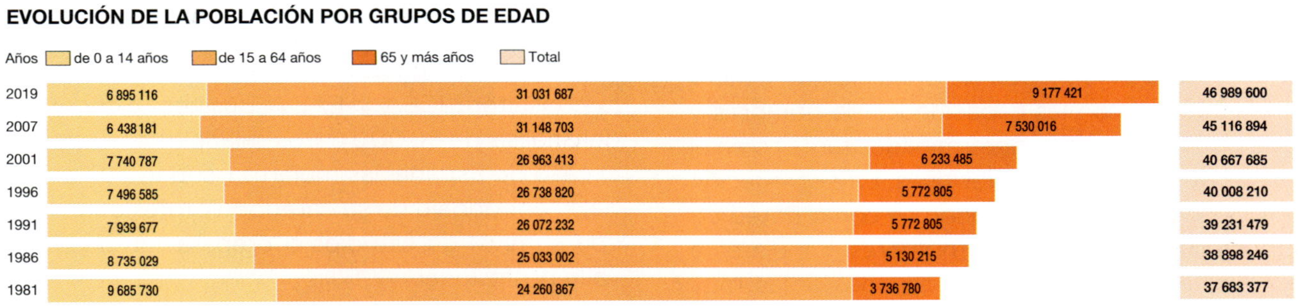

Caída de la natalidad y flujos migratorios

«Los comportamientos demográficos de la sociedad española han sufrido en los últimos años un cambio radical. En el último medio siglo, la población española se ha multiplicado aproximadamente por 1,4, cifra solo una décima superior a la registrada en el conjunto de la UE, aunque muy por debajo de la correspondiente a la población mundial (2,4) (...). La situación actual de la demografía española, con una fecundidad y una mortalidad muy bajas, el envejecimiento y la inmigración crecientes, plantea problemas de futuro que exigirán, para ser resueltos, cambios en las mentalidades y en el sistema productivo. El nulo crecimiento poblacional, incluso la disminución de la población, con proporciones crecientes de ancianos y reducción de jóvenes, no pueden ser eludidos a base de ningún optimismo de los que comúnmente se expresan con más alegrías que rigor (...).

De mantenerse la situación actual, tanto en lo que se refiere a la fecundidad como a la mortalidad, y sin migraciones, dentro de 50 años España tendría una población de 28 millones de habitantes (...)».

Leguina, J.: *Proyecciones demográficas y de los flujos migratorios en España.* Colección Mediterráneo Económico, n.º 1. Caja Rural Intermediterránea, Cajamar, 2002, pp. 142-143.

Implicaciones económicas de la inmigración

«Que la inmigración tiene un impacto agregado muy positivo sobre las economías receptoras, tanto en términos de crecimiento y empleo, como en relación con la sostenibilidad de los Estados de bienestar, es un hecho ampliamente contrastado sobre el que existe un amplio consenso tanto en círculos académicos como entre las instancias económicas nacionales e internacionales. (...) En España, el fenómeno de la inmigración ha sido y es uno de los factores clave del crecimiento económico, principalmente por su contribución al aumento de la población activa y al desarrollo y dinamismo de sectores intensivos en mano de obra con mucho peso en la economía española, como construcción, hostelería, turismo, comercio, agricultura y servicio doméstico.

(...), la inmigración tiene un efecto equilibrador en relación con la sostenibilidad financiera del sistema español de pensiones de reparto porque los trabajadores extranjeros contribuyen a través de la afiliación al aumento de los ingresos por cotizaciones, sin que los residentes foráneos se beneficien más que muy marginalmente del gasto en pensiones, la principal partida, con diferencia, del gasto público social».

Informe del Consejo Económico y Social de España. 2019.

EL LENTO AVANCE EN LA IGUALDAD DE GÉNERO

En marzo de 2007 fue promulgada la Ley Orgánica 3/2007, muy importante en el proceso de avance hacia la «igualdad efectiva de mujeres y hombres en las empresas y en la sociedad españolas». En su preámbulo afirma:

«La violencia de género, la discriminación salarial, la discriminación en las pensiones de viudedad, el mayor desempleo femenino, la todavía escasa presencia de las mujeres en puestos de responsabilidad política, social, cultural y económica, o los problemas de conciliación entre la vida personal, laboral y familiar muestran cómo la igualdad plena, efectiva, entre mujeres y hombres es todavía hoy una tarea pendiente que precisa de nuevos instrumentos jurídicos.

La segregación laboral horizontal hace referencia a “la diferente sobrerrepresentación de mujeres y hombres en determinados sectores económicos y categorías profesionales”, como consecuencia de la división sexual del trabajo y de la persistencia de prejuicios de género que tienen que ver con las capacidades de hombres y mujeres en la realización de determinadas tareas o en el ejercicio de determinadas profesiones. La segregación laboral horizontal es también conocida como Pared de Cristal, pues limita el acceso de hombres y mujeres a algunos puestos de trabajo, dejando unas áreas muy delimitadas para que las desempeñe un género concreto que tiene preferencia. Así, se produce una mala asignación de recursos humanos, falta de competencia en el mercado laboral e importantes pérdidas de eficiencia, tanto directas (pérdida de talento) como indirectas (desincentivos a la inversión en capital humano del colectivo discriminado) que lastran el crecimiento económico general a largo plazo. En consecuencia, se crean “ocupaciones/profesiones femeninas” y “masculinas”.

Las profesiones femeninas se concentran en ámbitos relacionados con la asistencia sanitaria, educación, servicios sociales, Administración pública y la venta al por menor... existe una notable minoría de representación femenina en los sectores industriales y tecnológicos con respecto a los sectores relacionados con los servicios. En consecuencia, la segregación laboral horizontal (...) ha alcanzado un nivel elevado en España, intensificándose entre 2001 y 2011 (...) el salario/hora en las ocupaciones masculinas es mayor que en las femeninas, tanto para hombres como mujeres (...).

La segregación vertical “responde a la infrarrepresentación de las mujeres en los niveles más altos de las escalas profesionales” (...) implica que “no solo los hombres y mujeres tienen trabajos diferentes, sino que también hay diferencias en la medida en que están representados en la jerarquía de puestos dentro de los trabajos”. Inclusive en aquellas áreas, ocupaciones o sectores en donde las mujeres son mayoría, generalmente son los hombres quienes ocupan los puestos mejor pagados y de mayor responsabilidad. (...)

En España, las mujeres suponen el 18,8 % de los puestos directivos en 2021, según el informe elaborado por la consultora ICSA y EADA Business School, a partir del análisis de 80 000 datos salariales en España (...) en el caso de España, las mujeres ocupan puestos de trabajo “por debajo de su categoría profesional no acorde con su nivel de estudios o preparación académica» y valía profesional.” (...)».

Martínez León, I. M.ª y Marengo, P (2021): «La segregación laboral por género en España. Evolución 2008-2018 y tendencias actuales». ICE, Revista De Economía, (921).doi.org/10.32796/ice.2021.921.7266.

Más información en la web de recursos de **anayaeducacion.es**.

En la imagen, manifestación del 8 de marzo, Día Internacional de la Mujer.

8.4. La cultura de la información

A medida que aumentaba el nivel cultural de la población, la prensa elevaba sus tiradas. En 1992, España alcanzó la tasa del 10 % de compradores de diarios, lo que, según la valoración de la Unesco, corresponde a una nación desarrollada.

El porcentaje español de compra de prensa es el más bajo de la UE, excepto Portugal. No así el de lectores por ejemplar, muy superior al de otros muchos países. Escritores como Maruja Torres, Antonio Gala o Francisco Umbral contribuyeron durante estos años a elevar la calidad de la prensa, que entonces se renovó con buenos suplementos de cultura, como los de *ABC, El Mundo* o *El País.*

El negocio de las **revistas** aparece en los espacios que dejan libres los diarios. Como muestra de una «cultura de evasión», en España abundan las dedicadas a la vida de los famosos. Estas «revistas del corazón», con las que los lectores se evadían en la época franquista, han acrecentado su popularidad en los últimos años, llegando a vender dos millones y medio de ejemplares por semana.

La afición de los españoles por los libros no alcanza niveles altos, pero experimenta cierto progreso, que es mayor entre los jóvenes y las mujeres. El **mundo editorial** parece hallarse en expansión: España es la quinta potencia mundial en número de publicaciones, e importa y exporta un gran volumen de títulos.

En los últimos años, ha cambiado notablemente el paisaje doméstico de los españoles. El enorme progreso de las **telecomunicaciones** –España es el séptimo país del mundo en estos servicios– y la gran influencia de los **medios de comunicación de masas** modifican la vida cotidiana de los ciudadanos, que nunca antes habían tenido un acceso tan amplio y rápido a la información. Esta circunstancia favorecerá la apertura de su horizonte exterior, permitiendo la difusión de los estilos de vida y los modos de pensamiento imperantes en el mundo.

A partir de los años noventa, la **televisión** aumenta su influencia hasta hacerse omnipresente. Se amplían los horarios de emisión y aparece la televisión matinal. Después, nacen las televisiones autonómicas y, a partir de la ley de 1988, los canales privados. Más tarde, surge la televisión digital. La **radio** también goza de una **gran popularidad** en España.

En los últimos años se ha ido implantando con enorme fuerza la red de comunicación de masas por excelencia, **Internet,** que gracias a las conexiones de alta velocidad permite un acceso multimedia a una cantidad ingente de conocimientos y servicios, e impulsa el crecimiento de las **redes sociales,** favorecidas también por el enorme auge de la **telefonía móvil.**

Actividades

24 ¿Qué consecuencias económicas y sociales tiene la caída de la natalidad en la España de los años noventa?

25 Investiga y di por qué se acentuó, en los años noventa en España, la preocupación por los problemas medioambientales.

26 Si España es una de las primeras potencias mundiales en producción editorial: ¿cómo se explica el bajo nivel de lectura en el país?, ¿qué causas pueden explicar la mayor afición a la lectura de las mujeres? Argumenta la respuesta.

Uso de Internet y redes sociales

«El cambio de modelo de consumo de medios de comunicación y dispositivos móviles va estrechamente ligado al surgimiento del influencer digital. Hasta hace poco la televisión reinaba a solas por encima del resto de medios de comunicación, pero ahora una red de plataformas digitales está al acecho compitiendo por hacerse con el trono. En España el descenso del uso de la televisión coincide con el aumento progresivo del de los dispositivos móviles. Según un estudio de uso y actitudes de consumo de contenidos digitales del Observatorio Nacional de las Telecomunicaciones, en julio de 2017 "decrece acusadamente el uso de TV". Mientras tanto "el uso del móvil y de la tableta aumenta muy significativamente".

El 64,7 % de la población de 16 a 74 años ha participado durante 2020 en redes sociales de carácter general (como Instagram, Facebook, Twitter o YouTube). Los más participativos son los estudiantes (el 93,8 %) y los jóvenes de 16 a 24 años (93,0 %). Por sexo, la actividad de las mujeres (66,4 %) es superior a la de los hombres (62,9 %).

La utilización de las nuevas tecnologías por parte de los menores se encuentra, en general, muy extendida. Según los datos de INE, el 88,8 % de niñas y niños de 10 años usan Internet y 88,4 % ordenador. Con 15 años prácticamente todos usan Internet (99,2 %) y un 92,5 % usan ordenador. Por su parte, el 69,5 % de la población de 10 a 15 años dispone de teléfono móvil. Por sexo, las niñas usan en mayor medida las nuevas tecnologías. Por edad, el uso de TIC crece a medida que aumenta los años de los menores, sobre todo a partir de los 13».

Fuentes: Informe Juventud España 2018. INE 2020

8.5. Instituciones y producción cultural

Desde la recuperación de la democracia, se empezó a corregir el desequilibrio geográfico que concentraba en Madrid y Barcelona los recursos culturales de España. El **Museo de Arte Romano de Mérida,** y el **Guggenheim** de Bilbao o en Madrid el **Reina Sofía** y el **Thyssen-Bornemisza** se han abierto al público entre 1986 y 1998. No pocas veces se ha denunciado el dispendio de los Gobiernos central y autonómicos en una «cultura-espectáculo», más preocupada por los índices de visitantes y el *marketing* que por la calidad o el trabajo diario.

La concesión del **premio Nobel de Literatura** en 1989 al novelista **Camilo José Cela** supuso un reconocimiento internacional a la literatura española. Mario Vargas Llosa, peruano pero también español, recibió, a su vez, el Nobel de Literatura en el año 2010.

Creados en los años de la Transición, los **premios Príncipe de Asturias** han alcanzado prestigio internacional en sus distintas especialidades; lo mismo que el **Premio Cervantes,** que desde 1976 galardona todos los años a un escritor de lengua española.

Con el objeto de difundir y apoyar el español en todo el mundo, en 1992 nació el **Instituto Cervantes,** que ofrece, en sus distintos centros, enseñanza de la segunda lengua de comunicación internacional, destinada a ser hablada hacia el año 2025 por un conjunto de 600 millones de personas.

Junto a los escritores consagrados antes de los años setenta, la **nueva literatura española** ha ido enriqueciéndose con los nombres de Manuel Vázquez Montalbán, Eduardo Mendoza, Javier Marías, Antonio Muñoz Molina, el filósofo Fernando Savater o el más exitoso en ventas, Arturo Pérez Reverte. También las mujeres han encontrado su sitio en la actual narrativa española, con Rosa Montero, Almudena Grandes o Soledad Puértola.

El **cine** siempre gozó del favor de los españoles, y mantiene hoy su **gran capacidad de fascinación.**

Actividades

27 ¿Por qué el cine español, pese a su internacionalmente reconocida calidad, precisa de subvenciones públicas para financiarse?

El cine español

Después de una época de purificación del pasado inmediato –la Guerra Civil, la dictadura–, el cine español fue diversificando sus contenidos y, gracias a una controvertida política de subvenciones, experimentó cierta recuperación y favoreció el nacimiento de una generación de jóvenes directores. También le llegó el reconocimiento internacional con la concesión del Óscar a la mejor película extranjera a *Volver a empezar,* de José Luis Garci, en 1982; a *Belle Époque,* de Fernando Trueba, en 1993; a Pedro Almodóvar, en 1999, por *Todo sobre mi madre,* y a *Mar adentro,* de Alejandro Amenábar, en 2004. En 2007 Javier Bardem obtuvo un Óscar al mejor actor de reparto en *No es país para viejos,* de los hermanos Coen. Penélope Cruz obtuvo en 2008 el Óscar a la mejor actriz de reparto en *Vicky Cristina Barcelona*, de Woody Allen.

En la última década, el cine español ha sufrido un duro golpe debido a la subida del IVA, del 8 al 21%, a partir de 2012, lo que ha supuesto una significativa caída de recaudación y, consecuentemente, una menor capacidad de financiación. No obstante la calidad de las producciones ha mantenido un nivel alto; de ello son ejemplo, entre otras, excelentes películas como: *Celda 2011,* de Daniel Monzón (2009); *La isla mínima,* de Alberto Rodríguez (2014); *La librería,* de Isabel Coixet (2017); *Campeones,* de Javier Fesser (2018) y *Dolor y gloria,* de Pedro Almodóvar (2019).

Pedro Almodóvar y Penélope Cruz, director y actriz más internacionales del cine español.

ACTIVIDADES

1 Interpretación de un eje cronológico

La consolidación de la democracia

Año	Acontecimientos	Año	Acontecimientos
1982	Elecciones generales: mayoría absoluta del PSOE Devaluación de la peseta en un 8%	2002	El 1 de enero comienza a circular el euro Hundimiento del Prestige frente a las costas gallegas
1983	Victoria socialista en las elecciones municipales	2003	Guerra de Irak
1984	Aprobación de la LODE Cierre de Altos Hornos del Mediterráneo (Sagunto)	2004	Un grupo de radicales islamistas atenta en Madrid Elecciones generales: triunfo del PSOE sin mayoría absoluta Nace la Europa de los Veinticinco
1985	Aprobada la ley del aborto Protocolo de adhesión a la CEE Visita del presidente de EE. UU., Ronald Reagan, en medio de protestas populares	2005	20 de febrero: se aprueba en España el proyecto de Constitución Europea 22 de marzo: ETA anuncia un alto el fuego permanente
1986	Referéndum para la permanencia en la OTAN *Boom* de inversiones en la Bolsa española	2006	30 de diciembre: atentado de ETA en el aeropuerto de Barajas
1987	Conversaciones de Argel entre el Gobierno y ETA Caída de la Bolsa	2007	Nace la Europa de los Veintisiete 5 de junio: ETA anuncia el final oficial de su tregua
1988	Huelga general contra la política económica del Gobierno	2008	Elecciones generales: triunfo del PSOE sin mayoría absoluta Crisis económica y caída espectacular de la Bolsa
1989	La peseta entra en el Sistema Monetario Europeo	2009	Intensificación de la crisis económica. Cuatro millones de parados Triunfo electoral del PP en Galicia y en las elecciones del Parlamento Europeo
1990	Aprobación de la LOGSE	2010	Medidas económicas para la reducción del déficit público: congelación de pensiones, reforma laboral, reforma del sistema financiero, etc.
1991	Cumbre de Maastricht	2011	ETA anuncia el cese definitivo de sus acciones armadas. Nueva recesión económica. Triunfo del PP en las elecciones locales y generales
1992	Firma del Tratado de la Unión Europea en Maastricht Exposición Universal de Sevilla y Olimpiadas de Barcelona	2012	Duro ajuste presupuestario para la contención del déficit público Reforma laboral Casi 6 millones de parados al final de año en España
1993	Récord de desempleo: se superan los 3,5 millones de parados Nueva reconversión industrial	2013	Croacia se incorpora a la UE
1994	Victoria del PP en las elecciones europeas	2014	19 de julio: Felipe VI es proclamado rey de España
1996	Elecciones generales: triunfo del PP sin mayoría absoluta Mínimo histórico en la tasa de inflación	2015	Elecciones Autonómicas en Cataluña. Fuerte polarización entre independentistas y no independentistas
1997	Ingreso de España en la tercera fase de la Unión Económica y Monetaria, vinculación al Banco Central Europeo y a la nueva moneda, el euro, que entra en vigor para operaciones financieras	2016	26 de junio: elecciones generales en España, final del bipartidismo
1998	ETA anuncia una tregua indefinida Ruptura de la tregua de ETA	2017	1 de octubre: el Gobierno catalán declara la independencia e inmediatamente suspende su aplicación 27 de octubre: el Gobierno español aplica a Cataluña el artículo 155 de la Constitución, suspendiendo las instituciones autonómicas
1999	Proyecto de profesionalización de las Fuerzas Armadas Segunda victoria del PP, con mayoría absoluta, en las elecciones generales	2018	Mayo: el Tribunal Supremo condena a dirigentes del PP y al partido, por corrupción en el caso «Gurtel» Junio: triunfa la moción de censura del PSOE contra Rajoy. Pedro Sánchez es investido presidente del Gobierno
2000	PP y PSOE impulsan un pacto antiterrorista	2019	10 de noviembre: el PSOE gana las elecciones generales, sin mayoría para gobernar
2001	Se descubre un fraude en las subvenciones europeas al cultivo del lino Elecciones autónomas vascas	2020	Enero: primer Gobierno español de coalición entre el PSOE y Unidas Podemos Marzo: el Gobierno declara el Estado de alarma a causa del impacto de la COVID-19

- **Esquema.** Selecciona las fechas que hacen referencia a las relaciones con la UE. Con ayuda de la unidad realiza un esquema del proceso de acercamiento e integración de España.

2 Análisis y comentario de mapas económicos

Reordenación ferroviaria en 1984

Alta velocidad en 2020

Vamos a redactar una composición analítica de estos dos mapas, que representan diferentes momentos del tendido ferroviario español, con las siguientes pautas de trabajo:

1. Presentación de los mapas: fecha, fuentes de origen, explicación de sus elementos y signos convencionales, etc.
2. Descripción del contenido de ambos mapas: áreas espaciales afectadas, densidad e intensidad en unas zonas u otras. En suma, se trata de organizar y jerarquizar la información cartográfica que proporcionan.
3. Comentario y análisis de la información cartográfica: causas, características del proceso (desmantelamiento en un caso; nuevos tendidos en otro) y consecuencias.
4. Valoración histórica de los hechos que describen ambos mapas: con qué problema histórico se relacionan y qué decisiones políticas o de otro tipo los explican.

- Busca información al respecto y aplica el esquema de análisis propuesto a ambos mapas, encuadrando el primero en el proceso de reestructuración de la economía española de los años ochenta y el segundo en la expansión económica y transformaciones habidas en las dos últimas décadas.

3 Comentario de texto historiográfico sobre un problema actual

La opinión de los historiadores sobre los problemas del presente es especialmente interesante, porque basan sus juicios en un conocimiento de los orígenes y la evolución en el tiempo de aquellas cuestiones que preocupan a la sociedad.

España, país europeo

«Europa había tenido para los españoles, especialmente bajo el franquismo, un extraordinario poder simbólico (...). El europeísmo español había visto en Europa una respuesta a los complejos de marginalidad y atraso del país, y un ideal político y social (...). Europa redescubría ahora a los españoles como "los alemanes del sur" (...).

Entre 1986 y 2006, Europa iba a ser, además, para España una formidable operación económica. España (38,4 millones de habitantes en 1986 y 44,1 millones en 2006) recibió en esos veinte años en fondos para la agricultura, el desarrollo regional y la cohesión, una cifra cercana a los 150 000 millones de euros, con un saldo neto en torno a los 90 000 millones de euros. Casi todos los cambios infraestructurales que el país experimentó en esos veinte años -autovías, trenes de alta velocidad, desaladoras, puertos, presas...- se hicieron con fondos europeos. Cuatro de cada diez de los casi 6 000 kilómetros de autovías y 38 de cada cien euros invertidos en España en ferrocarriles (trenes de alta velocidad Madrid-Sevilla, Madrid-Lleida, Madrid-Toledo) se hicieron con dinero procedente de Europa. El 90 % de las inversiones recibidas entre 1986 y 2006, el 87 % de los turistas, el 66 % de las importaciones y el 74 % de las exportaciones, provinieron de la Unión Europea (...).

No había, pues, exageración en lo dicho más arriba: la democracia y Europa habían transformado radicalmente España. A principios del siglo XXI, el país era -ya se ha indicado- una economía pujante, la octava economía del mundo. Por primera vez en casi dos siglos, España, además, contaba en el mundo. En 1989 presidía, en efecto, la Comunidad Europea. Al año siguiente participó con una fragata y dos corbetas en la guerra del Golfo, desencadenada por la invasión unilateral de Kuwait por Irak. En total, desde 1989 a 2006, tropas españolas participarían en 47 operaciones militares internacionales, comandadas o por la ONU o por la OTAN o por la propia UE -operaciones de "paz y ayuda humanitaria" pero en situaciones de guerra- a las que destinó unos 67 000 soldados (si bien no hubo nunca más de 2 300 soldados españoles participando en misiones internacionales al mismo tiempo): 1150 soldados españoles participaron en la misión de la ONU en Bosnia (1992-1995); otros 1200 en la intervención de la OTAN en la misma región (1996-2004); 1 250 en Kosovo (1999); 1 087 en Afganistán (2002); 1 300 en la controvertida guerra de Irak entre marzo de 2003 y mayo de 2004, cuando el nuevo Gobierno español, presidido por el socialista J. L. Rodríguez Zapatero, tras su victoria en las elecciones generales de marzo de 2004, ordenó la retirada de las tropas enviadas por el Gobierno anterior, presidido por José María Aznar, por entender que la guerra de Irak violaba la legalidad internacional (...)».

Fusi, J. P.: «España, variable europea», en Fontana, J., y Villares, R. (dir): *Historia de España*. Crítica-M. Pons, Barcelona, 2008, vol. 11, pp. 161 y ss.

- **Comprobamos.** Comenta el texto considerando el siguiente guion de trabajo:
  1. Tipo de texto como fuente historiográfica, naturaleza de su información, autor, destinatarios, etc.
  2. Descripción de su contenido: principales ideas y argumentos utilizados por el autor.
  3. Comentario del texto en relación con el proceso histórico a que se refiere: la integración de España en Europa.
  4. Evaluación de la cuestión desde una perspectiva muy general: las relaciones con Europa, el aislamiento español contemporáneo, consecuencias, etcétera.

4 Comentario de gráficos

Los hechos más relevantes de la historia reciente de España tienen una indudable dimensión económica, por lo que es muy frecuente recurrir a los gráficos de líneas para representarlos.

- Analiza los gráficos adjuntos que representan la evolución temporal, teniendo en cuenta la información de la unidad sobre la evolución económica de España en las últimas décadas.

Población activa en España (1970-2020)

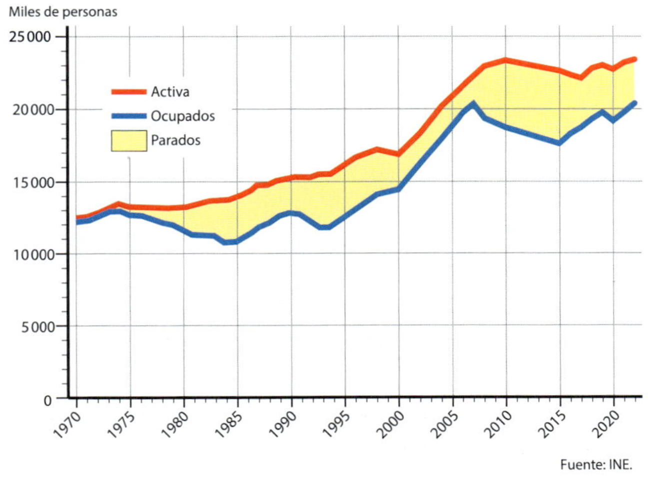

Fuente: INE.

Población activa en España por sectores

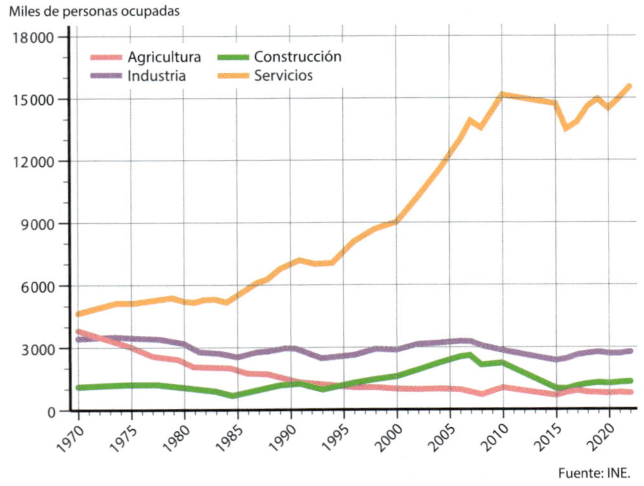

Fuente: INE.

Cronología

Cronología básica de la historia de España

Prehistoria

1300000 a. C. Paleolítico Inferior. *Homo antecessor:* Sima del Elefante (Atapuerca, Burgos). Vida nómada: caza, pesca y recolección. Cantos trabajados. Achelense.

400000 a. C. *Homo heidelbergensis:* Sima de los Huesos (Atapuerca, Burgos). Terrazas fluviales de Ambrona (Soria).

100000-35000 a. C. Paleolítico Medio. *Homo neanderthalensis* y *Homo sapiens.* Uso de cuevas y abrigos. Musteriense.

35000-10000 a. C. Paleolítico Superior. *Homo sapiens.* Grandes cazadores. Auriñaciense, Solutiense, Magdaleniense. Pintura rupestre en la zona cantábrica. Arte mobiliar.

8000 a. C. Mesolítico o Epipaleolítico. Sedentarios. Caza de pequeños animales con microlitos. Pinturas rupestres en la zona levantina.

5000 a. C. Neolítico Antiguo. Vida en cuevas, cerámica, agricultura y ganadería. Cueva de l'Or (Alicante).

4000 a. C. Neolítico Medio. Primeros poblados. Cueva de la Carigüela (Granada). Cultura de Almería.

3000 a. C. Neolítico Final. Poblados agricultores, monumentos megalíticos. Cueva dolménica de Menga y El Romeral (Antequera, Málaga).

2400 a. C. Inicio de la metalurgia del cobre. Los Millares (Almería).

2000 a. C. Cultura del vaso campaniforme.

1700 a. C. Inicio de la metalurgia del bronce. Cultura de El Argar (Almería), enterramientos en urnas, copa argárica.

Invasiones y colonizaciones

1200 a. C. Fundación legendaria de Tartesos en el sur de la Península.

1000 a. C. Cultura talayótica en Baleares. Cultura de los castros en el noroeste peninsular (ligada a las rutas atlánticas en busca del estaño). Llegada por los Pirineos de los primeros pueblos indoeuropeos. Cultura de los campos de urnas: poblado de Cortes de Navarra. Los fenicios inician sus viajes por el mar Mediterráneo.

800 a. C. Fundación fenicia de Cádiz.

700 a. C. Introducción del hierro en la Península. Expansión fenicia, principalmente en las zonas mineras de Almería y Granada.

650 a. C. Nueva oleada céltica que alcanza la meseta norte: Soto de Medinilla (Valladolid). Fundación de la ciudad de Eivissa (Baleares).

630 a. C. Máximo apogeo de Tartesos con el rey Argantonio.

575 a. C. Se forman las culturas ibérica y castreña.

550 a. C. Fundación de Emporion (Ampurias, Girona) por colonizadores foceos.

500 a. C. Segunda Edad del Hierro. Desarrollo de las culturas ibéricas en áreas levantinas y establecimiento de los celtíberos en el interior peninsular.

400 a. C. Acuñación de las primeras monedas iberas.

300 a. C. Fundación de la ciudad celtibérica de Numancia (Soria).

237 a. C. Llegada de Amílcar a Cádiz. Inicio del dominio cartaginés en la Península.

225 a. C. Fundación de Cartago Nova (Cartagena, Murcia).

219 a. C. Aníbal conquista Sagunto (Valencia).

218 a. C. Llegada de Escipión, general romano, a Ampurias. Inicio de la segunda guerra púnica entre Roma y Cartago.

Romanización

214 a. C. Conquista de Sagunto por los romanos.

209 a. C. Conquista de Cartago Nova (Cartagena) por los romanos.

206 a. C. Fundación de Itálica por Escipión.

152 a. C. Fundación de Corduba (Córdoba).

154 a. C. Inicio de las guerras lusitanas y celtibéricas.

133 a. C. Destrucción de Numancia (Soria).

74 a. C. Fundación de Pompaelo (Pamplona).

29 a. C. Inicio de las guerras cántabro-astures.

25 a. C. Fundación de Emerita Augusta (Mérida, Badajoz).

15 a. C. Fundación de Asturica Augusta (Astorga, León).

14 a. C. Fundación de Caesar Augusta (Zaragoza).

74 Vespasiano concede a los hispanos el derecho de ciudadanía *(Ius latii).*

98 Trajano, natural de Itálica (Sevilla), es proclamado emperador romano.

117 Adriano, descendiente de hispanos, es proclamado emperador romano.

161 Marco Aurelio, de origen hispano, es proclamado emperador romano.

Cronología básica de la historia de España

212 El emperador Caracalla concede la ciudadanía romana a toda la población libre del Imperio.

379 Teodosio, natural de Cauca (Coca, Segovia), es nombrado emperador romano en la corte de Constantinopla.

380 Edicto de Tesalónica. Teodosio declara el cristianismo religión oficial del Imperio.

395 División del Imperio: Oriente (Bizancio) y Occidente (Roma).

Los pueblos germánicos: la monarquía visigótica

409 Vándalos, suevos y alanos llegan a Hispania.

428 Los vándalos conquistan Córdoba y Sevilla.

429 Los vándalos de Genserico cruzan el estrecho y se asientan en el norte de África.

496 Se producen incursiones en Hispania de los visigodos provenientes de la Galia.

507 Los visigodos son derrotados por los francos en Vouillé y son desplazados hacia el sur de los Pirineos.

572 Leovigildo recupera Córdoba y Málaga, en poder de los bizantinos. Toledo es la capital del reino visigodo.

586 Leovigildo derrota a los suevos y anexiona su territorio.

589 Recaredo, heredero de Leovigildo, se convierte al catolicismo y abandona el arrianismo en el III Concilio de Toledo.

622 El rey visigodo Suintila expulsa a los bizantinos de la Península.

626 Suintila vence a los vascones.

654 *Liber Iudiciorum* o *Fuero Juzgo* de Recesvinto: código común para hispanorromanos y visigodos. Orfebrería: coronas votivas.

Al-Ándalus y los primeros núcleos cristianos

711 Derrota de Rodrigo, rey visigodo, frente a Tariq en la batalla de Guadalete (Cádiz).

714 Culmina la conquista musulmana: ocupación de Zaragoza, Huesca, Lleida, Tarragona, Burgos, León, Astorga y Lugo. Fin del reino visigodo.

718 Córdoba es designada centro político del emirato musulmán.

722 Batalla de Covadonga entre astures y musulmanes. Surge el reino de Asturias.

732 Los musulmanes son derrotados por los francos en Poitiers (Francia).

753 El rey Alfonso I ocupa Galicia y Astorga (León).

756 Abderramán I, primer emir cordobés independiente del califato abasí.

778 Los vascones derrotan al ejército carolingio en Roncesvalles (Navarra).

785 Los francos conquistan la ciudad de Girona. Marca Hispánica.

801 Los francos –Luis el Piadoso– conquistan la ciudad de Barcelona. Inicio del condado de Barcelona.

831 Fundación de la ciudad de Murcia.

844 Incursiones de los normandos en las ciudades costeras de la Península (Gijón, A Coruña, Lisboa, Sevilla, Cádiz, etc.).

850 Migraciones de mozárabes hacia la cuenca del Duero.

851 Revuelta mozárabe en Córdoba.

866 Continúan las sublevaciones en Andalucía. Conflictos entre árabes y muladíes.

879 Alzamiento del muladí Omar ibn Hafsun contra el emirato omeya.

920 Abderramán III vence en Valdejunquera a leoneses y navarros.

El califato de Córdoba

929 Abderramán III se proclama «príncipe de los creyentes», toma el título de califa y se independiza de Bagdad, instaurando el califato de Córdoba.

930 Sometimiento de Badajoz y Toledo al califato.

936 Abderramán III comienza la construcción del palacio de Madina Azahara (976).

937 Sometimiento de la ciudad de Zaragoza y Calatayud al califato.

939 Ramiro II de León derrota al califa Abderramán III en Simancas (Valladolid).

951 Dependencia y sumisión de los reyes y condes cristianos al califa.

955 Fundación de la ciudad de Almería.

961 Al-Hakem II, el sucesor de Abderramán III, fundó una biblioteca que tenía más de 400 000 volúmenes.

981 Ramiro III, tras ser derrotado por Almanzor en Rueda (Valladolid), es obligado a pagar tributo al califa de Córdoba.

985 Almanzor vence al conde Borrell y toma la ciudad de Barcelona.

997 Campaña de Almanzor contra Santiago de Compostela (A Coruña).

1002 Muere Almanzor en Medinaceli (Soria).

1031 Fragmentación política del al-Ándalus en taifas, y desaparición del califato.

Taifas, invasiones y desarrollo de los reinos cristianos

1035 El condado de Castilla se convierte en reino con Fernando I.

1076 Incorporación del reino de Pamplona al de Aragón.

1085 Alfonso VI conquista Toledo y parte del valle del Tajo.

1086 Alfonso VI es derrotado por los almorávides en Sagrajas (Badajoz).

1094 El Cid conquista Valencia.

1096 Pedro I de Aragón conquista Huesca.

1118 Alfonso I de Aragón conquista Zaragoza.

1135 Coronación imperial en León de Alfonso VII, rey de León y Castilla.

1137 Matrimonio de Petronila, reina de Aragón, y Ramón Berenguer IV, conde de Barcelona. Nace la Corona de Aragón.

1139 Portugal se separa del reino de León. Primer rey: Alfonso I Enríquez.

1146 Llegada a al-Ándalus de los almohades.

1149 Ramón Berenguer IV, conde de Barcelona, conquista la ciudad de Lleida y Alfonso VII, rey de Castilla, ocupa Uclés (Cuenca).

1151 Alfonso VII y Ramón Berenguer IV firman el Tratado de Tudillén: reparto de influencias y reconquista.

1157 Separación de los reinos de Castilla (Sancho III) y de León (Fernando II) tras la muerte de Alfonso VII.

1162 Alfonso II, hijo de Petronila y de Ramón Berenguer IV, primer monarca del reino de Aragón y del condado de Barcelona.

1188 Primeras Cortes en León, más tarde surgen en Castilla y, al unirse los reinos, se unifican ambas instituciones.

1195 Los almohades vencen a Alfonso VIII de Castilla en la batalla de Alarcos (Ciudad Real).

Hegemonía y expansión de los reinos cristianos

1212 Derrota de los almohades por los cristianos en la batalla de las Navas de Tolosa (Jaén).

1227 Alfonso IX de León conquista Cáceres.

1229 Jaime I conquista la ciudad de Palma de Mallorca.

1230 Fernando III une definitivamente los reinos de Castilla y de León.

1232 Mohamed I se proclama emir y se crea el reino nazarí de Granada.

1236-1248 Fernando III, rey de Castilla y León, conquista Córdoba (1236), Jaén (1246) y Sevilla (1248), terminando la conquista del valle del Guadalquivir.

1237 Comienzan las obras de la Alhambra de Granada, bajo la dirección de al-Ahmar.

1238 El rey Jaime I conquista la ciudad de Valencia.

1250 Creación de la Escuela de Traductores de Toledo por Alfonso X de Castilla.

1262 Alfonso X, rey de Castilla, conquista las ciudades de Niebla, Huelva y Cádiz.

1265 Creación del Consell de Cent por el rey de la Corona de Aragón, Jaime I.

1273 Creación del Honrado Concejo de la Mesta por Alfonso X.

1282 Incorporación de Sicilia a la Corona de Aragón.

1292 Sancho IV, rey de Castilla y de León, ocupa la plaza de Tarifa (Cádiz).

1309 Fernando IV, rey de Castilla y León, toma Gibraltar.

1326 Creación del Consulado de Mar en Mallorca.

1340 Alfonso XI vence a los musulmanes en la batalla del Salado (Cádiz) y, posteriormente, en 1344, conquista Algeciras.

1343 Pedro IV incorpora Mallorca a la Corona de Aragón.

La crisis de la Baja Edad Media

1348 Llegada de la peste negra, procedente de Asia, a Mallorca y a las costas levantinas. Posteriormente se extendió por toda la Península.

Cronología básica de la historia de España

1356 Guerra entre Pedro I de Castilla y Pedro IV de Aragón (1356-1369).

1366 Guerra civil en Castilla (1366-1369). Triunfo de Enrique de Trastámara sobre Pedro I.

1385 Creación del Consejo Real en las Cortes de Valladolid con funciones de órgano consultivo. Los portugueses vencen a los castellanos en la batalla de Aljubarrota.

1391 Persecuciones generalizadas contra los judíos en Castilla y Aragón.

1410 Alfonso V incorpora los reinos de Nápoles y Sicilia a la Corona de Aragón.

1412 Compromiso de Caspe: Fernando I de Trastámara es elegido rey de la Corona de Aragón.

1415 El Concilio de Constanza pone fin al Cisma de Occidente.

1448 Creación del Gran Sindicato de Remensa, movimiento de emancipación y lucha contra los señores laicos y eclesiásticos.

1462 Revuelta de los payeses de remensa en Cataluña.

1467 Sublevación y gran guerra de los Irmandiños en Galicia.

Los Reyes Católicos

1468 Pacto de los Toros de Guisando. Enrique IV de Castilla nombra heredera a su hermana Isabel en detrimento de su hija Juana de Castilla.

1469 Matrimonio de Fernando II de Aragón con Isabel I de Castilla.

1474 Tras la muerte de Enrique IV, su hermana Isabel es proclamada reina de Castilla.

1476 Victoria de las tropas de Isabel y Fernando en Toro (Zamora), contra los partidarios de Juana de Castilla, pretendiente al trono castellano.

1479 Tratado de Alcaçobas: paz entre Portugal y Castilla, reconocimiento de Isabel y acuerdo sobre la expansión en el Atlántico.

1486 La sentencia arbitral de Guadalupe soluciona el conflicto de los payeses de remensa.

1487 Toma de la ciudad de Málaga por las tropas castellanas.

1492 Rendición de Granada, fin del dominio musulmán en la península ibérica. Expulsión de los judíos de España. Descubrimiento de América por Cristóbal Colón.

1494 Firma del Tratado de Tordesillas entre Castilla y Portugal, con la mediación del papa.

1496 Boda de Juana, hija de los Reyes Católicos, con Felipe de Borgoña.

1502 Cuarto viaje de Cristóbal Colón a América.

1503 Fundación de la Casa de Contratación de Sevilla, institución que controla el comercio y las relaciones con las Indias.

1504 Muerte de Isabel I de Castilla. Juana I, reina de Castilla.

1506 Muerte de Felipe I el Hermoso, marido de Juana I. Regencia de Fernando.

1512 Primeras Leyes de Indias o Leyes de Burgos.

1516 Muere Fernando de Aragón. Regencia del cardenal Cisneros en Castilla. Carlos I es nombrado en Bruselas monarca de las coronas de Castilla y de Aragón.

Los Austrias: Carlos I y Felipe II

1519 Carlos I, rey de Castilla y Aragón, es proclamado emperador del Sacro Imperio Romano Germánico con el nombre de Carlos V. Fernando de Magallanes emprende el viaje alrededor de la Tierra.

1519-1520 Hernán Cortés conquista el imperio azteca.

1520 Se inician revueltas urbanas: en Castilla, la de las Comunidades, y en Valencia, las Germanías.

1521 Fin de la revuelta de las Comunidades, de Castilla (derrota de Villalar, Valladolid) y extensión de la revuelta de las Germanías a Mallorca.

1522 Juan Sebastián Elcano regresa a la Península tras un viaje de tres años, iniciado con Magallanes, en el que da la vuelta al mundo.

1532-1533 Francisco Pizarro conquista el imperio inca.

1525 Victoria de los tercios españoles contra Francia en la batalla de Pavía (Italia).

1540 Ignacio de Loyola funda la Compañía de Jesús.

1542 Promulgación de las Leyes Nuevas para las Indias. Nueva normativa para las encomiendas.

1555 Paz de Augsburgo con la que se reconoce la libertad religiosa a los protestantes alemanes.

Cronología básica de la historia de España

1556 Abdica Carlos I y deja la corona imperial a su hermano Fernando y los demás dominios a su hijo Felipe. Se inicia el reinado de Felipe II.

1557 Victoria sobre las tropas francesas en la batalla de San Quintín.

1558 Muerte de Carlos I en el monasterio de Yuste (Cáceres).

1563 Inicio de la construcción del monasterio de San Lorenzo de El Escorial.

1565-1568 Rebelión de Flandes.

1568 Sublevación de los moriscos de las Alpujarras granadinas.

1571 Se organiza la última cruzada cristiana contra los turcos y sus aliados. Victoria naval en Lepanto frente a los turcos.

1575 La Hacienda de Felipe II se declara en bancarrota.

1581 Las Cortes portuguesas de Tomar reconocen a Felipe II como rey de Portugal.

1585 Guerra contra los corsarios ingleses.

1588 Fracaso del intento de invasión de Inglaterra por la llamada Armada Invencible enviada por Felipe II.

1595 Enrique IV de Francia declara la guerra a Felipe II.

1598 Muerte de Felipe II. Autonomía de los Países Bajos bajo el gobierno del archiduque Alberto, en nombre de Isabel Clara Eugenia. Se inicia el reinado de Felipe III.

La crisis del siglo XVII: los Austrias menores

1604 Se firma la paz entre Jacobo I de Inglaterra y Felipe III de España en Londres.

1605 Publicación de la primera parte de la obra *El ingenioso hidalgo don Quijote de La Mancha,* de Miguel de Cervantes.

1607 Primeras misiones jesuíticas en Paraguay.

1609 Tregua de los Doce Años con los Países Bajos. Expulsión de los moriscos por el duque de Lerma, valido del rey Felipe III.

1618 Comienza la guerra de los Treinta Años.

1621 Inicio del reinado de Felipe IV. El conde-duque de Olivares, Gaspar de Guzmán, es nombrado valido del nuevo monarca.

1626 Unión de Armas.

1634 Conflicto entre el conde-duque de Olivares y las instituciones catalanas.

1640-1641 Se inician las sublevaciones en Cataluña, Andalucía y Portugal.

1643 Derrota española en Rocroi. Destitución del conde-duque de Olivares y nombramiento del nuevo valido, su sobrino Luis de Haro.

1647 Revuelta en Nápoles y Sicilia.

1648 Fin de la guerra de los Treinta Años. Paz de Westfalia.

1651 Sitio de la ciudad de Barcelona por la tropas de Felipe IV.

1659 Paz de los Pirineos entre Francia y España.

1660 Muere el pintor Diego Velázquez.

1664 El duque de Osuna es derrotado en Castel-Rodrigo. Dimisión de Juan José de Austria.

1665 Muerte de Felipe IV e inicio del reinado de Carlos II. Regencia de Mariana de Austria.

1668 Alianza de España, Inglaterra, Holanda y otros países contra Francia, que llevará a la Paz de Aquisgrán. Reconocimiento de la independencia de Portugal.

1673 Calderón de la Barca estrena *La vida es sueño.*

1675 Mayoría de edad de Carlos II.

1677 Gobierno de Juan José de Austria.

1685 El conde de Oropesa se hace cargo de los asuntos de gobierno.

1691 Destitución de Oropesa. Reorganización administrativa del Consejo de Castilla.

El siglo XVIII. La nueva monarquía de los Borbones

1700 Muerte de Carlos II. Inicio del reinado de Felipe V, primer rey Borbón de España, tras la muerte de Carlos II.

1701 Formación de la Alianza de La Haya.

1702 Inicio de la guerra de Sucesión.

1703 El archiduque Carlos de Austria es proclamado por la Alianza rey de España con el nombre de Carlos III.

1704 Llegada del archiduque Carlos a la Península. Las tropas británicas ocupan Gibraltar. Sublevación de Cataluña.

1707 El ejército hispano-francés derrota a las tropas austriacas en la batalla de Almansa (Albacete). Primer Decreto de Nueva Planta que deroga los fueros de Aragón y de Valencia.

Cronología básica de la historia de España

1713 Tratado de Utrecht por el que España pierde Gibraltar y Menorca. Auto acordado de Felipe V por el que se establece la Ley Sálica, que impedía acceder al trono a las mujeres.

1714 Fundación de la Real Academia Española. Las tropas borbónicas ocupan Barcelona. Fin de la guerra de Sucesión por la Corona española.

1715 Segundo Decreto de Nueva Planta para el reino de Mallorca, que conservó algunas instituciones de gobierno tradicionales.

1716 Tercer Decreto de Nueva Planta para Cataluña, que eliminó sus instituciones de gobierno tradicionales.

1724 Felipe V abdica y se inicia el reinado de Luis I, que muere al poco tiempo, y comienza el segundo reinado de Felipe V.

1733 Primer Pacto de Familia con Francia (Tratado de El Escorial).

1734 Carlos III es proclamado rey de Nápoles y Sicilia.

1743 Segundo Pacto de Familia con Francia (Tratado de Fontainebleau).

1746 Muere Felipe V. Comienza el reinado de Fernando VI.

1748 La Paz de Aquisgrán pone fin a la guerra de Sucesión austriaca. Nace el futuro Carlos IV.

1753 Primer concordato entre la Santa Sede (Benedicto XIV) y España (Fernando VI).

1759 Reinado de Carlos III tras la muerte de Fernando VI.

1761 Tercer Pacto de Familia, que llevó a España a participar en varias guerras contra Gran Bretaña.

1763 Paz de París entre España y Francia, Gran Bretaña y Portugal.

1766 Motín de Esquilache en Madrid. Expediente de la Ley Agraria de Campomanes.

1767 Expulsión de los jesuitas por el conde de Aranda, ministro de Carlos III. Proyecto de colonización en Sierra Morena.

1776 Creación del virreinato del Río de la Plata.

1778 Decreto de libre comercio para varios puertos españoles en América.

1779 España reconoce la independencia de Estados Unidos y, junto a Francia, declara la guerra a Gran Bretaña.

1782 Creación del Banco de San Carlos.

1783 Tratado de Versalles entre España, Gran Bretaña y Francia. España recupera Menorca y Florida. Fin de la guerra de Independencia norteamericana.

1788 Muerte del rey Carlos III. Comienzo del reinado de Carlos IV.

La crisis del Antiguo Régimen

1789 Inicio de la Revolución Francesa.

1792 Nombramiento de Manuel Godoy como primer ministro.

1793 La República Francesa declara la guerra a España: guerra de la Convención.

1795 Jovellanos: *Informe sobre la Ley Agraria.* Paz de Basilea: alianza entre la España absolutista y la Francia revolucionaria.

1796 Tratado de San Ildefonso entre España y Francia contra Gran Bretaña.

1797 Derrota naval en Cabo de San Vicente frente a Gran Bretaña.

1798 Godoy lleva a cabo la primera desamortización de bienes raíces de la beneficencia.

1801 Guerra de las naranjas frente a Portugal.

1802 Paz de Amiens y recuperación de Menorca.

1803 Tratado de neutralidad con Francia.

1804 España entra en la guerra anglo-francesa.

1805 Batalla de Trafalgar (frente a las costas de Cádiz).

1807 Tratado de Fontainebleau entre España y Francia para el reparto de Portugal y sus posesiones de ultramar. Conspiración de El Escorial.

1808 Motín de Aranjuez. Abdicación de Carlos IV. Alzamiento popular en Madrid contra los franceses. José Bonaparte, rey de España. Constitución de Bayona. Comienza la guerra de la Independencia. El general Castaños vence a las tropas francesas en la batalla de Bailén (Jaén). Entrada de Napoleón en España.

1810 Reunión de las Cortes de Cádiz. Decreto sobre la libertad de prensa.

1811 Abolición de los señoríos jurisdiccionales.

1812 Proclamación de la Constitución de Cádiz. El ejército británico derrota al francés en la batalla de Arapiles (Salamanca).

1813 La Cortes de Cádiz decretan la supresión de la Inquisición.

1814 Fin de la guerra de la Independencia. Fernando VII regresa a España y restaura el absolutismo. Abolición de la Constitución de 1812.

1820 Pronunciamiento del teniente coronel Rafael del Riego, que proclama la Constitución de 1812 en Las Cabezas de San Juan (Sevilla). Fernando VII acepta la Constitución de 1812.

1820-1823 Trienio Constitucional.

1823 Intervención del ejército francés de los Cien Mil Hijos de San Luis. Retorno al absolutismo.

1824 Se consolida la emancipación de las nuevas naciones americanas tras la derrota del ejército español en Ayacucho (Perú).

1826 Represión de los opositores al absolutismo.

1830 Abolición de la Ley Sálica, tras el nacimiento de la princesa Isabel (la futura Isabel II).

1832 Los hermanos Bonaplata instalan en Barcelona la primera fábrica textil que funciona con máquina de vapor.

1833 Muerte de Fernando VII. Regencia de M.ª Cristina.

La revolución liberal. La España isabelina. Las regencias

1833-1840 Primera guerra carlista.

1834 Promulgación del Estatuto Real.

1835 Levantamientos progresistas en las ciudades, iniciados en Zaragoza. Quema de fábricas en Barcelona (Bonaplata).

1836 Primera ley de desamortización religiosa de Mendizábal. Legislación sobre disolución de señoríos. Supresión de la Mesta. Motín de los sargentos del Palacio de La Granja. Restablecimiento de la Constitución de Cádiz.

1837 Promulgación de la Constitución progresista de 1837.

1839 Convenio de Vergara. Fin de la primera guerra carlista.

1840 Abdicación de la reina María Cristina. Se crea en Barcelona la primera sociedad obrera de resistencia.

1840-1843 Regencia de Espartero.

La Década Moderada (1843-1853)

1843 Mayoría de edad de Isabel II. Revuelta militar encabezada por Narváez. Espartero huye a Londres.

1844 Creación de la Guardia Civil. Fundación del Banco de Isabel II.

1845 Promulgación de la Constitución moderada de 1845 (sufragio censitario) que otorga más poderes a la Corona y al Gobierno. Nuevo sistema fiscal creado por Alejandro Mon.

1846-1849 Segunda guerra carlista, localizada en Cataluña, Navarra y el País Vasco.

1848 Inauguración del ferrocarril Barcelona-Mataró. Dictadura del general Narváez. Publicación del Código Penal.

1849 Fundación del Partido Demócrata.

1850 Establecimiento del servicio de Correos.

1851 Segundo Concordato entre España y la Santa Sede que otorga grandes prerrogativas a la Iglesia. Se inaugura el ferrocarril Madrid-Aranjuez.

El Bienio Progresista (1854-1856)

1854-1856 Pronunciamiento militar conocido como «la Vicalvarada». Comienza el Bienio Progresista. Gobierno del general Espartero.

1855 Segunda ley de desamortización de los bienes comunales de los municipios, de Madoz. Ley de Ferrocarriles y de Ordenación Bancaria. Primera huelga general en España.

1856 Se crea el Banco de España. Aprobación de la Constitución *non nata* de 1856. Caída de Espartero. Restablecimiento de la vigencia de la Constitución de 1845.

La Union Liberal y el retorno del moderantismo

1857 Fundación del Banco de Bilbao y de Santander. Primer censo oficial. Ley Moyano de Instrucción Pública. Nacimiento del futuro Alfonso XII.

1859 Se inicia la guerra con Marruecos. Victorias españolas en las batallas de Los Castillejos y de Wad-Ras.

1861 Conexión ferroviaria entre Barcelona y Zaragoza. Sublevación campesina de Loja (Granada).

1863 Cae el Gobierno de O'Donnell.

1864 Gobierno de Narváez.

1865 Noche de San Daniel (Madrid).

1866 Sublevación de los sargentos de San Gil. Repercusiones de la crisis económica internacional. Pacto de Ostende (Bélgica) entre progresistas, republicanos y demócratas para derrocar a Isabel II.

El Sexenio Democrático (1868-1874)

1868 Revolución de septiembre. Caída y exilio de Isabel II. Gobierno provisional dirigido por el general Serrano, «Primera regencia». Comienza el Sexenio Democrático. Instauración de la peseta como moneda única. Ley de Minas.

1869 Elecciones generales. Cortes Constituyentes. Constitución democrática (sufragio universal masculino). Juan Prim, presidente del Gobierno.

1870 Muerte de Prim en un atentado. Abdicación de Isabel II en su hijo Alfonso. Fundación de la Federación Regional Española de la Asociación Internacional de Trabajadores (AIT).

1871-1872 Reinado de Amadeo de Saboya.

1872-1876 Tercera guerra carlista, localizada en Cataluña, el Maestrazgo, Navarra y el País Vasco.

1873 Proclamación de la Primera República. Proyecto de constitución federal del Estado español. Galdós inicia la publicación de los *Episodios nacionales.*

1874 Golpe de Estado del general Pavía. Dictadura de Serrano. Pronunciamiento del general Martínez Campos. Fin de la Primera República. Comienza el período de la Restauración. Emisión de billetes de papel moneda por el Banco de España.

La Restauración

1875 El rey Alfonso XII entra en Madrid. Primer Gobierno de Cánovas.

1876 Constitución liberal-conservadora de 1876 (sufragio restringido). Termina la tercera guerra carlista y el pretendiente al trono abandona España. Se crea la Institución Libre de Enseñanza.

1877 Ley de Ferrocarriles.

1878 Paz de Zanjón en Cuba. Final de la guerra de los Diez Años (1868-1878).

1879 Fundación del Partido Socialista Obrero Español.

1881 Sagasta preside el primer Gabinete liberal de la Restauración. Decreto sobre la libertad de reunión y expresión.

1882 Fundación de Altos Hornos de Bilbao y La Vizcaya.

1883 Ley de Prensa. Se fabrica en Barcelona la primera locomotora española. Estalla el asunto de la Mano Negra en el campo andaluz. Comisión de Reformas Sociales.

1884 Gobierno de Cánovas.

1885 Muerte del rey Alfonso XII. Regencia de María Cristina de Habsburgo. Pacto de El Pardo entre Cánovas y Sagasta para turnarse pacíficamente en el poder.

1886 Se publica el primer número de *El Socialista.* Valentí Almirall publica *Lo catalanisme.* Nace el futuro Alfonso XIII.

1887 Ley de Asociaciones. Fundación de la Lliga de Catalunya.

1888 Fundación de la Unión General de Trabajadores (UGT). Instauración de juicios con jurado. Exposición Universal de Barcelona.

1889 Publicación del Código Civil.

1890 Ley electoral estableciendo el sufragio universal masculino. Huelga general en Bizkaia. Creación de la Lliga Regionalista Gallega.

1891 Crisis agraria. Arancel proteccionista. Depreciación de la peseta.

1892 Asamblea de Manresa: bases de la Unió Catalanista.

1895 Sabino Arana funda el Partido Nacionalista Vasco. Comienzan las guerras de independencia en Cuba y en Filipinas.

1897 Un anarquista italiano asesina a Cánovas.

1898 Guerra contra Estados Unidos. Tratado de París entre España y Estados Unidos por el que España pierde Guam, Cuba, Puerto Rico y Filipinas.

1899 Gobierno regeneracionista de Francisco Silvela.

1900 Venta y liquidación de los restos coloniales en el Pacífico.

1901 Nace la Lliga Regionalista en Cataluña. Fundación del Banco Hispanoamericano y del Banco de Vizcaya.

1902 Mayoría de edad del rey Alfonso XIII. Acuerdo hispano-francés sobre la partición de Marruecos.

1903 Primer Gobierno conservador de Maura. Muerte de Sagasta. Creación del Instituto de Reformas Sociales.

1904 Creación de la primera fábrica de automóviles en España: la marca Hispano-Suiza, en Barcelona.

1906 Conferencia de Algeciras: reparto de Marruecos entre Francia y España.

1908 Se crea el Partido Republicano Radical de Lerroux. Inauguración de la Casa del Pueblo en Madrid.

1909 Semana Trágica de Barcelona. Fusilamiento de Ferrer i Guardia. Dimisión de Maura. Acuerdo electoral de la Conjunción Republicano-Socialista. Ruptura del Pacto de El Pardo.

1910 Constitución de la Confederación Nacional del Trabajo (CNT). El Gobierno de Canalejas indulta a condenados de la Semana Trágica. Se permite a las mujeres estudiar en las universidades. Pablo Iglesias, primer diputado socialista.

1911 Huelga general en Zaragoza. Primer Congreso de la CNT.

1912 Asesinato de Canalejas. Ley de Mancomunidades Provinciales.

1913 Dimisión de Maura. Gobierno de Eduardo Dato.

1914 Constitución de la Mancomunitat de Cataluña. Neutralidad de España en la Primera Guerra Mundial.

1915 Gobierno del conde de Romanones.

1916 Pacto UGT-CNT y primera huelga general nacional.

1917 Conmoción revolucionaria. Asamblea de Parlamentarios en Barcelona. Huelga general en toda España. Gobierno de concentración de García Prieto. El Ejército crea las Juntas de Defensa Militares.

1918 Gobierno de concentración nacional Maura-Cambó. La mujer puede ser funcionaria en los cuerpos técnicos de la Administración.

1919 Se constituye la Confederación Nacional de Sindicatos Obreros Católicos. La patronal catalana funda los sindicatos libres. Huelga general de la empresa La Canadiense.

1920 Guerra con Marruecos. Ilegalización de la Confederación Nacional del Trabajo (CNT).

1921 Desastre de Annual en Marruecos. Asesinato del presidente de Gobierno Eduardo Dato. Gobierno de concentración de Maura. Creación del Partido Comunista de España (PCE).

1922 Se funda Acció Catalana. Crisis de Gobierno ante la indisciplina de las Juntas Militares. Gobierno de García Prieto.

La dictadura de Primo de Rivera

1923 Golpe de Estado del general Primo de Rivera con la aprobación del rey Alfonso XIII. Suspensión de la Constitución de 1876. Comienza la dictadura (1923-1930). Directorio militar.

1924 Destierro y exilio de Unamuno y otros intelectuales opositores a la dictadura. Se inaugura Radio Barcelona, primera emisora de España. Fundación del partido Unión Patriótica. Voto corporativo a mujeres cabeza de familia. Estatuto municipal.

1925 Pacificación de Marruecos. Desembarco de Alhucemas. Directorio civil.

1926 Conspiración militar, Sanjuanada, contra la dictadura. Se crean las confederaciones hidrográficas. Nacimiento de la Federación Anarquista Ibérica (FAI). Intento de institucionalización del régimen dictatorial. División de Canarias en dos provincias.

1928 Federico García Lorca publica su *Romancero gitano.*

1929 José Ortega y Gasset publica *La rebelión de las masas.* Revueltas estudiantiles y cierre de las universidades de Madrid y Barcelona.

1930 Dimisión, exilio en París y muerte de Miguel Primo de Rivera. Gobierno Berenguer. Pacto republicano de San Sebastián. Sublevación de Jaca.

La Segunda República

1931 Elecciones municipales. Proclamación de la Segunda República. Gobierno provisional. Proclamación de la República Catalana por Francesc Macià. Elecciones generales. Cortes Constituyentes. Constitución republicana de 1931. Gobierno republicano socialista, presidido por Azaña. Alfonso XIII abandona el país hacia el exilio.

1932 Sublevación en Sevilla del general Sanjurjo. Ley de Bases de la Reforma Agraria. Aprobación del Estatuto de Autonomía de Cataluña. Triunfo de Esquerra Republicana en las primeras elecciones al Parlamento de Cataluña. Francesc Macià, presidente de la Generalitat.

1933 Ley de Congregaciones Religiosas. Alzamiento anarquista. Fundación de Falange Española. Estatuto Vasco. Triunfo del centro derecha en las elecciones de noviembre. Gobierno de Lerroux con apoyo de la CEDA.

1934 Insurrección de octubre. Ruptura institucional con la Generalitat de Cataluña. Represión en Asturias dirigida por el general Franco.

1936 Gobierno de Frente Popular tras las elecciones de febrero. Atentados contra el teniente José del Castillo Sáenz de Tejada y contra José Calvo Sotelo.

La Guerra Civil

1936 El 17 de julio comienza la sublevación militar en Marruecos y la Guerra Civil. Apoyo de Italia y Alemania a los sublevados. Las potencias europeas suscriben el Pacto de No Intervención. Aprobación del Estatuto de Autonomía Vasco. José Antonio Aguirre, lehendakari del País Vasco. Batalla de Madrid. Llegan las primeras Brigadas Internacionales en apoyo del Gobierno republicano.

1937 Batallas del Jarama, Brunete, Belchite. Alemania e Italia reconocen al régimen de Franco. Picasso expone su *Guernica* en la Exposición Universal de París. Decreto de unificación de Falange Española de las JONS con la Comunión Tradicionalista: se constituye FET y de las JONS como partido único. Bombardeo de Gernika (abril), caída de Bilbao (junio) y de Asturias (octubre).

1938 Batalla de Teruel. Batalla del Ebro. Comienzo de la ofensiva sobre Cataluña.

1939 Finaliza la guerra el 1 de abril. Comienza el exilio hacia el exterior y la represión en el interior. Reino Unido, Francia y Estados Unidos reconocen el gobierno de Franco. Ley de Responsabilidades Políticas.

El franquismo

1940 Entrevista entre Franco y Hitler en Hendaya. Ley de Represión de la Masonería y del Comunismo.

1941 La División Azul se incorpora al mando alemán en el frente oriental. Creación de RENFE. Muere Alfonso XIII, tras renunciar a la corona en favor de su hijo Juan.

1943 Inauguración de las Cortes orgánicas de la dictadura franquista.

1944 Ofensiva de la guerrilla antifranquista, el maquis. Invasión por el valle de Arán (Lleida).

1945 Promulgación del Fuero de los Españoles. Reunión en México de las Cortes de la República. Manifiesto de Juan de Borbón, en Lausana (Suiza), solicitando a Franco su retirada del poder y la restauración de la monarquía.

1946 La Asamblea General de la Organización de Naciones Unidas (ONU) condena el régimen de Franco.

1947 Ley de Sucesión a la Jefatura del Estado: España reino y Franco jefe de Estado vitalicio. Llegada a España del embajador de Argentina, país que reconoce al régimen español.

1948 España queda excluida de los beneficios del Plan Marshall.

1949 La banca estadounidense concede un préstamo al Gobierno español.

1950 La Organización de las Naciones Unidas (ONU) anula el aislamiento, decidido en 1946, contra el régimen de Franco.

1951 Importantes huelgas en Barcelona, Pamplona y el País Vasco. Comienzan a llegar créditos de Estados Unidos.

1952 Se suprimen las cartillas de racionamiento. España ingresa en la Unesco.

1953 Tercer Concordato entre España y la Santa Sede. Pacto de Madrid entre España y Estados Unidos por el que se crean bases militares estadounidenses en España.

1955 Ingreso de España en la Organización de las Naciones Unidos (ONU).

1956 España reconoce la independencia de Marruecos. Ingreso de España en la Organización Internacional de Trabajo (OIT).

1957 Nuevo Gobierno de Franco en el que predominan los ministros «tecnócratas», pertenecientes al Opus Dei.

1958 Incorporación de España a diversas instituciones: la Organización Europea de Cooperación Económica (OECE), al Fondo Monetario Internacional (FMI) y al Banco Mundial (BM). Ley de Convenios Colectivos.

1959 Ley de los Principios Fundamentales del Movimiento. Plan de Estabilización Económica. Creación de la banda terrorista ETA. Visita del presidente estadounidense Dwight D. Eisenhower a España.

1960 Algunos sectores de la Iglesia comienzan a mostrar sus discrepancias con el régimen franquista. Concesión de un crédito de la OCDE para la ejecución del Plan de Estabilización. Ingreso en la Organización Europea de Energía Nuclear.

1962 Primera solicitud de ingreso en el Mercado Común Europeo. Huelgas mineras y manifestaciones estudiantiles. Reunión de la oposición democrática en Múnich (Alemania) a instancias del Consejo de Europa.

1963 Estados Unidos apoya económicamente al régimen de Franco. Se inician los Planes de Desarrollo. Se crea el Tribunal de Orden Público, encargado de juzgar a los disidentes políticos del régimen.

1964 Primer Plan de Desarrollo Económico y Social. La solicitud española de ingresar en la Comunidad Económica Europea es rechazada por no ser un país democrático.

1966 Aprobación de la Ley Orgánica del Estado. Ley de Prensa («Ley Fraga»), que suprime la censura previa.

1967 Primera Asamblea de CCOO en todo el Estado español. Estado de excepción en Bizkaia. Ley de libertad religiosa. Agitaciones en las universidades y cierre de las de Madrid y Barcelona. Luis Carrero Blanco, vicepresidente.

1968 Independencia de Guinea Ecuatorial.

1969 Juan Carlos es designado sucesor a la jefatura del Estado. España entrega a Marruecos los territorios de Ifni. Se cierra la frontera con Gibraltar. Estado de excepción y dura represión de la oposición democrática.

1970 Tensión social y campañas antifranquistas en la Europa democrática. Consejo de Burgos contra militantes de ETA. Ley General de Educación que establece la Educación General Básica obligatoria (de 6 a 14 años) y gratuita.

1972 Tercer Plan de Desarrollo.

1973 Crisis económica. Se separa por primera vez la jefatura del Estado de la jefatura de Gobierno, para la que es designado Carrero Blanco, quien muere en un atentado a finales de año.

1974 El Congreso de UGT lleva a Nicolás Redondo a la Secretaría General. Congreso del PSOE en Suresnes (Francia). Felipe González es elegido secretario general. Formación de la Junta Democrática en París. Creación de la Unión Militar Democrática (UMD).

1975 Estado de excepción en el País Vasco. Formación de la Plataforma de Convergencia Democrática. Son ejecutados cinco condenados a muerte de ETA y del FRAP, por presuntos actos terroristas. Las Cortes aprueban el abandono de España de los territorios del Sahara, que son entregados a Marruecos y Mauritania. Tras una larga agonía, el general Francisco Franco muere el 20 de noviembre. Juan Carlos I es proclamado rey de España por las Cortes. Primer Gobierno de la monarquía presidido por Arias Navarro.

La Transición democrática

1976 Adolfo Suárez es designado jefe del Gobierno en el mes de julio. Fusión de la Junta Democrática y la Plataforma de Convergencia Democrática en Coordinación Democrática (la «Platajunta»). Comienza la Transición democrática. Masivas manifestaciones populares en demanda de libertad y amnistía. Legalización de UGT. Aprobación de la Ley de Reforma Política. Constitución de Alianza Popular (AP).

1977 Matanza de abogados de Comisiones Obreras en Madrid (calle Atocha). Legalización del Partido Comunista de España (PCE). Decreto de amnistía: liberación de presos políticos y vuelta de exiliados. Primeras elecciones generales democráticas, con victoria de UCD. Restablecimiento de la Generalitat de Cataluña de forma provisional. Juan de Borbón renuncia a sus derechos dinásticos a favor de su hijo Juan Carlos. Pactos de la Moncloa. Reforma fiscal.

Cronología básica de la historia de España

1978 Se aprueba en referéndum la Constitución española. Se aprueban los regímenes preautonómicos de Aragón, Canarias, Galicia, Comunidad Valenciana, Andalucía, Baleares, Extremadura y Castilla y León.

1979 Primeras elecciones generales libres con triunfo del partido Unión de Centro Democrático (UCD). Cataluña y el País Vasco aprueban en referéndum sus respectivos estatutos de autonomía. Se aprueban los regímenes preautonómicos de Asturias, Castilla-La Mancha y Murcia.

1980 Primeras elecciones autonómicas en el País Vasco y Cataluña. Referéndum autonómico en Andalucía.

1981 Dimisión de Adolfo Suárez. 23-F: intento de golpe de Estado. Gobierno de Calvo Sotelo. Aprobación de los estatutos de autonomía de Andalucía, Asturias, Cantabria, Galicia. Aprobación de la Ley del Divorcio.

1982 Mayoría absoluta del PSOE en las elecciones generales. Primer Gobierno socialista en la historia de España, presidido por Felipe González. Primeras elecciones autonómicas en Andalucía. Aprobación de los estatutos de autonomía de La Rioja, Murcia, Comunidad Valenciana, Aragón, Castilla-La Mancha, Canarias. Aprobación del régimen foral de Navarra.

1983 Aprobación de los estatutos de autonomía de Madrid, Extremadura, Castilla y León e Islas Baleares. Ley de Reforma Universitaria (LRU).

1985 Firma del tratado de adhesión de España a la Comunidad Europea. El Congreso aprueba la permanencia de España en la Organización del Tratado del Atlántico Norte (OTAN). Huelga general contra el Gobierno socialista por la reconversión industrial. Ley Orgánica del Derecho a la Educación (LODE).

El fin de siglo: España en la UE

1986 Confirmación en referéndum de la permanencia de España en la OTAN. Ingreso en la Comunidad Económica Europea (CEE), hoy Unión Europea (UE). El PSOE revalida su victoria electoral.

1987 España firma el Acta Única por la que se refuerza la cohesión política y económica de los Estados miembros de las Comunidades Europeas.

1988 Huelga general contra la política económica del Gobierno de Felipe González.

1989 Tercera victoria socialista en el nuevo período democrático. Primera presidencia española del Consejo de las Comunidades Europeas.

1990 Aviones militares estadounidenses utilizan las bases de Torrejón (Madrid), Morón (Sevilla) y Zaragoza para el transporte de tropas y material con destino a la guerra del Golfo contra Irak. Aumento masivo de objetores de conciencia e insumisos. Ley Orgánica de Ordenación General del Sistema Educativo (LOGSE).

1991 Firma del Tratado de Maastricht de formación de la Unión Europea.

1992 Olimpiadas en Barcelona y Exposición Universal en Sevilla. Tren AVE Madrid-Sevilla. Ley de transferencia de competencias a las comunidades autónomas que accedieron a la autonomía por el artículo 143 de la Constitución. El Congreso autoriza la ratificación del Tratado de Maastricht.

1993 El PSOE gana las elecciones generales, por cuarta vez consecutiva, pero pierde la mayoría absoluta. Grave crisis económica, con más de tres millones de parados.

1994 Continuación del proceso de transferencias a las comunidades autónomas y regulación institucional de Ceuta y Melilla como ciudades autónomas.

1995 Estatutos de autonomía de las ciudades de Ceuta y Melilla. Supresión definitiva de la pena de muerte del ordenamiento jurídico español.

1996 Victoria electoral del Partido Popular. José María Aznar, presidente del Gobierno. Ley para la Reforma Universitaria. Ley de Calidad de la Educación para la Enseñanza Infantil, Primaria y Secundaria.

1997 Manifestaciones multitudinarias en todo el Estado en favor de la paz en el País Vasco. ETA declara el alto el fuego incondicional e indefinido. Se inaugura en Bilbao el Museo Guggenheim.

1999 Se fija el tipo de conversión entre la peseta y el euro.

El siglo XXI

2000 El PP gana las elecciones generales por mayoría absoluta. Fin de la tregua de ETA y nueva oleada de atentados terroristas. José Luis Rodríguez Zapatero, secretario general del Partido Socialista. El Gobierno acepta negociar con el PSOE un acuerdo contra ETA.

2001 Supresión del servicio militar obligatorio.

2002 Comienza la circulación de billetes y monedas de euro y desaparece la peseta. España preside la Unión Europea.

2003 Manifestaciones multitudinarias en contra de la guerra de Irak.

2004 Atentado islamista en Madrid el 11 de marzo, con 192 víctimas mortales y miles de heridos. Victoria socialista en las elecciones generales del 14 de marzo. Retirada de las tropas españolas de Irak.

2005 Aprobación en referéndum del proyecto de Constitución europea.

2006 El 22 de marzo ETA anuncia un alto el fuego permanente. Aprobación en referéndum del nuevo Estatut de Cataluña. Atentado en la terminal del aeropuerto de Barajas y fin de la tregua.

2007 Elecciones municipales y autonómicas. Comienza la desaceleración económica con incremento del paro y la inflación.

2008 El PSOE, sin mayoría absoluta, gana las elecciones generales de marzo. Primeros indicios de crisis económica. Exposición Internacional de Zaragoza.

2009 Elecciones al Parlamento Europeo: entre PP y PSOE obtienen el 80% de los votos.

Recesión económica: se superan los cuatro millones de parados.

Retirada de las tropas españolas en Kosovo.

Con el «caso Gürtel» comienzan a descubrirse diferentes episodios de corrupción que afectan principalmente al PP.

2010 Reforma laboral impulsada por el PSOE. Los sindicatos responden con una huelga general.

Aprobación de la ley de salud sexual y reproductiva y de la interrupción voluntaria del embarazo.

2011 Mayo: se inicia el movimiento 15-M con una acampada pacífica y masiva en la Puerta del Sol de Madrid.

Elecciones municipales y autonómicas, con un triunfo amplio del Partido Popular.

ETA anuncia el cese definitivo de la «lucha armada»: se pone fin a 43 años de terrorismo, con 829 víctimas mortales.

El «caso ERE» salpica por corrupción a altos cargos socialistas de la Junta de Andalucía.

20 de noviembre: elecciones generales con mayoría absoluta del PP.

2012 El Partido Popular aprueba una nueva reforma laboral que modifica sustancialmente las leyes laborales y los derechos de los trabajadores.

Se convocan dos huelgas generales (marzo y noviembre) contra la reforma laboral.

La quiebra de Bankia lleva a su nacionalización.

La tasa de desempleo supera el 25 %.

El FMI y la Unión Europea rescatan el sistema bancario español.

2013 «Caso Bárcenas»: nuevo proceso de corrupción que afecta al PP.

El Congreso aprueba una ley de reforma educativa (LOMCE) con los votos del PP y el rechazo de la oposición.

2014 Abdica el rey Juan Carlos I, después de 39 años de reinado. Felipe VI es proclamado jefe del Estado por las Cortes.

Las elecciones al Parlamento Europeo reflejan una representación de España más plural.

2015 24 de mayo: elecciones municipales y autonómicas.

20 de diciembre: elecciones generales. Gana el PP con mayoría relativa, seguido del PSOE; ambas formaciones pierden un número considerable de escaños. Aparecen en escena nuevas fuerzas políticas: Podemos, que forma coaliciones en algunos territorios (En Comú Podem; Podemos-Compromís; Podemos-En Marea-Anova-Esquerra Unida) y Ciudadanos. Fin del bipartidismo.

2016 Ante la imposibilidad de llegar a acuerdos para formar Gobierno, en mayo se disuelven las Cortes y se convocan nuevas elecciones.

26 de junio: elecciones generales. Mayoría relativa del PP, que mejora ligeramente los resultados de 2015 y forma Gobierno gracias al apoyo de Ciudadanos y de Coalición Canaria y a la abstención del PSOE.

2017 A la lista interminable de la corrupción (los famosos casos Arena, Banca Catalana, Bankia, Bárcenas, ERE, Gürtel, Nóos, Púnica y un largo etc.) se añaden nuevos casos, como la operación Lezo, en la que el juez acusa a exmiembros del Gobierno del PP en la Comunidad de Madrid y encarcela a su expresidente Ignacio González por enriquecimiento ilícito y desvío de fondos de la empresa pública Canal Isabel II.

En Cataluña, la Generalitat (el Govern y el Parlament) aprobó la realización de un referéndum vinculante para el 1 de octubre de 2017, declarado ilegal por el Tribunal Constitucional. Tras esa consulta el president Puigdemont declaró unilateralmente la independencia. El Gobierno central suspendió las instituciones catalanas con la aplicación del artículo 155 de la Constitución y convocó nuevas elecciones al Parlament para el 21 de diciembre. Los jueces procesaron y encarcelaron a dirigentes soberanistas. El art. 155 fue levantado tras siete meses de vigencia al haberse formado un nuevo Govern.

2018 En abril de 2018 se vio obligada a dimitir la presidenta de la Comunidad de Madrid Cristina Cifuentes debido, entre otras razones, a irregularidades en su expediente académico.

En mayo, el Tribunal Supremo condenó a dirigentes, colaboradores y al propio PP en el caso «Gürtel». Ante estos hechos, el PSOE presentó una moción de censura, que llevó a Pedro Sánchez a la presidencia del Gobierno.

2019 Octubre. El Tribunal Supremo condena por sedición a nueve líderes independentistas catalanes, en el conocido como juicio del procés.

Noviembre. El PSOE gana las elecciones generales, sin mayoría para gobernar.

Noviembre. Diecinueve ex altos cargos de la Junta de Andalucía son condenados en el caso ERE por la gestión irregular de expedientes de regulación de empleo y pensiones.

2020 Enero. Se constituye el primer Gobierno de coalición, a nivel estatal, entre el PSOE y Unidas Podemos, desde la recuperación de la democracia en 1978.

Marzo. El Gobierno declara el Estado de Alarma y se determina el confinamiento domiciliario de la población a causa del impacto de la COVID-19

Agosto. El rey emérito, Juan Carlos I, se autoexilia en Abu Dabi (Emiratos Árabes Unidos), acosado por repetidos escándalos económicos, investigados por la fiscalía en España, y por la existencia de cuentas bancarias ocultas en el extranjero.

Operación Mundo es un proyecto educativo de Anaya para Educación Bachillerato.

En la realización de esta obra han intervenido:

Equipo de autoría: Fernando García de Cortázar, Fernando Diez, Javier Sánchez-Palencia, María Isabel del Val, Manuel F. Cuadrado, Pedro Martínez Lillo y Ángel Gamazo.

Equipo de edición: M.ª Luz Núñez. MATEO

Diseño, gráficos y cartografía: Patricia G. Serrano, Ander Irigoyen, Paz Franch, Miguel Á. Castillejos, Miguel Ángel Díaz-Rullo, Miriam Arribas, José M.ª Gil y Rosario Regaño.

Maquetación: J&M Artes gráficas.

Corrección: Mercedes Pérez.

Edición gráfica: Elena Achón y Reyes Gordo.

Fotografía: Archivo Anaya (Candel, C.; Cosano, P.; García Pelayo, Á.; Hernández Moya, B.; Lucas, J.; Martin, J.; Martín, J. A.; Martínez, C.; Ortega, Á.; Padura, S.; Peñuela Py, E.; Redondo, M.; Ruiz, J. B.; Steel, M.; Sánchez, J.; 6x6 Producción Fotográfica), AGE Fotostock, Agencia Contacto / Europa Press, Alamy / Cordon Press, Álbum Archivo Fotográfico, Archivo del Reino de Galicia, Archivo Histórico del PCE, Archivo Histórico Minero, Biblioteca Nacional de España, Cordon Press, Diario 16, Dreamstime / Quick images, Galiciana BDG, Getty Images, GTRES, Gipuzkoako Foru Aldundia / Museo Zumalakarregi, iStock / Getty Images, Museu Nacional de Arqueologia (Museo Nacional de Arqueología de Lisboa), Museo Comarcal de Daimiel, Museo Zumalakarregi, Photoaisa, Prisma, Scala Archives, 123 RF y colaboradores.

Agradecimientos: Museo Casa de la Moneda-FNMT, Madrid.

Colaboración: Borja Sánchez-Cervantes en la elaboración de las Situaciones de aprendizaje.

Importante:

Las **actividades** propuestas en este libro deben ser realizadas en cuadernos u hojas sueltas; nunca en el propio libro.

Esta obra puede contener **enlaces** a páginas y sitios externos, que ANAYA no edita, controla, supervisa y/o mantiene, por lo que ANAYA declina expresamente cualquier responsabilidad respecto a dichas páginas y sitios.

ISBN: 978-84-143-3001-2 - Depósito Legal: M-4751-2023 - Printed in Spain.